云南师范大学

教育学一流学科建设成果

美国教育转折点丛书

陈瑶　张斌贤　主编

思想流变与美国教育

陈露茜

等著

河北大学出版社

·保定·

出 版 人：朱文富
选题策划：何　东
责任编辑：李丽华
助理编辑：李天雪
装帧设计：赵　谦
责任校对：耿兆飞
责任印制：常　凯

图书在版编目（CIP）数据

思想流变与美国教育 / 陈露茜等著 . -- 保定 : 河北大学出版社，2024.2
（美国教育转折点丛书 / 陈瑶，张斌贤主编）
ISBN 978-7-5666-2256-3

Ⅰ．①思… Ⅱ．①陈… Ⅲ．①教育研究－美国 Ⅳ．①G571.2

中国国家版本馆CIP数据核字（2023）第230418号

思想流变与美国教育
SIXIANG LIUBIAN YU MEIGUO JIAOYU

出版发行：河北大学出版社
地址：河北省保定市七一东路2666号　邮编：071000
电话：0312-5073003　0312-5073029
网址：www.hbdxcbs.com
邮箱：hbdxcbs818@163.com
印　　刷：保定市正大印刷有限公司
幅面尺寸：170 mm × 240 mm
字　　数：510千字
印　　张：39.5
版　　次：2024年2月第1版
印　　次：2024年2月第1次印刷
书　　号：ISBN 978-7-5666-2256-3
定　　价：138.00元

总　　序

自中国开展现代意义的教育研究以来的100多年间，美国教育一直是中国教育研究的重要领域。尤其是近三四十年以来，关于美国教育历史与现状的研究更是受到教育学不同分支学科的关注，研究成果数量众多，涉及的范围也非常广泛。

然而，通过对学术史的梳理可以清晰地看到，在美国教育的研究领域，长期以来一直存在着两个突出的问题：一是对“宏大叙事”的选题偏好，二是以追求系统性和完整性为目的的“教科书”式的研究路径。这些问题共同造成的结果是，虽然研究成果数量众多，但鲜有富有新意和创见的成果。

为探索更加合理的研究路径，10余年来，来自北京师范大学、华东师范大学、浙江大学、首都师范大学、浙江师范大学、云南师范大学等高校的部分学者组成的团队一直致力于对美国教育史开展微观的个案研究，即精心选择一些对美国教育历史演变具有重要影响的事件，或者对著名教育家思想的形成，即美国教育历史中的“转折点”进行多方面的挖掘，通过“小题大做”，以小见大，从新的角度重新审视美国教育的历史演变。我们认为，这种尝试一方面有助于在学理上厘清美国教育发展的关键环节和基本线索，把握美国教育发展的整体脉络，另一方面的意义则在于尝试探索美国教育研究的新思路、新视角和新方法，消除沿袭已久的教育思想史与制度史、实践史之间的隔阂。“美国教育转折点丛书”就是在这方面初步探讨的成果。

本丛书编写的另一个目的是为教育专业的本科生和研究生提供一个学习和研究的辅助工具。对年轻学子而言，固然需要从整体上了解美国教育演变的基本过程和基本线索，但通过对不同“转折点”的微观认识，可以更加具体和深入地把握美国教育在关键时期发生的重大转变。只有通过宏观了解与微观把握的有机结合，同学们才能更加完整地认识和了解美国教育的过去和现在。希望通过我们的努力，能对同学们的学习有所助益。

本丛书共收录了5种著作。北京师范大学陈露茜教授等撰写的《思想流变与美国教育》旨在对杰斐逊、贺拉斯·曼、哈里斯、埃利奥特、帕克、桑代克、杜威、霍尔、布鲁纳、科南特这10位美国著名教育家的教育观和社会观进行历史梳理，以便于更好地厘清美国教育与整体社会之间的互动。该书力求既清晰地勾勒美国著名教育家的“教育”观，更重要的是体现孕育这些“教育”观的整体社会哲学、社会变革和社会情境，以及这些“教育观”在产生、发展变迁中所遭遇的种种问题及其应对举措。

华东师范大学祝贺副教授等撰写的《法律判例与美国教育变迁》通过对达特茅斯学院董事会诉伍德沃德案、查尔斯·斯图亚特等诉卡拉马祖案第一学区案、普莱西诉弗格森案、麦诺斯维尔诉戈比蒂斯案、布朗诉教育委员会案、恩格尔诉瓦伊塔尔案、米尔斯诉哥伦比亚特区教育委员会案、加州大学董事会诉巴基案、杰弗里斯诉哈勒斯顿案、俄亥俄州教育券案这10个著名判例的梳理，旨在对美国教育史上著名教育判例的缘起、审理过程及社会影响进行历史分析，以便更好地厘清美国教育与法院判例之间的互动。

浙江师范大学於荣教授、浙江大学王慧敏副教授等撰写的《联邦立法与美国教育演进》选取美国历史上对美国教育发展产生重要影响的10个法案，分别对每个法案的立法背景和过程、法案的主要内容、法案的实施和修订，以及法案对美国教育发展的影响等进行了叙述和分析。对这10个联邦教育立法的研究不仅有助于更清晰地了解教育立法与教育发展之间的关系，而且有利于更深入地理解教育与政府、教育与社会之间的关系。

首都师范大学原副教授、独立学者林伟博士等撰写的《著名报告与美国教育嬗变》选取美国教育史上相继出现的10份具有里程碑意义的重要报告，即《耶鲁报告》《十人委员会报告》《弗莱克斯纳报告》《中等教育的基本原则》《科学：无止境的前沿》《自由社会中的通识教育》《为美国民主的高等教育》《今日美国高中》《科尔曼报告》《国家处于危机之中》，叙述分析了报告面世的背景和原因，探讨了报告着重提出的问题和解决问题的路径及其对美国教育发展所产生的重大影响。

云南师范大学陈瑶教授等撰写的《社会运动与美国教育改革》选取公立学校运动、工业教育运动、综合中学运动、教育科学化运动、进步主义教育运动、初级学院运动、生活适应运动、教育民权运动、"回归基础"教育运动、学校选择运动这10个在美国教育史上产生过重要影响的教育运动进行研究，力求以教育运动的线索考察美国教育的历史，不仅梳理了各个运动的背景、起源、过程和结果，而且具体分析了运动在美国教育变革中的影响和意义。

本丛书为云南师范大学教育学部省级重点支持一流学科（教育学）项目建设成果。云南师范大学教育学部陈瑶教授和北京师范大学张斌贤教授共同负责该建设成果的实施工作。感谢云南师范大学教育学部为本丛书出版提供的大力支持。

在丛书出版之际，衷心感谢各位主编和作者付出的辛勤劳动。同时，向河北大学出版社朱文富社长、何东主任和各位责任编辑提供的支持和帮助表示崇高的敬意和诚挚的谢忱。

2023 年 6 月

序　言

本书是美国教育思想的集合，以时间为线索，对美国历史上各个时期著名教育家的观念、信仰、行为、实践、逻辑进行分析与叙事。

一

近年来，在教育思想史的研究中，这种以时间序列来罗列思想家的叙事方式（俗称“人头史”）已经成了一种备受诟病的研究范式，学者们认为“人头史”存在的主要问题：第一，“人头史”是对精英及经典的“回溯性”评价，是对精英人物的“排座次”，带有明显的“后见之明”，因而是不准确的。第二，在叙述过程中，“人头史”容易导致思想史的矮化，将思想变化的复杂过程简化为精英个体思想的叠加，因而是不充分的。第三，“人头史”中罗列的精英与经典是悬浮于日常经验之上的，而真正在生活和社会中支配着人们对世界的理解的常识往往不全在精英和经典的言说之中，因而是不严密的。[①] 之所以会产生对“人头史”的怀疑，究其原因，一方面是受到了社会科学史学的影响，我们自觉或不自觉地形成了“精英”“经典”与“大众”“日常”的两分，以及在观念和行为上的对抗与斗争。另一方面是出于对“线

---

① 参见葛兆光著《中国思想史》，复旦大学出版社，2013；张斌贤著《西方教育思想史研究的视角与视野》，《北京大学教育评论》2015 年第 4 期。

性史观”或“进步史观”的反思，认为思想的历史并非等同于思想家的历史，并非所有的思想家都站在前人的基础上对前人已获得的成果进行正向的推进；历史是有选择的，历史的反动与倒退是时有发生的，思想的断裂与背离也是时有发生的。

这样一种针对当下“人头史”研究范式的批评，毫无疑问是针砭时弊的。但细想一下，这些问题是“人头史”这种研究范式所必然带来的问题吗？在当下的思想史写作方式中，除了“人头史”之外，还有以时间为主线的写作方式、以流派和“主义”为主线的写作方式。且不论在时间线索和“主义”光环之下的思想史依然是由精英个体构成，在这两种言说方式中同样存在着“回溯性”评价及“倒放电影”的“后见之明”问题，存在着将思想史简单等同于思想进步史的问题，存在着“精英”史观的缺陷问题。也就是说，当下对思想史研究中“人头史”的诟病事实上不是“人头史”这种言说方式所带来的必然结果，而是出于对传统的、由“背景—生平—实践活动—教育思想”构成的“教科书式”的言说方式的本能反感。因此，问题的关键不在于要不要写“人头史”，而是如何写“人头史”？如何能够在历史时间的长河中真实鲜活地展现人的观念与行为的变迁？如何能够真实地诠释人所处的时代，所生活的环境，所属的阶层、职业、身份、收入、人际网络等因素对人的观念所产生的双向甚至是多向的复杂作用？同时，这一切又是如何在人的观念及判断、理解、解释经验与环境过程中产生互动与影响的？也就是说，对精英和经典的“科学的”理解也许并不总是像我们想象的那样化繁为简，而是形成一种“可理解的复杂”。亚里士多德的所谓“大自然偏爱最简洁的路径”给我们的启示就在于要去“寻找复杂并使之有序”。我们既要关注精英与经典本身所承载信息的“显白”与“隐微”，又要融入语境中理解精英与经典，避免“时代误置”，进而真正进入人的内心世界。

二

“历史是继往开来的哲学”，而不是“用拼凑法则、法令、政治演讲、报纸文章、私人信札、会议录和外交照会的办法写成的”。[①] 查尔斯·比尔德一语中的地指明：历史应该是“一辆飞奔直指终点的高速列车”，而非“一辆停在栅栏围得很严密的贮木场旁轨道上货车里的朽木”。[②] 也就是说，历史书写的无意识时代早已终结。“‘历史’是经过历史学家头脑过滤后形成的对过去的想象，就像光线透过窗户一样。窗户玻璃有时被弄脏了，但在更多的情况下，它是不透明的。”[③] 虽然拉尔夫·加布里埃尔（Ralph H. Gabriel，1890—1987 年）的论断过于悲观，但是他道明了历史研究所面对的实际情况，即历史的研究者们往往面对的“不透明的窗户”是“无法看见和无法面对的处于黑暗之中的某种东西”[④]。而为了揭开这些“不透明的窗户”，为了在黑暗之中寻找到“某种东西”，历史研究者们就必须用“思想之光”[⑤] 照亮它们。

在这本小书的写作中，我们尝试使自己深入过去的世界中去理解过去，在过往的生活环境、观念、思潮、社会结构中去理解前人关于教育的想法、信仰及行动。正如章学诚所言，对待前人需要“必敬以

---

① Charles Beard, Mary Beard, *The Rise of American Civilization* (New York: The MacMillan Co., 1947), p. xiv.

② Charles Beard, Mary Beard, *The Rise of American Civilization* (New York: The MacMillan Co., 1947), p. xv.

③ ［美］彼得·诺维克：《那高尚的梦想：“客观性问题”与美国历史学界》，杨豫译，生活·读书·新知三联书店，2009，第 366 页。

④ ［美］彼得·诺维克：《那高尚的梦想：“客观性问题”与美国历史学界》，杨豫译，生活·读书·新知三联书店，2009，第 354 页。

⑤ ［美］彼得·诺维克：《那高尚的梦想：“客观性问题”与美国历史学界》，杨豫译，生活·读书·新知三联书店，2009，第 354 页。

恕"，"论古必恕……恕非宽容之谓者，能为古人设身而处地也"；"是则不知古人之世，不可妄论古人文辞也；知其世矣，不知古人之身处，亦不可以遽论其文也"。[①] 也就是说，"我们如果不从历史人物的内心来看他们，不像一个演员感受他所扮演的角色一样来感受他们——把他们的想法再想一遍，坐在行动者而不是观察者的位置上，就不可能正确地讲述故事……（这一点的确难以做到）……但无论如何，历史学家必须把自己置于历史人物的位置上，必须感受其处境，必须像那个人一样思想。如果没有这种艺术，不仅不可能正确地讲述故事，而且不可能理解那些重构历史所依靠的文件，即强调富于同情的想象（sympathetic imagination）的重要性，目的是要进入人类的内心"[②]。

为此，第一，我们尝试打破对"永恒的价值"的盲目膜拜。我们常常习以为常地将理性的原则建立在对"永恒的价值""秩序"和"有条不紊的逻辑结构"之上，建立在"科学"的研究范式和知识基础之上，建立在专业群体或个体所开发的研究范式之上。但是，随着时间的流逝，这种思维模式必然导致思想的固化与僵化。因此，我们必须意识到不是"价值的永恒"，而是"价值的流动"才是思想立足的根本。[③] 第二，我们尝试反思"常识"。保罗・弗莱雷（Paulo Freire，1921—1997 年）认为，"严肃的教育不可能是中立的。它必须建立在一系列的伦理和政治原则之上"[④]；雷蒙德・威廉姆斯也指出，"如果不讨

---

① 章学诚：《章学诚遗书》，文物出版社，1985，第 17 页。

② William Dray, *Laws and Explanation in History* (Oxford: Oxford University Press, 1957), pp. 119-120.

③ ［美］迈克尔・W. 阿普尔：《意识形态与课程》，黄忠敬译，华东师范大学出版社，2003，第 149—150 页。

④ Paul Freire, *Letters to Cristina*. 转引自 Michael Apple, *Official Knowledge: Democratic Education in a Conservative Age* (New York: Routledge, 2000), p. xiii。

论权力，就不可能讨论我们社会中的交往或文化”[①]。也就是说，特定社会、特定历史时期的“常识”往往都连接着特定社会在特定历史时期的社会统治结构。詹姆斯和杜威所说的“真理是人造的”，也是想表达这个意义。因此，教育史研究所要做的不仅仅是研究特定的历史问题、体会特定的历史事件的教育含义、寻求特定教育事件的历史价值，更重要的是我们必须在一个更大的社会结构背景中不断反思、质询我们习以为常的认知与理解。第三，我们尝试反思“科学”。一方面，进入现代社会以来，对“科学”的、“具有确定性”的、“可测量”的崇拜已经渗透到教育研究的方方面面，但教育连接着的是“文化”，教育是一个“文化”的存在[②]，它并不是现代意义上的、具有“确定性”和“可测量”的“科学”。另一方面，“科学”的客观性本身也是值得质疑的。正如卡尔·贝克尔（Carl Becker，1873—1945 年）所说的，“我们现在开始怀疑它是由人的头脑创造出来的某种东西，用以揭示它的胆怯、维持它的勇气，是设计出来哄骗人的东西，以便为我们愿意接受的结论提供形式上的有效性。别人如果处在我们的环境下，也会这么做”[③]。

三

在这本小书中，我们依然选取了美国教育思想史上的经典人物：杰斐逊（Thomas Jefferson）、贺拉斯·曼（Horace Mann）、艾略特（Charles William Eliot）、威廉·哈里斯（William Harris）、弗朗西

① Raymond Williams, *Resources of Hope*. 转引自 Michael Apple, *Educating the "Right" Way: Markets, Standards, God, and Inequality* (New York: Routledge, 2006), p. xiv。

② 参见石中英著《教育学的文化性格》，山西教育出版社，1999。

③ ［美］彼得·诺维克：《那高尚的梦想：“客观性问题”与美国历史学界》，杨豫译，生活·读书·新知三联书店，2009，第 184 页。

斯·帕克（Francis Parker）、霍尔（G. Stanley Hall）、桑代克（Edward Lee Thorndike）、杜威（John Dewey）、科南特（James Bryant Conant）、布鲁纳（Jerome Seymour Bruner）。

在对他们进行言说的过程中，我们极力主张对人物思想的讨论所展现的不仅仅是他一个人的行为与思想，更是整体社会的特征。这是一个多因素复杂互动的过程，受他所处的时代、所属的阶级、当时的社会思潮及社会与经济的互动紧张关系的影响而形成的有意识或无意识的完整网络①，而不仅仅是由理想主义的教育概念、政治表演、经济动机或地方主义的保护行为简单堆砌而成。同时，我们对精英及其话语系统也有认识。实际上，在精英话语系统的建构过程中，词语在读者想象之中的含义与其在政治精英实际运作之中的意义存在着巨大的鸿沟。② 正如维特根斯坦（Ludwig Wittgenstein，1889—1951 年）提醒我们的那样："文字的含义蕴含在它的运用之中。"③ 这就意味着文字的意义只能在实现其目的的过程中才会产生，同样的文字在不同的社会背景中、在不同的权力运作机制中有着不同的意义。"语言是人们能力和价值水平背景假设的感受指示器和有力的创造者。正如任何单一的数字会唤起我们头脑中的整个数字系统一样，一个术语、一个语法形式或一个有政治含义的隐喻都能在使用权力体制的个人和对其做出反应的群体中激起它并为之辩护。"④ "在……符号世界中，推测和被证实的事实很容易被互相融合在一起。语言消除了推测中的不确定性，改

---

① Merle Curti, *The Social Ideas of American Educators* (New Jersey: Pageant Books, INC., 1959), pp. xiii-xv.

② See Bernard Bailyn, *The Ideological Origins of the American Revolution* (Harvard: Harvard University Press, 1967).

③ L. Wittgenstein, *Philosophical Investigations: the German Text* (New Jersey: Wiley-Blackwell, 2001), p. 3e.

④ [美]迈克尔·W. 阿普尔：《意识形态与课程》，黄忠敬译，华东师范大学出版社，2003，第 164 页。

变了事实以使它们被用于区别地位和强化意识形态。……它们中的每个在诊断、推测和复原性治疗的处方方面通常都有高度的不可靠性；……另一方面，在诊断和预测中的霸道和推测转化为清楚而又精确的对控制（通过‘帮助群体’）需要的感知。……他们的政治效用是显然的。他们给予职业判断大众化的支持，把公众的注意力引向过程并预先使过程的任何失败理性化以达到他们正规的目标。”① 这要求我们在展现教育家及其教育观的过程中不能只是空洞地“存在”（esse），而必须葱郁地“生活”（vivere）②。也就是说，我们希望不仅叙述精英们对教育的言论与表达，不仅叙述精英们说过什么，更希望能够借助精英们说话时所说过的东西，理解他说话时的对话的目的与意向的具象化过程，即我们更希望通过精英们说过、写过的话理解他们说话本身的意义与价值，而不仅仅是他们说话的本身。

面对德尔斐之神谕“了解你自己”，赫拉克利特的回答是神既“不告诉你什么，也不向你隐瞒什么，它只是指点迷津”③。我们力求能够在精英与经典的基础上建构一幅生动、鲜活的教育思想历史的画卷，我们希望它能够让读者记忆深刻；能够做到感情细腻、色彩鲜明、情节丰富；能够让读者发自内心地被触动、被感动，抑或被震撼；能够融汇当时社会与潮流的风情、风貌和风格；也希望在这部教育思想历史的书写与阅读中让作者与读者都共同继续沉浸在这样“生动的”历史之中。

本书乃是集体智慧的结晶，各章节作者分工如下：由北京师范大

---

① [美]迈克尔·W. 阿普尔：《意识形态与课程》，黄忠敬译，华东师范大学出版社，2003，第 165 页。

② [德] 弗里德里希·尼采：《历史的用途与滥用》，陈涛、周辉荣译，上海人民出版社，2005，第 93 页。

③ [德] 弗里德里希·尼采：《历史的用途与滥用》，陈涛、周辉荣译，上海人民出版社，2005，第 97 页。

学教育学部副教授陈露茜撰写《托马斯·杰斐逊：美国教育中贤能主义的起源》；由北京外国语大学国际教育学院讲师杨帆撰写《贺拉斯·曼：美国公共学校之父》和《弗朗西斯·帕克：进步教育运动之父》；由江西师范大学教育学院副教授刘春华负责撰写《查尔斯·埃利奥特：教育自由的卫士》；由山西大学教育科学学院讲师石佳丽负责撰写《威廉·哈里斯：美国工业化过程中的古典文化卫士》；由北京师范大学教育学部教育历史与文化研究院教授郭法奇负责撰写《斯坦利·霍尔：教育科学化的现代探索》；由首都师范大学教育科学学院副教授丁永为负责撰写《约翰·杜威："生长"的教育家》；由宁波大学教师教育学院副教授康绍芳负责撰写《桑代克：理智的实证主义者》和《詹姆斯·科南特：开明的教育保守主义者》；由北京师范大学教育学部课程与教学研究院副教授陈红兵负责撰写《杰罗姆·布鲁纳：心灵意义的追寻者》。全书由陈露茜负责统稿。当然，由于作者自身语言和教育学、历史学、人类学、文化学的素养有限，在写作过程中还存在着诸多问题。我们不胜浅显地把它呈上，也寄望于方家能予以斧正。当然，我们也将对本书中出现的一切错误负全责。

目　　录

上　篇

下　篇

思想流变
与
美国教育

上篇

托马斯·杰斐逊：美国教育中贤能主义的起源

陈露茜[①]

托马斯·杰斐逊（Thomas Jefferson，1743—1826 年），是美国第三任总统（1801—1809 年），是《独立宣言》的主要起草人，是《弗吉尼亚宗教自由法令》的制定者，是“美元之父”，是美国领土的最大拓疆者[②]，是美国民主党的鼻祖，是弗吉尼亚大学的创始人。他是世界上各个学科所有研究美国问题的学者都不可回避的一个话题；同样，在教育学中，在我们梳理美国建国以来最重要的教育先贤对美国教育的设计过程中，他也是一个无法绕开的最重要的人物之一。

一

几乎从针对杰斐逊的第一代职业传记作家开始，人们大多这样评价：任何人只要独占其中任何一项，都可以名垂青史，而杰斐逊兼具各项。因此，杰斐逊是美国历史上神话般的存在。他代表了美国民主的传统、美国民主的希望；甚至可以说，他就是美国的化身——正如

---

① 陈露茜，女，福建福州人，北京师范大学教育学部副教授，博士，研究方向为外国教育史。

② 其总统任职期间购买了从密西西比河到洛基山脉的一大片土地，使美国的领土扩大了一倍，史称“路易斯安那购买事件”。

詹姆斯·帕顿（James Parton，1822—1891 年）在 1874 年赞叹的那样："如果杰斐逊错了，美国就错了。如果美国是对的，杰斐逊就是对的。"[①] 而这一形象从美国史学的奠基人班克罗夫特（George Bancroft，1800—1891 年）开始——班克罗夫特在其巨著《美国史》中盛赞杰斐逊的民主思想，认为这是美国之精神核心，一直到条顿学派——杰斐逊在美洲确立了"盎格鲁-撒克逊"世界"自由"政治的发展，给世界树立了一个楷模；而杰斐逊对未来国家美好前途的自信满满的阐释，毫无疑问也是极具感染力的，从而赢得了众多心怀感激之情的政治信仰追随者——不断得以强化并被普遍接受：杰斐逊是一位对高尚人性有着崇高理想的民主革命家。他反对贪婪、虚伪、狡诈的腐朽资本家，倡导农业立国；以摧枯拉朽之势摧毁了殖民地原有的社会结构，实践了"1776 年精神"；斩草除根般地瓦解了联邦党人对政府的操纵，完成

① James Parton, *Life of Thomas Jefferson*, 1874. 转引自 Merrill Peterson, *The Jeffersonian Image inthe American Mind*(New York: Oxford University Press, 1960), p. 234。

了“1800年革命”。[①] 在教育学中，我们也这么认为，在美国革命时代，杰斐逊是“最富想象力”[②] 的思想家之一。他发出了“人人普及教育”的呐喊，要求实现“现代”的“民主”教育，培养“天然的贵族”，鼓励由政府来资助、管理教育，让教育成为“公共的事业”，“没有任何人比我更真诚地希望在人类中间传播知识，没有人比我更相信它对支持自由和良好的政府的作用”[③]。

但随着杰斐逊神话的流传，对他的质疑也悄然出现，20世纪初期冷静的知识分子们开始发现这位一再强调自己的父亲彼得·杰斐逊

---

① 关于托马斯·杰斐逊的经典传记最有代表性的包括 Henry S. Randall, *The Life of Thomas Jefferson*, *Vols. 3* (New York: J. B. Lippincott and Company, 1858); Claude Bowers, *Jefferson and Hamilton: The Struggle for Democracy in America* (New York: Houghton Mifflin company, 1925); Albert Jay Nock, *Jefferson* (National Home Library, 1926); Gilbert Chinard, *Thomas Jefferson, the Apostle of Americanism* (Boston: Little Brown and Company, 1929); Marie Kimball, *Jefferson, the Road to Glory* (New York: Coward-McCann, Inc., 1943); Dumas Malone, *Jefferson the Virginian* (Boston: Little Brown and Company, 1948)。国内学界关于杰斐逊传记的代表作品有刘祚昌：《杰斐逊全传》，齐鲁书社，2004。关于杰斐逊的专著，最具代表性的包括 Charles Beard, *Economic Origins of Jeffersonian Democracy* (New York: Macmillan Co., 1915); Claude Bowers, *Jefferson and Hamilton* (Boston and New York: Houghton Mifflin, 1933); Claude Bowers, *Jefferson in Power* (Boston: Houghton, 1936); Charles Wiltse, *The Jeffersonian Tradition in American Democracy* (Chapel Hill: Hill & Wang Pub, 1935); Adrienne Koch, *The Philosophy of Thomas Jefferson* (New York: Times Books, 1943); Roy Honeywell, *The Educational Work of Thomas Jefferson* (Cambridge: Nabu Press, 1931), Frank L. Mott, *Jefferson and the Press* (Baton Rouge: Louisiana State University Press, 1943); Henry Steele Commager, *Majority Rule and Minority Rights* (New York: Peter Smith, 1943); Daniel Boorstin, *The Lost World of Thomas Jefferson* (Chicago: University Of Chicago Press, 1948); Merrill Peterson, *The Jeffersonian Image in the American Mind* (New York: Oxford University Press, 1960); Merrill Peterson, *Thomas Jefferson and the New Nation* (New York: Oxford University Press, 1970); 等等。

② 朱旭东：《杰斐逊的现代化教育制度思想》，《比较教育研究》2000年增刊。

③ Thomas Jefferson, *Writing* (New York: The library of American, 1984), p. 1222.

(Peter Jefferson)靠自己的奋斗起家的美国总统，似乎不愿意提及他的母亲简·伦道夫(Jane Randolph)出身于弗吉尼亚的名门望族，而他和他的父亲正是通过母亲的家族而获得牢固的社会地位的事实①；开始发现这位之所以能够有闲暇并能自由地撰写关于人类自由、平等、博爱的最伟大作品的启蒙思想家，似乎得益于供养他的10000英亩(约40.47平方千米)土地及一二百名黑人奴隶②；开始发现这位一再表明自己将永远忠诚于早亡的爱妻的理想鳏夫，事实上在爱妻去世后不久就在蒙蒂塞洛(Monticello)藏匿了一位名叫萨莉·海明斯(Sally Hemings)的黑人女奴，并且与她产下了私生子③……对于长期以来业已形成的对杰斐逊的理想主义想象与他那不太光彩、不太体面或不那么高尚的事实行为之间的断裂，使新一代职业史家们断定这位来自弗吉尼亚的大种植园主其实是一个道貌岸然的大伪君子。这一观点事实上得到了起源于20世纪初期以弗雷得里克·特纳(Frederick J. Turner，1861—1932年)、查尔斯·比尔德(Charles Beard，1874—1948年)和沃侬·帕灵顿(Vernon L. Parrington，1871—1929年)为代表的进步学派的有力支持。他们在讨论杰斐逊的时候，反对空谈所

---

① 杰斐逊在其《自传》中对母亲的家族轻描淡写地一带而过，使后人对其真正的出身颇有怀疑。杰斐逊：《自传》，出自美国梅利尔·D. 彼得森注释编辑《杰斐逊集》(上下)，刘祚昌译，生活·读书·新知三联书店，1999，第3—4页。[美]丹尼尔·J. 布尔斯廷：《美国人：民主的历程》，谢延光译，上海世纪出版集团，2009，第107—108页。[美]亨利·蔡尔兹·默文：《美国国父列传：托马斯·杰斐逊》，钟琦译，北京大学出版社，2014，第7页。[美]理查德·霍夫斯塔特：《美国政治传统及其缔造者》，崔永禄、王忠和译，商务印书馆，2012，第31页。

② [美]理查德·霍夫斯塔特：《美国政治传统及其缔造者》，崔永禄、王忠和译，商务印书馆，2012，第25页。

③ 有关DNA研究对我们理解托马斯·杰斐逊、奴隶制和种族关系的讨论，可见Jan. Lewis，Peter Onuf，*Sally Hemings and Thomas Jefferson: History, Memory, and Civic Culture*，1999. 转引自美国彼得·S. 奥鲁夫：《杰斐逊的帝国：美国国家的语言》，余华川译，华东师范大学出版社，2011，第3页。

谓的“人人平等”“一般福利的增进”或“自由”“正义”之类的空洞模糊的暧昧概念，而强调这些抽象事物背后的决定性因素——“利益”。也就是说，这些政治词汇构成的美好理想并非“全民”的产物，而只不过是希望从中获利的经济利益集团的诉求；杰斐逊笔下的“自由”“民主”与人类理想无关，只同“财产”相关。因此，理解政治家的精英词汇要从挖掘政治家们“谋生”的手段开始，从挖掘他们关于“家规”及“谁来当家做主”的种种斗争开始。① 他们依托经济文献，使用经济分析的观点，从其社会立场、所属的社会阶级、所拥有的财产性质及依靠何种手段能够更好地通过推翻旧制度获得直接或长远的利益来讨论杰斐逊的语言与行为。但是，进步学派所宣扬的“政治的经济决定论”实际上是将社会的进化简单地划分为两个互相竞争的利益集团——一方面拥护变革，另一方面反对变革；或者说，精英上层和劳苦大众对抗冲突的结果，但这种过分简单的强调差别的论调不能有效地解释杰斐逊的世界主义情怀——他指明了社会应有的发展方向，寄望于社会的进步，寄望于某一伟大时刻人类终将实现他的理想；也不能使人信服这位在晚年能为弗吉尼亚大学倾其所有的耄耋老者实际上是一个唯利是图的政治掮客。② 因此，到了20世纪50年代，进步学派便偃旗息鼓，取而代之的是“和谐学派”（又称“共识派”或“一致论派”）③。

以理查德·霍夫斯塔特（Richard Hofstadter，1916—1970年）和

① 参见美国查尔斯·A. 比尔德著《美国宪法的经济观》，何希齐译，商务印书馆，2010；Carl Becker, *The History of Political Parties in the Province of New York*（Madison: University of Wisconsin Press, 1909）。

② ［美］理查德·霍夫斯塔特：《美国政治传统及其缔造者》，崔永禄、王忠和译，商务印书馆，2012，第29页。

③ ［美］理查德·霍夫斯塔特：《美国政治传统及其缔造者》，崔永禄、王忠和译，商务印书馆，2012，第3页。胡锦山：《20世纪美国史学流派》，《厦门大学学报（哲学社会科学版）》2000年第3期。

丹尼尔·J. 布尔斯廷（Daniel J. Boorstin，1914—2004 年）为代表的和谐学派在杰斐逊的问题上虽然并不完全反对经济解释的观点，但是他们反对过分简单地强调冲突、对抗和差别，认为在革命时期，与其说存在着因激烈的意识形态斗争而引发的阵营分化，不如说存在着一个牢固的“辉格”中心——共同的政治与社会信念贯穿并连接着整个美国意识[①]：他们都强烈地信奉“土地”，都有家族利益需要维护，都试图将英国式的乡绅文化移植到新大陆；而杰斐逊这位来自弗吉尼亚的“英国乡绅”只能尝试从地方利益的平衡中寻求政治办法，传统主义——古典主义情节的贵族式道德观、习惯、品味、生活态度，与地方主义——忠实于弗吉尼亚的种植业，在实质上贯穿着杰斐逊一生的政治诉求，而这位弗吉尼亚人的“力量”与“软肋”实际上都来自于他“甘受其支配”[②]——这在 1785 年杰斐逊劝导他侄子小彼得·卡尔的一封信中得到了很好的体现——“个人抱负应当是自身利益和关心公益的缜密的掺和”[③]，“一旦你的头脑很好地用科学武装起来，那么只要你能本着最正直无私的精神以最光明正大的方式去为你的国家、你的朋友和你自己谋利益，你就不愁不能高瞻远瞩了”[④]，从中实在是太容易看出他所服务的利益。因此，杰斐逊并非不食人间烟火的国家“先贤”，而仅仅是一个“出身高贵”的、“仁慈”的奴隶主——“他对

---

① ［美］理查德·霍夫斯塔特：《美国政治传统及其缔造者》，崔永禄、王忠和译，商务印书馆，2012，第 3 页。

② ［美］丹尼尔·J. 布尔斯廷：《美国人：民主的历程》，谢延光译，上海世纪出版集团，2009，第 150—153 页。

③ ［美］丹尼尔·J. 布尔斯廷：《美国人：民主的历程》，谢延光译，上海世纪出版集团，2009，第 151 页。

④ ［美］杰斐逊：《给彼得·卡尔，1785 年 8 月 19 日》，出自梅利尔·D. 彼得森注释编辑《杰斐逊集》（上下），刘祚昌译，生活·读书·新知三联书店，1999，第 901—905 页。

养活了自己而又不得不依附于他的下人有一种惯有的关切之心”[①]，“他始终远离民众，如果说他要求人人平等，并非由于他认为人人生而平等，而是由于他推想人人必须平等”[②]，他所主张的“平等”与“民主”显然是一种“弗吉尼亚王朝”贵族式的恩赐。

可以说，凡是历史学家都无法回避关于杰斐逊的种种争议。正如当代研究杰斐逊问题最重要的一位历史学家梅利尔·彼得森（Merrill Peterson）“遗憾地承认”，“托马斯·杰斐逊对我来说，最终仍然是一个看不透的人”[③]。其实无论对杰斐逊是夸大或贬损，或许正好说明杰斐逊是一位值得我们深思的复杂人物；其思想深处的种种矛盾或前后不一致的语言行为，或许正好全面地说明了这位伟人面对蓄势待发的社会冲突、面对风云变化的革命历程、面对个人宦海沉浮的时候始终如一的矛盾心理，以及由此所做出的种种挣扎。戈登·伍德说得好：“我们可以把罗伯斯庇尔、列宁看成革命者，但是绝不会认为乔治·华盛顿、托马斯·杰斐逊和约翰·亚当斯也会闹革命……我们几乎难以想象革命者会是头发扑满香粉、身穿宫廷及膝短裤的样子。美国的革命者似乎总是出入于客厅或立法大厅，而不是活动在地下室或大街上。他们做演讲，却不做炸弹；撰写博学的文章，而不是各种宣言。他们既不是抽象的理论家，也不是社会平等主义者。他们不消灭他人，也不毁灭自己。”[④] 因此，在尝试理解杰斐逊的教育观的过程中，任何单因素的分析都是站不住脚的。我们必须既分析他的思想，又分析他的

---

① ［美］理查德·霍夫斯塔特：《美国政治传统及其缔造者》，崔永禄、王忠和译，商务印书馆，2012，第25页。

② See Charles Wiltse, *The Jeffersonian Tradition in American Democracy* (North Carolina: Chapel Hill, 1935).

③ See Merrill Peterson, *Thomas Jefferson and the New Nation* (New York: Oxford University Press, 1970).

④ Gordon S. Wood, *The Radicalism of the American Revolution* (New York: Alfred A. Knopf, 1993), p. 3.

行为；必须既看到他对古典主义崇高道德的向往，又要看到这一崇高道德所要粉饰的利益集团；必须既分析他在政治语言中飞扬的文采，又要对其在美好概念中隐藏着的真实意图有清醒准确地认识。

二

“历史是继往开来的哲学”，而不是“用拼凑法则、法令、政治演讲、报纸文章、私人信札、会议录和外交照会的办法写成的”。[①] 查尔斯·比尔德一语中的地指明：历史应该是“一辆飞奔直指终点的高速列车”，而非“一辆停在栅栏围得很严密的贮木场旁轨道上货车里的朽木”。[②] 也就是说，历史书写的无意识时代早已终结。“‘历史’是经过历史学家头脑过滤后形成的对过去的想象，就像光线透过窗户一样。窗户玻璃有时被弄脏了，但在更多的情况下，它是不透明的。”[③] 虽然拉尔夫·加布里埃尔（Ralph H. Gabriel，1890—1987 年）的论断过于悲观，但是他道明了历史研究所面对的实际情况，即历史的研究者们往往面对的“不透明的窗户”是“无法看见和无法面对的处于黑暗之中的某种东西”[④]。这一方面是由于随着时间的流逝，那些年代久远的“历史事实”早已无迹可寻；另一方面则是由于“那位叫作克奥莱的缪

---

① Charles Beard, Mary Beard, *The Rise of American Civilization* (New York: The MacMillan Co., 1947), p. xiv.

② Charles Beard, Mary Beard, *The Rise of American Civilization* (New York: The MacMillan Co., 1947), p. xv.

③ ［美］彼得·诺维克：《那高尚的梦想：“客观性问题”与美国历史学界》，杨豫译，生活·读书·新知三联书店，2009，第 366 页。

④ ［美］彼得·诺维克：《那高尚的梦想：“客观性问题”与美国历史学界》，杨豫译，生活·读书·新知三联书店，2009，第 354 页。

斯女神早已被出卖，成为宣传家的觍着脸扭曲事实的走狗”[①]。因此，历史是建构的过程，为了揭开这些“不透明的窗户”，为了在黑暗之中寻找到“某种东西”，历史研究者们就必须用“思想之光”[②] 来照亮它们。

我们对于历史人物的探究也是如此。一方面，对杰斐逊教育观的讨论所展现的不仅仅是他一个人的行为与思想，更是整个社会的特征。这是一个多因素复杂互动的过程，受他所处的时代、所属的阶级、当时的社会思潮及社会与经济的互动紧张关系的影响而形成的有意识或无意识的完整网络，而不仅仅是由理想主义的政治概念、经济动机或地方主义的保护行为简单堆砌而成。另一方面，对杰斐逊在其教育态度、教育观念的表述，以及对教育系统和教育制度的设计过程中所使用的精英话语系统，我们也需要有足够清醒的认识。实际上，在精英话语系统的建构过程中，词语在读者想象之中的含义与其在政治精英实际运作之中的意义存在着巨大的鸿沟。[③] 正如维特根斯坦（Ludwig Wittgenstein，1889—1951 年）提醒我们的那样：“文字的含义蕴含在它的运用之中。”这就意味着文字的意义只能在实现其目的的过程中才会产生，同样的文字在不同的社会背景中、在不同的权力运作机制中有着不同的意义。“语言是人们能力和价值水平背景假设的感受指示器和有力的创造者。正如任何单一的数字会唤起我们头脑中的整个数字系统一样，一个术语、一个语法形式或一个有政治含义的隐喻都能在

---

① Wecter, D., "How to Write History," See Webb, L. Dean, *The History of American Education: A Great American Experiment* (Upper Saddle River, N. J.: Pearson Education, Inc., 2006), p. iii.

② [美] 彼得·诺维克：《那高尚的梦想："客观性问题"与美国历史学界》，杨豫译，生活·读书·新知三联书店，2009，第 354 页。

③ See Bernard Bailyn, *The Ideological Origins of the American Revolution* (Harvard: Harvard University Press, 1967).

使用权力体制的个人和对其做出反应的群体中激起它并为之辩护。”“在……符号世界中，推测和被证实的事实很容易被互相融合在一起。语言消除了推测中的不确定性，改变了事实以使它们被用于区别地位和强化意识形态。……它们中的每个在诊断、推测和复原性治疗的处方方面通常都有高度的不可靠性；……另一方面，在诊断和预测中的霸道和推测转化为清楚而又精确的对控制（通过‘帮助群体’）需要的感知。……他们的政治效用是显然的。他们给予职业判断大众化的支持，把公众的注意力引向过程并预先使过程的任何失败理性化以达到他们正规的目标。”①

这很好地解释了杰斐逊政治文字作品中所出现的概念准则与其事实行为之间相脱节的现象；实质上，这就是现代政治的“两面性”：第一是以追求实体利益为目标的“斗争政治”，它指明了以实体利益为目标的、理性的政治动机；第二是以利益分配正当化为目标、以象征为媒介的“秩序政治”，它指明了以政治合法化为目标的、以人的感性认识为基础的象征政治。“斗争政治”的达成离不开“秩序政治”的胜利。“政治只是一连串抽象的符号”②，“个人对公共问题的立场是不固定的、可以随时改变的，政府的活动及政府自身政治态度的变化和动员对民众个人具有潜在的影响力。政治活动的重要产出不是被贴上政治目标这个标签的特定公共政策，而是创造对于政治的顺从和支持”③。这就意味着之所以不平等能够被接纳和认同，是政治精英操纵着社会舆论的缘故。在政治精英构建“秩序政治”的过程中，所使用的词语

① [美] 迈克尔·W. 阿普尔：《意识形态与课程》，黄忠敬译，华东师范大学出版社，2003，第 165 页。

② Murray Edelman, *The Symbolic Use of Politics* (Urbana: University of Illinois Press, 1964), p. 5.

③ Murray Edelman, *Politics as Symbolic Action: Mass Arousal and Quiescence* (New York: Academic Press, 1971), p. 2.

多半是带有强烈的感情色彩和象征意味的，如“民主”“自由”“平等”等，大众在舆论宣传中不知不觉地接受和容纳了政治精英通过象征词语所传达的意义。因此，这些用政治语言表述的“政治神话”便成了社会的“优势符号”或“主流象征”。由于政治精英或主流社会控制着意义的解释权，使这些“优势符号”或“主流象征”能够帮助建立、转移或维持权力的实行。事实上，我们也有证据相信，作为“开国元勋”的杰斐逊深谙现代政治之道：他明白“西塞罗式的雄辩”为的不是辩明分歧，而是为了达成“和解”与“妥协”；他明白“向大众呼吁”为的不是民主参与，而是为了刺激“代表”；他明白鼓励“选民”为的不是让选民们按照自己的本意进行投票，而是为了让选民们按照代表们的意愿投票。① 而这便是我们理解杰斐逊教育观的“思想之光”。

三

谈起托马斯·杰斐逊的教育观，国内学界一般认为他是美国最早、

---

① 例如，在起草宪法时，费城的会议都是秘密进行的。这种关门开会不但没有遭到与会者的反对，反而很快就得到了一致性认同。他们还同意不能保留任何会内辩论的正式记录，除了提交众议院的相关提案的简单记录和票数之外，任何事情都不能走漏风声。他们甚至还派了一位谨慎的同僚陪同年事已高的富兰克林参加各种社交宴会，以防富兰克林老糊涂地“泄露”了国家机密。后来，如果不是麦迪逊和其他一些少数代表偷偷地记下了演讲的内容，我们可能永远也不会知道当时真实地发生了什么。而这种类似的“谨慎”的行为与其像“代表”们宣称的那样可以使他们摆脱利益集团的干扰，不如说让他们能够更加毫无忌惮地讨论他们希望达成的政治经济目的，以及彼此之间的利益交换。See Charles Beard, Mary Beard, *The Rise of American Civilization* (New York: The MacMillan Co., 1947); Charles Beard, *An Economic Interpretation of the Constitution of the United States* (New York: MacMillan Co., 1947).

最完整地提出美国公共教育制度设计的最重要的人物之一。[①] 从其生平年表上看，杰斐逊生于1743年。1778年，他首次提出《关于进一步普及知识的法案》，但最终计划流产。1779年，他提议建立州立图书馆，鼓励教育，并且尝试改组威廉·玛丽学院，但未获成功。1808年，杰斐逊卸任美国总统，开始计划创办大学并从事哲学研究。1810年，弗吉尼亚州州长约翰·泰勒邀请杰斐逊评论公共教育问题。1814年，杰斐逊在与彼得·卡尔的通信中提出了弗吉尼亚公共教育的全盘方案。1817年，弗吉尼亚议会再次否决了杰斐逊关于普及教育的计划；同年，杰斐逊开始主张在夏洛茨维尔修建一个“大学村”并于10月奠基，这就是弗吉尼亚大学的前身。1818年，杰斐逊提交了《弗吉尼亚大学筹备专员们的报告》。1819年1月25日，州议会特许成立弗吉尼亚大学。1825年，弗吉尼亚大学正式开学。1826年7月4日，杰斐逊在蒙蒂塞洛逝世。从其自身对教育问题的阐发上看，杰斐逊对教育的设计主要体现在他的《自传》《弗吉尼亚纪事》《关于进一步普及知识的法案》《弗吉尼亚大学筹备专员们的报告》《弗吉尼亚大学视察员理事会记

---

① 参见滕大春著《美国教育史》，人民教育出版社，2001；赵祥麟主编《外国教育家评传》，上海教育出版社，1992；滕大春主编《外国教育通史》（第三卷），山东教育出版社，2005；朱旭东著《杰斐逊的现代化教育制度思想》，《比较教育研究》2000年增刊；张友伦著《美国通史：美国的独立和初步繁荣（1775—1860）》，人民出版社，2002。

录》，以及他晚年的一些来往书信中。其主要表述如下[①]：

杰斐逊认为，教育的目的是要培养“天然的贵族”，要“通过教育，使人们天赋的智慧和道德得到升华，使他们能够保护他们的同胞神圣不可侵犯的权力和自由，使他们无论财富、出身或是偶然的情况或环境都能行使这些义务”[②]；这是因为“经验表明，甚至在最好的政府形势下，那些被委以权力的人们，在时间的推移中……也会把它变成暴政……为了防止这个转变，最有效的办法便是尽可能启迪所有人的心智，特别是把历史所揭示的事实及历史所记载的其他时代及其国家的经验告诉他们……”，“应该使那些被自然赋予天才和道德的人们通过自有教育成为有资格去接受、有能力去保卫他们同辈公民的神圣权利和自由的人……不论他们的财富、出身或其他偶然的条件或环境如何。然而，更多的人因为贫困无法自费让他们子女中那些有合适的天赋足以成为对公众有用之才的人受到这样的教育，所以发现这样的人，并且由全体人民共同承担费用去教育他们，要比把全体人民的幸

---

① ［美］杰斐逊：《自传》，出自梅利尔·D. 彼得森注释编辑《杰斐逊集》（上下），刘祚昌译，生活·读书·新知三联书店，1999，第1—109页；杰斐逊：《弗吉尼亚纪事》，出自梅利尔·D. 彼得森注释编辑《杰斐逊集》（上下），刘祚昌译，生活·读书·新知三联书店，1999，第129—348页；杰斐逊：《关于进一步普及知识的法案》，出自梅利尔·D. 彼得森注释编辑《杰斐逊集》（上下），刘祚昌译，生活·读书·新知三联书店，1999，第392—399页；杰斐逊：《弗吉尼亚大学筹备专员们的报告》，出自梅利尔·D. 彼得森注释编辑《杰斐逊集》（上下），刘祚昌译，生活·读书·新知三联书店，1999，第490—507页；杰斐逊：《弗吉尼亚大学视察员理事会记录》，出自梅利尔·D. 彼得森注释编辑《杰斐逊集》（上下），刘祚昌译，生活·读书·新知三联书店，1999，第511—515页；杰斐逊：《给彼得·卡尔的信》，出自梅利尔·D. 彼得森注释编辑《杰斐逊集》（上下），刘祚昌译，生活·读书·新知三联书店，1999，第1578—1584页；等等。

② Merrill Peterson, *Thomas Jefferson and the New Nation* (New York: Oxford University Press, 1970), p. 146.

福托付给无能的或品德败坏的人更好”。①

为此，在教育制度上，杰斐逊设计了三级教育体制，即主张把教育分成三个阶段：初等教育、中等教育、高等教育。其具体内容包括“建议把每个县划分为有5—6英里（约8000—10000米）见方的小区，在每个小区都建立一个教读书写字和算术的学校。教师由区养活，区内每一个人都有资格送他们的子女接受3年免费教育，如果愿意也可以让他们多受3年教育，但是要拿出学费。这些学校应该被置于视察员的监督之下，该视察员每年从学校挑选最有天才的儿童，其双亲由于过于贫穷而无力让他进一步受教育者，把他送到文法学校（建议在全州各地共建立20个这样的学校），在那里学习希腊文、拉丁文、地理及高级算术。在每年被这样派送的儿童中，在文法学校每隔1—2年举行一次选拔试验，从全体学生中选出最有天才的人，让他们继续读6年，而其余的人则被开除。靠这个办法每年从‘废物’中搜寻20名最好的天才，用公费教育他们，一直到他们在文法学校毕业。在6年教育结束时，有一半要中止学习，而另一半由于他们的才能及素质的优越而被挑选出来送到威廉·玛丽学院，在这里继续学习他们愿意学习的科学共3年。而该学院的计划被建议扩大，如以后所说明的，并且扩充到一切有用的科学。”②

在教育内容上，杰斐逊认为，“教育的第一个阶段是区的学校。在这里，广大人民群众都将接受教育，未来社会秩序的主要基础就要在这里奠基和建立。因此，不是把圣经和圣约书放到儿童受众中，他们年龄小，判断力还不够成熟到探究宗教问题的程度，他们的记忆中可以装进来自希腊、罗马、欧洲和美国历史的最有用的事实。道德的初

---

① ［美］杰斐逊：《关于进一步普及知识的法案》，出自梅利尔·D.彼得森注释编辑《杰斐逊集》（上下），刘祚昌译，生活·读书·新知三联书店，1999，第392—399页。

② ［美］杰斐逊：《给彼得·卡尔的信》，出自梅利尔·D.彼得森注释编辑《杰斐逊集》（上下），刘祚昌译，生活·读书·新知三联书店，1999，第1578—1584页。

步原理也可以被灌输到他们头脑中去；诸如，当他们进一步成长和判断力加强的时候，可以教他们如何去努力实现自己最大的幸福，向他们证明幸福并不取决于偶然的命运所安排的生活状况，而始终是取决于一个善良的心地、良好的健康、职业及从事一切正当工作的自由。——那些由于父母富裕和州的收费而注定取得较高程度学问的人们将继续进入文法学校……当他们达到足够的年龄时，他们就立即被从文法学校送到大学，在这里学习那些适合他们意向的科学。——靠从贫穷阶级中挑选天才青年的计划，我们希望国家能利用那些不仅产生于富人中还产生于穷人中的有才能的人，这些有才能的人如果不被寻找出来且加以培养和利用的话，就会被埋没……”①

从其教育实践上看，杰斐逊关于公共学校系统的设计大多没有付诸实施。在卸任美国总统之后，杰斐逊便开始积极创办一所新的大学，这所大学便是弗吉尼亚大学——布鲁贝克将其称为美国历史上第一所真正的州立大学，杰斐逊自己也将弗吉尼亚大学称为他的“老来子”。1818 年，弗吉尼亚大学获得政府的办学特许状，杰斐逊便开始积极地筹备学校的选址、学校建筑的设计、课程的规划、教授的评聘，以及争取社会捐助。弗吉尼亚大学是一所“没有上帝”的学校，不设神学教授席位；学校管理权在校监委员会之手，而校监委员会由政府行政长官任命；开设古典语言、现代语言、数学、自然哲学、自然史、解剖学和医学、道德哲学和法学等课程，并且设立了相应的教授席位；学生在学习中享有一定程度的选修自由，这也是美国最早开始“选修制”的尝试；鼓励学术自由，“本大学将建立在赋予人类理性无限自由的基础之上。在这里，无论真理把我们引向何处，我们都不惧怕，当然也不容忍置理性于混乱状态而出现的任何失误”。杰斐逊为弗吉尼亚

---

① ［美］杰斐逊：《给彼得·卡尔的信》，出自梅利尔·D. 彼得森注释编辑《杰斐逊集》（上下），刘祚昌译，生活·读书·新知三联书店，1999，第 1578—1584 页。

大学倾注了晚年所有的心血，“大学里的师生几乎每天都能看到一位衣着朴素、整洁的银发老者骑马缓缓走过山间小路，在弗吉尼亚大学校园驻足”。①

可以说，杰斐逊为我们设计了一个“民主”的、“现代”的、“人人参与”的教育蓝图，代表了18世纪的启蒙思想家对教育美好的期许，代表了现代教育制度的萌芽，代表了启蒙时代“进步”的教育理想；但是，我们在杰斐逊的表述中也会发现一些互相矛盾而又联系紧密的概念，如“人民”：他既勾勒了作为一个道德整体的“人民”，这是一切权力的来源，又描绘了现实的政治世界之中的“人民”——愚昧、轻率的“废物”。他既勾勒了作为一个自由的、独立的“人民”，这是上帝完美的“选民”，又描绘了现实世界中“没有头脑的乌合之众”，这是“垃圾堆”中的“暴民”。他既用“我亲爱的人民”来称呼这一“天赋权利”的群体，又用“牲口”“妖魔”“白痴”“群氓”来表示对下层大众的厌弃。② 因此，我们不禁要问：他在他的教育观念和教育实践中真实地表达了什么？我们非常熟悉的由杰斐逊起草的《关于进一步普及知识的法案》，我们非常熟悉的杰斐逊对于“天然的贵族”的培养与选拔，我们非常熟悉的、连杰斐逊自己都认为是其一生中最重要的功绩之一的弗吉尼亚大学的筹建，在诸如此类的美好表述与实践中，“人民”究竟指称什么？什么是“自由”？什么是“平等”？什么是“天赋权利”？什么是“天然的贵族”？这些美好的抽象概念的实际落脚点在哪里？建构一个完整的教育系统对于杰斐逊而言究竟意味着什么？是目的，还是手段？是未雨绸缪的政治先贤的理想主义情节，还是精英权力的巩固？是为了在真正意义上实现“全民参与”“共同建构”的民主情怀，还是为了抵消来自下层精英的挑战的上层策略？而回答这

① 贺国庆：《外国高等教育史》，人民教育出版社，2003，第273—274页。

② 参见美国梅利尔·D.彼得森著《杰斐逊集》（上下），刘祚昌译，生活·读书·新知三联书店，1999。

一切都需要我们回到真实的历史情境之中。

四

1743 年 4 月 13 日，托马斯·杰斐逊出生于弗吉尼亚的阿尔伯马尔的一户人家。他的父亲彼得·杰斐逊是威尔士人的后裔，没有贵族血统，属于“自耕农”阶层——这是一个来自英国的概念，但与当时英国目不识丁、粗野鄙陋的“自耕农”及“巴黎的下层人”截然不同，在 18 世纪初期的弗吉尼亚，这指的是有文化的、有一定教养的、有一定知识技能的小土地的所有者[①]；与华盛顿（George Washington，1732—1799 年）一样，他是一名勘测员。虽然没有受过什么教育，但有很强的学习能力和旺盛的精力，遵守英国式的风俗礼仪，向往英国式的生活方式，酷爱莎士比亚的作品。[②] 他因在土地勘测方面的杰出才能而得到了当地的名门望族——伦道夫家族［在 18 世纪初期的弗吉尼亚，伦道夫家族（Randolph family）是当地的“头等”大族，起源于英格兰中部的一个贵族家庭，与英国许多贵族有着血缘或姻亲关系[③]］的赏识，很快就成了威廉·伦道夫（William Randolph）的好友。1735 年，彼得·杰斐逊也因此获得了 1000 英亩（约 4.05 平方千米）的土地，成了一名种植园主；与威廉·伦道夫的土地正好相邻。由于彼得·杰斐逊的土地不适宜盖房子，因此威廉·伦道夫又将自己名下的

---

① Charles Beard, Mary Beard, *The Rise of American Civilization* (New York: The MacMillan Co., 1947), pp. 150-151.［美］丹尼尔·J. 布尔斯廷：《美国人：民主的历程》，谢延光译，上海世纪出版集团，2009，第 104、304 页。［美］理查德·霍夫斯塔特：《美国政治传统及其缔造者》，崔永禄、王忠和译，商务印书馆，2012，第 28 页。

② ［美］亨利·蔡尔兹·默文：《美国国父列传：托马斯·杰斐逊》，钟琦译，北京大学出版社，2014，第 2 页。

③ ［美］杰斐逊：《自传》，出自梅利尔·D. 彼得森注释编辑《杰斐逊集》（上下），刘祚昌译，生活·读书·新知三联书店，1999，第 4 页。

400 英亩（约 1.62 平方千米）土地以“一大碗潘趣酒”① 的价格转让给了彼得·杰斐逊，供其盖房，该契约至今仍可见。1738 年，彼得·杰斐逊迎娶了伦道夫家族的一位女士——简·伦道夫（Jane Randolph），她是当时弗吉尼亚副将艾沙姆·伦道夫（Isham Randolph）的大女儿，出生于伦敦。就这样，彼得·杰斐逊这个小人物通过自己的奋斗，与弗吉尼亚最显赫的贵族紧紧联系在了一起。

彼得·杰斐逊向上流动的过程在早期的北美殖民地并不是一种偶然或巧合，而是一种较为普遍的流动模式。与欧洲相比，殖民地是一个相对开放的社会，是一个社会等级相对宽松的社会；与欧洲将社会等级与血缘、财产、门阀紧紧捆绑在一起相比，早期殖民地的人们可以、也有可能更多地依靠个人奋斗获得精英集团的赏识，实现向上流动。可以说，几乎我们能数得出的殖民地与革命时期最重要的人物几乎都是通过这种“能力＋扶持”的路径实现向上流动的。例如，年轻的约翰·亚当斯（John Adams，1735—1826 年）在 1756 年对一位朋友说，要想在法律界出人头地，人们不仅需要知识、时间和大量的藏书，最重要的是需要“这一行当里大人物的友谊和提携”。乔治·华盛顿是通过弗吉尼亚北岭镇的费尔法克斯和他的家族的帮助，开始担任测量员和民兵军官。本杰明·富兰克林（Benjamin Franklin，1706—1790 年）的升迁也是如此，在他向上流动的每一个步骤中，依靠的不仅仅是他的勤奋、睿智和人品，更重要的是他有足够的智慧和能力来吸引有权有势的人注意他；在庇护他的“头面人物”中有宾夕法尼亚的总督威廉·斯基、詹姆斯·洛根、安德鲁·汉密尔顿等；连富兰克林自己都说：“他（汉密尔顿）对我产生了强烈的兴趣，对我的庇护一直到

① ［美］亨利·蔡尔兹·默文：《美国国父列传：托马斯·杰斐逊》，钟琦译，北京大学出版社，2014，第 3 页。

他去世为止。”[①] 老詹姆斯·奥蒂斯（James Otis）[②] 在短短四年间就在马萨诸塞政界平步青云也是依仗了亲朋好友的支持；而像加斯珀·叶芝（Jasper Yeates，1745—1817 年）[③] 这样既有良好出身又有大学文凭的人，也完全是依靠与名门希彭家族（the Shippens of Pennsylvania）的联姻而“扶摇直上”。[④] 弗吉尼亚的本杰明·沃勒（Benjamin Waller）的例子也说明了这一点：1720 年的一个晚上，殖民地官员约翰·卡特和一位“富豪”因为河流涨水而滞留在“农民”约翰·沃勒家中。卡特注意到沃勒 10 岁的儿子本杰明“机智伶俐”“与众不同”。他说服了父亲让他把他的儿子带走，让他有出息。卡特实际上收养了小沃勒，并且送他去威廉·玛丽读书，在法律界栽培他，最终使沃勒得到了总督的赏识，后来官至弗吉尼亚议会的议员并担任各种皇家官职，成了一个“大人物”。[⑤] 早期殖民地的这种庇护制与欧洲的门阀贵族是有区别的，因为它的确是要求个人依靠自己的“才华与能力”去吸引“大人物”的注意，进而助其一臂之力。而之所以会出现这样的现象，在于与欧洲相比，在 18 世纪早期的殖民地，“土地”还不是一个十分稀缺

---

① J. A. Leo Lemay，Paul Zall（eds.），*Benjamin Franklin's Autobiography*（New York：W. W. Norton，1986），pp. 23，26，45，51，75.

② 他的儿子就是著名的詹姆士·奥蒂斯（James Otis，1725—1783 年），是美国独立战争前准备阶段的政治家，他系统地阐述了 18 世纪 60 年代殖民地居民在英国统治下的苦难。

③ 宾夕法尼亚著名的律师和法官，1791—1817 年任宾夕法尼亚州最高法院法官，任期曾调停“威士忌叛乱”（the Whiskey Rebellion）。

④ *Papers of Adams*，Vol. 1，p. 20；James Thomas Flexner：*George Washington：The Forge of Experience（1732-1775）*，pp. 41，52；Waters：*Otis Family*，pp. 91-92；Klein：*Shippens of Pennsylvania*，p. 143. 转引自 Gordon S. Wood，*The Radicalism of the American Revolution*（New York：Alfred A. Knopf，1993），p. 74。

⑤ Linda Rees Heaton，"'This Excellent Man'：Littleton Waller Tazewell's Sketch of Benjamin Waller，" *Virginia Magazine of History and Biography*，Vol. 89，1981：147-150.

的物品；广袤的殖民地空间与“唾手可得”的“良田”稀释了这一切[①]，较为松散而非僵化的社会结构使有才能的人的确可以通过学识才干实现向上流动。同时，也正是因为这样，教育是值得重视的。托马斯·杰斐逊也是如此。

彼得·杰斐逊于1757年染病身亡，他与他的妻子一共养育了10个孩子，托马斯·杰斐逊是活下来的第一个男孩，是长子。除他之外，还有一个男孩，但幼年不幸夭折。[②] 关于托马斯·杰斐逊母亲的情况，由于杰斐逊自己不愿过多地提及，因此后人了解得不多，但仍可知托马斯·杰斐逊拥有伦道夫家族优良的基因。他身形修长[③]、纤瘦，很结实，身手敏捷，在母亲的影响下酷爱音乐，感性、优雅。杰斐逊5岁的时候就进入英语学校学习，9岁进入拉丁文法学校，师从一位粗通拉丁语、“希腊语更差”的苏格兰牧师道格拉斯先生。[④] 在父亲去世后，杰斐逊毅然、决然地转向一位精通拉丁语与希腊语的古典主义学者莫里牧师求教，并且在两年后进入了威廉·玛丽学院（1760年）。[⑤]

威廉·玛丽学院位于弗吉尼亚的威廉斯堡。威廉斯堡在英语中的

---

① 在早期的弗吉尼亚，弗吉尼亚公司向每一个愿意亲自去弗吉尼亚承担风险的冒险家提供100英亩（约404685.64平方米）的土地。从17世纪70年代开始，弗吉尼亚开始效法英国，确定财产的资格限制；但是，“限定继承权”等仿英国的措施没有在弗吉尼亚发挥实际上的作用。弗吉尼亚土地情况的变化与社会结构的真正“冻结”大致发生在18世纪的中后期，也就是在美国革命前后。Charles Beard，Mary Beard，*The Rise of American Civilization*（New York：The MacMillan Co.，1947），pp. 55-57.

② ［美］杰斐逊：《自传》，出自梅利尔·D.彼得森注释编辑《杰斐逊集》（上下），刘祚昌译，生活·读书·新知三联书店，1999，第4页。

③ 杰斐逊的身高大致在189厘米左右。

④ ［美］杰斐逊：《自传》，出自梅利尔·D.彼得森注释编辑《杰斐逊集》（上下），刘祚昌译，生活·读书·新知三联书店，1999，第4页。

⑤ ［美］杰斐逊：《自传》，出自梅利尔·D.彼得森注释编辑《杰斐逊集》（上下），刘祚昌译，生活·读书·新知三联书店，1999，第4页。

意思是“品味、时尚、优雅中心”[1]，是殖民地总督府邸的所在地，聚集着十几个贵族家庭。正是在这里，杰斐逊既接受了英国式的传统贵族精英主义教育，又接受了“合乎理性与科学”的教育；结交了当地的三位显贵——斯莫尔（威廉·玛丽学院的数学教授）[2]、弗朗西斯·福基尔（王室任命的代理总督）和乔治·威思（威廉·玛丽学院的第一位法律教授，是弗吉尼亚的大法官），形成了一个莫逆“四人集团”。[3] 而当地的其他贵族和种植园主也因为与杰斐逊母亲家族的关系，慷慨地为杰斐逊打开了上流社会的大门。青年时代的杰斐逊过着“上流社会”的生活，他频繁地出入福基尔总督所举办的音乐聚会。他是一位出色的小提琴手，技术娴熟，富有激情；对服装、马车装备非常挑剔并乐此不疲——他所使用的马车一直都有血统最优良的马驹。事实上，从其青年时代开始，他就拥有了一批狄俄墨得斯血统的小雄驹。[4] 在杰斐逊的社交活动中出现的几乎都是弗吉尼亚的名人。[5] 他的

---

① ［美］亨利·蔡尔兹·默文：《美国国父列传：托马斯·杰斐逊》，钟琦译，北京大学出版社，2014，第5页。

② 杰斐逊曾说斯莫尔确定了他一生的命运。梅利尔·D.彼得森：《杰斐逊集》（上下），刘祚昌译，生活·读书·新知三联书店，1999，第1791页。

③ ［美］杰斐逊：《自传》，出自梅利尔·D.彼得森注释编辑《杰斐逊集》（上下），刘祚昌译，生活·读书·新知三联书店，1999，第5页。

④ 这实际上与杰斐逊晚年衣着随便、不修边幅的记载是相互矛盾的。“通常，他会懒洋洋地歪坐着，”据参议员威廉·麦克雷观察，“一边肩膀比另一边高。”他不注意外表，怎么舒适怎么穿，时常将不同时期的穿衣风格混合在一起。当英国驻美公使安东尼·梅里拜访杰斐逊的时候，他大吃一惊，看到这位最高行政长官“身着便服，脚穿拖鞋，肥大的马裤、外套和内衣，看起来邋里邋遢”。但彼得森认为，杰斐逊不修边幅，看似疏于打扮而实际上是特意这样装束的，因为他像鸟儿爱惜自己的羽毛一样，珍惜自己长期经营的“高贵品德”的名声。这实际上也从另一个侧面说明了杰斐逊的古典贵族情怀。Merrill Peterson, *Thomas Jefferson and the New Nation* (New York: Oxford University Press, 1970), p. 173.

⑤ 当时杰斐逊交往亲密的人物还包括佩奇、曼、卡特、纳尔逊、李、布兰德、耶茨等重要的姓氏，这些都是弗吉尼亚名人录上最重要的姓氏家族。

第一个情人丽贝卡·柏伟尔出身于那个五十年前主宰总督参事会的名门望族。在杰斐逊的书信中，我们也可以看到类似的蛛丝马迹："亲爱的韦尔，我想到了一项有生所能想到的最聪明的生活计划。你用你的地换取埃奇希尔庄园，我用我的地换取费尔菲尔茨庄园，你娶莎姬·波特为妻，我娶丽贝卡·柏伟尔为妻，（合）搞一辆车，配上两匹骏马，在同一个法院当律师，还一起驾车去参加乡间所有的舞会。你喜欢不喜欢？"①

杰斐逊 24 岁的时候加入律师协会，26 岁被选为州议员，任职长达 6 年之久，29 岁时已经是咨询律师了。1772 年 1 月，杰斐逊与一位年轻的寡妇玛撒·斯克尔顿（Martha Wayles Skelton）结婚。杰斐逊夫人身材高挑、年轻貌美、仪态优雅，受过良好的教育，热爱文学，能娴熟地弹奏古钢琴。她的父亲是一位富裕的律师。这次婚姻为杰斐逊的财产增添了一大笔地产——11000 英亩（约 44.52 平方千米）的土地和 135 名奴隶。杰斐逊自己也说："在清偿很大数目的债务后，大体上与我自己所继承的遗产相等，因而使我们的富裕程度倍增。"②

正是这样的生活，贵族精英情节被深深地植入杰斐逊的骨髓，他接受了上流社会的价值观——语言、习惯、爱好、生活方式，以及对贵族式的精英主义"高尚道德"的认可。这一点可以从 1770 年杰斐逊居住的沙德威尔的房子所遭遇的火灾中看出——此后，杰斐逊修建了著名的蒙蒂塞洛宅邸。据记载，当时一位黑奴来向杰斐逊报告火灾的损失，杰斐逊问："我的书救出来了吗？"奴隶说："主人，没有，不过我们把小提琴救出来了。"后来，杰斐逊自己写道："我估计了一下，

---

① ［美］丹尼尔·J. 布尔斯廷：《美国人：民主的历程》，谢延光译，上海世纪出版集团，2009，第 114 页。

② ［美］杰斐逊：《自传》，出自梅利尔·D. 彼得森注释编辑《杰斐逊集》（上下），刘祚昌译，生活·读书·新知三联书店，1999，第 6 页。

烧毁的书有 200 镑。要是烧的是钱就好了，我就不会那么心疼了！”[1]后世的许多批评家认为这是杰斐逊的矫揉造作，但如果将这一细节放入杰斐逊当时的生活情境之中的话，我们就会发现，杰斐逊当时已经是弗吉尼亚的社会名流了——1769 年，杰斐逊当选立法机关的议员——他没必要如此，而且将一位初出茅庐、血气方刚的年轻人描绘成一个老谋深算的政客，似乎也不合逻辑。与其说这是杰斐逊的惺惺之态，不如说这是他发自内心的想法。也就是说，他已经从骨子里接受了上流社会的观念——“钱”是腌臜之物，总是提“钱”是粗俗、不体面的行为；要有“品味”地、“讲究”地、“高尚”地生活，要有合乎体统的行为举止；或者说，他的身体里流淌的就是贵族的血液——又或者说，杰斐逊与真正的贵族之间只差一个世袭的头衔、名分和身份而已。这在杰斐逊晚年的行为中也得到了很好的证明：杰斐逊对自己自幼养成的品位、格调及开明的修养是非常自豪的，而他在蒙蒂塞洛的生活——“从园林到美酒，从绘画到诗歌，样样都追求英国或欧洲的最近款式和风格”[2]。

五

可以说，杰斐逊的贵族情怀既得益于他母亲高贵的出身，又源自弗吉尼亚“英国式的乡村”。弗吉尼亚属于南部殖民地，起源于英国国教徒的聚居地；如果说马萨诸塞为的是以“山巅之城”来荣耀世界的话，如果说宾夕法尼亚为的是以兄弟手足般的宗教宽容来激励世界的话，那么弗吉尼亚则是希望能够在新大陆实现英国式的开明贵族社会。

---

① ［美］亨利·蔡尔兹·默文：《美国国父列传：托马斯·杰斐逊》，钟琦译，北京大学出版社，2014，第 21 页。

② Gordon S. Wood, *The Radicalism of the American Revolution* (New York: Alfred A. Knopf, 1993), p. 203.

弗吉尼亚是一个酷似英国的社会，它向往英国式的生活方式，热衷于英国式的传统道德。甚至可以说，18 世纪早期弗吉尼亚的社会面貌就是一个杂糅了 17、18 世纪的英国，特别是英国农村的风尚而成的。正如当时一位正在旅行的英国官员所描述的那样，威廉斯堡完全就是“地道的英格兰城镇”，“从英国来的人大多把殖民地居民看成他们的乡下表亲，他们可能更土气……他们仍旧是英国人。他们同约克郡或诺里奇的居民或英国其他乡村小镇的外省居民一样，没有什么本质上的区别”，18 世纪早期的新大陆“在行为、道德和娱乐方式上同母国的一样……只是在程度上……稍逊一筹而已”①。关于这一点，我们也可以从华盛顿的生活中窥见一二：华盛顿爱好最讲究的服装、精纺的红布、金色花边、带有褶皱的衬衫和银扣子。他曾写信给他在伦敦的代理人说：“不管你给我送来什么样的商品，都要时髦的才好。”②

弗吉尼亚人不仅移植了英国式的时尚与风貌，更移植了英国式的社会结构，只不过在 18 世纪这种社会结构是较为松散的。关于当时社会阶层的构成，实际上是有不同表述的：第一种表述认为，当时的弗吉尼亚人可以被分为“富人”“中层”和“穷人”三大群体。所谓的“富人”，大致等同于种植园主；所谓的“中层”，大致包括了自耕农、技工等小财产的所有者；所谓的“穷人”则是不明确的，有的时候把社会上层以外的人都包括进去，有时候又仅指社会的最下层，有时候用来指称可以投票的人。第二种表述认为，在当时存在四个阶层：大土地的所有者、律师和法官、商人、农夫与工匠，并且认为最后一个

① Adam Gordon,"Journal of an Officer Who Traveled in America and the West Indies in 1764 and 1765," New ton D. Mereness(ed.), *Travels in the American Colonies*(New York,1916), p. 403; Virginia Harrington, *The New York Merchant on the Eve of the Revolution*(New York,1935), p. 21.

② Charles Beard, Mary Beard, *The Rise of American Civilization*(New York: The MacMillan Co.,1947), pp. 141-142.

阶层构成了殖民地的主体，是殖民地的力量所在，是“最有用和最有道德的人”。第三种表述认为，弗吉尼亚存在三个层次：一是上层阶级，他们是来自英国的门阀贵族，受过良好的教育，风度翩翩；二是中等阶级，既高雅，又粗俗，他们中有人很有钱，但由于家系不够古老，所以仍属于中等；第三是下层，这一阶层人数很少。杰斐逊对弗吉尼亚的社会结构也有自己的判断，认为弗吉尼亚存在着五大社会阶层：大土地的所有者、没有继承家族遗产的贵族家庭的次子和次女、暴发户、自耕农，以及堕落和不守规矩的人。①

我们发现，无论哪种表述，奴隶、契约奴、妇女及没有到达各地法律规定的财产标准而无投票资格的男性，实际上都被排斥在社会系统之外。也就是说，他们所关注的“人民”都是“自由”人口。而“自由”源自“财产”，“独立”源于“土地”，殖民地不动产的拥有者实际上成为未来共和国的领导者，而没有土地财产也有没有其他任何形式财产的人都是“干坏事的帮手，全面破坏国家自由的工具”②，是群氓，是暴民，是不足为道的。这是因为在18世纪的殖民地，体力劳动不是财富的源泉；与宗教道德观所宣传的勤勉工作恰恰相反的是，劳作是辛劳，是痛苦，是强迫，是不具有道德价值的；也正是这一观念带来了对劳动人民的鄙视，而革命的领袖们所珍视的“自由”“是不必为温饱而劳作的自由”③。同时，按照同时代的英国标准，在殖民地

---

① ［美］加里·纳什：《美国早期的阶级和社会》，第23页；格林：《从定居地到社会》，第299—300页；布朗：《1705—1706年的弗吉尼亚：民主制还是贵族制》，第32—33页。李剑鸣：《美国通史：美国的奠基时代（1585—1775）》，人民出版社，2002，第392—393页。

② ［美］理查德·霍夫斯塔特：《美国政治传统及其缔造者》，崔永禄、王忠和译，商务印书馆，2012，第37—38页。查尔斯·A.比尔德：《美国宪法的经济观》，何希齐译，商务印书馆，2010，第31页。

③ Gordon S. Wood, *The Radicalism of the American Revolution* (New York: Alfred A. Knopf, 1993), pp. 33-34.

真正意义上的贵族也几近凤毛麟角，“没有什么公爵，没有侯爵，没有宫廷”，殖民地的贵族和英国的贵族都是些“小字辈”，顶多是个中小地主，“在任何一处殖民地，几乎没有哪个富人能够名副其实堪称英国的富人的那种‘富’字”。例如，华盛顿的庄园在18世纪70年代的收入“根据弗吉尼亚的时价，每年仅有300英镑”。在一个来访的英国人看来，这种经济状况使华盛顿“只相当于英国富裕的自耕农”。[①] 当时，波士顿的一位大富翁托马斯·汉考克（Thomas Hancock）在身后留下了将近10万英镑的遗产，可是这笔在殖民地的巨额财富还不如英国商人亨利·拉斯卡莱斯（Henry Lascalles）1753年留下遗产的三分之一。[②] 当时，弗吉尼亚大富豪威廉·伯德（William Byrd）的私宅是当时殖民地人人称道的琼楼玉宇——共有65英尺（约19.81米）长，这个规模还不到当时英国的罗金厄姆侯爵（Marquess of Charles Watson Wentworth Rockingham）房屋的十分之一——他的华屋的长度要比两个足球场还要长。[③]

因此，可以说，在18世纪早期的弗吉尼亚，事实上存在着三个社会等级：最高等级是源于英国高贵姓氏的小贵族，他们是英国在殖民地统治的代理人，独立战争或驱逐或转变改造了这一批人[④]。最低等级

---

① Alan Gowans, *Images of American Living : Four Centuries of Architecture and Furniture as Cultural Expression* (Philadelphia: Lippincott, 1964), pp. 141, 142, 149.

② William Baxter, *The House of Hancock: Business in Boston, 1724-1775* (Cambridge: Harvard University Press, 1945), pp. 75, 224.

③ Fiske Kimball, *Domestic Architecture of the American Colonials, and of the Early Republic* (New York: Metropolitan Museum of Art, 1922), p. 70.

④ 据统计，在美国革命之前的殖民地中，亲英分子大概接近50万人，约占当时白人人口总数的20%；他们中的8万人在革命中离开了13个殖民地。亲英分子的离开消解了殖民地的身份网络和当时上流社会的利益集团，一些“显赫”的家族，如佩恩家族、艾伦家族、丘家族、汉密尔顿家族、希彭家族、欧文家族、温斯洛家族、克拉克家族、劳埃德家族都在一夜间灰飞烟灭。Charles Beard, Mary Beard, *The Rise of American Civilization* (New York: The MacMillan Co., 1947), pp. 292-293.

是没有任何形式的财产的、没有自由和人身独立的“大众”，他们是被杰斐逊等革命领袖唾弃的“无赖”与“猪猡”[①]，这些人是“每个国家的苦力”，“当我们衡量一个国家的国民性时，他们这些人是决不应加以考虑的”[②]。中间最核心的一个等级就是拥有土地的“自耕农”，他们在整个殖民地年代从贫困的处境不断奋力上进，坚决谋求舒适、安全的生活和权势；他们借助殖民地丰富的自然资源获得了比旧大陆更快的向上流动的路径，并且通过这个过程成为美国革命的核心力量——“如果说一位地位颇高的弗吉尼亚绅士统率了军队、加入了行伍、扛起了步枪的正是刚扔下了犁的自耕农”[③]。无怪乎霍夫斯塔德和查尔斯·比尔德都曾感叹，美利坚天生就是一个“中产阶级”社会。这才是杰斐逊所谓的“人民”的真正含义——拥有小土地的“自耕农”——“在土地上劳动的人们是上帝的选民，如果他曾有选民的话，上帝有意使这样的选民的胸怀成为特别贮藏他那丰富而纯真的道德的地方。这里才是上帝保持神圣之火旺盛燃烧的中心，否则这个神圣之火就会从地球上消失。耕种土地的广大群众道德腐化的例子在任何时代任何国家都没有过……”[④] 正是如此，杰斐逊断言：“国家将是有产者的国家，未来也就建立在这个国家的有产阶级基础之上”，“一个有教养、有知识且有自由的体制的农民的国家是最适合的民主共和国”。[⑤]

---

① ［美］理查德·霍夫斯塔特：《美国政治传统及其缔造者》，崔永禄、王忠和译，商务印书馆，2012，第35页。

② “Jefferson's Hints to Americans Traveling in Europe,”in Julian P. Boyd(ed.), *The Papers of Thomas Jefferson*, Vol. 13(Princeton: Princeton University Press, 1954-1955), p. 268.

③ Charles Beard, Mary Beard, *The Rise of American Civilization* (New York: The MacMillan Co., 1947), p. 131.

④ ［美］杰斐逊：《弗吉尼亚纪事，询问十九》，出自梅利尔·D. 彼得森注释编辑《杰斐逊集》（上下），刘祚昌译，生活·读书·新知三联书店，1999，第311—312页。

⑤ ［美］理查德·霍夫斯塔特：《美国政治传统及其缔造者》，崔永禄、王忠和译，商务印书馆，2012，第38页。

实际上，以托马斯·杰斐逊为代表的美国革命领袖大多属于“自耕农”阶层。他们是他们的家族中第一代或第二代实现了向上流动的人——据研究，在美国99名建国领袖中，即那些签署了《独立宣言》的人或参加了“制宪会议”的人中，只有8个人的父亲上过大学。[①] 例如，杰斐逊是杰斐逊家族中第一个接受过高等教育的人；亚当斯也是一个殷实的农场主和鞋匠的儿子，是亚当斯家族中第一个进入上流社会的人；富兰克林、华盛顿、纳撒尼尔·格林都没有上过大学，都是通过刻苦的自学来弥补教育上的不足——这种不足甚至使华盛顿无法亲自写下一本美国革命的回忆录，甚至还有人说华盛顿在战争期间最重要的几封信都是他的助手写的；使华盛顿屡次说知道自己受教不足，因此只能在文思敏捷的人物面前沉默寡言，为自己不懂任何一门外语而感到羞愧；使华盛顿谨小慎微地过活，甚至在与友人写信的时候都要誊抄多遍，生怕有涂改和错误的地方出卖了他的真实水准。[②] 正是由于这种“天生”的遗憾，使这些拥有经济上独立地位的“自耕农”缺少文化上的独立性和自信心。“寒微的出身”使他们对英国式的古典主

① Richard Brown, “The Founding Fathers of 1776 and 1787: A Collective View,” *William and Mary Quarterly*, Vol. 33, No. 3, July, 1976: 465-480.

② James Thomas Flexner, *George Washington: Anguish and Farewell, 1793-1799*, Vol. 4 (Boston: Little Brown, 1969), p. 488.

义贵族精英文化可以说是"既爱又恨"①：他们"心比天高"，可偏偏"身为下贱"；他们无法从家族和亲属那里世袭获得身份、地位与头衔，因此他们醉心于证明贵族的身份与品格不是"生来就有"的；他们既艳羡、模仿贵族们的举手投足、文质彬彬，又对年少攀附上流社会的时候所遭受到的"富人们"的冷眼与排挤耿耿于怀，因此对他们的养尊处优、不劳而获与奢靡铺张深恶痛绝。所以，他们热衷于证明他们也是贵族，是"天然的贵族"，是有才德的人；他们"优雅而不浮华，彬彬有礼而不孤芳自赏，有品位而不自以为是，品德高尚而不装腔作势，天然质朴而不粗鄙庸俗"②；他们是洛克（John Locke）笔下身披灵光的"绅士"——礼貌、优雅、趣味和有学识，深信洛克所言的"最应得到重视的应该是绅士阶层，因为这个等级的人在教育上一旦走入正轨，他们很快就会带领其余的人做到井然有序"③；他们既痛恨"迷信"与"顽固不化"，又唾弃"懒惰"和"奴役"，他们要向"愚昧"和"野蛮"宣战，要把"文学和科学请到我们中间来……让我们

---

① 以杰斐逊为代表的美国革命精英们大多都是从鄙陋的乡野步入上流绅士社会的，在文化上深深的自卑感使他们对于他们的出身藏藏掖掖、犹豫不决，他们既不愿意让别人知道他们"贫寒"的出身，因为他们认为这是不体面的，又不愿意让他人知道他们也是通过攀附贵族实现向上流动的，因为这是不道德的。杰斐逊本人的行为就很好地说明了这一点，他一再强调父亲属于"自耕农"阶层，却不愿意承认他攀附了母亲的家族；他既深知"自耕农"的出身能给他带来更多的政治伙伴，又明白他的出身是不体面的，因此他曾在他的自传中追溯他在英国的先祖。富兰克林也是如此。也许有人要说富兰克林在他的自传中曾经清楚地表明了自己的出身，但是我们还要注意富兰克林的《自传》是在他去世之后才被正式出版的，富兰克林在有生之年一直觉得自己的出身是"不体面"的。托马斯·麦基恩（Thomas M'Kean，特拉华州签署《独立宣言》的代表）也是如此。他在宾夕法尼亚学院接受了高等教育之后，就不再理睬他卑微的父亲了。他的父亲是一个破产了的小旅店店主，他试图隐藏他的出身，后来却被他的政敌发现了，用来攻击他。

② Gordon S. Wood, *The Radicalism of the American Revolution* (New York: Alfred A. Knopf, 1993), p. 196.

③ 参见英国约翰·洛克著《教育漫话》，教育科学出版社，1999。

鼓励赞许一切使我们的品德变得高尚的事物”。①

因此，可以说，以杰斐逊为代表的美国革命领袖们实际上并不指望那些穷困、没有社会地位的人，如农民、工匠或小商贩们能够通过教育获得较高的社会地位；他们眼中的教育不是目的，而是手段；不是为了任何抽象意义上的社会整体的公平与正义，而是希望如果这些人的孩子们有才能的话，可以像他们一样进入威廉·玛丽或哈佛读书，学习拉丁文、希腊文，学习古典作品，接受开明的绅士教育，并且由

---

① 以杰斐逊为代表的革命精英们为了更好地证明自己就是贵族，是开明的贵族，而不是依靠家产、奢靡度日的传统门阀氏族，不顾一切地向往古典主义道德和价值观念，并且用其来粉饰自己的行为。1766年，杰斐逊曾去马里兰旅行。在那里，他对当地议会的粗鲁行为嗤之以鼻，认为议员们大喊大叫、吵吵闹闹、不起立就发言的行为完全不成体统，“他们似乎不知道什么是运行立法机关正常和得体的方式”。杰斐逊还把自己看成美利坚的文化代理人，把欧洲文化最高雅和最高明的方面介绍给他的同胞们。在18世纪80年代，他们曾讨论需要一尊华盛顿的塑像，杰斐逊力荐欧洲的雕刻家乌东，杰斐逊从巴黎写信回来说：“关于聘用的这位雕刻家，人们是不会有什么疑虑的，乌东先生在这座城市的声誉在欧洲是无可匹敌的。”他认为在美国没有人像乌东具有那样的才学。而华盛顿对乌东把这座雕像雕刻成古罗马的风格表示了些微的担忧。为此，杰斐逊对乌东表示了不满，乌东很快就放弃了他原来的看法，因为他不愿“让自己的判断与行家的鉴赏品位相左”。华盛顿的例子很好地说明了他们这代人“美德的自我修饰”心理：1783年，华盛顿的解甲归田成就了他辛辛纳图斯式的英雄美誉，他并非没有野心，也非常清楚他辞官之后将给他带来什么样的轰动效应。关于这一点，当时的英国国王乔治三世曾有非常准确的判断。他说：如果华盛顿退出公众生活的话，他就将立刻成为一个“神话”。还有一个例子，1784—1785年，弗吉尼亚州议会曾决定要赠予他詹姆斯河和帕托马克运河的150股股份，表彰他为本州及建设运河的贡献。华盛顿立刻受到诱惑，他太需要钱了。长久以来，他做梦都想靠着运河发财。但是，他又明白如果他接收了股份，就等同“接受了津贴”，这又有损于他长期以来苦苦经营的英名——当时他被誉为18世纪古典主义美德的化身。因此，他给他认识的所有人写信，询问“最好”的解决方法，最后杰斐逊给他出了一个好主意：杰斐逊告诉他，拒绝接受股份只会增加他大公无私的名声，建议他把这些股份转赠给一所大学，这就是后来的华盛顿和李大学（Washington and Lee University）。William Livingston, *Independent Reflector*, 1735; Julian Boyd, *The Papers of Thomas Jefferson*, Vol. 7 (Princeton: Princeton University Press, 1950), p. 600; John Clement Fitzpatrick, *Writing of Washington*, Vol. 28 (Montana: Kessinger Publishing, 2010), p. 504.

此进入上层社会；他们所希冀的教育是一种“自我复制”的方式，复制与他们一样的人，通过教育的灌输创造属于他们自身的“绅士文化”，铸造一个“知识的共和国”——在这个“共和国”中，只有知识、才能和道德发挥着作用，并且将他们的精神和情怀一代又一代地“世袭”下去，要“把天才的火花变成夺目的火焰，这些天才的火花属于像他们一样的人，即共和方式的竞争和竞赛使他们从‘无名之辈’变成杰出的人物，他们的名字将会闪烁着光芒，炫耀全世界。荣誉、利益和爱国主义精神激励他们去完善自己和后代，取得‘法院、军队、各种专业和所有政府部门的职位’。他们将会成为‘天然的贵族’——受过开明教育、有知识、有性格的绅士。对于许多革命领导人来说，这就是共和思想的精神意义，这是备受折磨的才能战胜出身和血统论的证明”。①

六

美国革命使新大陆的“自耕农”的社会等级得到了前所未有的实质上的提升②——“包括总督、军官、法官和形形色色随从人员在内的英国官僚阶级遭到驱逐或自行逃亡，使美国社会的第二个阶层即商人、自由农民、种植园主和农场主上升到一个比较得意的地位……华盛顿不能在英国军队里得到重要的职位，但他成了大陆军队的最高统帅。约翰·亚当斯年轻的时候在马萨诸塞种植玉米，成年时期收到波士顿

---

① Gordon S. Wood, *The Radicalism of the American Revolution* (New York: Alfred A. Knopf, 1993), pp. 180-181.

② 1779年，詹姆斯·沃伦（James Warren，马萨诸塞州州长）曾经抱怨，在波士顿“一个5年前可能是给我刷皮鞋的家伙，现在已经家道丰厚，出入有漂亮的马车了”。Robert East, *Business Enterprise in the American Revolutionary Era* (Gloucester: Columbia University Press, 1938), pp. 220, 227, 232.

英国官僚集团上层的冷遇，后来却成为美国派驻英王乔治宫廷的公使。托马斯·杰斐逊也从弗吉尼亚一名默默无闻的农夫之子被提升到州长的职位，担任过驻法公使，又以总统的身份指导国家大事达 8 年之久。”[①] 因此，革命成功之后维持社会秩序和点拨民族命运的重大任务就落到这些“手握实权”的人手中。但杰斐逊这位来自弗吉尼亚的“假”贵族已经长期习惯于英国国王君临天下所恩赐的“高度自治”，却对未来社会的走向惴惴不安，因为“没有人敢断定何时纪律变成了独裁，何时自由又滑向了无法无天”[②]。

幸运的是，杰斐逊是一位“恰逢其时”的政治家。源自 15 世纪的“进步”火种，到了 18 世纪初期已经燃烧成最富生气的熊熊烈焰——“人类由于增进了知识和使物质世界服从人类福利的要求而不断改善其人世间的命运”[③]，“自耕农”“珍视”劳动与勤勉等平凡之事务；新大

---

① Charles Beard, Mary Beard, *The Rise of American Civilization* (New York: The MacMillan Co. ,1947), p. 462.

② Charles Beard, Mary Beard, *The Rise of American Civilization* (New York: The MacMillan Co. ,1947), p. 440.

③ Charles Beard, Mary Beard, *The Rise of American Civilization* (New York: The MacMillan Co. ,1947), p. 444.

陆的广袤领土不仅“净化”和“消散”了浓烈的宗教精神[①]，刚刚崛起的“新贵”们不仅不需要再盲从信奉欧洲“教父”们的哲学，还使他

① 在18世纪“正统的”国教徒们聚居的弗吉尼亚，宗教气氛实际上是很疏离的。当时有一位牧师曾经抱怨道：“这些教区面积之大，不仅造成对宗教节日活动的懈怠，而且我经常发现向他们布道是劳而无功的。我长途跋涉50英里（约80.47千米）到一幢私宅去讲道，但有时在聚会那会儿恰恰天气不好，来的人寥寥无几甚或没人前来，要不然就是由于大雨使河流沼泽无法通行，我只好白跑一趟，于人无益，于己扫兴。”还有牧师说：“牧师刚讲道完毕，在场的男子便各个掏出烟斗，吸上一斗烟。”“由于教区地域太大……许多尸体不能被运到教堂来安葬，因此习惯于埋在自家的花园或果园里，列祖列宗都埋在那儿。墓地周围一般种上万年青，十分雅致，墓冢保持体面。殡葬仪式为此同样在家里举行，邻里亲友济济一堂，听取安魂布道。如果你一定要他们在教堂举行殡葬仪式，他们就会说，若不按他们的习俗办，宁可不办。在家里还可以为孩子和女教徒举行洗礼仪式，这有时是出于兴致或风俗，最经常的是由于非这样做不可，否则有的人就不搞洗礼仪式了。婚礼大都也在家里举行而不讲究季节和日子。”可以说，在弗吉尼亚没有统一的宗教仪式，礼拜用品很少，人们又往往对教义一无所知，这些实际上都有违正统英国国教的精神。因此，布尔斯廷断言，辽阔的殖民地完成了在欧洲需要上百年才能完成的神学论战。因此，在这个意义上，杰斐逊在弗吉尼亚推行的《宗教自由法案》实际上是一纸空文，因为在当地仅存形式上的“正统”宗教而非实质上的。因此，杰斐逊的《宗教自由法案》与其说是具有划时代的革命意义，不如说是政治“秀”。参见美国梅利尔·D.彼得森著《杰斐逊集》（上下），刘祚昌译，生活·读书·新知三联书店，1999；丹尼尔·J.布尔斯廷著《美国人：民主的历程》，谢延光译，上海世纪出版集团，2009。

们对自然科学产生了浓厚的兴趣①；而来自 17 世纪英国的开明的洛克学说也为重新定义“权威”奠定了新的智力基础②——“家长们不要把他们的权威建立在孩子的畏惧基础之上”；家长的权利不是绝对的，孩子既有权利，也有义务；家长要赢得孩子们的尊重，也要信任他们；洛克所建构的“父慈子孝”的原型从根本上刺激了一个“反对家长制

① 与其说杰斐逊是一个“不切实际”的空想家和“重理论的幻想家”，不如说他是一个非常讲求实用的人。他可以撰写一本百科全书式的《弗吉尼亚纪事》，可以写一本供参议院使用的议会手册，却从未写过一本系统的政治理论著作。他既对认识论感兴趣，但那仅仅是兴趣，又热爱机械、观测、测量、计算，因为这些能在他的种植园中发挥实际作用。他曾写信给他的女儿，宣称“每一簇嫩草都会引起我的兴趣”，又说“对国家的最大贡献莫过于在其文化土壤里添植一颗有益的树木”。杰斐逊自己动手设计了蒙蒂塞洛宅邸，对其手下奴隶的工作效率进行了有益的研究，并且在一段时期内使其农场达到了自给自足。他发明了大麻纤维拍打器，算出了一种阻力最小的铸板犁结构程式，为此获得了法国塞纳-瓦兹省法兰西农学院的奖励；设计了一种皮制轻马车车篷、一种转椅和一种旋转碗碟架。他一丝不漏地记录了他所到之处的人文风光和自然现象，“对于西欧的一草一木，只要有用，他都研究，并且还要研究其栽培情况”。他长期坚持每天记录温度及气压数据，不断研究新的犁耙、蒸汽机、节拍器、温度计、升降机，以及诸如此类的器具，还研究黄油和奶酪的加工工艺。他为国会撰写了一份美国度量衡器具的论文，以及相关统计报告中数据收集问题的报告。他为美国设计的十进制币种显然要比当时的金融学家罗伯特·莫里斯更高明。从这个意义上说，超验主义、实用主义、工具主义等一系列思潮等在美国生根发芽也非无本之木、无源之水。[美] 理查德·霍夫斯塔特：《美国政治传统及其缔造者》，崔永禄、王忠和译，商务印书馆，2012，第 29—30 页。

② 参见美国劳伦斯·A. 克雷明著《美国教育史：殖民地时期的历程（1607—1783）》，周玉军等译，北京师范大学出版社，2003。

的美国革命”[①]。如果包括上帝在内的统治者在弗吉尼亚都失去了统治的合法性的话，那么世俗世界中统治者的合法性和合理性更是不消提及。1776 年，杰斐逊在《独立宣言》中写下了现代政治的千古绝唱：“人人生而平等，他们被造物主赋予他们所固有的（某些）不可转让的权利，其中有生命权、自由权及追求幸福的权利；为了保障这些权利，才在人们中间成立政府，而政府的正当权利则得自被统治者的同意；如果遇到任何形式的政府损害这些时，人民就有权利改变或废除它，成立新的政府，而新成立的政府要奠基于这样的原则上，以这样的形式组织其权力，以期唯有这样才能保障人民的安全和幸福。”[②]

在推翻了旧制度之后，杰斐逊们认为按照古典主义的传统，可以

---

① 目前大多数主流的美国史研究认为，杰斐逊的政治观来源于英国的洛克，而非法国的孟德斯鸠；而洛克的学说尤其是他的《教育漫话》，而非《论政府》，在殖民地发挥了实质上的作用。洛克的《教育漫话》实际上采用隐喻式的写法，用家庭权威影射君主权威，用家长与孩子之间正确关系的讨论影射君臣关系，要求实行开明政策。洛克的《教育漫话》实际上成了摧毁菲尔默式的父权制的理论基础。Jay Fliegelman, *Prodigals and Pilgrims : The American Revolution against Patriarchal Authority , 17500-1800* (Cambridge: Cambridge University Press, 1982), pp. 12-15. 参见美国丹尼尔·J. 布尔斯廷著《美国人：民主的历程》，谢延光译，上海世纪出版集团，2009；伯纳德·贝林：《美国革命的思想意识渊源》，涂永前译，中国政法大学出版社，2003。

② ［美］梅利尔·D. 彼得森：《杰斐逊集》（上下），刘祚昌译，生活·读书·新知三联书店，1999，第 22 页。

采用的政体一共有三种：君主制、共和制①和民主制②。对于刚刚获得独立的“人民”而言，重新建立一个君主制政府，无论从理智还是从情感上，都是不可能接受的③；而民主制对于杰斐逊而言，也是万万不妥的：因为无产者是危险的，是不值得信任的，是叛乱和社会动乱的根源——因为无产者没有土地财产，而没有土地财产就意味着没有经济上的独立，没有经济上的独立就意味着人身上的依附关系，而“依附产生奴性，容易被收买，扼杀美德，而且是他人实现野心的得心应手的工具”④——人性怎么可以脱离田园耕种和不动产的“天然”滋养呢？所以，那些“被无知、贫穷和压迫所折磨的人”是不安全的，“15人中必有 14 人是无赖”，城市里的无产者是国家“肌体”上的“脓疮、罪恶的教唆者和革命的制造者”，“如果人民拥挤在城市靠变幻莫测的

---

① 共和制（*respublica*），在古典主义时代侧重政治权力的公共属性，把政府视为一种为了公共利益设立的公共机构，需要公共参与来使之运作，通常在公共场所举行公开会议进行决策。在制度上具有混合性，执行官员虽由选举产生，但权力很大，并且拥有一定的独立性；人民大学虽然行使选举官员和表决政策的权力，但起核心作用的是贵族元老院，在特定情况下还可实行独裁。李剑鸣：《“共和”与“民主”的趋同：美国革命时期对“共和政体”的重新界定》，《史学集刊》2009 年第 5 期。

② 民主制（*demokratia*），在古典主义时代指的是公民直接掌握政治权力，亲身参与国家治理，通过“平等发言权”对公共决策进行公开辩论，在达成共识后交由公民选择的官员执行。它在体制上是一种单纯的政体，不仅与世袭权力水火不容，而且对任何长期占有权力的行为和具有强大社会声望的人物都要时时加以提防，以免对政治平等造成危害。李剑鸣：《“共和”与“民主”的趋同：美国革命时期对“共和政体”的重新界定》，《史学集刊》2009 年第 5 期。

③ Gordon S. Wood, *The Radicalism of the American Revolution* (New York: Alfred A. Knopf, 1993), p. 177.

④ ［美］梅利尔·D. 彼得森：《杰斐逊集》（上下），刘祚昌译，生活·读书·新知三联书店，1999，第 272—273 页。

商业谋生，美国的自由制度必然会完结”。[1] 由此看来，既然“人民”是反复无常的城市群氓，像“一头巨兽”，那么“共和”政体是一种微妙地加以平衡的传统安排。[2] 当然，共和制也是更符合古典主义贵族情怀的选择，是贵族政治的基础。

在抽象的共和制传统中，人在本质上是一个政治的人，是一个通过参与自治的共和国的活动来实现极大程度的自我完善和自我道德的公民，即参政议政的政治自由是实现个人自由、权利、道德的全部基础；反之亦然，个人的自由、权利和道德也保障了政治自由。共和制要求公民有高尚的道德，因为共和制从本质上说就是“最好的道德的政治”，它强调公共属性、公共利益，以及为公共利益而牺牲个人私利的公共道德。在共和制政体中，独立与道德的丧失就是腐败的根源。因此，共和制是十分脆弱的，它对公民的道德水平的要求要远远高于君主制和民主制；要真正实现“共和”，就要保持公民的独立和提高其道德修养，这是最重要的两条路径。在现实世界中，这是一条“虚无缥缈”的“不归路”，正如亚当斯和汉密尔顿所批评的那样，共和制被“五花八门地加以利用”，“从不清楚共和制到底是什么”，“过去没有人知道，将来也不会有人知道”，共和制“可以是指任何事物、所有的事物，或者是一无所指”。[3] 但对政治词语的使用已炉火纯青的杰斐逊为美好的共和制想象找到了一个完美的落脚点。

为了理解这一落脚点，我们又必须回到杰斐逊对于“人民”的定

---

① ［美］理查德·霍夫斯塔特：《美国政治传统及其缔造者》，崔永禄、王忠和译，商务印书馆，2012，第 35 页。Charles Beard, Mary Beard, *The Rise of American Civilization* (New York: The MacMillan Co., 1947), pp. 339-401.

② ［美］丹尼尔·J. 布尔斯廷：《美国人：民主的历程》，谢延光译，上海世纪出版集团，2009，第 122 页。

③ Gerald Stourzh, *Alexander Hamilton and the Idea of Republican Government* (Stanford, CA: Stanford University Press, 1970), pp. 44, 53; Franco Venturi, *Utopia and Reform in the Enlightenment* (Cambridge University Press, 1971), pp. 62, 71.

义中去。在杰斐逊的政治话语中，所谓“人民”，即不动产的拥有者，“拥有一定财产为思想充分独立的必需而主张有产者方有选举权”，美国就应该也必须是一个农场主的国家，“耕者有其田”使他们独立、有知识、有道德，“既不会盲动，又不会堕落”①。因此，殷实的“自耕农”是可靠的“善良之辈”——杰斐逊深深地信任着“自耕农”，就如同相信他自己一样——“向一个农夫和一位教授陈述一个道德事例。前者也能判断，而且时常比后者更好，因为他没有被人为的准则引入歧途”②。而这种直接将抽象政治与土地财产等同起来的做法，使“如果说普通选民被要求去投票，那么拥有巨额财产的人则被期望肩负更大的责任”③。实际上，弗吉尼亚一直是由“富人”治理的，“凡是殷实富裕的家族，都有人在总督参事会、民众代表院、县政府或其他统治机构里当官，殖民地的统治机构也无不是由富人控制的”，而土地是所有统治家族和弗吉尼亚财富的基础。④ 早在1776年为弗吉尼亚起草宪法的时候，杰斐逊就尝试规定选举人的财产资格——“选举人须为在农村完全拥有24英亩（约97124.55平方米）地产者，或者在城市拥有四分之一英亩（约1011.71平方米）地产者，或者必须是在选举的两年内均完税者”⑤；而我们想象之中作为美国“民主”代言人的杰斐逊实质上从未在任何时间、任何地方考虑过推行政治的普选权问题。因此，

---

① ［美］理查德·霍夫斯塔特：《美国政治传统及其缔造者》，崔永禄、王忠和译，商务印书馆，2012，第38页。

② ［美］杰斐逊：《给彼得·卡尔的信》，出自梅利尔·D.彼得森注释编辑《杰斐逊集》（上下），刘祚昌译，生活·读书·新知三联书店，1999，第1009页。

③ ［美］丹尼尔·J.布尔斯廷：《美国人：民主的历程》，谢延光译，上海世纪出版集团，2009，第115页。

④ ［美］丹尼尔·J.布尔斯廷：《美国人：民主的历程》，谢延光译，上海世纪出版集团，2009，第125页。

⑤ ［美］杰斐逊：《弗吉尼亚宪法草案（1776）》，出自梅利尔·D.彼得森注释编辑《杰斐逊集》（上下），刘祚昌译，生活·读书·新知三联书店，1999，第358—368页。

在杰斐逊的“共和制”假设中，作为共和制基础的“独立”与“道德”实际上为“财产”和“土地”所取代；“土地”不仅仅成了一种财物，更是个人独立和个人权威的标识，是人格的标志；高官显职要由“最有道德的人”，即“最有利害关系”的、财物最多的人来担任，重大问题的决策显然也要以他们的意志为转移①。可见，杰斐逊苦苦经营的是有产者的利益，而非抽象的共和或民主的政治理论，这是因为杰斐逊深知“要驾驶国家这艘巨舟，靠的是地头畦界，而不是遥远的恒星”②。

在弗吉尼亚，“要满足获取土地的渴望，只有强壮的体格还不够，还要有敏锐的政治嗅觉。觅取地产富源的途径不仅要穿过茫茫荒野，而且要穿过威廉斯堡政府大楼的走廊过道。这是弗吉尼亚头面人物走熟了的通向荒无人烟的南部和西部浩瀚沃土的‘捷径’”③。这很好地诠释了杰斐逊的强烈的政治现实主义，使抽象政治与实体经济紧密地

---

① ［美］丹尼尔·J. 布尔斯廷：《美国人：民主的历程》，谢延光译，上海世纪出版集团，2009，第116页。

② Charles Beard, Mary Beard, *The Rise of American Civilization* (New York: The MacMillan Co., 1947), p. 387.

③ 例如，华盛顿早年在弗吉尼亚议会供职时所热心的诸项“公事”中，最积极从事的莫过于为他自己和他那些同在1754年退伍的伙伴们谋取土地。据称，丁维迪总督1754年2月紧急公告已用“俄亥俄河畔20万英亩（约809.37平方千米）英王土地”犒赏了这些退伍老兵，但18年后实际拨出数以万计的田亩全靠华盛顿的活动……华盛顿主动请赏，指定地点，按职衔高低给不同的要求者分拨土地。他自己获赏24100英亩（约97.53平方千米）。其中，18500英亩（约74.87平方千米）是他分给自己的份额，5600英亩（约22.66平方千米）则是他靠其特殊地位廉价买下别人的份额。他还具有直接了解被分土地确切情况的便利，从而能保证酬谢他爱国主义精神的那些土地配得上他。在这种情况上，华盛顿没有理由觉得他不正当地肥了自己。他写道：“我可以并非自吹自擂地说，要不是鄙人坚持不懈地审时度势、因势利导，就得不到土地。”1767年6月，华盛顿又奉劝他的朋友约翰·波西上尉：“看看弗雷德里克，瞧海特家族和首批占有那些土地的人是怎样发财的。啊不，还是看看我们在这块殖民地上的特大地产是怎么得来的吧。难道不是通过占有和低价购买当初算不了什么的边远沃土吗？而今它们成了我们拥有的最有价值的土地。”［美］丹尼尔·J. 布尔斯廷：《美国人：民主的历程》，谢延光译，上海世纪出版集团，2009，第126—127页。

杂糅在一起，成了“一个硬币的两面”。而这种紧密的联系使经历革命的血洗而完全实现了向上流动的“开国元勋”们“一朝得道，鸡犬升天”，而那些想借由革命来解除枷锁的、处于社会底层的白人，以及迫切渴望摆脱被奴役地位的黑人奴隶们发现改变社会地位比登天还难。①

由此可见，在从“臣民到人民”的转变过程中，贵族政治的情怀与弗吉尼亚人对“土地”的渴望②再次在杰斐逊的政治经济设计中发挥了作用。而教育的必然性也由此而生：一方面，良好的“贵族政治”的目的不是要挫伤“人民”的积极性，而是要使“人民”避免犯错。因此，教育是至关重要的。革命摧毁了旧制度，而要完全建立一个新社会，对“人民”进行启蒙就显得至关重要。洛克告诉他们，人的心灵是一块白板，人的感觉可以改变人的性格及其一切；通过支配人的感知来塑造人是可行的。同时，“进步”的火花也让他们坚信“头脑一旦被启蒙之光照耀，就再也不可能回到无知蒙昧的状态”③，所以要驱逐“黑暗”与“野蛮”，传播“光明”与“知识”。因此，杰斐逊们十分关注教育，不仅仅是制度化的教育，还包括各类“高雅的”修养品

---

① 罗伯特·夸里上校1704年向商务部诸大臣发来的报告称，弗吉尼亚四条大河两岸有10—30人“靠经商和勤奋挣得了非常可观的家产”。到了18世纪中期，这类人多了起来，还出现了一些暴发户，如其中的杰斐逊家族和华盛顿家族。丹尼尔·J.布尔斯廷：《美国人：民主的历程》，谢延光译，上海世纪出版集团，2009，第113页。

② 在很长一段时间内，学界认为杰斐逊对“土地”的热情是与杰斐逊“农业立国”的理想紧密结合在一起的。（参见刘祚昌著《杰斐逊的农业理想国》，《美国研究》1989年第3期；张少华著《汉密尔顿“工商立国”与杰斐逊“农业立国”之争》，《历史研究》1994年第6期；等等）但实际上，我们会发现弗吉尼亚的种植园中种植的是烟草——弗吉尼亚是“建立在烟雾缭绕之中的殖民地”，而非谷物；是经济作物，而非粮食作物。而种植经济作物的目的是交易、交换和盈利，而非小农理想中的“自给自足”。从这个意义上说，杰斐逊所谓的“我们都是联邦党人，我们都是共和党人”是肺腑之言，在革命时期的确存在着这样一个围绕着经济利益而形成的政治联盟。因此，也使杰斐逊不仅代表了他自身，更代表了革命时期的“那一代人”。

③ Henry Dwight Sedgwick, *In Praise of Gentlemen* (Boston: Little, Brown, 1935), p. 130.

位的达成，这是塑造新观念、铸造新文化的重要手段。另一方面，经营土地和种植园也必然要求“自耕农”的知识多样化，因为他们必须规划园圃，适时决定耕种收割、觅取制鞋缝衣的材料、照看奴隶等。因此，如何精明、谨慎、权威地经营种植园也要求种植园主们必须既要有聪明的头脑，又要有丰富的知识；既要对政治权术、法律条款了然于心，又要对自然发展史感兴趣，对医药和机械学有相当精深的知识，对气象学也必须十分内行。

最后，让我们回到文章的开篇，我们从杰斐逊的真实出身、弗吉尼亚的社会环境，以及在“进步”的洛克学说、贵族情节与弗吉尼亚地方主义等因素影响下的杰斐逊对美国革命后的政治经济学设计等方面来理解杰斐逊的教育设计。我们泄气地发现，在杰斐逊飞扬的文采之中，我们所想象的、由其诠释的美好社会政治理想与杰斐逊真实的意思有着巨大的差别。研究杰斐逊的另外一位重要学者奥鲁夫（Peter S. Onuf）认为，“杰斐逊从不怀疑‘人民’到底是谁”[①]，即“人民”的真实含义对杰斐逊而言是确定，是拥有土地的“自耕农”，他们在整个殖民地年代从贫困的处境不断奋力上进，坚决谋求舒适、安全的生活和权势；他们借助殖民地丰富的自然资源获得了比旧大陆更快的向上流动的路径。换句话说，“人民”就是以杰斐逊为代表的革命精英们的自称。他们的土地成为他们的“自由”“平等”与“美德”的证明，使其成为“天然的贵族”，而教育的所有目的和意义就是要将这样一代不依靠门阀血缘，而是依靠美德才能的“天然的贵族”一代一代地“世袭”下去。毫无疑问，杰斐逊是一个理想主义者，他的理想主义就在于他对斐然的文采运筹帷幄，引人入胜地让我们进入了一个纯粹的古典主义贵族美德的时代。在这里，教育是万能的，通过受教育进而

---

① ［美］彼得·S. 奥鲁夫：《杰斐逊的帝国：美国国家的语言》，余华川译，华东师范大学出版社，2011，第 15 页。

获得智慧与美德，“吃得苦中苦，方为人上人”；但杰斐逊也是一个现实主义者，强烈的政治经济上的现实感使他深深地明白，带领民众进入这样一个美好的古典主义时代不是为了所有的人能够在这个“流着奶和蜜”的伊甸园中自由的发展，而是为了灌输与植入政治精英们希望民众了解与接受的事物，这便是“秩序政治”与“斗争政治”的有机结合。从这个意义上说，教育不是未雨绸缪的理想主义，而是为了精英权力的巩固；教育不是为了实现“全民参与”的民主情怀，而是社会精英自我延续的上层策略。因此，杰斐逊所持有的教育观并非最“进步”的教育观；恰恰相反，与过往一切的利益集团一样，教育对杰斐逊而言，是一种灌输、教化和改造的工具，是一种由精英集团定义的意识形态，而非抽象意义上全民参与、共同建构的过程。

但在杰斐逊所设计的依托“知识”“能力”与“扶持”而实现向上流动的教育系统中，的确使有才能的个人有可能依靠自己的智慧和能力得到上层的赏识，进而获得社会地位的擢升；的确松开了血缘、民族、身份在社会结构与社会流动中的“紧箍咒”，使人类社会在经历了“血缘排斥”“地位排斥”“财产排斥”之后进入了“教育排斥”的阶段，使由教育而获得知识、能力、才干成为通过上层社会的“安全阀”，在18世纪的美国社会中真实地诠释了“知识就是力量”“知识+努力=成就”，描绘了一幅“朝为田舍郎，暮登天子堂”的社会期许，进而开启了现代教育中“贤能主义”（Meritocracy）的信条。① 从杰斐逊所处的时代来看，毫无疑问，这是具有积极意义的。

【参考文献】

［美］彼得·诺维克. 那高尚的梦想：“客观性问题”与美国历史

---

① See Michael Young, *The Rise of the Meritocracy, 1870-2033* (Harmondsworth: Penguin Books, 1961).

学界［M］. 杨豫，译. 北京：生活·读书·新知三联书店，2009.

［美］理查德·霍夫斯塔特. 美国政治传统及其缔造者［M］. 崔永禄，王忠和，译. 北京：商务印书馆，2012.

［美］丹尼尔·J. 布尔斯廷. 美国人：民主的历程［M］. 谢延光，译. 上海：上海世纪出版（集团）有限公司，2009.

［美］亨利·蔡尔兹·默文. 美国国父列传：托马斯·杰斐逊［M］. 钟琦，译. 北京：北京大学出版社，2014.

［美］迈克尔·W. 阿普尔. 意识形态与课程［M］. 黄忠敬，译. 上海：华东师范大学出版社，2003.

［美］梅利尔·D. 彼得森. 杰斐逊集（上、下）［M］. 刘祚昌，译. 北京：生活·读书·新知三联书店，1999.

Beard, Charles, Mary Beard. The Rise of American Civilization[M]. New York: The MacMillan Co., 1947.

Flexner, James Thomas. George Washington: Anguish and Farewell, 1793-1799, Vol. 4[M]. Boston: Little Brown, 1969.

Wood, Gordon S. The Radicalism of the American Revolution[M]. New York: Alfred A. Knopf, 1993.

贺拉斯·曼：美国公共学校之父

杨 帆[①]

贺拉斯·曼（1796—1859年）是美国19世纪前期公共学校运动的先驱和杰出领袖。1837—1848年，在担任马萨诸塞州教育委员会（State Board of Education）秘书期间，曼致力于普及教育思想的宣传，力求让每一个儿童都平等享有受教育的权利。他大力推动马萨诸塞州公立学校的建设和完善，创建州立师范学校、培训优良师资，促进州公共教育体系的建立和公共教育事业的发展。杜威指出，"作为一个实干家的贺拉斯·曼对于他那个时代美国现实的重要性就像作为一个作家的卢梭对于他那个时代法国情感上的重要性一样"[②]。通过这段话，一方面可以看出杜威对贺拉斯·曼给予了很高的评价，将曼对于美国的重要性与卢梭对于法国的重要性相提并论。同时，正如杜威所言，曼是一位注重实际的实干家。他在马萨诸塞州开展的工作被许多州纷纷效仿，极大地促进了美国公共教育事业的发展。正是由于曼在美国公共学校教育发展中的贡献，他也被誉为"美国公共学校之父"。

---

① 杨帆，男，北京外国语大学国际教育学院讲师，研究方向为外国教育史。

② John Dewey, *The Educational Situation* (Chicago: The University of Chicago Press, 1904), p. 59.

一、贺拉斯·曼的生平、教育活动及教育思想的来源

（一）早期生活

1796年5月4日，贺拉斯·曼出生在马萨诸塞州富兰克林镇的一个普通的农村家庭，在家里的五个孩子中排行第四。曼的早年生活充满了艰辛和贫困。曼的父亲是一位贫穷的农民，在曼13岁的时候不幸去世。父亲的去世给原本就不富裕的家庭造成了沉重的打击，年幼的曼不得不早早地承担农场的辛苦劳作以减轻家庭的经济负担。曼的早期生活就是在这样一个贫困和艰苦的环境中度过的。默尔·科蒂（Merle Curti）在《美国教育家的社会理念》一书中指出，“在影响贺拉斯·曼社会理念的各种决定因素中，早期生活环境的特点可能比其他任何因素的影响都大”①。

19世纪早期的新英格兰乡村生活贫困而艰辛，曼所在的富兰克林小镇信奉清教加尔文主义。清教加尔文主义崇尚勤奋、节俭、严肃和虔敬的品格，对人性持否定的态度，认为人性是恶的，强调权威、纪律、服从、规训和惩罚。加尔文教派的宗教教义对年轻的曼造成了极大的困扰和痛苦。小镇牧师纳撒尼尔·埃蒙斯（Nathaniel Emmons）是镇上唯一的权威和领袖，担任镇上的牧师超过50年。他建立了严格的教会制裁制度，通过权威式的语言和简朴的仪式将一系列的价值观念制度化，用来指导人们的生活。埃蒙斯坚持认为，只有通过忏悔和服从上帝的命令，儿童才能摆脱他们天生堕落的诅咒。埃蒙斯不断地向信徒灌输亵渎、背叛或未皈依者将会遭受上帝的报应和惩罚的言论。曼对他对人性悲观的布道极为反感并强烈憎恨。当进入青春期以后，

---

① Merle Curti., *The Social Ideas of American Educators with New Chapter on the Last Twenty Five Years* (Paterson, New Jersey: Pageant Books, INC., 1959), p. 101.

他对这个教会团体没有任何的融入感，而是认为它是一种外部强制形式的体现，是一种无所不在的愤怒和反叛的根源。① 尤其是父亲和哥哥的相继离世，让曼更加深刻地感受到加尔文教义的严酷无情并感到深深的恐惧。曼的一个兄弟对埃蒙斯的布道并不感兴趣，因此经常缺席教堂的礼拜，而去附近池塘钓鱼或游泳。不幸的是，他在一次玩耍中淹死在了池塘中。在葬礼上，埃蒙斯不但没有安慰曼的一家，反而借此向信众宣讲曼的兄弟之所以溺死是因为他没有皈依且亵渎安息日而得到的惩罚。他将来也将处于永恒的报应之中。埃蒙斯冷酷无情的言论对年幼的曼造成了极大的困扰。年仅 14 岁的曼对此感到极为恐惧、苦恼和愧疚。“在夜里，他的神志不太清醒，他同一个他既不能摆脱也不能制服的恶魔做斗争。在这种精神混乱的情况下，他感到一种几乎无法忍受的荒凉感，这也就不足为奇了。”② 这一事件加深了曼对加尔文教派的痛恨，加剧了他逃离加尔文教派影响的欲望。他开始全然反叛埃蒙斯的布道。19 世纪 20 年代，强调平等、仁慈和包容的新教一位论派（Unitarianism）传入富兰克林镇。埃蒙斯加尔文主义的布道成为不合时宜的事物。年轻的一代纷纷改信一位论教派。此时的曼也放弃了加尔文教义，改信一位论派。尽管他很早就转向了更宽容、更人道的一位论派教义和信仰，但是埃蒙斯布道给曼幼小的心灵蒙上了一层阴影，使他很难从中走出来。曼的一生始终没能摆脱埃蒙斯严厉、恐怖而悲观的加尔文主义布道和对上帝残忍的痛苦印象带给他的恐惧、厌恶和折磨。“（教派）偏见的影响给他的童年蒙上了一层阴影，遮蔽

---

① Jonathan Messerli, *Horace Mann: A Biography* (New York: Alfred · A. Knopf, 1972), p. 18.

② Jonathan Messerli, *Horace Mann: A Biography* (New York: Alfred · A. Knopf, 1972), p. 23.

了他童年的蓝色天空，痛苦的记忆困扰了他一生。”[①] 1856 年，也就是去世前三年，在写给朋友的信中，曼还会提到加尔文教派对他的糟糕影响：“我不断地而且越来越深切地感受到，加尔文主义教育是一场多么可怕的灾难。它对我来说是一件多么可怕的事情！……它成功地剥夺了我对上帝的爱慕之情，那种温柔，那种甜蜜，那种亲密，那种渴望，那种依偎的爱，或者说那种孩子可以在一个集所有优点于一身的父亲身上感受到的那种自然的感觉。”[②] 后来在跟一位一位论派的朋友谈话时，曼说：“我的心是一位论派的，但我的精神状态（nerves）仍然是加尔文教派的。”[③] 毫无疑问，在后来推动马萨诸塞州的公共学校运动中，曼始终坚持公共学校的非教派原则，这与他早年深受埃蒙斯专制、悲观、冷漠布道的恐惧、痛苦和煎熬的宗教经历是密切相关的。

由于家境贫寒，曼早年接受的正式的学校教育是极其有限的，只有在每年冬季农闲时才有机会去镇上的学校接受为期 6—7 周的教育。在接受正规的教育之前，曼在家里跟随她的姐姐学习过一些拼写和语法知识。此外，镇上有一座由本杰明·富兰克林捐赠建设的图书馆，曼充分地利用该图书馆有限的资源刻苦自学，阅读了一些书籍。虽然曼的父母没有能力为他提供比他们自身所接受的更好的教育，但他们对美德的追求、对知识的热爱和崇敬在曼的头脑中留下了强烈的印象。曼的父母教导他知识是行善的工具，而仁爱是最好的美德之一。这在曼幼小的心灵中留下了深刻的印象，塑造了曼的人道主义思想。当谈起他年轻时渴望接受更多的教育动机时，曼说：“我不知道是怎么回

---

① Mary Tyler Peabody Mann, *Life and Works of Horace Mann (Vol. Ⅰ): Life of Horace Mann* (Boston: Walker, Fuller, and Company, 1865), p. 434.

② Mary Tyler Peabody Mann, *Life and Works of Horace Mann (Vol. Ⅰ): Life of Horace Mann* (Boston: Walker, Fuller, and Company, 1865), p. 479-480.

③ Mary Tyler Peabody Mann, *Life and Works of Horace Mann (Vol. Ⅰ): Life of Horace Mann* (Boston: Walker, Fuller, and Company, 1865), p. 7.

事：它的动机绝不是财富或名声。那是一种驱使人们走向知识的本能，就像春天驱使候鸟飞向北方。我儿时所有的梦想就是为人类的利益做一些事情。我父母早期教给我的仁慈的观念朝着这个方向流露出来；并且，我坚信知识是我必需的工具。”①

镇上学校的办学条件十分简陋，教育质量低下。学校校舍的条件极差，教室的屋顶和地板都是漏水的，冬天天气很冷的时候，连钢笔水都被冻住而无法书写。学校的教育内容枯燥乏味，远离实际生活经验，曼对此毫无兴趣。此外，学校还盛行体罚，教师使用戒尺强迫学生听讲。不仅如此，为了加强学校与教堂的联系，埃蒙斯牧师要定期去教室对曼和他的同学进行教义问答。曼对此极为反感，认为教室成了教堂的延伸。

早年艰苦贫困的生活环境对曼的影响也不全是消极的，也有其积极的一面。正如曼的妻子玛丽·曼（Mary T. P. Mann）在给曼写的传记中所言，“尽管曼早年的一些生活环境是极为不利的，但从另一方面看，这对曼既坚强又温和、既勇敢又温柔的性格的塑造是很有利的。或许甚至它们全部都是积极的。因为那些直接阻碍曼智力发展的因素可能间接地促使曼形成了坚定的改革观点和目的”②。此外，也有学者认为，早期生活的贫困和压力对曼产生了深刻而持久的影响，使他一直保持着反对宗教教条和正统观念的风格。③

（二）大学时代

由于体力不好，从事繁重的农场劳动对曼来说是一桩避之唯恐不

---

① Mary Tyler Peabody Mann, *Life and Works of Horace Mann (Vol. Ⅰ): Life of Horace Mann* (Boston: Walker, Fuller, and Company, 1865), p. 19.

② Mary Tyler Peabody Mann, *Life and Works of Horace Mann (Vol. Ⅰ): Life of Horace Mann* (Boston: Walker, Fuller, and Company, 1865), p. 19.

③ ［美］S. 亚历山大·里帕：《自由社会中的教育：美国历程》，於荣译，安徽教育出版社，2010，第 102 页。

及的苦差事。在20岁的时候，曼觉察到考入大学是摆脱农场辛苦工作的一个绝佳途径。因此，他开始刻苦努力，立志要考入大学。而要进入大学就必须掌握拉丁语、希腊语及数学。于是，在一位论牧师塞缪尔·巴雷特（Samuel Barrett）的指导下，曼刻苦学习拉丁文、希腊文。在牧师威廉（R. W. Williams）的指导下，他又刻苦学习了数学。经过6个月的努力，曼于1816年考入了罗得岛普罗维登斯的布朗大学（Brown University），成为一名二年级的学生。

曼之所以选择当时并不知名的布朗大学而没有选择去那些名校，一方面是由于布朗大学离家近、学费也便宜，更重要的一个原因在于，当他还是一个学生的时候，布朗大学就兴起了所谓的"宗教复兴"（revival of religion）① 运动。而在当时，加尔文教派一统天下，新教一位论派几乎不为人所知，而且"到处都是反对的声音"。布朗大学的这种自由的氛围对曼产生了强烈的吸引力，于是曼选择到这里就读。在大学里，曼进一步接触到古典主义，开始阅读历史和古典主义文学，并且接受了西塞罗的自然神论。曼认识到真正的宗教是对博爱的社会责任的培养。②

在大学期间，曼表现优异，不仅学习成绩好，还通过参加演讲俱乐部锻炼了自己的口才。不仅如此，表现优异的曼还吸引了校长女儿夏洛特·梅塞尔（Charlotte Messer）的注意。两人相识后，很快坠入

① 18世纪30—40年代在美国兴起的一场以宗教复兴为旗帜，反对宗教专制、争取信仰自由的思想解放运动。这场运动被称为"宗教大觉醒运动"，也是第一次宗教觉醒运动。18世纪90年代，宗教大觉醒运动再次在美国兴起并持续到19世纪30年代，这次运动被称为"第二次宗教大觉醒运动"。这里指的就是后者。

② Mary Tyler Peabody Mann, *Life and Works of Horace Mann (Vol. Ⅰ): Life of Horace Mann* (Boston: Walker, Fuller, and Company, 1865), p. 18.

爱河，于 1830 年结婚。[①] 在大学期间，曼展现了强烈地对功利主义（或实用主义）和人道主义的兴趣。他所写的几乎每一篇文章都给人强烈的功利主义和人道主义影响的印象。在大学期间，曼在没有掌握古典语言的时候就投身于自然课的学习和更实用的语言学习。1819 年，曼以优等的成绩从布朗大学毕业，并且作为优秀毕业生代表在毕业典礼上进行告别演说。他演讲的题目是“人类进步的特征”（The Progressive Character of the Human Race）。这是一篇关于人类进步的演讲，主要观点是教育、博爱与共和主义的联合可以造福人类。这是曼一生最喜爱的主题，也是他所有教育和政治活动的思想基础。

（三）律师和州议员生涯

大学毕业后，曼先到马萨诸塞州伦瑟姆（Wrentham）的费斯克（J. J. Fiske）开办的律师事务所工作和学习了一段时间，但很快又返回布朗大学担任拉丁语和希腊语教师及图书管理员。曼的教学十分成功，他成为一位十分受学生欢迎的教师。1821 年，曼进入康涅狄格州的一所律师培训学校——利奇菲尔德法学院（Litchfield Law School）学习。1823 年，离开利奇菲尔德后，曼又来到马萨诸塞州戴德姆（Dedham）的詹姆斯·理查森（James Richardson）开办的律师事务所。在这里，曼获得了律师资格，成为一名律师。

由于擅长演讲、口才极佳，戴德姆市市民邀请曼在 1824 年 7 月 4 日的独立日发表一次公开演讲，曼欣然应允。演讲获得了市民的广泛欢迎，曼也因此赢得了广大公众的关注。1827 年，31 岁的贺拉斯·曼当选马萨诸塞州众议院议员。1833 年，曼离开戴德姆来到波士顿。1835 年，39 岁的曼当选马萨诸塞州参议院议员，并且于 1836—1837 年

---

① 曼深爱着自己的妻子，可是好景不长，由于身体原因，曼的妻子在结婚不到两年就病逝了。妻子的突然去世给曼造成了沉痛的打击，好长一段时间他都沉浸在对妻子的怀念之中。

担任参议院议长一职。

曼对人类和社会进步事业怀有极大的热情，始终抱有一种人道主义信仰。凡是涉及公共利益的事情，曼都不会妥协的。他当选议员后发表的第一次演讲的主题就是关于捍卫宗教自由原则的，主要内容是反对一项让某些企业通过支持特定的宗教信仰而永久获得特定财产收入的法案。曼认为这项法案极大地违背了公共利益，破坏了宗教信仰自由。因此，他极力反对并成功地阻止了该法案的通过。

1827—1837 年，曼在马萨诸塞州议会任职。在担任议员期间，他致力于社会经济改革、基础设施建设和公共事业的发展。曼对公共慈善、公共道德、教育、宗教自由、禁酒[①]，以及彩票行业规范、改善精神病人医疗条件等方方面面的公共事业投入了极大的热情。他是美国最早发表支持修建铁路议案演讲的人之一，协助通过了很多支持修建铁路和运河的议案。他在马萨诸塞州推行了禁酒法案，在伍斯特市（Worcester）创建了马萨诸塞州精神病院，并且于 1833 年担任其董事会（board of trustees）主席。[②] 曼对医疗事业的发展也很关心，协助建立了马萨诸塞州州立医院。在 1837 年 5 月 5 日的一篇日记中，曼说："我原本以为今天不会有任何需要记的内容；但是，今天下午我很高兴地见到了我的朋友阿克斯布里奇的 B. 塔夫脱（B. Taft，jun）先生。我跟他就建造和管理伍斯特医院的事情已经联系了好几年。"[③] 然后，在 5 月 9 日的日记中，曼又说："我今天去了伍斯特，发现医院的事情进展

---

① 曼认为酗酒是导致社会堕落和贫穷的主要原因，他甚至把五分之四的贫困归因于酗酒的直接或间接影响。

② Mary Tyler Peabody Mann, *Life and Works of Horace Mann (Vol. Ⅰ): Life of Horace Mann* (Boston: Walker, Fuller, and Company, 1865), p. 34.

③ Mary Tyler Peabody Mann, *Life and Works of Horace Mann (Vol. Ⅰ): Life of Horace Mann* (Boston: Walker, Fuller, and Company, 1865), p. 66.

得很顺利。”[①] 此外，曼对奴隶制深恶痛绝，强烈要求废除奴隶制。他认为黑人儿童与白人儿童应该享有同样的权利，他积极捍卫残疾黑人儿童与白人儿童一起进入特殊教育机构的权利。人道主义精神是曼进行社会经济改革的出发点和主要动力。其实，曼的公共教育改革事业是他经济与社会改革事业的一部分，最终的目的还是实现社会的改良。

（四）担任州教育委员会秘书和访问欧洲

1837 年，曼选择离开政界和法律界去担任新成立的马萨诸塞州教育委员会秘书一职。1837—1848 年，曼一直在担任州教育委员会的秘书，为这项工作奉献了几乎所有的时间、精力乃至财富。

在担任委员会秘书期间，曼还专门访问了欧洲，亲自考察欧洲学校系统的实际样貌和运作情况，学习欧洲教育家的理论。1843 年 5 月 1 日，曼迎来了第二次结婚。他与玛丽·皮博迪（Mary Tyler Peabody）结婚。婚后，二人到欧洲旅行。这次欧洲旅行名义上是度蜜月，实际上是考察欧洲各国的学校教育，以期获得一些对美国教育的有益经验。这次旅行虽然受到了教育委员会的支持，但费用完全由曼自己承担。曼在欧洲参观了各国的学校，对欧洲各国尤其是普鲁士的学校系统和教学方法大为赞赏，号召美国的教师向普鲁士教师学习，改进教学方法。

（五）担任国会议员和安奥蒂克学院校长

1848 年，由于约翰·昆西·亚当斯（John Quincy Adams）的去世，曼被推举为亚当斯的接替者参加美国众议员竞选。一开始，曼不能接受这一提议，因为他无法想象再去从事教育之外的事情。但经过

---

① Mary Tyler Peabody Mann, *Life and Works of Horace Mann (Vol. Ⅰ): Life of Horace Mann* (Boston: Walker, Fuller, and Company, 1865), p. 68.

仔细地考虑，曼发现这一新的职位对于实现他的教育理想是十分有利的[①]，因此接受了这一提议，辞去马萨诸塞州教育委员会秘书职务，接任亚当斯当选美国众议院议员。1848—1853 年，曼一直在担任这一职务。他上任后发表的第一篇演讲是关于反对奴隶制的。在当年的一封信中，曼道："我认为这个国家正在经历严峻的时期。尽管对奴隶制的干涉会激起南方民众的骚乱，但干涉是必需的。现在是时候检验一下联邦到底是一盘散沙还是牢不可破了。"曼接着说道："我认为奴隶制是最大的邪恶。不论南方是否反叛，我都会支持通过'威尔莫特附带条款'（Wilmot Proviso）。"[②] 1850 年，他与国会参议员丹尼尔·韦伯斯特（Daniel Webster）就奴隶制的扩张和《逃亡奴隶法》（Fugitive Slave Law）展开了激烈的争论。他称韦伯斯特对 1850 年妥协案（Compromise of 1850）[③] 的支持是一场"邪恶的灾难"，并且将他比作"从天堂降下来的撒旦"。[④]

1852 年 9 月，贺拉斯·曼被自由土地党（Free Soil Party）提名为马萨诸塞州州长候选人并参加竞选。与此同时，曼被邀请担任俄亥俄

---

① 曼认为担任国会议员有利于在全国范围内拓展他的公共教育事业，如在联邦政府成立一个内阁级别的公共教育部（Department of Public Instruction）一直以来都是曼的愿望，尽管这一愿望一直没有实现。

② "威尔莫特附带条款"是一项关于禁止在墨西哥战争中获得的墨西哥领土上实行奴隶制的法律。关于该条款的争论是导致美国内战的主要原因之一。由于该条款是由国会众议员大卫·威尔莫特（David Wilmot）在 1846 年首次提出的，故命名。

③ "1850 年妥协案"是美国国会关于新加入联邦州的奴隶制存废问题而通过的法案的通称。19 世纪 40 年代，加利福尼亚和新墨西哥等地要求以自由州的身份加入联邦，但南部蓄奴州力图扩大奴隶制的范围，南北双方围绕这一问题进行了激烈的争执。由于南部以脱离联邦相威胁，辉格党领袖 H. 克莱等人自 1850 年初先后向国会提出一系列妥协性议案并获得通过。这些法案只是为解决蓄奴问题和防止联邦分裂而采取的一系列权宜之计，不能从根本上解决两派之间的冲突，也无法避免内战的爆发。

④ Mary Tyler Peabody Mann, *Life and Works of Horace Mann* (*Vol.* Ⅰ): *Life of Horace Mann* (Boston: Walker, Fuller, and Company, 1865), p. 293.

州格林县耶洛斯普林（Yellow Springs）新成立的安蒂奥克学院（Antioch College）校长职务。竞选失败后，曼接受了安奥蒂克学院校长一职，直到逝世。曼在学院教授经济学、哲学和神学。曼很受学生的欢迎。他在安奥蒂克学院最欣赏的学生对他进行了这样的描述："他的教学方式具有启发性和引导性。……他的习惯是每周听我们叙述几个小时，然后根据学生的特点安排不同的课程，给每个人布置一些问题，提供一些理论和一些实事求是的探究，每个人都可以随意地进行调查，提交一篇能够在全班阅读的论文并由自己进行评论。"① 此外，曼还在学院聘请了第一位报酬等同于男教师的女教师——他的侄女丽贝卡·彭内尔（Rebecca Pennell）。

1859 年 8 月 2 日，在参加完安奥蒂克学院毕业典礼的两个月后，曼不幸逝世，享年 63 岁。就在去世前不久在毕业典礼上给毕业生做的演讲中，曼谆谆告诫安奥蒂克学院的学生要牢记他一生的追求："我恳求你们把我临别的话珍藏于心：只有为人类赢得一些胜利后死去，才不会感到惭愧。"②

二、贺拉斯·曼的公共教育思想

（一）社会背景和思想基础

19 世纪上半叶，随着工业化的开展、城市化的兴起，美国社会正在迅速地经历一个过渡状态。1820—1850 年是制造业和城市迅速发展的时期，这一时期出现了很多新兴的制造业工厂，出现了汽船、蒸汽

① Mary Tyler Peabody Mann, *Life and Works of Horace Mann* (Vol. Ⅰ): *Life of Horace Mann* (Boston: Walker, Fuller, and Company, 1865), p. 454.

② Mary Tyler Peabody Mann, *Life and Works of Horace Mann* (Vol. Ⅰ): *Life of Horace Mann* (Boston: Walker, Fuller, and Company, 1865), p. 575.

火车，开凿了很多运河。[1] 伟大的蒸汽时代开始了，新式工厂的发展取代了家庭小作坊，传统的农业社会开始瓦解，新兴的工业社会开始形成。大量农村人口迁移到城市，开启了美国城市化的进程。伴随着经济进步，社会弊端丛生，如贫富差距、劳资冲突、青少年犯罪等。“无所事事的、未受过教育的儿童，由于家庭约束力不够或无家可归而大量地出现在城市的街道上，青少年犯罪和被捕入狱的涌现，促使人们将注意力转移到教育上，将教育视为一种可能的补救措施。”[2] 此外，随着移民的大量涌入，人口的多元化带来的宗教、文化背景和习俗的多样性，导致社会异质性迅速增强，建立民众对共和国统一认同感的需求迅速提升。更为重要的是，随着选举资格财产限制的取消，选举权被扩展到全体白人男性。选举权的扩大，对选民知识和道德的要求也大幅度提升。纽约州州长德威特·克林顿（De Witt Clinton）在 1827 年的演讲中提到，“教育是共和国的伟大堡垒；在无知的状态下，选举权是不可能被有效行使的”[3]。总之，社会的变化发展、选举权的扩大等都对教育提出了新的要求，仅仅依靠教会学校、慈善学校及私立学校已经无法满足社会发展和个体发展的需要。这一切都将普及教育的重要性提升到前所未有的地位，于是就推动了普及公共教育思想的发展和公共学校运动的产生。

曼的公共教育思想是以新英格兰清教传统美德、人道主义信条和

---

① Ellwood P. Cubberley, *Public Education in the United States: a Study and Interpretation of American Educational History* (Boston: Houghton Mifflin Company, 1919), p. 103.

② Ellwood P. Cubberley, *Public Education in the United States: a Study and Interpretation of American Educational History* (Boston: Houghton Mifflin Company, 1919), p. 107.

③ Ellwood P. Cubberley, *Public Education in the United States: a Study and Interpretation of American Educational History* (Boston: Houghton Mifflin Company, 1919), p. 112.

颅相学（phrenology）为基础的。这三者是曼社会和教育思想形成的基础。默尔·科蒂指出，对新英格兰节俭、个人正直、体面等美德的忠诚，对人道主义的热情，对颅相学的接受，使曼逐渐形成了他自己的社会和教育观念。①

作为新英格兰清教徒的后裔，曼从小深受新英格兰清教传统美德的影响。因此，曼十分重视对儿童进行新英格兰清教美好道德传统的培养。在《第十二份年度报告》中，曼提到，“我们的法律明确而庄严地责成所有的教师毫无例外地‘要尽力通过他们的照顾和教育，使虔诚、正义的原则，对真理神圣的尊重，对祖国和人类的热爱，普遍的仁慈、节制和勤奋，节俭、贞洁、温和、节欲，以及其他美化人类社会的美德和共和国宪法建立的基础，在儿童和青年的心中留下深刻的印象’”②。

人道主义精神是曼进行社会经济改革的出发点和主要动力。由此出发，曼极力提倡禁酒、支持公共医疗事业的发展、反对对移民的压迫、支持政教分离和新闻自由、反对奴隶制。其实，曼对民主教育事业的拥护、对公共教育事业的支持也是他经济与社会改革事业的一部分，其最终的目的还是通过教育实现社会改良。曼还提到，“与下一代人的利益相比，个别诉讼委托人的利益是微小的。那么，让下一代人成为我的委托人吧”③。由此我们也可以看出，曼是一位真正的人道主义者。而人道主义是曼普教育思想形成的基础。正如默尔·科蒂所言，

---

① Merle Curti, *The Social Ideas of American Educators with New Chapter on the Last Twenty Five Years* (Paterson, New Jersey: Pageant Books, INC., 1959), p. 112.

② Mary Mann, *Life and Works of Horace Mann (Vol. Ⅲ): Annual Reports on Education* (Boston: Horace B. Fuller, 1868), pp. 736-737.

③ Mary Tyler Peabody Mann, *Life and Works of Horace Mann (Vol. Ⅰ): Life of Horace Mann* (Boston: Walker, Fuller, and Company, 1865), p. 90.

“选择教育工作只是他人道主义热情的另外一个表现”[①]。

要想理解曼的教育和社会观念，必须了解这样一个事实。1837 年担任马萨诸塞州教育委员会秘书后不久，曼无条件地接受了颅相学学说。颅相学是一个心理学、哲学和伦理学的综合体系，其本质在于强调个体倾向的独特差异。颅相学至少在一段时间内吸引了像威廉·埃勒里·钱宁（William Ellery Channing）、拉尔夫·沃尔多·爱默生（Ralph Waldo Emerson）、沃尔特·惠特曼（Walt Whitman）、查尔斯·萨姆纳（Charles Sumner）、亨利·沃德·比奇（Henry Ward Beecher）等学者和诗人，以及一些著名的内科医生。[②] 该学说主张，人脑可以被分成 37 个不同的区域，每种区域对应一种机能（如攻击性、仁爱心、精神性），每种机能又各自控制一种态度和行为。该学说认为，通过适当的机能训练，可以改变一个人的性格。尽管有些人天生具有比其他人更强的邪恶倾向，但他们通过适当的方式可能会削弱这些倾向，就像那些被赋予更令人钦佩的倾向的人可能会培养这些倾向一样。由于承诺通过科学观察和教育可以改变一个人的性格和行为，颅相学很好地契合了曼的教育改革理念。[③]

曼对颅相学抱有极大的热情。在曼的余生中，一直与继约翰·斯普尔兹海姆（Johann G. Spurzheim）[④] 之后颅相学最重要的代表人物英国的乔治·库姆（George Combe）保持着密切联系和通信，二人成为好友。曼认为颅相学是这个时代最伟大的发现，将其推荐给教师学

---

① Merle Curti, *The Social Ideas of American Educators with New Chapter on the Last Twenty Five Years* (Paterson, New Jersey: Pageant Books, INC., 1959), p. 106.

② Merle Curti, *The Social Ideas of American Educators with New Chapter on the Last Twenty Five Years* (Paterson, New Jersey: Pageant Books, INC., 1959), p. 110.

③ [美] 韦恩·厄本，杰宁斯·瓦格纳：《美国教育：一部历史档案》，周晟、谢爱磊译，中国人民大学出版社，2009，第 148—149 页。

④ 约翰·斯普尔兹海姆（1776—1832 年），德国医生，颅相学的主要支持者和代表人物之一。

习，在他的教育讲座中也经常提到颅相学，并且在颅相学的影响下改变了一些对教育问题的看法。由于颅相学家提倡教育，尤其是对卫生和道德规则方面的训练，这就增加了曼致力于卫生教育和品格训练（character training）的热情。①

（二）公共教育的目的：通过教育改良社会

曼认为，教育的目的不仅仅是为了儿童自身发展的个体目标，更是为了社会进步的集体目标，为了让儿童能够在未来社会生活中肩负伟大的社会责任。曼坚持教育是为了社会目的，通过普及教育可以改良社会。通过运用颅相学原理，在教室里进行道德教育，可以培养儿童在正义和人道行为中表现的倾向，抑制导致自私和对人类苦难漠不关心的“贪婪和暴虐”。通过逐渐灌输节制的原则，学校将解决社会中的酗酒问题；通过将仁慈植入孩子的内心，教育将以它的方式培养未来的慈善家；通过抑制贪婪、自负和占有等倾向，教育将影响未来的工业家，使他们避免不人道和不公正的行为，即使这样会使他的利润被削减。②

玛丽·曼指出，“教育、宗教和政治自由，是他生命和行动的标语。如果这些东西能被建立起来，所有并行的罪恶都将消失”。为它们工作是曼的幸福。曼认为让每一个公民都能享受到教育、信仰和政治自由是政府的第一要务。曼相信，个体与社会的联系是如此密切，因而如果没有整体的进步，个人的进步就是不可能的。个体的发展不仅仅是为了自我的完善，还是为了集体的利益或社会的进步。③

---

① Merle Curti, *The Social Ideas of American Educators with New Chapter on the Last Twenty Five Years*(Paterson, New Jersey: Pageant Books, INC., 1959), p. 111.

② Merle Curti, *The Social Ideas of American Educators with New Chapter on the Last Twenty Five Years*(Paterson, New Jersey: Pageant Books, INC., 1959), p. 123.

③ Mary Tyler Peabody Mann, *Life and Works of Horace Mann (Vol. Ⅰ): Life of Horace Mann*(Boston: Walker, Fuller, and Company, 1865), pp. 60-61.

（三）发展公共教育的必要性

关于普及教育的必要性，曼尖锐地指出，“在一个共和国里，无知是一种犯罪。这种私人的不道德行为同样是对国家的一种谴责，跟犯罪者的罪行一样”。他从政治、经济、伦理三个方面论述了普及教育的必要性。

从政治角度讲，普及教育对于保障共和政体的存在和延续具有重要意义。“如果人民没有知识，那么一个共和制政府在很大程度上必然像无人监督、无人监管的疯人院一样，即使说得轻一点，也会是专制主义继之以普遍的无政府主义，然后是普遍的无政府主义继之以专制主义，情况只能越来越糟。”①

一个共和制政府代表着几乎所有的利益，包括社会的、公民的或军事上的，这就需要足够应付这些利益的一定程度的智力，这一点是不证自明的，因而也只有“有知识的、明智的选民才不会将职位托付粗心大意的、放荡不羁的人，或者即便那样的人侥幸当选，选民也会罢免他”②。因此，要想确保共和政体的安全，就必须建立设备完善的公共学校，有效地向公众普及教育，让共和国的公民真正了解他们生活中的政府的性质和职能，明确自身的权利和义务。此外，“曼还反对将党派斗争引入公共学校，主张要使学校教育摆脱政党的干预和束缚。由于深刻理解在我们的国家政治会污染所有它触及的任何东西，因此曼认为让委员会远离政党的影响是正确的和必要的”③。曼指出，“如果听任政党斗争的暴风雨席卷我们的公共学校，那么我们的公共学校将

---

① Mary Mann, *Life and Works of Horace Mann* (*Vol.* Ⅲ): *Annual Reports on Education* (Boston: Horace B. Fuller, 1868), p. 687.

② Mary Mann, *Life and Works of Horace Mann* (*Vol.* Ⅲ): *Annual Reports on Education* (Boston: Horace B. Fuller, 1868), p. 688.

③ Mary Tyler Peabody Mann, *Life and Works of Horace Mann* (*Vol.* Ⅰ): *Life of Horace Mann* (Boston: Walker, Fuller, and Company, 1865), p. 168.

在一瞬间毁于一旦”①。

在曼看来，在教育所要解决的所有重大问题中，民主本身是最重要的。他承认政治民主是一种不可避免的和可取的发展，但是只有伴随着教育的和知识的民主，政治民主才能取得成功，因此他把自己的信仰寄托在一个自由和普遍的学校制度上。大众教育既是为了确保民主的成功，也是为了遏制民主的过度。与保守派一样，曼担心普选会使人们摆脱权威的束缚，导致无政府状态。于是，他转向普及教育，将其作为对抗暴政统治、干涉立法、威胁司法权威和杰克逊主义所珍视的政党分肥制（spoils system）的最佳保障。他将这一任务安排在了教育上，建议学校不是仅仅教授仪式性的爱国主义而是真正的宪法原则和良好公民资格。曼身体力行，在安奥蒂克学院的管理中就采取了这种方式。②

从经济角度讲，曼认为，一方面，智力是创造社会财富的主要条件。普及教育可以增加劳动者的知识，提升劳动者的能力和品德。“为了财富的创造——为了富裕的人民和富裕的国家的存在，智力是主要条件。随着智慧的选民的增加，如果我可以这样称呼它的话，改进的数量也会随之增加。……那种忙于资本和劳动、供给与需求、利息和租金、贸易逆差和顺差而将广泛的智力开发弃之不顾的政治经济学是毫无价值的，也是十分愚蠢的。”③ 受过教育的劳动力要比没受过教育的劳动力更有生产效率，产生更多的经济收益。而且，普及教育可以培养劳动者顺从、尽职尽责、勤奋的品德。因此，他们的道德素养也

---

① Mary Mann, *Life and Works of Horace Mann* (*Vol. Ⅲ*): *Annual Reports on Education*(Boston: Horace B. Fuller, 1868), p. 698.

② Merle Curti, *The Social Ideas of American Educators with New Chapter on the Last Twenty Five Years*(Paterson, New Jersey: Pageant Books, INC., 1959), pp. 134-135.

③ Mary Mann, *Life and Works of Horace Mann* (*Vol. Ⅲ*): *Annual Reports on Education*(Boston: Horace B. Fuller, 1868), pp. 677-678.

会更高，罢工和犯罪率将会大大减少。另一方面，普及教育可以缩小贫富差距，消灭贫困，缓解劳资冲突，促进社会平等。“现在，除了普及教育，的确没有什么东西能够抵抗资本的支配和劳动的奴役的趋势。……如果能够平等地传播教育，它就会最大限度地将财富吸引过来，因为一个有智慧的、有实际经验的人会永远贫穷的事从来没有发生过，也绝不会发生。”① 总之，教育使人免于成为穷人，进而缩小贫富差距，增加社会的财富总量。

从伦理角度讲，曼十分重视道德教育的价值和作用。他认为，道德教育是社会存在的基本需要，关系到社会的存亡。“没有道德心的社会很快就会自取灭亡。”② 曼指出，人类曾经采取各种各样的措施防范犯罪和不道德的行为，包括法律在内，但是难以奏效。恶行和犯罪仍然世代相传，大行其道。他认为，消除社会罪恶的希望不在于法律或其他途径，而在于教育，因为儿童要比成人拥有更强的可塑性，儿童的头脑更容易受到影响，而且这个影响是深远持久的。从儿童时代起就培养高尚的道德是消除犯罪和不道德行为的良药。“在一个人的儿童时代就培养他走正路，他成人以后就不会离开它。”③

（四）普及公共教育的实现途径——公共学校

实现普及教育的最直接、最有效的途径就是广泛建立公共学校。公共学校不分种族、宗教、阶级和性别而面向所有公众开放，由公共税收维持、公共机关管理，不属于任何一个教派或政党。曼认为，“在不低估任何其他人类机构的情况下，我们可以有把握地断言，尽管容

---

① Mary Mann, *Life and Works of Horace Mann (Vol. Ⅲ): Annual Reports on Education* (Boston: Horace B. Fuller, 1868), pp. 668-669.

② Mary Mann, *Life and Works of Horace Mann (Vol. Ⅲ): Annual Reports on Education* (Boston: Horace B. Fuller, 1868), p. 701.

③ Mary Mann, *Life and Works of Horace Mann (Vol. Ⅲ): Annual Reports on Education* (Boston: Horace B. Fuller, 1868), p. 705.

易得到改善和激励，公立学校仍然是一切文明力量中最有效和最仁慈的力量”①。公共学校是消灭贪婪、挥霍、战争、奴役、贫困等社会罪恶的利器。如果公共学校的功能得到充分发挥，那么这些社会罪恶将得到有效的遏制。

在对一些反对公共学校的政客回应的文章中，曼对公共学校的特质进行了总结，并且将公共学校称作“人类有史以来最伟大的发现”。曼指出，“公共学校是这样一种机构，它可以使儿童在参与生活竞争之前，把儿童培养成具有良好知识和品德的人。这个机构是人类有史以来最伟大的发现：我们再重复一遍，公共学校是人类有史以来最伟大的发现。在它所有的特征属性中的两个最卓越的特征：第一个是它的普遍性，因为它足够宽容，能够接受并珍惜每一个来到这个世界上的孩子；第二个是提供援助的及时性——它能提前或及时地提供建议和指导，防患于未然。其他的社会组织是治疗和补救性质的，而学校是一种预防性质的”。学校使人的身心和道德得到健康的发展。“如果让公共学校扩展其能力，让它能够高效地工作，那么刑法中十分之九的罪行将会被废除；人类邪恶行为的冗长名单将会被删减；人们白天出行会更安全，夜晚也会高枕无忧；生命财产也将更加安全；所有合理的希望都将在未来得到实现。”② 正如教会是为中世纪的市民所准备的，公共学校则是为培养民主的和理性的公民所准备的。上帝将会被公共美德（Public Good）的观念所取代，罪恶和愧疚将会被更积极的维多利亚时代的美德和公民的一致性（civic conformity）所取代，人类将不仅从强迫的教派教义的无情折磨中，而且从贫穷、无知、暴力、疾病

---

① Mary Mann, *Life and Works of Horace Mann (Vol. Ⅲ): Annual Reports on Education* (Boston: Horace B. Fuller, 1868), p. 650.

② Mary Tyler Peabody Mann, *Life and Works of Horace Mann (Vol. Ⅰ): Life of Horace Mann* (Boston: Walker, Fuller, and Company, 1865), p. 142.

和战争等邪恶中彻底解放自己。①

曼认为，我们对教育的态度将决定我们在这个世界正在经历的变化中所扮演的角色，这一变化仍将不可避免地继续下去。教育必须培养“冷静、明智、善良的人”，以便为社会的变化做好准备，调整现有社会以适应新的关系，用新的社会大厦代替旧的，同时不对当前社会大厦中的居住者造成伤害。② 曼指出，贫困是人类美好生活的敌人，而这个敌人可能会在二三代之内被更多更好的公立学校教育所消灭。他甚至认为教育可以消灭人类社会中各种各样不公正的现象和制度，如种姓制度。通过为每一位儿童提供这种独立性和抵制别人自私的手段，“教育超过人类有史以来所有的发明，是人类社会的伟大平衡器——社会机器的平衡轮”③。

简而言之，曼的道德热忱和对个人主义的信仰使他相信，按照颅相学原理和传统的新英格兰诚实、节俭、正直的美德所进行的品格训练（character training）即使是在一个变化的和不友好的世界中也会盛行起来。④

三、贺拉斯·曼与马萨诸塞州公共教育运动

自殖民地时期开始，马萨诸塞州的教育就一直走在各州的前面。早在 1647 年，马萨诸塞州殖民地政府就率先颁布了美国最早的公共教育

---

① Jonathan Messerli, Horace Mann: *A Biography* (New York: Alfred · A. Knopf, 1972), Preface.

② Merle Curti, *The Social Ideas of American Educators with New Chapter on the Last Twenty Five Years* (Paterson, New Jersey: Pageant Books, INC., 1959). p. 134.

③ Mary Tyler Peabody Mann, *Life and Works of Horace Mann (Vol. Ⅲ): Annual Reports on Education* (Boston: Horace B. Fuller, 1868), p. 669.

④ Merle Curti, *The Social Ideas of American Educators with New Chapter on the Last Twenty Five Years* (Paterson, New Jersey: Pageant Books, INC., 1959). p. 123.

法令——《1647 年学校教育法》(*Massachusetts School Law of 1647*)①，强制各市镇运用公共税收设立免费的中小学校，对本市镇所有儿童实施普遍的义务教育，并且规定对没有履行义务的市镇进行罚款。该法令被视为美国公共教育制度的源头，为美国公共教育体制的建立奠定了基础。然而，虽然马萨诸塞州有很长的公共教育传统可以追溯，但是直到 19 世纪初期，该州公共教育的发展仍然很不理想。

马萨诸塞州公共学校系统的主要问题在于教育管理权力的地方化。由于在教育管理制度上采取地方学区制，导致教育管理权力过于分散，因此马萨诸塞州的公立学校教育系统秩序混乱、效率低下。此外，这一时期，教育是教会或私人事务的观念仍然根深蒂固。中上层阶级的家庭往往把子女送到私立学校接受教育或聘请家庭教师，因此他们认为公立学校只对穷人有益。贫困家庭的子女很早就要开始工作以补贴家用，因而很少进入学校接受教育。总之，由于教育管理权力的过于分散化，以及政府和公民对公共教育发展重要性的忽视，使公共学校很少能够得到公共资金的支持，导致公共学校不仅数量少，而且质量低下。1826 年，只有三分之一的适龄儿童有机会进入公立学校，而且只是部分时间在校，并不是完整出勤。公共学校的出勤率和缺勤率一直以来都是曼所担忧的问题。在《第五份年度报告》中，他指出，马萨诸塞州公共学校儿童的缺勤人数相当于欧洲伯克郡、罕布什尔、汉普顿、富兰克林、伍斯特等 5 个郡县 4—16 岁儿童的总和，超过美国东南部的 6 个郡县 4—16 岁儿童总数 10000 人。政府投入了大量的金钱和师资，但是没有儿童去上学，曼对此非常痛心。他在《第十二份年度报告》中将这一情况称为剥夺了儿童接受公共教育的权利的一种“邪

① 它也被称作《老骗子撒旦法》(*The Old Deluder Satan Act*)。

恶”（evil）。[①] 不仅如此，这些公立学校都存在令人难以置信的缺陷。教师的教学能力严重不足，常常不能做简单的乘法和除法计算。1837年，贺拉斯·曼担任马萨诸塞州新成立的教育委员会秘书的时候，美国的公立学校严重缺乏受过专业培训的教师，教学质量低下。尽管教鞭的使用很普遍，但是还是无法维持正常的上课秩序，大约有300名教师被不守规矩的学生赶出了学校。连在教育事务上处于领先地位的马萨诸塞州都是如此，其他州的情况可想而知。[②]

总之，当时的公共学校由于很少得到公众的支持，因此处于一种十分落后的状况之中——“差的经费资助、差的教师、差的教学、差的学生、差的建筑、差的教科书、差的（或者没有的）设备”，而且这种状况在不断地恶性循环。[③] 让所有人享有公共和平等的教育机会是那些曾经明显感受到人们享有的人权是多么的不平等的清教徒朝圣者的原始理想。而在现实实践中，马萨诸塞州的公共学校制度已经从清教徒朝圣者的原始理想退化为只针对贫困阶级开放的不受重视的学校，而不是面向所有阶级的民主制度的温床。[④] 因而，将教育权从地方学区集中到州，通过设立州教育委员会，建立州教育领导体制，从而实现州教育管理的集权化，是马萨诸塞州公共教育改革的当务之急。

（一）州教育委员会的建立和担任秘书职务

在曼投身到马萨诸塞州公共教育事业的奋斗中之前，州议会议员詹姆斯·卡特（James G. Carter）已经做了很多重要的工作。鉴于教育

---

① Mary Mann, *Life and Works of Horace Mann (Vol. Ⅲ): Annual Reports on Education* (Boston: Horace B. Fuller, 1868), Preface.

② Merle Curti, *The Social Ideas of American Educators with New Chapter on the Last Twenty Five Years* (Paterson, New Jersey: Pageant Books, INC., 1959), p. 107.

③ E. I. F. Williams, *Horace Mann: Educational Statesman* (New York: The Macmillan Company, 1937), p. 85.

④ Mary Tyler Peabody Mann, *Life and Works of Horace Mann (Vol. Ⅰ): Life of Horace Mann* (Boston: Walker, Fuller, and Company, 1865), pp. 62-63.

管理权力过于分散导致学校效率低下的问题，卡特积极倡导加强州对公共学校的管理和监督，呼吁建立一个统一指导全州教育工作的州教育领导机构。他还建议建立州立师范学校，改进学校教学方法，提高教师工资。卡特负责起草了关于建立马萨诸塞州教育委员会的法案。由于这一法案触及地方学区的教育自治权，因此第一次在议会讨论时没有通过。后来在卡特的不断努力下，该法案终于在1837年4月20日获得通过。1837年5月27日，一份正式的官方声明宣布由包括贺拉斯·曼在内的8个人组成的州教育委员会成立。这8个人分别是詹姆斯·卡特、贺拉斯·曼、爱默生·戴维斯（Emerson Davis）、艾德蒙·德怀特（Edmund Dwight）、爱德华· A. 牛顿（Edward A. Newton）、罗伯特·兰图尔（Robert Rantoul，jun.）、托马斯·罗宾斯（Thomas Robbins）及杰瑞德·斯帕克斯（Jared Sparks）。时任州参议院议长的贺拉斯·曼被推选为教育委员会的第一任秘书。马萨诸塞州教育委员会是美国第一个真正意义上的州教育委员会。曼将委员会的成立看作马萨诸塞州有组织的公共教育系统建立的第一次伟大行动，认为这一行动应该是彻底的和普遍的：

> 每一个文明国家的组织体系中如果缺失了教育部长或教育秘书，就像缺了国务卿、财政部长、外交部长或海军部长一样，都是不完美的。每一个孩子都应该接受教育：如果无法从自己的父亲那里获得教育的话，那么政府应该为其任命一个‘父亲’进行教育。我宁愿将联邦的部分领土放弃给一个野心勃勃的、咄咄逼人的邻居，也不愿意让儿童的思想受无知的支配。①

---

① Mary Tyler Peabocy Mann, *Life and Works of Horace Mann (Vol. Ⅰ): Life of Horace Mann* (Boston: Walker, Fuller, and Company, 1865), p. 72.

曼对州教育委员会寄予厚望。在 1837 年 5 月 6 日的日记中，曼写道："教育委员会——一个最负责任和最重要的办公室，如果得到很好的执行，比其他任何办公室都能更有效地提升国家的福利。"①

其实早在正式的官方声明发布的前几天，也就是 5 月 18 日，曼就从朋友那里看到了一封关于提名他为教育委员会秘书的州长的信。但是，由于深刻地意识到教育事业的重要性，同时对自己是否能够很好地承担这一重任心存疑虑，曼没有即刻做出答复，而是对此事进行了慎重的考虑。在当天的日记中，他写道：

> 我应该考虑接受这一高尚且责任重大的职位吗？我有足够的能力胜任这一职责吗？我对这一事业比别人更大的热情能否弥补自己才能和知识方面的不足？任何要承担这个任务的人都必须面对经济上的匮乏、身体上的辛劳，以及来自无数的阴谋家的无尽的烦恼。他必须凝聚热心人的力量，融化怀疑者的坚硬的内心……但是，如果他能在这个职位上取得成功的话，他就会获得多么广泛、强烈和持久的祝福啊！他对人类的有益影响会随着永远的传承而不断地被扩大和加深！②

经过近大半个月的慎重考虑，曼最终毅然、决然地接受了这一任命。曼认为，对于社会的精神进步而言，教师职业是共和国中最崇高的职业。在任职后当天的日记中，曼写道："从今往后，只要我任职一天，我就会为人类在地球上最崇高的幸福而奋斗……我相信人类是可

---

① Mary Tyler Peabody Mann, *Life and Works of Horace Mann (Vol. Ⅰ): Life of Horace Mann* (Boston: Walker, Fuller, and Company, 1865), p. 67.

② Mary Tyler Peabody Mann, *Life and Works of Horace Mann (Vol. Ⅰ): Life of Horace Mann* (Boston: Walker, Fuller, and Company, 1865), pp. 70-71.

以不断被改进的——我对人类持续不断的可改善性充满信心。”①

按照法律规定，委员会的职责：第一，于每年一月的第二个星期三当天或之前，将秘书收集的关于“学校信息反馈”② 的摘要（an abstract of the school returns）以书面形式准备好并提交给议会。第二，向议会详细报告自己的工作内容，包括通过经历和反思得到的关于我们国民教育系统的情况和效率，以及最切实可行的改进和扩展的方法的建议。③ 秘书的职责主要是“在教育委员会的领导下，收集关于公共学校和其他国民教育方式的实际情况和效能的信息，尽可能广泛地将组织教学和对年轻人进行教育的最令人满意和最成功的方法传播到州的每一个地区”④。在 1841 年 1 月 1 日写给朋友的信中，曼谈到了自己的具体工作：“秘书通过周游全州、通信和面谈等方式，获得他所能了解到的关于（教育的）现存缺陷和切实可行的改进方法的全部信息。他把这些信息传达给州教育委员会：在他们那里，这些信息又被送到议会，被印刷出来，送到州的每个学区。然后，每个城镇的委员会有义务向该城镇提交一份报告，该报告的副本将被交回州教育委员会手

---

① Mary Tyler Peabody Mann, *Life and Works of Horace Mann (Vol. Ⅰ): Life of Horace Mann* (Boston: Walker, Fuller, and Company, 1865), pp. 80-81.

② “学校信息反馈”是州教育委员会秘书从每个镇的学校委员提交的年度教育报告中提取的关于儿童入学率、财政拨款、学校图书馆经费等方面的统计信息。每年从长达几千页的庞杂、烦琐的文件中阅读、筛选有用的教育信息和数据是一件十分费力和耗时的工作，但这都是由曼一个人完成的。这些统计数据是政府进行公共教育拨款的重要依据，因此被认为是促进公共教育发展最有价值的信息。

③ Mary Tyler Peabody Mann, *Life and Works of Horace Mann (Vol. Ⅱ): Lectures and Annual Report on Education* (Cambridge: Published For The Editor., 1867), pp. 371-372.

④ Mary Tyler Peabody Mann, *Life and Works of Horace Mann (Vol. Ⅱ): Lectures and Annual Report on Education* (Cambridge: Published For The Editor., 1867), p. 372.

中，并且从这些报告中得出年度摘要（the Annual Abstract）。”① 实际上，无论是州教育委员会还是委员会秘书，其主要工作就是调查各地区的教育情况、收集事实和数据、揭露教育问题、撰写调查报告并向州议会提供建议，对学区或学校都没有任何实质性的强制要求的权力。因此，“委员会的稳定性和影响力在很大程度上取决于秘书的个人魅力和性格”②。

不仅如此，在当时的美国社会，教育事业的重要性还没有被人们普遍意识到，与律师或议员相比，教育职业是受到社会轻视的、不太体面的一种职业，收入微薄。与拿着微薄薪水的教育委员会秘书相比，州参议院议长和律师在社会上的地位要高很多，要有利可图得多。因此，选择州教育委员会秘书这一职务，就意味着放弃自己在法律界和政界的大好前程，意味着放弃担任律师和议员的荣誉和财富。很多朋友都不理解曼为什么会做出这一选择？在 1837 年 7 月 16 日写给妹妹的一封信中，曼提到了他之所以这样做的原因：

> 我已经接受了教育委员会秘书的职务；而且，由于它将会占据我所有的时间（如果可能的话，它足以立刻占据我的 10 个职务），为了能够把我的注意力全部放到这一职务上，我必须放弃我的（法律）专业。我无法确信我在这个新领域的努力是否会获得成功，但是我知道没有另外的职业会比这个职业更适合我，更符合我的品位和感受……有些人认为我放弃（法律）专业是不明智的选择，而且我在这一专业中已经获得了迄今为止应得的收获。

---

① Mary Tyler Peabody Mann, *Life and Works of Horace Mann (Vol. Ⅰ): Life of Horace Mann* (Boston: Walker, Fuller, and Company, 1865), p. 146.

② Ellwood P. Cubberley, *Public Education in the United States: a Study and Interpretation of American Educational History* (Boston: Houghton Mifflin Company, 1919), p. 164.

> 还有人认为，用我的政治前景去换取一份其努力的回报必须在下一代人的身上才能显现的工作是不值的；而且，我现在在参议院的职位要远比这个像一个骑马的邮差（post-rider）一样从一个县到另一个县去关心那些看不见收益的孩子们的福利的工作要好得多，并且这一工作会遭遇那些无知父母的嫉妒、偏见和误解。但是，难道做好事本身不比为了获得称赞而去做要更好吗？如果在我们死之前（文明的）种子没有被播种下去，那么收获的回报将无法保证，人类用不了多久就会恢复到野蛮的状态！如果我能弄清楚最好的校舍构造是什么、最好的教科书是什么、最好的课程安排是什么、最好的教学方法是什么，如果我能够发现通过什么样的设备或手段可以使一个不会思考、不会反思、不会表达的儿童被训练成一个准备为权利而战、为权利而死的高尚公民——如果我仅仅能获得并在全州传播一些关于这些主题或类似主题的好的想法，那么我可以自豪地夸耀我的工作不是徒劳的。①

为了胜任委员会秘书职务，曼辞去了律师工作，放弃了所有的专业、商业和政治活动，全身心地投入教育事业中。不仅如此，由于意识到自己在教育理论方面的不足，曼为此做了大量的准备工作。他阅读了大量的教育学著作，增加自身教育知识的储备，加深对教育的理解。在 1837 年 7 月 8 日的日记中，曼写道："这周我已经开始认真地阅读一系列有助于我胜任我的新职务的书籍，而且在某种程度上是非常专心投入的。"② 在 7 月 9 日的日记中写道："花了一天的大部分时间阅读詹姆斯·辛普森（James Simpson）的著作《国民教育的必要性》

① Mary Tyler Peabody Mann, *Life and Works of Horace Mann* (Vol. Ⅰ): *Life of Horace Mann* (Boston: Walker, Fuller, and Company, 1865), pp. 86-87.

② Mary Tyler Peabody Mann, *Life and Works of Horace Mann* (Vol. Ⅰ): *Life of Horace Mann* (Boston: Walker, Fuller, and Company, 1865), p. 84.

(*Necessity of Popular Education*)。”7 月 14 日，曼又写道：“我对关于我新职务的阅读体验是非常愉快的。没有什么比这更适合我的品位、感受和信念了。”①

1837 年，曼开始担任马萨诸塞州教育委员会秘书一职，他全身心地投入到马萨诸塞州公共教育系统的建立和完善工作中。在担任教育委员会秘书的 12 年时间里，曼以无限的热情投入到推广更好的公共学校教育的工作中，贡献了几乎所有的时间、精力和财产。

教育委员会秘书的薪水很微薄，承担这一职位意味着要付出巨大的个人牺牲，担任这一职位要比担任律师或政治家需要更多的无私奉献精神、更多的个人魅力和道德感召力，需要付出更多的辛勤努力。马萨诸塞州议会拨给教育委员会的资金是很少的，除了秘书的工资，几乎没有额外的经费支持。秘书的年薪刚开始只有 1000 美元，后来逐渐涨到 1500 美元。而且，议会没有拨给委员会租赁办公室、雇佣办事员、购买设备的额外经费，委员会所有的开支几乎都从秘书的薪水里扣除。为了节省经费，曼不得不自己承担办公室里所有的文秘工作。除了必要的衣食住行开支，担任秘书职务几乎花光了曼所有的薪水。在担任教育委员会秘书后，曼的收入比做律师时要少了很多，加上还要帮兄弟还债，因此前三年的生活是十分艰苦的。有一段时间，曼甚至要靠节衣缩食度日，而且由于饥饿、疲惫和过度工作使他生了两个月的病。② 曼几乎没有任何其他外来的帮助，只有一个朋友在他快要山穷水尽的时候给他提供一些补助。③ 尽管如此，曼对普及教育的工作怀

---

① Mary Tyler Peabody Mann, *Life and Works of Horace Mann (Vol. Ⅰ): Life of Horace Mann* (Boston: Walker, Fuller, and Company, 1865), p. 85.

② Mary Tyler Peabody Mann, *Life and Works of Horace Mann (Vol. Ⅰ): Life of Horace Mann* (Boston: Walker, Fuller, and Company, 1865), p. 93.

③ Mary Tyler Peabody Mann, *Life and Works of Horace Mann (Vol. Ⅰ): Life of Horace Mann* (Boston: Walker, Fuller, and Company, 1865), pp. 162-163.

有极大的热情，以充沛的精力投入其中。

（二）促进普及教育思想的传播和推动公共学校的建立

马萨诸塞州普及公共教育的工作是十分艰巨的。由于委员会和秘书没有任何的强制权力，“委员会被授予的有限的权力使他们在决定其秘书在履行法律规定的职责方式的选择上几乎没有任何自由裁量权。它必须几乎完全依靠人们的自愿合作，而且没有任何办法可以确保这种合作有效进行，正如要求州的每个县从几个城镇委派通常由教师、校务委员会成员（school-committee-men）和关心教育的社会人士组成的代表参加这些会议一样”①。而普及教育离不开广大群众的支持。因此，曼只能采取演讲、会议等委婉的方式向大众宣传普及教育的重要性，呼吁他们支持公共教育的发展。曼积极运用各种方式向公众宣传普及教育的重要性和必要性，加强公众对公共教育的了解，呼吁广大公民支持公共教育事业的发展，促进公共教育思想的普及。

在担任秘书期间，曼事无巨细，很多事情都要亲力亲为。他亲自去马萨诸塞州每个市镇的学校委员会发通告，指定每个县举办教育会议的时间和地点。曼亲自走访了马萨诸塞州市镇和乡村的每一所公共学校，进行实地考察，访问学校教师和校长，发放调查问卷，收集教育信息，了解学校情况，然后通过巡回演讲的方式向公众宣传普及教育的意义和价值，提高人们对公共学校的认识，呼吁公众的支持，推动公共学校的建设和发展。他每年都要在全州各市镇和乡村定期举行巡回教育演讲。由于委员会的经费有限，每年只能资助其中 4—5 场演讲的费用，超出次数的费用都是由曼自己承担的。刚开始曼的演讲没有引起人们的兴趣，几乎没有什么听众。但是，通过曼坚持不懈的努力，情况发生了变化。慢慢地，曼的巡回演讲受到了广泛的欢迎，多

---

① Mary Tyler Peabody Mann, *Life and Works of Horace Mann (Vol. II): Lectures and Annual Report on Education* (Cambridge: Published For The Editor, 1867), pp. 372-373.

次有人要求重复演讲。有一次，曼正在南塔吉特岛（Nantucket）和埃德加敦（Edgartown）做教育演讲。演讲刚结束不久，立刻有人邀请他去东正教教堂再做一次。这次演讲完成后，一个年轻人的代表团又邀请他去法尔茅斯（Falmouth）做了一次演讲。①

除了发表教育演讲，他还采用了组织教师会议（teachers' conventions）的方式加强与教师的沟通和交流。曼每年在各地方县市的公立学校举办一次教师会议，规模较大的县市要举办2—3次。他给教师们讲解普及教育的重要性和必要性，鼓励各地方公立学校教师认真了解教育改革的方向，积极寻求教育改革的方法，主动推进公共学校的进步和完善。曼还邀请当地的牧师、律师、教授、学者等社会贤达参会，让他们会后向广大市民宣传普及教育的好处。此外，为了扩大宣传，1838年，曼创办了一份名为“公共学校杂志”（*Common School Journal*）的期刊，并且亲自担任编辑。该杂志主要刊登州的教育法令，报道公共教育的发展情况，介绍欧洲教育家的理论，提供新的课程和教学方法。为了扩大发行量，杂志每月出版两期，每期16页，每年订费仅为1美元。由于刊登的内容深入浅出、通俗易懂，所以杂志订阅量很大，在全国广泛发行，甚至流传到国外。②

除了教育演讲、教师会议、编辑杂志外，曼在担任教育委员会秘书期间，每年都要向教育委员会提交一份年度报告，阐述公共教育思想，提出改革公共学校的建议。1837—1848年，曼一共向委员会提交了12份报告。

曼发布的12份年度报告主题丰富、内容广泛，涉及普及公共教育的重要性和必要性、教学科目和教学方法、体育、智育、道德教育、

---

① Mary Tyler Peabody Mann, *Life and Works of Horace Mann (Vol. I): Life of Horace Mann* (Boston: Walker, Fuller, and Company, 1865), p. 104.

② 单中惠：《贺拉斯·曼（1796—1859）》，出自赵祥麟主编《外国教育家评传》，上海教育出版社，1992，第369页。

政治教育、宗教教育、教育经费、学区制的弊端、师资培训、学校建筑、教学设备、教育与社会改革的关系等方面，这些都是当时教育领域极为突出的问题。在这些报告中，曼对大量的教育主题进行了思考，其中很多思考都非常具有前瞻性，至今仍然具有十分重要的意义。曼所关心的主题主要包括学校统计、管理、监督、乡村学区合并、卫生学及学校建筑等；他相信学校改革始终是学校校长的改革，他倡导培训教师、提高教师工资及保障教师任职、任期。曼在报告中也提出了加大支持公共教育发展的理由，尤其支持通过公立学校发展合作和民主的精神。①

这 12 份报告引发了强烈的反响，它们不仅在美国国内的发行量很大，而且被翻译成多种外文传播到欧洲。E. I. F. 威廉姆斯（E. I. F. Williams）在《贺拉斯·曼：教育政治家》一书中指出，“总的来说，如果想要了解作为普及公共教育的那些基本原则的话，这些报告仍然是我们所拥有的最好的资料来源之一。我们（公共教育）学说中的任何一个基本概念无不被包含在这些报告里，至少它们的雏形已经体现在报告中。这些报告值得那些想要熟悉民主和民主教育的基本理念的人反复阅读”②。克伯莱（Ellwood P. Cubberley）在《美国公共教育》一书中指出，“他详细撰写的关于马萨诸塞州和其他地区教育状况的 12 份报告，其中包括他对公共教育的目的和作用的明智讨论，成为美国教育史上的一个制高点，贺拉斯·曼也因此被称为可能是美国免费公共学校制度的最伟大的‘创造者’”③。其中，曼 1848 年发表的最后一

---

① Merle Curti, *The Social Ideas of American Educators with New Chapter on the Last Twenty Five Years* (Paterson, New Jersey: Pageant Books, INC., 1959), p. 109.

② E. I. F. Williams, *Horace Mann: Educational Statesman* (New York: The Macmillan Company, 1937), p. 166.

③ Ellwood P. Cubberley, *Public Education in the United States: a Study and Interpretation of American Educational History* (Boston: Houghton Mifflin Company, 1919), p. 167.

个报告《第十二份年度报告》受到了广泛的好评。美国著名政治家查尔斯·萨姆纳称赞道："我怀着浓厚的兴趣阅读了你的报告并完全同意你的观点。它像吹响的号角一样令人心血澎湃。"曼在英国的好友、颅相学的重要代表人物乔治·库姆在读完报告后写道："我对你的《第十二份年度报告》感到震惊。你是怎么找到时间和精力准备它的？你是一个精神力量十足的大力神。我多么渴望看到它在全世界传播。"①

（三）对富人纳税支持公共教育发展的呼吁和论争

在推行免费公共教育的过程中，曼面临着很多障碍。他首先要说服马萨诸塞州的公民为公共学校的建立提供财政支持。曼认为，政府之所以没有尽到公共教育的职责，为儿童建立免费的公立学校制度，普及教育之所以受到那么大的阻碍，主要根源在于人们普遍抱有的一种错误的财产观念：对私有财产的尊重比其他任何事情都重要。② 富人阶层往往将自己的孩子送到教育质量和学校环境都更好的私立学校读书，他们认为用他们的钱去资助免费公立学校是对他们私有财产的侵犯，因此他们也就成为免费公共学校的一大阻力。在12份年度报告中，有两份是专门劝说富人纳税支持公共学校建设和发展的。一份是1842年的《第五份年度报告》，一份是1846年的《第十份年度报告》。这两份报告的论证方式和风格截然不同。在《第五份年度报告》中，曼以委婉的语气和近乎恳求的态度呼吁富有的资本家支持公共教育事业的发展。他从资本家的自身利益出发，论证支持公共教育事业发展能够为他们带来更大的经济收益，因此他们应该支持公共教育的发展。而在《第十份年度报告》中，曼一反温和委婉的态度，以一种改革者的姿态出现，向富人们表明支持公共学校是他们应尽的一项义务，要求

① E. I. F. Williams, *Horace Mann: Educational Statesman* (New York: The Macmillan Company, 1937), p. 166.

② Mary Mann, *Life and Works of Horace Mann (Vol. Ⅲ): Annual Reports on Education* (Boston: Horace B. Fuller, 1868), p. 532.

他们履行自己所承担的职责。①

1842年提交的《第五份年度报告》是一份关于教育的经济价值的报告。在1841年9月14日的日记中，曼表达了自己撰写《第五份年度报告》的初衷："我的目的是展示教育具有市场价值；到目前为止，它是一种可以变成一种货币资金的商品：它可以被铸造，而且将会产生比普通金条更多数量的法定货币。"② 在报告中，曼强烈呼吁实业和工业资本家支持公共教育的发展。为了获得富有的资本家对公共教育的支持，曼通过统计数据证明，受过教育的劳动力要远比没受过教育的劳动力更有生产效率，能产生更多的经济收益。接受过教育的工人道德素养会比没受过教育的工人高，他们会更加顺从、更加尽职尽责，因此罢工和犯罪率将会大大减少。他向资本家证明了普及公共教育的经济价值，使资本家相信普及公共教育可以增加劳动力的价值，从而纳税支持公立学校的建设和发展。虽然这份报告仅仅是从保护自己的利益的角度出发呼吁富人支持公共学校的建设和发展，具有一定的保守性，但是这份报告吸引了马萨诸塞州大量显赫而富有的市民的关注，被纽约市议会发行了18000册，在学校期刊和教育领导的演讲中被反复引用，还被翻译成德文。"虽然关于教育经济价值的观念与当时的思想是一致的且早在曼之前就有人提出来过，但是第一次使这一思想真正普及开来并通过证据使怀疑者信服的是曼。"曼令人信服地证明了"工业的目的在于服务，随着知识的传播，国家的财富也将增加"。③

而在《第十份年度报告》中，曼"没有试图向富人们表明对教育

---

① ［美］韦恩·厄本，杰宁斯·瓦格纳：《美国教育：一部历史档案》，周晟、谢爱磊译，中国人民大学出版社，2009，第145页。

② Mary Tyler Peabody Mann, *Life and Works of Horace Mann (Vol. Ⅰ): Life of Horace Mann* (Boston: Walker, Fuller, and Company, 1865), p. 151.

③ Merle Curti, *The Social Ideas of American Educators with New Chapter on the Last Twenty Five Years* (Paterson, New Jersey: Pageant Books, INC., 1959), p. 113.

的投资是何等的有利可图；相反，他对富人们的为富不仁、不愿意缴税支持公立学校的情况感到愤怒。”① 曼慷慨激昂地指出，社会既然按照上帝的旨意和文明社会的法律保护了儿童的自然生命，就不应该使这个生命再遭受无知、贫穷和恶习的痛苦折磨。“每个州在道德上都有义务，要么制定使杀婴合法化或增强的法律，要么制定建立免费学校的法律。”②

在曼看来，财富是过去人类通过利用智力开发自然资源的能力创造出来的。他指出，“在大多数情况下，所有那些被称作财富的东西，所有那些构成一个国家的资本的价值或财产，在创世纪之初就已经被准备好了，早已存在于大自然的宝库之中。那些通过自己的努力或技能获取财富的人，他们所赚取的一毫一厘都是从全能的造物主那里受到成百上千的不计报酬的馈赠”③。由此可见，正是（集体的）社会智力或教育通过极大地提高这一过程的效率创造了“价值”或财富。任何一代财富的拥有者都得益于过去的（集体的）社会智力。由于子孙后代完全享有与上一代人平等的利用社会智慧进一步开发和享受自然资源的权利，所以当代财富的拥有者只有把自己看作后代财富的管理者，才能偿还债务。

在《第十份年度报告》中，曼提出了马萨诸塞州公共学校系统赖以存在的三个广泛而持久的基础：

1. 由一代又一代的人共同构建的一个伟大的共和国。

---

① ［美］韦恩·厄本，杰宁斯·瓦格纳：《美国教育：一部历史档案》，周晟、谢爱磊译，中国人民大学出版社，2009，第142页。

② Mary Mann, *Life and Works of Horace Mann* (*Vol. Ⅲ*): *Annual Reports on Education* (Boston: Horace B. Fuller, 1868), p. 549.

③ Mary Tyler Peabody Mann, *Life and Works of Horace Mann* (*Vol. Ⅲ*): *Annual Reports on Education* (Boston: Horace B. Fuller, 1868), p. 535.

2. 这个共和国的财产要保证被用于所有年轻人的教育，直至达到能够使他们摆脱贫困和恶习，做好履行社会和公民责任的充分准备的程度。

3. （社会）财产的历代继承者只是财富的看管人，受到通过最神圣的义务忠实地履行他们看管职责的束缚，从儿童和后代那里盗用和掠夺（财产）的行为无异于犯罪，而且比对同时代人犯下的同样罪行更卑劣。[①]

作为财富的管理者和看守人，社会中上层的富人有责任对人类过去智慧所创造的财富纳税，以便世代积累的知识能够通过学校传播下去，以便后代能够继续创造和享受财富。“贺拉斯·曼的这种财富理论的核心：社会之中所蕴含的财富远不只是一种私人物品，当抛开那种以自我为中心的看法，以一种更为社会化的眼光来看，财富就不仅仅是一种劳动所得，它更是一种馈赠。”[②] 总之，在《第十份年度报告》中，曼主要从财富拥有者的社会责任角度出发论证让富人阶层纳税支持公共教育发展的合理性和必要性。资本家财富的积累得益于过去社会的集体智力，而且他们只有把自己看作后代财富的管理者才能回报社会，因此他们有责任纳税支持公共教育的发展、公共学校的建设，通过学校将世代积累的知识传承下去，从而使子孙后代能够继续享受财富。

曼对劳动人民十分同情和赞赏，认为他们创造的价值要多于雇佣他们的资本家。他对城市贫民窟里的恶习、犯罪、贫困和苦难感到震惊，明确表示要反对这些事情。曼认为贫穷农民和工人的痛苦不是由

① Mary Tyler Peabody Mann, *Life and Works of Horace Mann (Vol. Ⅲ): Annual Reports on Education* (Boston: Horace B. Fuller, 1868), pp. 549-550.

② ［美］韦恩·厄本，杰宁斯·瓦格纳：《美国教育：一部历史档案》，周晟、谢爱磊译，中国人民大学出版社，2009，第 142 页。

于任何固有的既定社会和经济秩序，而是因为他们缺乏那些被特权阶级更好地理解和遵守的关于宇宙规律、物理规律和道德准则等方面的知识。[①] 而通过建立免费的公共学校可以消除工业资本主义的社会弊病。因此，他极力倡导普及教育，让贫穷的农民和工人获得那些知识，从而摆脱贫穷，改善自身处境。因此，他敦促富裕的资本家："即使这些工人在经受贫困，他们也没有感到不满。既然他们的工资仅够勉强维持他们悲惨的生活，我们难道不能至少通过为他们的孩子提供免费的教育来回报他们吗？"[②]

在曼生活的时代，他的财产观实际上是非常激进的，甚至在今天的美国也是如此。因此，曼的财产观及其对工业和商业资本主义的批评激发了强烈的谴责。他甚至被指责是在宣扬"社会主义"的观点。查尔斯·布里斯蒂德（Charles Astor Bristed）出版了一个小册子试图驳斥曼财富意味着压迫的暗示、对资本家应该为卖淫的耻辱负责的指责，以及工厂工人是工厂主的奴隶等观点。他宣称曼在宣传社会主义的教条并错误地煽动人们的想象力。后来，在曼竞选连任国会议员时，他在马萨诸塞州的保守派政敌也通过散发布里斯蒂德的小册子对他进行攻击。[③]

实质上，曼的主张并不是激进主义的，更不是社会主义的，而是改良主义的。曼希望通过教育来改良社会，缓和阶级冲突。乔尔·斯普林指出，像马克思和恩格斯一样，曼也认识到现代工业发展所造成的资本和劳动分离，进而强化阶级意识，但是"曼相信，解决社会—

---

① Merle Curti, *The Social Ideas of American Educators with New Chapter on the Last Twenty Five Years*(Paterson, New Jersey: Pageant Books, INC., 1959), pp. 131-132.

② Merle Curti, *The Social Ideas of American Educators with New Chapter on the Last Twenty Five Years*(Paterson, New Jersey: Pageant Books, INC., 1959), p. 118.

③ Merle Curti, *The Social Ideas of American Educators with New Chapter on the Last Twenty Five Years*(Paterson, New Jersey: Pageant Books, INC., 1959), p. 117.

阶级冲突的方法是公共学校教育，而不是工人阶级的革命。……就曼而言，问题并不是消除阶级意识，而是让其扩展到跨越社会的界限”[①]。虽然心存对资本的控诉和对劳动的怜悯，但是曼并不认为美国社会存在根本的利益冲突。虽然在某种程度上，他理解甚至称赞了“对阶级或社会团体的同情”，但他并没有认为阶级斗争是工业资本主义不可避免的要素。[②] 曼在《第十份年度报告》中想要表达的意思其实就是公共学校教育是为了集体和社会的利益而开办的，不是为了某一部分人的私利，不论是穷人还是富人，公共教育可以通过提升劳动力的知识技能和生产能力，改善穷人的经济状况，消除贫富差距，进而增加社会整体财富。其主要目的还是呼吁富人纳税支持公共教育的发展。

（四）《第七份年度报告》和与波士顿校长的论战

尽管曼在政治上几乎是没有党派的，但是许多政客还是试图破坏他所进行的公共教育事业。曼采取的加强州对公共学校管理的措施引起了地方学区的不满，他们认为这是对他们权力的干涉。最糟糕的情况是，曼对波士顿市教师的教学方法及滥用体罚的行为进行了批评和揭露，导致波士顿市 39 名校长联合对曼表示强烈不满和谴责，这成为当时最臭名昭著的一场争论。[③]

1843 年，曼受到教育委员会委派前往欧洲考察各国教育，在英格兰、苏格兰、法国、比利时、荷兰及德意志诸邦游览参观了数月，普鲁士学校系统给他留下了深刻印象。回国后，曼将这次欧洲之旅的所见所闻汇集成《第七份年度报告》（Seventh Annual Report）提交到教

---

① ［美］乔尔·斯普林：《美国学校：教育传统与变革》，史静寰等译，人民教育出版社，2010，第 114 页。

② Mary Tyler Peabody Mann, *Life and Works of Horace Mann (Vol. Ⅲ): Annual Reports on Education* (Boston: Horace B. Fuller, 1868), pp. 669-670.

③ Merle Curti, *The Social Ideas of American Educators with New Chapter on the Last Twenty Five Years* (Paterson, New Jersey: Pageant Books, INC., 1959), p. 110.

育委员会。在报告中，曼称赞普鲁士教育拥有严格的监督制度，教师训练有素、拥有极强的教学能力，学校教学方法灵活多样、吸引学生兴趣，师生关系融洽、几乎没有体罚，采用分班教学、教学效率高，开设师范学校，重视师资培训。曼详细介绍了普鲁士实行裴斯泰洛齐教学法的情况，对普鲁士教师的教学方法进行了高度赞扬，并且将美国的教育与普鲁士进行对比，指出美国教育的落后之处，号召美国教师向普鲁士学习，改进教学方法。

由于改革的愿望迫切，曼在报告中的一些尖锐语言对波士顿公立学校校长和教师们产生了极大的刺激。他认为，马萨诸塞州的教育要远远落后于普鲁士的教育："我可以毫不犹豫地说，国外有许多值得我们学习的事务；有些事务在我国还只是停留在纯粹的推测和理论阶段，而在那里早已被付诸实践，结出了丰硕的果实。"① 曼的《第七份年度报告》引发了波士顿公立学校校长和教师们的强烈抗议，其中对普鲁士学校中裴斯泰洛齐教学方法良好运用的称赞和对本国学校中使用的教学方法及体罚现象的指责、评论引起了波士顿教师和校长的广泛争议和尖锐的批评。

在 1844 年 4 月写给乔治·库姆的信中，曼写道："总的来说，我的报告获得了超出想象的支持；但是也有一些猫头鹰，它们为了使世界适应自己的眼睛，总是想阻止太阳的升起。我们中的大多数教师都被国外最好学校的报道所激励而更加努力，还有一些人因为自尊心受到挑战而感到非常的生气。"② 1844 年 12 月 1 日，在给库姆的信中，曼又写道："我的报告引起了波士顿教师的极大震动——我的意思是那些文法学校的教师。报告中那些能够被别人接受的内容成为他们憎恨的东

---

① Mary Tyler Peabody Mann, *Life and Works of Horace Mann (Vol. Ⅲ): Annual Reports on Education* (Boston: Horace B. Fuller, 1868), p. 240.

② Mary Tyler Peabody Mann, *Life and Works of Horace Mann (Vol. Ⅰ): Life of Horace Mann* (Boston: Walker, Fuller, and Company, 1865), p. 225.

西。波士顿文法学校校长中的一些领头者在这些对他们欧洲同行的描述中看到了对他们的谴责，于是他们决定，作为一种自我保护的方式，要阻止自己的学校受到像普鲁士学校这样致命的例子的影响。”[①] 波士顿校长协会（Association of Boston schoolmasters）联合起来表示抗议，任命成立了一个专门的委员会对曼的报告进行审查。经过一个夏天的审查，他们出版了一本 144 页的小册子来反驳曼的报告。作为回应，曼对此写了一份长达 176 页的书稿——《对波士顿校长的回复》（*Reply to the Boston Masters*）为自己的报告做辩护，并且声称对于这些毫无根据、毫不理性的批评，他将毫不留情地进行反驳。

曼和波士顿校长的公开辩论使报告中的师范学校、分班教学、裴斯泰洛齐教学法等内容受到了人们的广泛关注，也使报告成为当时所有关于欧洲教育的报告中最有影响力的一个。[②] 曼的报告在国内产生了巨大影响，给那些反对公共教育的保守派造成了巨大的震动。该报告以不同的版本印刷出版，不仅在马萨诸塞州，而且被传播到美国其他各州，其中有些版本还在英国得到发行。

（五）为实现公共学校的非教派性而斗争

早在 1825 年在普罗维登斯发表的一次演说中，曼就提到真正的教育的基本准则与其说是“灌输观点和信念，不如说是传授正确的方法”。学校应该“不受党派意识的破坏，不受炙热的权威气息的摧残”。[③] 宗教信仰自由的信念及使儿童对真理的热爱比对教条的热爱更强烈的愿望，使曼极力反对利用学校进行教派教义的教学。

---

① Mary Tyler Peabody Mann, *Life and Works of Horace Mann (Vol. Ⅰ): Life of Horace Mann* (Boston: Walker, Fuller, and Company, 1865), p. 231.

② Ellwood P. Cubberley, *Public Education in the United States: a Study and Interpretation of American Educational History* (Boston: Houghton Mifflin Company, 1919), p. 279.

③ 转引自 Merle Curti, *The Social Ideas of American Educators with New Chapter on the Last Twenty Five Years* (Paterson, New Jersey: Pageant Books, INC., 1959), p. 126。

1846年，马萨诸塞州的一位牧师马修·史密斯（Matthew Hale Smith）在一篇名为“新货车上的上帝约柜”（*The Ark of God on a New Cart*）的布道中对贺拉斯·曼及马萨诸塞州的公共学校发起了激烈的攻击。史密斯在布道书中指出，曼所倡导创立的公共学校成功地做了三件事：一是摒弃圣经和宗教教育；二是废除教杆的体罚和所有帮助学生改正错误的纪律约束措施，只剩下一点空谈；三是使公共学校成为家庭和主日学校（Sabbath school）宗教教育的抗衡力量。① 他指责这种摒弃了宗教教育的学校使宗教与智育文化相分离，惩罚力度的缺乏削弱了父母的权威，因此导致了酗酒的增加、犯罪和青少年的堕落。曼对此做出了强烈的回应。在给史密斯的回信中，曼指出，“我不敢相信有任何人在没有阅读委员会报告的前提下竟然如此冒险地对委员会的工作提出如此严重的指责；然而更难让人相信的是，会有任何人读过报告后还提出那么严重的指责。”② 史密斯对公共学校导致青少年堕落的指责是没有经过调查研究的，因而是错误的。首先，公共学校教育并没有摒弃对《圣经》的阅读及宗教教育。教育委员会自成立之初一直都在鼓励、促进和指导学校对《圣经》的日常使用。根据曼开展的调查，除了三个未回复调查的市镇以外，马萨诸塞州所有市镇的学校都在使用《圣经》。因此，曼认为教育委员会的努力使《圣经》如此有效地进入公共学校，而不是将其赶出了学校。其次，公共学校教育不是软弱无能的教育，也遵循权威和良好秩序的信条。委员会没有采取过任何废除教杆体罚和纪律约束的行为；正相反，委员会支持在其他的约束措施无效的情况下使用教杆对学生进行体罚，只是

① Matthew Hale Smith, “The Ark of God on a New Cart,” in Matthew Hale Smith, *The Bible, the Rod, and Religion in Common Schools* (Boston: Redding & Co., 8 State Street, 1847), p. 11.

② Horace Mann, “Letter to Mr. Smith,” in Matthew Hale Smith, *The Bible, the Rod, and Religion in Common Schools* (Boston: Redding & Co., 8 State Street, 1847), p. 24.

反对对体罚的滥用。至于史密斯的第三点指责，曼认为这根本就是毫无根据和不可理喻的。[①]

不仅如此，后来史密斯牧师将他的这篇布道与他跟曼的两次通信合编成了《公共学校中的圣经、教杆和宗教》（*The Bible*，*The Rod*，*and Religion in Common Schools*）一书出版。作为回应，曼也出版了一本名为“史密斯牧师和贺拉斯·曼通信续编”（以下简称“续编”）的小册子。在《续编》中，曼对公立学校中的教派争论及宗教教育问题进行了仔细的阐述，并且阐明了自己的无宗派道德观。曼指出，即使是在同一个市镇或附近不同的学校，相互矛盾的教派信条也十分普遍。今天是这个教派占优势，明天又是另一个教派占优势。进学区学校的儿童接受一种教育，从学区学校进入中学又接受另一种教育。“这些争论中包含着如此巨大的利害关系，致使狂热的宗教信仰肆虐，一切对天国的冥想都被世俗情感毒化了……它的贪得无厌的管辖范围将会伸展到超越一切学校、超越一切私人的信仰和公共的崇拜，直到最后，在我们经受了若干世纪的斗争与折磨之后，又回到审判异端的宗教法庭、火刑和拉裂肢体的刑架。”[②] 在《续编》的结尾，曼指出，“我们的主张仅仅认为，任何一个教派都不能利用它为了自保的目的建立的学校制度取得压倒其他教派的特权。”[③]

不仅如此，针对公共学校是反宗教的或非宗教的指控，曼在他发表的最后一份报告——《第十二份年度报告》中为教育委员会和自己做出了慷慨激昂的辩护：“我想利用这可能是最后的一次机会说明，关

---

① Horace Mann,“Letter to Mr. Smith,”in Matthew Hale Smith, *The Bible*, *the Rod*, *and Religion in Common Schools* (Boston: Redding & Co., 8 State Street, 1847), p. 24.

② ［美］E. P. 克伯雷：《外国教育史料》，华中师范大学、西南师范大学、西北师范大学、福建师范大学教育系译，华中师范大学出版社，1991，第 644 页。

③ ［美］E. P. 克伯雷：《外国教育史料》，华中师范大学、西南师范大学、西北师范大学、福建师范大学教育系译，华中师范大学出版社，1991，第 644 页。

于对我们企图从学校中排除宗教教育或从学校中排除《圣经》或贬低《圣经》的力量的任何断言和指控，现在或从来就是无论在表面上还是实质上不符合事实的。”① 曼进一步指出，“众所周知，我们的公立学校不是神学院。法律禁止公立学校灌输任何宗教派别的特定教义，这是早已声明过的。我们的学校系统认真地传递了所有的基督教的道德价值观念；公立学校允许教授的必须是整体的宗教，必须是宗教或灵魂拯救的那些基本要素，否则就会遭到禁止，这也是确定的。但是，我们的制度真诚地教授基督教的道德，它将它的道德基础建立在基督教之上；它欢迎以《圣经》作为信仰的宗教；它允许宗教实行在任何其他系统中不被允许做的事情——这是不言而喻的。但是，仅限于此，这不是因为公共学校认为自己已经包含所有的真理，而是因为它不愿意在敌对的宗教观点之间充当仲裁人的角色”②。为了证明公共学校并非反宗教或非宗教的，曼还提出了证据，“在我 12 年来与全州学校官员的交往中，当面交流或书信往来，其中好几万人是个人交往，我从没有听到过对我们在学校中阅读《圣经》的反对声……”③ 据此，曼指出，如果《圣经》的学习和阅读的确存在于学校中，那么怎么能说我们公共学校是非宗教的或反宗教的呢？

从这里我们可以发现，虽然曼主张维护宗教自由，反对在公共学校里灌输某一特定教派的信条和学说，但是曼并不反对宗教信仰，更绝非无神论的倡导者。他只是反对由某一教派主导公共学校教育，从而破坏宗教信仰自由。他并不反对在公共学校里阅读《圣经》，只是反

---

① Mary Mann, *Life and Works of Horace Mann* (Vol. Ⅲ): *Annual Reports on Education* (Boston: Horace B. Fuller, 1868), p. 729.

② Mary Mann, *Life and Works of Horace Mann* (Vol. Ⅲ): *Annual Reports on Education* (Boston: Horace B. Fuller, 1868), pp. 729-730.

③ Mary Mann, *Life and Works of Horace Mann* (Vol. Ⅲ): *Annual Reports on Education* (Boston: Horace B. Fuller, 1868), p. 735.

对阅读带有任何教派注解的《圣经》。在贺拉斯·曼那里，非教派不等于非宗教，更不等于无神论。其实，这一争论的实质不在于学校是否开设宗教课程和教授宗教内容，而在于教育控制权。争论的焦点无非教育控制权是掌握在教会手中还是世俗政府手中？实现非教派的目的也就在于把教育控制权从教会手中转移到世俗政府手中。这与前文提到的把教育控制权从地方学区集中到州政府是一样的道理，都是为了实现教育管理权力的集中，实现州教育管理体制的建立和强化。与其他州的情况不同，马萨诸塞州公共学校系统的主要问题在于教育管理权力的地方化。韦恩·厄本（Wayne J. Urban）和杰宁斯·瓦格纳（Jennings L. Wagoner，Jr.）在《美国教育：一部历史档案》中认为，由于马萨诸塞州地方控制的传统，宗教问题在马萨诸塞州并没有成为一个颇受争议的话题。“地方主义的倾向使不同的宗教派别可以在不被官方认定的情况下在不同的地方各自运行。”而马萨诸塞州宗教争论相对冷清的状态使贺拉斯·曼有可能通过迂回的方式处理宗教派别分立所带来的问题，他并没有试图去解决学校的宗教取向和责任问题，而是将这些都交给学校所处的邻里或地区去处理。[①]

（六）提升公共学校的质量：加强教师培训，改善校舍和设备

普及教育的任务只能通过广泛地设立公共学校来完成，其中主要包括两个方面：一是增加公共学校的数量，二是提升公共学校的质量。在推动普及教育的过程中，曼意识到仅仅增加公共学校的数量还是不够的，还要提升公共学校的质量。在质量提升方面主要涉及两个方面，一是师资水平的提升（包括教学方法的改进），二是学校硬件设施（校舍、图书馆、教学设备等）的改善。

---

① ［美］韦恩·厄本，杰宁斯·瓦格纳：《美国教育：一部历史档案》，周晟、谢爱磊译，中国人民大学出版社，2009，第140页。

1. 创立州立师范学校，加强师资培训

曼认为有好的教师才会有好的学校，师资水平直接关系到公共教育事业的成败。因此，他十分重视对公共学校师资的培养。在 1838 年 5 月 27 日的日记中，他写道："如果我们能在教师培训机构中获得成功的话，那么教育的发展速度将会获得快速的提升；反之，教育的进步仍会继续，但进步的速度将会变得不可思议的缓慢。"①

曼对师范学校事业抱有极高的期望。在 1846 年布里奇沃特师范学校新校舍的落成典礼上发表的演讲中，曼又道："我相信师范学校将成为人类进步的新工具。我认为，如果没有师范学校，那么免费学校（Free Schools）的力量和治愈能力将会逐渐被削弱，最终转变为慈善学校，并且在实质和形式上走向消亡。……如果允许教师的品德和水平降低，那么免费学校将会变成贫民学校，贫民学校将会造就贫困的灵魂……"②

1838 年 3 月 10 日，教育委员会成员、富商艾德蒙·德怀特召集了关于向马萨诸塞州议会提议拨款资助建立教师学院（Teachers' Seminaries）以培养公共学校优秀师资的会议。德怀特个人自愿提供 10000 美金的私人捐款，用于支持教师学院的建设，但他希望州政府能够拨出相同数额的配套资金。虽然关于德怀特的建议存在争议，但仍然得到了委员会多数人的支持。尤其是曼对德怀特的建议十分认同并对他的善举十分赞赏。德怀特授权曼以教育委员会秘书的名义向州议会提出此项议案。3 月 13 日，曼向马萨诸塞州参议院和众议院议长提交了一封请求信。曼在信中写道："先生们，我已经收到了一笔 10000 美元的私人捐款，用于促进马萨诸塞州公共教育事业的发展。这笔捐

① Mary Tyler Peabody Mann, *Life and Works of Horace Mann (Vol. Ⅰ): Life of Horace Mann* (Boston: Walker, Fuller, and Company, 1865), p. 103.

② Mary Tyler Peabody Mann, *Life and Works of Horace Mann (Vol. Ⅴ): Educational Writings of Horace Mann* (Boston: Lee and Shepard publishers, 1891), p. 219.

款的条件是州政府也要提供相同数额的拨款以援助同样的事业；这两笔款项将根据需要进行分配，在教育委员会的指导下全部用于公共学校的师资培训。……我无法克制地认真恳求议会能够给予它良好的关注。”①

在曼和教育委员会的努力之下，这项议案最终在州议会获得了通过。由于师范学校在当时还是新兴事物，州议会也不知道如何使用这笔资金，因此没有直接建立任何师范学校，而是将所有的工作和资金的使用全部交由贺拉斯·曼和教育委员会来具体操作。曼没有采用之前其他州采取的资助文实学校来进行师资培训的普遍做法，而是决定直接建立一类特殊的州立学校——州立师范学校，专门进行公共学校的师资训练。在曼和教育委员会的努力之下，1839 年 7 月 3 日，美国第一所州立师范学校在马萨诸塞州的莱克星顿市（Lexington）成立。作为新生事物，师范学校受到了多方的反对，其发展道路充满了曲折。成立之初，只有 1 名教师、3 名学生。25 年后，学生人数才增加到 12 名，之后 3 年也只不过增加到 31 人。值得庆幸的是，这类新兴机构最终被建立起来了，并且在像曼这样能干的倡导者和保护者的照料下顺利通过了在马萨诸塞州的试验阶段。② 1839 年 9 月 5 日，马萨诸塞州又在巴尔（Barre）成立了第二所州立师范学校。1840 年，又在布里奇沃特（Bridgewater）建立了第三所州立师范学校。在马萨诸塞州的影响下，美国其他各州的师范学校也相继成立起来。

1842 年，众议院决定通过了一项对师范学校每年 6000 美元、为期 3 年的拨款资助法案，并且对每个学区的学校图书馆提供 15 美元的资

---

① Mary Tyler Peabody Mann, *Life and Works of Horace Mann (Vol. Ⅰ): Life of Horace Mann* (Boston: Walker, Fuller, and Company, 1865), pp. 100-101.

② Ellwood P. Cubberley, *Public Education in the United States: a Study and Interpretation of American Educational History* (Boston: Houghton Mifflin Company, 1919), pp. 291-292.

助，条件是学区也提供相同数目的拨款用于同样的事业。曼对此欣喜万分。在3月3日的日记中，曼写道："昨天和今天是我们事业上最辉煌的日子。……语言已经无法表达我对于将巨大的动力注入那台推动教育事业发展的机器的内心的喜悦，因为这不仅使它比以往运转得更迅速，而且使它到达那些从未到达过的地方。这将导致一个在同时代人之间传播的不断扩大的循环，并且将对未来产生无法估算的影响。"①

此外，曼认为女性天生更适合从事教师这一职业，积极倡导女性教师的培养，增加公立学校中女性教师的数量。在《第七份年度报告》中，曼指出，"女性拥有更强烈的母性本能，她们对儿童天然的爱，她们性情中更多的温柔和耐性——所有这些都使她们在管理儿童时是温和的而不是严峻的，以希望而不是恐吓作为行为的动机，运用各种各样的鼓励的艺术而不是烦恼和强迫"②。在曼的呼吁下，师范学校招收了更多的女生，马萨诸塞州公共学校中女教师的数量不断上升。1837年，公共学校中女性教师的人数达到3591名。那些之前女性教师数排名靠后的城镇也迅速增加。曼认为这是一场沿着正确方向的至关重要的改革，尤其是对年轻人的教育。③

2. 改进教学方法

欧洲访问之后，通过对欧洲尤其是普鲁士学校教育的考察和对比，曼进一步认识到美国公立学校教师在教学方法上的不足之处。回国后，曼积极倡导要加强对教师的专业培训，改进教学方法。

曼认为，普鲁士学校教学的第一个优点就在于分班教学。普鲁士

---

① Mary Tyler Peabody Mann, *Life and Works of Horace Mann (Vol. Ⅰ): Life of Horace Mann* (Boston: Walker, Fuller, and Company, 1865), p. 161.

② Mary Mann, *Life and Works of Horace Mann (Vol. Ⅲ): Annual Reports on Education* (Boston: Horace B. Fuller, 1868), p. 359.

③ Mary Mann, *Life and Works of Horace Mann (Vol. Ⅲ): Annual Reports on Education* (Boston: Horace B. Fuller, 1868), Preface.

的学校把学生按照年龄和学业程度进行分班，一个班有一个教室，每个教室负责一个班级。这种分班教学的优势要远远大于美国学校不分年龄把学生集中在一个教室里的做法。那种做法要求教师要同时照顾不同年龄、不同学习层次的学生，不仅任务繁忙，而且容易引起秩序的混乱。因此，曼大力倡导改革美国公共学校的年级编制，按照年龄和学业进度进行分班，一方面减轻教师负担，另一方面使教师可以集中精力于一个班级同样类型的学生，从而提高教学效率。

然后，曼强调教学过程中激发儿童兴趣的重要性，主张尽量减少体罚。曼指出，普鲁士的教师发现儿童有五种感官："现有的经验已经表明，为这些感官能力提供愉快有益的事情去做，比用棍棒监督儿童或抑制他们的活动或采取恐吓的方式监督充满活力的儿童要容易很多……教师越能使学生感到他们的天然能力有趣并使用它们，教师约束学生的办法也就越多。"[①] 曼在《第七份年度报告》中对比了普鲁士教师与美国教师运用体罚的情况。曼指出，"虽然我参观了几百所学校，成千上万名——保守地说也有几万名——学生，但是我从来没有看到儿童受到体罚，或者因行为不当受到责备，从来没有看到儿童因受罚或担心受罚而流泪"[②]。然而，在美国学校中是另外一番景象，体罚盛行，儿童苦不堪言。曼指出，如果一个国外参观者在美国学校同样观察六周而从来没有看到教师发脾气或打人，或者看不到学生流泪，他认为这是不可能的。曼对此极为反感，呼吁美国学校的教师减少体罚，通过调动儿童兴趣的方式进行教学。

此外，曼对裴斯泰洛齐的直观实物教学法极为推崇，对美国学校教师中模仿盛行的教学方法极为反感并进行了强烈的谴责。曼大力倡导美国学校采用直观教学的方法替代死记硬背和单纯地模仿。通过观

---

① 任钟印：《世界教育名著通览》，湖北教育出版社，1994，第770页。

② 任钟印：《世界教育名著通览》，湖北教育出版社，1994，第773页。

察普鲁士教师的教学，曼领悟道：“我彻底理解了，我们在教授儿童识字时，最大的错误在于从字母表开始……大自然为儿童提供如此丰富多彩的美好事物——风景的、声音的、色彩的——在他的心中产生了如此多的社会情感，怎么能指望儿童愉快地放弃这一切而转向机械僵硬的、没有生机的字母表呢？”①

3. 改善学校硬件设施

曼对校舍条件非常重视。当时的公立学校不仅数量少，而且硬件设施很差。曼对当时公共学校恶劣的校舍条件有过这样的描述：“我见过富裕而人口稠密的中部城镇的许多校舍，与桌子相连的每个座位仅仅是由一个从地面突出来的上端只有 8—10 平方英寸（51—65 平方厘米）的立柱或树桩组成，没有扶手或靠背，有几个高得连孩子们的脚都碰不到地板。……只有强迫和压制才能使一个活生生的孩子安静地坐在这样的座位上。”② 曼认为，好的公立学校必须具备好的校舍和设备，还应该配备图书馆。只有这样，才能吸引学生入学。针对这一现象，曼强烈建议改善公共学校的校舍和设施，为学生提供舒适健康的学习环境。他在《第一年份年度报告》的补充报告中详细论述了公共学校的通风、取暖、教室大小、课桌和座位、校舍位置、教室的建造等问题。

此外，曼十分重视图书馆的教育作用，认为图书馆是学校教育最有价值的辅助者。“公共学校中图书馆的好处是一个现代的发现。但是它注定会增加，而且几乎是毫无限制地增加公共学校的效能。好的书籍对于年轻的头脑的作用犹如温暖的阳光和清新的春雨对于冬天森林

---

① 任钟印：《世界教育名著通览》，湖北教育出版社，1994，第 772 页。

② Mary Tyler Peabody Mann, *Life and Works of Horace Mann (Vol. II): Lectures and Annual Report on Education* (Cambridge: Published For The Editor., 1867), p. 51.

里休眠的种子一样。”[①] 曼大力倡导公共学校购置书籍，开设图书馆，辅助儿童学习。曼还认为，州的每一个学区都应该设立一所免费的流通图书馆，对学区内所有儿童开放。他把这看作普及教育工作的继续和补充。[②]

不仅如此，曼还主张改善学校设备。当时公共学校的很多教室都没有黑板，而曼认为黑板是十分重要的教学工具。每个教室都应该配备黑板，辅助教师教学。此外，曼还主张为每个儿童配备书写用的石板和粉笔，使儿童可以随时练习书写和绘画。

四、贺拉斯·曼在美国教育史上的地位和影响

19 世纪上半叶的后 25 年，也就是 1826—1850 年，见证了一场建立由税收资助的、由公共机关管理和领导的、非教派的公共学校的斗争，即公共教育运动（也称公共学校运动或公立学校运动）。在这个过程中，涌现了一大批积极的改革者，如康涅狄格州的亨利·巴纳德（Henry Barnard）、俄亥俄州的卡尔文·E. 斯托（Calvin E. Stowe）、印第安纳州的加勒·米尔斯（Caleb Mills）等，贺拉斯·曼成为这场运动最杰出的领袖。

马萨诸塞州教育委员会的运行并不是一帆风顺的，多次受到来自各方面的打击，有的来自宗教势力，有的来自党派斗争。其中一些政党的攻击目标直指教育委员会的存废。有的政党势力主张将委员会的权力进行转移，有的甚至主张直接将其撤销。作为委员会秘书的贺拉斯·曼也多次受到来自宗教界和政界反对势力的攻击。艰苦的工作条

---

① Joy Elmer Morgan, *Horace Mann, his ideas and ideals* (Washington, D. C.: National Home Library Foundation, 1936), p. 138.

② 单中惠：《贺拉斯·曼（1796—1859）》，出自赵祥麟主编《外国教育家评传》，上海教育出版社，1992，第 378 页。

件和来自各方面的攻击都没能使曼畏惧或退缩，而是使他愈挫愈勇，一往直前。曼在1849年的一封信中写道："我从来没有问过自己，甚至也没有问过任何朋友，我为这个秘书工作所做的牺牲或付出会得到什么样的报酬。…… 当我为了这个秘书职位而离开有利可图的职业时，我愉快地放弃了所有发财或晋升的机会；从我接受这一职务的第一天开始，我坚持要为这一事业的成功负责；虽然这可能会付出很多代价——我的健康、我的生命或上百条生命，但我认为这项事业的胜利将胜过其他一切。"①

1838年10月，一份名为"纽约观察者"（*New-York Observer*）的杂志刊登了一系列反对马萨诸塞州教育委员会及其秘书的文章，批评委员会在学校教育中剔除教派教育的行为是非宗教的。针对这些指责，曼在1838年10月27日的日记中写道："他们不能阻止我为人类工作的步伐。"② 在1840年2月2日的日记中，曼写道："一些政客在试图破坏教育委员会；但是所有无知引起的嫉妒都不值一提。作为这项运动的先驱是我的幸运；像其他先驱一样，我不指望能够毫发无损地逃脱。但是这是一项值得牺牲的事业：首先我会努力去征服；但是，如果征服是不可能的，那么我将努力忍受。"③

12年间，曼全心全意地投入教育委员会秘书的工作中，从来没有发生过动摇。1839年12月，曼收到了一个请他担任密苏里州某所大学校长的非正式邀请，待遇是年薪3000美元，还赠送一套带花园的豪华别墅。这在当时是非常具有诱惑力的条件，但曼还是毅然、决然地拒

---

① Mary Tyler Peabody Mann, *Life and Works of Horace Mann (Vol. Ⅰ): Life of Horace Mann* (Boston: Walker, Fuller, and Company, 1865), p. 578.

② Mary Tyler Peabody Mann, *Life and Works of Horace Mann (Vol. Ⅰ): Life of Horace Mann* (Boston: Walker, Fuller, and Company, 1865), p. 107.

③ Mary Tyler Peabody Mann, *Life and Works of Horace Mann (Vol. Ⅰ): Life of Horace Mann* (Boston: Walker, Fuller, and Company, 1865), p. 122.

绝了对方的邀请，坚持继续从事教育委员会秘书工作。在当天的日记里，曼这样写道："就我个人的喜好而言，我宁愿留在这里，只为了温饱而工作，也不愿为了密西西比河大峡谷的富饶而到那里去……为了这个工作，我不求任何回报。这是我唯一追求的志向；如果失去了这个志向，我活在世界上还有什么意义呢？"①

曼卸任秘书工作后，波士顿委员会对他从事秘书期间的工作做了一次审查。波士顿市市长小约西亚·昆西（Josiah Quincy，jun.）在审查中讲道："我不得不对曼先生为推动公共教育的伟大事业所做的无私的慷慨的努力作证。五六年前，曼先生以自己的法律图书馆作抵押，向我申请了一笔五六百美元的贷款，用于莱克星顿师范学校的宿舍装修。我知道他的处境，就极力劝他不要给公众这么多钱，并且以这个理由拒绝借钱给他。结果是，他卖掉了自己的图书馆，装修了宿舍。毫无疑问，我全输了。"②

州的印刷工自愿向波士顿委员会（The Boston Committee）主席写了这样一封信："在他任期的12年里，所有的委员会报告和秘书的报告都是由我们印刷的。关于所有的印刷，他总是要求以最省钱的方式进行。如果为了更多的分发需要复印更多的报告，那么额外的费用都是由他自己负责。我们无法说明他为这些报告付出的确切金额，但至少应该有75美元或100美元。他在任何时候都没有拿走属于公家的任何复印件。……我们认为政府欠曼先生一大笔债；而且，如果这里陈述的简单事实将对他的事业产生帮助，那么我们认为我们仅仅是对一位

---

① Mary Tyler Peabody Mann, *Life and Works of Horace Mann (Vol. Ⅰ): Life of Horace Mann* (Boston: Walker, Fuller, and Company, 1865), p. 121.

② Mary Tyler Peabody Mann, *Life and Works of Horace Mann (Vol. Ⅰ): Life of Horace Mann* (Boston: Walker, Fuller, and Company, 1865), p. 580.

极其正直的官员做了一件正义的事。”①

波士顿委员会要求《公共学校杂志》的出版商威廉·福尔（William B. Fowle）也对曼的工作做出证明，他的证明如下：“在我看来，曼先生始终把他的心放在复兴学校系统的伟大工作上，为此不惜牺牲自己的安逸和财产。我不知道他有什么样的财力；但我常常对他的大方感到奇怪，或者对我来说似乎是一种慷慨或捐赠；然而，与我经常见到的财务支出相比，他的钱几乎没有花费在他自己身上。……当我看到他过度劳累的工作时，我经常警告他注意危险：尽管他也承认有危险，但他从不停止。”“当曼先生开始他的工作时，很明显如果他不设法将他收集的（教育）信息散发出去，他的努力就会受到很大的限制。的确，法律规定他必须在收集到信息后将这些信息分发出去；但是州没有为分发做出任何规定！作为遵照法律要求的最普遍和最经济的方法，曼先生开始出版《公共学校杂志》。在第四年的末尾，当我成为出版商的时候，杂志的收入已经低于支出。”②

曼的公共教育事业并不局限于马萨诸塞州，也不局限于新英格兰地区。在新英格兰地区的公共教育制度取得一定的成效后，曼试图将其推行到其他未开垦的处女地。1853 年 9 月初，曼离开新英格兰来到西部地区，试图把他的普及教育思想推广到西部，让它在这块处女地上付诸实践。曼在中西部地区的演讲也受到了广泛的欢迎。在 1853 年 11 月 29 日写给朋友的信中，曼写道：“我完全专注于我的工作。我想把更多改进的教学和管理方法，以及先进的教育理念从东部传播到

① Mary Tyler Peabody Mann, *Life and Works of Horace Mann* (Vol. Ⅰ): *Life of Horace Mann* (Boston: Walker, Fuller, and Company, 1865), pp. 581-582.

② Mary Tyler Peabody Mann, *Life and Works of Horace Mann* (Vol. Ⅰ): *Life of Horace Mann* (Boston: Walker, Fuller, and Company, 1865), pp. 582-583.

西部。”①

除了在公共教育发展方面的功绩外，曼也存在一些不足之处，如其教育思想中的不足。默尔·科蒂认为，曼虽然没有把无阶级社会的理想与现实相混淆，但他对教育的巨大信心阻碍了对现实的批判性分析。虽然曼意识到劳动剥削的存在，意识到社会和经济正义的缺失，但没有意识到其产生的根源。虽然曼拒绝了他那个时代的劳工运动和社会主义计划，但他认为使工业主义的兴起成为可能的机器也将极大地促进社会公正。曼认为机器可以通过驾驭自然的力量满足人们的需求，减轻人们的痛苦，最终终结贫穷。他并没有想到，当机器被私人集团为了利润而控制时，他所谴责的社会弊端可能是工业主义不可避免的一部分。② 此外，科蒂对曼的道德教育思想也进行了批评。他指出，正如 18 世纪的理性主义者过分强调理性的力量一样，曼和他的同时代人也过分强调了教育所培养的道德的有效性。他没有意识到孤立地培训诚实、正直等抽象的美德，在大多数情况下是与日常世界里的具体的道德实践相冲突的，因为日常生活中的情况与教室里的情况不同。他没有理解，在一个仅以生产为目的的竞争体系中，放弃“内部制约”，然后使违反道德准则的行为合理化对绝大多数人来说是太强烈的诱惑了。最重要的是，他不允许教师把某些具有争议的问题带到教室里，不主张在教室之中讨论解决社会弊病的不同意见。因此，可以说，曼剥夺了道德教育的活力。③

但无论如何，在贺拉斯·曼担任教育委员会秘书的 12 年间，在曼

---

① Mary Tyler Peabody Mann, *Life and Works of Horace Mann (Vol. Ⅰ): Life of Horace Mann* (Boston: Walker, Fuller, and Company, 1865), p. 446.

② Merle Curti, *The Social Ideas of American Educators with New Chapter on the Last Twenty Five Years* (Paterson, New Jersey: Pageant Books, INC., 1959), pp. 121-122.

③ Merle Curti, *The Social Ideas of American Educators with New Chapter on the Last Twenty Five Years* (Paterson, New Jersey: Pageant Books, INC., 1959), pp. 125-126.

和教育委员会的共同努力下，马萨诸塞州的公共教育事业获得了极大的进步。各城镇增加了对公立学校的拨款，从1837年的40万美元增加到1848年的749943.45美元。这些还不包括校舍、教科书、图书馆、教学设备仪器等的费用，而是仅仅用于支付教师的工资、住宿及学校的燃料。[①] 乔治·马丁（George H. Martin）在《马萨诸塞州学校制度的变革》一书中列举了曼在公共学校建设方面取得的成就：州政府对公共学校的拨款成倍增加；建造公共学校校舍的经费多达200多万美元；男教师月工资增加62%，女教师月工资增加51%；公共学校学生每年的在校时间延长了一个月；私立学校的经费占全部学校教育经费的比例从75%下降为36%；新建立了50所公立中学；学校委员会的管理更加规律和有效；建立了3所州立师范学校。[②] 不仅如此，马萨诸塞州的公共教育运动的影响已经远远超出新英格兰地区。在马萨诸塞州的带动作用下，美国其他州也纷纷效仿，推动本州公共学校和师范学校的建设。

克伯莱指出，在促进公共教育普及和公共学校建设方面，没有人能超越他的贡献。他在美国人民心中树立了这样的教育观念——教育应该是普遍的、非宗派的、自由的，其目标应该是实现社会效率，培养公民的美德和品格，而不仅仅是知识的学习或促进教派的发展。在他的实际领导下，一系列无组织的、混乱的社区学校系统被精简并整合为一个州立学校系统，马萨诸塞州民众对人民教育的古老信仰和责任也被有效地唤起。[③] 默尔·科蒂也认为，鉴于卡特在马萨诸塞州公共

---

① Mary Mann, *Life and Works of Horace Mann (Vol. Ⅲ): Annual Reports on Education* (Boston: Horace B. Fuller, 1868), Preface.

② 单中惠：《贺拉斯·曼（1796—1859）》，出自赵祥麟主编《外国教育家评传》，上海教育出版社，1992，第386—387页。

③ Ellwood P. Cubberley, *Public Education in the United States: a Study and Interpretation of American Educational History* (Boston: Houghton Mifflin Company, 1919), pp. 167-168.

教育领域的先驱性工作，曼只是一位教育追随者而不是领导者的论断似乎有一定道理。然而，在曼的前辈中没有谁能够像他那样激发公众（对公共教育）的热情。[①] 杜威也认为，贺拉斯·曼"使民主精神按照其伦理意义进入公共小学，并且使这些学校得到如此彻底的改组，使它们成为促进人类发展可能最有用的工具"[②]。杜威认为，曼在这一方面的工作做得最有效。

"进步主义教育运动之父"弗朗西斯·帕克甚至将贺拉斯·曼的功绩与美国两位最伟大的总统——华盛顿和林肯相提并论，认为他们都是美国最伟大的建设者之一。他写道："华盛顿和林肯代表着最伟大的英雄主义、爱国主义和在重大危急关头建立共和国的智慧，而霍勒斯·曼则是国家灵魂发展的安静的内部建造者。"[③]

为了纪念曼在推动美国公共教育事业方面的贡献，美国很多学校的校园建筑都以曼的名字命名。曼的雕像作为纪念被人们建立在马萨诸塞州议会大厦前的广场上。

总而言之，贺拉斯·曼的公共教育思想和实践引领了整个美国公共教育事业的建设和发展，正如韦恩·厄本所言，由于他同许多州的公共学校都有着某种程度的关联，美国各州公共学校的设计也或多或少地遵循了他的思路。因而，从本质上说，贺拉斯·曼和他的学校改革活动可以被看作公共学校运动的精神所在。[④] 因此，贺拉斯·曼是当之无愧的"美国公共教育之父"。

---

① Merle Curti, *The Social Ideas of American Educators with New Chapter on the Last Twenty Five Years* (Paterson, New Jersey: Pageant Books, INC., 1959), p. 107.

② John Dewey, *The Educational Situation* (Chicago: The University of Chicago Press, 1904), p. 59.

③ Joy Elmer Morgan, *Horace Mann, his ideas and ideals* (Washington, D. C.: National Home Library Foundation, 1936), p. 3.

④ ［美］韦恩·厄本，杰宁斯·瓦格纳：《美国教育：一部历史档案》，周晟、谢爱磊译，中国人民大学出版社，2009，第137页。

【参考文献】

[美] 韦恩·厄本，杰宁斯·瓦格纳. 美国教育：一部历史档案[M]. 周晟、谢爱磊，译. 北京：中国人民大学出版社，2009.

Cubberley, Ellwood Patterson. Public Education in the United States: a Study and Interpretation of American Educational History[M]. Boston: Houghton Mifflin Company, 1919.

Curti, Merle. The Social Ideas of American Educators with New Chapter on the Last Twenty Five Years[M]. Paterson, New Jersey: Pageant Books, INC., 1959.

Dewey, John. The Educational Situation[M]. Chicago: The University of Chicago Press, 1904.

Mann, Mary Tyler Peabody. Life and Works of Horace Mann (Vol. Ⅰ): Life of Horace Mann[M]. Boston: Walker, Fuller, and Company, 1865.

Mann, Mary Tyler Peabody. Life and Works of Horace Mann (Vol. Ⅱ): Lectures and Annual Report on Education[M]. Cambridge: Published For The Editor., 1867.

Mann, Mary Tyler Peabody. Life and Works of Horace Mann (Vol. Ⅲ): Annual Reports on Education[M]. Boston: Horace B. Fuller, 1868.

Messerli, Jonathan. Horace Mann: A Biography[M]. New York: Alfred · A. Knopf, 1972.

查尔斯·埃利奥特：教育自由的卫士

刘春华①

查尔斯·埃利奥特（Charles W. Eliot，1834—1926 年）是美国 19—20 世纪具备卓越贡献和全面深远影响的教育家，被誉为美国精神的领袖、美利坚合众国的第一公民和先知。埃利奥特对美国民主社会的未来充满信心，秉持典型的自由主义和实用主义社会哲学，是自由和实用教育的坚定捍卫者。作为一名实践的理论家，埃利奥特敏锐地洞悉和触及了当时美国教育领域一系列根本症结问题，并且为其提供了教科书式的完美解决方案。几个世纪以来直至今天，埃利奥特的声誉和魅力经久不衰，哈佛人时刻铭记这位校长的功勋，美国中等教育、高等教育、工业教育、职业教育和女子教育等永远感恩于他的无私努力和贡献。埃利奥特是一位在实践中成长起来的教育家，虽然没有自己的个人专著，教育思想主要散见于论文和演讲中，系统性和成熟性略有不足，但这丝毫不影响他在美国教育史上的地位和重要性。

一

在 19 世纪的美国教育家中，埃利奥特是极具个人色彩、风格和争

① 刘春华，女，江西吉安人，江西师范大学教育学院副教授，博士，主要从事美国教育史、欧美高等教育史研究。

议性①的一位。这首先当然与他所处的时代特点有关。19 世纪下半叶和 20 世纪上半叶是美国历史上一个重要且特殊的时期，本国的工业化和城市化趋势，以及欧洲思潮的影响共同孕育和催化了教育领域的深刻变革。一切看似波澜不惊，实则暗流汹涌。关于这个时期的美国教育，人们谈了太多的欧洲新教育、进步主义教育、德国大学、传统学院、现代大学和科学课程等司空见惯的内容。应该说，这些无疑十分重要，因为它们毕竟是当时美国教育改革的重大主题和背景。但是，对于埃利奥特而言，透过大时代的背景，深层次地考察他独特的成长经历、个性魅力、思想渊源和发展线索，显得更为重要。

在此之前，我们有必要交代一下埃利奥特的主要教育功绩和贡献，大体上主要包括以下三个方面：

首先，在高等教育领域，也是最重要的成就，即哈佛改革，将其由一所具有 200 多年历史的传统殖民地学院改造成一所现代大学，成为传统学院向现代大学改革转型的范本，并且影响了同时期包括后来新建的其他高等教育机构。在美国，说到埃利奥特，人们首先想到的是他的哈佛校长（1869—1909 年在任，任职长达 40 年）身份。他在哈佛的成就不仅仅限于将哈佛改造成现代大学这样一个结果，而在于改革的策略、过程甚至具体的改革措施。例如，在大学的教学、科研和服务社会的三大功能框架，本科教育、研究生教育和专业教育的相互关系，专业学院的改造和提升，“双院制”，课程改革（自由选修制），大学统一入学考试和标准，入学年龄和学习时间的调整，校长和董事会年度报告制等方面，埃利奥特的贡献是富于开创性且影响深远的。在 19 世纪中后期和 20 世纪上半期近一百年的美国“大学化”运动中，埃利奥特与当时美国一些著名的教育家都有过密切交往，包括约翰·霍

① ［美］丹尼尔·J. 布尔斯廷：《美国人：民主的历程》，谢延光译，上海译文出版社，1997，第 718 页。

普金斯大学校长丹尼尔·C. 吉尔曼（Daniel C. Gilman）[①]、康奈尔大学校长安德鲁·D. 怀特（Andrew D. White，1832—1918 年）和密歇根大学校长詹姆斯·B. 安吉尔（James B. Angell，1829—1916 年）等人，对当时美国教育的一些重要问题进行过广泛深入的探讨，彼此之间互相影响[②]，在某种程度上可以说共同引领了这个时代美国高等教育的发展进程。

其次，在中等教育领域，埃利奥特的影响也非常重要，以往关于埃利奥特的研究对此重视不够。实际上，除了任职哈佛校长之外，埃利奥特还有另外一个重要身份，即 1892—1893 年担任全国教育理事会（the National Council of Education）[③] 授权成立的十人委员会（Committee of Ten on Secondary School Studies）[④] 主席，在他领导下提交的《十人委员会报告》（*The Report of the Committee of Ten*）成为美国教育史上最为重要的文献[⑤]。这份报告主要探讨了 19 世纪 90 年代美国中等教育（特别是公立中学）的宗旨、性质、学制、课程设置、中学和大学的关系等重大问题，对 20 世纪美国中等教育改革产生了深远影响。[⑥] 当然，《十人委员会报告》的影响不限于中等教育，在课程

---

① Henry James, *Charles W. Eliot, President of Harvard University 1869-1909(Vol. II)*(Illustrated Boston and New York Houghton Mifflin Company, The Riverside Press Cambridge, 1930), p. 6.

② Franklin Fabian, *The Life of Daniel Coit Gilman*(New York: Dodd, Mead and Company, 1910), pp. 193-194.

③ 属于全国教育协会（National Education Association）的专家委员会。

④ 成立于 1892 年 7 月 12 日，1893 年 12 月向全国教育协会提交著名的《十人委员会报告》，完成使命并宣告解散。

⑤ National Educational Association, *Report of the Committee of Ten on Secondary School Studies, with the Reports of the Conferences Arranged by the Committee*(Knoxville: American Book Company, 1894), p. VI.

⑥ 张斌贤，李曙光，王慧敏：《揭开美国中等教育改革的序幕：〈十人委员会报告〉始末》，《外国教育研究》2015 年第 1 期。

设置和标准设立等方面影响了整个美国教育系统。例如，1900 年成立的大学入学考试委员会（College Entrance Examination Board）被认为是十人委员会的最大遗产①。与此同时，《十人委员会报告》也遭受了很多争议，鉴于埃利奥特在美国教育界的影响力和作为该委员会的主席，这份报告被批深受其思想影响，是埃利奥特精英意识、古典课程论、官能心理学和“心智训练说”的胜利。② 不管怎样，关于这份报告的争议还将继续下去，而埃利奥特透过这份极具影响力的文献对美国中等教育产生的影响可见一斑。

最后，在工业教育、职业教育、继续教育、女子教育和教育技术等领域，埃利奥特也表达了深切的关注和支持，并且尽其所能不懈地推动和促进这些领域的进步和发展。埃利奥特是一位十分活跃且精力充沛的教育家，热心公共事务和公益事业，经常受邀发表各类演说，关注和涉猎主题广泛，思想敏锐，见解独到，晚年还编撰《哈佛经典》（*The Harvard Classics*）传承哈佛大学文化精髓，代表卡耐基国际和平基金会（the Carnegie Endowment for International Peace）环球旅行，在全世界范围内传播教育思想，促进国际和平与友好，推动世界教育的发展。由于功绩卓越，埃利奥特与爱默生、林肯同时成为时代和国家的功臣，三人被誉为 19 世纪美国民主时代的超级产物、民主制度的维护者与预言者③。

关于埃利奥特，与上述杰出成就相得益彰的是他独特的成长经历和个性特征。1834 年 3 月 20 日，埃利奥特出生于波士顿一个声势显

---

① Diane Ravitch, Left Back: *A Century of Failed School Reforms* (New York: Simon & Schuster. 2000), pp. 47-48.

② 张斌贤，李曙光，王慧敏：《揭开美国中等教育改革的序幕：〈十人委员会报告〉始末》，《外国教育研究》2015 年第 1 期。

③ William Allan Neilson, *Charles W. Eliot, The Man and His Beliefs* (New York and London: Harper & Brother Publishers, 1926), p. 26.

赫、富于名望的一神教家庭，家族众多成员与哈佛有着深厚渊源。由于生下来右脸就有一块巨大、丑陋且无法祛除的胎记，这种畸形对埃利奥特的童年甚至整个人生都产生了重要影响。正如亨利·詹姆斯（Henry James）所说，对于埃利奥特而言，如果不谈他的胎记，可能会是一个错误，这就好比在描写朱利叶斯·恺撒（Julius Caesar，前100—前44年）时不指出他的勇敢，或者撰写腓特烈大帝（Frederick the Great，1712—1786年）的故事时忽视他的弯腰驼背一样荒谬①。童年因为胎记被整个波士顿公园嘲笑的阴影，造成了埃利奥特敏感、内向、沉默的性格，他的成长更多诉诸内在和自我的力量。他信奉爱德华·E.黑尔（Edward E. Hale）的格言——“向上看，勿低头；向前看，勿回头；往外看，勿朝内”②，希望通过“纯粹的自我教育……用开发自己的心智、完善自我人格的方式弥补自己与别人之间的差异”③。

幸运的是，埃利奥特出生在富有文化底蕴的精英家庭，有着开明的父母，家庭的关爱和良好的教养弥补了先天的不足。在家里完成启蒙教育之后，7岁就读于公园街教堂的私立男校，3年后进入著名的波士顿拉丁学校（the Boston Latin School）学习。1849年，年仅15岁的埃利奥特进入哈佛学习，热爱数学、化学和矿物学，喜欢阅读④和音乐，声音悦耳。虽然逐渐走出童年阴影，依然内向沉默，性格孤僻，

---

① Henry James, *Charles W. Eliot, President of Harvard University 1869-1909 (Vol. I)* (Illustrated Boston and New York Houghton Mifflin Company, The Riverside Press Cambridge, 1930), pp. 12-13.

② Henry James, *Charles W. Eliot, President of Harvard University 1869-1909 (Vol. I)* (Illustrated Boston and New York Houghton Mifflin Company, The Riverside Press Cambridge, 1930), p. 14.

③ ［美］理查德·诺顿·史密斯：《哈佛世纪——锻造一所国家大学》，程方平等译，贵州教育出版社，2004，第32页。

④ 广泛阅读斯科特（Scott）、狄更斯（Dickens）、撒克里（Thackeray）、库珀（Cooper）、布尔沃·利顿（Bulwer Lytton）、曼佐尼（Manzoni）等人的小说。

不喜社交，通过参加文学联谊会和各种演讲锻炼了演讲的技巧，学习刻苦且成绩优异。1853 年 7 月，以全班第二名的成绩荣誉毕业。1854 年秋至 1858 年春，埃利奥特留校哈佛教授数学，后兼任劳伦斯科学学院（the Lawrence Scientific School）① 的化学教职。1863 年，埃利奥特遭遇典型的学术困境，由于在“拉姆福德教席”（Rumford Professorship）之争中输给沃尔科特·吉伯斯（Wolcott Gibbs，1822—1908 年）②，最终从哈佛离职。

离开哈佛后，埃利奥特于 1863—1865 年赴欧旅行，拓展视野，广泛考察英、法、德等国的教育状况，包括教育体制、教育功能、管理方式、教学内容、教学方法及课程设置等内容，重点考察了德国高等教育，先后到海德堡、斯图加特等地参观著名的实验室、大学，拜访著名学者，近距离感受德国大学，这对埃利奥特的教育思想产生深远影响。旅欧结束后，1865 年 9 月，埃利奥特接受麻省理工学院（Massachusetts Institute of Technology，简称 MIT）威廉·B. 罗杰斯（William B. Rogers）校长的邀请重返波士顿，成为麻省理工学院一名化学教授。此时的哈佛正遭遇生存和发展的严峻挑战。1869 年 2 月和 3 月，埃利奥特在《大西洋月刊》（*The Atlantic Monthly*）发表了著名的主题为“新教育”（The New Education）的两篇论文，以一个父亲提问的口吻向旧教育发难，展开了自己教育思想的布道，对美国教育界震撼颇大。1869 年 2 月 25 日，希尔辞去哈佛校长职务。3 月 18 日，埃利奥特当选哈佛新校长。10 月 19 日，埃利奥特发表任职演说，开启哈佛改革的历程。任职哈佛校长长达 40 年，埃利奥特不仅成功引领了哈佛的改革，还迎来了个人教育职业生涯的巅峰，在美国教育界的影响力与日俱增，并且逐渐由高等教育向中等教育和其他领域渗透和发散，

---

① 附属于哈佛。

② 当时新上任的哈佛校长托马斯·希尔（Thomas Hill）倾向于吉伯斯。

对美国教育和公共事务产生广泛而深远的影响。

漫长的校长生涯也影响了埃利奥特的性格，其独特的个人风格和魅力逐渐为人所知。埃利奥特常常自喻为“船长”，认为大学校长必要时应该保持特立独行。他外表沉默寡言、略带冷漠，却又心怀仁慈和悲悯；善于倾听，习惯隐忍，略显保守，却又勇于开拓和创新；胸怀宽广，公正无私，真诚坦率，简洁严谨，经常用礼貌作为屏障武装自己，不轻易流露自己善感的心。

关于埃利奥特个人的一些基本情况就说到这里，接下来需要着重分析他思想层面的内容。丹尼尔·J. 布尔斯廷曾说埃利奥特是一个在思想上勇于探索的人[①]，成长于波士顿名门望族，却毕生致力于自由、平等和民主教育，为民主社会的完善服务。埃利奥特这些基本的教育主张与他的哲学、神学、社会政治和文化思想密切相关。

在哲学和文化方面，英国哲学家约翰·斯图尔特·穆勒（John Stuart Mill，1806—1873 年）、赫伯特·斯宾塞（Herbert Spencer，1820—1903 年）和美国超验主义的代表人物拉尔夫·沃尔多·爱默生（1803—1882 年）对他的影响十分明显。埃利奥特社会哲学中的自由主义和实用主义的成分主要源于穆勒和斯宾塞，并且为其教育思想赋予了自由和实用的精神底色，“自由是他的上帝”[②]，而斯宾塞的影响使他的思想真正清晰和成形，这一点毋庸置疑。至于爱默生，埃利奥特更是推崇备至，甚至是一种偏爱。他从学生时代就熟读爱默生作品，甚至可以完整背诵某些篇章。爱默生在哈佛任教时，埃利奥特还曾去听他的讲座，晚年编撰《哈佛经典》时还将爱默生的作品单列一整卷。

---

① ［美］丹尼尔·J. 布尔斯廷：《美国人：民主的历程》，谢延光译，上海译文出版社，1997，第 718 页。

② Henry James, *Charles W. Eliot, President of Harvard University 1869-1909 (Vol. I)* (Illustrated Boston and New York Houghton Mifflin Company, The Riverside Press Cambridge, 1930), p. 346.

爱默生强调自我教育的作用和重要性，这直接影响了埃利奥特对学习的理解。他经常引用爱默生的一句话——“只有每个人做他们生来适合的事，社会才会繁荣”[①]，认为积极的个人责任感是民主社会的依据和守护神，而只有个人解放，才能产生真正意义的责任感。在爱默生的诗歌和论文中，埃利奥特还发现了自己孜孜以求的反对传统教育陈规陋习的基本动机和原则。在爱默生倡导的人性解放、人的地位和自由方面，埃利奥特汲取了丰富的营养，对其教育思想产生了深远影响。

在神学和宗教方面，出生于一神教家庭的埃利奥特宣称自己是一个天生的一神教信徒。他曾写信给母亲说：“我是一个共和主义者、一神论者和功利主义者。”[②] 在某种程度上，他的性格和教养都注定了其对民主、一神教和科学方法的信仰。一神教倡导的宽容、民主、乐观、诚实及造福社会等内容，很明显地被他接纳和继承，并且自觉运用到后来的教育实践中。从文献资料来看，除了家庭因素外，一神论神学家威廉·钱宁（1780—1842 年）和爱默生都对他产生过影响。钱宁在《持久的生活满足》（*The Durable Satisfactions of Life*）一文中集中阐述了自己的神学观点：“未来的宗教不是建立在权威上，也不是建立在精神的或世俗的世界之上。绝对权威的力量已削弱，这是现代社会最重大的现象之一。”[③] 钱宁倡导宗教宽容，认为宗教信仰应服务他人和社会公益，每个人都具有可预见的神性和自我教化的能力。可以说，

---

① Henry James, *Charles W. Eliot*, *President of Harvard University 1869-1909*(*Vol. I*)(Illustrated Boston and New York Houghton Mifflin Company, The Riverside Press Cambridge, 1930), p. 347.

② Henry James, *Charles W. Eliot*, *President of Harvard University 1869-1909*(*Vol. I*)(Illustrated Boston and New York Houghton Mifflin Company, The Riverside Press Cambridge, 1930), p. 34.

③ Henry James, *Charles W. Eliot*, *President of Harvard University 1869-1909*(*Vol. I*)(Illustrated Boston and New York Houghton Mifflin Company, The Riverside Press Cambridge, 1930), p. 201.

埃利奥特对钱宁[①]和爱默生都十分拥护。1883 年，他在《论牧师的教育》(*On the Education of Ministers*) 一文中怀着极其尊敬的心情引用钱宁和爱默生[②]的话论述自己的教育观点。钱宁的行动主义还影响了埃利奥特的生活哲学，范·威克·布朗克斯[③] (Van Wyck Bronks, 1886—1963 年) 甚至认为埃利奥特是"波士顿—清教—天主教类型的钱宁式的一神论者"[④]。埃利奥特敏锐地洞察了民主理想和社会进步对人们宗教信仰和宗教生活的影响，认为 20 世纪将产生一种新宗教，与现代社会的一些伟大运动——"民主主义、个人主义、社会理想主义、教育热情、科研精神等"相协调，发挥统一影响和起到增强民主的作用[⑤]。相应的，"神学的学习如果要得到尊重的话，必须与其他学科一样，给予教师和学生充分的自由"[⑥]。

对埃利奥特产生重要影响的还有美国的民主政治制度和传统，其中以托马斯·杰斐逊 (Thomas Jefferson, 1743—1826 年) 的影响最为显著。埃利奥特对美国民主政治和民主社会的理想抱有坚定的信念，并且在实践中不遗余力地将民主理念引入教育，实现教育民主，从而为美国民主社会服务。在民主教育问题上，埃利奥特继承了杰斐逊的传统，制订教育改革方案，在某种程度上可以说是杰斐逊弗吉尼亚大

---

① Samuel Eliot Morison, *Three Centuries of Harvard 1636-1936* (Cambridge, Massachusetts: Harvard University Press, 1937), p. 343.

② 1838 年 7 月 15 日，爱默生在哈佛神学院发表过演说。See Edward W. Emerson, *The Works of Ralph Waldo Emerson: Nature, Addresses, and Lectures* (Phillips Sampson & Co. and Ralph Waldo Emerson, 1883), pp. 119-148.

③ 美国文学史家，1908 年毕业于哈佛。

④ [美] 理查德·诺顿·史密斯：《哈佛世纪——锻造一所国家大学》，程方平等译，贵州教育出版社，2004，第 40 页。

⑤ Charles W. Eliot, "The Religion of the Future", *The Harvard Theological Review*, Vol. 2, No. 4, 1909: p. 407.

⑥ Charles W. Eliot, *Education Reform: Essays and Address* (New York: The Century Co., 1898), p. 75.

学体制的翻版[①]。埃利奥特要求解放儿童，赋予每个人充分的自由和选择权，使其不受贫穷和出身的束缚，都有机会和可能得到最好的发展。埃利奥特毕生孜孜以求的就是民主教育，给每个美国人机会，选择自己想学的东西，开辟有助于他成长的道路，使所有人摆脱财富和阶层方面的人为障碍。这样做的根本目的就是不拘一格为社会选拔贤能之才，与杰斐逊的贤能主义思想相呼应。杰斐逊在弗吉尼亚大学未能实现的理想，可以说部分地由埃利奥特实现了。不过，埃利奥特做得远不止于此，他还将这种理想延伸到了整个教育领域，而不仅仅局限于高等教育。尽管所处的时代和教育状况不同，在要求扩展美国青年的知识面问题上，埃利奥特与本杰明·富兰克林也有着惊人的共识。

以上就是埃利奥特教育思想根源性的部分，从中也可以找到他身上所代表和体现的美国精神：对民主政治的无限忠诚和责任意识；对实用主义哲学和效率的推崇；对自由和放任经济思想的信奉；对平等、博爱与造福人类的美好憧憬，以及新个人主义合作与宽容的实践；等等。这些共同构成了埃利奥特教育思想的整体基调，将其所有基本教育主张和教育观点放到这个框架中，都能够得到合理的解释和分析。

二

埃利奥特的教育哲学与他的社会哲学或者说美国民主哲学[②]紧密相关。他坚信民主潮流的合理性，并且将其引入教育领域，力求在教育中实现真正的民主。因此，埃利奥特的教育哲学也可以说就是民主教育的哲学。

---

① ［美］丹尼尔·J. 布尔斯廷：《美国人：民主的历程》，谢延光译，上海译文出版社，1997，第 715 页。

② Eugen Kuehnemann, *Charles W. Eliot, President of Harvard University* (Boston and New York: Houghton Mifflin Company, 1909), p. 60.

民主教育的首要问题是“平等”问题，这也是现代民主的核心问题。在埃利奥特看来，每个人先天资质禀赋不同，民主并不意味着绝对均等、无差别的课程和统一的考试，或者没有基于能力和特长的分组。这种无差别的对待是对民主的误解，也是十分有害的。民主教育不是盲目的平等，而首先应该正视和肯定个体的天赋差异，在此基础上提供最大可能的个别指导，不是批量，而是尽可能以不同和个别的方式促进每个学生的充分发展①，即“真正的民主允许每个个体最大限度地发挥其潜力”②。因此，在尊重差异基础之上保障每个个体最大限度发展的机会和可能，这是埃利奥特民主教育的第一层含义。

其民主教育的第二层含义就是要给予个体充分的自由和选择权利。一方面要肯定个体的不同，另一方面也不能因为这种不同而过早地对个体的发展加以限定。埃利奥特反对在青少年时代之前对学生做出预先的职业安排，使其在学校中受到区别对待。他认为没有人（无论老师或家长）有能力或权力在一个儿童 12 岁之前预定其前途。在民主社会，每个儿童有权利根据自己的志向和能力预定自己未来的职业，而民主教育要做的就是提供足够的机会、时间和空间帮助个体完成这种选择。强迫学生和家长过早地做出选择是不合理的，也有违民主教育的宗旨。因此，民主教育就应该给予儿童个体自由发展的空间，“只有在自由中，才能发展期望的自我控制能力和训练最好的智力”③。

其民主教育的第三层含义就是解放儿童④，使儿童不受财富和阶层

---

① Charles W. Eliot, *Education Reform : Essays and Address* (New York: The Century Co., 1898), p. 262.

② Neilson William Allan, *Charles W. Eliot , The Man and His Beliefs* (New York and London: Harper & Brother Publishers, 1926), p. 31.

③ Charles W. Eliot, *The Conflict between Individualism and Collectivism in a Democracy* (New York: C. Scribner's Sons, 1912), pp. 43-44.

④ ［美］丹尼尔·J. 布尔斯廷：《美国人：民主的历程》，谢延光译，上海译文出版社，1997，第 718 页。

的束缚，有机会上同样的学校，接受适合自己的教育。埃利奥特认为，民主本能地排斥封建制度、东方种姓和世袭差别，本能地拒绝基于血统、阶级和财富的区别对待。这些都不是民主的应有之义。埃利奥特格外推崇拿破仑的箴言——“英雄不问出处”（A career open to all talents，without distinctions of birth），视之为最恰当的民主的定义①。民主教育的目的在于促进个人自由与社会流动的结合，允许任何阶层的有才之士都有提升的机会，最根本的目的是提升所有人的智力、品格和幸福水平②，即“任何人都有可能成为美国总统”③，这是一条十分重要的社会原则，也是简单而无价的民主理想。

在19世纪中后期，教育作为一种推动美国民主和社会阶层流动的利器，其作用和功能备受肯定，俨然成为一种新的宗教。与此同时，作为美国民主和精神象征的公立学校，以及帮助中产阶级实现“文化晋升梦”④ 的高等教育，则成为这种新宗教的主要战场。美国19世纪新教育改革的倡导者和拥护者、身兼哈佛校长和十人委员会主席身份的埃利奥特，显然是这场新宗教布道运动中举足轻重的一员。埃利奥特对教育推进和巩固民主社会的作用深信不疑。在他看来，阅读、写作和算术等作为一种技能并不是公立学校的目标，而只是人们享受理性生活的一种工具。他不认同柏拉图在《理想国》中所说的劳动阶层不需要教育的观点，对美国当时的公立学校的教育总是以掌握知识、能力训练和个性发展为目标也感到不满。埃利奥特认为民主教育是一

---

① Charles W. Eliot, *Education Reform: Essays and Address* (New York: The Century Co., 1898), p. 311.

② Charles W. Eliot, *Education Reform: Essays and Address* (New York: The Century Co., 1898), p. 403.

③ Charles W. Eliot, "Educational Reform and the Social Order," *The School Review*, Vol. 17, No. 4, 1907: 218.

④ ［美］C. 赖特·米尔斯：《白领——美国的中产阶级》，杨小东等译，浙江人民出版社，1987，第302页。

种新生事物，其可能的目标还没有被大众充分理解和认识。

与19世纪美国许多著名教育家，如格兰维尔·S.霍尔（1844—1924年）和约翰·杜威（1859—1952年）一样，埃利奥特是美国公立学校的支持者，肯定了公立学校在民主社会中的重要作用。为了使公立学校能更好地履行其职责和使命，需要对公立学校进行改革和完善。在民主社会和民主社会的教育问题上，埃利奥特、霍尔和杜威有很多的共识。他们都认识到人是社会性动物，人与人之间有着彼此依赖的关系，这是民主社会的一个重要特征，也是民主教育发展的土壤。他们都对民主社会的教育怀有巨大的热情和信心，认为它是崭新的①、独特的、无比先进和优越的②，是民主社会的产物。他们也都肯定人天生的差异，每个个体都有着不同的禀赋和资质，教育应该肯定和正视这种差异，为其提供适宜的教育，这是民主教育的应有之义。

但是，在应对个体差异的问题上，他们却站到了不同的角度和立场上。埃利奥特一方面肯定和重视儿童的个体差异，另一方面却要求公立中学为所有学生开设统一的标准课程，提高每个学生的能力。这似乎有些矛盾，实则不然。埃利奥特主张的是有差异的平等，给所有学生开设同样的标准课程就意味着给所有学生同等成功的机会，不论其出身、财富、宗教或阶层的差异，不根据能力的差异过早给儿童的发展做出限定。因为儿童的潜能处于不断的发展变化之中，过早预期和限定儿童的发展程度和可能，这对那些早期发展不利的儿童而言不公平。埃利奥特要求给予这些儿童足够的成长机会、时间和空间，使他们在有能力且足够成熟的条件下做出真正适合自己的选择。对于那些因为除了能力之外的因素，如家庭出身、贫富或阶层差异而遭受区

---

① Charles W. Eliot, *Education Reform: Essays and Address* (New York: The Century Co., 1898), p. 402.

② ［美］约翰·杜威：《民主主义与教育》，王承绪译，人民教育出版社，1990，第16页。

别对待的儿童而言，统一标准课程的做法无疑为他们开辟了升入大学的道路。这也体现了埃利奥特对民主教育任务的观点，即“除了提升民众的整体文化水平，还要得天下英才教育之，使最能干的人充分发挥其聪明才智。这样教育经费就不会被浪费在不能有效利用这些经费的人身上。为此要求制定统一的严格标准”①。埃利奥特非常强调人的天赋作用，认为教育必须充分考虑这一点。在他看来，“拥有伟大天赋的人，接受任何一门训练都可以，但若没有天分，不管受多好的训练都无济于事”②。与埃利奥特有所不同，霍尔和杜威则不太赞同“天生英才”，主张民主教育应该关注“因为遗传而心智发展迟缓和过早阻滞”的儿童，他们需要特殊对待，统一的标准课程做法是不适合且不利于他们的。埃利奥特虽然也肯定存在这样的儿童，但认为这种儿童所占比例很小，不应作为教育的主要考虑对象。正是在这一点上，埃利奥特这位致力于民主教育、重视个人选择和自由的教育家被批带有明显的“精英化”色彩和倾向，是站在精英的立场“从高校利益出发操控低一级学校（这里指公立中学）”③。事实上，这与埃利奥特的民主观点有关，他认为差异化基础上的“自由和谐的统一才是民主的社会目标，是所有社会的至高福祉”④。

在《教育在民主社会中的功能》（*The Function of Education In Democratic Society*）一文中，埃利奥特指出，民主社会的教育功能取

---

① ［美］丹尼尔·J. 布尔斯廷：《美国人：民主的历程》，谢延光译，上海译文出版社，1997，第 716 页。

② Henry James, *Charles W. Eliot , President of Harvard University 1869-1909(Vol. I)* (Illustrated Boston and New York Houghton Mifflin Company, The Riverside Press Cambridge, 1930), p. 137.

③ Edward Krug, "Charles W. Eliot and the Secondary School," *History of Education Quarterly*, Vol. 1, No. 3, 1961: 4.

④ Charles W. Eliot, *Education Reform : Essays and Address* (New York: The Century Co. , 1898), p. 416.

决于民主的含义。他认为在民主社会中，公立学校应发挥的功能：首先，培养儿童阅读的兴趣和提升阅读水平，继而引导和激发其对精神生活的追求和向往。其次，开发每个儿童的天赋或潜能。再次，传播一些构建在民主社会理论上的伟大真理，使之深植于每个儿童的心中。这些真理包括民主社会中人与人之间互相依赖的关系；民主社会本质的统一性；一条熟悉的基督教教义，即为他人服务是个人满足感和幸福感最可靠的源泉；什么是民主的崇尚品格，即忠诚于所有需要勇气、自我否定和热情的责任，以及忠诚于自由、服务、统一、宽容、公义和公众幸福的民主理想。

在民主教育问题上，埃利奥特关于个人主义与集体主义的关系的阐述也十分值得关注。个人主义兴起于19世纪初并在1870年前后占据统治地位，集体主义兴起于19世纪50年代并在19世纪后30年占统治地位。一方面，埃利奥特是天生的个人主义者，崇尚个人天赋、自由和实用①。在这些方面，美国早期的一些思想家，如本杰明·富兰克林、托马斯·潘恩（Thomas Paine，1737—1809年）、杰斐逊和爱默生对他的影响可谓显著而深刻。杰斐逊主张“假如在追求幸福过程中没有妨碍别人对幸福的追求，他就有权利自己决定任何事”②，而爱默生更是将个人主义上升到哲学高度，推进了美国个人主义发展进程。对于埃利奥特而言，个人主义可以说是流淌在他骨子里的血液，这从他早年的成长经历，以及他对个人天赋和兴趣、个体差异、个人自由的无比崇尚和尊重中可以得到证明。但是，另一方面，埃利奥特也十分注重公共精神，认为公共精神在美国的传播是美国民主最显著的特征

---

① 这点在他的知识观和课程观上体现得尤为明显。

② Charles W. Eliot, *The Conflict between Individualism and Collectivism in a Democracy* (New York: C. Scribner's Sons, 1912), p. 7.

和主要保证，也是拯救民主的有效方法和手段。[①] 因此，在个人主义与集体主义的关系上，埃利奥特采取了中间立场，认为应该兼顾、协调和平衡，在不损害个体主动性的前提下控制社会行为。在他看来，在某种意义上，集体主义与个人主义是一致的，因为民主的福祉就是“为所有年轻人提供适合自己的职业训练，开发适合所有个体的人类活动，这是民主社会普及教育与阶层流动的显著结果”[②]。埃利奥特认为民主社会的教育应该教会儿童民主社会统一的本质、与人合作的精神、手工操作能力、耐心、远见、良好的判断力，培养为国家服务的国民。他认为“民主社会赋予公共教育一项新的任务，需要其承担大量的新服务”[③]，掌握基本常识、生存技能和为国家服务的精神是在民主社会生存的基本素质，而服务也是个人幸福感的最可靠源泉。由此可以看出，在埃利奥特那里，个人主义与集体主义是可以达到具体和谐的统一的。

在埃利奥特看来，不论个体的功能、能力和成就的差异如何，民主社会的目标和精神本质是统一的。他认为，如果民主培养的是最高类型的品格，就一定存在民主贵族，而且必须存在。在某种程度上，这就是指那些品格高尚的男女。他（她）们是在民主条件下，通过继承优良品质、细心的教育和丰富经验的共同影响下才得以养成的。埃利奥特是一位“幸福生活”的布道者，知晓如何引领现代人找到幸福生活的源泉，并且将民主视为“达致高雅生活和培育真正的绅士和淑女的正确土壤”[④]。但他同时也认为，对于民主社会而言，更为重要的

---

① Charles W. Eliot, *Education Reform : Essays and Address* (New York: The Century Co., 1898), p. 241.

② Charles W. Eliot, *The Conflict between Individualism and Collectivism in a Democracy* (New York: C. Scribner's Sons, 1912), p. 47.

③ Charles W. Eliot, *The Conflict between Individualism and Collectivism in a Democracy* (New York: C. Scribner's Sons, 1912), p. 64.

④ Eugen Kuehnemann, *Charles W. Eliot: President of Harvard University* (Boston and New York: Houghton Mifflin Company, 1909), p. 65.

是为真正天赋高贵的个体的充分发展提供持续可能。因此，富于流动性的民主社会提供了比阶级差异造成的近亲繁殖更为理想的条件。当然，对于生活中民主已经出现的种种缺陷和不足，埃利奥特并非视而不见，他也曾是城市改革的热情支持者。但是，似乎没有什么能够动摇他对民主原则的信心。他所倡导的不是机械的平等，而是在充分考虑个体天赋最大差异的基础和精神上，为每个个体提供最大发展可能的机会。在埃利奥特看来，这才是民主社会的真正目标。

基本上，埃利奥特的民主教育就是在一个自由开放的民主社会中，将民主作为一种工具和条件，为天赋各具差异的个体提供充分发展的可能和机会，给予其充分的选择和自由，最终达到民主社会的和谐统一。民主社会要求打破社会出身、贫富和阶层的差异和区隔，提供社会流动的可能和条件。这需要依托民主教育的作用，因为它为社会流动提供了保障和现实可能。埃利奥特十分重视个体的天赋差异，并且给予这种差异极大的尊重，丝毫不担心个体差异会影响和破坏民主社会的统一。与之相反，基于盎格鲁-撒克逊“自由、统一和友爱（Freedom，Unity，Brotherhood）”[①] 的古老格言，他认为这三个理念合起来表达了一个崇高而可行的社会目标，即社会的统一包含着极大的社会差异性，而文明则意味着基于自由的无限差异。因此，尊重个体差异和达到社会统一并不矛盾，两者是一致的。民主社会的首要任务是在保障自由的前提下，通过民主教育为个体赢得全面充分发展的机会和可能。将这种理念贯彻到教育实践中，就意味着在各个层级的教育管理体制、招生录取和课程设置等各个方面打破和拆除壁垒和区隔，基于个体差异提供尽可能充分的选择和机会，帮助个体寻求真正适合自己的自我发展和自我实现。从埃利奥特个人的求学生涯、教育

---

① Henry James, *Charles W. Eliot*, *President of Harvard University 1869-1909 (Vol. I)* (Illustrated Boston and New York Houghton Mifflin Company, The Riverside Press Cambridge, 1930), p. 347.

实践及著作来看，这一信念无比坚定，并且被他贯彻始终。

三

在高等教育领域，埃利奥特最卓著和广为人知的成就大概就是引导哈佛大学的改革了，执掌哈佛大学长达 40 年，这在哈佛大学校史上甚至在美国高等教育史上实属罕见。19 世纪以来的美国教育家似乎都对美国的传统学院乃至整个美国教育体制十分不满，他们不断地探索和寻求改革的良方，向欧洲大学，如德国大学学习在当时是一种好思路。19 世纪上半叶的美国留学生，如塔潘、班克罗夫特等进行了早期的探索，在感受了德国大学的优势后，回国大力提倡和引入德国大学模式，同时抨击美国传统学院的局限和狭隘，极力倡导改革。布朗大学校长弗朗西斯·韦兰（Francis Wayland，1796—1865 年）在 1850 年《布朗大学董事会报告》（*Francis Wayland's Report to the Brown Corporation*）中指出，"如果美国整体教育结构需要重建的话，就必须从基础重建"[①]，才能满足美国 19 世纪社会政治经济发展的需要。塔潘在 1851 年发表的《论大学教育》（*On University Education*）中提出了一个涵盖从小学到大学的完整教育系统，希望建立一所德国式的研究型大学[②]。虽然他在密歇根大学的早期实践以失败告终，但启发了后来的一大批年轻人，包括康奈尔大学校长安德鲁·怀特。怀特、吉尔曼、安吉尔等人分别在康奈尔大学、约翰·霍普金斯大学和密歇根大学进行了全新美国大学的改革和创建，以实际行动表达对传统学院的不满和除旧布新的决心。对于 19 世纪美国高等教育领域日益高涨的改革呼

---

① Richard Hofstadter, Wilson Smith, *American Higher Education: A Documentary History (Vol. Ⅱ)* (Chicago and London: The University of Chicago Press, 1961), p. 478.

② Richard Hofstadter, Wilson Smith, *American Higher Education: A Documentary History (Vol. Ⅱ)* (Chicago and London: The University of Chicago Press, 1961), pp. 478-487.

声和需求，埃利奥特深表同情和支持。虽然拥有哈佛大学校长的身份，同时更是一位举足轻重的教育改革领袖，但他没有怀特、吉尔曼、安吉尔等那么幸运，在全新基础上创建新式大学，他的使命是改革一所近300年历史的传统殖民地学院，保守主义势力强大，传统观念控制着哈佛大学的一切，因此可谓更为艰巨繁重。在已开发的土地上精耕细作、除旧布新不是一件容易的事，幸运的是他非常审慎，而且足够隐忍，又极具敏锐的观察力和判断力，改革虽历时40年，但哈佛大学在他的引领下终于完成了从传统学院向现代大学的过渡和转型，成为19世纪中后期美国传统学院改革和新式大学创建的典范。

埃利奥特在美国教育界崭露头角是源于1869年2月和3月在《大西洋月刊》发表了两篇论文，分别是《新教育：它的组织》（*The New Education : Its Organization*）[①] 和《新教育：它的组织Ⅱ》（*The New Education : Its Organization* Ⅱ.）[②]。据说传统主义者被他的"古典学习不能保证绅士们的操行的言论吓坏了"[③]，一时之间赞同和反对的声音不绝于耳，埃利奥特也因此成了美国教育领域的焦点人物。1869年10月，他开始就任哈佛大学校长，开启了惊心动魄的伟大改革历程。

19世纪中后期，美国高等教育改革的使命是创建美国自己真正意义上的大学。这种大学不同于传统学院，它应该具有现代大学的某些特征。创建大学首先要明确的一点，即高等教育的目标是什么？对此，美国的教育思想家们给出了不同的答案。吉尔曼注重大学的科研功能，所以将约翰·霍普金斯大学创建成了最德国化的美国大学；怀特在康

---

① Charles W. Eliot, "The New Education," *The Atlantic Monthly*, Vol. 2, 1869: 203-220.

② Charles W. Eliot, "The New Education," *The Atlantic Monthly*, Vol. 2, 1869: 358-366.

③ ［美］理查德·诺顿·史密斯：《哈佛世纪——锻造一所国家大学》，程方平等译，贵州教育出版社，2004，第36页。

奈尔大学希望创建的是“任何人都可以学习一切知识”① 的大学；斯坦利·霍尔（Stanly Hall）受吉尔曼影响，但走得更极端，他在克拉克大学将本科教育排除出去，只进行研究生教育。这些教育思想家们的改革和创建努力可谓极具开创性和启发性。在此问题上，埃利奥特 1891 年在芝加哥大学发表了《论高等教育的目标》的演讲，给出了清晰明确的回答。他认为，高等教育有三大直接功能，分别是教学、储存知识、研究。哈佛大学的改革正是朝着这些目标前进的。相比之下，埃利奥特更具全局视野，不偏不倚和客观中肯。他要求教学和科研并重，认为美国高等教育改革的核心是要处理好本科教育与研究生教育之间的关系，两者的合理关系应该是相辅相成、互相促进、不可偏废的，只有如此，一所大学才有可能获得持续长远的发展。这一真知灼见可以说解决了当时美国传统学院向现代大学转型过程中的关键问题，并且为其指明了正确的方向。现代大学的第三大功能即社会服务功能，埃利奥特并没有论及，这项工作借助 1862 年《莫雷尔法案》（*The Morrill Act*）的推动，最后由查尔斯·范海斯（Charles R. Van Hise，1857—1918 年）在威斯康星大学完成②。

除了这三大直接功能之外，埃利奥特认为高等教育还有七大间接功能，分别是发挥统一的社会影响、培养宗教宽容、缓和改革分歧、增进同伴友情、培养公共精神、发挥知识和精神力量抵御物质世界的冲击和培养爱国精神。当然，在他看来，在美国，高等教育的这些目标还远远没有实现，但认为“它们会随着共和国财富、智慧和真正价值的增长而成长”③。

---

① Charles W. Eliot, *Education Reform: Essays and Address* (New York: The Century Co., 1898), p. 228.

② 范海斯校长主张大学为社会服务，形成了著名的“威斯康星的理念”。

③ Charles W. Eliot, *Education Reform: Essays and Address* (New York: The Century Co., 1898), p. 249.

19 世纪以来，随着知识的普遍增长和大量新兴学科（尤其是自然科学）的兴起，高等教育的内容，尤其是自由教育内容的扩展成为一个重要趋势，古典课程近 300 年的统治地位岌岌可危。1828 年，《耶鲁报告》（*The Yale Report*）的出台在 19 世纪上半叶为古典课程做了最有力的捍卫和辩护。然而，到了 19 世纪下半叶，社会政治经济发展的需要和新兴学科力量的壮大再次将此项任务提上日程，埃利奥特是大力倡导自由教育内容扩展和实行课程自由选修制的代表人物。但是，新兴学科要进入大学的门槛并取得与古典课程平起平坐的地位，其过程注定不会一帆风顺。其中，除了大众传统观念的束缚之外，更主要的是来自美国高等教育领域保守主义力量的反对，其中以耶鲁大学校长诺亚·波特（Noah Porter，1811—1892 年）① 为代表。作为一位典型的且极具影响力的保守主义者，波特几乎在所有事情上都保守。在 1871 年耶鲁就职演说中，他明确表示反对自由选修制，提出了众多理据②。据说他不仅反对新兴学科，反对自由选修制，而且反对以自然科学为代表的后达尔文时代的知识实证主义③。为了让公众和教育领域的同仁认识到自由教育内容扩展的重要性和必要性，1884 年 6 月，埃利奥特在《世纪》（*The Century*）上发表了一篇主题为“什么是自由教育”的文章，重新定义了自由教育的内涵。在这篇文章中，埃利奥特主张大幅度扩展和丰富本科和研究生阶段的学习科目，要求一些课程

---

① 1871—1886 年担任耶鲁大学校长，极力推崇古典课程，反对新兴学科，尤其是自然科学。

② See Noah Porter, *Yale University : Addresses at the Inauguration of Professor Noah Porter, as President of Yale College, Wednesday, October 11, 1871* (New York: Charles Scribner and Company, 1871), pp. 44-46.

③ Richard Hofstadter, Wilson Smith, *American Higher Education: A Documentary History (Vol. II)* (Chicago and London: The University of Chicago Press, 1961), p. 699. See George W. Pierson, *Yale College : An Educational History, 1871-1921* (New Heaven: Yale University Press, 1952), pp. 30-55.

的学习从更早的年龄开始，同时改变当时已有一些课程的学习顺序，为新兴课程进入大学打开了大门，并且要求它们与古典课程一起平等竞争。

作为教育改革的代表人物，埃利奥特对古典课程所占的统治地位颇为不满，虽然他不至于主张彻底废除或用新学科取代它们，至少认为应该让新兴学科与它们地位平等。从他的论述来看，埃利奥特认为第一个有资格获得和当时其他任何最受尊重的学科同等学术价值或地位的学科是英语语言和文学，这大概与他早年的学习和成长经历有关。在童年时期，埃里奥特是一个性格十分内向的孩子，据说从小就喜欢一个人躲在角落里阅读英语书籍和小说，形成了对英语语言的偏爱。当然，他不仅主张学习英语，还主张学习法语和德语等现代语言。他认为这些活的语言不论对现实生活还是学术研究，都十分重要。他要求在学校教育中尽早开始这方面的教学。埃利奥特还论述了历史、政治经济学和科学的重要性，认为这三个学科应该被列入自由教育的范畴。尤其是科学这一年轻的学科，在埃利奥特看来，它给予"所有科学一种新的和更好的精神和方法，以及为文明带来新的力量和无限资源"①，实在是配得上自由学科的所有可能的荣誉，应该被认可为学术课程。

新的自由教育学科的清单虽已被列出，然而要落实这份清单对于当时的美国高等教育状况而言，确实不是那么简单。一方面，这些新兴学科在当时美国的学院和学校课程中不受重视，地位普遍非常低下，而且各个阶段之间的发展程度和方向极不均衡，院校与地区之间差异非常大。埃利奥特要求在这些并列学科中允许学生早期选择，确保学生可以选择自己感兴趣的学科课程，并且彻底学习它们。为了配合学

---

① Charles W. Eliot, *Education Reform : Essays and Address* (New York: The Century Co., 1898), p. 111.

习科目的早期选择，相应地就应该对学科和大学的学习顺序进行调整，尤其是英语、法语、德语、拉丁语和希腊语的学习应该尽早开始，并且学生在大学入学考试中可以选择其中一种语言进行学习。虽然有保守人士认为这种学科扩展会危及古典课程（尤其是拉丁语、希腊语这样的古典语言）的地位，担心学生避难就易，懒惰懈怠，没有课程选择和判断能力等，如诺亚·波特[①]，也有人担心这两种古典语言在新学科的入侵过程中没有办法幸存。然而，在埃利奥特看来，这种担心是没有必要的。因为他并不主张"用新的学科取代旧学科，只是将它们放在一起公平竞争"[②]。另一方面，针对古典课程的学习，清除不情愿和没有天分的学生，对于留下的学生十分有利。埃利奥特认为，应该多给年轻人一些信任，相信给予他们充分的自由和机会，遵循天分和兴趣的指引，年轻人都会找出最适合自己的学习领域和成长道路。任何人为的划分和规定都不如天分和兴趣的引导来得自然、正确和能提供持久的推动力。

无论从哪个方面来看，埃利奥特都是自由教育的坚定支持者和捍卫者，这与他天生的个人主义者身份相契合。与 19 世纪美国很多教育改革人士一样，埃利奥特认识到传统学院向现代大学转型必须给予学生三样东西：一是选择学习的自由；二是在单一学科或特定学科中赢得学术荣誉的机会；三是一种明确要求每个人有责任形成自己的习惯并指导自己行为的训练。[③] 第一点其实指的就是德国大学教学自由中的学习自由。大学生应该享有学习自由，这在 19 世纪美国高等教育领域

---

① Richard Hofstadter, Wilson Smith, *American Higher Education : A Documentary History (Vol. II)* (Chicago and London: The University of Chicago Press, 1961), pp. 699-700.

② Charles W. Eliot, *Education Reform : Essays and Address* (New York: The Century Co., 1898), p. 120.

③ Charles W. Eliot, *Education Reform : Essays and Address* (New York: The Century Co., 1898), p. 125.

可以说已经达成了某种普遍共识。埃利奥特旗帜鲜明地表示，学习自由是大学发展不可或缺的条件。然而，传统学院僵化、机械、死板的课程要从现实层面改变并非那么容易，课程的开放程度、教师数量等都是现实的客观限制条件。最主要的阻碍还是源于人们对学习自由可能对学生发展产生负面影响的担忧。给予学生选择学习的自由，意味着推行课程选修制度，由于对年轻人自我管理和约束能力的不信任，课程选修制在美国大学推行之初就遭遇了极大的反对。但是，新兴学科的发展和扩展的现实又使推行这一制度势在必行。一些大学采取了折中的办法，如吉尔曼在约翰·霍普金斯大学采取的是课程分组制(group system)，即规定一部分必修科目，同时允许学生在几大类别的科目中进行选择①。在哈佛大学，选修制也遭到了校长和大部分教师的反对。推行选修制首先需要解决的一个问题是，一个年轻人在什么年龄开始享有这种自由是适宜的？通过长期观察和研究，埃利奥特认为应该是18岁。在他看来，“这个年龄的男孩的性格、体质、精神禀赋和道德素质都已基本确定，而有潜力的人的天赋也已经开始展露”②。而且，此时强制性的外部纪律已经不再起作用，一个受过良好教育的年轻人可以有能力为自己选择更适合的学习课程。其次，应该清除两种疑惑。一部分人认为选修制只适合那些学习认真、有抱负或对某些学习有强烈兴趣的学生，而对于没有任何学习兴趣或知识野心、平庸和懒惰的孩子则可能不利。③ 对于这个问题，埃利奥特认为应该全面看待。对于后面这类孩子而言，在统一的必修制和选修制下，“这些未被

---

① Hawkins Hugh, *Pioneer: A History of the Johns Hopkins University, 1874-1889* (Baltimore and London: The Johns Hopkins University Press, 1960), pp. 244-245.

② Charles W. Eliot, *Education Reform: Essays and Address* (New York: The Century Co., 1898), p. 131.

③ Richard Hofstadter, Wilson Smith, *American Higher Education: A Documentary History (Vol. II)* (Chicago and London: The University of Chicago Press, 1961), p. 699.

唤醒的心智同样是在混日子，两者真的没有多大差别”[①]。然而，与必修制相比，在选修制下，这样的年轻人从昏睡中醒来的机会要大得多。当他们追随如感觉般微弱的欲望时，至少逃避了对某些教师的武断指导和某些学习经常造成的不满和厌恶感[②]。何况选修制并非什么都不做，它有一些基本的考试要求。事实也证明，在选修制下，这类学生学得更好。最后，大学发展的另一个重要条件是允许学生自我管理。大学学生众多，无论社区环境如何，埃利奥特认为学生不能被学校机械地保护不受诱惑，他们的保护来自于他们自己。以前大学管理中采用的替代父母制[③]，在他看来是一个古老的谎言，最好的方法是坦率地告诉学生他们必须自我管理，通过自由来培养年轻人的自控能力和自立能力，也是大学政策的道德目标。埃利奥特认为，“大学的任务不是训练人们去从事需要绝对服务的工作，而应该为那些需要自我管理、独立和原创力的职业培养人才”[④]。

除了在大学学习阶段埃利奥特主张推行选修制外，在大学入学考试中，他也极力主张设置广泛的选修课程。1896 年 3 月 7 日，他在哈佛教师协会（The Harvard Teacher's Association）专门就此发表了主题为“大学入学要求中的广泛选修课”的演讲[⑤]，演讲内容后来被刊登于 1896 年 5 月的《教育评论》（*Educational Review*）上。大学入学考

① Charles W. Eliot, *Education Reform: Essays and Address* (New York: The Century Co., 1898), p. 140.

② Charles W. Eliot, *Education Reform: Essays and Address* (New York: The Century Co., 1898), p. 141.

③ 美国大学一项学生管理制度，大学生离开父母异地求学，大学需要替代学生父母承担监管职责。

④ Charles W. Eliot, *Education Reform: Essays and Address* (New York: The Century Co., 1898), p. 148.

⑤ 大学入学考试课程的变化与中等教育课程密切相关，因此对美国中等教育课程改革影响深远，可以说直接推动了中等教育的课程改革。

试中广泛的选修课不仅涉及中学和大学课程衔接问题，还涉及大学学位管理的规范和统一问题。从他的论述来看，埃利奥特主张在拉丁语、希腊语和数学考试科目基础上增加历史、科学和现代语言①。从现实情况来看，历史已经开始在入学考试中占据一席之地，尽管在多数中学里地位非常低，比重也非常小。令人欣慰的是，现代语言的教学有了较大的进步。比较遗憾的是，科学课程仍然没有受到足够的重视，甚至在当时纽约举行的中学课程研讨会上都没有被提及。但是，在埃利奥特看来，科学课程的设置既合理又必要，因为它为大学教育提供了“大量的观察、记录、推理和理性的训练，为大学时期进一步的研究提供了良好的准备”②。然而，在当时的美国高等教育领域，有些大学采取了一些偏颇的做法，将一些相对容易的新课程当成选修课列进入学考试要求中③，埃利奥特对此表示不满。他认为新的可选课程应该与旧课程一样对训练价值有益。当然，在推行这种选修课时，还有一些技术性的困难需要解决，如每门课程所占的适当比例、时间分配等。在具体执行上，埃利奥特主张和提议大学组织专门的考试委员会来主导和规范大学入学考试，考试成绩被所属范围内的大学或适用考试委员会成绩证明的其他大学承认。埃利奥特还详细介绍了可以遵循的一般做法。事实证明，实施这种方法根本没有任何技术困难，总体上包括三个要点：第一，对传统的入学考试要求课程进行大补充；第二，充分采用适用于新旧课程的评估方式；第三，采用一些新的方法确保新

---

① Charles W. Eliot, *Education Reform : Essays and Address* (New York: The Century Co., 1898), p. 377.

② Charles W. Eliot, *Education Reform : Essays and Address* (New York: The Century Co., 1898), p. 377.

③ 在美国，19 世纪中后期新兴学科进入各大学课程体系的时间、程度和范围差异非常大，不仅是学校之间，而且表现了地区差异，东部与中西部差异非常明显。

旧课程的要求得到相当一致地执行。[①]

推行选修制的另一个重要原因在于学习个体的差异性。埃利奥特认为，普通个体的真正多样性对民主社会非常有益，这就要求通过民主社会的阶层流动证明发掘所有存在于个体的、小的、特殊的天赋和能力对社会的重要性。[②] 因为个体天赋和能力的不平等是一个客观事实，这就要求每个个体接受最适合自己的教育。另外，个体在完成大学课程后进行职业选择时，不同职业的特点差异非常之大，这些不同的职业对心理特征和个体素质要求也极为不同。由此可见，学校教育和大学阶段统一的课程没有给学生提供适当的机会，让他们各自遵循自然天赋的指引进行明智的选择。在埃利奥特看来，这不得不说是学校教育的最大失败之处[③]。因此，那些实行单一、有限课程的中学或一所统一课程的大学，必然会抑制个体差异而不是发展它们，并且必然使个人能力不被发现和未经训练，由此也剥夺了个体的最终幸福和价值。除了抑制个性发展和天赋培养之外，统一的课程还会使教学工作缺乏生机和活力，削弱师生的热情，使教师的工作和生活陷入惯例的泥潭，教学业务整体退化，而本来教师工作的主要志趣在于“研究和发展学生的无限能力和道德品质”[④]。无论在大学、中学还是小学，这一原则同样适用。埃利奥特认为，如果遵循这一点，教师的生活就永

---

① Charles W. Eliot, *Education Reform : Essays and Address* (New York: The Century Co., 1898), p. 389.

② Charles W. Eliot, *Education Reform : Essays and Address* (New York: The Century Co., 1898), p. 279.

③ 单一有限的统一课程体系在19世纪的美国中等和高等教育领域饱受诟病，尤其在高等教育领域，19世纪的教育改革家们在批判传统教育的弊端时，首先指向的就是落后的课程体系，主张引入新课程，韦兰、塔潘、怀特、吉尔曼、安吉尔等在这个问题上都多有论述和进行了大量实践。

④ Charles W. Eliot, *Education Reform : Essays and Address* (New York: The Century Co., 1898), p. 283.

远不会变得单调、沉闷或压抑，而学校也可以避免像工厂一样培养大量相似的产品。为了避免这种不合理的统一性，埃利奥特认为最好的方法是通过减少每位教师所带学生的数量，稳步地推进个性化教学。换言之，就是尽最大可能地降低生师比①。

在强调个体差异性的同时，埃利奥特也谈及了学校课程合理的统一性。对于那些每个孩子都应该学习且学习到一定程度的课程，学校，尤其是公立学校应该进行统一规范和要求，即规定一个给定的课程，教学范围一致且达到每门课程的最低能力标准，这种统一性是可取的。在本质上，这涉及的是中小学课程标准的实施，也可以称之为课程的一致性原则，在埃利奥特看来，这一原则最有益的应用阶段应该是公立中等教育。

课程选修是一个复杂而涉及面广泛的问题，牵一发而动全身，不仅涉及中等教育和高等教育的课程设置，而且关乎两个阶段教育的衔接，因此改革必须十分审慎。1884 年，美国教育领域对课程选修制的合理性进行了广泛论争②，改革人士和保守主义者们观点各异，交锋激烈。争论的根本是如何对待学生的问题，改革者们认为应当信任学生，相信他们具备自我管理和选择判断能力，而保守人士则总是对学生有各种担心。为了慎重起见，十人委员会就此问题组织了大量会议进行深入研究和探讨，埃利奥特就课程问题在多个场合发表了不同主题的演讲。从总体上，在埃利奥特的理念里，课程统一性“只要意味着个体的课程、步调和步态的统一，就是不合理的；只要意味着课程选择，

---

① 降低生师比是推行个性化教学、提高教学质量和效率的关键，也是 19 世纪美国各阶段教育改革的重难点，师资培养非朝夕之事，埃利奥特主张因地因时制宜，逐步推进。

② 改革的一方以埃利奥特为代表，保守的一方以波特为代表。

同时包含课程定义、时间分配和教学方法的规定，就是合理的”①，即课程统一性不能对学生的训练和发展构成束缚和限制。

四

中等教育改革同样是埃利奥特极为关注的问题。19 世纪中后期，美国中等教育的发展状况同高等教育一样，不是那么令人满意，更确切地说是弊端丛生。1889 年 7 月，堪萨斯大学坎菲尔德（Canfield②）教授在全国教育委员会（The National Council of Education）宣读了一份美国中等教育报告，非常详细地描述了美国中等教育的不发达状况，并且论证了美国教育系统最薄弱的部分正是在此③。从整体来看，中等教育的不发达主要表现在两个方面：一是中学数量严重不足；二是当时中学需要整体改善和提升，以达到共同和更高的标准。④ 只有这样，大学就可以在中学课程中为其更高阶段的教育工作找到一个坚实的、广泛的和合理的共同基础。中学数量的问题可以通过立法和发动社会公众的慈善力量来解决，这是一条很显然的路径，无须赘述。现有中学的改善和提升则是一项复杂的系统工程，只有进行长期的改革，这需要时间、耐心和教育界的努力，不可能一蹴而就地在短期内得到解决。

中学的问题最突出的就是课程设置问题。在整个 19 世纪，僵化、

---

① Charles W. Eliot, *Education Reform : Essays and Address* (New York: The Century Co., 1898), p. 289.

② 人名不全。

③ Charles W. Eliot, *Education Reform : Essays and Address* (New York: The Century Co., 1898), p. 197.

④ Charles W. Eliot, *Education Reform : Essays and Address* (New York: The Century Co., 1898), p. 202.

机械和统一的课程方案统治着整个中等教育，其中以数学、拉丁语和希腊语作为核心课程。许多新兴学科和课程，尤其是自然科学的价值没有受到应有的重视，不同学校与地区之间课程差异明显，而且随时间不断变化。① 埃利奥特主张对当时已有的中学课程进行适当的缩减和丰富，用丰富和灵活的课程方案代替原有僵化死板的课程方案，适应儿童天赋和能力的不同和差异性。在他看来，个人只有在法律面前才是绝对平等的，而天赋和能力的平等是不正常和不自然的，教育应该正视这种差异，对于那些天赋优秀和学习能力强的孩子，应该给予其学习更高层次课程的机会，也应该允许其更快地升级；对于迟钝和天赋较差的孩子，则应该允许其追随自己的脚步，选择适合自己的课程，不必在自己不感兴趣和没有能力学习的课程上浪费时间。对此，有些声音认为埃利奥特的这种改革建议带有精英意识和贵族化倾向而加以反对。然而，在埃利奥特看来，这其实是为了整个教育的全面利益考虑。他认为，民主社会的本质应该是个体获得适当的机会，促进儿童的机会平等②。所以，必须打破中学有限的统一课程，适当缩减一些原有课程，同时引入一些新兴课程，给予学生学习选择的机会，这才符合民主社会的根本利益。在埃利奥特看来，"统一性是美国学校的祸根"③，是任何学校或大学劣势的一种表现，不能满足社会流动的合理需要，毕竟他认为民主社会的基本原则是每个职业都应该向有才能的人开放④。

---

① William J. Reese, *The Origins of the American High school*(New Heaven and London: Yale University Press, 1995), p. 107.

② Charles W. Eliot, *Education Reform : Essays and Address*(New York: The Century Co., 1898), p. 312.

③ Charles W. Eliot, *Education Reform : Essays and Address*(New York: The Century Co., 1898), p. 265.

④ Charles W Eliot, *The Conflict between Individualism and Collectivism in a Democracy*(New York: C. Scribner's Sons, 1912), p. 47.

中学改善和提升的第二个要求是提倡和推进个别教学。在本质上，这也是基于学生天赋和能力的个体差异的要求。每个学生都有自己的天赋、能力和兴趣爱好倾向上的差异，而且每个个体的天赋和能力展现的时间早晚、快慢和程度也有很大的差异，认识和辨认学生的个体天赋和能力是教师最重要的工作和主要志趣之一。为此，除了需要教师的聪明才智和长期观察之外，还需要中学客观状况的改善。个别教学，首先的要求就是降低生师比，最理想的应该是一个教师所带的学生人数不超过 20 人。然而，就现实状况来看，美国学校的生师比很多超过了 56∶1①，班级规模太大，不利于开展个别教学。一个教师教的学生越多，他就必须花费大量时间在班级管理上，不太可能有更多的精力和时间兼顾学生的个体差异，虽然个别明智和热情的教师可以做得相对好些，但这也只是例外。然而，降低班额或降低生师比，首先要做的就是增加教师数量。另外，美国中学数量不足，同样也意味着需要更多的教师。其次，个别教学和课程方案的个性化需要更优质的教师。埃利奥特通过对法国、德国与美国中学进行对比，发现它们最大的差别在于教师质量。改善的办法应该是学习法国和德国，为教师争取更好的任期，落实教师的终身教职，将教师纳入国家公职人员队伍。在埃利奥特看来，这是因为育人是一项责任重大而耗费精力的工作，需要思考、尊严和思想的平静，而这些只有落实终身教职，才会伴随教师的永久任期。最后，埃利奥特认为公立学校的教学质量可以通过建立统一的教师考试制度来提高，确保普通教师有更好的职前准备。此外，个性化的课程方案不会自动执行，必须通过优质的教师才能被赋予生机和活力。丰富课程方案，必然需要提高教师的技能，教

① Charles W. Eliot, *Education Reform: Essays and Address* (New York: The Century Co., 1898), p. 191.

师的进步必须与课程方案的改善相辅相成①。

中学改革的第三个要求就是改变现有的、人为的、僵化的年级分级制度。根据学生的天赋和能力，按照学业成就、年龄和掌握程度的多样性进行分级，同时允许实行不定期的升级制度。在本质上，这个要求同样源于学生的个体差异。现有的年级划分是一种人为的、机械和僵化的简单做法②。在此种分级制度下，有能力的孩子和能力较差的孩子在同一个年级中学习，有能力的孩子明显被阻碍，没有机会更快的进步；而能力较差和迟钝的孩子为了追赶中等和优秀的孩子，被驱使着前进，在毫无学业成就感和无望的升级制度下，他们渐渐地失去了学习的动力和兴趣，浑浑噩噩度日。在埃利奥特看来，阻碍有能力的孩子与赶着迟钝的孩子相比是一种更大的教育不公，为此必须对课程方案进行合理设置，以避免更大的教育弊端。埃利奥特甚至认为，将聪明的孩子和迟钝的孩子的进步平均化，这是一所分级学校最大的弊端③。对于迟钝的孩子来说，“没有什么比绝望的竞争及一个笨学生被剩下，日复一日、年复一年毫无升级希望和没有精神力量的感觉更令人沮丧的了”④。因此，应该落实弹性、灵活的分级和不定期升级制度，同时辅之以课程方案的丰富和完善，如此方可同时兼顾聪明和迟钝孩子的利益。理由是，埃利奥特认为，聪明的孩子受阻碍，固然是教育的不公和失败，但不能为了进一步提高聪明孩子的利益的同时，进一步损害迟钝孩子的利益，合理的制度和课程设置是可以同时做好

---

① Charles W. Eliot, *Education Reform : Essays and Address*(New York: The Century Co., 1898), p. 165.

② 埃利奥特认为，这种分级制度是对学生个体差异的忽视和否定，不符合民主社会的基本原则。

③ Charles W. Eliot, *Education Reform : Essays and Address*(New York: The Century Co., 1898), p. 253.

④ Charles W. Eliot, *Education Reform : Essays and Address*(New York: The Century Co., 1898), p. 193.

这两件事的。在合理的、弹性的分级制度下，聪明的孩子可以用更快的时间完成已有课程的学习，同时有机会更早更快地接触和学习后面更重要的课程，获得更快的发展和进步。与此同时，迟钝的孩子也可以根据自身的特点和掌握的快慢安心于自己的步伐，不必受外在压力和教师的驱使慌乱而无实质效果地跟随聪明孩子的节奏。他们还可以有机会学习自己感兴趣和天赋能力范围内的课程，并且在已有课程的改善下有机会接触一些更高级别的课程。总而言之，打破传统的分级，目的就是使聪明的孩子和迟钝的孩子都得到尊重和重视，使他们能够跟随自己的步伐前进。聪明的孩子不必受阻碍，迟钝的孩子不必遭受外部压力的驱使，两者利益兼顾，这不仅于个体发展有益，而且最终受益的是整个社会。从根本上，埃利奥特认为每个孩子都有无限可能，"每个孩子都可以成为美国总统"①，这是一种无价的民主理想，尊重个体差异也是民主社会的本质和基本原则。

与分级和不定期升级有关的一个重要问题是考试。现有的升级依据的是学业成就，也就是我们所说的学习成绩或考试成绩。一直以来，美国的中小学，应该说全世界很多地方的中小学都以追求学业成就的精确性为目标。在埃利奥特看来，这很不合理，也不现实和客观。如果减少中小学审查的数量和放弃学业成就的精确性目标，可以为中小学节省很多的时间。低级和高级课程是前后一贯的，重复性的学习和刻意地温习或复习已经学过的内容实在没有必要。因为在后面的高级课程的学习过程中自然会对前面的低级课程的内容进行复习，甚至进一步证明、简化和提升。因此，学习高级课程自然就在复习低级课程。在埃利奥特看来，"温习一门课程真正有益的时间不是我们刚刚结束的时候，而是当我们用它来学习其他课程和已经看到了它与其他课程的

① Charles W. Eliot, "Educational Reform and the Social Order," *The School Review*, Vol. 17, No. 4, 1909: 217-222.

关系，以及它的好处时”[1]。他指出，“让孩子们以一贯艰苦的方式去做一些现实生活中从不会运用、一两年后就能轻松做到的事，这是一种时间和体力的可恶浪费。在任何人都必须遵循的训练过程中加入任何人为的困难，是一项不可饶恕的教育罪恶。不要人为地制造，特别是为孩子，这个世界已经足够艰难了。追求学业成就的精确性，是考试最糟糕的缺陷之一。良好的考试成绩并不总是证明孩子的训练是最好的”[2]。教师为了让学生在考试成绩上有更好的表现，再加上父母的谨慎，很多孩子甚至是聪明的孩子被留在一个年级里帮助班上落后的孩子，配合一个孩子应该在掌握一门课程之后再去学习另一门课程的传统思维，有大量的孩子的学习进度被延迟了。然而，根据课程方案的要求，大多数孩子应该正常逐年升级，不需要延迟。因此，在埃利奥特看来，任何妨碍这一正常进程的考核方式都弊大于利。因为它们总体上延迟了学生上大学及进入职业的时间。在这里，实行不定期的升级只能是一个补救措施，但不能弥补这种延迟的普遍弊端。

19 世纪中后期，美国中等教育的不发达还表现为中学之间的严重差异化。在埃利奥特看来，当时的美国没有任何可以被称为中等教育的东西。由于美国的教育权属于州，所以在许多州内的小学或公立学校系统都是有相当的组织的。但从美国整体来看，“小学和大学之间存在着一个少数公立中学、捐赠中学、大学预科和私立学校很难弥合的巨大的差距”[3]。城镇和城市的中学一方面相互独立且是教育权威机构，另一方面被地方委员会控制。各州在解决这个问题上的立法效果也不

---

① Charles W. Eliot, *Education Reform : Essays and Address* (New York: The Century Co., 1898), p. 166.

② Charles W. Eliot, *Education Reform : Essays and Address* (New York: The Century Co., 1898), p. 167.

③ Charles W. Eliot, *Education Reform : Essays and Address* (New York: The Century Co., 1898), p. 198.

明显。很多州的所谓中学都不是真正意义上的中学。从中学与大学的衔接来看，由于缺乏能够为大学准备学生的中学，美国六分之五的学院和大学违背它们的意志和不顾及高等教育的利益保留了预科部。在埃利奥特看来，一个国家中一半的人完全是文盲和一半有能力接受高等教育的孩子被切断了这种教育，都是令人难以接受的，都会对国家带来不可估量的损失。因此，必须对当前缺陷的、脱节的、异质化的中等教育状况进行补救，这应该是最值得美国教育界关注的问题。从总体来看，当时美国中等教育的状况就是中学数量不足、质量有缺陷。

出于应对美国中等教育薄弱状况的考虑，美国的学院和大学采取了一些权宜之计，如根据入学考试要求的不同，设置了不同级别的学位，或者承认专业学校简单的和初级的考试，或者不需要任何系统的考试，接受那些证明自己能够学习大学课程及那些有学位要求的人进入大学。① 应该说，虽然美国学院和大学因为接受的学生准备程度远远低于文理学士学位的要求而受到了严厉的批评，但是这么做的目的是基于一种真诚的愿望，即尽可能服务更多的美国年轻人。②

中学数量不足，解决办法有三个：一是学校当局、媒体和社会舆论应尽全力促进公立和私立中学的建立；二是通过立法和授权推进农村社区资助一些城镇和城市公立中学③；三是立法授予创建特殊的中学区（参考铁路交通布局）。针对质量缺陷问题，需要建立共同的标准。对此，埃利奥特提议了两种方法：一是州资助和管理④；二是统一的大学入学要求。第一种方法，埃利奥特对比了马萨诸塞州、缅因州、明

---

① 19世纪中后期，这种做法在美国一些学院和大学非常普遍。

② 当时，美国中学生上大学的比例不到10%，90%以上的中学生因为种种原因上不了大学。See Charles W. Eliot, Oscar D. Robinson, "The Work of the Committee of Ten," *The School Review*, Vol. 2, No. 6, 1894: 366-372.

③ 农村社区因为各种原因可以便利地利用这些城镇和城市中学。

④ Charles W. Eliot, *Education Reform: Essays and Address* (New York: The Century Co., 1898), pp. 204-211.

尼苏达州、纽约州的几种做法，认为纽约州的将州资助和监管结合在一起的方式，通过学校课程的统一同时以书面考试实施的方法相对较佳。通过在书面上创建一所庞大的机构——纽约州立大学（包括州内所有的中学和大学机构），并且设立一个考试委员会主管州内所有私立中学和公立中学所有课程的考试，颁发证书和文凭。从本质来看，委员会考试倾向于通过废除中学课程和大学课程要求中无用的多样性，提高私立中学和公立中学的平均水平，扩展和提高了中学课程，将中学与大学联系在了一起。委员会已经证明考试委员会能够对分散在州的数百个中等教育机构产生激励、提升和统一的影响①。虽然委员会的考试在试题准备、主管考试的方式、主考官的质量上可能招致了一些批评，但在埃利奥特看来，总体上这种制度是明智的，可以被其他州当成榜样来效仿。

第二种方法是大学入学考试，但这只是对那些为大学准备学生的中学有效。只起间接作用，对于州委员会的目的而言，大学的作用不如州的作用那么有影响。督察还是考试，在当时的美国有三种方式：第一种是最无效的，在入学考试中规定某些书本或特定课程的知识要求，然后在证书上承认考生已经学过所有规定的书本或课程知识。但是，这种方式因为学校之间的差异无法确立，公信力不足。第二种是密歇根大学曾采用的方式，由大学教师或其他指定人员组成委员会，对中学进行考察和访问，任何中学只要三年内被访问和认可一次，大学就可以录取它们的考生。但这取决于委员会考察的彻底性、公正性和公共性，需要耗费教师大量的时间和精力，实践证明不太可取，不适合广泛采用。最后一种最有效的方式是对所有入学要求的课程进行认真的考试。这些考试有相当程度的公开性，出于公正性和公信力的

① Charles W. Eliot, *Education Reform: Essays and Address* (New York: The Century Co., 1898), p. 208.

考虑，最好是由几所大学组成联合体，在全国范围内的许多地方举行入学考试。总体来看，可从三个方面改进中学，使中学与大学的联系更紧密①。一是期望州考试和督察制度的改进和扩展，因为它们已经证明了自身的有效性。二是希望看到由4—5所大学组成联合体，在联合体内保持着大型文理学院的同时，在全国各地的选点上举行所有大学或专业学校入学要求规定的所有课程的考试，由大学联合体每年选出的人改卷并向公众公布考试结果，其颁发的成绩证书在任何地方都适用。在埃利奥特看来，这样的合作制度虽然宽泛，但很简单，不会出现严重的机械或其他方面的困难，对考生来说，既方便，又经济，而且可以自己支付适度的费用。最后，它将是权威的、灵活的、有激励性的、统一的和公正的。三是奖学金制度的延伸，即有前途的年轻人有机会继续接受中等和大学教育。

五

在高等教育领域，专业教育的改善和提升是埃利奥特改革的一个重要方面。在引领哈佛大学改革的40年中，除了日常管理改革，大学机构的改革是重中之重，也是埃利奥特认为最棘手和难度最大的改革②。机构改革的一个方面是创建研究生院，开展研究生教育。在与吉尔曼及同时代的教育家携手并进的过程中，埃利奥特从他们身上汲取了不少经验和教训，尤其是吉尔曼在约翰·霍普金斯大学发展研究生

---

① Charles W. Eliot, *Education Reform : Essays and Address*(New York: The Century Co. ,1898), pp. 218-219.

② See Henry James, *Charles W. Eliot, President of Harvard University 1869-1909 (Vol. I)* (Illustrated Boston and New York Houghton Mifflin Company, the Riverside Press Cambridge, 1930), Chapter viii.

教育的成功，无论对哈佛还是对整个美国高等教育，都产生了深远影响[①]。埃利奥特在多个场合非常坦率地表示，正是因为约翰·霍普金斯大学伟大榜样的推动和促进，哈佛的研究生教育深受启发[②]。私下里，埃利奥特和吉尔曼也交往密切，两人之间颇有渊源，曾经有段时间他们两人同时在美国的东北港湾（Northeast Harbor）度暑假，经常在一起探讨与美国高等教育改革有关的重大问题。在约翰·霍普金斯大学之前，美国可以说没有真正意义上的大学，更没有规范的研究生教育和培养的场所，而吉尔曼成功地创建约翰·霍普金斯大学，以及在那里的一系列开创性工作，使美国的研究生教育获得了迅速的发展。[③] 当然，在哈佛大学发展研究生教育和创建研究生院，埃利奥特在具体工作方式上与吉尔曼有所不同。他更注重基础，即他非常重视本科教育，认为优质的研究生教育应该建立在优质的本科教育基础之上。因此，他非常谨慎、小心且富有耐心，先通过各项改革充实和提升本科教育，尤其是选修制这个杠杆的作用被他发挥到了极致，扩展本科教育的课程使学生在由本科教育转向专业学习的过程中更加容易，并且在选定的学科领域的发展上可以走得更远。因此，埃利奥特创建研究生院的主导理念：本科和研究生教育并重；学科地位平等；学习自由。夯实基础，哈佛大学最终在广泛的本科教育基础之上培育了一所优秀的研究生院。

除了创建研究生院之外，专业学院的改革和重建也是哈佛大学改

---

① S. Willis Rudy, "The Revolution in American Higher Education, 1865-1900," *The Harvard Educational Review*, Vol. 21, 1951: 169-170.

② Hawkins Hugh, *Pioneer: A History of the Johns Hopkins University, 1874-1889* (Baltimore and London: The Johns Hopkins University Press, 1960), p. 78.

③ Cordacso Francesco, *Daniel Coit Gilman and the Protean Ph. D.: The Shaping of American Graduate Education* (Leiden: E. J. Brill, 1960), pp. 1-2.

革的难点之一[①]。在改革专业学院，尤其是对神学院、医学院和法学院进行改革的过程中，埃利奥特可谓付出了艰苦卓绝的努力。从当时的哈佛大学，应该说整个美国高等教育的发展状况来看，专业学院和专业教育的水平都非常低下、学生知识基础薄弱、培养过程随意、缺乏统一的培养和学术标准、毕业要求极低等，可以说根本没有专业教育概念，而且同一专业在不同院校的培养差异非常大，无法满足美国社会政治经济高速发展对专业人才的迫切需求。因此，改革和提升专业教育不仅是埃利奥特在哈佛大学要做的事情，还是时代背景下美国高等教育发展的必然要求。而埃利奥特在哈佛大学对专业学院的改革和重建的成功，成为美国19世纪中后期专业教育和专业学院发展的范本，被美国其他学院和大学广泛效仿，甚至成了一套广泛受人认可的培养和学术标准。

专业学院改革和重建的目的是提升专业教育的学术标准，从而从根本上提升专业教育和专业人才的培养质量。针对美国当时专业教育中存在的学习时间短、学生学业基础薄弱等弊端，埃利奥特在哈佛大学采取了一系列改革措施。第一项措施就是提高专业学院的招生和毕业标准。在招生方面，虽然美国当时各个大学差异很大，但普遍情况是专业学院的招生门槛太低。以当时的密歇根大学为例，法律专业入学学生仅有12%具有学士学位，医学专业更低，仅有5%有学士学位[②]。哈佛大学也差不多，大部分学生来自中学。因此，提高招生标准，无论什么专业的学生，入学标准是具有学士学位。也就是说，取得学士学位是进入专业学院接受专业教育的基本要求。这就意味着埃

---

① See Henry James, *Charles W. Eliot, President of Harvard University 1869-1909 (Vol. Ⅰ)* (Illustrated Boston and New York Houghton Mifflin Company, The Riverside Press Cambridge, 1930), pp. 261-301.

② Charles W. Eliot, "The New Education," *The Atlantic Monthly*, Vol. 2, 1869: 203-220.

利奥特的改革是要求专业教育建立在本科教育基础之上，提高专业学院学生的入学要求。在毕业方面，美国当时大部分学院的毕业要求很低，有的不需要考试，修完一定的课程，学满一定的时间（通常是18个月或一年半），就可以顺利毕业拿到学位，哈佛大学法学院就是如此[①]。埃利奥特要求提高专业学院毕业的标准，严格把关，专业学院每年应进行年度考试，毕业时还要通过最终的考试。每个学科专业根据自身的特点设计不同的毕业要求和门槛，如有的专业学院要求实习时间（如医学和法律专业）。第二项措施是延长专业学习时间。19世纪中后期，美国不同院校不同专业的学习年限和时间要求差异非常大，比较常见的有一年，也有18个月的。在埃利奥特看来，这样的学习时间规定无疑太短了，根本无法满足高质量专业培养的要求，因此延长专业学习时间势在必行。根据各专业的学习特点和专业实践的要求，很多专业的学习时间适当延长至3—4年[②]。有些专业，如医学、法学还有3—6个月实习时间的要求。最后一项措施就是规范培养过程，完善培养环节和流程。一是专业学院的课程设置应更具有逻辑性和顺序性，使专业学习遵循从低级到高低的课程逻辑顺序。二是严格培养过程，专业学习必须环环落实到位，不能太随意和散漫，必须通过各学院设置的专业考试，赋予专业教育和高深专业学位文凭应有的尊严和意义。三是学习与研究相结合，将专业教育引入自由的学术研究领域。四是各专业要探索适合本专业特点的独特培养模式。比如，神学、医学和法学专业，它们都有不同的职业特征和属性，应该安排不同的教学和培养流程。以哈佛大学法学院为例，埃利奥特聘请美国当时最著名的

---

① Charles W. Eliot, *Education Reform: Essays and Address* (New York: The Century Co., 1898), p. 152.

② Charles W. Eliot, *Education Reform: Essays and Address* (New York: The Century Co., 1898), p. 139.

法学家兰德尔担任法学院院长，主持法学院的改革①。兰德尔在哈佛大学法学院首创了案例教学法，要求法学专业学院接触适用法律原则的实际案例，取得了巨大成功，推动了哈佛大学法学院及整个美国法学专业教育的质量提升和发展。案例教学法至今仍是法学专业广泛采用的主要教学方法，并且被其他专业学院效仿和采用。

除了改革原有专业学院之外，根据社会发展的需要和专业教育日渐繁荣的现实，埃利奥特还适时地创建了一系列新的专业学院，如美术学院、建筑学院、林学院、牙医学院等，并且启发引导哈佛大学商学院等重要专业学院的创建②。这些新兴专业学院的创建敏锐地把握了美国社会发展对高等教育的需求。埃利奥特在哈佛大学的专业学院改革取得了巨大成功，他所采用的专业教育改革措施最终成了美国大学专业教育的统一标准，包括入学标准、毕业标准、培养标准等，从整体上提升了美国专业教育的学术标准，成为美国乃至全世界许多国家专业教育采取的通用标准。

以上是就美国高等教育内部改革而言，要求提升专业教育的水平和标准。实际上，从美国当时社会发展的概况来看，客观上也在推动和要求建立更高的专业教育学术标准和要求。埃利奥特 1883 年 5 月在《普林斯顿评论》（*The Princeton Review*）发表的《论牧师的培养》就非常详细和清晰地论述了牧师（主要是新教牧师）的地位和环境的根本变化，要求为了更好地适应现代社会，应对牧师的传统培养模式进行全面改革。1876 年 2 月 1 日，他在《美国外科医生公告》（*The*

① Henry James, *Charles W. Eliot, President of Harvard University 1869-1909(Vol. I)*(Illustrated Boston and New York Houghton Mifflin Company, The Riverside Press Cambridge, 1930), pp. 266-270.

② Henry James, *Charles W. Eliot, President of Harvard University 1869-1909(Vol. I)*(Illustrated Boston and New York Houghton Mifflin Company, The Riverside Press Cambridge, 1930), pp. 270-278.

American Medico-Surgical Bulletin）上发表了《未来的医学教育》（*Medical Education of The Future*）一文，大力主张提升医生的教育水平和培养质量，改变当时美国大部分医生只接受初级训练就开业从医的落后状况，提高医学学生的入学标准，延长学习时间，充实专业课程和提高毕业标准，要求未来的医生为了更好地满足职业的新需要而接受“更彻底和更广泛”① 的教育，“使医学职业在耐心、无私、勇敢这些美德上有卓越的表现，甚至可以媲美宗教的功能，真正造福于社会”②。

六

埃利奥特在美国教育史上还有一项卓越贡献，就是推动了美国教育系统的全面和统一改革的进程，这主要是他通过担任十人委员会主席及发表相关演讲来发挥影响的。纵观 19 世纪中后期美国教育发展的整体概况，一个现实的问题是必须对美国整个教育体制进行全面彻底的改革，其中以中等教育和高等教育改革最为迫切。然而，美国中等教育和高等教育都面临着一些相似的改革困难、问题或重点，如学校数量不足；教育水平低下；学校和专业之间差异太大，缺乏统一的共同标准；课程设置僵化和混乱，缺乏合理逻辑顺序；学习缺乏选择性；中等教育与高等教育之间相互独立和封闭，缺乏对话交流和相互衔接；等等。因此，这就需要通过一场建立中学与大学紧密联系的统一改革来解决。于是，1892 年 7 月 7 日，哥伦比亚大学教授巴特勒（Nicholas Murray Butler）在全国教育协会纽约萨拉托会议上，向全国教育委员

---

① Charles W. Eliot, *Education Reform : Essays and Address* (New York: The Century Co., 1898), p. 343.

② Charles W. Eliot, *Education Reform : Essays and Address* (New York: The Century Co., 1898), p. 371.

会提议成立一个由10人组成的执行委员会，负责会议的筹备和组织工作。7月12日，全国教育协会通过了这项提议。鉴于埃利奥特在美国教育界的卓越地位和巨大影响力，1888年2月16日，他在全国教育协会推进中等教育改革会议上发表了主题为“学校课程能否缩减和丰富”（*Can School Programmes Be Shortened and Enriched*）的演讲，并且被推荐为十人委员会的主席。十人委员会的成员还包括密歇根大学校长安吉尔、科罗拉多大学校长詹姆斯·H. 贝克（James H. Baker）、密苏里大学校长理查德·H. 杰西（Richard H. Jesse）、苏伦斯维尔学校校长詹姆斯·C. 麦肯齐（James C. Machenzie）、瓦萨学院校长詹姆斯·M. 泰勒（James M. Taylor）、奥伯林学院教授亨利·C. 金（Henry C. King）、美国教育专员（Commissioner of Education）威廉·T. 哈里斯（William T. Harris）、波士顿女子中学和女子拉丁语学校校长约翰·泰勒（John Taylor）、奥尔巴尼中学校长奥斯卡·D. 罗宾逊（Oscar D. Robinson）。其中，大学校长5人，大学教授1人（后来也成了大学校长），教育专员1人，中学校长3人（其中1人来自私立中学、2人来自公立中学）。十人委员会的主要职责是负责筹备和组织中学和大学教师参与的关于中学主要学科的研讨会，探讨学科的恰当界限、最佳的教学方法、最合理的时间分配及测试学生成绩的最佳方式等。1893年12月，十人委员会向全国教育协会大会提交了会议报告，这就是美国教育史上著名且影响深远的《十人委员会报告》，包括第一部分的总报告和第二部分的分报告。报告涉及内容非常丰富和广泛，涉及中学的性质、中等教育的宗旨、中学课程设置方案、中小学学制及中学与大学的关系。这些问题都是19世纪90年代以来美国中等教育改革所面临的关键问题①。

---

① 张斌贤，李曙光，王慧敏：《揭开美国中等教育改革的序幕：〈十人委员会报告〉始末》，《外国教育研究》2015年第1期。

《十人委员会报告》发表后，在美国教育界引起了巨大反响和广泛关注，美国教育界和社会各界人士对其褒贬不一。批评者首先质疑十人委员会成员的组成，因为其主要成员多数来自大学[①]，这份报告也被指责是大学对中学的控制，主要考虑的是大学的利益。斯坦利·霍尔等人批评报告体现的课程思想传统保守，被认为是传统的心智训练主义的胜利，是"埃利奥特的胜利"[②]、精英主义的胜利及大学对中学的无理控制和干预。当然，也有一些学者认同和赞赏《十人委员会报告》，认为它有效地解决了中等教育与高等教育的衔接问题，改善和丰富了中学课程，统一了大学的入学标准，理清了中学与大学的关系。这些问题都是当时中等教育改革的核心问题，这份报告的出台为未来几十年中等教育改革提供了基础和有效的思路。

不论外界评论如何，《十人委员会报告》触及了中等教育和高等教育改革的核心和本质问题，由教育专业组织牵头，教育专业人士的广泛参与、理性民主协调、合作探讨，提供专业人士的意见和建议[③]，使之成为与中等教育改组委员会的《中等教育的基本原则》等并列的美国教育史上的经典报告和重要文献。

为了回应外界对《十人委员会报告》的批评和质疑，同时更主要的也是为了推动中等教育和高等教育的统一改革，1894 年 10 月，在《十人委员会报告》发表 6 个月后，埃利奥特在《教育评论》（*Educational Review*）上发表了《教育改革的统一》（*The Unity of Educational Reform*）一文，主张中学教师与学院和大学教师相互理解和共同对话，要求中学教师应理解和同情大学的改革和进步，学院和

① 在十人委员会成员中，大学和中学成员之比是 7∶3。

② 因为埃利奥特是心智训练的倡导者，又是十人委员会的主席。

③ Charles W. Eliot, *Education Reform: Essays and Address* (New York: The Century Co., 1898), p. 339.

大学教师也应理解和帮助中学的改革和进步[①]。为了构建全民民主教育的目标，他进一步论述了现代教育改革的主要原则和目标。埃利奥特认为，在民主教育的构建过程中，“从幼儿园到大学的主要原则和目标是一致的”[②]。这些原则主要包括 7 个：第一个原则是促进个别教学。埃利奥特主张幼儿园到大学的各个阶段都应该努力降低生师比，无论是任何学科，它的教学都必须是个性化的。在埃利奥特看来，这应该是教育政策的永恒目标和中心原则。第二个原则是确认各阶段的教育基本要素，分别是看清事物；比较和推断；准确地记录；记忆；准确地表达思想；崇高的理想。各阶段的目标和基本方法在本质上应该相同，各阶段的基本要素也基本相同。中学生和大学生有着一样的心智需求。第三个原则有效的行动力才是教育的真正目的，而非信息的存储或主要的接收、辨别或批判能力的培养。由此，人们已经确立了教育方法的一个重大变化。第四个原则是选择或选修原则。在埃利奥特看来，这个原则适用于 5—25 岁整个教育过程三分之二的阶段，即到 9 岁或 10 岁时，当越来越多的课程引起儿童的注意，而他又没有充足的时间全部深入学习时，选修就有了必要性。第五个原则与训练有关，埃利奥特认为适用于文明社会所提供的各阶段的教育。在他看来，从长远角度考虑，教育从开始到结束都应该依赖永久的动机[③]。童年的纪律不应该与青少年时期的纪律差别太大，以致在任何意义上造成这种训练的全面停止和重新开始。教育的一个重要组成部分是习惯的养成，这不可避免地涉及那些导致习惯性意志的反复的情感、情绪和激情的

---

① Charles W. Eliot, Oscar D. Robinson, "The Work of the Committee of Ten," *The School Review*, Vol. 2, No. 6, 1894: 372.

② Charles W. Eliot, *Education Reform: Essays and Address* (New York: The Century Co., 1898), p. 317.

③ Charles W. Eliot, *Education Reform: Essays and Address* (New York: The Century Co., 1898), p. 329.

作用。在埃利奥特看来，在生活中，永久的动机是智慧、力量、优雅、模仿、受赞许；羞耻、骄傲、自尊；发现、活动或取得成就的快乐；对美丽、力量、优雅、庄严的喜爱；对能力及赋予能力的财富的热爱。这些动机适度发展，在意志的确定和行为的规范中一直发挥作用，最终的目的是培养青少年的自我控制能力。这是一种独立于暂时的、人为的限制、排斥或压力，同时也支配个体身体存在的自我控制能力。埃利奥特认为，培养这种自我控制能力是青少年训练的终极道德目标。第六个原则是教学的专业化原则。它在教育的深度和广度上都同样适用，应该在大学和其他学校教育中充分被应用。它也是任何国家教育系统从始至终的一种普遍需要，而且能够无限地提升教师生命的尊严、快乐和服务。第七个原则作为教育组织的一个基本原则，就是应该团结所有教师（无论大学教师，还是中小学教师），即教育机构的管理人员应该是专家，而不是其他职业的业余人员或移民，教师在学校和大学管理中应具有较大的咨询功能。这就要求教育机构的负责人都应该是具有教育经验或其他管理服务经验的人。教育机构的主管人员应该是能力得到证明的教育专家。教师应该组成委员会或形成一个统一的组织，如此将他们紧密联系在一起，参与学校的管理。由此也反映了“大学和学校管理改革的方向相同：首先，宪法限制下的专家控制；其次，教师稳定的任期；再次，扩大教师的行政影响”①。

最后，埃利奥特强调，十人委员会对美国教育进步所做的贡献最好的部分是他们的工作方法，即以教学为主题的调查与讨论的方法；来自各类学院和大学及各类学校（公立、私立和捐赠学校）教师和专家参与调查和讨论。十人委员会的工作方法强调所有年级的共同利益

① Charles W. Eliot, *Education Reform : Essays and Address* (New York: The Century Co., 1898), p. 334.

及一个基本事实，即“每个阶段的经验对其他阶段而言都是有价值的”[①]。十人委员会最有价值的承诺是，它明显倾向于促进学校与大学教师之间的合作，以及呼吁所有有识之士关心教育，以此促进深入而全面的教育改革。

埃利奥特的教育思想整体相对庞杂，教育实践经验丰富，对19世纪中后期美国基础（包括小学和中学）教育和高等教育改革产生了深远影响。事实证明，19世纪中后期美国各阶段的教育改革基本上是遵循着他的思想理念进行的。19世纪中后期是一个伟大的社会转型时期，也被称为进步主义教育时期，涌现了一大批重要的教育家，各负使命、责任，或者提出系统的教育哲学和思想，如杜威，或者参与新型大学的创建，如吉尔曼、霍尔、怀特、安吉尔、威廉·雷尼·哈珀[②]（William Rainey Harper，1856—1906年）等。他们个个卓尔不群、个性鲜明，如长袖善舞的吉尔曼、野心勃勃的哈珀、主张为大学社会服务的范海斯、富理想主义气质[③]的霍尔。比较而言，埃利奥特虽然个性不那么突出，但对美国教育改革的影响似乎更具全面性。他提出了一些教育思想和理念，但因为关注面非常广泛，似乎缺乏一定的系统性和理论性。他对一些深奥的教育哲学和抽象的理论问题似乎没有多大兴趣，虽然关心公共事务，但谈及教育改革时通常专注于教育问题本身，也没有提出过什么崭新的教育理念。他最显著的特点是冷静务实，关注具体问题，最擅长的就是发现和研究美国现实的教育弊病，实地详细观察和反复细致论证，然后开出简明有效的教育改革良方。他重视教育在民主社会中的功用，提倡教学自由，要求以民主社会的基本

---

① Charles W. Eliot, *Education Reform : Essays and Address* (New York: The Century Co., 1898), p. 337.

② 1890年，石油大亨约翰·D.洛克菲勒（John D. Rockefeller）捐资创建芝加哥大学。

③ 创建克拉克大学时，他主张将本科教育排除出去，只开展研究生教育。

原则——“尊重个性差异和促进阶层流动”进行全面的教育改革，建立真正的民主教育体制，从而推动民主社会的发展和完善。

【参考文献】

Allan, Neilson William. Charles W. Eliot, The Man and His Beliefs [M]. New York and London: Harper& Brother Publishers, 1926.

Eliot, Charles William. Education Reform: Essays and Address[M]. New York: The Century Co., 1898.

Eliot, Charles William. The Conflict between Individualism and Collectivism in a Democracy[M]. New York: C. Scribner's Sons, 1912.

James, Henry. Charles W. Eliot, President of Harvard University 1869-1909 (Vol. Ⅱ) [M]. Illustrated Boston and New York Houghton Mifflin Company, The Riverside Press Cambridge, 1930.

Kuehnemann, Eugen. Charles W. Eliot: President of Harvard University[M]. Boston and New York: Houghton Mifflin Company, 1909.

Morison, Samuel Eliot. Three Centuries of Harvard 1636-1936[M]. Cambridge, Massachusetts: Harvard University Press, 1937.

Ravitch, Diane. Left Back: A Century of Failed School Reforms [M]. New York: Simon & Schuster, 2000.

Rudy, S. Willis. The Revolution in American Higher Education, 1865-1900[J]. The Harvard Educational Review, 1951 (21).

威廉·哈里斯：美国工业化过程中的古典文化卫士

石佳丽[①]

威廉·托里·哈里斯（William Torrey Harris，1835—1909 年）是 19 世纪美国驰名的教育思想家、政治家和哲学家，毕生致力于公共教育与工业化社会的融合，曾出任圣路易斯市公立学校督学（1868—1880 年），1889 年被当时的美国总统本杰明·哈里森（Benjamin Harrison）任命为联邦教育专员并一直工作到 1906 年。哈里斯是美国黑格尔主义哲学的代表人物之一，在哈里斯的一生中，“他的黑格尔式的对教育的热爱支持着他走过这条道路的每一步”[②]。与此同时，他还致力于美国教育管理体制的改革[③]。美国的学者对哈里斯的褒扬更加直接，美国教育史学家劳伦斯·克雷明（Lawrence Cremin）认为，哈里斯是美国内战后又一个教育学时代的统帅人物[④]。

哈里斯在美国教育历史研究中一直以保守者和教育官僚的姿态出现，活跃于 19 世纪末 20 世纪初的美国教育变革时期。在一众激进的进

---

① 石佳丽，女，山西大学教育科学学院讲师，研究方向为外国教育史。

② ［美］劳伦斯·阿瑟·克雷明：《学校的变革》，单中惠、马晓斌译，山东教育出版社，2009，第 22 页。

③ 滕大春：《美国教育史》，人民教育出版社，1994，第 507—508 页。

④ ［美］劳伦斯·阿瑟·克雷明：《学校的变革》，单中惠、马晓斌译，山东教育出版社，2009，第 13 页。

步主义教育家和民权主义者，尤其是以一线女教师为代表的改革者看来，哈里斯几乎可以被视为当时保守主义及教育管理者的代言人。“保守主义代表人物”“传统人文主义者”“秩序保卫者”“官方哲学家”等此类映象和历史描述，在某种程度上，一方面固化了哈里斯的官僚主义者形象，另一方面反映了进步主义者和传统人文主义者之间就教育理念及教育管理理念展开的冲突与对决。

但是，哈里斯并不只是一位政客，更应该被历史记住的是他作为教育家所具备的专业理论知识和教育管理方法。伴随着进步主义教育运动浪潮的低落，一些研究者重新认识了哈里斯处于美国教育转型期所占据的重要地位。哈里斯关于黑格尔主义哲学的理论研究、公立学校的系统哲学，以及他在圣路易斯市任城市督学期间表现的卓越管理能力，引起了研究者们对他的新的研究兴趣。

哈里斯早年接受典型的东部新英格兰地区传统人文主义教育，这种教育使他成为一名扎根东部的教育者，不论后期他的教育思想和实践活动荫蔽范围有多么广，这棵“大树”的根都深深地扎在东部的土壤中。在美国内战后工业化程度日渐加深的社会背景下，哈里斯在公共教育领域的改革和作为将他推上当时美国教育“管理者”的地位；但与此同时，他也不断地受到来自其他教育流派的质疑和挑战。

一

一位教育家的一生正是从受教育开始的。

——库尔特·莱德克尔①

① Kurt F. Leidecker, *Yankee Teacher : the life of William Torrey Harris*(New York: The Philosophical Library, 1946), p. 12.

哈里斯的一生充满矛盾与冲突，其中蕴含的能量无不与他幼时所受的教育有着千丝万缕的联系：鼓励求知的家庭教育、在家乡受到传统人文主义的基础教育、新英格兰地区大学的预备教育及在耶鲁大学两年的求学经历，为这位教育者的一生染上了“保守主义”的色彩；母亲善教、宗教引导、姨母执教等多重因素使哈里斯渐渐树立对教育的信心，最终转化成“以教为业”的信念；家庭中浓厚的宗教氛围培养了他思索终极问题的能力，便随着社会的变革，德国古典哲学成为哈里斯内心思想狂潮的宣泄口……所有这些都预示着这个时代的教育行动思想者的诞生。通过追寻哈里斯在新英格兰地区成长和求学的经历，可以考知其教育思想的根源。

哈里斯 1835 年 9 月 10 日出生于美国康涅狄格州东北部北基灵利郡（North Killingly，Connecticut）的一个农庄。哈里斯的父亲是从罗得岛州迁居到康涅狄格州的一名羊毛手工业者，在外祖父一家的影响下成为一名当地公理会的助祭（Deacon）和实干的农场主。父亲操持着从外祖父那里继承的农场，母亲负责对子女的教育，这是当时传统的美国家庭教养模式。母亲对子女的影响之深诚如艾默生在《命运》（*Fate*）中说的一样，“每个人都是由各自的母亲塑造的”，母亲们对美国社会和生活的塑造起着不可忽视的巨大作用。

哈里斯的母亲悉帕·托里·哈里斯（Zilpah Torrey Harris）来自一个具有虔诚公理会信仰的家庭，她聪明且有着坚韧的性格。为了让孩子们可以具备将来进入民主社会并参与宗教事务的能力，她采用严慈相济的教育方法培养他们温和的美德。她还是一位善于学习、勤于阅读的人，哈里斯的聪颖毫无疑问承袭于他的母亲。在进入学校学习前的 4 年时间里，哈里斯在家中接受母亲的教育。他从母亲那里继承的不仅仅是影响终身的性格和习惯，更是看待世界宽阔的视野和深入思考的能力。

在哈里斯幼年的家庭生活中，除了母亲的教育对他具有非常重要的影响外，他的姨母凯瑟琳是哈里斯就读初等学校的女老师，可以说她是哈里斯的第一位老师，从小教导哈里斯学习知识和道德礼仪，对他将来从事教育事业并最终成为一名伟大的教育家发挥了引导作用。

康涅狄格州北基灵利郡离波士顿和哈特福德都不足 100 英里（约 160.93 千米），这两个城市是“公立学校之父”贺拉斯·曼和“学校管理之父”亨利·巴纳德大力倡导公共教育的地方。相对于南部各州，该州对教育一直持一种开明的态度，从 17、18 世纪启蒙运动思想的传播开始，政治家们提倡实行公民教育，到 1795 年，公立学校接收来自州政府的资助总计 120 万美元，这一数额后期一直在不断增加①。19 世纪 20 年代开始了“公立学校运动”，以地方政府税收作为主要资金来源，政府为各个地方和社区的孩子建立初等学校，不论何种出身和地位的儿童都可以入学，哈里斯就读的初等学校——“小红房子学校”正是这一教育运动的产物②。当时，公立学校运动带来的改革结果更多地体现在学校系统组织方面，而非具体教学管理或课程设计方面，这使哈里斯在回顾自己的受教育经历时发现了当时教育系统中待改进的部分。

小红房子学校是伴随着 19 世纪初美国世俗教育的兴起而建立的，这种学校一般是“单间教室学校”，为适应当地居民受教育的需求，由一名教师在单独的一间教室中教授不同学习阶段的学生。发展到哈里斯入学的时候，新英格兰地区的基础教育稍有进步，教师数量和学生数量增加了。

哈里斯上学的这所学校坐落于离家几英里的地方，紧挨着一座茂密的森林，占地不到 500 平方英尺（约 46.45 平方米）。使用的教科书

---

① Kurt F. Leidecker, *Yankee Teacher : the life of William Torrey Harris* (New York: The Philosophical Library, 1946), p. 12.

② ［美］韦恩·厄本，杰宁斯·瓦格纳：《美国教育：一部历史档案》，周晟、谢爱磊译，中国人民大学出版社，2009，第 260 页。

是诺厄·韦伯斯特（Noah Webster）的《基础拼写课本》（*Elementary Spelling Book*），该书在当时的初等教育中普遍被使用，销量非常大。除了教学用的课本外，哈里斯还从一些开明的老师那里借到一些教科书以外的书，如沃尔特·斯科特（Walter Scott）的《最后一个游吟诗人的歌》（*Lay of the Last Minstrel*），它是哈里斯最喜欢的一本书。

在小红房子学校学会基本读写以后，哈里斯就想学习、了解更多知识，但是老师们落后、呆板的教学方法是哈里斯后来回想时最厌恶的部分，学校采用的教学方法就是背诵，因为在学校任教的老师看来，只有被记下来的东西才能被理解。甚至还有一位严格的女老师，她认为只有打骂学生，才能把知识装进学生的脑袋中，这种方法很容易让学生因恐惧或厌恶丧失学习课本中科学、经济和公民知识的机会。这也使哈里斯在日后发展自己的教育理论时，重视教科书的作用和教师的培训。

除此之外，乡间的教学不仅仅限于白天日常的学校活动。在冬天农闲的时候，当地的村民在晚上会聚在一起举行 2—3 次夜间拼写比赛活动，参加者包括学校的学生、彼此的兄弟姐妹、家长和邻居，他们组成两队，依次轮流朗读指定的内容，不得出现错误，直到决出最后的胜者。比赛选用的内容包括经典的诗歌、演讲和对话录，如乔治·戈登·拜伦（George Gordon Byron）的《声音狂欢夜》、托马斯·坎贝尔（Thomas Campbell）的《林登日暮时分》、帕特里克·亨利（Patrick Henry）的《不自由，毋宁死》等。在这里，哈里斯接触了更多的经典著作①。

在小红房子学校学习 5 年后，1844 年，哈里斯一家搬至罗得岛州生活，开始了他的城市学校生活。这里的教育方式与哈里斯之前接受

---

① Kurt F. Leidecker, *Yankee Teacher: the life of William Torrey Harris* (New York: The Philosophical Library, 1946), p. 12.

的乡村教育不同：教师不会对学生给予个人关注，教学活动像商业活动一样展开，守时被视为非常重要的一个品质。为完成亲人对他考入耶鲁大学的愿望，哈里斯于 10 年间先后辗转于 5 所私立学院接受大学预备教育，为其将来进入耶鲁大学习做准备。

这一阶段的学习围绕学术训练课程和具有宗教性质的课程展开，比如，用约翰·弥尔顿（John Milton）的《失乐园》（*Paradise Lost*）作为语法学习的课本。这 5 所学院各有风格，但无不是极传统的文法学校，偶有一两所学院会开设自然科学中的化学和物理课程。以伍斯特学院（Worcester Academy）为例，该学院不仅提倡学生拥有虔诚的宗教信仰，还将学院教学的核心放在古典语言的结构和语法上。学院的宣传小册中明确指出，学院要“逐渐地向学生介绍历史、地理、文学及古典神话学的知识，进而激发学生对知识的兴趣”①。

对哈里斯来说，流连于此类私立学院，学习仅限于智力开发，真正严格的学术训练要从 1853 年进入菲利普斯-安多佛学院（Philips Andover Academy）开始。在这里，哈里斯接受了类似于修士一样严苛的大学预备学术训练，“通过日积月累训练出的直接智力来做一些对世界有益的事”②。课程安排紧密，哈里斯曾在一天之内目睹并参与了以下一系列课程：拉丁文祝词，祈祷，唱诗班颂词，英文、希腊文及拉丁文的十四行诗，两段对话及一段由 4 件乐器伴奏的讨论③。此类传统学院式教育通过传统的教育内容培养学生充足的理性，这一点被哈里斯认同，但哈里斯对此类学校中死板的教学方法、对道德近乎严苛的

---

① Kurt F. Leidecker, *Yankee Teacher: the life of William Torrey Harris* (New York: The Philosophical Library, 1946), p. 39.

② Kurt F. Leidecker, *Yankee Teacher: the life of William Torrey Harris* (New York: The Philosophical Library, 1946), p. 13.

③ Kurt F. Leidecker, *Yankee Teacher: the life of William Torrey Harris* (New York: The Philosophical Library, 1946), p. 44.

要求非常不满，他把这种教学形容成一种毫无人情味的“商业行为”①。

哈里斯于1854年秋进入耶鲁大学读书。耶鲁大学最初是由康涅狄格州公理会教友于1701年创办的一所私立大学，以其传统和重教出名。入学第一天，哈里斯就与其他同天入学的50名学生一起接受了拉丁文、希腊文和数学的测验。考试结束两天后，哈里斯经历了行程满满的一天，一整天都被背诵、祈祷等经典课程占据。在耶鲁大学读书的两年中②，希腊文、拉丁文、数学、雄辩术、古代历史占据了课程的大部分，其中朗诵、语法及辩论的素材也是古典语言——拉丁文，而不是现代语言。在第一学年的学习中，哈里斯埋头于古典语言课程的学习。渐渐地，他不再满足于此类课程的学习，开始对科学和超自然学科产生兴趣。哈里斯曾经一度沉迷于地理学、通灵术。大二时，自然哲学课程以荷马、苏格拉底、柏拉图、色诺芬等一众古代哲学家、思想家的思想为主要授课内容。哈里斯非常擅长此类经典哲学课程的学习，成绩非常好。

哈里斯就读大学时正好处于美国新英格兰地区文艺复兴运动的繁荣时期。美国从传统农业社会奋力奔向现代工业社会，工业革命打破了新英格兰古老的生活秩序，传统的、稳固的农业格局被打破，由此引发了对传统社会结构、道德体系、知识观念等新的、剧烈的挑战。大约在1820年，钱宁、韦伯斯特和埃弗里特的时代开始了。从那时起，以马萨诸塞州为代表的新英格兰地区开始变得咬文嚼字、富于想象和深思熟虑。新英格兰自由主义者从欧洲学说宝库中汲取大量的营养，其中德国的唯心主义对唤醒新英格兰思想起到了更重要的作用，也包括承自德国唯心主义的英国浪漫主义。柏拉图是他们公认的先驱，超

---

① Kurt F. Leidecker, *Yankee Teacher: the life of William Torrey Harris*(New York: The Philosophical Library, 1946), p. 35.

② 哈里斯于1856年从耶鲁大学退学。

验派玄想是他们共同的体验。如此复杂的运动将吸引形形色色的人，最终对整个新英格兰地区产生影响。它带来了神学的、人道主义的、神秘的、批评的和文化上的觉醒，把新英格兰的良知从长期禁锢它的教义中解放出来，使之有可能投身于世界更伟大的工作中①。阿莫斯·奥尔科特（Amos B. Alcott，1799—1888 年）于 1857 年到耶鲁大学演讲，其超验主义哲学思想让哈里斯折服。作为这一思潮的代表人物，奥尔科特的思想为哈里斯对耶鲁大学课程的不满和心中的困惑找到了解除路径。

1857 年，伴随着弟弟的离世、感情因素和对学校教学的不满，哈里斯于 1 月 15 日提出退学申请，并且由校长签署同意退学。他认为“耶鲁大学已经交给他所有可以学到的东西”，至于他想探索的一些另类的课程则不在学校的教学计划中。在他看来，耶鲁大学的教育是过去生活的展示，而不是现在生活的盾牌。也就是说，哈里斯对耶鲁大学的失望之处在于他们用传统教学方法教授经典课程的落脚点放在了对过去的了解上，而不是善加利用以适应新的社会环境，对当时日新月异的工业生活帮助不大。

二

一个以前数代人不曾见到的美国，正从战争的硝烟中浮现。雄心勃勃的工业主义伫立在大陆扩张的门槛，它将美国主权从拥有土地和重商贸的贵族手里转交到新型的、有能力的工业资本家手里。

——沃浓·路易·帕灵顿②

① ［美］沃浓·路易·帕灵顿：《美国思想史：1620—1920》，陈永国、李增、郭乙瑶译，吉林人民出版社，2002，第 621 页。

② ［美］沃浓·路易·帕灵顿：《美国思想史：1620—1920》，陈永国、李增、郭乙瑶译，吉林人民出版社，2002，第 770 页。

将哈里斯教育实践活动的不同阶段置于美国大变革的社会背景中，我们不难找出哈里斯从事教育事业并取得瞩目成就的真正原因。

18世纪末19世纪初，还未开始工业化革命的美国就已经在北美大陆开始了疆域拓展行动。随着国力的增长，向西扩张的进程日渐加快，美国政府通过购买、兼并、战争等种种手段把西部世界推进到太平洋沿岸。西进运动扩大了美国的生产基地和市场，推动美国工农业加速发展，在向西部拓展过程中，由地区间商业和交通发展带来内战前城市化进展①。内战前的美国，整个都沉浸在西进运动的狂热中，许多年轻人憧憬着西部的广阔天地和发展机会，哈里斯也不例外。当时，西部农业发展迅速，常常有报纸报道西部农业的丰收景象，哈里斯特别希望到西部做一名远离都市生活的“隐士”（Anchorite），隐居山林，发展农业。他认为这比他将来当教师或牧师收入要多，对社会发挥的作用要大，而且他的父亲曾考虑在西部置业发展，哈里斯因此萌生了到西部一试身手的想法。

从耶鲁大学退学后，哈里斯与3名好友一路向西，最终落脚在密苏里州的圣路易斯市。圣路易斯市是密苏里州东部最大的城市，是当时美国的“第四大城市”，位于美国最长的密西西比河中游河畔，几乎位于美国的几何中心。同时，该地处在美国西部拓展过程中建立的铁路交会处，交通便利。天然的地理位置及水路交通优势让圣路易斯市成为由美国东部通往西部的必经之地，具有“西进门户”（Gateway to the west）的美称。

在哈里斯看来，圣路易斯市“作为西进路上商业和人流中转的中心，非常适合做生意”②。哈里斯在日记中写道：“或许我们可以在这里从事养殖业，也可以去堪萨斯州，总有赚钱的办法。”哈里斯在一番考

---

① 刘绪贻，杨生茂：《美国通史》（第三卷），人民出版社，2002，第231—274页。

② Kurt F. Leidecker, *Yankee Teacher: the life of William Torrey Harris* (New York: The Philosophical Library, 1946), p. 77.

虑后决定留在圣路易斯市谋生，几经辗转后进入一所文法学校任教职，自此进入教育行业，而圣路易斯市成为哈里斯施展哲学和教育才华的第一个重要舞台。

由第二次移民浪潮带来的许多德国移民集中在由辛辛那提、密尔沃基和圣路易斯构成的三角区域内，其中的圣路易斯市被称作“条顿城”。德国移民不仅带来工业发展所需的劳动力，更为当地思想界的发展注入了新鲜血液。最具代表性的就是以哈里斯和亨利·康拉德·布鲁克迈耶（Henry Conrad Brockmeyer，1826—1906 年）[①] 为代表开展的“圣路易斯哲学运动”（the St. Louis Movement in Philosophy）[②]。布鲁克迈耶大约在 1845 年因反抗普鲁士军国主义而逃到美国。到达纽约港时，他的口袋里仅有 25 美分，只会讲几句英语。与许多德国移民一样，他在纽约逗留了一段时间以后决定西进。哈里斯与布鲁克迈耶相识于圣路易斯市的一个“圣路易斯文学与哲学协会”（St. Louis Literary and Philosophical Society），两人对哲学共同的兴趣让他们成为挚友和合作伙伴。在他们的推动下，成立了“圣路易斯哲学协会”（St. Louis Philosophical Society），创办了《思辨哲学杂志》（*The Journal of Speculative Philosophy*），这是圣路易斯哲学运动的两大主要阵地，同时也是美国新黑格尔主义哲学的策源地。

以圣路易斯哲学协会和《思辨哲学杂志》为主要标志的圣路易斯哲学运动是 19 世纪美国社会的特定背景下，自然主义与理想主义之间产生更大冲突的一个侧面。在斯宾塞的自然主义和达尔文的进化论冲击下，很多旧宗教正统观念的支柱都产生了动摇，到处弥漫着一种恐慌的气息，使人产生一种新科学将会荡涤一切有价值的事物而只留下

---

① Kurt F. Leidecker, *Yankee Teacher: the life of William Torrey Harris* (New York: The Philosophical Library, 1946), p. 316.

② Charles M Perry, “William Torrey Harris and the St. Louis Movement in Philosophy,” *British Joural of Education Studies*, Vol. 5, No. 1, Nov., 1956: 59-61.

“由没有思想的机器所决定的毫无疑义的物质进化”的感觉。一些人把哈里斯当作上帝派来的、要把人类从淹没整个信仰世界的物质主义和不可知论的滔滔洪水中拯救出来的另一个诺亚。他们或许期待过高，但是他们的期待所集中体现的正是哈里斯在这场维护传统道德价值观的对抗运动中所力求实现的理想①。

南北战争以前，圣路易斯市不同等级和功能的学校逐渐建立，公立学校系统已初步形成。当时，整个学校系统包含一所师范学校（1857 年建立）、一所中学（High School，1853 年建立），以及若干所地区学校（District School）。地区学校的数量最多，分布在城市各区，提供初等教育。其内部又被分为初级（Primary）、中级（Intermediate）和语法（Grammar）3 个级别，每个级别内部再被分为 2—3 个年级。内战期间，一些学校停课甚至关闭，学生人数下降，部分教师在战争中去世，学校系统受到很大影响。经过战后几年的恢复，公立学校逐渐呈现发展趋势，并且通过新机构的建立和原有机构的改革实现了系统的整合。内战后，随着战时工业及席卷全美的工业革命的加速发展，圣路易斯市的工业化、城市化浪潮也紧随而至，圣路易斯市的学校系统急需改革。

哈里斯于 1868—1880 年担任圣路易斯市公立学校督学（Superintendent），对圣路易市公立学校系统进行了改革，整合系统，改革内部管理体制，使公共教育系统更有利于其教育哲学思想的践行。在哈里斯的领导下，让公立学校系统中的各个层次合作发展②。经过十几年的改革和建设，圣路易斯市的公立学校成为当时美国公立学校中的典范，更是在几次世界博览会上大放异彩，成为圣路易斯市的城市

① ［美］阿瑟·艾夫兰：《西方艺术教育史》，邢莉、常宁生译，四川人民出版社，2000，第 169 页。

② Kenneth Zimmerman, “William Torrey Harris: Forgotten Man in American Education,” *Journal of Thought*, Summer 1985.

名片。哈里斯的许多改革成果构成了美国公立学校最初的完整形态，许多举措仍然被延续至今，改革内容包括季度晋级制、教学“标准化”及对公立学校系统的调整与扩充。

“季度晋级制”改革：哈里斯在1872年的年度报告中专门针对年级制度提出了意见，认为在现有的以一年为期进行升级的制度下，升级与否取决于督学主持的一年一度的考试，那些未通过考试的学生回到原先所在的年级；然而，如果学生只需再经过一个季度的复习便能通过考试，那么他的学业进展便被这种过长的年级划分拖累了①。他批评这种现象使学习“被日程钉牢”（nail to the calendar），即学业进展的方式十分刻板，学生进步是由日程安排而非本人发展来决定②。因此，哈里斯建议在圣路易斯公立学校中增加学生晋级的次数，采用每个季度举行一次考试的方式，使学业较好的学生可以快速升到较高年级，未通过考试的学生也可以缩短留级时间。这样一来，由于部分学生升级的速度加快，公立学校每个年级可以容纳的学生人数增加了，成功地适应了战后学生增加的基本学情。

教学“标准化”改革：鉴于当时圣路易斯市公立学校之间的教学状况存在巨大差异，哈里斯为提高教育改革效果，用统一教科书的方式对公立学校系统进行“标准化”改革。他要求在各个学校采用同样的教科书，认为教科书是唯一可以将人类积累的经典知识不受教师教学水平的影响，最终不差分毫地教给学生的媒介。教师要按照教科书教授同质的内容，这样即使是不同学校的学生，也可以尽可能接收同样的信息。截至1878年，各级公立学校的同一课程和教科书方案基本成型，在这一年的年度报告中，整合后的课程内容以表格的方式被详尽地呈现，在圣路易斯的公立学校系统中初步实现课程与教学内容的

① *Annual report of 1872*, p. 27.

② *Annual report of 1872*, p. 47.

统一[1]。哈里斯在报告中表示："学习成果的相互对照，以及保证转学生使用的教科书的一致性，是分级并统一课程所带来的主要优势。"[2]

对公立学校系统的整合不仅体现在对旧有学校管理制度的改革上，哈里斯还通过建立新机构和对现有机构进行改革，重新整合公立学校体系，使公立学校系统功能趋于完备，密切了各个机构之间的联系。1867 年，3 所非白人学校（Colored School）在圣路易斯市建立[3]；1868 年，奥法隆工艺学院（O' Fallon Polytechnic Institute）开办，作为公立学校体系的一部分，承接原有的夜校，成为更高级别的工艺培训机构[4]；1869 年，公立学校图书馆成为公立学校系统中的独立机构[5]。新建立的学校教育机构完善了圣路易斯市的教育系统，纵向连接自幼儿园到中学的各级教育，横向覆盖普通日间学校和夜间工业培训学校。与此同时，还有一个为公立学校师生服务的图书馆系统。

除了此类横向的扩充，哈里斯将公立学校系统纵向向下延伸到幼儿园领域。1873 年，哈里斯与苏珊·布洛共同创办了美国第一所公立幼儿园[6]。哈里斯认真研究过福禄贝尔的方法，在伊丽莎白·皮博迪（Elizabeth Peabody）的建议和苏珊·布洛的支持下，向圣路易斯市的教育委员会提交了一份报告，要求让学前教育成为美国学校教育体系的组成部分。他的报告得到了批准。1873 年秋，美国第一所公立幼儿园是德斯·皮思学校（Des Peres School）的附属幼儿园，布洛女士成为幼儿园的主管，招收了 68 名儿童。到 19 世纪 80 年代，该市已有公

---

① *Annual report of 1878*, p. 129-204.

② *Annual report of 1878*, p. 133.

③ "Colored schools," in *Annual Report of 1867*.

④ "The evening schools," in *Annual Report of 1869*.

⑤ "The public school library," in *Annual Report of 1869*.

⑥ "General statistics," in *Fourteenth Annual Report of the Board of Directors of the St. Louis Public schools, for the Year Ending August 1, 1868* (St. Louis: George Knapp & Co., Printers and Brinders, 1869), p. 2002.

立幼儿园 50 多所，学生也增加到了将近 8000 名，同时配有 100 多名教师；1903 年发展到 125 所。第一所公立幼儿园实验获得成功以后，美国其他州纷纷仿效。一些私立幼儿园和慈善幼儿园逐步被纳入公立学校系统。到 1901 年，全美的公立学校已达到 2996 所（同期，私立幼儿园有 311 所）。1914 年，美国几乎所有的大城市都拥有了自己的公立幼儿园。这类幼儿园一般附设于公立小学内，作为初等学校的第一阶段，完善了公立学校体系。

通过改革和扩充公立学校，圣路易斯市初步形成了一套较为完整的公立学校系统，满足了学生和社会需求，为提升教学质量和扩大公立学校规模发挥了一定的作用。

在结束圣路易斯市督学任期后，哈里斯前往欧洲游历，参观比利时和英国的教育机构，回国后应奥尔科特之邀前往康科德哲学学校主持该校工作。康科德镇是当时美国东北部先验论的“大本营”，大批先验论者聚居于此，包括艾默生、奥尔科特、梭罗等。这所学校是由奥尔科特于 1879 年在改建的谷仓里主持创建的。早在 1869 年写给哈里斯的一封信中，奥尔科特就提出了建立哲学学校的想法：“为什么我们不能在学院或大学中教给学生可以受用终身的哲学呢?”这预示着一所举世闻名的哲学学校的萌芽①。

这个学校在夏天举行讲座和讨论会，是美国历史上第一个为培养专门的哲学人才而建立的学校。哈里斯在培养黑格尔主义教育哲学思想继承人上不懈努力，作为圣路易斯学派的领军人物，哈里斯也是学校的核心人物。他承担了一部分教学任务，但更多地利用自己丰富的教育管理经验组织辅助整个学校的运行，他将自己称作这个学校的“首席顾问”（Chief Consultant）。

这个学校集聚了当时超验主义和圣路易斯市哲学运动的主要人物，

---

① 1869 年 6 月 6 日的信件。

正如莫里斯·科恩（Morris Cohen）[①] 所认为的那样，这所学校的建立标志着“英格兰的先验论与德国的学识和唯心主义的联合”[②]。伴随着学校核心人物奥尔科特的去世，学校于1888年自行解散。

1889年，哈里斯被哈里森总统任命为联邦内政部下属部门教育局（Bureau of Education）的行政长官，即美国教育专员（U. S. Commissioner of Education）[③]，并且先后在格罗夫·克利夫兰（Grover Cleveland）、威廉·麦金利（William McKinley）和西奥多·罗斯福（Theodore Roosevelt）等几届总统组织的联邦政府内任职，直到1906年主动请辞卸任。

担任教育专员初期，哈里斯的日常职责包括接待教育事务访问、发送教育文件、填写新闻和报道、记录和分析信息数据、收集统计数据、分拣文件等，当时美国教育中存在重重问题，亟待解决，而从事这些细小且繁杂的传统教育行政管理事务并不是哈里斯接受任命的初衷。面对前一个时期美国社会遗留下来的过度教育、学生体育锻炼、普通学校手工作坊、学校监督系统、国家主义教育等多重问题，哈里斯从一个哲学家的角度重新审视教育局的工作，将它看作美国教育整体的一部分，严格履行职责，努力扩大教育局在全国甚至全世界的教育影响，用自己的实践经验和教育理论增强该部门的教育专业性。

当时，这个教育行政部门的职责权限非常小，仅限于对从全国各种教育统计机构汇总来的相关数据进行统计分析，只具有信息流通的

---

① 他是美国哲学家、律师、法学家，在纽约城市学院、芝加哥大学等许多大学任教，将实用主义与逻辑实证主义、语言分析结合起来，美国现代哲学史上最具原创思想的哲学家。

② 涂纪亮：《美国哲学史》，社会社会科学文献出版社，2007，第430页。

③ U. S. Commissioner of Education 一词有多种翻译，如美国教育部长、美国教育专员、美国教育委员、联邦最高教育行政长官等，结合当时美国松散的教育组织形式及该职位职责等相关内容，“联邦教育专员”是目前比较合理的翻译。

功能。但是，哈里斯从有限的工作中发掘无限的潜力，他认为数据处理并不是首要任务，对数据阐释并根据数据分析得出的政策建议才是有效的。应该符合民主社会建设的原则，该原则要求在共享数据的基础上，将已有经验给予那些需要且会从中受益的人群。比如，哈里斯针对当时公立学校开始5门课程可能会受限于地域、种族、文化等发展不均衡的因素，致使学生心灵不能健全发展的问题，使教育署向全国公开提供相关课程和教学文件，扩大不同地区学校的信息来源。

除此之外，哈里斯对当时实行的教育行政管理体系并不满意，从公立学校、教师资格审核、大学文凭、预防儿童贫穷和犯罪等多方面入手进行改革，希望增加新功能来提高该机构的教育专业性及其在全国教育界的影响力。比如，根据自己在圣路易斯的教育管理实践经验，他提议将图书馆纳入教育系统，增强了教育系统的专业性，而教育署的藏书量从巴纳德时期的100本、伊顿任职时期的18000本、道森任职时期的23000本增加到哈里斯任职期间的86000本。他召集了一大批与教育相关的专家，听取他们的专业意见，形成教育行政管理的“智库”。哈里斯任职期间，许多专家在他的组织下为教育署行政规划建言献策，其中包括研究外国教育的专家、研究城市学校的专家、研究艺术教育的专家、研究历史调查统计的专家、研究农业学院的专家及研究阿拉斯加地区教育的专家等，他们所有的研究成果都被记录并编辑成册。在此基础上，哈里斯提倡推出“教育公告”计划，虽然这一计划直到1906年才得以实现，但成为教育行政管理专业化的体现之一，已经逐渐接近美国现代教育行政管理体制中美国教育部年度教育情况报告的形式。

自建国起，美国的教育权便分散在各个州，并没有集中在联邦。而且，长期以来，美国存在一种国民唯恐权力集中的现象，一旦某种并没有赋予联邦政府的权力具有集中并增大膨胀的趋势，就会很快被消灭在萌芽状态。另外，19世纪的美国教育受宗教的影响非常大，儿童受教育的权利被认为是由其父母掌握的，个人权力也高于其他国家。以上种种教育权力分散的表现导致美国联邦教育行政管理非常难以推行。但是，伴随着美国工业快速发展对高素质普及教育的需求扩大、宗教因素影响力的减弱，美国教育呈现权力集中的需求和趋势。哈里斯担任教育专员后，通过提高教育行政管理专业性建设提高了联邦教育署的行政管理能力和公众对它的信心。

1891 年，哈里斯敦促国会通过《布莱尔法案》（*Blair Bill*）支持发展“普遍的教育”（universal education），由教育局牵头建立教育基金，资助某些州的公立学校，以此发展民主社会。1900 年，推行全国教师资格考试（Civil Service Examinations to Teachers）；1905 年，在哈里斯的努力下，美国总统签署总统令，动议大学校长委员会起草一份法案，该法案旨在改善医疗等领域存在的虚假文凭现象。哈里斯不断举办并参加国际性教育会议，1893 年 7 月在芝加哥举办的国际教育论坛在哈里斯的总负责下举办得非常顺利，1895 年 10 月在亚特兰大举办了“公立学校与国家议会”（Normal School and the National Congress）主题会议。除此之外，哈里斯还出国游历，宣传美国教育，并且参观了欧洲的教育机构。

在国内，哈里斯作为教育专员推广联邦教育署工作的一大平台是全国教育协会（National Educational Association，NEA），他不间断地参加该组织的活动。自 1870 年加入 NEA 起，哈里斯不断用自己的教育管理经验和教育思想推动该组织的发展，使其向更加专业的全国性教育组织成长。

哈里斯积极参与 NEA 的教育理论研究探讨活动，自 1870 年加入该协会到 1892 年公布的一份关于该协会的历史调查报告显示，他曾先后发表 44 篇演讲报告和论文，平均每年 5 篇，这一数量相当可观，因为排在第二位的学者仅有 15 篇。除此之外，哈里斯参与的由该协会举办的研讨会不胜枚举。

哈里斯对该协会的教育理论研究做出的最突出的贡献莫过于1895年的《十五人委员会报告》(*Report of the Committee of Fifteen*)，报告中有关基础教育课程改革的部分基本出自哈里斯之手，他为学生集中学习传统的学术性学科提供了哲学理由，真实地反映了当时美国教育改革的哲学理想主义指导思想。十五人委员会于NEA1894年2月在华盛顿举办年会上成立，它是在原有的“十人委员会”(Committee of Ten)的基础上增加了5人[①]形成的。该委员会的核心任务是解决当时美国基础教育中存在的一系列问题，成立之初就商议并提出了17个问题。针对这些问题，各个分委会根据自己的职责调研并做出回答。十五人委员会被分成3个分委会，分别是教师培训分委会(Sub-Committee of The Train of Teachers)、初等教育课程相互关系分委会(Sub-Committee of The Correlation of Studies in Elementary Education)和城市学校系统分委会(Sub-Committee of The Organization of City School Systems)。在1894年12月10日举办的一次NEA筹备大会中，各个分委会如约向大会提交了报告初稿，接收并讨论其他与会者的意见。其中，哈里斯为主席起草的基础教育课程改革方面的报告受关注度尤其高，占了大约三分之二的讨论时间。经过激烈的讨论，其报告中的多个建议被接受[②]。1895年2月18日的《十五人委员会报告》由三部分构成：教师培训、课程的相互关系和城市学校系统的组织。哈里斯作为“初等教育课程相互关系分委会”的主席，负责该分委会的报告，因这部分报告的内容哲理性太强，在大会讨论过程中几经波折，最终被审议通过。

---

① 五人分别是伊利诺伊州立大学校长安德鲁·德雷帕、波士顿市督学E.西弗、芝加哥市督学艾伯特·莱恩、圣保罗市督学查尔斯·吉尔伯特、加尔维斯顿市督学奥斯卡·库珀。

② See William Torrey Harris, *Report of the Committee of Fifteen on Elementary Education* (New York: Amo Press & the New York Times, 1969).

哈里斯对 NEA 的贡献不仅体现在他对该协会的教育理论的研究上，还运用自己长期积累的教育行政管理经验，帮助协会构建了一套合理有效的组织体系。哈里斯于 1874 年担任 NEA 督学部主席，1875 年担任 NEA 会长，参与该协会的组织构建工作。他组织建立了基础教育部（Department of Elementary Education），并且参与到高等教育部（Higher Department）、普通教育部（Normal Department）、拼写改革协会（Spelling Reform Association），以及艺术、音乐、工业和幼儿教育部（Art，Music，Industrial and Kindergarten Department）等各部门工作的建设中。

三

放弃传统的心灵承受力，而接受更有活力的、本身具有正当性的心灵承受力，这一转变会导致对理性的需求。

——威廉·哈里斯①

19 世纪中叶，美国迎来了主要来自德国和爱尔兰的大批移民，不仅充实了美国的劳动力市场，这批移民还让美国与欧洲大陆的哲学思想有了直接的亲密接触。其中，以德国移民带来的德国古典主义哲学思想最为著名且影响深远。在因 1849 年德国革命失败而来到美国的诸多德国移民中，一部分哲学家进入大学成为教授，一方面为美国大学校园带来许多德国古典哲学，另一方面为美国研究德国古典哲学培养了一批可以直接阅读德语哲学著作的人才，为美国哲学转向提供了条件。哈里斯正是这次移民潮的受益者，大学时期埋下的对哲学的兴趣

① W. T. Harris,"The Journal of Speculative Philosophy,"in *St. Louis , Mo. : George Knapp & Co*,Vol. 1,No. 1,1867:1.

在他与德裔哲学家的接触中爆发，并且发展成其一生的信仰——新黑格尔主义哲学，他还在此基础上建构了自己的教育思想。

哈里斯将这种提倡理性发展、国家主义的黑格尔主义哲学思想融入其教育理论中，形成了支撑其教育实践活动的新黑格尔主义教育哲学思想。这一教育哲学思想阐释了教育应该是一种“促进自我活动”的活动，这一活动以追求理性和上帝作为最终的、“具体”的诉求，为了实现“具体”的教育目的，应该秉承国家主义教育理念兴办公立学校。

“自我活动”（self-activity）是哈里斯黑格尔主义哲学思想中的核心概念，从低到高依次有 3 个层次，即植物的、动物的及人类的自我活动，在人类这里达到理想状态。人的自我活动是指自我个体与外界的相互作用，充分发展个体性，并且借此不断增长自我知识和智慧，趋向“具体”。“具体”在精神世界的表现之一是理性，作为最高层次的自我活动，人类的心灵是必要条件，在整个过程中，伦理道德、实践活动、经典文化等参与到心灵的建设及理性的发展中。

黑格尔看到了劳动和习惯在德育中的作用，哈里斯亦然。教育要培养人对伦理原则的认知和对纪律的服从感，最终使人的本质在伦理、教育理论与实践之间达到统一。提倡对儿童进行道德伦理教育、实践教育和理论教育。黑格尔认为教育学就是让人符合伦理艺术，为此要培养孩子去遵守纪律，除去自我意识进而达到理性的、普遍的、自由的精神状态。哈里斯的教育思想中非常重要的一部分就是道德教育，在家庭教育中，父母要尽量清除纯粹感性和本性的东西。在学校教育中，哈里斯在儿童刚刚进入学校时就极力培养他们遵守规矩的习惯。但区别于黑格尔的是，在对儿童进行道德教育时，哈里斯放弃了传统的严厉的教育方法，采取的方法更加柔和，也更有利于儿童在自由的环境中习得良好的道德知识，儿童在获得道德知识形成意识以后，还需要进行不断的实践练习，才能养成习惯。在哈里斯的学校教学内容中，并不一味地用口头的方式教儿童遵守纪律。不同于当时盛行的绅士的文法教育内容，哈里斯认为学生应该进行手工训练、劳动实践，践行习得的知识。但又不同于当时为培养工人而风行的实用主义手工训练学校，他认为所有的手工训练都只是手段，习得文化和道德知识才是最终目的；过度的手工训练不具有任何智力价值，只会损害学校的固有职能。

哈里斯理解的黑格尔主义哲学是一种与个人主义对立的哲学，他认为在黑格尔哲学中，"具体"是一切理性分析的成果，它是与实在相分离的，是整体的存在。"具体"在精神世界中表现为理性和上帝是最终诉求，在现实生活中国家就是整体的象征，形成黑格尔整体主义的国家观。国家成为黑格尔追求具体的、必然的实体，国家这个伦理高于个人，把人塑造成符合国家这个伦理的普遍精神的合格公民成为教育的最高目的。在黑格尔主义哲学中，教育的目的就在于培养合格的国家公民。哈里斯认为此前美国的哲学思维，特别是社会和政治问题上的哲学思维，一直被英国哲学，特别是穆勒和斯宾塞统治着，过多地受英国经验论统治，其排他主义和个人主义已经产生恶果。哈里斯需要黑格尔关于社会和理性国家的观点来抵制共和国的创始者所开创的倾向：当时他们把政府设想为仅仅是保护个人权利的工具。

国家主义教育理念的源头是柏拉图思想，发展到黑格尔这里，他强调维护国家的至高无上，他为此强调国民教育之于国家秩序的重要性。在国家主义的教育观指导下，兴办教育是国家的责任，公立学校自然就成了最有效的工具。哈里斯将社会机构分为5类：家庭、学校、社会、国家、教会。哈里斯认为，一个人五六岁前在家庭中接受最初的教育；当他逐渐长大后就走出狭隘的家庭进入学校，由学校传授文化知识，学校有步骤地引导其进入社会；在社会的陶冶下，他又学习职业技能并认识国家的法律和政治体制；最后由教会培养他的宗教信仰。

在这5种教育机构中，哈里斯强调学校教育的特殊性。因为家庭、社会、国家和教会给予人的训练往往采取无意识的和凭借口头传播的方式，而学校作为一种有秩序的教育活动，不仅按照计划传授文化科学知识，而且培养学习钻研、独立判断的能力。因此，可以说，学校教育是一种符合人性发展的教育。在哈里斯看来，通过学校教育，每个人都能获得文化知识和提高精神修养，共同参与和享受一种有秩序的、自我约束的、公民对国家忠诚的及尊重个人权利的社会生活。

在其哲学观和教育理念的指导下，哈里斯积极地提倡和践行美国公共教育。哈里斯认为，在美国发展公共教育的最好方式就是建立公立学校。1871年，哈里斯曾这样写道："可以期望的是，在公立学校中比在其他任何地方更能体现美国学校的精神。"① 他认为通过公立学校的教育模式可以为儿童提供普通的文化教育及符合人性发展的品格教育，"公立学校能帮助所有的儿童打下阅读、书写和计算的基础，使他们能成为报纸和杂志，最后是书本的阅读者。"②

黑格尔认为教育的本质在于使人逐步"疏远"（estrange）自然的或动物的自我，进而成为真正的精神存在。在黑格尔理性至上的观念中，教育是帮助儿童发展理性的重要工具。作为人区别于动物的根本，哈里斯提倡智力训练，这也成为他课程教学内容的重点。而最有利于智力训练的正是那些传承下来的经典著作，它们承载着人类的智慧，是人类文化的积淀。理性的发展需要进行传统文化的教育，哈里斯认为儿童在一开始是未开化的，对文化是无知的，每个人，不论男女、不论阶级、不论种族，都是有能力接受教育的。每一个人都应该通过

---

① ［美］劳伦斯·阿瑟·克雷明：《学校的变革》，单中惠、马晓斌译，山东教育出版社，2009，第19页。

② ［美］劳伦斯·阿瑟·克雷明：《学校的变革》，单中惠、马晓斌译，山东教育出版社，2009，第19页。

教育成为一个天性发展的人①。教育的本质在于把一个人引向自由而远离他的原始自我，把个人原始的或本能的自我活动提升为高层次的自我活动，从而形成社会性的活动并养成社会性的习惯和行为②。教育的目标在于通过对人类的知识，即人类长期积累的人文财富和文明遗产的学习，培养一个在他所生活的文明社会里真正自由的有理性的人③。用西方文明进程中积淀下来的古典课程训练学生的理想，就成为公立学校的首选。

哈里斯从官能心理学出发，对学术性学科进行了分类，极力维护文法、文学、数学、地理、历史等作为最佳训练课程。提议分科教学，发展儿童头脑中不同的智力功能。在《十五人委员会报告》中，课程由 4 个部分组成，即“相关”（Correlation）、课程——教育价值（The Course of Study—Educational Values）、学校项目（The School Programme）和教学方法与组织（Methods and Organization），各个部分之间相互关联、互为支撑，形成了哈里斯关于基础教育课程与教学的理论。

他在具体科目中设置了 5 个“心灵的窗户”：语言学习，包括阅读、书写和文法。由于语言是人类社会发展的工具，既是人类知识的表现形式，又是文明进步的表现形式，因此在公立学校课程中它有着显著重要的地位。算术，它有助于儿童的时间、空间概念的发展。在公立学校课程中，它是排在第二位的。其价值不仅体现在心理方面，还体

---

① James Scott Johnston, “Rival readings of Hegel at the fin de siècle/ the case of William Torrey Harris and John Dewey,” *History of Education*, Vol. 42, No. 4, 2013: 424.

② William Torrey Harris, *Psychological Foundations of Education: an attempt to show the genesis of the higher faculties of the mind* (New York: D. Appletion series, 1898), p. 322.

③ 吴式颖，任钟印：《外国教育思想通史 · 19 世纪的教育思想》，湖南教育出版社，2002，第 47 页。

现在实用方面。地理，在自然科目中，排在算术之后。然而，对于一个社会公民来讲，地理知识是必不可少的。历史，它有助于儿童了解家庭、社会、国家和教会，也有助于培养儿童的公民责任感。儿童在学习历史时，不仅可以利用历史教科书，还可以利用报纸和杂志等。其他学科，包括自然科学、音乐、体育、图画和手工训练等。总之，设立公立学校课程是给儿童提供获得智力和交流智力的重要科目。

哈里斯的教育是“为了文化的教育”（Education for Culture），注重古典人文学科[①]。哈里斯推崇古典课程，以智力训练理论为基础，强调智力训练的学术型学科的学习[②]。因为在古典学科的学习中，学生的思维能力、记忆力及想象力等可以受到良好的训练，伴随着这些能力的提高，这种由大学升学预备教育课程训练出来的学生几乎可以胜任任何职业。

为区分课程之间的差异，分别设立课程以训练学生的智力，因而实行分科教学。但是，哈里斯的课程论并不是“分而不统”的，课程之间有“相关”。哈里斯在《十五人委员会报告》中开篇就先界定了自己对“相关”的解读，在哈里斯看来，“相关”被认为是对学科进行整合的某种形式。

首先，哈里斯从一个非常宏观的角度审视“相关”，它是要将学校的课程与整个人类知识学科分别均衡关联。这不仅仅是为了人类文化知识的完整传授，更是为了学生作为文化传承者健全心灵和智力的发展。除此之外，“相关”并不是静止不动的，伴随着人类知识的增加，课程也应该不断适应学生的现实需要。正如哈里斯在报告中说的一样，“正确理解课程之间的‘相关’，才能像体育锻炼人的身体一样，用课

---

① 张斌贤：《社会转型与教育变革——美国进步主义教育运动研究》，湖南教育出版社，1998，第20页。

② 孔锴：《美国公民教育模式研究》，博士学位论文，东北师范大学，2008。

程武装和训练学生的心灵”①。

除此之外，在确立公立学校的科目时，哈里斯特别强调必须考虑科目与科目之间的相互关系②。科目之间的“相关”有4层含义：一是科目的逻辑顺序。科目既要适合儿童的天性发展，又要有助于儿童的不断进步。二是科目在人类知识世界中的地位。儿童学习的科目应该是人类知识的一个分支。三是心理因素。科目的选择安排要有助于儿童的心理发展。四是科目与儿童生活的世界的关系。儿童学习的科目要与他的精神环境及所处的自然环境联系起来。哈里斯说：“儿童与世界是相互联系的。教育者必须研究世界和研究儿童，把世界与儿童联系起来。……因此，如果你具有儿童的知识而没有关于科目重要性的知识和开启真实世界的方式，你就不能把儿童与世界联系起来。”

按照哈里斯对基础教育阶段各种课程学习计划的安排，在智力学习的第一阶段，即基础教育的前三年，阅读、写作和文法占据了主要的学习时间③，一方面是为将来的文化学习做准备，另一方面是适应此阶段儿童基本的心理和智力发展。不论是从哪个角度出发，在哈里斯看来，教科书教学法在第一阶段的智力教育中都是“适宜的学习”④。

教科书教学即书本教学，是一种以学生的眼睛作为信息接收器官，相对于“口授教学法”而言的一种教学方法。在哈里斯看来，后一种教学方法需要依赖教师的教学水平，不可控因素较多，而教科书教学“具有使一个学生不是由他的教师支配的优点，你能拿着你的书到你愿

---

① William Torrey Harris, *Report of the Committee of Fifteen on Elementary Education* (New York: Amo Press & the New York Times, 1969), p. 46.

② 郭庆霞：《美国赫尔巴特学派运动研究》，博士学位论文，河北大学，2011。

③ See William Torrey Harris, *Report of the Committee of Fifteen on Elementary Education* (New York: Amo Press & the New York Times, 1969).

④ Tadasu Misawa, *Modern Educators and Their Ideals* (New York: D. Appleton and Company, 1909), p. 272.

意去的任何地方……当你有问题时，你能去读书，因为你能读书，你就能选择时间去聆听这位伟大的教师讲。确实，书中几乎包含了所有的伟大教师的思想。教科书教育的最大危险是逐字逐句、鹦鹉学舌地死记硬背；然而，从最贫乏的教科书中也能得到很多知识。……这种优点实际上是可以被发现的，就是儿童能够自然地忙于读教科书”①。为此，哈里斯开发了一系列以不同年龄阶段儿童知识储备和智力发展为基础的校园读本。

哈里斯认为，教科书教学法是最基础的教学方法，但是应该伴随着儿童的成长辅之以其他教学方法。比如，在智力学习的第二阶段，可以用一种系统的形式给儿童提供更广泛的事实，鼓励和要求他们去观察和思考，为更高教育阶段的独立思考打好基础。

另外，在十五人委员会的报告中，哈里斯使用黑格尔的哲学取向继续关心儿童的精神发展，而不要公立学校承担任何形式的宗教训练任务。他认为学术性学科使儿童熟悉自然属性和人类属性，从而使他们能够满足家庭、民间团体、国家和教会等机构的需要。因此，这些学科并没有提供功利性的目标，而是提供了更广泛的、传统的人类实现目标②。

哈里斯关于课程和教学的这些论断和作为都是为了一个目标，就是民主社会的改造和发展。《十五人委员会报告》“事实上为 1918 年前的美国公立中小学教育的发展定下了基调”③，也确定了 20 上半叶进行的课程改革的领域，但是它们的观点因过于“哲学理想主义”而被逐渐遗忘。

---

① Tadasu Misawa, *Modern Educators and Their Ideals* (New York: D. Appleton and Company, 1909), p. 275.

② ［美］约瑟夫·沃特拉斯：《20 世纪美国教育中的哲学冲突》，王璞、於荣译，安徽教育出版社，2011，第 4 页。

③ 张斌贤：《教育与社会变革》，中国社会科学出版社，2012，第 129 页。

哈里斯将道德教育融入学校纪律管理中，一方面，可以使学生习得社会已有秩序所需要的道德准则和习惯；另一方面，道德教育保证下的学校纪律便于知识的传授。对于公立学校与道德教育问题，哈里斯也做了专门论证。他认为，在公立学校中，道德教育是一个非常重要的方面。通过对学生进行道德认知教育和道德实践培训，可以为学生构建完整的道德教育。就道德教育来讲，它不仅包括思维习惯、世界观，还包括道德实践，这两方面是相互联系的。哈里斯强调："正确的道德思维习惯将会逐渐趋于道德实践，而道德实践必然会趋于正确的道德观念。"①

哈里斯认为，更高层次的道德责任有两类：一类是与个人相关的，另一类是与他人相关的。具体来说，与自我相关的道德责任，首先是指身体的健康、衣着的整洁，以及在满足感情和欲望上的节制和适度等。其次是指自我文化（self-culture），追求基本美德的理论或理智。在哈里斯看来，学校应该使学生培养与自我有关的道德责任，尤其是其中的自我文化责任，因为自我文化这一责任尤其是属于学校的。而与他人相关的道德责任，首先是礼貌，包括各种有教养的表现，如彬彬有礼、行为得体、稳重大方、尊重舆论、宽容待人等。其次是公正，包括世俗美德的主要内容，如与他人真诚相待、说真话等。在哈里斯的观念中，学校应该使学生养成礼貌和公正的道德责任，其中"学校在培养公正也许比在培养礼貌中有更大的作用"②。再次是尊重法律，这是对公正的补充，把理想视为现实。面对守法美德衰弱的状况，学

---

① William Torrey Harris, "The Relation od School Discipline to Moral Education," in *Third Yearbook of the National Herbart Society* (The University of Chicago Press, 1907), p. 58.

② William Torrey Harris, "The Relation od School Discipline to Moral Education," in *Third Yearbook of the National Herbart Society* (The University of Chicago Press, 1907), p. 68.

校教师应该很详尽地教学生尊重法律，这样学校就完全不必用体罚来进行管理。在尊重法律的教授这一方面，学校比家庭具有更大的优势，因为家庭往往会过分溺爱孩子，以及在教孩子时太带有个人色彩。

哈里斯认为，为培养儿童更高层次的道德责任，就必须先进行一种基础的道德训练。没有这种基础的道德训练，要构建任何的道德品格都是非常困难的。因此，哈里斯说："学校中的道德教育必须从纯机械的服从开始，再从这一阶段逐渐向个人责任发展。"① 这里，哈里斯提出了道德教育与学校纪律的关系问题。他所说的"纯机械的服从"，显然就是指学校的强制性纪律。"在学校中，道德教育问题属于统称为纪律的方面，而不属于统称为书本和理论的说教。"② 在哈里斯看来，学生入校后必须习得一些基本的纪律和行为规范，才能保证他们有序地参与学校以班级或小组为单位组织的教学活动。

哈里斯认为，有 4 条基本原则是与学校纪律直接相关的。这些基本原则在学校中是非常必要的，因为学校纪律对于道德品格的形成具有非常重要的作用。具体来讲，这 4 条基本原则就是守秩序、准时、安静、勤奋。在这 4 条基本原则中，守秩序、准时、安静从某种意义上讲属于消极的道德，而勤奋则属于积极的道德。不仅如此，与学校纪律有关的这 4 条基本原则在课堂之外对儿童道德品格的培养也有重要意义。

关于学校纪律与道德教育的关系，哈里斯有 5 点结论性的看法。一是道德教育是一种行为习惯的训练，而不是一种纯粹的理论灌输；二

---

① William Torrey Harris, "The Relation od School Discipline to Moral Education," in *Third Yearbook of the National Herbart Society* (The University of Chicago Press, 1907), p. 66.

② William Torrey Harris, "The Relation od School Discipline to Moral Education," in *Third Yearbook of the National Herbart Society* (The University of Chicago Press, 1907), p. 59.

是机械的纪律作为品格的一个初步基础是必不可少的；三是学校应该使学生具有一种坚定的责任感，从而在他身上发展一种强烈的自由观念；四是学校中松弛的纪律会逐渐削弱学生的道德品格；五是过分严厉的纪律由于过多强调机械的责任，尤其是对权威的服从，会从另一方面毁掉品格的基础。

四

哈里斯兼具保守和进步的教育思想及在公立学校运动后期中的作为，是他对美国教育历史发展最大的两个方面的贡献。将其与同时期及前后期教育家的思想和实践进行对比分析，有助于更生动地刻画这位教育历史人物的形象。

哈里斯用嫁接自欧洲理想主义而来的较抽象的理性主义教育思想应对巨变的美国社会。相比较而言，不论是杜威的儿童中心教育理念，还是沃德伍德的手工训练思想，在当时看来都带有浓烈的“革命”意味，着实吸引眼球。而同为保守主义的赫尔巴特学派的教育思想，比哈里斯唯心的、抽象的、复杂的教育思想更具有可操作性。哈里斯保守与革新的思想特性是其处于过渡时期的思想特性，也是其招致非议的主要因素。

首先，哈里斯和杜威都是黑格尔教育哲学家，只不过他们用不同的方式对黑格尔主义哲学进行解读，哈里斯的思想是形而上学的，关注永恒的真理；杜威则不是形而上学的，甚至是自然主义的黑格尔主义者，黑格尔所言之“绝对精神”是一个彻底内在的、自我决定的整体，杜威强调意识的动态演进与涌现，因此需要个体具备独立的精神来达成个体意识与自然的互动。因此，有学者认为哈里斯与杜威之间并不存在非常大的矛盾。哈里斯在教育理论方面以黑格尔哲学为依据，在美国独树一帜，与其他一般注重实用知识的教育思想，尤其是与以后畅行的实用主义教育哲学观点不同，美国学界对其评价不一。1902年，巴特洛（Nicholas Murray Butler）在《教育的意义》中认为教育的本质是引导儿童逐步适应种族道德精神财富，而在适应时须注意切合儿童的天赋才能。他认为这样就能兼顾杜威和哈里斯的理解[①]。

其次，两者之间也存在不可磨灭的差异。杜威基本赞同哈里斯对各个阶段教育内容的安排，但是小学阶段的学习，哈里斯认为应该一直集中在学习互动的技术性符号上，竭力获取关于自然界和人类的碎片状信息，杜威对此难以置信：在当时的小学教育中，最重要和最进步的教育是摆脱那些传统，与和纯粹知识符号完全不同的经验事实进行主动和第一手的接触，朝向更积极的精神内容。[②]

哈里斯与赫尔巴特学派之间的纠葛主要存在于两者的课程观中。哈里斯在递交的关于初等学校相关课程的报告中使用了赫尔巴特学派的术语——“相关”（correlation）和“集中”（concentration）[③]。但是，哈里斯对赫尔巴特学派核心观点的使用方法受到了这一学派中的许多人的批评，认为虽然在这里他使用了赫尔巴特学派的术语，但哈里斯在《十五人委员会报告》中提出的“相关”概念与赫尔巴特学派的观点相冲突，哈里斯的理解是“不同且独立的、处于同一级别的学科的协调”，忽略了不同学科之间的横向联系[④]。

哈里斯借鉴赫尔巴特学派的课程观念，在论证书运用了黑格尔的三段论式的分析，将教育课程进行三角构想，他的教育三角构想是在模仿黑格尔的辩证法三段论：人从刚开始的主观臆断/主观性

① 滕大春：《美国教育史》，人民教育出版社，1994，第506—516页。

② Kurt F. Leidecker, *Yankee Teacher : the life of William Torrey Harris*(New York: The Philosophical Library, 1946), p. 11.

③ 郭庆霞：《美国赫尔巴特学派运动研究》，博士学位论文，河北大学，2011。

④ William Torrey Harris, "Correlation of Studied in Elementary in Education," in *Report of the Committee of Fifteen on Elementary Education*(New York: Amo Press & the New York Times, 1969), p. 148.

(Symbolic，象征性）判断到出现美感或艺术感，人格化形成自己的精神，最后接触到哲学和科学，有了自我意识，成为自身的一部分。最后这一阶段的儿童，在黑格尔看来，他已经获得自由的精神。但赫尔巴特学派的学者驳斥哈里斯，说他的分析过程是混乱的①。另外，哈里斯尝试用心理学观点维护自己的大多数思想，而心理学观点来自于哲学信念而不是来自于实验②。

除此之外，哈里斯还对当时全国教育协会上发表的一些职业教育观点发表了意见。职业教育博弈的19世纪，教育家避免提供职业教育，到20世纪，义务教育兴起，并且包含了职业教育。哈里斯与伍德沃德就手工训练进行了论战，1889年美国NEA年会上两人的文章各自表达了各自的观点，哈里斯反对一切形式的手工训练课程进入普通学校③。

教育与社会的关系，或者更具体一点是学校教育与社会的关系，是在哈里斯之前的教育家们碰到的最重要的问题④。教育能够推进社会发展，学校教育也能够推进社会进步，这是自美国建国以来人们逐渐达成的共识。而在不同时代，不同教育家首先需要处理的问题是他们想建立一个什么样的社会？不同的社会背景会为他们提供不同的条件和挑战，如何应对这些挑战，不同历史阶段的教育家们的反应各异，处理问题的方式各有千秋却又暗藏着联系。

---

① William Torrey Harris, *Psychological Foundation of Education: an attempt to show the genesis of the higher faculties of the mind* (New York: D. Appleton and Company, 1898).

② [美] 约瑟夫·沃特拉斯：《20世纪美国教育中的哲学冲突》，王璞、於荣译，安徽教育出版社，2011，第10页。

③ [美] 约瑟夫·沃特拉斯：《20世纪美国教育中的哲学冲突》，王璞、於荣译，安徽教育出版社，2011，第7页。

④ William Torrey Harris, "The Pedagogical Creed of William T. Harris," in O. H. Lang (ed.), *Educational Creeds of the Nineteenth Century* (New York: E. L. Kellogg & Co., 1898), p. 37.

美国发展公共教育的历史悠长，一部分研究者认为美国的清教徒先辈们留下了泽被后世的遗产。美国公共教育的发展经过了 3 个阶段，分别是殖民地时期的思想萌芽、共和国创立时期的思想酝酿及 19 世纪三四十年代以后的成熟。贺拉斯·曼、亨利·巴纳德与哈里斯均属于第三阶段。承接前一阶段杰斐逊对学校教育的改良主义思想，这一阶段的公立学校运动领导人致力于探讨如何使用公共税收建立普遍的、非教派的学校系统，哈里斯也是这一学校教育改良主义的继承人，学校教育成为维持社会现有秩序的工具和手段。不过，他的教育思想中出现了一些“新调子”，如为学校教育思想找到了哲学理论基础、建立更专业化的教育行政管理制度等。三位教育家在美国公立学校方面的差异表现如下：

首先，贺拉斯·曼和巴纳德面对的是独立战争后的共和国教育发展问题，而哈里斯面对的是南北战争后的新的共和国，旧式的教育改革已经很难被大规模的推广，由此带来的工作性质和难易程度不尽相同。“后继者需要比前人更多的品格，如远见卓识、超人的想象力，外加一点点守旧。”贺拉斯·曼和巴纳德借鉴了欧洲一些国家的教育经验：公立教育体系、教师教育等。哈里斯面对着一个更加复杂多变的社会，需要深层地、批判性地看待新的潮流。守旧是必须的，因为只有这样才可以确保整个教育体系不会被大刀阔斧的改革搞得面目全非，才能保存一些传统的有价值的教育理念。这就需要后继的改革者在“守旧”与创新之间保持平衡①。可以说，时代创造了“英雄”，而“英雄”也成就了自己。

其次，在公共教育领域，三人尤其是贺拉斯·曼和哈里斯的地位不同。贺拉斯·曼作为美国“公立学校运动之父”，将公共教育思想在

---

① Brian Holmes, “Some Writings of William Torrey Harris,” in *British Journal of Educational Studies*, 1956(01).

美国推广开来，付诸实践，使美国公立学校系统化和体制化。贺拉斯·曼在思想和实践中更多地致力于维持传统社会的稳定和谐，而不能适应新的快速发展的工业社会需求。承接前者的火炬，哈里斯顺应工业社会的需求，将公立学校体系制度化，现代教育的模板雏形初现。

最后，三位教育家的教育思想与实践侧重点不同。哈里斯可以算是公立学校思想和实践两个部分的集大成者，因为贺拉斯·曼的思想属于启蒙性质，仅仅将欧洲公共教育思想做了一个介绍性的阐述，拓荒者永远在宣传的路上，没有深入的研究。“贺拉斯·曼很难在学术上与巴纳德一争高下，但是他的开创性行为、精神品格等让他留名于世。”对于贺拉斯·曼，一位传记作家写道：“与其说他是一个教育哲学家或训练有素的教育学家，还不说他是教育改革的代言人。”而巴纳德比前者进步了一点点，其工作更多的是在推介一些新的教育领域和教育方法[①]，从学者的角度出发对一些理论进行了系统性的处理，缺少哲学理论的支撑，更没有显著的教育实践成果为其佐证、宣传。相对来说，哈里斯的工作更全面，也更深入，在黑格尔哲学支撑下形成了自己的教育理论并付诸实践，取得了非常大的成功。同时，作为一名社会活动家、教育政治家，他不吝宣传，扩大了思想和实践影响力。

哈里斯作为美国教育思想的开拓者、公共教育改革的领导者，对19世纪末20世纪初的美国教育及社会产生了巨大的影响。但是，在那个快速变化的时代，哈里斯为学校和教育改革提供的哲学解释太过抽象和不切实际，人们更需要更为现实、更易操作的解释；另外，哈里斯保守与创新兼具的教育思想让后世对他的解读存在一定的偏差，使哈里斯热潮迅速衰退。但哈里斯关于教育是解决社会、政治及技术问

---

① Brian Holmes,“Some Writings of William Torrey Harris,”in *British Journal of Educational Studies*,1956(01).

题的最有效途径的观点，推动了更为审慎、更为科学的教育概念的出现①。

【参考文献】

滕大春. 美国教育史［M］. 北京：人民教育出版社，1994.

［美］韦恩·厄本，杰宁斯·瓦格纳. 美国教育：一部历史档案［M］. 周晟，译. 北京：中国人民大学出版社，2009.

［美］约瑟夫·沃特拉斯. 20世纪美国教育中的哲学冲突［M］. 王璞、於荣，译. 合肥：安徽教育出版社，2011.

张斌贤. 社会转型与教育变革——美国进步主义教育运动研究［M］. 长沙：湖南教育出版社，1998.

Harris, William Torrey. Psychological Foundations of Education: an attempt to show the genesis of the higher faculties of the mind[M]. New York: D. Appletion series, 1898.

Harris, William Torrey. Report of the Committee of Fifteen on Elementary Education[R]. New York: Amo Press & the New York Times, 1969.

Leidecker, F. Kurt. Yankee Teacher: the life of William Torrey Harris[M]. New York: The Philosophical Library, 1946.

① ［美］劳伦斯·克雷明：《美国教育史：城市化时期的历程（1876—1980）》，朱旭东等译，北京师范大学出版社，2002，第183页。

弗朗西斯·帕克：进步教育运动之父

杨　帆[①]

弗朗西斯·W. 帕克（Francis W. Parker，1837—1902 年）是美国新教育[②]改革和进步教育运动的先驱，终生致力于用新的教育理念改造美国传统教育的弊端。19 世纪末期，帕克率先在美国公立学校中开展了革除学校教育弊端的新教育实验，其中以昆西学校实验（简称“昆西实验”）和库克县师范学校实习学校实验（简称“库克实验”）最为著名，影响最大。两次实验分别代表了帕克教育思想既相互联系又相互区别的两个阶段。

通过检索发现，无论是在我国国内还是在国外，关于帕克教育思想与实践的研究并不多见。尤其是在国内，大多只是在一些外国教育史或美国教育史的著作及教材中有概括性的介绍或简要的叙述，关于该主题的硕士、博士学位论文或期刊文章等专门研究极为少见。不仅如此，通过调查发现，以往关于两个实验的研究大多呈现孤立化和静态描述的特点，很少有人关注到两个实验存在的差异，或者说从昆西

---

① 杨帆，男，北京外国语大学国际教育学院讲师，研究方向为外国教育史。

② 所谓的“新教育”（new education），主要是与旧教育（或传统教育）相对而言。杜威在 1938 年出版的《经验与教育》（*Experience and Education*）一书中指出，“所谓新教育和进步学校，就其本身而言，就是对传统教育感到不满意而兴盛起来的。实际上，新教育和进步学校的兴起就是对传统教育的一种批评。”“新教育”这一概念主要是在 19 世纪更为常用，进入 20 世纪则逐渐被“进步教育”（progressive education）取代。二者具有历史连续性。

实验到库克实验帕克教育思想与实践发生的转变或发展演变。研究者大多是对两个实验分别进行叙述，或者在关于帕克教育思想与实践的整体研究中按时间顺序进行静态描述，而且基本上都在强调二者的继承关系，而忽略了二者的差别，以及帕克教育思想与实践在库克实验时期的转变。①

这种孤立化的视角、静态化的叙述方法导致了对帕克及其实验的片面认识。一是对库克实验在帕克教育思想与实践中重要性的忽视。例如，赵祥麟先生主编的《外国教育家评传》中指出，库克实验并"没有像昆西的活动那样出名"②，而且作者用大量的篇幅对昆西实验进行了详细的梳理，对库克实验却只用了简短的一段文字进行概括。一些外国教育史教材中也往往强调昆西实验而忽略库克实验。例如，吴式颖、李明德先生主编的《外国教育史教程》（第三版）中指出，帕克的教育革新措施以"昆西教学法"或"昆西制度"著称③，而对更为重要的库克实验却没有提及。二是对库克实验在帕克教育思想与实践中独特性的忽视。大多数研究将库克实验笼统地作为昆西实验的继续和组成部分，忽视了库克实验的独特性。例如，杨汉麟教授主编的《外国教育实验史》一书指出，帕克在库克县师范学校的改革可以被视为昆西运动的组成部分。④ 三是对帕克"儿童中心"论者的标签化认识。

---

① 此类代表性的研究可见赵祥麟主编的《外国教育家评传》，上海教育出版社，1992；杨汉麟主编的《外国教育实验史》，人民教育出版社，2005；Edward Dangler, *The Educational Philosophy of Francis Wayland Parker: Its Origins, Contents, and Consequences* (New York: New York university, 1939); Charles Dennis Marler, Jr., *Colonel Francis Wayland Parker: Prophet of the "New Education"* (Stanford University, 1965); Matthew Stanley Fliss, *The Pilgrim's Progress: The Progressivism of Francis Wayland Parker (1837-1902)* (Pennsylvania: University of Pennsylvania, 1988)等。

② 赵祥麟：《外国教育家评传》，上海教育出版社，1992，第448页。

③ 吴式颖，李明德：《外国教育史教程》（第三版），人民教育出版社，2015，第303页。

④ 杨汉麟：《外国教育实验史》，人民教育出版社，2005，第269页。

在人们的普遍印象中，帕克更多的只是一位“儿童中心”[①] 思想的倡导者和践行者，很多研究者只关注其思想中强调“儿童中心”的一面，而忽视了其中强调“社会”和“学科”的一面，甚至对帕克形成极端“儿童中心”论者的片面认识。例如，柯布（S. Cobb）在《新教育的原则及实际》中指出，“要是将帕克的理想与工作归纳起来就是“要使学校适合儿童，不要使儿童适合学校”，并且将帕克称作“儿童新世纪的先觉”[②]。而对于帕克在库克实验中的社会理想、课程思想与实践只字未提。例如，赵祥麟先生主编的《外国教育家评传》中指出，“进步教育运动在其发展过程中出现了一些极端主义倾向，如过分崇拜儿童的天性，过高估计活动在教学过程中的作用，忽视系统知识的传授，等等”，并且指出虽然帕克可能还不像后来的一些进步教育家那么激烈，“但无疑也蕴含了类似的因素”[③]。作者列举了昆西实验中极端“儿童中心”的做法作为论据。然而，实际上，相比于昆西实验，库克实验有其自身的独立性和完整性，在帕克的教育改革实践中的影响和意义也更为重大。虽然昆西实验中存在片面的“以儿童为中心”的做法，但是库克实验已经并非如此。此外，帕克在课程组织的理论与实践方面也做出了重要的贡献，其课程“集中”（Concentration）理论也是独树一帜，但不幸的是很少有人关注到这一点。正如坦纳（Daniel Tanner）在《学校课程史》中所言，“帕克在人们的记忆中更是一位儿童的护卫

---

① “儿童中心”或“儿童中心”论的基本含义在于强调教育教学过程中儿童的重要性和主体性，重视儿童的自发活动、兴趣和需要，相对于教育中的教师、学科、社会等因素，更强调儿童本身这一因素；相对于教育的“社会发展”目的，更强调教育的“个体发展”目的。而极端“儿童中心”论则是将儿童与教育中的其他因素相对立，片面强调“儿童”而忽视教育中的其他因素，认为“儿童”与其他因素是相互排斥、无法统一的，认为教育的“个体发展”目的与“社会发展”目的是根本对立的。

② ［美］柯布：《新教育的原则及实际》，崔载阳译，中华书局，1933，第 11 页。

③ 赵祥麟：《外国教育家评传》，上海教育出版社，1992，第 462 页。

者和儿童中心教育方法的拥护者，而不是一位课程理论家”①。

由此可见，我们有必要对帕克教育思想与实践在昆西实验与库克实验期间的转变做出更为全面和深入的研究。通过研究帕克教育思想与实践从昆西实验到库克实验的转变，一方面可以使我们对两个实验的关系形成较为合理的认识，另一方面也有助于加深我们对帕克教育思想发展演变及其实质的理解，对帕克教育思想形成较为客观的认识。

正是出于这一目的，本文试图突破以往静态描述、简单叙述的研究视角和方法，以一种发展变化的动态视角对两个实验进行比较，对帕克教育思想与实践从昆西实验到库克实验的转变进行研究，分析实验转变的具体表现，探究转变的原因，探讨帕克及其实验对美国学校教育改革尤其是进步教育运动的意义和影响。

本文主要从 4 个方面展开论述：一是帕克的教育实践经历和教育思想的来源；二是从昆西实验到库克实验帕克教育思想与实践转变的具体内容；三是帕克教育思想与实践转变的原因；四是帕克及其教育实验的意义和影响。

一、帕克的教育实践经历和教育思想的来源

丰富的教育实践经历和新颖的教育思想是帕克开展教育实验的重要基础。本节将重点介绍帕克的教育实践经历和教育思想的来源，以及昆西实验和库克实验的概况，以便更好地了解帕克教育思想的形成过程及昆西实验与库克实验的来龙去脉，为下文对两个实验的比较，以及具体分析帕克教育思想与实践从昆西实验到库克实验转变的具体表现做好铺垫。

---

① ［美］丹尼尔·坦纳，苏雷尔·坦纳：《学校课程史》，崔允漷等译，教育科学出版社，2006，第 106 页。

（一）昆西实验之前的教育思想与实践

昆西实验之前（1837—1875 年）是帕克教育实践的初步尝试和探索阶段，也是帕克教育思想的萌发和初步形成阶段，因此可以称之为帕克教育思想与实践的萌芽期。虽然这一时期帕克的教育思想和实践还并不系统，但为帕克教育思想的进一步发展和成熟，也为昆西实验和库克实验奠定了重要的理论和实践基础。

1837 年 10 月 9 日，帕克出生在美国新罕布什尔州希尔斯波勒县贝德福德镇（Bedford，Hillsborough County，New Hampshire）的一个小村庄。帕克的母亲是一位教师，父亲是一位木匠，他的祖辈绝大多数都是学者、牧师或教师。浓厚的家庭文化教育氛围，使帕克早在上学之前就学会了写字，也对帕克日后的职业理想产生了重要影响。后来，帕克进入村里的一所小学学习，直到 7 岁，然后又进入当地的一所中学学习了一年。由于父亲的去世，8 岁的帕克被叔叔送到一个农场做学徒，帕克在这个农场待了 5 年。童年时期在农场工作的这段经历对帕克教育思想的形成产生了深远而重要的影响。帕克在自传中说："过去我在农场中以一种自发的方式（a spontaneous way）学习大自然中的每一件事情。"[①] 通过观察农场里的每一棵树、每一朵花、每一棵草，还有各种昆虫和小动物，帕克自发地学习生物学；通过搬运农场里的岩石，他自发地学习矿物学；通过伐木、耕种等工作，他自发地学习物理学。[②] 日后，帕克在自传中也说："当我进入学校的时候，没有人曾经告诉我，我在农场里的工作是有教育价值的，直到我从事教学工作 20 年后才领悟到这一点。现在我明白了那些工作是世界上最好的教育

---

① William M. Giffin, *School Days in the Fifties* (Chicago: A. Flanagan Company, 1906), p. 113.

② Dangler, Edward, "From Quincy to Chicago—The American Comenius," *Harvard Educational Review*, Vol. 13, No, 1. 1943: 19.

的开端。”[①] 总之，童年时期自发学习的愉快经历使帕克得到了一个重要的教育启示——按照兴趣进行的自发学习是一种很好的学习方式。

在农场做学徒期间，帕克也间歇地到学校学习，但是帕克对学校中传统的、机械僵化的教育方式极不适应。帕克甚至认为那也许是他人生中最苦恼、最委屈的时期。[②] 痛苦的上学经历、受到的糟糕的教育，让帕克对传统教育方式产生了极其厌恶的情绪，这也成为帕克后来致力于教育改革的原因之一。也正是在这一时期，年轻的帕克立下了做一名教师的志向，这也成为他一生坚守的事业。

1854 年，年仅 16 岁的帕克成为当地乡村学校的一名教师。他任教的第一所学校的学生年龄参差不齐，其中有很多比帕克还大。不仅如此，学校条件极其简陋，整个学校将近 70 名学生只有一间屋子作为教室。在谈到自己初入教职的体会时，帕克说道：“在我所有乡村学校的教学经历中，我仅仅只是做了在我之前的教师已经做过的事情，一点也不比他们多，但是我有一种与学生相处的独特方式。”[③] 帕克认为，自己虽然在教学方面没什么创新，但是在与学生相处和管理方面是很成功的。“那就是通过与学生建立良好的友谊来进行管理。我很少惩罚学生。”[④] 1859 年，刚刚 21 岁的帕克离开家乡，来到伊利诺伊州的卡罗敦市（Carrollton）担任一所中学的校长。在对学生的第一次演讲中，帕克提到，一所好的学校就是学校里的所有人一起工作、一起玩耍，

---

① William M. Giffin, *School Days in the Fifties* (Chicago: A. Flanagan Company, 1906), p. 115.

② William M. Giffin, *School Days in the Fifties* (Chicago: A. Flanagan Company, 1906), p. 115.

③ William M. Giffin, *School Days in the Fifties* (Chicago: A. Flanagan Company, 1906), p. 119.

④ William M. Giffin, *School Days in the Fifties* (Chicago: A. Flanagan Company, 1906), p. 120.

使学校里的时间得到最好的利用。[①] 在卡罗敦，帕克在休息时间经常与学生一起做游戏，他得到了学生们善意友好的对待。与之前遇到的教师不同，帕克对待学生的方式更像朋友，也因此与儿童相处得更为融洽。这说明，这一时期的帕克已经意识到儿童在教学过程中的主体性，意识到要尊重儿童的自由、兴趣和需要。帕克的教育方式，至少可以说管理方式，已经出现了“以儿童为中心”的倾向。

1861年，美国内战爆发，帕克加入北方政府的联邦军。由于作战勇敢、屡立战功，1864年，帕克被授予陆军上校军衔。1865年战争结束后，原本有很多待遇优厚的职位可以选择，但强烈的教学热情使帕克抵挡住所有的诱惑，毅然、决然地重返教育岗位。教育事业似乎是帕克唯一不可动摇的追求。即使在从军打仗期间，帕克也没有中断对教育问题的关注，他不断地思考儿童心灵成长的规律，设计了很多新的教学方法，已经对改变沉闷机械的学校教育生活有了初步的计划。从军经历对帕克教育观念的形成产生了重要的影响。帕克指出，经常有人问他，在受教育过程中，他所认为的最好的经历是什么。他认为有两件事：一是农场工作的5年经历；二是从军的4年经历。在农场工作的5年使他产生了对自发学习的热爱，同时给予他强壮的身体；而军队的经历让他学会某种程度的自我控制。[②] 这说明农场的工作经历对帕克“自由”观念的形成产生了重要影响，反映在教育思想中就是主张“以儿童为中心”，尊重儿童的主动性，反对强迫教育；而从军经历对帕克最大的影响在于“集体”和“纪律”观念的形成，反映在教育中就是强调教育的民主功能，强调对儿童社会意识和合作精神的培养。

1865年，帕克回到家乡，重返教育事业，担任新罕布什尔州曼彻

---

① William M. Giffin, *School Days in the Fifties* (Chicago: A. Flanagan Company, 1906), p. 121.

② William M. Giffin, *School Days in the Fifties* (Chicago: A. Flanagan Company, 1906), p. 117.

斯特北部文法学校（the North Grammar School in Manchester）的校长。正是在曼彻斯特，帕克第一次开始将自己的教育改革思想付诸实践。但是，由于受到军队里严格纪律训练的影响，这一时期的帕克主要还是按照严格的纪律管理这所学校，学校的一切事情都按照机械的程序展开。帕克把竞争意识作为学校工作的主要动力，给教师和学生分别进行排名。在帕克担任校长的3年里，虽然学校教学取得了显著的成功，但是在后来对这一时期的回忆中，帕克指出，"这一次我严格地遵守了传统教学方式的规则和信条。这是我人生中第一次偏离了学校教育的正常教学程序"①。在曼彻斯特期间，看到学校里的小孩子异常痛苦的学习经历，帕克质疑道："难道上帝愿意看到这样一种悲哀的过程和计划吗？难道这应该成为对处于萌芽状态的儿童进行培养的方式吗？"② 帕克对这种悲惨的状态无法忍受，于是下定决心研究如何对待儿童问题。

1868年，帕克担任俄亥俄州代顿市第一地区学校（the First District Schools in Dayton）的校长。该校是一所小学，而负责小学生的研究和管理工作是帕克长久以来的愿望，这也是帕克第一次担任小学校长。针对学校机械训练、死记硬背、排名和竞争主导教学工作等问题，帕克开始了在代顿的改革尝试。在代顿市第一地区学校，帕克的主要理念在于让教师学习怎样教学。③ 这一时期，帕克主要关心教学方面的问题，还没有形成比较系统的改革计划。虽然此时的改革比较粗糙，也遭到了大量的反对，但是一年之后帕克把代顿市第一地区学

---

① William M. Giffin, *School Days in the Fifties* (Chicago: A. Flanagan Company, 1906), p. 126.

② William M. Giffin, *School Days in the Fifties* (Chicago: A. Flanagan Company, 1906), p. 126-127.

③ William M. Giffin, *School Days in the Fifties* (Chicago: A. Flanagan Company, 1906), p. 127-128.

校转变为一所非常好的学校。反对的人也开始建议代顿市成立一所师范学校，专门进行教师培训。在代顿的小学，帕克第一次感到自己开始从事心灵发展（mind development）这一伟大的事业。① 1869 年，帕克从一所小学校长晋升为代顿市第一师范培训学校的校长。4 年之后，帕克被任命为代顿市公立学校系统的助理督学（Assistant Superintendent）。

由于帕克的改革在国内很少有人认同，因此他迫切希望能够亲自去欧洲学习和考察，到教育艺术的最高权威——欧洲教育家那里寻求答案。② 但由于经济原因，始终未能实现。1872 年，机会来了，帕克的一位亲戚留给他一笔 5000 美元的遗产。在这笔钱的资助下，帕克辞去代顿市学校的一切职务，来到德国柏林的威廉国王大学（King William's University），开始了两年半的留学生涯。在留学期间，帕克选择哲学、历史、教育学等作为学习的常规课程，还辅修了其他一些课程。帕克深入研究了夸美纽斯、卢梭、裴斯泰洛齐、赫尔巴特、福禄贝尔等人的教育思想，仔细观察了裴斯泰洛齐、福禄培尔等人的教育实践工作。有学者认为，帕克的"昆西教学法"或"昆西制度"强调儿童应处于学校教育的中心，主要是受卢梭等人浪漫自然主义的影响，认为儿童具有内在的能力，能自发地从事学习和工作。③ 如饥似渴地学习和吸收使帕克在一个相对成熟的年龄掌握了现代德国公立学校的教育理论。④ 除了理论知识的学习，帕克还参观了整个德国的中小学和幼儿园，考察了荷兰、瑞士、意大利、法国等国家的学校教育，对欧洲

---

① Lelia E. Patridge, *Notes of Talks on Teaching* (*Seventh Edition*) (New York: E. L. Kellogg & CO., 1885), Introduction.

② Lelia E. Patridge, *Notes of Talks on Teaching* (*Seventh Edition*) (New York: E. L. Kellogg & CO., 1885), Introduction.

③ 吴式颖：《外国教育史教程》，人民教育出版社，1999，第 459 页。

④ Charles F. Adams, *The New Departure in the Common Schools of Quincy and Other Papers on Educational Topics* (Boston: Estes and Lauriat, 1881), p. 44.

当时的教育状况有了清晰的了解。

的确，帕克的教育思想受到了前人的极大影响，就连帕克自己也谦虚地宣称他仅仅是尝试应用已经建立起来的教学原理，并没有引入什么新的原理、方法或步骤，没有进行什么实验，也不存在特殊的“昆西制度”。[①] 但是，这并不意味着帕克仅仅只是别人思想的忠实奉行者。实际上，在博采前人之长的基础上，帕克结合自己的实际教学经验总结出了独到的教育见解。马勒甚至认为，在对自然的爱这一方面，帕克并不次于卢梭或福禄贝尔；在对道德教育的意义方面，并不次于赫尔巴特；在直观实物教学（object lessons）方面，对于直接从大自然的课堂中学习，帕克也并不陌生；最后，关于直接观察的真理也并非第一次从卢梭或裴斯泰洛齐那里获得，而是早在童年时期新罕布什尔州的农场和鲜花盛开的果园中他就已经有所体会。[②]

除了欧洲教育家的影响，帕克同时也受到美国本土思想和美国教育家的影响。有学者指出，美国本土的清教主义（puritanism）、自由派基督教（the Liberal Christianity）及爱默生的超验主义（Transcendentalism）都对帕克产生过重要的影响。清教主义尊重个人、尊重人类尊严、承认理性的最后权威、忠于原则、忠于精神和道德上的民主观念[③]，自由派基督对自由主义、世俗个人主义的强调，都反映在帕克的思想之中。帕克经常对爱默生表达敬意，称其为“我们最伟大的哲学家”。帕克对自然的崇敬、对个体无限发展可能性的信

---

① ［美］劳伦斯·阿瑟·克雷明：《学校的变革》，单中惠、马晓斌译，山东教育出版社，2009，第 117 页。

② Charles Dennis Marler, Jr, *Colonel Francis Wayland Parker: Prophet of the "New Education"* (Stanford University, 1965), p. 78.

③ ［美］亨利·斯蒂尔·康马杰：《美国精神》，杨静予等译，光明日报出版社，1988，第 251 页。

仰、对实践和行动的强调及崇高的理想主义都与爱默生有直接的关系。① 同样重要的是，帕克抓住了爱默生潜在的实用主义，这似乎使超验主义与后来的威廉·詹姆斯和杜威的实用主义形成了一个链接。虽然帕克算不上一个真正的哲学家，但他至少可以称得上是新教育的哲学基础——实用主义的先知。②

对帕克的教育思想产生更为直接和重要影响的是两位伟大的美国本土教育家——贺拉斯·曼和亨利·巴纳德。他们关于民主社会的思考及教师专业培训的思想对帕克产生了重要且直接的影响。帕克对贺拉斯·曼进行了高度赞扬："他像所有令人鼓舞的人一样具有天赋，对未来有着深刻的洞察；他理解公民（citizenship）的巨大责任；他感觉到民主的计划存在迫在眉睫的失败的危险；他知道离开了对民智的开启民主注定要失败。公立学校的成功是民主的希望之一。"③ 亨利·巴纳德在普及公立学校教育的理念和实践中也做了很多工作。帕克甚至认为，"在美国公立学校系统的建立方面没有人比巴纳德博士的功劳更大。他是早于贺拉斯·曼的一个教育先驱；他发表的关于教育的作品比其他任何人都要多"④。巴纳德同时也主张对教师进行专业培训，并且在教师批评方面见解独到。关于这一点帕克曾谈道："与巴纳德博士一起参观学校的一天是我生命中最受益的一天之一……我的指导者是我所见过的最尖锐的、最真实的学校工作的批评者，我有幸从中学到

---

① Charles Dennis Marler, Jr, *Colonel Francis Wayland Parker : Prophet of the "New Education"* (Stanford University, 1965), p. 49.

② Charles Dennis Marler, Jr, *Colonel Francis Wayland Parker : Prophet of the "New Education"* (Stanford University, 1965), p. 279.

③ Francis W. Parker, *Talks on Pedagogics : An outline of The Theory of Concentration* (New York & Chicago, E. L. Kellogg & CO. 1894), p. 426.

④ Francis W. Parker, *Talks on Pedagogics : An outline of The Theory of Concentration* (New York & Chicago, E. L. Kellogg & CO. 1894), p. 425.

了很多东西。"[①] 总之，二人都是帕克早年的指导者，帕克对二人非常敬佩："在所有的教育英雄中有两位极为突出的英雄——贺拉斯·曼和亨利·巴纳德。他们在相同理念的指导下开展教育工作。他们比其他任何人都清楚，一个离开了教育、智力和道德的共和国是无法存在的。他们没有寄希望于后来者，而是全身心地投入到他们各自认为的有益于这个新国家的成长的本质的工作中。"[②]

帕克的教育思想既继承了美国本土的传统，同时又受到近代欧洲著名教育家思想的影响。"通过将欧洲新教育学的基本原理与美国传统的结合，帕克创造了一个宏大的综合（a grand synthesis）。这一综合预示着新教育的到来及美国学校的变革。"[③]

1837—1875年，农场中自发学习经历、曲折痛苦的学校受教育经历、改革学校教学的初步尝试、战争经历，以及美国本土思想和欧洲教育家思想的影响，共同塑造了青年时期的帕克，对帕克教育思想的形成产生了深远的影响。这一时期也是帕克教育思想与实践的萌发和初步形成阶段，为昆西实验和库克实习学校实验奠定了坚实的思想与实践基础，接下来就到了帕克开始大力施展自己教育抱负的时候了。

（二）昆西实验始末

昆西实验是1875—1880年帕克在马萨诸塞州昆西市公立学校开展的第一次较为系统完整的教育改革实验，昆西实验时期也是帕克教育思想进一步发展完善的时期。通过开展学校教育实验，帕克系统思考了教育中儿童"自由"的问题，形成了较为系统的"以儿童为中心"

---

① 转引自 Edward Dangler, *The Educational Philosophy of Francis Wayland Parker: Its Origins, Contents, and Consequences* (New York: New York university, 1939), p. 54。

② 转引自 Edward Dangler, *The Educational Philosophy of Francis Wayland Parker: Its Origins, Contents, and Consequences* (New York: New York university, 1939), p. 55。

③ Charles Dennis Marler, Jr., *Colonel Francis Wayland Parker: Prophet of the "New Education"* (Stanford University, 1965), p. 80.

的教学改革思想。

1873 年，昆西市学校委员会对昆西的学校进行了一次年度测验，测验的结果令人大失所望。让学生通过考试是教师教学的唯一目标和原则，为了实现这一目标，教师让学生像鹦鹉学舌一样只知道重复他教过的东西。昆西市学校委员会 1873 年的年度报告也指出，昆西市公立学校的教育在过去的 10 年没有任何明显的进步。总体来说，与 10 年前基本没什么两样，学生既不能熟练地写作，也不能流畅地阅读。教学方法机械呆板，教学内容脱离社会实际需要，所有的都是一知半解、外表浮夸、死记硬背。① 这样的教学没有生机和活力，严重忽视了学生的兴趣和需要，使学生毫无学习兴趣，导致大量学生旷课逃学，出勤率极低。除了教育质量低下，让委员会更为头疼的问题是学校教育经费的使用效率，社区投入学校教育的经费没有得到很好的利用，存在很大的浪费，没有发挥应有的价值。1873 年昆西市学校委员会的年度报告指出，前 10 年该城镇每年用于公立学校学生的生均教育经费从 6 美元增加到了 15 美元。② 然而，学校的教育经费增加了，教学效果没见改善，这表明教育经费没有得到有效的利用。

面对公立学校严峻的教育问题，昆西市学校委员会成员意识到是时候改革这一令人痛心的现状，尝试一种全新的开始了。但委员会成员在教育改革方面缺乏专业性，而且工作繁忙，没有时间和精力投入这一问题的解决中。经过讨论，委员会成员达成一致意见，决定雇佣一位具备专业能力、精力充沛并具有改革热情的督学，把改革的重任交到他的手中。经过时断时续地筛选，一直没有符合条件的督学候选人。但昆西市学校委员会是幸运的，因为不久一位无比理想的人选即

---

① Charles F. Adams, *The New Departure in the Common Schools of Quincy and Other Papers on Educational Topics* (Boston: Estes and Lauriat, 1881), p. 33.

② Charles F. Adams, *The New Departure in the Common Schools of Quincy and Other Papers on Educational Topics* (Boston: Estes and Lauriat, 1881), p. 35.

将出现，他就是帕克。

欧洲留学见闻使帕克深深感叹于欧洲教育的先进，帕克下决心借鉴欧洲的教育经验改革美国的学校教育。1875 年，帕克回国；同年，在昆西市学校委员会委员查尔斯·亚当斯①的推荐下担任马萨诸塞州昆西市公立学校的第一任督学。此时的帕克坚信学校里存在一种比现在更好的激发儿童心灵和道德力量的学习方式，阅读、写作和算数可以按照一种比传统的更好的方式教授。而且，帕克一直在试图呈现这种使人类获得更快成长的条件，“我拥有极大的热情和愿望去执行这一计划”②。

昆西市学校委员会目标明确，就是一方面提升公立学校的教育质量，另一方面使教育经费得到合理的使用，充分发挥纳税人所花费的每一美元的价值。既经济节约，又提高效率，并且改进教育质量，是昆西市学校委员会追求的双重目标。③ 为了实现这一目标，委员会尽可能地减少对督学工作的干涉，给予督学极大的自由和权力，包括教师的聘任和解雇、课程的安排、评价的方式等，基本上涵盖学校管理的所有事务。也正是由于这样自由的改革环境，为改革的成功奠定了良好的基础。但是，委员会也并非对督学放任自流，十分注重改革的实际效果，他们负责对改革的结果进行检验。他们认为，无论任何要彻底进行的改革尝试都要由它的实际结果而不是它的理论的重要性进行

---

① 小查尔斯·亚当斯（Charles Francis Adams Jr.，1835—1915 年）是美国著名的亚当斯家族的一员，是美国第二任总统约翰·亚当斯（John Adams）的曾孙和美国第六任总统约翰·昆西·亚当斯（John Quincy Adams）的孙子。作为昆西市学校委员会成员，他全力支持帕克担任督学，对昆西市的学校进行改革。

② William M. Giffin, *School Days in the Fifties* (Chicago: A. Flanagan Company, 1906), p. 131.

③ William M. Giffin, *School Days in the Fifties* (Chicago: A. Flanagan Company, 1906), p. 34.

检测。①

昆西市学校不顾学生的接受能力一味地增加课程的数量，导致学生负担过重。死记硬背的填鸭式教学充斥着每一节课堂，“这种现象直接导致了肤浅化和一知半解”②。琐碎、烦冗的分支科目不但增加了儿童的学习负担，导致儿童精力和能量的巨大浪费，还无法取得良好的教学效果。因此，教学内容和教学方法的改革是昆西实验的当务之急和重中之重。帕克一上任就马不停蹄地开始组织教师对昆西市静止僵化的传统教育进行改革，从一开始就放弃了整个课程体系而引入了一个完全不同的实验计划。③

帕克在昆西的改革取得了显著的成效，不仅提升了教学质量，还提高了学校资金的使用效率。1879 年，马萨诸塞州教育委员会主持对整个诺福克县（Norfolk County）的所有市镇的公立学校教育质量做了一次测试。测试结果显示，昆西市公立学校的阅读、写作、算数、拼写、历史、地理等几乎所有的科目都表现优异，排在全县的最前面，远远高出其他市镇，唯一不是第一的口算成绩也排在第三或第四位。④此外，整个昆西市学校的精神面貌也得到了极大的改观，原先机械僵化毫无生气的课堂氛围消失了，教师和学生都焕发了新的生机和活力。就教师而言，他们在工作中感受到源源不断的自信和活力，普遍感到自己在用一种新的方式做事情且做得很好。对儿童而言，识字课本的

① William M. Giffin, *School Days in the Fifties* (Chicago: A. Flanagan Company, 1906), p. 40.

② William M. Giffin, *School Days in the Fifties* (Chicago: A. Flanagan Company, 1906), p. 40.

③ ［美］S. 亚历山大·里帕：《自由社会中的教育：美国历程》，於荣译，安徽教育出版社，2010，第 181 页。

④ Marler, Charles Dennis, Jr., *Colonel Francis Wayland Parker: Prophet of the "New Education"* (Stanford University, 1965).

苦差事不再使他们的生活陷入痛苦;[①] 出勤率不仅有了明显的提升，而且出勤的学生都是愉快的。然后是教育经费的使用效率明显提高。1875 年，昆西改革刚刚开始的时候，年度人均教育经费是 19.24 美元。3 年后，也就是 1878 年，是 15.68 美元。[②] 教育质量得到了极大的提升，教育开支却减少了五分之一。这表明帕克在昆西的改革出色地实现了优质和节约这两个目标，最终实现了昆西市学校委员会用最经济的手段获取最佳的教学效果的双重目标。虽然一开始帕克从来没有想过自己要做一件“比学校里已经做过的任何事情更优越的事”[③]，仅仅是想把自己的教育计划付诸实践，但出乎意料的是，帕克在昆西的改革取得了空前的成功，在整个美国引起了巨大的反响，他的改革被亚当斯誉为昆西市公立学校的“新起点”，最终形成了闻名全国的“昆西方法”或“昆西计划”。

虽然昆西实验取得了巨大的成效，但是学校委员会与督学和教师很快出现了分裂。分裂的原因在于昆西市给教师的工资远远低于其他城镇，还要减少新教师的工资。帕克在其年度报告中批评了这一行为，认为昆西的吝啬会阻碍他改革的努力。因此，1880 年帕克辞去了昆西市学校督学的职位。随帕克而离开的还包括昆西市的 13 位教师，其中的 6 位是昆西市文法学校的校长。[④] 还有人认为帕克辞职的原因在于与

---

① Charles F. Adams, *The new departure in the common schools of Quincy and other papers on educational topics* (Boston: Estes and Lauriat, 1881), p. 38.

② Charles F. Adams, *The new departure in the common schools of Quincy and other papers on educational topics* (Boston: Estes and Lauriat, 1881), p. 46.

③ William M. Giffin, *School Days in the Fifties* (Chicago: A. Flanagan Company, 1906), p. 130.

④ Michael B. Katz, "The 'New Departure' in Quincy, 1873-1881: The Nature of Nineteenth-Century Educational Reform," *The New England Quarterly*, Vol. 40, No, 1, 1967: 25.

亚当斯的分歧，以及对保守的政治力量试图控制学校委员会的担忧。①无论如何，随着帕克的离去，昆西实验随之结束。

1880年，波士顿公立学校督学艾略特（Samuel Eliot）邀请帕克担任南波士顿公立小学的学监（supervisor）。在担任波士顿市公立学校学监期间，帕克试图继续用新的方法进行教育改革。但由于波士顿市的公立学校系统要远远大于小城镇昆西，而且更加集权化、体系化，所以学校成员在课程和学校管理实践方面就更加保守。② 因此，帕克的教育改革遭到波士顿校长和教师强烈而持久的反对，帕克个人的力量终究难以对抗整个体制，改革最终失败了。1882年，帕克接到伊利诺伊州库克县师范学校的紧急邀请，希望帕克接任校长一职。同年，费城市也邀请帕克担任该市公立学校的督学，但帕克拒绝了这一邀请。他于1883年离开波士顿来到芝加哥担任校长。在这里，帕克又开启了新一轮的教育改革实验。

（三）库克实验始末

库克实验是1883—1901年帕克在芝加哥库克县师范学校附属实习学校开展的又一次教育改革实验。这次实验要比昆西实验更为系统和完整，而且帕克在此才真正进入教育理论的探讨时期。在此期间，帕克对自己的教育思想进行了系统的总结，出版了大量的教育学论著。这一时期是帕克教育思想的系统化和成熟阶段，因此可以称之为其教育思想的成熟期。

库克县师范学校是芝加哥市库克县的一所公立教师培训学校，始建于1867年。由于当时师范教育的重要性尚未得到普遍认可，因此自

---

① Susan F. Semel. Alan R. Sadovnik,"School of Tomorrow," in *School of Today: What Happened to Progressive Education*(New York;Washington,D. C. /Baltimore;Boston;Bern;Frankfurt am Main;Berlin;Vienna;paris,2006),p. 33.

② Franklin Parker,"Francis Wayland Parker, 1837-1902," *Paedagogica Historica*, Vol. 1,1961:124.

建校之初，该校就遭到强烈的反对，几度处于被撤销的边缘。但是，在首任校长温特沃斯（Daniel S. Wentworth）的艰苦努力下，师范学校最终得以保存下来。1883 年 1 月，库克县师范学校附属实习学校在没有任何资助的情况下在库克县第十区（District No. 10）成立，当时的办学条件非常艰苦，整个学校只有两间教室和一名正式教师。至此，库克县师范学校开始由专业培训班（the Professional Training Class）和附属实习学校两部分组成。专业培训班负责培训教师，主要给库克县师范学校的师范生讲授教育科学理论。实习学校则是师范学校的一所附属小学，设立的目的一方面是进行小学教育，另一方面是给师范生提供教学实践的机会，让学生做到理论与实践相结合。1883 年温特沃斯逝世，由于失去了坚强的领导，师范学校再次陷入危机，此时急需一位具有领导能力和改革魄力的人来力挽狂澜。由于此前在昆西市改革的声望，帕克成了不二人选，库克县教育委员会（Cook County Board of Education）主动邀请帕克接任该校校长之职。

昆西实验成功以后，帕克希望扩大自己教育改革的范围，把教师培训也纳入其中，实现教师专业培训与公立学校教育改革相互配合、相互促进的构想。帕克认为，师范学校应该有比教师培训更广泛的功能。它应该是一个教育的实验室。① 未经实施的理论是毫无用处的，任何固有的理论都必须在教室里得到最终的检验。没有实习学校，就不可能在教育和教师培训方面取得任何实际的、有效的进步。② 但帕克在波士顿担任学监时的改革遭到了强烈反对，一直没有机会实践这一愿

---

① Francis W. Parker, "An Account of the Work of the Cook County and Chicago Normal School from 1883 to 1899," *The Elementary School Teacher and Course of Study*, Vol. 2, No. 10, 1902: 752.

② Francis W. Parker, "An Account of the Work of the Cook County and Chicago Normal School from 1883 to 1899," *The Elementary School Teacher and Course of Study*, Vol. 2, No. 10, 1902: 756.

望。也正是因为波士顿改革的失败，加上担任级别较高的教育管理人员（即学监）远离了自己喜爱的教学第一线工作，减少了与学生和教师直接接触的机会，所以帕克十分希望重返学校。“我希望与学校有更密切的接触，以便验证存在更好的教育儿童的方式这一假设。”① 当接到库克县师范学校的邀请时，帕克立马看到了一个检验其教育理论的机会，认为这是一所进行教育改革实验的理想场所——既能进行教师培训，又能与儿童更紧密地接触，更好地开展儿童教育工作。② 于是，帕克欣然接受了邀请，于1883年离开波士顿来到芝加哥库克县师范学校任校长。

1883年，帕克开始担任库克县师范学校校长，通过与教育管理当局的斗争，帕克成功地争取到由自己任命教师的权利，在教师选择和学校管理方面迅速获得了完整的权力。在此期间，帕克将教师培训与公立学校教育改革相结合。一方面，在教师培训班上系统讲授自己的教育理论；另一方面，帕克按照自己的教育思想在库克实习学校进行了涉及课程、教学、管理、教师培训等方面的广泛的教育改革实践。

当帕克接手库克县师范学校校长一职时，学校的条件是非常不理想的，只有一所凌乱破旧的教学楼和一所宿舍楼，没有图书馆，没有实验室，也没有商店或体育馆，几乎没有任何像样的教学设施。就连库克县公立学校督学布莱特（Orville T. Bright）都认为，这种条件会使缺乏勇气的人感到气馁。③ 帕克到来后，要求库克县当局将实习学校

---

① William M. Giffin, *School Days in the Fifties* (Chicago: A. Flanagan Company, 1906), p. 132.

② Heffron Ida Cassa, *Francis Wayland Parker: an interpretive biography* (Los angels: Ivan Deach, Jr. Publisher. 1934), p. 28.

③ Heffron Ida Cassa, *Francis Wayland Parker: an interpretive biography* (Los angels: Ivan Deach, Jr. Publisher. 1934), p. 29.

改编为一所正规的公立学校，并且要求给予每生每月 1.25 美元的资助。[①] 但这点资助是远远不够的。除了学校内部条件的限制，学校外部也充满各种敌意和障碍。面对着各种敌意和阻碍，帕克反而认为这是一个放开手脚大干一场的好机会。[②]

虽然刚开始的时候学校很困难，但是教师们的热情从来没有减弱。赫夫龙指出，他们跟帕克一样把自己的生命献给了他们所信仰的理念。[③] 在帕克的领导下，经过 13 年的艰苦奋斗，学校规模不断壮大，图书馆、博物馆、科学实验室、手工训练室都建立了，教师的数量和质量也有了很大的提升，无论是硬件还是师资，都有了质的改善。

到 1896 年，这所学校已经成长为美国十分著名的一所教育机构。由于此时库克县已经没有足够的能力为师范学校提供必需的支持，加之师范学校为芝加哥公立学校输送了大量的优质教师资源，为芝加哥公立学校的发展做出了非常大的贡献，所以许多芝加哥市的杰出市民纷纷建议芝加哥教育董事会接管这所学校。[④] 1896 年，该校由芝加哥教育董事会（Chicago Board of Education）接收并更名为芝加哥师范学校（Chicago Normal School）。这一举动大大提升了库克实验的声望。此外，帕克也鼓励教师积极宣传师范学校的工作。在芝加哥师范学校工作的最后几年，帕克创办了一份学校宣传册——《芝加哥师范学校信封》（*Chicago Normal School Envelope*），内容包括学校各个阶段的工

---

① Francis W. Parker, "An Account of the Work of the Cook County and Chicago Normal School from 1883 to 1899," *The Elementary School Teacher and Course of Study*, Vol. 2, No. 10, 1902: 757.

② Heffron Ida Cassa, *Francis Wayland Parker: an interpretive biography* (Los angels: Ivan Deach, Jr. Publisher. 1934), p. 29.

③ Heffron Ida Cassa, *Francis Wayland Parker: an interpretive biography* (Los angels: Ivan Deach, Jr. Publisher. 1934), p. 82.

④ Heffron Ida Cassa, *Francis Wayland Parker: an interpretive biography* (Los angels: Ivan Deach, Jr. Publisher. 1934), p. 31.

作介绍。宣传册以每月 25 美分的价格被邮寄给订阅者。在帕克和教师们的积极宣传下，师范学校的理念和实践在国内甚至国外迅速传播开来。参观学习者不仅包括美国的几乎每个州，还包括来自加拿大、英国、挪威、丹麦、德国、南美洲，甚至来自日本、澳大利亚、冰岛和南非等国家和地区的人。

虽然库克县师范学校及实习学校改革取得了巨大的成就，产生了广泛的影响，但是仍然遭到部分保守势力的反对。1899 年，由于与董事会的矛盾激化，帕克不得不离开了库克县师范学校，担任由安妮塔·布莱恩（Anita M. Blaine）女士资助建立的一所私立师范学院——芝加哥学院（Chicago Institute）的校长。两年后，芝加哥学院与其他几所学校合并为芝加哥大学的教育学院，帕克担任首任院长。一年后，也就是 1902 年，帕克逝世。

昆西实验和库克实验是帕克一生中最为重要且影响最大的两次教育革新实验。关于二者的关系，不可否认的是，库克实验在某种程度上是对昆西实验的继承，二者无论是在指导思想还是在具体实践上，都有一些相通之处或一致性。然而，除了一致性，二者也存在较大的差异。通过对《关于教学的谈话》[①]（*Talks on Teaching*）和《关于教育学的谈话》[②]（Talks on Pedagogics）的比较可以发现，在实验的指导思想方面，相比于昆西实验，库克实验发生了重大的转变。库克实验时期，帕克的教育思想进一步成熟和系统化，产生了明显甚至根本性的变化，这直接导致了二者无论在指导思想还是在具体实践上，都存在一些差异甚至根本性的转变。

---

① 《关于教学的谈话》是对昆西学校实验的理论总结。其引言中指出，帕克和他在昆西的工作引起了广泛的争论和关注，人们期望了解帕克及昆西实验的历史、环境，据此可以判断它们的影响。

② 《关于教育学的谈话》是帕克对库克实验较为系统完整的理论总结。帕克在书的前言中指出，这本书中所呈现的关于“集中”学说的讨论是在库克县师范学校工作的结果。

二、从昆西实验到库克实验：帕克教育思想与实践的转变

因为以往研究很少注意到帕克教育思想与实践从昆西实验到库克实验的转变，所以导致了一些片面的认识，如对库克实验重要性和独特性的忽视、对帕克片面“儿童中心”论者的标签化认识、对帕克课程集中理论与实践的忽视等。基于此，笔者将从指导思想、课程、教学、学校管理等维度、从思想与实践两个方面对两个实验进行比较，揭示两个实验在理论与实践上的差异，分析帕克教育思想与实践从昆西实验到库克实验转变的具体表现。

（一）实验指导思想的转变

“以儿童为中心”① 的教育理念是帕克教育革新实验的根本指导思想之一。帕克对儿童怀有无限的热爱甚至崇拜，认为“儿童是上帝所有造物中的登峰造极之作”②。无论是在昆西实验时期还是库克实验时期，帕克都强调教育要遵循儿童的自然天性，注重儿童的兴趣和自发活动，主张把儿童置于教育过程的中心地位，强调儿童的兴趣和自由发展。但是在两个不同的时期，帕克关于儿童中心思想的理解存在不同之处，而且帕克的指导思想发生了根本性的转变。

1. 从“儿童中心”到“民主理想”的转变

在昆西实验的理论总结《关于教学的谈话》中，帕克强调：“真正

---

① “以儿童为中心”或“儿童中心”论是西方教育史上一种强调儿童在教育过程中重要性和主体性的教育理念。在帕克这里主要是指强调儿童在教育教学过程中的主体性、主动性，强调儿童的自发活动，强调儿童的兴趣和需要，主张教育教学要遵循儿童身心发展规律的一种教育理念。

② Francis W. Parker, *Talks on Pedagogics: An outline of The Theory of Concentration* (New York & Chicago: E. L. Kellogg & CO., 1894), p. 3.

的教学方法是所教的科目或成长的方式正确地适应正在学习的心灵。"①这说明，早在昆西时期，帕克就已经开始强调儿童的重要性，强调教育教学活动要适应儿童的自然本性。但是，在昆西实验时期，帕克还没有对儿童在教育教学活动中的地位做出明确的定位。而在库克实验时期，帕克对这一思想产生了更深层次的理解，对儿童的重要性有了更为明确的认识和定位。在库克时期的著作、库克实验的理论总结《关于教育学的谈话》一书中，帕克明确指出，所有教育教学问题的焦点就是"儿童是什么?"②。帕克对此的回答是"儿童是所有教育活动的中心"③，从而明确提出了"儿童中心"的观点，确立了儿童在教育教学活动中的中心地位。更为重要的是，虽然帕克在两个时期都强调儿童的重要性，强调儿童的自由，但在昆西实验时期他只是片面地强调"以儿童为中心"，还没有对教育的社会功能、学校的社会意义形成充分的认识。而到了库克实验时期，帕克对教育与民主的关系进行了深入的思考，也正因如此，库克实验的指导思想发生了一个根本性的转变，就是从片面强调儿童的个性发展到既强调儿童的个性发展又注重学校教育的社会意义和民主功能的转变，从片面强调儿童的自由到兼顾儿童自由与社会意识、合作精神培养的转变。

在《关于教育学的谈话》一书中，帕克指出，人类进步的目标是自由，而民主政治是唯一能使人获得自由的政治制度，民主是世界唯一的希望。④ 而要建立民主政治，实现社会民主，只能依靠教育，公共

---

① Francis W. Parker, *Talks on Teaching* (New York & Chicago: E. L. Kellogg & CO., 1896), p. 168.

② Francis W. Parker, *Talks on Pedagogics: An outline of The Theory of Concentration* (New York & Chicago: E. L. Kellogg & CO., 1894), p. 3.

③ Francis W. Parker, *Talks on Pedagogics: An outline of The Theory of Concentration* (New York & Chicago: E. L. Kellogg & CO., 1894), p. 383.

④ Francis W. Parker, *Talks on Pedagogics: An outline of The Theory of Concentration* (New York & Chicago: E. L. Kellogg & CO., 1894), p. 451.

教育是自由国家的基础，公立学校是民主社会的孵化器。“离开有效的公立学校，民主是不可能实现的。”① 帕克指出，每一所公立学校都应该成为一个理想的家庭、一个完整的共同体和雏形的民主社会(embryonic democracy)。② 因此，把学校办成一个理想的共同体是帕克一生的追求。帕克把学校视为一个共同体，把教师视为共同体生活的组织者，把共同体生活视为未来更广泛的工业政治文明的社会现实的准备。③ 帕克设想在公立学校中所有的儿童，无论阶级、民族、教派、贫富及性别，都从小在一种最好的社会条件下共同生活 8—12 年。在偏见进入他们幼稚的灵魂之前，在仇恨被固定下来之前，在怀疑成为一种习惯之前，公立学校中的儿童出于互相帮助的目的一起生活和工作，他们互相交流、互相合作、互相学习。④ “教育中最强有力的因素就是性格与性格之间的互动交流。”⑤ 这样，公立学校就可以增进儿童之间的相互理解，消除他们之间的偏见和隔阂，最终促成民主社会的形成。帕克甚至指出，“学校中的社会因素是所有因素中最重要的，比学科、教学方法和教师都重要”⑥。

此外，帕克认为，教育的最终目的在于利他动机（altruistic motive）的培养。民主的基本原则是个体与集体之间的相互责任，或者

---

① Francis W. Parker, *Talks on Pedagogics : An outline of The Theory of Concentration* (New York & Chicago: E. L. Kellogg & CO., 1894), p. 451.

② Francis W. Parker, *Talks on Pedagogics : An outline of The Theory of Concentration* (New York & Chicago: E. L. Kellogg & CO., 1894), p. 450.

③ Heffron, Ida Cassa, *Francis Wayland Parker : an interpretive biography* (Los angels: Ivan Deach, Jr. Publisher, 1934), Preface.

④ Francis W. Parker, *Talks on Pedagogics : An outline of The Theory of Concentration* (New York & Chicago: E. L. Kellogg & CO., 1894), p. 420-421.

⑤ Francis W. Parker, *Talks on Pedagogics : An outline of The Theory of Concentration* (New York & Chicago: E. L. Kellogg & CO., 1894), p. 421.

⑥ Francis W. Parker, *Talks on Pedagogics : An outline of The Theory of Concentration* (New York & Chicago: E. L. Kellogg & CO., 1894), p. 421.

说是一种利他动机——“我为人人，人人为我”（Each for all and all for each）。[①] 库克实习学校尤其注重培养学生的服务精神和责任意识。正如赫夫龙所指出的，库克县师范学校所有规章制度的基础在于一所学校就是一个共同体。个体的最高职责在于为集体的最佳利益贡献所有的能量。[②] 与此同时，共同体生活对儿童的心灵和道德成长是必不可少的，个体能够在为集体做贡献的过程中实现自我的成长与发展。库克县师范学校的师生之间、生生之间相互协调合作，平等地参与学校生活。拉格也指出，库克实习学校不但是一所以儿童为中心的学校，更是一个真正的共同体。[③]

2. 库克实验民主理想的具体实现形式——晨会

库克实验中关于民主理想最典型的实践举措就是晨会。晨会是库克实习学校实验的一大创举，主要体现了帕克的民主理想，是实现儿童自我表达和共同体建设的最有效的途径。帕克所理解的民主不仅仅是一种政府管理形式，更是一种集体生活、共同交流经验的方式。[④] 晨会本质上是出于一种社会的目的，它可以产生使整个共同体统一的积极影响。举办晨会的目的在于让儿童通过自我展示和表现在服务共同体利益的过程中实现自我价值。它的重点在于师生的共同参与和自我表现。这样就把个人发展与社会进步统一了起来。

3. 晨会的组织形式和内容

库克县师范学校的晨会模式不同于以往的由赞美诗、祷告、读

---

① Francis W. Parker, *Talks on Pedagogics: An outline of The Theory of Concentration* (New York & Chicago: E. L. Kellogg & CO., 1894), p. 419.

② Francis W. Parker, *Talks on Pedagogics: An outline of The Theory of Concentration* (New York & Chicago: E. L. Kellogg & CO., 1894), p. 337.

③ Harold Rugg, *Foundations for American Education* (New York: World Book Company, 1947), p. 531.

④ Natalie Crohn Schmitt, "Francis Wayland Parker's Morning Exercise and the Progressive Movement," *American Educational History Journal*, Vol. 37, No. 1, 2010: 111.

《圣经》等组成的礼拜堂活动（Chapel Exercises）。晨会通常都会围绕一个主题展开，从库克实习学校 1897 年最早的晨会列表中我们可以看出，晨会的主题丰富多样，包括“天空”“拉普人”[①]“冬季运动”“费阿刻斯人尤利西斯”[②]“音乐”“数字”“从英国人的视角看美国独立战争”“莎士比亚的《安东尼与克里奥佩特拉》选集”“时事”等。这些活动主题包含着帕克的一些教育原则，如“冬季运动”显示了帕克坚持主张的身体、智力和精神都要参与教育过程的教育原则。

每天早上，库克县师范学校和实习学校的全体教师及学生齐聚在一个大礼堂（Assembly Hall）里，帕克和教师们坐在礼堂前面的讲台上，到场的每个人都有一个分配好的座位。晨会上的活动都是经过教师和学生正式准备的，一般按照固定不变的顺序展开。开场是集体朗诵赞美诗，然后是帕克像牧师一样阅读《圣经》中的一章或一首美丽的鼓舞人心的诗歌。接下来的活动是晨会的主要环节，由学生面向全体展示他们在文学、历史、自然科学等课程或在某些节日、历史事件的庆祝活动中的学习成果，以及关于社会时事方面的新闻。在晨会活动中，学生利用各种最有利于表达的方式，如演讲、绘画、建造、音乐、戏剧、舞蹈等，面向全校师生呈现自己的学习材料。每个人从自己的座位上站起来发言，年龄小的儿童甚至站在椅子上。每一个参与的人，无论大小，在满足集体需要的过程中将克服巨大的障碍，获得真正的自我表现。[③] 更为重要的是，各年级之间，以及教师与学生之间所产生的“如兄弟般的尊敬”[④] 使学校共同体生活真正融为一体。

---

① The Lapps，北欧民族之一。

② Ulysses Among the Phaeacians，希腊神话中费阿克斯人中的男子。

③ Flora J. Cooke,“The History of the Morning Exercise,”*Francis W. Parker School Year Book*,Vol. 2,1913:1.

④ Natalie Crohn Schmitt,“Francis Wayland Parker's Morning Exercise and the Progressive Movement,”*American Educational History Journal*,Vol. 37,No. 1,2010:112.

晨会拥有巨大的教育价值。首先，晨会满足人们群居生活的社会本能，使儿童对学校产生一种团结统一的整体印象，从而抵消因年级分离导致的不良影响。它使每个儿童都认识到，整体的利益和幸福是他作为共同体的一分子应该特别关心的事，是他的个人责任。其次，晨会上的练习是培养表达能力的理想条件。它们可以激发想象，引起生动的心智活动，训练有效的演讲。此外，日常晨会之外的特殊节日活动，如感恩节、圣诞节、复活节活动也十分具有教育意义。通过学习这些节日的历史及不同的庆祝方式，不仅可以让儿童了解人类的生活、习俗，还可以让儿童理解他们的精神生活，理解历史的连续性、种族的统一性及人类亲如兄弟般的关系。① 一位学校集会（school assemblies）的支持者弗雷特韦尔（Elbert K. Fretwell）指出，从20世纪20年代以来，帕克的晨会直接促进了学校集会的迅速增加，它们也成为同时期兴起的把“课外活动”（extracurricular activities）引入学校趋势的一部分。② 后来由库克县师范学校教师弗洛拉·库克担任首任校长的帕克亲自创办的“弗朗西斯·帕克学校”也继承了库克实习学校的这一改革举措，并且将其发扬光大。但所有的这一切都是由帕克在库克实验中首次引入学校中的。

总之，昆西实验时期的指导思想主要强调儿童这一方面，与昆西实验不同，库克实验除了强调儿童的重要性，还强调社会的重要性，强调教育的社会意义、学校的社会功能，最终目的是实现儿童与社会的统一。在昆西实验时期，帕克认为所有教育的目的和目标是发展性格（Character）。“我坚信所有教育的真正目的在于使人的身体、智力和灵魂得到和谐发展，或者说整个生命的和谐生长，或者整个生命的

---

① Martha Fleming, “Purposes and Values of the Morning Exercise,” *Francis W. Parker School Year Book*, Vol. 2, June, 1913: 4-8.

② Natalie Crohn Schmitt, “Francis Wayland Parker's Morning Exercise and the Progressive Movement,” *American Educational History Journal*, Vol. 37, No. 1, 2010: 120.

均匀构建（symmetrical up building），或者培养性格。”① 性格就是人的身体、智力和灵魂的和谐发展，是整个生命的和谐生长。因此，个体性格的发展，或者说儿童身体、智力、道德的全面和谐发展是昆西实验的根本指导思想，或者说是帕克在昆西实验时期想要实现的根本的教育目的。因此，昆西学校所有的工作都围绕这一目的展开，注重儿童的兴趣和需要，采取了适应儿童心灵发展的自然的教学方法。例如，活动教学和直观教学。帕特里奇把昆西学校的教学模式称作一种“幼儿园式”的教学或“儿童园艺”（child gardening），认为昆西学校的教育是一种和谐的教育——道德和身体的重要性被意识到，并且与心智一起进行训练，通过各种交替不断的活动让儿童感到愉快。教育的目的不再是为了获取技能和知识，而是为了更高的目的——儿童的生长。② 由此可以看出，在昆西时期，帕克所坚持的还是一种个人本位论的教育目的，主要是为了实现儿童个体的全面和谐发展。

而在库克实验时期，帕克认识到个体的性格不可能离开群体独自发展，只有在实际的公民生活中或共同体生活中，个体才能不断地实现自身性格的发展。而且个体的发展与社会的发展是统一的，个体的最高责任在于为集体的进步贡献所有的力量。教育的最终目的在于利他动机的发展。③ 由此可以看出，在这一时期，帕克认为个体和社会是统一的，个体性格的发展与公民社会意识的培养是统一的。在个体性格不断发展的过程中，其承担社会责任的能力也在不断增长，从而实现个体发展与社会进步的统一。因此，在教育目的方面或实验的根本

---

① Francis W. Parker, *Talks on Teaching* (New York & Chicago: E. L. Kellogg & CO., 1896), p. 18.

② Lelia E. Patridge, *The "Quincy methods" illustrated: Pen photographs from the Quincy schools* (New York & Chicago: E. L. Kellogg &co., 1885), Introduction.

③ Francis W. Parker, *Talks on Pedagogics: An outline of The Theory of Concentration* (New York & Chicago: E. L. Kellogg & CO. 1894), p. 350.

指导思想上，帕克不在单纯强调儿童个体的发展，而是把个性发展与社会意识的发展或公民道德观的培养的统一作为教育的根本目的。这一目的也渗透进学校工作的方方面面，学校所有的改革工作都围绕这一目的展开，如晨会。此外，在课程方面，帕克指出集中理论的主要命题可以被理解为所有真正的教育在本质上都是道德的和伦理的。[①] 而这一道德的命题指的就是利他动机的发展。总之，在库克实验时期，"通过设置个体只有在参与社会活动中才能实现自我的教育目标，帕克使致力于个体（儿童）的目标与致力于（民主）社会的目标实现了统一。这一目标按照儿童研究运动的方式得到了进一步的塑造和界定，导致了相当一致的课程的和教学的解决办法。为了提高教师实现这些解决办法和教育目标的效率，又导致了通过专业的、科学的教育对教师进行培训的需求"[②]。

（三）课程理论与实践的转变

在昆西实验时期，帕克还没有形成系统的课程理论。虽然受赫尔巴特集中和相关（Concentration and Correlation）课程组织理论的影响，帕克在昆西实验中也采取了整合课程内容、削减冗余科目、引入新学科等课程改革措施，但是这些措施只是对"集中"理论的初步尝试和探索，都是零散和不系统的。而到了库克实验时期，帕克对赫尔巴特的集中理论进行了系统地阐释和改造，最终实现了集中理论的系统化，形成了自己独特的课程集中理论，并且将其应用到库克实习学校的教育改革实践中，按照"集中和相关"的原则设计了以儿童为中心的综合活动课程。帕克的教育学代表作《关于教育学的谈话》的副标题"集中理论概述"明确表达了该书所要讨论的主题。帕克在书的

---

① Francis W. Parker, *Talks on Pedagogics : An outline of The Theory of Concentration* (New York & Chicago: E. L. Kellogg & CO. 1894), p. 383.

② Charles Dennis Marler Jr. , *Colonel Francis Wayland Parker : Prophet of the "New Education"* (Stanford University, 1965), pp. 275-276.

前言中指出，“本书所呈现的关于‘集中’学说的讨论是在库克县师范学校工作的结果……昆西的工作仅仅只是这一更好的工作的一个很小的开端”①。

1. 课程集中理论从零散到系统化

帕克认为，集中和相关是最好的教育原则。“每一门学科、教学方法、表达方式的相关和联合（unification）避免了儿童因为朝各个方面的任意发展所导致的教育努力的浪费，节省了儿童在教育上花费的精力。”② 虽然在《关于教学的谈话》和《“昆西方法”说明》③ 中，他也提到了声音、阅读、音乐、拼写、绘画、黏土造型等教学技巧的重要性及其在昆西学校的实际应用，但是后来他又指出，“思想和表达有机联系的理论已经被视为库克县师范学校工作的基本原则。因此可以说，使所有的表达方式关联为一个有机的整体，使表达与思想联合，成为增强表达的一种方式，关于这些方面第一次系统的尝试始于这所学校”④。

（1）儿童与课程的统一。《关于教育学的谈话》的扉页上画有一幅《集中理论图解》。这是一个“年轮状”的图形，几个同心圆由小到大相互嵌套，从中心向四周辐射。“儿童位于圆圈的中心，他的周围围绕着宇宙、人类和自然等环境。这些环境中的所有元素都与儿童的灵魂

---

① Francis W. Parker, *Talks on Pedagogics: An outline of The Theory of Concentration* (New York & Chicago: E. L. Kellogg & CO. 1894), Preface.

② Francis W. Parker, *Talks on Pedagogics: An outline of The Theory of Concentration* (New York & Chicago: E. L. Kellogg & CO. 1894), p. 26.

③ 莱利亚·帕特里奇通过对昆西实验长期的亲身观察写成了《“昆西方法”说明》一书。书中运用大量课堂教学的实例和记录生动形象地描绘了昆西小学前四年初级阶段的教学工作。帕特里奇按照课程目的、教师的准备、学生的准备、课程计划、教学过程、分析和评论的结构记录和分析了不同学年大量的典型教学案例，为我们呈现了活灵活现的昆西学校课堂教学的实际情况，并且总结了昆西实验的总体特征。

④ Cook County Board of Education, *Course of Study of the Cook County Normal School* (Chicago: The J. M. W. Jones Stationery and Printing Co., 1895), pp. 27-28.

相接触，儿童的灵魂作用于所有的环境，对一切事物都做出反应。”① 儿童的发展决定了学科的选择和教学方法的使用。“教学的方法严格遵循儿童发展的规律是教育上最大的节约。”② 再往外面的一圈是地理学、地质学、矿物学、历史、人类学、动物学、植物学、气象学、天文学等一系列“核心学科”（central subject）。

帕克认为，“儿童本能地开始学习大学课程中所有的科目。他开始学习它们是因为他不得不学，他的本性驱使着他去学”③。所有的儿童都有自发的倾向。儿童的生活是一切学科的经验基础，“儿童的自发活动是发现和应用教育条件的确定和安全的指引”④。儿童从一开始就自发地对周围的人、事和环境进行学习。例如，对人与人、父亲与母亲、父母与自己关系的研究，对各种动物、植物的研究等。“对家庭生活的研究是儿童研究人类学和历史学的开端。”⑤ 家庭中生活和管理的衡量标准为儿童提供了民主的或专制的原则。“公民学的真正基础是共同体生活。”⑥ 真正的地理学，或者说地貌，对于儿童来说是彻底无意识的，但是儿童对此怀有强烈的兴趣。让一个儿童在广阔的农场中搜寻迷路的奶牛或绵羊，不久他就了解了整个农场的每一条道路、每一个角落

---

① Cook County Board of Education, *Course of Study of the Cook County Normal School* (Chicago: The J. M. W. Jones Stationery and Printing Co., 1895), p. 387.

② Cook County Board of Education, *Course of Study of the Cook County Normal School* (Chicago: The J. M. W. Jones Stationery and Printing Co., 1895), p. 377.

③ Cook County Board of Education, *Course of Study of the Cook County Normal School* (Chicago: The J. M. W. Jones Stationery and Printing Co., 1895), p. 23.

④ Cook County Board of Education, *Course of Study of the Cook County Normal School* (Chicago: The J. M. W. Jones Stationery and Printing Co., 1895), p. 376.

⑤ Cook County Board of Education, *Course of Study of the Cook County Normal School* (Chicago: The J. M. W. Jones Stationery and Printing Co., 1895), p. 11.

⑥ Cook County Board of Education, *Course of Study of the Cook County Normal School* (Chicago: The J. M. W. Jones Stationery and Printing Co., 1895), p. 12.

和每一个藏身之处。[①] 总之，“儿童自发学习并保持持久兴趣的对象中包括他今后在学校中需要学习的所有学科——地理学、历史、地质学、矿物学、植物学、动物学、人类学等”[②]。帕克将这些直接源自儿童的生活环境，与儿童早期生活经验直接相关的学科称“核心学科”，并且分为无机科学，即地理学、地质学和矿物学；关于无机物的运动和变化的科学，即物理和化学；有机和生命科学，即植物学、动物学、人类学、人种学、历史；生物体的物理或化学现象，即生理学等。

再往外围是注意方式（modes of attention）。注意（attention）可以被部分界定为由外部对象的属性的活动即刻引发的心理反应。[③] 比如，光的不同组合和运动形成不同的颜色，这些颜色被眼睛看到后可以引起大脑相应的基本活动。注意方式包括观察、阅读、语言倾听等。然后是表达方式（modes of expression）。表达（expression）通常可以被界定为人的思想和情绪通过身体的展现。[④] 帕克将表达方式分为 9 种：身体姿态、声音、言语、音乐、制作、造型、制图、绘画和写作。人的所有体力或脑力的作品都是这些表达方式的产物，都是通过身体对思想的展现。图形最外面的一圈是形状和数量等判断方式（modes of judgment）。判断方式也是知识获取和心智发展的不可或缺的心理行为因素。

在对核心科目的学习过程中，儿童不断巧妙地使用各种表达方式，最终达到熟练的程度。这些表达方式在本质上就是一种“做”（doing），

① Cook County Board of Education, *Course of Study of the Cook County Normal School* (Chicago: The J. M. W. Jones Stationery and Printing Co., 1895), pp. 15-16.

② Francis W. Parker, *Talks on Pedagogics: An outline of The Theory of Concentration* (New York & Chicago: E. L. Kellogg & CO., 1894), Preface.

③ Francis W. Parker, *Talks on Pedagogics: An outline of The Theory of Concentration* (New York & Chicago: E. L. Kellogg & CO., 1894), p. 107.

④ Francis W. Parker, *Talks on Pedagogics: An outline of The Theory of Concentration* (New York & Chicago: E. L. Kellogg & CO., 1894), p. 224.

只有通过自己的“做”，儿童才能真正地学习。这就是所谓的“做中学”。各种学习方式之间具有相关性，一种表达方式技巧的获得可以提高其他学习方式技巧的教育价值。比如，阅读这一注意方式与写作这一表达方式，一个是吸收的过程，一个是表达的过程，二者是相辅相成的。总之，通过儿童这个中心，各种学习方式与学科内容的相互关联使各个学科处于一种和谐的状态。这样就实现了儿童与课程的统一。

（2）不同科目之间的有机整合。帕克认为，儿童自发地学习所有的核心学科，儿童是所有一切活动的核心。所有的核心学科具有内在相关性。“核心学科本身就是一个有机的、密不可分的、相互依赖的单元。”① 例如，一棵树与气象学、地理学、物理、化学的关系就像树叶与树枝或树枝与树干的关系那样密切。所有的核心学科都可以围绕儿童互相关联，形成一个统一的有机整体，这样就避免了因课程分化过细而导致学生的重复学习及时间和精力的浪费。各种注意、表达、判断方式相互配合使各门学科的学习处于一种和谐的状态。儿童通过各种注意方式吸收各学科的学习材料，然后通过各种表达方式创造性地表达自己的思想，各种判断方式也渗透其中，最终实现思想与行动的完美结合。“我们教授自然、地理、历史、文学等充满兴趣的学科，可以通过各种表达方式使它们相互联系起来。”②

帕克主张按照“集中”和“相关”的原则组织学习过程。“相关”指的是把不同的学科相互联系成一个有机的整体，实现课程效果的最优化。“集中”就是把包括身体、心理和灵魂在内的整个儿童（the whole child）与教学的内容、材料、方法等全部整合在一起，实现以儿

① Francis W. Parker, *Talks on Pedagogics: An outline of The Theory of Concentration* (New York & Chicago: E. L. Kellogg & CO., 1894), p. 377.

② Francis W. Parker, "An Account of the Work of the Cook County and Chicago Normal School from 1883 to 1899," *The Elementary School Teacher and Course of Study*, Vol. 2, No. 10, June, 1902: 769-770.

童为中心的课程整合。儿童是所有一切的核心，所有的核心学科、注意方式、表达方式、判断方式都围绕儿童组成一个统一的有机整体，儿童就是按照这种“集中”的原则进行活动和学习。“集中”和“相关”的原则使课程相互联系成一个统一的有机整体，最终形成以儿童为中心的系统完整的综合的活动的课程体系。帕克在继承赫尔巴特“集中”学说的基础上加以改造，最终在库克实验时期形成了以儿童为中心的系统的课程集中理论并应用于实践。一方面，实现了儿童与学习科目的统一；另一方面，实现了学习科目之间的相关，避免了儿童能量的浪费。

有一点需要注意的是，在人们普遍的印象中，帕克只是一位儿童中心思想的极力倡导者和鼓吹者，或者是一位积极实践以儿童为中心教学理念的改革者，然而很少有人关注到帕克在课程理论方面的建树。正如坦纳（Daniel Tanner）在《学校课程史》中指出的一样，“帕克在人们的记忆中更是一位儿童的护卫者和儿童中心教育方法的拥护者，而不是一位课程理论家。然而，由他关于知识性质的思想转化而来的课程组织原理，至今仍很新鲜且未加尝试过”①。诚然，帕克在学科重组及课程组织的理论与实践方面也做出了重要的贡献。帕克的课程集中理论独树一帜，他是一位真正的课程理论家。但不幸的是很少有人关注到这一点，帕克在课程理论方面的贡献被人们忽略了。

2. 库克实验在课程实践方面的转变

相比于昆西实验，库克实验时期实现了课程集中理论系统化，也正是由于课程理论的变化直接导致了课程实践上的变化。

(1) 设置综合多样的课程科目。在课程内容的选择方面，昆西学校的出发点主要在于学生个体的发展。例如，学习历史的目的在于形

---

① ［美］丹尼尔·坦纳，苏雷尔·坦纳：《学校课程史》，崔允漷等译，教育科学出版社，2006，第106页。

成对历史的热爱，获得历史学习的方法，促进学生心智的发展，“历史可以促进学生想象和推断能力的增长”①。而在库克实习学校，课程内容的选择，一方面是选取学生当下生活所需要的、有利于学生有效的生活的知识，另一方面要能够使学生更好地服务于学校和社会。“学校和社会的需求就是个体的需求。”② 还是以历史的学习为例。帕克指出，首先，历史必须产生于对当代机构的研究，从而让学生了解大工业发展的历史。其次，历史是对人类争取自由的艰苦奋斗的历程的记录，学习历史有利于培养学生真正的爱国精神——对整个人类的热爱和同情。③

在课程设置方面，昆西学校开设的课程科目主要有阅读、写作、算数、地理、历史等，而库克实习学校开设的科目则包括语言（包括演讲、写作等科目）、阅读、算数、音乐、地理、科学（包括植物学、动物学、物理、化学等科目）、历史和文学、艺术（包括绘画、素描、模型制造等科目）、手工训练、体育、健康教育等。由此可以看出，昆西学校的课程设置仍然以传统的阅读（Reading）、写作（Writing）和算数（Arithmetic）为主，虽然也开设了绘画、制作等新的课程，但新开设的课程数量还是比较少的，而且开设的目的也主要在于辅助阅读、写作、算数、地理等传统科目的学习。相比之下，库克实习学校的课程种类要更加丰富多样，不仅包括读、写、算等传统科目，还包括自然科学、体育、文艺等内容，更加适应学生多方面需求。帕克指出，“如果不对儿童自发的充满幻想的习惯进行持续的练习，就不可能将儿

---

① Francis W. Parker, *Talks on Teaching* (New York & Chicago: E. L. Kellogg & CO., 1896), p. 140.

② Francis W. Parker, *Talks on Pedagogics: An outline of The Theory of Concentration* (New York & Chicago: E. L. Kellogg & CO. 1894), p. 340.

③ Francis W. Parker, *Talks on Pedagogics: An outline of The Theory of Concentration* (New York & Chicago: E. L. Kellogg & CO. 1894), pp. 341-342.

童引入历史、科学、伦理学和宗教学的学习中去。”① 因此，在传统的读、写、算科目之外，库克实习学校设置了大量的种类丰富的音乐、绘画、戏剧等艺术科目。拉格指出，在19世纪90年代的美国学校中，除了帕克的库克实习学校把绘画、戏剧艺术与语言的学习结合起来，几乎没有任何公立的或私立的学校进行音乐、绘画等艺术教育。② 而且，库克实习学校开设这些科目的目的完全在于发展儿童的想象力和自我表现能力，而不是仅仅为了辅助其他科目的教学。帕克指出，“所有智力的和道德的发展都要通过儿童的自我活动（self-activity），自我活动是儿童发展的不变规律”③。

此外，很多科目作为常规科目被引入小学教育阶段并进行系统教授的尝试都产生于库克县师范学校的实践。比如，科学被作为一门学科引入小学教育阶段并进行系统地教授是帕克在库克实验时期完成的。帕克认为，“科学知识不是大学里工作的少数人的特权，而应该是所有儿童都拥有的关于自然的有价值的知识及对自然进行研究的伟大热爱及其非凡的工作。”④ 1894年，在对库克县教育委员会所做的库克县师范学校报告中，帕克指出，“一个比其他措施都重要的举措，就是把小学科学的学习引入学校中，以及为了在低年级和高年级实施这一工作而进行的教师培训”⑤。此外，在19世纪80年代，手工训练还是学校

---

① Francis W. Parker, *Talks on Pedagogics : An outline of The Theory of Concentration* (New York & Chicago: E. L. Kellogg & CO. 1894), p. 10.

② Harold Rugg, *Foundations for American Education* (New York: World Book Company, 1947), p. 528.

③ Francis W. Parker, *Talks on Pedagogics : An outline of The Theory of Concentration* (New York & Chicago: E. L. Kellogg & CO. 1894), p. 25.

④ Francis W. Parker, *Talks on Pedagogics : An outline of The Theory of Concentration* (New York & Chicago: E. L. Kellogg & CO. 1894), p. 20.

⑤ Cook County Board of Education, *Course of Study of the Cook County Normal School* (Chicago: The J. M. W. Jones Stationery and Printing Co. , 1895), p. 18.

教育领域的一个新鲜事物，经历了由强烈的反对到逐渐被公立学校接受的过程。1883 年库克县师范学校建立手工训练室时，很少有人赞成这一举措。帕克在库克县师范学校的主要助手威尔伯・杰克曼（Wilbur S. Jackman）指出，帕克在库克县师范学校实习学校建立的手工训练室（Manual-training Room）是美国小学同类机构中的第一个。[①]帕克指出，“又一次，像艺术科目的引进一样，库克县师范学校的举措成为这个国家使手工训练成为所有小学低年级和高年级课程的常规科目的第一次系统的尝试”[②]。

（2）课程组织：从分散的活动课程到综合的活动课程。在课程组织方面，针对昆西市教育系统课程分支不断增加导致的“肤浅化和一知半解”[③] 现象，帕克采取了削减合并冗余课程、整合相关学科的改革。比如，在阅读和写作方面，帕克消除过多的语言学习分支课程，如拼写课、语法课等，废除字母表和抽象的语法规则的学习，让儿童通过对单词和句子的实际练习而不是机械地死记硬背进行阅读和写作的学习。虽然昆西实验也采取了打破原有科目的划分，以活动为中心组织教学内容的改革措施，但是大多只是局限在每门学科内部设置一系列零散的活动课程或分散的直观课程，而没有形成统一的整体的各科目相关的课程安排。

相比于昆西实验，库克实习学校在课程组织方面的改革是整体和综合的。各科目之间的学习不是孤立的，而是围绕自然研究（Nature Study）、历史、地理等核心科目相互联系起来，共同构成综合的活动

---

① Wilbur S. Jackman, "Francis Wayland Parker. A Retrospect," *The Elementary School Teacher and Course of Study*, Vol. 2, No. 10, In Memoriam, 1902: 746-749.

② Cook County Board of Education, *Course of Study of the Cook County Normal School* (Chicago: The J. M. W. Jones Stationery and Printing Co., 1895), p. 30.

③ Charles F. Adams, *The New Departure in the Common Schools of Quincy and Other Papers on Educational Topics* (Boston: Estes and Lauriat, 1881), p. 39.

课程。帕克指出，“对普通学校的课程进行彻底完整的改革是当前的第一需要”，但是想要穷尽任何一个学科的知识或超出儿童理解能力的举措都是一种教学上的错误。① 基于此，库克实习学校通过设置核心学科，实现了不同科目的相关和联合。帕克认为，“一门学科的学习依赖于其他学科的学习，离开其中任何一门学科的学习，其他学科的学习也就不存在了”②。帕克指出，当我们教授自然研究、地理和历史时，演讲和写作是常用的表达方式，此外还包括制作、建模、绘画、素描等。每一种表达方式都有其独特的功能。思想与所有的表达方式的相关是一个伟大的教育学真理。③ 各种表达方式互相配合，使地理、历史、自然、文学等学科的学习相互联系起来处于一种和谐的状态。以此类推，各门学科一步步地相互关联起来，随着儿童的兴趣和活动而进步。整个课程体系不是以教材或学科为中心，而是以儿童为中心，教师的作用也只是给予儿童完成令人满意的工作的必要的帮助。

虽然昆西学校在第四学年也设置了历史地理综合课，将历史与地理的学习关联起来，试图实现地理和历史学习的统一，但实际上由于没有形成系统的指导原则，像类似的综合课程在昆西并不常见，还没有形成系统完整的课程规划和切实可行的具体实施措施。但在库克实验时期，在系统的课程集中理论的指导下，整个学校的课程规划都是按照这一原则展开，类似的综合课程极为常见，已经形成了以儿童为中心的系统的综合课程排列体系。

库克时期学科之间的相关是极为常见的，如算数是在儿童的活动

---

① Cook County Board of Education, *Course of Study of the Cook County Normal School* (Chicago: The J. M. W. Jones Stationery and Printing Co., 1895), p. 23.

② Francis W. Parker, *Talks on Pedagogics: An outline of The Theory of Concentration* (New York & Chicago: E. L. Kellogg & CO. 1894), p. 44.

③ Francis W. Parker, "An Account of the Work of the Cook County and Chicago Normal School from 1883 to 1899," *The Elementary School Teacher and Course of Study*, Vol. 2, No. 10, 1902: 772.

中与其他学科联系在一起通过实际的使用来学习的。儿童通过各种手工劳作把艺术、科学与数学联系在一起，制作精巧的手工艺品或绘制工作图纸。与数学一样，地理的学习也与艺术、历史和文学等学科联系在一起。历史和文学也是相关的。文学是阐明人类情感、愿望和行为的历史，而历史为文学提供了一个背景。儿童在学习希腊历史时要阅读《伊利亚特》和《奥德赛》，通常要表演至少一个希腊戏剧，还通过参观艺术研究院来补充历史知识。这样，文学和历史的学习就互相联系起来。① 工业远足（Industrial Excursions）把地理和大工业历史的学习联系在一起。② 总之，库克实习学校的课程安排不是孤立的、割裂的，而是整体的、综合的。总之，针对学科之间缺乏联系、分化过细而加重儿童学习负担的问题，帕克提出要按照“集中”的原则整合课程，强调通过活动和直观实物进行教学，最终在库克实习学校形成了系统完整的以儿童为中心的综合活动课程，将正规的学术课程同儿童们自己置身其中的物理、社会及个人环境融合到了一起。③

库克实习学校课程方面的改革获得了较高的评价。俄亥俄州克利夫兰市督学及伊利诺伊州州立大学校长安德鲁·德雷珀（Andrew S. Draper）在 1894 年 4 月 23 日给库克县教育委员会的回信中表达了自己关于实习学校课程改革的意见：“实习学校课程规划的优势早已被熟悉这个国家教育工作的人很好地认识到，而且我发现这个规划在实习学校得到了实际的实施。这个规划的每一方面都以全面地远离传统学校的传统工作为特征。文学、自然研究通向自然科学的学习，手的灵巧

---

① Ida Cassa Heffron, *Francis Wayland Parker : an interpretive biography* (Los angels: Ivan Deach, Jr. Publisher, 1934), p. 91.

② Ida Cassa Heffron, *Francis Wayland Parker : an interpretive biography* (Los angels: Ivan Deach, Jr. Publisher, 1934), pp. 84-85.

③ ［美］韦恩·厄本，杰宁斯·瓦格纳：《美国教育：一部历史档案》，周晟、谢爱磊译，中国人民大学出版社，2009，第 263—264 页。

性得到极为重要的强调。整个课程设计都趋向现实生活，趋向多方面的智力发展及基本文化素养的形成，而不是琐碎的细节。虽然有反对者的存在，但是毫无疑问这个国家教育理念的总体趋势与这个学校整体的工作计划是相一致的。这所学校的工作毫无疑问已经影响了整个国家的教育理念。虽然目前只有很少的学校在做与之类似的工作，但是据我判断，这所学校的工作是正确的，是对儿童有益的。"①

克伯莱在《美国公共教育》一书中考察了美国初等学校课程教学的演进历程，指出"除了从目前的自然研究中发展而来的、回应经济需要的农业教学之外，1900 年的初等学校课程教学已经包括了今天课程的所有要素"②。而正是在此之前，库克县师范学校通过引入自然研究、绘画、音乐、手工训练等现代课程和教学，对以读、写、算为主的传统课程教学进行了改造，成为最早形成初等学校现代课程教学体系的学校之一。③ 这一举措在美国初等学校课程重组的过程中起到了重要的引领作用。

（四）教学理论与实践的转变

昆西实验时期，帕克主要在"做中学"和"直观性原则"的指导下进行教学改革。帕克认为，"方法是使生长方式适应需要发展的心灵，而自然的方法（natural methods）是生长方式对心灵发展的准确适应"④。因此，昆西学校采用遵循儿童天性的方法进行教学，注重儿童的兴趣和活动；反对抽象的死记硬背，主张通过实物和模型进行直观

---

① Cook County Board of Education, *Course of Study of the Cook County Normal School* (Chicago: The J. M. W. Jones Stationery and Printing Co., 1895), p. 8.

② ［美］埃尔伍德·克伯莱：《美国公共教育——关于美国教育史的研究和阐释》，陈露茜译，安徽教育出版社，2012，第 260 页。

③ Harold Rugg, *Foundations for American Education* (New York: World Book Company, 1947), p. 534.

④ Francis W. Parker, *Talks on Teaching* (New York & Chicago: E. L. Kellogg & CO., 1896), p. 19.

教学。但是，在对这些原则的具体实践中，昆西学校的措施还是比较零散和不系统的。而库克实验对这些思想进行了更加完整和系统的实施，从单纯强调直观观察转变到强调直观、实验与实地调查并重的综合性教学模式，从各科目分散的活动教学转变到复杂系统的手工训练，更好地实现了自然的教学方法。

1. 直观教学：从单纯的直观到直观、实验与实地调查的结合

帕克认为，"对于基础教育而言，思维和注意对象的选择是头等重要的大事。通过把抽象的文字符号、空洞的词汇和无意义的形式的训练与对树、花、动物和地形地貌的观察进行比较，可以发现后者刺激思想，把美的观念注入儿童的心灵，而前者则把无用的、丑陋的形式充斥儿童的心灵，这种形式既不能刺激心灵，又不能使活动更新"①。因此，无论是在昆西实验还是库克实验时期，帕克都反对抽象的灌输式的教学方式，强调通过实物进行直观教学。但是，在直观性原则的具体实践上，两个时期是存在差别的。昆西实验时期的直观教学还主要停留在单纯的对实物或模型进行观察的阶段，而库克实验时期则采取了更为复杂综合的观察、实验与实地调查并重的直观教学方法。

通过比较两个学校直观教学方法运用的例子，我们可以看出它们的不同之处。首先是昆西学校一节语言课教学的例子：上课时，教师不是站在讲台上给儿童讲解枯燥的句子或语法，而是走到学生们中间的一个课桌旁。课桌上放着一只鸭子模型，教师让儿童围在课桌周围对这只鸭子进行观察并用自己的笔进行描述。每个儿童似乎都被这只鸭子完全吸引了，有的快速在小石板②上写下了一些单词，有的还在专心致志地观察。教师密切关注着每一个孩子的答案并及时纠正孩子们

① Francis W. Parker, *Talks on Teaching* (New York & Chicago: E. L. Kellogg & CO., 1896), pp. 174-175.

② 帕克希望每一个孩子都拥有一块属于自己的小石板，能够在上面自由地写和画而不担心犯错误。

表达上的错误。通过反复练习，20 分钟后，许多儿童就完成了对这只鸭子的描述。[①] 就这样，语言教学中“字母表的苦差事不见了，所以无精打采、有气无力的教学也就不见了”[②]。通过这个例子可以看出，昆西学校的直观教学主要是通过对实物或模型进行直观的观察展开的。它单纯地强调直观，强调通过对实物或模型的观察和描述去理解所要学习的内容。

不仅如此，昆西学校几乎所有的实物教学课（object lesson）都是这一特点，其他科目的直观教学也是类似的做法，如算数、地理等。帕克在介绍“昆西方法”时也指出，地理和历史中的死记硬背、枯燥陈述在某种程度上已经被取消了。地理学习从真正的地球开始，并且引入了“泥团”（mud pies）用来制作地理模型。[③] 昆西学校二年级几节地理课的教学：一节是关于村庄布局的地理课。这节课是在教室里完成的。学生在教师的安排和指导下，在课桌上操作演示村庄的布局。还有一节课是关于池塘的形成的地理课。同样是在教室中，在教师的引导下，通过利用沙盘（sand table）进行模型演示的方式让学生观察池塘的形成。[④] 昆西学校地理的学习主要通过在教室中一系列的活动和模型演示进行，而且这样的课程课时很少，有将近一年的不定期的间隔，每周绝对不会超过两次。[⑤] 总之，整个昆西学校直观实物课的总体

---

① Lelia E. Patridge, *The "Quincy methods" illustrated : Pen photographs from the Quincy schools* (New York: E. L. Kellogg & Co. ,1885), pp. 632-633.

② Charles F. Adams, *The new departure in the common schools of Quincy and other papers on educational topics* (Boston: Estes and Lauriat, 1881), p. 38.

③ Francis W. Parker, "The Quincy Method," *American Journal of Sociology*, Vol. 6, No. 1, 1900: 119.

④ Lelia E. Patridge, *The "Quincy methods" illustrated : Pen photographs from the Quincy schools* (New York: E. L. Kellogg &co. ,1885), p. 361.

⑤ Lelia E. Patridge, *The "Quincy methods" illustrated : Pen photographs from the Quincy schools* (New York: E. L. Kellogg &co. ,1885), p. 361.

设计：前两个学年开设实物观察、图画课，使儿童学会观察和将观察到的事物进行表达的能力，然后让学生将其运用到第三学年动物学和植物学课程对自然物体的观察和描述中。这种通过实物观察进行的教学也许对语言课的学习是充分的，但是对地理、自然科学等科目的学习是远远不够的。

相比而言，库克实习学校的直观教学则采取了更为复杂综合的方法。仅仅通过实物或模型观察方式来研究自然对儿童来说还是远远不够的，儿童必须对自然有一个真实完整的体验。因此，库克县师范学校将野外远足引入学校教学，让儿童通过观察、实验与实地调查相结合的综合方式来研究自然，获取对自然的真实感受。

地理学习是运用这一综合方法的典型代表，帕克认为，“最有利于的地理和地质学基础学习的条件在教室之外而不是教室内，其他自然科学也是一样”①。因此，与昆西学校不同，库克实习学校的地理教学并不局限在教室或课堂中对实物或模型的观察。地理部的主任巴贝尔(Zonia Baber)对传统的基于教材的地理教学方法进行了彻底的改革。在巴贝尔的带领下，儿童和实习教师到学校附近观察所有典型的地形，如正在形成的河谷、沙丘及受冰川作用的地区等。野外工作成为学习地理的一个基本方式，学生通过观察、野外远足、实地旅行和考察等方式获取了第一手地理知识。② 此外，历史教学也通过手工制作、戏剧表演等丰富多样的活动，加强儿童对历史意义的真正理解。库克县师范学校还建立了科学实验室，进行物理、化学等实验。总之，库克实习学校的教学处处强调儿童自由、自发的学习，不仅通过观察，还通过实验、实地调查等综合性的方式进行直观教学。昆西实验通过对实

---

① Cook County Board of Education, *Course of Study of the Cook County Normal School*(Chicago: The J. M. W. Jones Stationery and Printing Co., 1895), p. 24.

② Heffron, Ida Cassa, *Francis Wayland Parker : an interpretive biography*(Los angels: Ivan Deach, Jr. Publisher, 1934), p. 84.

物或模型的观察进行教学的方式虽然可以使学生对所要学习的抽象知识获得直观的感受，但这种感受往往是间接的，有时甚至是肤浅的。而库克实验通过去实验室做实验、去博物馆参观、去野外实地考察的方式，可以使儿童直接接触到真实的大自然，获得更直接、更真实的感官体验，引发更真实的思考和想象。这种学习方式不仅仅停留在观察和描述的阶段，也不仅仅通过观察获得直观的体验，而是通过实际接触获得全方位的感受，通过实验形成更深层次的理解，这种综合全面的直观才能发挥直观教学最大的功效。

自然研究是库克实习学校实施观察、实验、调查相结合的综合性直观教学的典型科目。帕克认为，“与自然研究的结合能够使学生更轻松、更准确地学会阅读、写作和算数，这一点是不言而喻的”①。当儿童对自然领域的调查、实验和研究产生积极的冲动时，阅读、写作和算数理所当然地被包含在这个过程中，这种教学要远比局限在呆板的形式和空洞的符号范围内的教学更有益。在自然科学部主任杰克曼的带领下，教师们在学校自然研究部 20 英亩（约 80937.13 平方米）的土地上种植了更多的树木，修建了一个池塘，设计了一个花园，安装了很多体育设施，设计了一些蜂房，还喂养了各种小动物——乌龟、兔子、鸽子、松鼠等，以便儿童可以随时对它们进行观察和研究，同时也为绘画、素描等艺术表达提供机会和题材。在自然研究的学习中，儿童不仅在校园中活动，还在自然研究部和艺术部两个主任及任课教师的带领下去遥远的乡村远足旅行。在旅行中，学生们不仅通过写作将自己观察到的事物记录下来，还用画笔将它们描绘出来。艺术是一种准确无误地展示学生观察能力的表达方式。于是，科学的学习与语言和艺术的学习紧密地联系到一起。他们的调查报告完成了物理学、

① Cook County Board of Education, *Course of Study of the Cook County Normal School* (Chicago: The J. M. W. Jones Stationery and Printing Co., 1895), p. 21.

生物学实验的初步工作。[1] 堪萨斯市督学格林伍德（J. M. Greenwood）在1892年对库克实习学校进行参观后，指出实习学校的教学步骤：首先观察事物，其次形成观念或概念，然后运用语言或各种表达方式进行表达，最后进行必要的反馈。高年级的学生大部分的工作都采用实验的方法并做实验记录。“各种各样的实践活动是学校的本质和灵魂，它们使实习学校成为美国学校演进过程中的一个独特类型。”[2]

此外，通过《“昆西方法”说明》一书的记录和描述可以发现，昆西市学校的教学活动实际上仍然主要局限在教室或课堂中，以课堂为中心，教师仍然在教学过程中占主导地位，把控整节课的设计和流程，师生对话是主要的教学方式。几乎所有的课程都是按照严格的课程目的和课程计划开展的，教学过程也严格按照规定的流程和计划进行。相比之下，库克实习学校的教学并不局限在教室中，教学活动强调儿童的主体地位、儿童的自发活动，比昆西学校更加灵活、自由。

2. 活动教学：从简单零散的手工活动到复杂系统的手工训练

帕克主张通过游戏和活动让儿童在做中学，“这个伟大的真理——做中学，无论我怎样重复，都不会嫌过分”[3]。在昆西学校实验时期，帕克提出了工作（work）这一概念，并且对工作和机械的操作（drudgery）进行了区分。帕克认为，真正的工作是适应儿童能力的，是丰富多彩的，因而也是有趣的，是直接作用在实物上的并产生明确结果的。而单调乏味的操作是儿童所不能理解的，它是机械的强制的活动，儿童对此毫无兴趣可言。比如，机械地反反复复地记忆一些毫

---

① Heffron, Ida Cassa, *Francis Wayland Parker: an interpretive biography* (Los angels: Ivan Deach, Jr. Publisher, 1934), pp. 76-79.

② 转引自 Charles Dennis Marle Jr., *Colonel Francis Wayland Parker: Prophet of the "New Education"* (Stanford University, 1965), p. 110。

③ Francis W. Parker, *Talks on Teaching* (New York & Chicago: E. L. Kellogg & CO., 1896), p. 168.

无实际意义的字母符号。基于此，帕克反对死记硬背、机械训练，主张以儿童的兴趣为基础，通过各种活动、工作变被动地“学”为主动地“做”。相比于传统的机械呆板的教学方式，我们可以把昆西学校的教学改革简单概括为一种活动教学。

关于昆西学校活动教学最富创意的一项内容就是“繁忙工作”(Busy-Work)。“繁忙工作”就是一系列帮助教师在拥挤的教室里开展教学的最有效的设备。正如它的名字所暗示的，“繁忙工作”具有双重含义：一是“繁忙”，就是使儿童忙碌；二是“工作”，就是训练儿童工作，热爱工作，系统地工作。首先，这意味着儿童可以做任何他喜欢做的事情。其次，“繁忙工作”所用到的设备取材广泛、经济实用，大多是直接取自自然界的材料。工作内容根据教学的需要由教师安排，如对不同长度的彩纸或各种树叶分类排序；用石膏制作各种形状；用彩色的小纸片、小木棒、牙签或扁豆进行设计；在黑板上描摹图画；编织；剪纸；等等。

虽然昆西学校的活动教学符合儿童的兴趣，有利于调动儿童学习的积极性，但是一方面学校的工作都很简单，如拼图、剪纸等，另一方面还缺乏系统的规划，如各种“繁忙工作”随意地被穿插在教学过程中，目的仅仅是为了使儿童处于忙碌的状态，甚至出现“为了活动而活动”的现象。各学科之间的活动也缺乏系统的联系。

相比之下，库克实习学校则用复杂的系统的手工训练取代了简单零散的工作和活动。手工训练（Manual Training）是一种符合儿童创造性本能且具有教育意义的活动，是儿童感兴趣的一种重要的教育方式。但在 1883 年手工艺教育在学校中的发展还很微弱，几乎没有公立小学进行类似的教育。帕克在这方面做出了开创性的贡献，在没有任何经验的前提下，建立了手工训练部（Manual-training Department）——一个与实习学校相联系的工场。与昆西学校简单的繁忙工作不同，库克时期帕克认为，“少数行业现在已经变得人满为患，然而这个世界正在等待有能力的工程师、技术熟练的农民、专业的机械师及训练有素的制造者”①。因此，库克实习学校的手工训练基本上都是些复杂系统的具有实用价值的手工艺教育。其目的也是系统的，就是不仅让儿童对工作产生热爱，更重要的是让儿童形成一个彻底的工作习惯，使个体为自己最适应的职业做好准备，为儿童更全面的成长、为个体在世界上的生存提供更好的机会。库克实习学校的手工艺教育取得了显著的效果，帕克列举的一个例子很好地说明了这一点：伊利诺伊州大学计划制作一幅巨大的伊利诺伊州地形图。一开始，由两家公司承担了这一任务，但由于没有找到熟练的工人来执行，所以不得不放弃这一项目，这个项目被转交到库克县师范学校。学校把这一任务交给了一名毕业生和实习学校八年级的几个学生，然后这个工作被出色地完成了。② 总之，实习学校的儿童都认真地参与到手工艺工作中来并圆满完成了各项任务。

此外，与昆西实验时期各科目分散的活动和工作不同，库克实习学校的手工训练不是孤立的，而是一个系统完整的设计，与其他科目的学习是交织在一起的。手工训练的工作与其他所有工作都密切相关，尤其是物理教学所需要的简单的设备的制作。手工训练还为绘画、基础逻辑、算数、几何的学习提供可能最好的练习。自然研究、历史、物理、化学、生物、地理、算数等科目的学习设备及实验室所用设备为手工训练课提供了大量的物品制作的需求。儿童沉浸其中，始终保持强烈的兴趣。手工艺发展了儿童的肌肉协调性，增强了儿童的意志

---

① Francis W. Parker, *Talks on Teaching* (New York & Chicago: E. L. Kellogg & CO., 1896), p. 21.

② Francis W. Parker, *Talks on Teaching* (New York & Chicago: E. L. Kellogg & CO., 1896), p. 31.

稳定性，训练了儿童的思维，通过制作物品的成就感而获得愉悦。[①] 在将手工艺课程引入公立小学教育并系统完整的实施方面，帕克在库克实习学校的努力做出了开创性的贡献。富兰克林·帕克指出，帕克在库克县师范学校的这一举措是美国最早的创举之一，领先杜威在芝加哥大学类似的工作超过 10 年。[②]

（五）学校管理方面的转变

昆西实验与库克实验的指导思想从“儿童中心”到“民主理想”的转变直接反映在学校管理的思想和实践上。昆西实验时期，帕克主要强调学校管理之于儿童自身发展的重要性。库克实验时期，帕克不仅强调学校管理对儿童的重要性，还强调学校管理对整个共同体建设的重要性。管理不仅是出于儿童个体发展的目的，还是为了共同体的利益。

1. 理论层面：从片面强调儿童的自由到强调自由与社会意识的统一

昆西实验时期，帕克在学校管理方面的思想主要是避免对儿童过多的外部干涉，给予儿童充分的自由，让儿童实现自我约束和自我管理。“学校管理的最高目的在于给予儿童自我控制的能力和必要理由。学校管理的直接目的在于训练儿童心智能力方面的注意力或专注力。”[③] 要想实现这一目标，只能通过采取符合儿童兴趣的自然的教学方法，如用沙子或黏土制作模型、绘画等方式。教育的全部目的就是训练学

① Francis W. Parker, “An Account of the Work of the Cook County and Chicago Normal School from 1883 to 1899,” *The Elementary School Teacher and Course of Study*, Vol. 2, No. 10, 1902: 763-765.

② Franklin Parker, “Francis Wayland Parker, 1837-1902,” *Paedagogica Historica*, Vol. 1, 1961: 123.

③ Francis W. Parker, *Talks on Teaching* (New York & Chicago: E. L. Kellogg & CO., 1896), p. 155.

生工作，系统地工作，热爱工作，全身心地投入工作。学生所做的工作只有越喜欢，才能越投入，结果也才越好。工作过程中的乐趣及成功的结果使学生能够克服所有的困难和障碍，实现自我控制。因此，学校管理的关键在于激发学生的兴趣，让学生热爱学习，热爱工作，实现自我控制。

在学校管理的理论方面，昆西实验时期的帕克更多地强调儿童个体单方面的因素，强调调动儿童的学习兴趣，实现自我控制和自我管理。而库克实验时期，帕克则强调学校管理不仅仅是儿童单方面的事情，不仅仅是为了儿童个体的发展，还是为他人负责，为共同体的利益考虑，最终的目的是为了实现个体自由与社会责任的统一。库克实验期间，帕克指出，“一所学校就是一个共同体；共同体生活对于儿童的心智和道德发展是必不可少的”。生命的尊严产生于帮助别人的责任感。“个体的最高责任在于为集体的最佳利益贡献所有的力量。这一原则无疑是一所学校所有规章制度的指导。”① 秩序（order）使个体的能量致力于具有教育意义的工作②。所有的教育只能通过自我努力（self-effort）来实现。只有通过持续不断的自我努力，才能获得身体、智力和灵魂的全面发展，从而获得永久的幸福。但是，只有在最高责任的支配下，最有效的自我努力才是可能的。真正的秩序和道德训练很明显是同一件事，公立学校不可估量的价值在于它包含了一个雏形的民主社会所有的必要因素。在这里，学生学会相互尊重；富裕的和贫穷的儿童，聪明的和愚笨的，通过相互的行动和爱融合在一起。公立学校提供了一个进行道德训练的完美途径；秩序、工作、游戏都倾向于

---

① Francis W. Parker, *Talks on Pedagogics : An outline of The Theory of Concentration* (New York & Chicago: E. L. Kellogg & CO. 1894), p. 337.

② 具有教育意义的工作就是指包括身体、智力和灵魂在内的整个人的教育所需要的自我努力。

培养真正的成人。①

此外，昆西实验时期帕克虽然强调儿童的自我管理，但是同时也强调教师的外部管理甚至是体罚。昆西学校所谓的儿童自由是有条件的，这一时期师生之间的关系还不太融洽。帕克指出，“管理好一所学校所必需的第一要素是自我控制，第二要素是勇气”②。学生就像战士监视敌人一样密切观察教师的一举一动。一旦他发现教师的弱点，便会利用它与教师对抗，烦扰或控制教师。因此，如果教师不能控制学生，学生就会反过来控制教师。但是，如果学生发现教师坚定不移地要控制他们，他们就会缴械投降。因此，从进入教室的第一刻起，教师要展示自己的专业性以震慑学生，让学生对教师产生畏惧，这样就不敢扰乱课堂秩序，“畏惧是智慧的开端”。而且，如果遇到特别难管的学生，适当的体罚也是可取的，但要明智地使用体罚，而且体罚必须是出于真正的关爱和同情，“真爱使人无畏”。

而库克实验时期，帕克对体罚等外部管理手段又有了新的认识。他指出，体罚的作用在于使人彻底盲目地服从权威，彻底抑制人类灵魂追求自由的神圣愿望。给予奖励本质上就是一种贿赂，它最有效的作用就是剥夺人的自由，重建专制独裁；而且“像体罚一样坏，与体罚互为替代的奖励系统更是极其恶劣的。惩罚令学生产生的恐惧已经足够坏了，但是系统地培养自私更是坏到了极点”③。“学校里只有一个测试，一个真正的测试，这个测试可以通过两个问题进行解释：第一，学校中的每个个体是否都在以最优质、节约的方式做有教育意义的工

---

① Francis W. Parker, *Talks on Pedagogics : An outline of The Theory of Concentration* (New York & Chicago: E. L. Kellogg & CO. 1894), p. 346.

② Francis W. Parker, *Talks on Pedagogics : An outline of The Theory of Concentration* (New York & Chicago: E. L. Kellogg & CO. 1894), p. 162.

③ Francis W. Parker, *Talks on Pedagogics : An outline of The Theory of Concentration* (New York & Chicago: E. L. Kellogg & CO. 1894), p. 367.

作？第二，那项工作对学校全体同时对每个个体是否是最有利的？如果这两个问题的答案是肯定的，就可以确定一所学校是有秩序的。”[①]

2. 实践层面：从严格的纪律到民主管理方式的转变

从实践上看，虽然昆西实验时期强调儿童的自由和自我管理，但是还存在明显的教师外部管理甚至必要的体罚，严格的纪律在学校管理中仍然占有重要的地位。只有到了库克实验时期，帕克才真正实现了从严格的纪律到民主管理方式的转变，并且致力于把学校建成一个民主共同体。

昆西实验在对儿童自由的强调上做得还是不够彻底的。帕克在自传中谈道：“从本质上说，我是一个严格执行纪律的人。”早在军队的时候他就以纪律著称，在曼彻斯特和代顿担任校长期间也是非常强调纪律，在昆西市公立学校担任督学时虽然他并不直接管理学校，但是在某种程度上也是如此。[②] 帕克认为，直到在库克时期自己才真正实现了从严格的纪律到民主管理方式的转变。“我逐渐地坚定了这一信念，就是人类如果想要获得自由和心灵的成长，就只能依靠自己，他必须自己为自己做出正确的选择，然后采取正确的行动。……慢慢地，我从昆西时期的工作转换到了库克县师范学校的教学计划。”[③] 也就是说，帕克自认为在昆西学校的管理方面还存在严格的纪律，儿童的自由没有得到充分的释放，没有真正做到让儿童进行自我控制和自我管理。

库克县师范学校的艺术教师赫夫龙指出，早年在昆西的教学生涯中，帕克的管理方式以“纪律”著称，昆西实验相对于库克实验还是

---

① Francis W. Parker, *Talks on Pedagogics : An outline of The Theory of Concentration* (New York & Chicago: E. L. Kellogg & CO. 1894), p. 338.

② William M. Giffin, *School Days in the Fifties* (Chicago: A. Flanagan Company, 1906), p. 134.

③ William M. Giffin, *School Days in the Fifties* (Chicago: A. Flanagan Company, 1906), p. 134.

比较严格而缺乏自由的。[①] 也就是说，昆西学校中仍然存在着严格的管理和纪律，学生的行为还受到一些不必要的约束，儿童的自由也受到一些不必要的限制，儿童并不是真正意义上的中心。而在库克实习学校，从一开始就是一所以“儿童为中心的”（Child-Centered）学校。[②] 帕克认为，自然的吸引力比强迫的教育更有力量。父母要尊重儿童的选择，不能强迫儿童进入公立学校学习。“美国的公立学校可以成为各方面都是世界上最好的学校。所有实现这一目标的条件都已具备，除了民主的方法，即尊重儿童自己的选择。那样的教育将会使儿童的灵魂得到解放。”[③] 帕克把儿童真正视为关注的中心和焦点，学校中所有物质的和非物质的环境都随着儿童需要的变化而变化，使儿童可以在不受阻碍的环境下工作和游戏。[④] 难怪拉格在《美国教育的基础》一书中将帕克在昆西进行的改革仅仅评价是建立了“美国第一所真正的生活化的学校”[⑤]，而将帕克创办的库克实习学校誉为美国 19 世纪 80 年代的一所与众不同的学校：“第一个以儿童为中心的学校”[⑥]。从表面上看，库克实习学校的管理是无序混乱的，但仔细观察就会发现它是一

---

① Ida Cassa Heffron, *Francis Wayland Parker: an interpretive biography* (Los angels: Ivan Deach, Jr. Publisher. 1934), p. 47.

② Ida Cassa Heffron, *Francis Wayland Parker: an interpretive biography* (Los angels: Ivan Deach, Jr. Publisher. 1934), p. 55.

③ Francis W. Parker, *Talks on Pedagogics: An outline of The Theory of Concentration* (New York & Chicago: E. L. Kellogg & CO. 1894), p. 450.

④ Francis W. Parker, *Talks on Pedagogics: An outline of The Theory of Concentration* (New York & Chicago: E. L. Kellogg & CO. 1894), p. 49.

⑤ Harold Rugg, *Foundations for American Education* (New York: World Book Company, 1947), p. 537.

⑥ Harold Rugg, *Foundations for American Education* (New York: World Book Company, 1947), p. 530.

种“有序的混乱”(Orderly Disorder)①。因为所有的活动都是有计划性的，都在教师密切地关注之下有条不紊地进行。

此外，帕克还致力于把学校构建成一个民主的共同体。库克实习学校就像一个大家庭，帕克是这个大家庭的大家长。帕克既是教师们的领导，又是朋友，同时还是儿童热爱的对象。在院子里，男孩和女孩都争相围绕着他，年纪小的儿童跟随着他或手牵手跟他一起走，充满自豪感。帕克还认为，性格的发展是无法用分数来测量的。“奖励、分数、奖品或等级排名等培养儿童的自私行为，破坏行动的统一性，使利他动机几乎荡然无存。”② 因此，库克实习学校废除了基于奖励的评价系统。“在共同体理想的支配下，我们发现责任感、集体归属感、被别人认可的期望甚至对他人的重要性成为对各年级儿童（从幼儿园到中学）意义深远的、起支配作用的道德刺激。”③

有这样一个例子：在一个冬季下雪的早晨，实习学校的一部分男生任意朝着路人的身上扔雪球，这违反了学校的行为规范。帕克对这种行为采取了独特但更有效的惩罚措施。他并没有对此进行烦冗的训诫，而是在晨会时引起大家的关注。以往晨会时，他跟大家打招呼都是“女士们、先生们，早上好”，而这一次他只说了“女士们，早上好”，而没有提到“先生们”。这就引起了大家的注意，有的儿童询问原因，帕克就顺势答道：“只有当学校的所有男孩都表现得像绅士一样时，我才会用‘先生’称呼你们。”儿童听到这个回答就知道肯定有男

---

① Ida Cassa Heffron, *Francis Wayland Parker: an interpretive biography* (Los angels: Ivan Deach, Jr. Publisher. 1934), p. 56.

② Francis W. Parker, *Talks on Pedagogics: An outline of The Theory of Concentration* (New York & Chicago: E. L. Kellogg & CO. 1894), p. 363.

③ Francis W. Parker, “An Account of the Work of the Cook County and Chicago Normal School from 1883 to 1899,” *The Elementary School Teacher and Course of Study*, Vol. 2, No. 10, 1902: 760-762.

孩违反学校的准则了，犯错的男孩虽然没有受到训诫，但已经意识到了自己的错误。

总之，库克实验在学校管理上强调儿童的内在动机而不是外部刺激，强调自我约束、自我管理、自我控制，反对体罚、外部奖励、等级排名等，同时也强调对儿童社会责任意识的培养、利他动机的培养，最终的目的是构建一个和谐的共同体生活。

通过对两个实验的比较，我们可以看出，从昆西实验到库克实验，帕克的教育思想与实践主要发生的转变：第一，在指导思想方面，从片面强调儿童自由的“儿童中心”转变到强调儿童与社会统一的“民主理想”，力图实现儿童个性发展与社会意识、合作精神培养的统一。第二，在课程方面，库克实验形成了系统的课程集中理论，实现不同学习科目之间的有机整合，课程实践从零散的活动课程转变到综合的活动课程，力图实现儿童与课程的统一。第三，在教学方面，库克实验自然的教学方法得到进一步强化，直观性教学实现了从单纯的直观到观察、实验与实地调查相结合的转变，活动教学实现了从简单的工作活动到复杂系统的手工训练的转变，力图实现儿童活动与系统知识学习的统一。第四，在学校管理方面，库克实验实现了从严格的纪律到民主管理方式的转变，力图实现儿童自由与纪律的统一。

从整体上看，昆西实验的改革范围还主要局限在教学方面，强调儿童的兴趣和活动，强调直观教学，强调采用以儿童为中心的自然的教学方法。在课程、学校管理等方面虽然也有所涉及，但不系统、不完整，还很零散。在库克实验时期，帕克的改革并不局限于教学的范畴，而是拓展到学校工作的许多方面，在课程、教学、管理等方面都采取了较为系统完整的改革举措。此外，昆西实验虽然也包含一些新教育因素，但是在指导思想方面更多地强调片面的儿童中心，在具体实践中也还存在旧教育的遗留，如教师在教学过程中仍居于主导地位、教育管理方面还存在严格的纪律约束等，改革的内容也不够全面，主要集中在教学领域，可以看作旧教育体系与片面的新教育观念的一个奇怪组合，改革并不彻底。相比之下，库克实验在指导思想上更加均衡和全面，既强调儿童，也强调社会，并且试图实现二者的有机统一，在对新教育观念的具体实践上也更加系统、完整和彻底。

此外，通过梳理帕克从昆西实验到库克实验转变的具体表现我们可以得出结论：首先，我们不能忽视库克实验在帕克教育实践活动中的重要性。与昆西实验相比，库克实验无论在指导思想上还是具体实践上，都更为系统和成熟，在帕克的教育改革实践中具有更为重要的意义和影响。克雷明认为，帕克的工作在库克县师范学校达到了引人注目的顶点。他使自己的教育技巧有了最终的模式。① 爱德华·丹格勒认为，尽管帕克在昆西的成就意义重大，但是他伟大工作的最终完成是在他担任校长长达 18 年之久的库克县师范学校。② 富兰克林·帕克在《弗朗西斯·帕克（1837—1902）》一文中也指出，帕克在昆西的实验取得了巨大成功，使帕克获得了全国性的声誉。③ 帕克在库克县师范学校的工作比昆西时期的工作也吸引了更加广泛的关注。④ 其次，两个实验虽然一脉相承，但是帕克的思想与实践在库克实验时期发生了重要且根本性的转变。因此，我们不能笼统地把库克实验作为昆西实验的继续甚至是昆西实验的组成部分而忽视库克实验的独立性。再次，库克实验时期，帕克的教育思想与实践发生了根本性的转变，既强调儿童个性发展，也强调社会责任意识的培养，主张实现儿童与社会的

---

① ［美］劳伦斯·阿瑟·克雷明：《学校的变革》，单中惠、马晓斌译，山东教育出版社，2009，第 117 页。

② Edward Dangler, *The Educational Philosophy of Francis Wayland Parker: Its Origins, Contents, and Consequences* (New York: New York university, 1939), p. 51.

③ Franklin Parker, "Francis Wayland Parker, 1837-1902," *Paedagogica Historica*, Vol. 1, 1961: 123.

④ Franklin Parker, "Francis Wayland Parker, 1837-1902," *Paedagogica Historica*, Vol. 1, 1961: 125.

统一；既注重儿童活动，也不忽视系统知识的传授，实现儿童与学习科目的统一；既强调儿童的自由，也强调儿童的责任和合作精神，实现自由与纪律的统一。因此，对帕克“儿童中心”论者甚至极端“儿童中心”的标签化认识是非常片面的。最后，我们不能忽视帕克在课程思想与实践方面的贡献。帕克的集中理论与赫尔巴特是存在重要差别的。首先，赫尔巴特强调的“集中”是以“学科（知识）”为中心的，本质上是一种教学内容的组织形式或课程的安排方式，没有超出学科的范畴。帕克的“集中”不仅仅是对学科内部结构的组织和安排，更是以“儿童”为中心的，强调儿童与课程的统一。这一点也是帕克与赫尔巴特集中理论的本质差别。其次，二者在核心学科的设置上也存在差别。赫尔巴特选择某门单一的科目作为所有学科和学习的中心，如历史或数学，并且使其他科目作为学习和理解它们的手段。帕克没有设置单一的核心学科，而是设置了地理学、地质学、历史等10个核心学科，而且这10个核心学科的地位是平等的，它们之间是相互联系、相互依存的关系，是一个统一的有机整体，没有哪一个科目可以成为其他科目学习的中心。帕克的课程思想与实践也是独树一帜，在学科重组及课程组织的理论与实践方面也做出了重要的贡献，因此这也是我们不能忽视的帕克的一个侧面。

三、帕克教育思想与实践转变的原因分析

前面我们梳理了帕克的教育实践经历和教育思想的来源，以及昆西实验和库克实验的背景和经过，重点比较了两个实验的异同，探讨了从昆西实验到库克实验帕克教育思想与实践转变的主要表现。那么，帕克从昆西实验到库克实验转变的主要动因何在？这将是本文接下来所要探讨的内容。

教育家思想与实践的变化往往是多种因素共同交织、共同作用的

结果。从昆西实验到库克实验，帕克教育思想与实践发生的转变是社会环境的变化、自身实践过程中的反思及理论认识的进一步深化等因素相互交织的结果。其中，既有内因，也有外因，内外因的共同作用最终推动了帕克的转变。

（一）对美国社会全面教育改革需求的反思和回应

首先，从实验的整体范围而言，昆西实验的改革主要局限在教学方面，而库克实验则将改革拓展到了课程、教学、学校管理等学校生活的方方面面。这一差异与两个实验所处的不同社会背景和教育需求是密不可分的。

昆西实验开展于1875—1880年，也就是19世纪70年代后半期，而库克实验开展于1883—1901年，也就是19世纪八九十年代。虽然两个时期相距不远且都处于美国社会的转型时期，但相比之下，19世纪八九十年代的美国社会发生了更加剧烈和根本性的变化。首先，社会现代化转型的重要标志——工业化就完成于这一时期。其次，随着工业化的开展，城市化进程也不断加快。1890年，三分之二美国人的收入来源于工资，而不再是农场、小商业或手工业店铺。[①] 工业化、城市化引发的生产技术的进步及生产方式的更新对劳动力的素质和能力提出了新的要求。不仅如此，从19世纪80年代开始，来自东欧和南欧的“新移民”大量涌入美国。拥有不同的肤色、语言、经济背景、宗教信仰、风俗习惯、价值观念的新移民使美国社会变得更加复杂多元。新移民的大量涌入及人口特性的变化直接导致入学人数的激增及教育需求的多样化。总之，19世纪八九十年代的工业化、城市化及巨大的“新移民”浪潮对美国社会的政治、经济、文化、价值观念、道德伦理等产生了巨大的冲击，使美国社会发生了史无前例的根本性的、全方

① ［美］埃里克·方纳:《给我自由！一部美国的历史》（下卷），王希译，商务印书馆，2010，第756页。

位的变化。“在这样一种背景下，美国面临的根本任务是实现社会、文化、教育的全面重建，任何局部的修修补补都是无济于事的。”① 具体到教育领域而言，所有这一切都要求教育进行全方位的、根本性的变革——教育内容要更加具有实用性和多样性、教育方法要更加具有灵活性、学校管理要更加具有民主性，只有如此才能适应社会现代化发展的需要。

然而，在社会剧烈变革的背景下，19 世纪八九十年代的学校教育普遍存在教学方法单一、机械训练盛行，课程缺乏实用性、科目之间缺乏联系及学校管理混乱等问题。赖斯从 1892 年起走访调查了美国 36 个城市的公立学校，调查结果令他大失所望。后来，赖斯在美国《论坛》（*The Forum*）杂志上发表的一系列揭露美国学校教育弊端的文章中指出，“现今的整个公立学校系统都是死气沉沉的、机械呆板的，教学中充满了死记硬背、机械训练，儿童毫无学习兴趣”②。

随着社会的发展变化，以及随之而来的教育需求的变化，帕克对当时普遍落后的公立学校教育又进行了进一步的思考，对教育改革的内容又产生了新的认识。1899 年夏，在即将离任库克县师范学校校长之际，帕克发表了《库克县和芝加哥师范学校记事：1883—1899》这篇演讲。在演讲中，帕克首先讲述了自己在库克县师范学校及其实习学校开展实验的原因。帕克对美国的公立学校教育极为不满，对教学内容、教学方法、学校管理、教师培训等学校工作的方方面面提出了指责，认为那是一种严重忽视身体、智力和道德需要的教育，教学方法呆板僵化，毫无生气。公立学校花费了大量的金钱，教师投入了大量的辛苦劳动，然而收效甚微。同时，他对教师也提出了批评，认为他们不知道教育的历史，不熟悉著名的教育改革家，不了解当时重要

① 张斌贤：《教育与社会变革》，中国社会科学出版社，2012，第 134 页。

② Joseph Mayer Rice, *The Public-School System of the United States* (New York: The Century CO., 1893), p. 210.

且有趣的教育运动。“简而言之，当前的教育有太多不尽如人意的地方，通过适当的方式，我们能够对其进行无限的改进。”[①] 由此可以看出，对社会变化的回应，对教育现状的反思，使库克实习学校实验最初的设计理念就是一个包括教学、课程、管理、教师培训在内的全方位的改革。

实际上，从 19 世纪中期开始，美国教育领域先后掀起了各种各样的教育革新运动，以改变传统教育的各种弊端。在这一过程中，首先受到冲击的就是教学领域。这与美国当时教学领域的问题最为突出、改革的愿望最为迫切有关。克伯莱指出，“至少到 19 世纪中期为止——在大部分学校还要更晚一些，背诵是最主要的教学方法，学生只要背诵它们从教科书里学到的知识就可以了。教师要做的只是管理，而不是教学”[②]。昆西实验结束之前，也就是 19 世纪 80 年代之前兴起的教育革新运动的普遍特点在于侧重教学方法的改革，主张用活动教学和直观教学取代机械的死记硬背和空洞的形式主义教学，如福禄贝尔运动[③]、裴斯泰洛齐运动[④]。帕克在欧洲当然直接研究过这些教育家的思想，这些运动在 19 世纪的美国也引起了轰动，帕克进一步受到它们的

---

① Francis W. Parker, “An Account of the Work of the Cook County and Chicago Normal School from 1883 to 1899,” *The Elementary School Teacher and Course of Study*, Vol. 2, No. 10, 1902: 753.

② ［美］埃尔伍德·克伯莱：《美国公共教育——关于美国教育史的研究和阐释》，陈露茜译，安徽教育出版社，2012，第 239 页。

③ 自 19 世纪 50 年代末开始，福禄贝尔运动（也称幼儿园运动）在美国兴起，幼儿园在美国各地的大量创办极大地促进了福禄贝尔幼儿教育思想在美国的普及，儿童自我活动和兴趣、游戏成为教育活动强调的一个重要方面。

④ 19 世纪 60 年代，纽约奥斯维哥（Oswego）师范学校校长谢尔登（Edward A. Sheldon）领导的裴斯泰洛齐运动（也称奥斯维哥运动）极大地促进了裴斯泰洛齐直观实物教学法在美国的传播。

影响。[1] 昆西实验正处在这样一个大的历史环境中，受这些运动的影响，因此也具备了这样的特点。然而，随着19世纪80年代以后社会的剧烈变革，单纯的教学方法的改革已无法满足社会发展变化的需要，因而教育改革必须要拓展到学校教育的方方面面，包括教育目的、教育内容、教育方法、学校管理乃至教师培训等。这一时期兴起了种类繁多的教育革新运动。这些教育运动关注的焦点也各有侧重，有的侧重单一方面的改革，如手工训练运动主张学校课程中开始手工课程，侧重在教学内容方面的改革；儿童研究运动注重儿童在教育过程中的主体地位，侧重教育目的和功能的改革。也有的侧重教育的全面改革，如赫尔巴特运动。库克实验正好处于这一时期，帕克也通过不同的方式或多或少地参与了这些运动，将自己在库克实习学校的改革从教学扩大到学校教育的其他方面。19世纪八九十年代的社会环境及教育现实决定了帕克教育思考的主要方面及教育改革的重点。

总之，19世纪八九十年代美国社会的教育需求及学校教育的现实状况在很大程度上决定了这一时期帕克在库克实验中的改革内容和特点。库克实验的改革正处于这样一个历史时期，也体现了这样一个特点。帕克的库克实验是一次适时的教育实验。相比之下，昆西实验时期发生的19世纪70年代美国社会的变化没有像80年代尤其是90年代那样剧烈，教育需求也没有那样的多元和复杂。因此，教育改革的重点更多的只是停留在教学层面，局限在探索新的教学方法上，还没有涉及教学内容的选择、教学科目的组织及学校的管理等更深层次的、与社会发展关系更为密切的方面。

（二）实践过程中的困扰及理论认识的进一步深化

除了社会背景和教育需求的变化，帕克个人教育实践过程中的困

---

① ［美］劳伦斯·阿瑟·克雷明：《学校的变革》，单中惠、马晓斌译，山东教育出版社，2009，第120页。

扰和反思及教育理论认识的进一步深化也是帕克教育思想与实践从昆西实验到库克实验转变的主要动因。这些原因直接推动了帕克在指导思想、课程、管理等方面的转变。

首先，帕克关于民主及个人与社会关系问题的思考与19世纪后期美国整个思想界对“个人主义”的重新反思实质上是异曲同工的。19世纪末，由于得到社会达尔文主义的支持，个人主义进一步演变为“放荡不羁的个人主义”，成了自私自利、拜金主义的代名词。① 这也就是所谓的“旧个人主义”。在这种个人主义的支配下，造成了一系列社会问题，尤其是贫富分化、道德危机、政治腐败等，对美国的民主制度造成极大威胁，于是就引发了人们对个人与社会关系的重新思考，最终在19世纪末20世纪初形成了强调个人与社会联系、人与人之间的合作的“新个人主义”。帕克的民主思想与教师专业化思想主要受到贺拉斯·曼和亨利·巴纳德的影响。虽然受到他们的影响，但是在昆西实验时期帕克还没有深刻认识到个人与社会的统一关系及公立学校教育的民主功能。随着社会环境的变化，帕克对个人与社会的关系，以及公立教育的功能进行了进一步的思考。默尔·柯蒂在《美国教育家的社会理想》一书中指出，在担任库克县师范学校校长期间，帕克越来越意识到初等教育的社会意义。随着时间的推移，帕克也越来越强调教育的社会意义这一方面，尤其是学校的民主功能。② 库克实验时期，帕克设想在公共学校里富裕的和贫穷的儿童、聪明的和愚笨的，通过相互的行动和爱融合在一起，学生学会相互尊重和合作。一所学校就是一个共同体，共同体生活的理想在于激发利他主义。通过利他的动机去生活，个体和社会都能实现最充分的发展。还有学者指出，19世纪末期巨大的技术进步引发了对教育问题的关注。在帕克的教育

---

① 张斌贤：《教育与社会变革》，中国社会科学出版社，2012，第116页。

② Merle Curti, *The Social Ideas of American Educators with New Chapter on the Last Twenty Five Years* (Paterson, New Jersey: Pageant Books, INC., 1959), p. 380.

思想和实践中，我们看到了一个适应新的社会发展要求的尝试，一个重新界定个体和变化中的社会的关系的尝试。[①] 在库克实验时期，帕克在儿童研究（Child-study）方面产生了一些新的见解——对特殊儿童的关注及儿童社会性的培养。帕克认为并不存在所谓的“不可救药的”“愚笨的”“懒惰的”的“坏孩子”（bad child）。[②] 帕克认为，儿童研究为我们带来了丰富的建议和解决方案，更为重要的是它使我们对我们的学生更加同情、更有耐心、更加体贴。[③] 鼓励儿童给予需要帮助的同伴无私的帮助，不仅有利于弱势儿童的发展，还有利于正常儿童社会性的培养。

其次，课程改革的理论与实践。19 世纪 90 年代，有关初等和中等教育“学习科目的组织问题”（arrangement of subject matter）——也就是后来的课程问题，成为当时教育界最为关注的问题之一。[④] 课程理论的探讨与课程改革的实践成为这一时期学校教育改革的重点。比如，19 世纪 80 年代在美国兴起的赫尔巴特运动[⑤]。美国赫尔巴特学派对赫尔巴特“集中”和“相关”的课程理论进行了大力宣传和研究。作为

---

① Charles Dennis Marler, Jr., *Colonel Francis Wayland Parker: Prophet of the "New Education"*(Stanford University, 1965), pp. 280-281.

② Ida Cassa Heffron, *Francis Wayland Parker: an interpretive biography*(Los angels: Ivan Deach, Jr. Publisher, 1934), p. 61.

③ Francis W. Parker, "An Account of the Work of the Cook County and Chicago Normal School from 1883 to 1899," *The Elementary School Teacher and Course of Study*, Vol. 2, No. 10, 1902: 778.

④ 张斌贤，王慧敏：《“儿童中心”论在美国的兴起》，《北京大学教育评论》2014 年第 1 期。

⑤ 19 世纪 80 年代，在德·加谟（Charles De Garmo）、麦克默雷兄弟（C. A. McMurry and F. M. McMurry）等人的大力宣传下，赫尔巴特运动在美国兴起。1892 年，运动的组织机构全国赫尔巴特俱乐部（National Herbart Club）成立，1895 年更名为全国赫尔巴特协会。这些成员大力宣传、研究赫尔巴特及赫尔巴特学派的“兴趣”“统觉”“相关与集中”“道德教育”等教育学说，并且将其运用于实践以改革美国学校教育的教育运动，运动迅速席卷了整个美国教育界。

全国赫尔巴特学会重要成员的帕克也针对这一问题进行了大量的探讨，并且与学派进行了交流互动。不仅如此，1880—1900 年，帕克还是全国教育协会（National Educational Association）的著名人物。1892 年，帕克当选“全国教育协会中等学校课程十人委员会”（the Committee of Ten on Secondary School Studies，简称“十人委员会”）地理学分会成员，1893 年还是“全国教育协会初等教育十五人委员会”（the Committee of Fifteen，简称“十五人委员会”）的成员，协助制定关于小学课程改革的方案。十人委员会、十五人委员会都是全国教育协会专门针对美国中小学课程问题设置的。1893 年《十人委员会报告》最为核心的内容是关于古典课程、拉丁语和科学课程、现代语课程及英语课程等四组课程的设置。在 1894 年全国教育协会的年度会议上，帕克做了《十人委员会报告——它对于改进现在在学校中工作的教师的作用》演讲，肯定了报告关于课程改革的建议，指出《十人委员会报告》反映了学校课程改革的迫切需要，报告设计的课程丰富且有益，能够在提高教学质量的情况下得以实现，非常值得细致持久的研究、思索与讨论。① 这说明这一时期帕克关注的重点已经转移到课程方面，因此也体现在了库克实验的具体实施中。

总而言之，19 世纪 80 年代尤其是 90 年代，社会环境的剧烈变化、教育领域问题重重的现象，促使帕克对教育改革展开了进一步思考。在对自身教育实践反思的过程中，在对教育理论系统总结的过程中，在与各方教育革新势力的交流互动过程中，帕克的教育思想进一步成熟，教学理论也进一步深化，最终形成了个体与社会统一的民主理想、系统的课程集中理论、教师专业培训等思想。更为重要的是，帕克将这些理念运用到库克实习学校实验的具体实践中，使库克实验的教育

① Francis W. Parker, “The Use of the report of the Committee of Ten for the Improvement of Teachers Now at Work in the Schools,” *Educational rev.* 7:479-491.

改革实践与昆西实验相比更为系统和完善。对社会变革和教育问题的应对、对自身教育实践的反思、对教育理论的进一步系统总结，是帕克从昆西实验到库克实验转变的3个主要动因，这3个因素相互交织在一起共同促成了帕克在库克实验时期的转变。

四、帕克及其教育实验的意义和影响

19世纪下半叶至20世纪初期，随着工业化、城市化进程的不断加快，新移民的大量涌入，美国社会发生了剧烈的变革。社会的剧烈变革对教育提出了新的要求。内容陈旧、方法机械的传统教育模式已经不能适应社会发展变化的需要，难以解决社会变革过程中出现的诸多问题，因此迫切需要改革。这一时期，一些进步的学校试图摆脱这种死气沉沉的状态，按照新的教育理念率先进行学校改革实验，其中就包括昆西市公立学校和芝加哥库克县师范学校。昆西实验为19世纪七八十年代沉闷僵化的美国教育体制注入了一股新鲜的生机和活力，被誉为教育改革的“新起点”，而库克实验极大地促进了进步教育运动在美国的兴起，被誉为“进步教育运动的开端”，它还渗透到进步教育运动的发展演变过程之中，影响更为广泛、深远。更为重要的是，从昆西到库克的转变使我们更清晰地认识到两个实验的关系，更全面深入地理解了帕克的教育思想。

（一）从“教育改革的新起点”到“进步教育运动的开端”

1. 昆西实验：教育改革的新起点

昆西实验在不增加教育经费的前提下，极大地提升了昆西市公立学校的教育质量，取得了巨大的成功，也因此在美国教育界引起了巨大的反响，来自全国各地的教育家聚集到昆西学习新的教学方法。据统计，1878—1880 年的 3 年间，超过 30000 人参观访问了昆西学校。①参观的人数如此巨大，以至于严重干扰了学校的正常教学。改革的巨大成功，使昆西学校的名声很快传播开来。爱德华·丹格勒指出，在帕克的领导下，昆西成为美国教育的圣城（the educational mecca）。②

关于昆西实验的评价存在褒贬不一的现象。既有正面的赞扬——梅奥（A. D. Mayo）认为昆西的改革是一次惊人的成功；③ 昆西市教育委员会主席詹姆斯·斯莱德（James H. Slade）对"昆西方法"进行了仔细的调查和研究后，认为"昆西方法"具有无比的优势，实现了他所知道的最满意的效果；④ 也存在尖锐的批评——昆西实验遭到一些家长、社会人士甚至部分教师及教育界的非议和质疑，教育界不断地指责昆西实验的主张是错误的、抄袭的和放纵的；昆西的很多市民（包括少数教师）也不断抱怨，说教育被破坏了，那些基本原则被忽视了。⑤ 但无论如何，来自全国各地教师和教育专家的参观学习已经表明了昆西实验的全国性影响。也正因如此，美国著名史学家卡茨将昆西实验誉为"美国新一代的教育改革的开端"，把帕克称作"解放旧理论的第一人"。⑥ 爱德华·丹格勒认为，1875 年是美国教育史上的一个历

---

① The Editor, "Colonel Parker's Experiment in the Common Schools of Quincy, Massachusetts," *The Elementary School Journal*, Vol. 35, No. 7, 1935: 495.

② Edward Dangler, "From Quincy to Chicago—The American Comenius," *Harvard Educational Review*, Vol. 13, No. 1, 1943: 21.

③ Edward Dangler, "From Quincy to Chicago—The American Comenius," *Harvard Educational Review*, Vol. 13, No. 1, 1943: 21.

④ Anonymity. "Quincy Ways of Teaching—Col. Parker Explains Them at Flushing," *The New York Times*, 1880-11-13.

⑤ ［美］劳伦斯·阿瑟·克雷明：《学校的变革》，单中惠、马晓斌译，山东教育出版社，2009，第 117 页。

⑥ Michael B. Katz, "The 'New Departure' in Quincy, 1873-1881: The Nature of Nineteenth-Century Educational Reform," *The New England Quarterly*, Vol. 40, No. 1, 1967: 18.

史性时刻，帕克在昆西市公立学校的改革具有划时代意义。他认为昆西运动（实验）是进步教育在美国广泛传播的第一个表现。① 也有学者指出，帕克的工作不仅是昆西学校历史上的还是美国教育史上的一个“新起点”。②

2. 库克实验：进步教育运动的开端

库克实习学校实验在当时的美国引起了巨大的反响，为美国当时的学校教育改革做出了表率，尤其是对进步教育运动产生了重要的影响。赖斯认为，库克县师范学校的教师是“最热情、最认真、最进步和最有思想的教师队伍的一部分”③。库克县师范学校“既是最进步的学校之一，又是最有启发性的学校之一”④。

无论是在理论上还是实践上，库克实验都极大地促进了进步教育运动在美国的兴起，堪称进步教育运动的开端。在理论上，帕克的“儿童中心”“民主理念”“自然的教学方法”都成为后来进步教育运动的重要理论来源和指导思想。赫夫龙在 1934 年出版的《弗朗西斯·韦兰·帕克：一部解释性传记》一书中指出，“自帕克上校的新教育理念吸引教育界的关注已经过去了半个多世纪。‘进步主义’（Progressive）、‘儿童中心’（Child Centered）及‘社会化学校’（Socialized Schools）等教育理念已经敞开了它们的大门，经过了一个试验阶段，并且被广

---

① Edward Dangler, *The Educational Philosophy of Francis Wayland Parker : Its Origins , Contents , and Consequences* (New York: New York university, 1939), p. 217.

② Anonymity, "Colonel Parker's Experiment in the Common Schools of Quincy, Massachusetts," *The Elementary School Journal*, Vol. 35, No. 7, 1935: 495.

③ Joseph Mayer Rice, *The public-school system of the United States* (New York: The Century CO., 1893), pp. 210-211.

④ Joseph Mayer Rice, *The public-school system of the United States* (New York: The Century CO., 1893), p. 168.

泛地建立起来”[①]。“今天，我们的进步主义学校已经非常强调儿童的创造能力的培养，但是它朦胧的开端就发生在库克县师范学校虽然拙劣但极为勇敢的最初尝试。”[②] 杜威也指出，“帕克在他那个年代进行了许多教育革新，将许多新事物引入公立学校，晨会就是其中之一，而今天在所谓的现代公立学校中这已是司空见惯的事情”[③]。

赫夫龙在《弗朗西斯·韦兰德·帕克：一部解释性的传记》的附录中列举了大量以帕克的教育学说为指导的进步主义学校，并且把它们分成两类：一类是帕克教育思想的直接继承者领导的进步主义学校，如由库克县师范学校教师弗洛拉·库克担任首任校长的弗朗西斯·帕克学校[④]，由师范学校的毕业生古德龙·汤姆森（Gudrun Thorne Thomsen）担任校长的欧佳谷中学（Ojai Valley School）等。赫夫龙指出，美国至少有 12 所杰出的进步主义学校是由他们领导的，“这些进步学校都反映了帕克教育思想的本质”[⑤]。另一类是由库克担任校长的芝加哥弗朗西斯·帕克学校的毕业生创办或领导的第二代进步学校，如凯瑟琳·泰勒（Katharine Taylor）领导的背阴山学校（Shady Hill School）、佩里·史密斯（Perry Dunlap-Smith）领导的北郊州立走读学校（North Shore Country Day School）、早年受教于帕克的华虚朋

① Ida Cassa Heffron, *Francis Wayland Parker : an interpretive biography* (Los angels: Ivan Deach, Jr. Publisher, 1934), p. 113.

② Ida Cassa Heffron, *Francis Wayland Parker : an interpretive biography* (Los angels: Ivan Deach, Jr. Publisher, 1934), p. 83.

③ John Dewey, How Much Freedom in New Schools? In Jo Ann Boydston, *The Later Works of John Dewey, 1925-1953* (Vol. 5: 1929-1930) (Carbondale: Southern Illinois University Press, 1984), p. 320.

④ 该校由慈善家安妮塔·布莱恩 1901 年资助创办。学校以帕克的教育思想为指导，由帕克教育思想的忠实继承者库克担任首任校长。在帕克学校，库克继续将帕克的教育思想付诸实践，并且对其进行了拓展。

⑤ Ida Cassa Heffron, *Francis Wayland Parker : an interpretive biography* (Los angels: Ivan Deach, Jr. Publisher, 1934), p. 113.

(Carleton W. Washburne)创办的闻名世界的文纳特卡计划(Winnetka plan)等。总之,这些进步的教育改革者都继承了帕克的思想,都成为进步教育运动的中坚力量。由此可以看出,无论是在理论上还是实践上,库克实习学校实验都对后来的进步教育运动产生了深刻而广泛的影响,直接促成了进步教育运动在美国的兴起和拓展,堪称"进步教育运动的开端"。[①] 难怪杜威甚至认为,帕克比其他任何人都更有资格被称为"进步教育运动之父"。

3. 帕克在美国教育史上的地位和影响

实际上,研究转变的意义不仅在于更好地认识帕克本身,更重要的是在于揭示帕克个人的经历与时代发展的深层次的关系。帕克教育思想与实践从昆西实验到库克实验的转变投映出19世纪末20世纪初美国社会从旧教育到新教育的转变,以及进步主义教育运动的重心从"儿童"到"社会"的转变,处于过渡时期的帕克在美国教育发展过程中具有举足轻重的承上启下、继往开来的地位。

(1)转变的投映:个人历史与时代历史的高度契合。实际上,帕克之于进步教育运动的意义并不仅仅是我们通常以为的一位先驱或开创者,库克实验也并不仅仅是进步教育运动的开端。首先,帕克在库克实验中试图解决的一些基本问题,即儿童个性发展与社会意识、合作精神的培养、儿童的活动与课程、儿童的自由与纪律等,正是进步教育运动始终面临的基本问题,它们始终贯穿在进步教育运动发展演变的整个过程之中。通过之前的研究也可以发现,帕克对这些基本问题的思考和处理对后来的进步教育运动产生了重要的影响。其次,帕克从昆西实验的"儿童中心"到库克实验的"民主理想"的转变与进步教育运动后期出现的研究中心从儿童中心到社会改造的转移存在惊人的相似,但这并不是巧合,而是教育发展过程中必然存在一种逻辑

① 张斌贤:《教育与社会变革》,中国社会科学出版社,2012,第96页。

联系。杜威在1930年发表的《新学校存在多少自由》一文中指出，儿童或学生代表的个人因素与学科或知识代表的非个人客观因素（或者说儿童自发活动与系统知识传授）是进步教育运动后期持续程度非常之深的一对矛盾。帕克早期改革中对机械僵化的、形式主义盛行的学习方式的反对、对儿童自由发展的强调同样被他的后继者加以继承和使用，但不幸的是这种使用出现了一边倒的情况，即片面侧重儿童而牺牲了学科体系。但杜威同时指出，他没有任何归咎于帕克的工作和影响之意，只是对进步教育发展过程中出现的极端儿童中心的做法表示批评。杜威继续指出，与现实生活完全脱节的传统课堂是一种灾难，过于正式的学科材料也加重了儿童的学习负担，导致情绪沮丧，这些都迫切需要改革。但是，若想有效地反抗正式的学科和课程，就只能通过建立与旧体系一样系统、条理的新的学科体系。这种新体系既要比旧体系更加系统，又能够与在校人员的经验保持紧密的不断发展的关系。这种结果相对来说未能实现，这体现了“儿童中心”教育观点的片面性。① 帕克从昆西实验时期的“儿童中心”到库克实验时期的“民主理想”的转变本身证明了“儿童中心”论不可避免的内在的逻辑缺陷，帕克对儿童中心的思考及库克实验时期的转变已经预示着他的继承者和信奉者将要面临的问题和困难。因此，帕克教育思想的转变实际上也早早预示了进步教育运动后期“强调儿童”倾向与“强调社会”倾向的分裂与转向。② 从这个意义上讲，帕克不仅是进步教育运动

---

① John Dewey,“How Much Freedom in New Schools?”in Jo Ann Boydston, *The Later Works of John Dewey, 1925-1953* (Vol. 5: 1929-1930) (Carbondale: Southern Illinois University Press, 1984), pp. 320-321.

② 19世纪30年代，在“大萧条”和罗斯福新政的影响下，进步教育运动的研究中心出现了转移，这一转变导致进步教育思想分裂为两大阵营：一个是继续坚持以儿童为中心的阵营；另一个是强调教育的社会功能，强调儿童社会意识、合作精神培养的以社会为中心的阵营。到1938年博德（Boyd H. Bode）发表《进步教育在十字路口》（*Progressive Education at the Crossroads*）标志着这一分裂的结束，进步教育开始进入衰落时期。

的先驱，更是整个进步教育运动发展演变走向的先知。帕克从昆西到库克的教育改革实践及其转变也不仅仅是促进了进步教育运动在美国的兴起，更是美国进步教育运动整个发展历程和走向的一个缩影。

不仅如此，与昆西实验还存在旧教育的遗留不同，库克实验无论是在指导思想还是具体实践上，都实现了从旧教育到新教育的彻底转变，成为新教育或进步教育的真正开端，开创了美国教育学上的一个新的时代①。因此，帕克个人教育思想与实践的转变历程恰恰反映了美国社会19世纪末20世纪前期从旧教育到新教育（或进步教育）变迁的整体历史经过。从这个意义上讲，帕克之于美国教育改革及新教育或进步教育运动的贡献并不仅仅是一个开端或先驱。总之，帕克个人的历史与时代的历史高度契合，帕克个人的历史进程既折射出整个美国社会教育的整体变迁历程，又折射出进步教育运动发展演变的历程。帕克教育思想与实践从昆西到库克转变的意义并不只是一个静止的起点感的意义，更是一个时代教育转换历程的动态的时间段的意义，帕克是当之无愧的进步教育运动之父。

（2）处于过渡时期的帕克。帕克终其一生对教育教学事业怀有一种执着的热情，而且从没想过要放弃这一事业。在自传中，帕克谈道："如果这其中有什么秘密的话，就是我有一种想看到人的成长与进步的强烈愿望。我全部的热情和学习的秘密就是我强烈地希望看到精神和心灵的成长。"② 帕克不是一个坐而论道的空谈家，而是一个身体力行的实践家。他不满足于抽象的教育学思考，要求理论与行动相结合。他把自己的教育思想尽可能地应用于实践，放到教室中进行检验；把

① 克雷明在《学校的变革》一书将进步教育运动的结束称作美国教育学上一个时代的结束。详见美国劳伦斯·阿瑟·克雷明著《学校的变革》（前言），单中惠、马晓斌译，山东教育出版社，2009。

② William M. Giffin, *School Days in the Fifties* (Chicago: A. Flanagan Company, 1906), p. 133.

教育理论转化为切实可行的教育行动是帕克的典型特征。尽管帕克受到了同时代最重要的教育家很大的影响，但其教育思想在很大程度上是在自己对上帝和人类的基本信仰及他与儿童的实践经验的基础上发展而来的。①

1875—1901 年是帕克一生中最重要的两次教育改革实验的开展时期，通过这两次实验，帕克的教育理论不断成熟，教育信条得到不断宣扬，教育影响不断扩大。他的影响从昆西传到波士顿再传到芝加哥，最后传遍整个美国。

1902 年第 10 期的《初等学校教师和课程研究》（*The Elementary School Teacher and Course of Study*）杂志刊登了一系列当时许多著名教育家和普通教师在帕克去世后发表的《纪念：弗朗西斯·帕克上校——已故的芝加哥大学教育学院院长》演讲。芝加哥大学校长威廉·哈珀认为，几乎所有的师范学校的毕业生都怀揣着崇高的教师使命和理想开始他们的教学生涯，他们在任何工作中都能敏锐地激发儿童的自然兴趣。帕克的毕业生成为儿童天性的观察者和研究者。② 芝加哥公立学校学区督学艾伯特·莱恩（Albert G. Lane）指出，在帕克担任师范学校校长的最后 17 年，大约有 1200 名学生毕业，他们学习了师范学校的课程和帕克的教育原则，并且将帕克的教学方法结合实际加以改造运用。库克县师范学校的工作见证了对儿童更理性和鼓舞人心的教育方式。“这个联邦几乎没有州没听过帕克的演讲或没有引起他们

① Edward Dangler, “From Quincy to Chicago—The American Comenius,” *Harvard Educational Review*, Vol. 13, No. 1, 1943: 24.

② William R. Harper, Albert G. Lane, John Dewey and Emil G. Hirsch, “In Memoriam. Colonel Francis Wayland Parker, Late Director of the School of Education, University of Chicago,” *The Elementary School Teacher and Course of Study*, Vol. 2, No. 10, June, 1902: 702.

更加仔细地和理智地考虑关于儿童教育问题的伟大的可能性。”① 杜威指出，“25 年前帕克在昆西的工作还是很多人嘲笑和同情的对象。但是在今天，帕克所从事的工作毫无疑问是这个国家所有的最好的学校中理所当然的事”②。埃米尔·赫西（Emil G. Hirsch）认为，帕克在库克师范的工作使教师的专业性最终得到了承认。帕克的师范学校为那些“任何人想从事教师职业就能从事教师职业”的荒谬主张敲响了丧钟。③

不仅如此，帕克的教育思想与实践对同时期及后来的很多教育家都产生了重要影响。比如，美国著名儿童心理学家、儿童研究运动的代表人物霍尔每年都到库克实习学校参观并声称：“我每年来到这里是为了调准我的教育钟表。”④ 哥伦比亚大学师范学院林肯学校（Lincoln School of Teacher's College of Columbia University）的拉格和安·舒梅克也借鉴吸收了帕克关于手势、声音、演讲、音乐、写作、绘画、制作等各种表达方式（modes of expression）及其作用的思想，在林肯学校的实验中进行了显著的运用和发展。⑤ 还有学者指出，通过对比可以发现，克伯屈（William H. Kilpatrick）也对帕克的观点极为赞同并对

---

① William R. Harper, Albert G. Lane, John Dewey and Emil G. Hirsch, "In Memoriam. Colonel Francis Wayland Parker, Late Director of the School of Education, University of Chicago," *The Elementary School Teacher and Course of Study*, Vol. 2, No. 10, June, 1902: 703.

② William R. Harper, Albert G. Lane, John Dewey and Emil G. Hirsch, "In Memoriam. Colonel Francis Wayland Parker, Late Director of the School of Education, University of Chicago," *The Elementary School Teacher and Course of Study*, Vol. 2, No. 10, June, 1902: 707.

③ William R. Harper, Albert G. Lane, John Dewey and Emil G. Hirsch, "In Memoriam. Colonel Francis Wayland Parker, Late Director of the School of Education, University of Chicago," *The Elementary School Teacher and Course of Study*, Vol. 2, No. 10, June, 1902: 712.

④ Ida Cassa Heffron, *Francis Wayland Parker: an interpretive biography* (Los angels: Ivan Deach, Jr. Publisher, 1934), p. 39.

⑤ Charles Dennis Marler, Jr., *Colonel Francis Wayland Parker: Prophet of the "New Education"* (Stanford University, 1965), p. 249.

其进行了显著的发展。[①] 1894 年，杜威任职芝加哥大学。来到芝加哥后，杜威参观了帕克的库克实习学校，对实习学校的工作非常认同，并且很快将自己的孩子送到实习学校上学。在芝加哥，二人有过直接的接触和交流。虽然拥有不同的教育经历，但是二人的教育观点存在高度一致性，互相都承认对方对自己的影响。[②] 有学者认为，“杜威的教育哲学与帕克的教育观点是直接地且很鲜明地连接在一起的。帕克的儿童观和杜威的‘儿童中心论’，帕克的教育观和杜威的‘做中学’及‘教育即生活’的理论，帕克的民主理想和杜威的‘学校即社会’的理论，不只是相似的，而且是性质相同的。可以肯定帕克是美国实用主义教育思潮的先导”[③]。或者认为，杜威的教育学借鉴了帕克的教育学。[④] 的确，杜威对教育的很多思考早已被帕克预料或在实践中检验。里帕在《自由社会中的教育：美国历程》一书中指出，帕克对民主进程的深刻信仰使他与欧洲的理论家们大不相同，这是他最独特的特点。也正因如此，帕克的观点成为杜威的重要工作和更加本土化的工作的预兆。[⑤]

当然，帕克本身也存在一些不足之处。有学者认为，“系统学术训练的缺乏时常使帕克的见解过于狭隘”。这直接导致帕克的理性和情感时常会产生矛盾。帕克在 1902 年就去世了，而不是 50 年后。50 年后，也就是 1952 年，是杜威去世的时间。因此，有研究者认为，帕克逝世

---

① Charles Dennis Marler, Jr., *Colonel Francis Wayland Parker: Prophet of the "New Education"*(Stanford University, 1965), p. 253.

② Ida Cassa Heffron, *Francis Wayland Parker: an interpretive biography*(Los angels: Ivan Deach, Jr. Publisher, 1934), p. 36.

③ 滕大春：《美国教育史》（第二版），人民教育出版社，2001，第 555 页。

④ Ronald Kellum, "The Influence of Francis Wayland Parker's Pedagogy on the Pedagogy of John Dewey," *Journal of Thought*, Vol. 18, 1983: 78.

⑤ ［美］S. 亚历山大·里帕：《自由社会中的教育：美国历程》，於荣译，安徽教育出版社，2010，第 184 页。

过早，没有像杜威那样亲身经历和观察美国社会未来50年的变化发展。这导致帕克对美国工业化、城市化的新变化及这些变化对美国社会影响的理解并不是最深刻的。而且，帕克关注的焦点在于小学阶段，但是这一阶段不能代表成熟阶段的学习。帕克的心理学概念也是过时的和不充分的。[①] 此外，从严格意义上讲，帕克也并非真正意义上的教育理论家，因为帕克的教育思想并没有达到系统化、理论化的哲学高度。帕克关于教育方面的著作，很多都只是他对教师们做的一系列演讲的集合或担任学校管理人员的任职材料和述职报告。芝加哥大学校长哈珀也宣称："对于我来说，帕克似乎不是一位哲学家，而是一位先知。"[②] 虽然如此，但是我们不能否认帕克提出了很多发人深省的进步的教育观点。更为重要的是，作为一个身体力行的教育实践家，帕克并不满足于抽象的教育理论思考，而是致力于思想与行动的结合，在实践中解决具体的问题。

无论如何，19世纪末20世纪初是美国社会新旧交替、思想更迭的一个重要的过渡时期，作为这一时期美国新教育改革实践及理论探索的先驱，帕克在教育观念、教育目的、教学方法、教学内容、学校管理及教师培训等方面都试图做出新的思考和实践。帕克综合了美国本土的思想文化传统与欧洲教育家理论，形成了复杂而独特的教育思想体系。克伯莱在美国公共教育研究的经典之作《美国公共教育——关于美国教育史的研究和阐释》中指出，"1860—1890年，在美国初等教育的伟大重组和重新定位的过程中，也许没有人能够像弗朗西斯·帕克上校一样，产生了如此深远的影响。他所培养的学生们也在1900年

---

① Charles Dennis Marler, Jr., *Colonel Francis Wayland Parker: Prophet of the "New Education"* (Stanford University, 1965), p. 197.

② William R. Harper, "In Memoriam. Colonel Francis Wayland Parker, Late Director of the School of Education, University of Chicago," *The Elementary School Teacher and Course of Study*, Vol. 2, No. 10, June, 1902: 700.

前初等教育的重组中做出了巨大的贡献。正是帕克将德国化的裴斯泰洛齐-里特地理教学法引入了美国；正是帕克，强烈地倡导赫尔巴特教学法中核心的‘集中’的原则，并且据此设计了地理课的教学法；正是帕克，强烈地坚持福禄贝尔的自我表达的原则，认为这是发展思维的最佳途径”①。克雷明指出，“帕克大量借用裴斯泰洛齐的方法、福禄贝尔的儿童观和赫尔巴特的统觉学说，并且把它们综合起来。这标志着一种从美国早期的先验论到更新的科学教育学的过渡，从对欧洲理论的依赖到更有独创性的尝试的过渡”②。

实际上，19 世纪末期美国教育改革的先驱们面临如何使教育适应现代工业文明发展的问题，不同的人做出了不同的选择。有人选择了固守传统，如哈里斯；有人则选择了开拓创新，如帕克。作为保守主义杰出代表的哈里斯和新教育改革先驱的帕克分别代表了 19 世纪末期美国教育改革的两种截然不同的风格。正如韦恩·厄本等在《美国教育》一书中所言，“哈里斯试图加强传统的课程和教学并将其同新的社会秩序联系起来，而帕克则想要抛弃传统的教学观，他倾向于接受的是一种能够使学校充满生气和使社会增加财富的新型教学观”③。就教育改革的理念而言，帕克处于以哈里斯为代表的保守主义的传统派教育与以杜威为代表的进步教育之间的过渡阶段，他显然更倾向于进步的一派。他抛弃传统的教育理念和方法，致力于新教育实验，尤其是在库克学校的实验开启了进步教育运动的开端。不仅如此，在这样一个过渡时期，帕克的公立学校教育改革思想与实践折射出 19 世纪中期

① ［美］埃尔伍德·克伯莱：《美国公共教育——关于美国教育史的研究和阐释》，陈露茜译，安徽教育出版社，2012，第 262 页。

② ［美］劳伦斯·阿瑟·克雷明：《学校的变革》，单中惠、马晓斌译，山东教育出版社，2009，第 120 页。

③ ［美］韦恩·厄本，杰宁斯·瓦格纳：《美国教育：一部历史档案》，周晟、谢爱磊译，中国人民大学出版社，2009，第 264 页。

以来美国学校教育的动荡与变迁，预示了美国教育未来发展的新走向。作为“新教育的先知”，在帕克生命的绝大多数时间里，这种对“新教育”的理解是一种“孤独的理解”（lonely insight），这种新的教育愿景也不断地受到指责和轻视。但帕克没有犹豫、没有后退，而是勇往直前。①

【参考文献】

［美］劳伦斯·阿瑟·克雷明. 学校的变革［M］. 单中惠、马晓斌，译. 济南：山东教育出版社，2009.

［美］韦恩·厄本，杰宁斯·瓦格纳. 美国教育——一部历史档案［M］. 周晟、谢爱磊，译. 北京：中国人民大学出版社，2009.

Adams, F. Charles. The New Departure In the Common Schools of Quincy and Other Papers On Educational Topics[M]. Boston: Estes and Lauriat, 1881.

Giffin, M. William. School Days in the Fifties[M]. Chicago: A. Flanagan Company, 1906.

Heffron, Ida Cassa. Francis Wayland Parker: an interpretive biography [M]. Los angels: Ivan Deach, Jr. Publisher, 1934.

Marler, Charles. Colonel Francis Wayland Parker: Prophet of the "New Education"[D]. Stanford University, 1965.

Parker W. Francis. An Account of the Work of the Cook County and Chicago Normal School from 1883 to 1899[J]. The Elementary School Teacher and Course of Study, Vol. 2, No. 10, University of Chicago, 1902.

Parker W. Francis. Talks on Pedagogics: An outline of The Theory of Concentration[M]. New York & Chicago, E. L. Kellogg & CO, 1894.

---

① Charles Dennis Marler, Jr., *Colonel Francis Wayland Parker: Prophet of the "New Education"* (Stanford University, 1965), p. 271.

斯坦利·霍尔：教育科学化的现代探索

郭法奇①

一般来说，教育科学化的早期探索是从近代开始的。从捷克教育家夸美纽斯提出的“适应自然”论到德国教育家赫尔巴特的教学过程“形式阶段”说，形成了许多重要的教育思想和主张。教育科学化早期探索的特征是，试图把教育科学建立在世俗事物及经验的基础上；强调知识的客观性和可证性；关注儿童发展与经验的联系、书本知识与课外自然知识和生活知识的结合；主张教学的直观的、循序渐进的过程。19 世纪以后，受达尔文进化论的影响，教育家又把现代教育学的创建建立在进化论的基础上，在加强与现代科学和心理学联系的同时，注重儿童心理及发展特征的研究，开始了教育科学化现代探索的征程。美国教育家霍尔的教育思想正是教育科学化现代探索的产物。

斯坦利·霍尔（Granville Stanley Hall，1844—1924 年）是 20 世纪初期美国著名的心理学家和教育家，被认为是“美国儿童心理学的创始人，美国教育心理学的开拓者”② 和“20 世纪美国心理学和教育学

---

① 郭法奇，北京师范大学教育学部教育历史与文化研究院教授，主要研究方向为西方近现代教育史、杜威教育思想、西方教育史学等。

② 吴式颖，李明德：《外国教育史教程》（第三版），人民教育出版社，2015，第 308 页。

领域的领军人物”[①]。作为留学德国且成为德国心理学家冯特弟子的霍尔，把所学的心理学方法运用于儿童研究和教育研究，对儿童心理和教育问题进行广泛调查，引起了社会对儿童研究和教育研究的极大热情。1883 年，霍尔建立了美国第一所心理学实验室，发表《儿童心理的内容》（*the contents of children's minds*），发起儿童研究运动。1887 年，他创办了美国第一份心理学杂志《美国心理学杂志》，1891 年又创办了《教育研究》杂志。1889 年，霍尔任克拉克大学的首任校长。在他的领导下，该校成为当时美国儿童研究的中心，形成了 20 世纪初期在美国影响颇大的儿童研究运动，霍尔因此也被誉为“儿童研究之父”。在这一过程中，霍尔所表现的对问题的洞察力及率先垂范的科学研究工作为推动科学地认识儿童、认识现代教育做出了重要贡献。从这个意义上说，霍尔是教育科学化现代探索的引领者和实践者。霍尔一生著述颇丰，有 14 本专著和 350 多篇论文，其中最重要的著作是 1904 年的《青春期：它的心理学及其与生理学、人类学、社会学、性、犯罪、宗教和教育的关系》（*Adolescence: Its Psychology and Its Relations to Physiology, Anthropology, Sociology, Sex, Crime, Religion and Education*）、1911 年的《教育问题》（*Educational Problems*）等。因此，认识霍尔教育思想的理论基础，认识霍尔关于教育问题的思考，理解霍尔对儿童发展和特点的分析，特别是认识 20 世纪早期霍尔与现代教育的关系，以及霍尔在教育科学化现代探索中的作用，具有重要的意义和价值。

关于霍尔教育思想的理论基础的研究，目前较多的是把他看作“复演说”（recapitulation theory）的代表[②]，认为霍尔主要是把生物学

---

① ［美］S. 亚历山大·里帕：《自由社会中的教育：美国历程》，於荣译，安徽教育出版社，2010，第 206 页。

② 吴式颖，李明德：《外国教育史教程》（第三版），人民教育出版社，2015，第 308 页。

上的进化论和复演思想扩展到心理学和教育学上，提出个体的心理发展是种族进化历史复演的理论。那么，霍尔为什么会提出“复演说”、受哪些因素影响、“复演说”在霍尔的教育思想中占据什么样的位置、他如何通过“复演说”来解释教育等，还需要进一步的研究。关于霍尔的教育思想，目前的研究并不多，主要的观点认为，霍尔“由复演说中发展而来的教育主张为业已到来的欧美教育革新运动提供了理论依据。他的理论重新强调了夸美纽斯提出的适合儿童学习年龄阶段的主张，支持了卢梭教育顺应自然的观点，他是美国第一个试图把发展心理学运用到教育方面的人”①。而霍尔的教育思想包括哪些基本主张、如何认识和评价霍尔的教育思想等，还难以见到较为全面和深入的研究。

为此，本文主要从 4 个方面展开：一是霍尔教育思想的理论基础及世界观；二是霍尔的儿童研究及在儿童研究运动中的作用；三是霍尔教育思想的基本主张；四是霍尔教育思想与现代教育的关系。

一、霍尔教育思想的理论基础及世界观

一个教育家的教育思想的形成总是基于对某些需要认识的教育现象或教育行为的具体解释，而且这种解释背后总是受一定理论基础的影响。同时，这种影响又会反映到教育家对其所关注问题的思考上，形成他对人的发展及教育的某些看法或认识。霍尔的教育思想是在 19 世纪后期至 20 世纪初期的美国社会环境下各种思想的影响下对儿童的存在、发展及相应教育的一种解释。霍尔教育思想的理论基础主要包括 3 个方面：进化论、心理学、复演说。也正是受这些思想的影响，霍

① 吴式颖，李明德：《外国教育史教程》（第三版），人民教育出版社，2015，第 309 页。

尔也形成了他的世界观，即对人和儿童的存在、成长，对儿童的心理特征，以及对儿童早期发展和教育的较为系统的认识。

（一）霍尔教育思想的“进化论”基础及世界观

19 世纪进化论（evolutionism）的产生是人类社会和科学的大事。美国教育史学家弗里曼曾对其给予了高度评价：“在所有 19 世纪的伟大科学成就中，进化论的形成或许对人类发展的整体影响最为重要和最具革命性。”①

当然，关于进化论的创立问题，学者们有不同的认识。罗素认为，达尔文的进化论并不是首创。他指出，达尔文的进化论包括两个部分，一是达尔文主张各种各样的生物都是由共同的祖先逐渐发展而来的。这个学说在当时并不是新东西，阿那克西曼德、拉马克和达尔文的祖父埃拉司莫斯都主张过它。达尔文的贡献主要是为这个学说提供了大量的证据。二是达尔文主张生存竞争和适者生存。这个观点向来受到生物学家的反驳，认为需要附加许多重要的限制条件。而且，这部分理论有可能是达尔文把经济学中的自由竞争理论推广到生物学的结果。②

不过，达尔文的进化论的影响还是巨大的。从历史上看，进化论产生之前，整个世界包括人类社会的发展也是按照一定思想或观念解释的。19 世纪前，西方社会占主导和起支配作用的观念是基督教的神学观念。这种观念认为，世界是由上帝在某个特定时间以某种特定的方式创造的。自上帝创造世界开始，所有物种（Species）包括人类都已经被设计、安排好，没有任何演变过程。基督教神学这个观念的主要依据是《圣经》上的描述，即万物的出现皆因神灵所致，因而是不容置疑的。达尔文（Charles Darwin，1809—1882 年）在其代表作《物

① ［美］R. 弗里曼 · 伯茨：《西方教育文化史》，王凤玉译，山东教育出版社，2013，第 403 页。

② ［英］罗素：《西方哲学史》（下），商务印书馆，1976，第 271—272 页。

种起源》(*The Origin of Species*，1859 年）的一开始就专门分析了这个问题。达尔文指出，当时的大多数自然学者也是坚持这种观点，相信物种是不变的产物，并且是分别被创造的。虽然也出现了“自然选择原理的前兆”的情况，正如达尔文在转引亚里士多德的《医术的听诊》一书中所说的那样，“根据需要，牙齿生长了，门牙锐利，适于分割；臼齿平钝，便于咀嚼食物；但是它们并非为了这一点而被造就，这只是偶然的结果。似乎为了适应一种目的而存在，其他部分也是如此。因此，一切事物的一切（即整体的一切部分）的发生，都好像是为了某种目的而被造就，这一切经过内在的自发力量适当组合以后就被保存下来了；凡是事物不如此组合而成的，就灭亡了”①。但是，在达尔文看来，这种用“内在自发力量”的观点解释事物的变化是缺乏科学精神的。在这个问题上较为科学的解释是来自法国的博物学家拉马克（Jean-Baptiste Lamarck，1744—1829 年）的观点。在拉马克看来，一切物种包括人类，都是从其他物种传下来的。达尔文认为，拉马克的工作第一次唤起人们开始注意有机界和无机界的一切变化都是法则作用的结果，而不是神灵干预的结果。不过，达尔文也指出了拉马克研究的不足，即虽然拉马克摆脱了依据神学思想解释物种变化的束缚，注意到了从物种本身出发解释物种变化的类型及变异的方法，但他主要认为自然界中的一切适应是由于习性的作用。② 概括来说，拉马克的观点主要有两个：一是动物因力求适应环境而改变其形态；二是由此改变而习得的品质又可遗传于后代。③ 如同长颈鹿的长颈是为了在树上获取食物一样，一个站在浅水里捕鱼的短腿鸟变成长腿鸟也是如此。当岸边鱼少的时候，短腿鸟便尽其腿的长度所能入水捕鱼。按照拉马克的观点，短腿鸟既然入水较深，便逐步拉长了其两腿，它的

① ［英］达尔文：《物种起源》（第一分册），商务印书馆，1963，第 1 页。

② ［英］达尔文：《物种起源》（第一分册），商务印书馆，1963，第 2 页。

③ ［美］E. G. 波林：《实验心理学史》，高觉敷译，商务印书馆，1981，第 532 页。

后代又继续求适应，长时间累积的结果就形成了长腿鸟。

需要指出的是，与拉马克相比，达尔文关于物种变化的解释并没有本质上的不同。在达尔文看来，大自然中存在一种自然的选择，使最适宜于环境和生活需要的物种得以生存传种。环境逐渐变异，而自然选择又不断地行使职能，亿万年以后就形成了新种。物种不像原先所想象的那样彼此有别。相反，它们构成了连续的纲目；它们之所以现在有相对的差别，是因为在某一横断面的时间内，不同的动物形态几乎各自能适应它们的生活环境。达尔文的学说与拉马克的主要区别在于，物种遗传的变异起于自然或偶然，而不是有机体强求适应努力；一切动物都是为生存而竞争，都要接受自然的选择；由于用偶然的变异和生存代替具有一定方向性的适应的努力，因此新物种的产生需要较长的时间。① 具体言之，物种经历了长期自然的、逐渐演化的过程，某些物种的成员通过适应环境的变化幸运地存活下来并进行自我繁殖。当它们的后代继承了这些特性时，它们也幸存下来进行自我繁殖，从而延续了物种的生命，那些不能适应环境的物种就消失了。

总之，达尔文的进化论是具有历史意义的。正如相关研究者指出的那样，首先，达尔文从“人猿同祖论”出发，发现了人与动物的心理发展上的连续性，为认识人类与动物的心理关系开辟了路径。其次，达尔文重视本能、遗传在心理发展中的作用，强调有机体适应环境中心理演化及心理的适应机能问题，确立了机体适应环境的心理机能观，开启了后来的机能主义心理学的先河。再次，达尔文重视个体发展的研究，促进了儿童心理学和个体差异心理学的建立，使儿童成为科学研究的独特部分和研究进化的最好的自然实验对象。②

达尔文的进化论思想反映了 19 世纪的学者对物种，包括人类的生

---

① ［美］E. G. 波林：《实验心理学史》，高觉敷译，商务印书馆，1981，第 533 页。

② 车文博：《西方心理学史》，浙江教育出版社，1998，第 307—309 页。

存和发展的一种新的解释。有研究者指出，达尔文的进化论被认为是一种新的进化自然观。达尔文前的生物进化论思想主要表现为一种浪漫主义的进化自然观。这种自然观赋予了包括无机世界在内的物质以某种活力和发展的倾向，认为自然是自我完善和自我指导的；每一物种都有自我完善的先天驱力；由这种驱力所导致的获得性性状可以遗传。达尔文的进化论的主要贡献在于他提出了自然选择学说，并且用这种学说解释生命进化的过程，从而使生物进化论成为一门科学的理论，将传统的、流行的神秘主义的“目的论”驱逐出生物科学。①

车文博教授给予达尔文的进化论高度的评价。他认为，达尔文的进化论奠定了生物界历史发展的观点，用自然选择的进化论思想合理地说明了生物的遗传和变异、多样性和适应性，有力地批驳了神创说、目的论和无知不变的观点。它把生物学放在科学的基础上，实现了生物学的伟大革命。②

从霍尔与进化论的关系看，霍尔在青年时代就接触了达尔文的生物进化论。他曾写道：“我年轻时代第一次听到进化论的时候，就想我一定是几乎被‘进化’这个词给迷住了。”③ 据说，霍尔曾经作为“达尔文主义者”被介绍给听众。后来，他在自传中说，这一赞誉比他以前所获得的任何其他赞誉都更加让他感到满意。霍尔的世界观及他一生的主要工作就是以进化论的观点认识人类的智力生活和社会生活，并且试图使人类智力生活与达尔文的生物进化论相一致。④

杜威也给予达尔文的进化论高度的评价并加以运用。在《民主主

---

① 高申春：《进化论与心理学及主体性》，《东北师大学报（哲学社会科学版）》2002年第5期。

② 车文博：《西方心理学史》，浙江教育出版社，1998，第306页。

③ ［美］S. 亚历山大·里帕：《自由社会中的教育：美国历程》，於荣译，安徽教育出版社，2010，第206页。

④ ［美］S. 亚历山大·里帕：《自由社会中的教育：美国历程》，於荣译，安徽教育出版社，2010，第205页。

义与教育》中，杜威曾明确指出，“本书所阐明的哲学，把民主主义的发展与科学上的实验方法、生物科学上的进化论思想及工业改造联系起来，旨在指出这些发展所表明的教材和教育方法的变革”①。杜威教育思想中的“教育即生长”“教育即生活”“教育即经验改造”等也充分体现了达尔文进化论思想的影响。

（二）霍尔教育思想的“心理学”基础及世界观

这一时期的心理学也受到达尔文进化论的影响，特别是在美国，霍尔形成了与传统心理学不同的教育心理学发展路径、特点及世界观。

长期以来，传统心理学受物种“特创说”的影响较大。这一学说认为，每一生物都是由造物主独创的，自始至终各异其类，动物与人类也是各异的。动物是受本能驱动的，而人是有灵魂的。在达尔文进化论影响下，学者们开始逐步关注人与动物的联系，认为人的身体得之于动物祖先的遗传，提出了动物与人之间是否具有连续性的问题。这个时期，达尔文发表了《人类和动物的表情》（*Expression of the Emotions in Man and Animals*，1872 年）一书，提供了动物与人关系的证据，开创了动物心理学，使人们开始借助对动物心理的研究认识人的心理。在书中，达尔文利用观察得来的大量知识指出人类的情绪行为依赖于对动物有用而对人类不再有用的行为的遗传。例如，人类在冷笑时两唇的蜷缩乃是食肉动物有用的习惯的痕迹，因为这种动物发怒时便露出犬齿。② 为了以进化论抗衡基督教神学，达尔文的一位朋友罗曼尼斯还写了《动物的智慧》（*Animal Intelligence*，1882 年）、《动物心理的进化》（*Mental Evolution in Animals*，1883 年）、《人的心理进化》（*Mental Evolution in Man*，1887 年）等著作，推进了对动物心理与人的关系的认识。以后，除英国外，法国、美国等学者仍然继

---

① ［美］约翰·杜威：《民主主义与教育》（序言），王承绪译，人民教育出版社，1990，第 1 页。

② ［美］E. G. 波林：《实验心理学史》，高觉敷译，商务印书馆，1981，第 535 页。

续这一方面的研究。

随着对动物心理的深入研究，一些学者开始关注人的心理遗传和种族的改善问题，其中影响较大的是达尔文的表弟弗朗西斯·高尔顿（Francis Galton，1822—1911 年）的研究。1869 年，高尔顿以人类中的名人、天才为对象，收集大量资料进行名人传记研究，出版了《遗传的天才》（*Hereditary Genius*）一书。在书中，高尔顿研究了 1768—1868 年英国的首相、将军、文学家和科学家共 997 人的家谱，发现其中 89 个父亲、129 个儿子、114 个兄弟，共 332 人也很有名望。而对于一般老百姓，4000 人中才有一个有名望的人。因此，他断言天才是可以遗传的。[①]

高尔顿的观点在当时虽然引起了很大争议，但他所使用的测量和统计方法产生了较大的影响。在高尔顿看来，研究问题只有进行量的研究，才是科学成熟的标志。在对名人、天才问题的研究上，高尔顿把天才产生的次数转化为对天才程度的测量。他采用了一个分级的量表，由位置“中才之上”的 A，上溯至 G 和 X，X 代表在 G 之上的各级。例如，才能 F，4300 人中只有一人具有；才能 G，79000 人中只有一人具有；才能 X，100 万人中只有一人具有。反之，由位置“中才之下”的 a，下降至“白痴及愚笨”，如 f、g 及 x，也有相同的情况。然后，将按照此法观察得到的统计次数化为另一量表进行研究。[②] 通过研究，高尔顿得出的结论是，通过比较心理才能，雅典文明远在英国文明之上，而英国文明又远在现代黑人的文明之上。由于他还关注人种的改良问题，1883 年，高尔顿创立了“优生学”，试图研究如何以一种聪明的选择代替自然的选择的问题。同一年，他写了《人类才能及其发展的研究》（*Inquiries into Human Faculty and its Development*）一

① 车文博：《西方心理学史》，浙江教育出版社，1998，第 311 页。

② ［美］E. G. 波林：《实验心理学史》，高觉敷译，商务印书馆，1981，第 540 页。

书，其写书的目的是要推翻宗教的武断和对科学客观性的维护。书中讨论了“祈祷”的客观效果问题，认为没有证据可以证明医生用祈祷可以治疗病人，气象学家用祈祷可以预测天气，牧师在事业上强于他人。他主张应当把人人努力作为进化信仰的目标。

在进化论与心理学的关系上，有学者指出，英国社会学家、教育家赫伯特·斯宾塞是将进化论引入心理学的第一人。[①] 1855年，斯宾塞写了《心理学原理》一书，强调环境对有机体进化和心理发展的作用，把心理现象解释为适应过程的不同方式，认为心理学的研究对象是人的心理的内部和外部之间的相互关系。斯宾塞还主张，心理学应该是一门独立的科学。它属于生物科学与社会科学之间的科学，既是自然科学的一部分，也是社会科学的基础。斯宾塞用生物进化的观点解释心理现象的本质，意味着他开始以生物决定论代替长期流行的机械决定论，将研究重心从机器构造的有机体转向有机体与环境的关系，对美国机能主义心理学的形成产生了重要影响。

美国心理学是在批判19世纪流行的官能心理学基础上产生的。官能心理学的基本主张是，人的智力是一个精神实体，与人的身体相分离并为人类所独有；人的智力是由各自独立的官能或独立的能力组成的，包括意志力、情绪、思维能力。教育上的主要任务是重视学术性知识，强调与理智相关的思维能力的训练。官能心理学在当时的美国教育界具有较大的影响，它为中等教育和高等教育中教学的“形式训练说”提供了理论基础。“形式训练说”的假设是智力要经过特别的训练才能得到全面的发展。特别的训练包括学习某些抽象的学科，如古典文学、哲学和数学，这些学科被认为是学校正规教育的重要内容之一。不过，随着进化论的产生，学者们开始从进化论的角度重新认识

---

① 车文博：《西方心理学史》，浙江教育出版社，1998，第304页。

流行的官能心理学和“形式训练说”，提出了进化的人类智力的观念。[①]他们认为智力是进化的结果，而不是被看成一个独立于身体的单独的实体。人的智力活动是一种行为机能，通过有机体可以使自己适应环境的变化。当时，美国心理学家威廉·詹姆斯（William James，1842—1910年）和桑代克都对官能心理学提出了批评。詹姆斯认为不应该把人的智力看成分开的、独立的能力或官能，每个官能都是人类行为的重要组成部分。人类的智力活动是一个连续的过程，把智力细分成独立要素的任何部分是无根据的。[②] 由于重视智力活动的连续性，詹姆斯强调人类智力不仅是能够使人适应环境的工具，还是能够改变环境的工具。桑代克通过对动物学习的实验研究，也反对把智力看成独立实体的观点，认为智力是随着有机体对环境的适应而发展的，智力是改变环境的工具。与詹姆斯不同的是，桑代克还认为智力是改变人的天性的工具。

美国心理学也是在吸收了不同国家的心理学资源的基础上发展的。一些研究者指出，美国心理学的“躯体承受了德国的实验主义，它的精神则得自达尔文”[③]。但是，与德国和英国不同的是，美国的心理学比德国的心理学发展规模要大，进步程度也领先于英国心理学。其中一个重要原因是，美国人比德国人和英国人更容易接受进化论，也更容易在进化论基础上发展具有自己特色的心理学，即一种有关适应和生存的机能主义心理学。这些也是与詹姆斯、霍尔等心理学家的共同努力分不开的。

作为霍尔的导师，詹姆斯是美国机能主义心理学的先驱。1890年，

---

① ［美］S. 亚历山大·里帕：《自由社会中的教育：美国历程》，於荣译，安徽教育出版社，2010，第205页。

② ［美］S. 亚历山大·里帕：《自由社会中的教育：美国历程》，於荣译，安徽教育出版社，2010，第205页。

③ ［美］E. G. 波林：《实验心理学史》，高觉敷译，商务印书馆，1981，第576页。

詹姆斯出版了《心理学原理》，指出心理学是关于心理生活的现象及其条件的科学。该书注重心灵的研究，认为认识是心灵的主要机能。詹姆斯的心理学具有实用主义的特点，认为心灵是有功用的，可以在它的功用中加以观察。同时，詹姆斯的心理学反对注重形式的、因袭的、传统观念的束缚，而重视把结果作为最后决定的参考。詹姆斯的心理学不仅影响了行为主义心理学，还为创立美国机能主义心理学奠定了基础。

霍尔与詹姆斯一样，都曾到德国留学学习心理学。1868—1871 年，霍尔赴德国波恩大学和柏林大学专攻哲学，兼修生理学；回国后，由哲学转向心理学，认为心理学比哲学更能够给予人实际的知识。1876 年，霍尔到哈佛大学教授英文，研究哲学，并且跟随詹姆斯学习心理学。1878 年，霍尔以《关于空间肌肉知觉》的论文荣获美国心理学第一个博士学位。1878—1880 年，他再次去德国，先是在柏林大学学习生理学，后又到莱比锡专攻心理学，成为冯特的第一个美国学生。回国后，霍尔先在哈佛大学开讲座，后到霍普金斯大学任教授。1889—1920 年，霍尔任克拉克大学心理学教授兼校长。

霍尔最早的专业是哲学，但他关注哲学中的心理学，后来心理学成为他的主业，并且形成了他的以发展心理学为基础的世界观。他认为，心理学应该为哲学提供真正的方法。[①] 在心理学中，霍尔又强调“进化”的概念，把进化论与心理学结合起来，强调心理发展的观点。他曾谦虚地说：“把进化的概念引进心理学，我出力很少；我只是提出了一种观点，这种观点几乎包括了我所有的见解和抱负。这种观点是，正像我们机体内有许多发育不全的部分和退化的器官一样，我们心灵

① 美国心理学史学家波林的观察很有意思。他说，虽然霍尔通过哲学研究心理学，但是他“由于主张心理学为哲学提供了真正的方法，也就是说，人的心理分析是了解他的看法重要性的关键”，而最终“使心理学反客为主”。转引自劳伦斯·阿瑟·克雷明著《学校的变革》，单中惠、马晓斌译，山东教育出版社，2009，第 93 页。

的活动和结构中也有许多这样的部分和器官；心灵正像机体一样，同样是一种具有缓慢进化倾向的事物。”[①] 因此，他的心理学也被看作发展心理学，即注重人的发展与环境的适应问题，既注重有机体对环境的适应，也注重有机体使环境适应自己。霍尔也被认为是美国机能主义心理学的先驱。

1882 年，霍尔在约翰·霍普金斯大学创建心理实验室，开始研究当时尚未探索的儿童发展问题。1883 年，霍尔《儿童心理的内容》的发表，表明了他在儿童心理学中的先驱作用。这是一本以问卷资料为基础的研究专著。在书中，霍尔得出的结论是，由于城市的发展及随之发生的童年经验的变化，学校不会带给儿童同过去的农业时代一样的观念。在结论基础上的推论是，如果利用研究儿童的结果进行教学，就能更有效地讲授教材。也就是说，需要根据儿童发展的资料来决定课程的内容。[②] 正是从这个研究开始，以及以后的一系列研究，使霍尔成为美国儿童心理学的创始人和教育心理学的开拓者。自 1889 年开始，霍尔担任克拉克大学的校长，一直到 1920 年，长达 30 年。由于霍尔的地位，心理学成为该大学的主要学科之一，心理学家也以克拉克大学为一所心理学的大学。该校很快成为领导儿童发展领域研究的中心。霍尔也通过克拉克大学培养了众多的心理学方面的人才。据统计，他在克拉克大学授予博士学位的有 81 人，其中成为知名心理学家的有 25 人，包括 W. L. 布赖恩、L. M. 推孟等。[③]

关于霍尔与心理学的关系及对美国心理学发展的贡献，国内有学

---

① ［美］劳伦斯·阿瑟·克雷明：《学校的变革》，单中惠、马晓斌译，山东教育出版社，2009，第 91 页。

② ［美］劳伦斯·阿瑟·克雷明：《学校的变革》，单中惠、马晓斌译，山东教育出版社，2009，第 92 页。

③ ［美］E. G. 波林：《实验心理学史》，高觉敷译，商务印书馆，1981，第 620 页。

者从 3 个方面进行了概括①：第一，霍尔是美国心理学的重要的组织者和创建者。霍尔不仅在霍普金斯大学创建了美国第一个心理学实验室（1883 年），还创办了美国第一份心理学刊物《美国心理学杂志》。1892 年，霍尔又创办了美国第一个心理学组织——美国心理学会（APA）。第二，霍尔是美国发展心理学（developmental psychology）的创始人。霍尔虽然是冯特的学生，学过实验心理学，但他感到实验室的研究比较狭隘，更关心个体如何发展、如何适应环境的问题。从霍尔的心理学研究看，他不仅开展了对儿童、青少年心理问题的研究，还关注了老年心理问题。1922 年，霍尔写了两卷本的反映老年心理问题的《衰老》一书。因此，霍尔的心理学也被称为发展心理学，他的心理学具有机能主义倾向。第三，霍尔是教育心理学（educational psychology）的先驱。教育心理学是在美国发展起来的最早的应用心理学。霍尔注重心理学与教育的结合，注重从心理学的角度研究教育问题、进行问卷调查、开办教育讲座等，引发了社会和教育界的关注。从上面的这些贡献来看，霍尔也是美国 20 世纪初期教育改革的重要代表人物之一。

总之，受达尔文进化论适应理论的影响，近现代心理学的研究方向发生了改变，出现了心理学的生物学倾向。其中，影响较大的就是机能主义心理学。作为美国机能心理学的先驱——霍尔心理学的特点是放弃对意识内容的研究，转向对意识机能的研究；重视意识在个体生活中的作用和个体如何适应环境。这些思想影响了以后的心理学家和教育家。例如，杜威的机能主义心理学；瑞士皮亚杰的心理学也属于机能心理学。受进化论影响，皮亚杰心理学的特点是把研究的注意力转向思维和认知的进化及发展。他认为，儿童认知和发展的机制是在头脑中有一个可以随外界环境变化的“图式”，当外界环境与这个“图式”相吻合时，“图式”就发生同化作用，将环境中的信息纳入

① 车文博：《西方心理学史》，浙江教育出版社，1998，第 322—324 页。

“图式”；如果环境与“图式”不吻合，“图式”就发生调节作用，做相应的调整以达到新的适应。儿童的认知发展就是通过与环境的同化与调节作用不断变化、达到平衡的过程。

（三）霍尔教育思想的“复演说”基础及世界观

“复演说”是霍尔教育思想的重要理论基础之一，也是他认识和解释儿童发展与教育关系的重要理论之一。按照克雷明的观点，“复演”理论也不是霍尔的原创。这一理论在同时代的赫尔巴特学说中也是主要的内容，霍尔对赫尔巴特学说进行了广泛的借用。① 滕大春先生也认为，德国的赫尔巴特和福禄贝尔都曾有类似的关于“复演说”的理解。霍尔不同于他人的就是他阐述得细致而深入。② 总之，霍尔关于“复演说”的阐述，主要是他把19世纪达尔文的进化论与心理学思想相结合并用来解释物种和人的发展的产物；具体地说，霍尔是用进化论的思想处理种系与个体的关系，是一种专门用来解释个体心理发展的理论。

19世纪末20世纪初，受达尔文进化论的影响，一些研究者在生物学上已经发现人类胚胎发展的历史与动物进化过程的历史非常相像，是动物进化过程的复演。受这种思想的影响，霍尔把达尔文关于“进化”（evolution）的生物学观点引入心理学领域，并且发展为心理学的复演说（theory of psychological recapitulation），形成了具有特色的认识儿童心理发展和影响儿童发展因素的世界观。1904年，霍尔写下了最有影响力的《青春期：它的心理学及其与生理学、人类学、社会学、性、犯罪、宗教和教育的关系》，阐述了“复演说”的主张，并且用来

① ［美］劳伦斯·阿瑟·克雷明：《学校的变革》，单中惠、马晓斌译，山东教育出版社，2009，第92页。

② 滕大春：《美国教育史》（第二版），人民教育出版社，2001，第465页。

分析儿童的发育、发展和教育问题。[①] 1906 年，霍尔又出版了《青春期：青少年的教育、养成和健康》(*Youth : Its Education , Regiment , and Hygiene*)，该书是对 1904 年著作的进一步概括和补充[②]，从而使他的思想更为系统和完整，为更好地理解他的教育思想提供了帮助。

从霍尔关于认识儿童发展的世界观来看，他特别注重对儿童心理发展，特别是关于个体发展“青春期”的研究。他认为，人类个体发展的过程是对人类漫长发展过程的复演，表现为胎儿期复演了动物进化史；4 岁前的婴幼儿期则复演了由动物到人的进化；4—8 岁的儿童期复演了人类逐步离开蒙昧；8—12 岁的“前青春期”是对人类发展原始阶段的复演；[③] 12—25 岁的青春期则复演了人类的浪漫主义时代。也就是说，胎儿在母亲体内的发展复演了动物进化的过程，而出生后的身心发展则复演了人类进化的过程。在霍尔看来，儿童与青少年发展的过程就是复演种系发展的过程。在这个过程中，个体生活早期所表现的遗传特性要比以后表现的遗传特性古老，后者不如前者稳定和强大。有研究者指出，霍尔在“复演说”的基础上，给予青少年前所未有的关注，首次提出了“青春期”的概念，认为青少年正处于一个风雷激荡的全新时期，充满了内部和外部的冲突，这正是与人类种族发

---

① G. Stanley Hall, *Adolescence : Its Psychology and Its Relations to Physiology , Anthropology , Sociology , Sex , Crime , Religion , and Education*, Vol. Ⅰ (New York and London: D. Appleton and Company, 1917), p. 44.

② [美] 斯坦利·霍尔：《青春期：青少年的教育、养成和健康》，凌春秀译，人民邮电出版社，2015，第 2 页。

③ [美] 斯坦利·霍尔：《青春期：青少年的教育、养成和健康》，凌春秀译，人民邮电出版社，2015，第 1 页。需要说明的是，关于“复演说”的具体内容，笔者查阅了霍尔的代表作：1904 年两卷本的《青春期：它的心理学及其与生理学、人类学、社会学、性、犯罪、宗教和教育的关系》和 1906 年的《青春期：青少年的教育、养成和健康》，并没有找到关于“复演说”内容的直接陈述。这里主要借鉴的是霍尔后一部书的译者凌春秀的观点。不过，凌春秀在介绍霍尔的“复演说”观点时，把 8—12 岁阶段的“前青春期”的内容忽略了。本文在这里对缺失的这一部分给予了补充。

展过程中出现的激荡转型期相对应的阶段。霍尔的这一学说开启了研究青春期心理学的先河，促进学术界和社会大众开始研究青少年问题。①

为了理解霍尔的“复演说”，下面主要结合他的关于儿童“前青春期”的观点进行分析。霍尔认为，儿童“前青春期”主要指8—12岁儿童的发展阶段。霍尔认为，这个时期是人的一生中独一无二的阶段。孩子的大脑发育趋于完整，大小和重量已与成人相差无几；身体的健康状态差不多处于最佳时期。活动量显著增加，活动的多样化程度超过以往的任何时期。这个时期孩子的耐力超常，活力四射，似乎永远不知疲倦。他们在家庭外发展了自己的生活圈子，同时也有了属于自己的兴趣和爱好。霍尔总结道：这一切表明“对我们的远祖来说，这段时期可能代表着个体发展过程中一段漫长而相对稳定的成熟期。远古时代的少年们在这个年龄阶段也许还很矮小，但已经不再依靠父辈的帮助，开始独立自主了。在种族进化史中，在前青春期发展的特质比那些在其后发展的生理和心理遗传特性要古老得多”②。霍尔进一步指出，“从我们远祖继承下来的特质具有超强的动力，是那些在后期随着我们的成长而增加的特性所不能比拟的。从这个意义上说，在个体一生的发展史中，那个早期的‘男孩’其实是后期那个‘男人’的‘父亲’”③。这个解释就是霍尔著名的“儿童乃成人之父”观点的源头。

霍尔还列举了历史上一些思想家和教育家的观点来说明“复演说”

---

① ［美］斯坦利·霍尔：《青春期：青少年的教育、养成和健康》，凌春秀译，人民邮电出版社，2015，第2页。

② ［美］斯坦利·霍尔：《青春期：青少年的教育、养成和健康》，凌春秀译，人民邮电出版社，2015，第1—2页。

③ ［美］斯坦利·霍尔：《青春期：青少年的教育、养成和健康》，凌春秀译，人民邮电出版社，2015，第2页。

的重要性。霍尔指出，按照卢梭的理论，前青春期的时光都应该在大自然中度过，全由源于遗传的原始冲动来主宰，让那些原始的野性蓬勃成长、恣意绽放，到12岁再收敛。对于前青春期的孩子，成年人只需提供一个合适的环境就够了。如果不这样做，按照亚里士多德的“净化说”（the principle of catharsis）观点，儿童那些未成熟的精神器官如果在其发展进程中被压抑、扭曲、阻碍了，就会在将来以某种具有破坏性的方式显露出来。① 从这个解释来看，霍尔的这个观点与弗洛伊德的“情感压抑”理论颇有相似之处。

需要指出的是，霍尔提出的建立在进化论基础上的“复演说”，作为一种古典儿童发展理论试图解释儿童的发展与人类进化的关系，这对理解儿童生理的发展和文化的发展具有一定的意义。儿童的发展和活动不仅受一定的生物遗传因素的影响，在一定程度上更是人类文化发展的产物。因此，认识儿童的活动对于认识人类种族和文化的发展也具有一定的价值。

以霍尔的“复演说”为代表，美国教育家杜威进行了深入分析，明确提出了关于生物和文化的“复演说”观点。杜威认为，“复演说”包括两个方面，一个是生物学上的复演说，另一个是文化上的复演说。“根据这个学说，个体在发展，但是他的恰当的发展在于有秩序地重复动物生活和人类历史过去进化所经过的许多阶段。动物生活的复演是生理学上发生的；人类历史的复演应该依靠教育使它发生。在生物学上，有人主张个体的成长从简单的胚胎到成熟是重复动物生活进化的历史，从最简单的形式进化到最复杂的形式。这个观念除了假定它为过去的复演提供科学基础外，与我们没有关系。”② 在文化上，“这个理

① ［美］斯坦利·霍尔：《青春期：青少年的教育、养成和健康》，凌春秀译，人民邮电出版社，2015，第3页。

② ［美］约翰·杜威：《民主主义与教育》，王承绪译，人民教育出版社，1990，第77页。

论认为儿童在一定年龄的智力和道德状况下，与野蛮时代的人一样；他们的本能是漂泊不定的、掠夺性的，因为他们的祖先有一个时期过着这样的生活。所以，主张这个理论的人因此推断，在这个时期，儿童教育的合适材料就是人类在相似阶段创造的材料——特别是神话、民间故事和歌谣这类文学材料。然后，儿童通过某种与游牧时代生活方式相适应的阶段，一直到他准备参与现代生活的时候，他也就到达现在的文化时代。”①

杜威指出，“复演说”包含正确的因素，人的发展离不开他的遗传，遗传是一个人所有的禀赋。教育必须从一个人的禀赋着手。某个人有这样那样的天赋的活动能力，这是一个基本的事实。教育者需要利用一个人已有的东西，使已有的东西在最有利的条件下起作用。“在这个意义上，遗传是教育的极限。必须承认这个事实，以防止不必要的消耗。”② 同样，对于那些低能儿或器官有缺陷的儿童，要想教他对话，简直是白费时间。对一个生来就有缺陷的儿童进行教育是有局限性的，教育必须承认这个限制。③

当然，“复演说”也存在许多不足。从生物学上看，由于其观念是生物学基础，这就有可能将个体发展史和种族发展史完全等同起来，从而引向生物决定论。对此，杜威也给予了批判。第一，婴幼儿依靠重复过去的生活来学习是违反进化论的。杜威指出，“人类婴儿胚胎的发育无疑保存低级生活形式的一些特性。但是，婴儿丝毫并不严格通过过去的许多阶段。如果说有什么严格的重复的规律，那么进化显然

---

① ［美］约翰·杜威：《民主主义与教育》，王承绪译，人民教育出版社，1990，第77页。

② ［美］约翰·杜威：《民主主义与教育》，王承绪译，人民教育出版社，1990，第79页。

③ ［美］约翰·杜威：《民主主义与教育》，王承绪译，人民教育出版社，1990，第80页。

不会发生。照这样讲，每一个新的世代都不过是重复前人的生活方式”①。第二，婴幼儿的活动需要与现存的环境结合起来。杜威认为，婴幼儿开始的各种各样的冲动性的活动都是盲目性的，其中有许多活动相互冲突，或者偶然发生、零星分散的，与它们当前的环境不相适应。② 第三，“复演说”没有处理好过去与现在的关系。杜威指出，现在不是跟在过去后面的东西，更不是过去产生的东西。关于过去的知识和过去的遗产，必须与现在发生关系、必须进入现在才有巨大的意义。把过去的记录和遗物作为主要教材，其错误在于割断现在与过去的重要联系，使过去成为现在的对手、现在成为过去的或多或少无用的模仿。③

总之，霍尔提出的“复演说”及世界观是当时历史条件下对进化论进行的一定思考，并且用来解释儿童发育和发展的产物。其意义在于，霍尔依据这个理论提出的关于儿童的认识，以及关于儿童教育的内容，对于认识儿童存在与种族发展之间的联系、认识遗传物质在儿童发展和教育中的作用，并且以此提出相关的教育主张等是有意义的，它为后来出现的欧美儿童研究和教育革新运动提供了理论依据。霍尔的理论支持了近代教育家提出的适合儿童学习年龄阶段的主张，也论证了近代的教育顺应自然的观点。霍尔试图把发展心理学运用到教育方面，思考教育问题，改革教育实践，从这一点来看，是值得肯定的。当然，霍尔机械地理解人的发展进程及特点，夸大婴幼儿早期发展与人类种族发展的对应和联系，把个体发展史与种系发展史完全等同，

① ［美］约翰·杜威：《民主主义与教育》，王承绪译，人民教育出版社，1990，第78页。

② ［美］约翰·杜威：《民主主义与教育》，王承绪译，人民教育出版社，1990，第80页。

③ ［美］约翰·杜威：《民主主义与教育》，王承绪译，人民教育出版社，1990，第80页。

从而引向了遗传决定论，这显然是错误的。需要指出的是，自霍尔以后，现代的青少年心理学理论基本形成两种对立的观点：一是重视内在生理成熟的因素，如格塞尔的成熟论；二是强调外在社会环境和教育的因素，如华生的行为主义观。后来，这两种观点逐渐走向综合，形成了认知发展理论，其代表主要有皮亚杰等。

纵观霍尔教育思想的理论基础及世界观，可以看到其明显的相互关联的逻辑关系：进化论是心理学和复演说的基础，心理学和复演说是进化论的延展。进化论对物种形成原因的重新解释开拓了心理学家和教育家思考问题的思路和空间，也形成了霍尔的认识人类发展和社会关系的新的世界观。在他看来，人的发展及历史是与物种的发展相联系的，人的发展是多样的、环境变化的产物，不是什么神的“特创”的结果。人类与动物的密切联系可以使人们有兴趣去探讨二者之间的关系和其中的遗传问题，可以探讨在外界环境影响下的人的情绪、行为的变化等问题，这就为发展心理学、个性心理学、儿童心理学、教育心理学，以及儿童研究打开了探索之门。

二、霍尔的儿童研究及在儿童研究运动中的作用

儿童研究是教育研究的基础。认识霍尔的儿童研究及在儿童研究运动中的作用，对于理解霍尔的教育思想具有重要的意义。儿童研究运动是在欧美同时出现的，也是在继承欧洲儿童研究的基础上产生的，但是以霍尔为代表的美国儿童研究对欧洲的儿童研究产生了重要影响。霍尔的儿童研究与美国儿童研究运动的形成有密切关系，同时也对欧洲儿童研究运动有重要影响。这一部分主要从儿童研究的历史出发关注几个方面的问题：达尔文之前的儿童研究、达尔文的儿童研究、霍尔的儿童研究、霍尔在美国儿童研究运动中的作用、霍尔的儿童研究对美国儿童研究的影响，最后对霍尔与“儿童学”的关系进行一定的

分析。

（一）达尔文之前的儿童研究

在达尔文的儿童研究之前，欧洲已经出现了一些关于儿童观察的日记和记录。有研究指出，德国生理学家泰尔德曼（Tiedemann）于 1787 年出版的《儿童心理发展的观察》是第一本主要从心理学视角所做的关于儿童的记录。该书中是他对儿子进行的三年非连续的观察记录。有研究者认为，泰尔德曼是真正的儿童研究的先驱。[①] 只是较可惜的是，尽管这本书非常优秀，但在当时并未引起人们的注意，直到 1863 年米歇兰（Michelan）把它译成法语才引起公众的关注[②]。

在泰尔德曼之前，至少还有两个人对儿童进行观察并做了记录，他们是法国的哈罗德（Heroard）和瑞士的裴斯泰洛齐（Pestalozzi）。哈罗德是一位法庭医生，在负责照顾法国王子即后来的路易十三时，他对路易十三自出生开始进行了多年观察。哈罗德的记录包含着许多关于儿童生长和健康的资料。后来，他的记录由苏里（A. Soulie）编辑并在 1868 年出版。[③]

裴斯泰洛齐于 1774 年对他儿子的行为进行了观察并写成了日记，其中还包括裴斯泰洛齐所做的一些教育尝试。与泰尔德曼的记录不同，裴斯泰洛齐的日记在性质上还不属于心理学的范畴，更像家庭日记。而且，从日记中可以看出裴斯泰洛齐的儿童观是比较传统的，因为他

---

① Wayne Dennis, "Historical Beginnings of Child Psychology," *Psychological Bulletin*, Vol. 46, No. 3, 1949: 226.

② Ernest Belden, *A History of the Child Study Movement in the United States, 1870-1920, with special reference to its scientific and educational background* (Berkeley: University of California, 1965), p. 21.

③ Wayne Dennis, "Historical Beginnings of Child Psychology," *Psychological Bulletin*, Vol. 46, No. 3, 1949: 226.

把儿童看作尚未成熟的小大人，还没有认识到儿童期的重要性。①

在泰尔德曼发表著作之后的很长一段时间里，欧洲没有出现其他重要的著作，直到 1856 年德国的席格门（Sigismund）写了《儿童与世界》（*The Child and the World*），记录了他的孩子自出生以后的动作、语言等方面的发展。后来，德国的教育学教授尤福（Ch. Ufer）把席格门的研究重新编辑并于 1897 年出版。书中谈到席格门研究的目的是为了用较为科学的结论取代对儿童发展的超自然的解释。② 席格门的研究主题主要包括儿童的感觉、观念、性情和意志等方面，其中最有趣的部分是他对意志的研究。席格门认为，意志体现在儿童固执的行为中，而父母的错误态度是导致儿童不良行为的重要原因。为了防止儿童被宠坏，席格门建议尽早地让儿童进入社会。为了研究儿童之间性情的差异，他采用了“孪生儿童观察法”（Twin observation），通过比较孪生儿童的行为来发现天性和养育等对儿童性情的影响。席格门还对幼儿行为的发展顺序进行了观察，认为幼儿的发展顺序包括爬、走、跑和说。席格门注意到自己孩子与其他孩子在发展方面的区别。通过研究，他意识到对单个儿童进行观察的局限性，希望能对更多的儿童进行研究，以便得到更多的资料。另外，席格门的研究不只是单纯的观察，还对儿童的养育和训练等实际问题提了建议。③

1876 年，法国人泰因（Taine）发表了《儿童与人类语言的研究》，对儿童和人类如何学习语言的问题进行了研究。泰因的研究反映了遗

---

① Wayne Dennis, “Historical Beginnings of Child Psychology,” *Psychhological Bulletin*, Vol. 46, No. 3, 1949: 227.

② Ernest Belden, *A History of the Child Study Movement in the United States, 1870-1920, with special reference to its scientific and educational background* (Berkeley: University of California, 1965), p. 23.

③ Ernest Belden, *A History of the Child Study Movement in the United States, 1870-1920, with special reference to its scientific and educational background* (Berkeley: University of California, 1965), p. 28.

传在儿童发展中的作用。1877 年，当泰因的研究成果被译成英文在《思想》（*Mind*）杂志上发表后，对达尔文的儿童研究产生了影响，激励达尔文修改自己的儿童观察日记。①

从以上这些儿童传记及研究的出现可以看到，这一时期的儿童研究主要是父母出于对孩子行为的好奇和爱护，研究的目的主要是为了找到养育孩子的方法。因此，这个时期对儿童的观察和记录多是零散的，研究多是针对单个儿童，缺乏横向的、具有一定规模或一定范围的研究。其研究领域虽然涉及儿童生长、感觉、知觉、语言、心理等方面，但不够深入。其研究方法还缺乏一定的系统性和科学性，观察法中存在较多的经验主义成分。

（二）达尔文的儿童研究

达尔文非常重视孩子的家庭教育和早期教育。1839 年 10 月，他的第一个孩子出生后，达尔文就像观察新物种一样对待这个小生命。他注意观察孩子的一举一动，特别是孩子的表情，这些都被他仔细地记录下来。1877 年，达尔文重新整理了他的关于孩子成长情况的记录并出版了《一个婴儿的略传》（*A Biographical Sketch of an Infant*）。②

在儿童研究中，达尔文非常重视儿童情感表达问题的研究。他曾说："为了弄清楚婴儿特殊的表情和动作在多大程度上表达心理状态，我发现以下的手段最有效，即观察婴儿，因为他们会用不寻常的方式表达许多感情，而且在将来的生活中这些方式中的许多再也不会像婴

---

① Wayne Dennis, "Historical Beginnings of Child Psychology," *Psychhological Bulletin*, Vol. 46, No. 3, 1949: 228.

② Ernest Belden, *A History of the Child Study Movement in the United States, 1870-1920, with special reference to its scientific and educational background* (Berkeley: University of California, 1965), p. 31.

儿时期这么纯洁、简单。”① 为此，达尔文对他儿子的动作和表情进行了仔细的观察，然后与伦敦动物园的大猩猩珍妮的表情进行了对比。达尔文发现了二者的许多相似之处，希望通过观察和比较儿童与动物的行为，揭示和解释人类与动物之间的心理进化的不同。②

在达尔文看来，如果人类和动物被看作独立的、互不相关的，研究者就不会找到人与动物之间的联系；如果人类和动物的存在被看作相关的，人类与动物之间有着相似表情的现象就容易被理解了。达尔文关于幼儿情感表达的研究在一定程度上提供了认识人类与动物联系和进化的一个重要途径。

达尔文关于幼儿情感表达的研究为后来的儿童研究奠定了基础，使人们注重从遗传的角度解释儿童的心理发展问题。同时，达尔文的儿童研究及方法也对霍尔的儿童研究产生了重要影响。

（三）霍尔的儿童研究

霍尔从事儿童研究工作应该说是受多方面因素的影响。首先，来自于他对自己童年的好奇心和他母亲写的关于他从出生到上学期间的成长日记。霍尔在自传中曾经提到他的母亲可以算作儿童研究的先驱之一。③ 其次，美国儿童研究的先行者鲍迪奇（H. P. Bowditch）的研究对霍尔的儿童研究的深入开展产生了一定影响。1879 年，鲍迪奇对波士顿学校儿童的身高和体重进行研究。他收集了上千份有关 5—18 岁儿童的生理测量资料。鲍迪奇的研究不仅为人们提供了许多与性别、

---

① Ernest Belden, *A History of the Child Study Movement in the United States, 1870-1920, with special reference to its scientific and educational background* (Berkeley: University of California, 1965), p. 33.

② Ernest Belden, *A History of the Child Study Movement in the United States, 1870-1920, with special reference to its scientific and educational background* (Berkeley: University of California, 1965), p. 35.

③ G. Stanley Hall, *Life and confessions of a psychologist* (New York: D. Appleton and Company, 1923), p. 6.

年级、年龄等相关的儿童生理发展的资料，还吸引美国许多学校的管理者进行儿童研究，从而为霍尔的儿童研究提供了研究基础。再次，留学于德国的经历也对霍尔产生了影响。在留学德国期间，霍尔除了学习生理学、心理学外，还认真考察了德国的教育制度，特别是德国学者曾经使用的问卷调查方法。霍尔在自传中说："在儿童研究中，我大量使用的问卷调查是由德国的拉扎勒斯（Lazarus）教授发起的，他在 1872 年研究了柏林的入学儿童的心理内容。正是从这个研究中我得到了启发，对波士顿的入学儿童的心理内容做了相应的调查，并且于 1883 年发表。"① 最后，霍尔的儿童研究也受到了达尔文的影响。1882 年前后，霍尔对自己的两个孩子的从尚未出生到出生后的前三年进行了连续的观察。他观察了儿童的生理和语言的发展，并且按照时间顺序论述了儿童不同发展阶段的情况。②

霍尔儿童研究最突出的地方不在于他对自己孩子的研究，而在于他扩大儿童研究的范围，使儿童研究成为社会各界共同关心的事情。1880 年，霍尔着手调查波士顿的入学儿童，目的是想了解入学前的儿童掌握的知识内容。他采用德国学者的问卷进行预测，确定儿童的理解水平。在此基础上，他进一步拟定问卷试题，制定标准施测程序，训练施测教师。在对 400 名当年新入学儿童进行信息调查后，发现儿童对常识性知识了解不多。例如，其中 80％的儿童不知道蜂箱，93％的儿童不知道皮革制品来自动物，92％的儿童不知道什么是三角形，等等。他在调查中还发现农村儿童比城市儿童对这些常识知识了解得多些。霍尔根据调查结果提出了相应的改革措施。霍尔的这次调查对当

① G. Stanley Hall, *Life and confessions of a psychologist* (New York: D. Appleton and Company, 1923), p. 378.

② Ernest Belden, *A History of the Child Study Movement in the United States, 1870-1920, with special reference to its scientific and educational background* (Berkeley: University of California, 1965), p. 78.

时美国的教育改革具有重要意义。它使教育工作者认识到教育诊断不应再依靠教师缺乏根据的简单猜测，而应依据对儿童的调查结果。霍尔的这次调查在美国引起了强烈反响，为后来大规模的全国性调查打下了基础。斯坦福大学的教授巴恩斯（Barnes）曾说：他“在 1896 年搜集了 200 多种儿童研究的问卷，而这些问卷几乎全部直接或间接地与霍尔 1880 年的问卷调查有关”①。1883 年，霍尔以此次调查的结果为基础写成《儿童心理的内容》② 一书，发表在《普林斯顿评论》上，在社会上产生了较大影响，被认为是美国儿童研究运动开始的标志。

为了宣传和推动儿童研究，1882 年，霍尔在全国教育协会上发表演讲，提议把儿童研究作为教育学的核心。他说：“儿童研究应该成为教学方法、教学内容和教学顺序的基础。”③ 1883 年，霍尔自己出资出版了一个 18 页的、题为“儿童之研究”的小册子，其中包含一些霍尔认为值得研究的主题以满足教师的需要。两年之后，这本小册子由于需求量大而被再版。心理学家沃尔夫认为“这是一本经典的小册子，每个教师应人手一份”④。1884 年，霍尔提议建立一个科学的教育学委员会。教育协会接受了霍尔的建议，号召教育工作者以儿童研究为核心建设科学的教育学，使儿童研究成为教育研究的一部分。

霍尔关于儿童研究的内容大体包括三个方面：一是儿童的生理，主要包括儿童健康、儿童的胃口及与生理相关的食物和营养等。霍尔非常重视儿童的身体健康，认为身体健康是心理健康的基础。他曾说：

---

① Dorothy Ross, *G. Stanley Hall : the psychologist as prophet* (Chicago: University of Chicago press, 1972), p. 280.

② G. Stanley Hall, "The Contents of Children's Minds," *Pedagogical Seminary*, Vol. 1, 1891: 139-173.

③ Dorothy Ross, *G. Stanley Hall : the psychologist as prophet* (Chicago: University of Chicago press, 1972), p. 280.

④ H. K. Wolfe, "Historical Sketch of child study," The *North-western Journal of Education*, Vol. 7, 1896: 11.

“一盎司的健康和遗传胜过一吨的教育。”[①] 霍尔建议儿童的身体训练应以自由形式的锻炼代替规范的体操训练。他认为在儿童的身体和神经系统尚未发育成熟前，不应进行四肢的早期练习。精细的手工训练在幼儿园阶段进行也是有害的，肌肉容易因受到过重的压力而损伤。据说，这个观点在19世纪90年代成为儿童研究比较认同的定律。受霍尔思想的影响，美国进步主义学校在以后的10年里把读写推迟到7—8岁。同时，美国幼儿园也减少了儿童的过多训练。[②] 二是儿童的心理和情感，主要包括恐惧、愤怒、说谎、同情、好奇心、自我意识，以及对云、月亮、火、霜等事物的认识，对光、黑暗、冷、热的反应等的研究。霍尔关注儿童身体健康的最终目的是为了关注儿童的心理健康。霍尔认为，对儿童的心理进行研究，主要是为了促进儿童心理的统一。教育的一个重要任务就是促进儿童各种心理因素的共同发展。[③] 三是与儿童相关的教育，主要包括道德和宗教训练、绘画、音乐、数学、语言等方面。除了进行大量的儿童研究外，霍尔还对儿童研究运动进行了分析和总结，对儿童研究的状况、方法、成果、发展趋势、前景和作用等及时地做了总结，在此基础上形成了自己的思想体系。

在儿童研究中，霍尔还鼓励和支持教师进行儿童研究。他认为儿童研究能够增进教师对儿童的了解。霍尔指出，儿童研究的初衷是重在为教师服务，使教师永远年轻，富有同情心，具有专业知识。[④] 霍尔经常对教师发表演讲，他的演讲不仅激发教师对儿童研究的兴趣，消

---

① G. Stanley Hall, “The Ideal School Based on Child Study,” *Forum*, Vol. 32, 1901: 24.

② Dorothy Ross, *G. Stanley Hall: the psychologist as prophet* (Chicago: University of Chicago press, 1972), p. 296.

③ G. Stanley Hall, “A General Survey of Child Study,” *Pedagogical Seminary*, Vol. 15, 1908: 315.

④ Dorothy Ross, *G. Stanley Hall: the psychologist as prophet* (Chicago: University of Chicago press, 1972), p. 297.

除了他们对儿童研究的恐惧，还为他们提供了全新的专业知识。总之，在霍尔看来，儿童研究要达成三个主要目标：一是考察儿童的身体健康，二是研究儿童的心理，三是帮助教师增进对儿童的全面了解。①

在儿童研究中，霍尔主要采用的是问卷调查法。到 1915 年，霍尔与他的学生已发展和使用过 194 种包括多种课题的问卷。问卷调查法虽然是从德国学来的，在霍尔之前英国的高尔顿也采用过这个方法，但由于霍尔的广泛使用并对其有所改进，在这个时期的美国人多把问卷调查法与霍尔的名字联系起来。霍尔使用问卷法主要包括两个方面：一是直接让被试者回答问卷；二是通过教师和父母收集资料。他的《关于儿童说谎》（1882 年）和《儿童心理的内容》（1883 年）等作品反映了这种研究的结果。在他的影响下，1890—1915 年，问卷调查法在儿童研究中盛行一时。

受霍尔儿童研究的影响，一些研究者除了使用问卷调查法外，还使用观察法来研究儿童。1885 年，伍斯特州师范学校的学生在拉塞尔（E. H. Russell）的带领下对当地的在校儿童进行了仔细观察，收集了 3500 多种观察记录。"一些纸条全是记录，页头是观察者的名字、年龄，被观察者的名字、年龄、性别和国籍，观察和记录的间隔时间。"②观察者被建议要隐藏观察的目的，记录本不能被观察对象看见，要观察儿童自发的活动，收集重要的或感觉重要的事实。这种经过精心设计而进行的观察一直是儿童研究运动中重要的研究方法。后来，这些观察记录成为许多儿童研究书籍的资料来源。例如，哈斯克尔（Ellen M. Haskell）著、拉塞尔作序的《儿童观察系列：模仿和相关观察》就是在这些观察的基础上完成的。同时，学生参与儿童研究的方式激

① G. Stanley Hall, "Child Study: The Basis of Exact Education," *Forum*, Vol. 16, 1893: 435.

② H. K. Wolfe, "Historical Sketch of child study," The *North-western Journal of Education*, Vol. 7, 1896: 11.

起了人们对师范教育的关注，为师范教育改革提供了新方向。沃尔夫认为“这种培养学生观察能力的方法同其他的自然科学一样对学生有益。它被证明是最优秀的教育学”①。

美国学者多乐茜·罗斯（Dorothy Ross）在《斯坦利·霍尔：心理学先知》（*G. Stanley Hall：the psychologist as prophet*）中对1891—1904年霍尔的儿童研究工作及特点进行了总结。她认为，霍尔的儿童研究主要有两种方式：一是他的演讲，二是他及他的同行的研究。霍尔于1894—1895年进行了15次问卷调查，1895—1896年共有16次问卷调查，而1894—1915年总共做了194次问卷调查。② 问卷调查法成为美国儿童研究及儿童研究运动的主要方法和标志之一。虽然问卷调查法在后来遭到了批判，但正是霍尔的这些研究改变了当时美国教育家和大众对儿童及教育改革的态度。

霍尔在自传体小说《一个心理学家的生平和忏悔》（*Life and Confessions of a Psychologist*，1923年）中总结了自己的儿童研究工作。除了进行大量的儿童研究外，霍尔还进行了许多演讲和讲座，向人们宣传美国儿童研究运动成果。据霍尔自己的统计，他一生中所做的演讲共有2500多场。③ 他不仅创办了《教育论坛》（*Pedagogical Seminary*）杂志，还在其他学术刊物上发表了许多文章，如《克拉克大学的儿童研究》（*Child Study at Clark University*，1903年）④、《儿童研究及它与教育的关系》（*Child Study and Its Relation To Education*，

① H. K. Wolfe, “Historical Sketch of child study,” The *North-western Journal of Education*, Vol. 7, 1896: 11.

② Dorothy Ross, *G. Stanley Hall: the psychologist as prophet* (Chicago: University of Chicago press, 1972), p. 291.

③ Dorothy Ross, *G. Stanley Hall: the psychologist as prophet* (Chicago: University of Chicago press, 1972), p. 288.

④ G. Stanley Hall, “Child Study at Clark University,” *American Journal of Psychology*, Vol. 14, No. 1, 1903: 96-106.

1900 年)[①]、《儿童研究基础上的理想学校》(*The Ideal School as Based on Child Study*，1901 年)[②] 等，这些研究成果反映了霍尔的儿童观和教育思想。

总之，为了探索儿童身心发展规律，霍尔做了大量的儿童研究工作，并且把这些工作与他思考和关注的教育问题联系起来。霍尔的这些工作对美国的教育研究和教育实践产生了重要的影响。心理学家格塞尔（Gesell）高度评价了霍尔的儿童研究工作，称霍尔是“最伟大的研究儿童的现代学者，是心理学方面的达尔文”[③]。

（四）霍尔与美国儿童研究运动

美国的儿童研究运动是这个时期出现的重新认识儿童并思考教育与儿童关系的一次影响深远的运动。按照霍尔的观点，这个运动有三个前提：心理科学能够使教育现代化；现代化地养育和教育儿童能迅速改善人类的发展前景；这些领域取得进展的关键是依照科学的人类自然发展规律的原则养育和教育儿童。这次运动的基本主旨是新的进化理论的运用。[④]

关于霍尔与儿童研究运动的关系，美国学者多乐茜·罗斯认为，美国的儿童研究运动应该从 1883 年霍尔发表《儿童心理的内容》开始，一直到 1917 年依阿华州（艾奥瓦州）立大学建立儿童福利研究站结束，经过了 30 多年的发展。30 多年的研究历程大致可被分为三个阶段：19 世纪 80 年代为运动的初始期；19 世纪 90 年代到 20 世纪初为运动的发

---

① G. Stanley Hall, "Child Study and Its Relation to Education," *Forum*, Vol. 29, 1900: 688-702.

② G. Stanley Hall, "The Ideal School as Based on Child Study," *Forum*, Vol. 32, 1901: 24-39.

③ [美] 伊丽莎白·劳伦斯：《现代教育的起源和发展》，纪晓林译，北京语言学院出版社，1992，第 253 页。

④ [美] 劳伦斯·克雷明：《美国教育史：城市化时期的历程（1876—1980）》，朱旭东等译，北京师范大学出版社，2002，第 308 页。

展期；20 世纪之后的 10 多年为运动的分化期。[①]

1. 美国儿童研究运动的初始期

这一时期大致为 1883—1890 年。在此期间，儿童研究运动发展的规模很小，参加的人员多是心理学家、教育家及教育领域的人员，儿童研究也是在借鉴和模仿前人研究的基础上进行的。在儿童研究运动的初始期，霍尔主要是带领美国学者讨论儿童研究，指导伍斯特州师范学校的学生进行儿童研究工作。1884 年，全国教育协会接受了霍尔的建议，号召教育工作者以儿童研究为核心建设科学的教育学。1885 年，在霍尔的指导下，伍斯特州师范学校的学生研究了当地的在校儿童，收集了 3500 多种观察和记录，成为后来许多儿童研究书籍的资料来源。1889 年，芝加哥地区的学校建立了一个儿童研究局。这些工作只是表明人们对儿童研究的兴趣逐渐增加，儿童研究运动在 19 世纪 80 年代没有得到很大的发展。到了 90 年代，儿童研究运动才有了新的发展。

2. 美国儿童研究运动的发展期

大致是从 1891 年开始，一直持续到 1908 年左右。1889 年，霍尔任克拉克大学校长。1891 年，霍尔在克拉克大学创办《教育论坛》[②]。同年，在全国教育协会年会上，霍尔主持了关于儿童研究的专门讨论会，150 名代表参加。霍尔认为实验心理学的发展可以使儿童研究成为

---

① Dorothy Ross, *G. Stanley Hall: the psychologist as prophet* (Chicago: University of Chicago press, 1972), pp. 279-307.

② 《教育论坛》主要由五部分组成：一是按作者姓氏排列的目录。二是社论，每期一篇，主要介绍本期刊登的一些重要文章，并且对这些文章做简短的评论。通过社论，读者很容易把握期刊的内容。三是刊登的文章，主要是儿童研究成果，这也是期刊中最重要的部分。四是书评，主要是介绍美国和其他国家的具有影响力的著作，有时还刊登一些详细介绍著作的文章。五是两个索引，作者姓名索引和主题索引。另外，它还会刊登一些关于教育会议、教育组织成立或特色培训班的资讯和读者来信等。参见 G. Stanley Hall, "Editorial," *Pedagogical Seminary*, Vol. 1: iv-viii。

真正的科学。[1] 在1893年举行的芝加哥教育大会上，霍尔打破会议的统一安排，吸引了更多进步人士参与讨论儿童研究问题。

这一时期，霍尔所在的克拉克大学成为儿童研究运动的中心。据统计，克拉克大学在1894—1895年刊登了15个研究问卷，得到了很多人的回应，收到了大约2万份回卷，这些问卷已经被整理并构成了霍尔每周开展的儿童研究课程的基础。1896年的前6个月发表在霍尔创办的《教育论坛》上的儿童研究论文就有22篇。[2] 1896年，克拉克大学发布了16个研究问卷，涉及儿童道德教育、宗教体验、幼儿园、数字与数学等方面。1896年问卷调查的成果成为当年克拉克大学暑期学校课程的基础。

除了克拉克大学自身的研究以外，许多儿童研究俱乐部要求在克拉克大学的指导下工作。仅在1894－1895年，霍尔收到了大约800份来自美国各地的请求信，希望得到他的指导。[3] 因此，给人们提供建议并为他们选择可供参考的儿童研究已经成为克拉克教育系工作的一部分。同时，这些俱乐部也成为克拉克大学收集资料的重要来源。1896年，25所大学和高中的体育教师组成儿童研究俱乐部，共有2000名可供观察和实验的学生。这个俱乐部在克拉克大学的指导下进行了一系列实验研究，为克拉克大学收集了许多珍贵的资料。

随着儿童研究运动的全面开展，克拉克大学调查问卷的范围已经不仅仅囿于美国本土，世界其他地方的儿童研究机构和研究人员积极参与到克拉克大学的研究中。霍尔在1903年发表文章，提议建立一个

---

① G. Stanley Hall, *Life and Confessions of a Psychologist* (New York: D. Appleton and Company, 1923). p. 379.

② Sara E. Wiltse, "A Preliminary Sketch of the History of child Study, for the year ending September," *Pedagogical Seminary*, Vol. 4, No. 1, 1896: 113.

③ Sara E. Wiltse, "A Preliminary Sketch of the History of child Study, for the year ending September," *Pedagogical Seminary*, Vol. 4, No. 1, 1896: 194.

儿童研究扩展计划，希望通过美国和其他国家的儿童研究个人和机构的相互合作促进儿童研究的发展。在这个计划的鼓励下，克拉克大学收到了70多项国内外联合进行的儿童研究相关资料，还有来自法国、德国、澳大利亚，南非、北非、南美及世界其他地方的反馈问卷。①

克拉克大学暑期学校（the Clark University Summer School）是克拉克大学儿童研究活动中最独特的部分。克拉克大学暑期学校自1892年成立以来，每年都举行儿童研究培训班，一直持续到1903年。儿童研究培训班吸引了美国各州的校长、教师、大学教授及对儿童研究感兴趣的人，为儿童研究运动培养了大量的研究人员。克拉克大学暑期学校还促进了欧洲研究运动的发展，英国儿童研究协会就是由克拉克大学暑期学校的学生于1895年回国后建立的②。

3. 美国儿童研究运动的分化期

这一时期大致为1908—1910年。随着美国儿童研究运动的不断发展和壮大，各种问题也逐渐显露出来，遭到了一些学者的质疑和批判。同时，儿童研究运动的深入发展使研究领域不断分化，分散了运动的力量。

1898年，美国心理学家鲍德温（James Mark Baldwin）在《心理学评论》上发表文章批评儿童研究运动只是一种“时尚”，认为教师从事儿童研究将对教育科学有所贡献的说法是骗人的；他还指责霍尔的问卷法“缺少正确的方法论，而且它们因为缺乏思辨性而降低了其价值”③。哈佛大学心理学家闵斯特伯格（Hugo Münsterberg）对儿童研究运动的抨击最为激烈。1898年，他在《教育评论》上发表《心理学

---

① Sara E. Wiltse, “A Preliminary Sketch of the History of child Study, for the year ending September,” *Pedagogical Seminary*, Vol. 4, No. 1, 1896: 194.

② Sara E. Wiltse, “A Preliminary Sketch of the History of child Study, for the year ending September,” *Pedagogical Seminary*, Vol. 4, No. 1, 1896: 124.

③ James Mark Baldwin, “Child Study,” *Psychological Review*, Vol. 5, 1898: 218.

和教育》(*Psychology and education*)一文，认为儿童研究会使儿童非人化，将改变教师对儿童的反应方式。对儿童个体能力的分析会导致他们的人格被分解成要素，从而失去人们对他们的爱。他写道："如果允许我评论一下儿童研究的话，我会毫不犹豫地说儿童研究应该是一种方法而不是一个目标，它应该进行单个研究而不是统计研究，它应该由专业人员而不是业余人员来做。"①

面对心理学家的批评，霍尔做出了回应。他认为，虽然儿童研究运动中存在这样一些不科学的调查和研究，但是儿童研究本身就是对儿童爱的行动，"爱和研究不是相互影响而是相互加强的，因为了解和从事儿童研究，我们会变成更好的教师，而那些没有利用它的人忽略了新时代最急迫的新任务。在这个世界上还有比误解孩子更可悲的事吗"②？对使用未经训练的观察者收集的资料的批判，霍尔认为达尔文都依赖非专业者的观察。而且，教师因为熟悉他们的儿童，能够观察到一些被不熟悉儿童的专业人员忽略的现象。

另外，研究方法的不足也是导致儿童研究运动衰退的一个重要原因。儿童研究运动因为参加的人员众多，规模过大，而没有注意研究的质量和方法的科学性。正如有研究者所指出的，一个事件中总是有英雄人物和反面人物，那么在美国儿童研究运动中霍尔可以算是儿童研究运动的英雄，因为是他发起了这次运动，继而使它发展壮大，但是也正是因为它的规模过多，而导致了它的研究遭到众多批判而迅速衰退。因此，霍尔又成了儿童研究运动的反面人物。③

---

① Hugo Münsterberg, "Psychology and education," *Educational Review*, Vol. 16, 1898:110.

② G. Stanley Hall, "Child study and its relation to education," *Forum*, Vol. 29, 1900: 690.

③ Belden Ernest, *A History of the Child Study Movement in The United States, 1870-1920, With Special Reference to its Scientific and Educational Background* (Berkeley: University of California, 1965), p. 234.

杜威对儿童研究运动所遭到的批评做了较为客观的分析。杜威认为，儿童研究运动所受到的批判一方面来自对儿童研究运动作用的夸大，另一方面来自那些运动追随者的错误导向。这些追随者中的一些人参与儿童研究运动是试图利用儿童研究宣传和扩大他们的影响，还有一些人是盲目接受。除此之外，对儿童研究不成熟的论断也使一些人对儿童研究运动产生了怀疑。他们认为儿童研究运动会为教育提供一种确定的、科学的基础来取代建立在推测基础上的教育。当这个目标没有实现时，他们感到被愚弄了，从不加分辨地崇拜儿童研究转向同样不加分辨地批判儿童研究。杜威认为，仅仅因为儿童研究运动不能提供有效的方法来解决所有的教育问题就对它进行批评是不公正的。杜威呼吁加强儿童研究与心理学的联系。心理学可以为教育做两件事：一是提供关于儿童成长顺序的知识，因为在确定整个教育框架时，它起着一种指导作用；二是为教师提供深入儿童个体的洞察力和解释儿童个体需要和性格的能力。①

尽管这样，霍尔仍然坚持他对儿童研究和教育问题的关注。1910年后，克拉克大学成立了教育博物馆，体现了儿童研究成果在教学实践中的应用。霍尔说："我们收集了成千上万的促进教育工作的物品。这些物品包括伯纳姆的学校卫生学领域的重要物品的列表；各种彩色的神话故事和传说的挂图，有些是用英语表述的，有些是用其他语言表述的；另外还有一些历史图表，化学规律表和工业图表，各种声学图表，低级动物、高级动物的模型，儿童的劳动作品，用于数学、几何、天文、音乐等教学的教具，还有许多地理图表和模型，火车、飞机模型和弹道学模型；最后还有一个教科书图书馆。所有这些物品和它们的用途都会在每个周六的讲座上向教师们演示。这个博物馆对教

① John Dewey, *The Early Works*, *1882-1898* (Carbondale, IL: Southern Illinois University Press, 1972), pp. 209-210.

师和孩子开放，几乎所有的物品都可以借给教师使用。这些物品在教育中的价值是无法衡量的，许多使用这些物品的教师对此赞不绝口。”①

儿童研究运动在此之后开始衰退，霍尔的研究兴趣也转向其他领域。1911 年，霍尔总结了儿童研究理论在教育中的应用并发表了他的两卷本《教育问题》一书，从此结束了儿童研究工作。②

（五）霍尔的儿童研究及其对美国儿童研究的影响

霍尔不仅是一位把心理学与儿童发展相结合，关注儿童身心发展的教育家，还是一位充满活力推进心理学与教育实践相联系，关注解决教育实际问题的活动家。霍尔为儿童研究及运动的发展和研究成果的推广做出了重要的贡献。

1. 霍尔指导和激励他的学生和教师参与儿童研究，对于儿童心理的认识和研究能力的提升发挥了重要作用

在霍尔的带领下，他的学生成为儿童研究的主力。在儿童研究运动期间，霍尔共指导了 110 名博士和 81 名硕士。③ 这些学生后来很快进入学术界，成为心理学带头人、教育学科负责人，以及教育界的行政人员。在霍尔的学生中，一直追随他且成就最大的当属威廉·伯纳姆（William H. Burnham）。1890 年，伯纳姆接受霍尔的邀请到克拉克大学任教。在霍尔的帮助下，伯纳姆开设教育学原理、教育史专题、初等和高等教育现存问题等专题讲座。伯纳姆不仅是克拉克大学儿童研究的主要力量，还是 20 世纪初心理卫生运动的发起人之一。霍尔也重视教师参与儿童研究。霍尔在一次演讲中说：“儿童研究首先是教

---

① John Dewey, *The Early Works* , *1882-1898* (Carbondale, IL: Southern Illinois University Press, 1972), p. 403.

② John Dewey, *The Early Works* , *1882-1898* (Carbondale, IL: Southern Illinois University Press, 1972), p. 405.

③ Lester F. Goodchild, "G. Stanley Hall and the Study of Higher Education," *The Review of Higher Education*, Vol. 20, 1996: 84.

师，其次才是为儿童。”[①] 路凯（G. A. Luckey）曾指出，儿童研究运动的目标是“确定从古代到现代的教育实践中最好、最正确的特征，使教学符合由儿童自发兴趣决定的儿童成长的自然阶段。”[②] 霍尔认为，教师在从事教学工作之前应该掌握儿童发展法则的知识，教学技能可以在较短的时间内获得。美国儿童研究运动开展后，教育上出现的新变化就是大学各种暑期培训学校的出现。这些培训学校主要针对中小学教师和幼儿园教师提供多种培训课程，提高了教师的教学水平，激发了教师对教育问题的研究兴趣。[③]

2. 霍尔通过演讲推动了儿童研究及运动的快速发展

在儿童研究运动中，霍尔经常就儿童研究计划和目的进行演讲，宣传研究运动带来的益处，总结最新的研究成果，提供改进研究的方法与建议，鼓励进行更广泛、更深入的研究。仅 1894 年，霍尔就做了 34 场大型演讲。霍尔在晚年进行了统计，发现其一生中这样的演讲共有 2500 多场。霍尔的这些演讲对于普及儿童心理知识和推广儿童研究方法起到了很好的作用。

3. 霍尔还通过参与一些社会组织扩大儿童研究及运动的影响

“教师和家长联谊会”一直是霍尔和他领导的儿童研究运动的忠实追随者和拥护者，霍尔一直是该会的主要发言人。尽管当时其他心理学家也有许多新发现，但教师和家长联谊会对霍尔的儿童研究特别关注，它关注内容的变化明显反映了霍尔研究主题的变化。[④]

---

① Dorothy Ross, *G. Stanley Hall : the psychologist as prophet* (Chicago: University of Chicago press, 1972), p. 289.

② John A. Glover, Royce R. Ronning, *Historical Foundations of Educational Psychology* (New York: Plenum Press, 1987), p. 55.

③ G. Stanley Hall, *Life and Confessions of a Psychologist* (New York: D. Appleton and Company, 1923), p. 512.

④ Steven L. Schlossman, “Before Home Start: Notes toward a History of Parent Education in America, 1897-1929,” *Harvard Educational Review*, Vol. 46, 1976: 442.

当然，霍尔所从事的儿童研究及由此兴起的儿童研究运动也引发了一些争论和值得思考的问题。

其一，儿童能否被科学研究的问题。对于这个问题，美国心理学家闵斯特伯格的观点是，儿童研究会使儿童非人化，导致他们的人格分裂，从而失去人们对他们的关爱。① 霍尔的观点与其相反。他认为，儿童研究的目的是为了更好地认识和了解儿童，为了根据他们的天性和需要来科学对待儿童。研究儿童不会失去对儿童的同情和热爱；正相反，研究儿童是为了更好地爱他们。霍尔特别强调，儿童研究本身就是对儿童的爱。②

其二，教师能否参加儿童研究的问题。许多学者对这个问题也存在不同看法。霍尔积极支持教师参与儿童研究。而闵斯特伯格认为，儿童研究工作不是任何人都可以的，必须由训练有素的专家来做。闵斯特伯格反对教师进行儿童研究，认为教师可以学习心理学，但是不能朝错误的方向引导教师的兴趣。“实验室里的研究不能告诉教师直接用于教学工作的知识。如果不是一位好教师，它甚至是有害的，它会限制正常的教师本能。”③ 而且，儿童研究还会增加教师的负担，改变教师对儿童的反应方式。心理学家鲍德温也认为教师从事儿童研究将对教育科学有所贡献的说法是骗人的。④ 霍尔的观点也与他们不同。霍尔认为，教师参与儿童研究可以使他们因为了解儿童而变成更好的教师。教师参与儿童研究的意义不在于能否做出科学的研究成果，而在于通过研究可以增加对儿童的了解，增进师生感情，提高教学水平，

---

① Hugo Münsterberg, “Psychology and Education,” *Educational Review*, Vol. 16, 1898:110.

② G. Stanley Hall, “Child study and its relation to education,” *Forum*, Vol. 29, 1900: 690.

③ Hugo Münsterberg, “The danger from experimental psychology,” *Atlantic Monthly*, Vol. 81, 1898:159.

④ James Mark Baldwin, “child study,” *Psychological Review*, Vol. 5, 1898:218.

有助于教育目标的实现。教师参加儿童研究对儿童和教师都有益处。①

其三，儿童研究是针对个体还是群体的问题。对于这个问题，闵斯特伯格认为儿童研究应该针对个体而不是群体。② 在儿童研究运动之前，研究者多是采用传记法和观察法对儿童个体进行研究。儿童研究运动之后，研究者多是使用问卷调查法对学校的儿童群体进行研究。以往的个体研究的优点在于研究者可以获得关于儿童成长的连续记录，增加对儿童整个成长过程的了解。但是，个体研究缺乏横向比较，采用的观察法客观性差。心理学家辛恩也认为个体研究不适用于在校儿童，因为观察者很难记录在校儿童的日常生活。③ 与个体研究相比，群体研究更能反映某个阶段儿童的发展特性，而且通过分析大量资料得出的研究成果更具有普遍性和科学性，这些研究成果对教育实践的意义更大。群体研究虽然存在不足，但是它反映了儿童研究方法的进步。美国教育家巴恩斯曾说："我们现在需要增加对人类天性发展的普遍规律的认识。"④

总之，霍尔的儿童研究及以他为代表的美国儿童研究运动是人类历史上一次大范围地科学研究儿童的尝试。强调科学研究儿童是美国儿童研究运动一个非常显著的特征。霍尔的儿童研究及美国儿童研究运动产生的一个重要原因是 19 世纪末 20 世纪初人们开始用科学的眼光看待儿童。美国儿童研究运动的一个重要目标就是想借助科学的研究方法研究儿童，揭示儿童的发展规律。而且，运动中的研究者试图借

---

① G. Stanley Hall, "Child study and its relation to education," *Forum*, Vol. 29, 1900: 690.

② Hugo Münsterberg, "Psychology and education," *Educational Review*, Vol. 16, 1898: 110.

③ Millicent W. Shinn, *The Biography of a Baby* (Boston: Houghton Mifflin, 1900), p. 4.

④ Earl Barnes, *Studies in Education* (California: Stanford University, 1896-1897), p. 64.

助科学方法进行研究和探索并取得了许多研究成果。霍尔的儿童研究及美国儿童研究运动尽管存在许多不足，但它加深了人们对儿童和儿童发展的认识，开始改变人们的儿童观和教育观，推动了美国教育思想的发展和美国教育实践的进步。霍尔及其研究者提出的许多儿童发展及教育问题至今仍然是教育界关注和需要解决的问题。虽然霍尔的儿童研究及美国的儿童研究运动还存在许多不足之处，但是霍尔的贡献及美国儿童研究运动的影响和历史作用是应该得到充分肯定的。

（六）霍尔与“儿童学”

研究霍尔的儿童研究及教育思想会涉及“儿童学”（Paedology）的问题。儿童学是指“关于儿童的科学”，源于希腊语。儿童学是产生于19世纪末、普遍发展于20世纪初的一门研究儿童的学科，其先驱代表主要是美国的霍尔和德国的克里斯曼、A. 梅伊曼等。所谓儿童学，实际上是关于儿童发展的心理学、解剖生理学、生物学、社会学的各种概念的集合体，它是在实验心理学、实验教育学及其他自然科学发展的基础上产生的。儿童学首先出现在美国，继而在西欧，与儿童研究及儿童研究运动的发展有密切联系。随着儿童学研究的推进，在19世纪末到20世纪初，美国、英国、波兰、法国、德国、苏联等先后成立了儿童学会，专门进行儿童学的研究。①

有研究者指出，1896年，克里斯曼在其博士论文中提出了“儿童学”这个名词，指出要以历史上人们关于儿童研究的各种学说为基础，努力使儿童研究科学化，并且使之成为一门独立的科学。克里斯曼给儿童学下的定义：“儿童学是一种纯粹的科学，其职能在于研究儿童的生活、发展、观念及其本体。儿童学之于儿童与植物学之于植物、矿物学之于矿物没有两样；儿童学不是教育学，因为教育学是应用科学，

① 日本世界教育史研究会：《世界幼儿教育史》（下），吉林人民出版社，1986，第162页。

儿童学却不能作为应用科学被看待。”[①] 后来，人们给他的这个定义做了修正，认为儿童学和教育学还是有紧密联系的。1911 年，在德可乐利（Ovide Decroly）的推动下，在布鲁塞尔召开了儿童学第一届国际会议，德可乐利当选主席。以后，儿童学在欧美各国广为流传。

儿童学是以与儿童发展相关的众多学科为自己的理论基础和方法，重视遗传、早期环境及教育对儿童发展的影响，是当时儿童研究运动的产物，在一定程度上推动了人们对儿童的身心特点及其发展规律的研究。与这个时期欧美出现的儿童研究相比，儿童学研究的内容有很多相似之处，主要包括儿童个体的发展及遗传对儿童个体的制约作用；儿童身体的发育过程；儿童常见疾病；儿童的心理，如本能、感知觉、想象、思维、语言、情感和意志等；异常儿童。在儿童学的研究中，采用了传记法、谈话法、问卷调查法、诊断法和智力测验法等。[②]

儿童学产生以后不仅在欧美产生一定影响，后来还对 20 世纪 20—30 年代的苏联教育产生了重要影响。由于“儿童学”涉及生物学和社会学，所以逐步形成了“儿童学”的生物学派与社会学派之争。生物学派的儿童学者比较注重从生物学角度分析儿童的发展。他们主张儿童发展的主要原因是受有机体与内分泌的构造特性的影响，儿童的行为或行动发生变化。在对儿童的认识上，这一派往往按照生物学的特征来划分儿童的年龄特征。例如，把儿童的发展阶段划分为无齿期、乳齿期、恒齿期等；在分析儿童的精神发展时，也往往与唾液的碱性、母亲的年龄、出生年的日照时间的多少联系在一起。而社会学派的儿童学者多把儿童发展的基本原因归结为儿童对社会环境的机械适应。而这个社会环境对儿童的命运来说是不变的、宿命的东西。儿童是社

---

① ［日］关宽之：《儿童学》，朱孟迁、邵人模、范尧深译，商务印书馆，1922，第 11—12 页。

② 吴式颖：《外国教育史教程》，人民教育出版社，1999，第 473 页。

会环境的、被动的产物，社会环境决定儿童的性格特点和行动范围。为了研究儿童，只要分析环境结构就足够了。[①]

儿童学各派学者存在的主要问题是，由于一些儿童学者过分强调遗传因素，把发展中的儿童的本质归入带有生物学的特征中，或者把研究儿童的性格用分析环境的社会学来替代，表现了一种遗传决定论或环境决定论的倾向。前者认为儿童的容貌特征、心理特征和精神能力等都可以遗传，后者认为儿童早期受到的社会环境影响终生不可改变。这样不仅从理论上阻碍了教育学和心理学的发展和应用，还从实践上贬低了教育的作用，得出的结论是阶级出身不同和种族不同的儿童之间的差异注定是不能改变的。

三、霍尔教育思想的基本主张

研究霍尔教育思想依据的主要是他关于心理学与教育关系、儿童研究与教育关系，以及他对教育问题思考的资料等。这里主要研究霍尔有关儿童发展与教育、儿童的运动（训练）与教育、儿童的学业与教育、女性与女性教育、道德教育等问题的论述。这部分资料主要来源于霍尔的教育著作及一些学者的相关研究。

（一）儿童的发展与教育

正如前面克雷明所指出的那样，霍尔阐述的儿童研究运动的三个前提，即心理科学能够使教育现代化；现代化地养育和教育儿童能迅速改善人类的发展前景；这些领域取得进展的关键是依照科学的人类自然发展规律的原则养育和教育儿童，这是美国儿童研究运动的重要条件，而其主旨就是新的进化理论的运用。在霍尔看来，儿童在他们

① 日本世界教育史研究会：《世界幼儿教育史》（下），吉林人民出版社，1986，第162—163页。

的发展过程中复演种族的经验，而且具有向善的能力。因此，家庭和学校的任务就是配合儿童的发展并激励这种发展，而不是试图塑造它或控制它。[①]

基于“复演说”中对儿童与种族关系的理解，霍尔一直比较重视对儿童发展与教育关系的认识。霍尔关于儿童心理的研究、儿童需要与教育的研究，以及儿童发展不同阶段的研究等得出的结论，反映了他对这些问题的思考。

1. 依据儿童研究成果进行教育改革

1883 年，霍尔发表了《儿童心理的内容》。这是一本基于问卷调查资料写成的著作，书中阐述了霍尔关于儿童心理的研究内容和成果，以及对儿童心理的看法。霍尔指出，由于城市的发展过快，以及随之发生的童年经验的变化，学校已经不再带给儿童与过去的农业时代一样的观念。霍尔认为，如果能够利用儿童研究成果进行教学，就能更有效地讲授教材。在霍尔看来，应当根据儿童发展的情况决定课程改革的内容。霍尔认为，教育教学改革与儿童研究有密切关系。每一次教育改革都是更仔细地亲自了解儿童和青年，以及更深入地洞悉儿童的需要和生活的直接结果。1900 年，霍尔写了《儿童研究及其与教育的关系》，强调心理学与教育的重要联系，主张通过儿童的生长过程去判断一种文明，通过适应个人自然成长的方法去评判一种学校制度。[②]

2. 儿童应该成为教育的中心

在霍尔看来，随着儿童研究成果的不断出现，应该改变旧的教育观念。儿童应该成为教育的中心，教育应该使学校、教师适应儿童，而不是使儿童适应学校、教师。1901 年，霍尔发表了《儿童研究基础

---

① ［美］劳伦斯·克雷明：《美国教育史：城市化时期的历程（1876—1980）》，朱旭东等译，北京师范大学出版社，2002，第 308 页。

② ［美］劳伦斯·阿瑟·克雷明：《学校的变革》，单中惠、马晓斌译，山东教育出版社，2009，第 92 页。

上的理想学校》(*The Ideal School as Based on Child Study*)。这篇论文主要论及教师中心的学校和儿童中心的学校的区别。在以往的学校教育发展过程中，教师中心学校是占统治地位的学校模式，要求儿童去适应学校。按照霍尔的观点，教育要求学校和教育者要去爱儿童，适应儿童，为儿童服务。霍尔强调说：“儿童的监护人首先应该努力遵循自然的方法，防止伤害他们，并且应该获得‘儿童幸福和权利的保卫者’这一值得骄傲的称号。这些监护人应该深深地感到，人在童年时期就像刚从上帝那边来一样，具有活力，是世界上最完美的东西的象征；应该确信，没有什么东西像正在成长的儿童身心那样值得去爱，值得去尊重，值得去为其服务。”①

在对教师中心学校和儿童中心学校做出区分后，霍尔又分析了儿童研究成果基础上理想学校的情况并提出了自己的观点。霍尔认为，理想学校的首要任务是根据儿童各个发展期的不同需要为他们提供有利的环境并给予适当的帮助。

霍尔根据儿童的发展情况把理想学校的教育分为 4 个阶段。第一阶段是从 2—3 岁到 6—7 岁的儿童。他们适合进幼儿园。这个阶段的教育任务是注重儿童的身体发展。儿童的主要活动是游戏。幼儿园要有优美的环境，要为儿童提供各种食物、玩具和书籍。幼儿园的教师要了解儿童，要具备丰富的知识。第二阶段是 7—8 岁过渡期的儿童。这时儿童的大脑发育完全，但是体质很弱，仍然需要关注其身体发展。第三阶段是 8—9 岁到 12—13 岁的儿童。这个时期的儿童可以学习读写、绘画、音乐、语言等，还要注重习惯的培养。第四阶段是 12—13 岁到 18—19 岁的青春期的儿童。这时儿童的生理和心理有了新的发展，他们变得非常敏感。这时需要按照他们的兴趣进行各种教育。

---

① ［美］劳伦斯·阿瑟·克雷明：《学校的变革》，单中惠、马晓斌译，山东教育出版社，2009，第 93 页。

霍尔的理想学校的中心思想是一定要按照儿童的发展阶段和需要来改革学校教育；学校教师为儿童提供恰当的环境并促进儿童的身心和谐发展，即热爱儿童。这样，儿童就受到了重视，儿童就成了教育的中心。①

关于霍尔的儿童中心教育思想，克雷明指出，这一思想把卢梭在《爱弥儿》中提出的自由主义教育学建立在儿童中心的学校观上了。这种学校的课程将更广泛地迎合儿童的天性、生长和发展的特点。② 不仅如此，这一儿童中心的教育思想还影响了当时的美国教育协会十五人委员会关于教师工作的看法。这个委员会曾经强调："现代教育强调儿童而不是强调学习科目的观点，是教师工作的指南。了解儿童是最重要的。"③

3. 按照儿童的发展特点进行儿童教育

霍尔认为，儿童教育主要包括前青春期教育和青春期教育。关于这两个时期的教育，霍尔在《青春期：青少年的教育、养成和健康》一书中都有专门论述。

霍尔认为，8—12 岁是儿童的前青春期阶段。在这个阶段，儿童的大脑发育趋于完整，身体状态差不多处于最佳时期；活动量显著增加，活动的多样化程度也超过了以往的任何时期；孩子耐力超常、活力四射，似乎永不疲倦。他们在家庭以外发展了自己的生活圈子，同时有了自己的兴趣和爱好。这些兴趣完全脱离了成人对他们的影响。他们的感知、观察变得非常敏锐，能够让自己远离寒冷、饥饿、危险、事

---

① G. Stanley Hall, "The Ideal School as Based on Child Study," *Forum*, Vol. 32, 1901: 24-39.

② ［美］劳伦斯·阿瑟·克雷明：《学校的变革》，单中惠、马晓斌译，山东教育出版社，2009，第 93 页。

③ ［美］劳伦斯·阿瑟·克雷明：《学校的变革》，单中惠、马晓斌译，山东教育出版社，2009，第 93 页。

故及别有用心的引诱。但是，他们的推理能力、真正道德感、宗教认知、同情心、爱心及对美的欣赏能力没有什么发展。霍尔的这段描述现在来看有些还是符合儿童发展实际的，但也有些是过高的估计，如对孩子兴趣与爱好、感知力、敏锐力的判断及评价，由此可以看到霍尔“复演说”的影子。他认为，对人类的远祖来说，这一时期儿童的发展可能代表着个体发展过程中一段漫长而相对稳定的成熟期。远古时代的少年们在这个年龄阶段非常矮小，但已经慢慢不再依靠父辈的帮助，开始独立自主了。霍尔认为，在种族进化史中，前青春期发展的特质要比其后发展的生理和心理遗传特性古老和稳定。从这个意义上说，早期那个“男孩”就是后期那个“男人”的“父亲”。霍尔指出，在教育史上，卢梭也采取过这种做法。在卢梭看来，前青春期儿童的时光都应该在大自然中度过，完全由源自遗传的原始冲动来主宰，让那些原始的野性得到生长，直到 12 岁再予以收敛。

霍尔指出，对于处于这个时期的儿童，成年人只需提供一个合适的环境就够了。对这些与生俱来的、充满野性的本能，应该给予它们发展的空间。霍尔不同意所谓的“教育要教会孩子们去认识大自然，去了解自己天性”的说法，认为孩子们本不应该被“教育”去接近大自然，他们本来就属于大自然。教育要鼓励他们在大自然中四处游玩，让他们去田野、去森林，去登高望远、去海边、去亲近动物，让他们在户外找到真正的童年，让他们尽情享受属于他们自己的生活。①

霍尔还从以下几个方面批判了当时学校教育对儿童的束缚和强制做法。②

其一，学校教育是一个封闭的环境，隔绝了儿童与外部环境的联

---

① ［美］斯坦利·霍尔：《青春期：青少年的教育、养成和健康》，凌春秀译，人民邮电出版社，2015，第 3—4 页。

② ［美］斯坦利·霍尔：《青春期：青少年的教育、养成和健康》，凌春秀译，人民邮电出版社，2015，第 3—5 页。

系，不利于儿童的成长。霍尔指出，传统教育把人类的小幼苗移植到采光糟糕、空气污浊、温度不适的学校环境里，把大自然关在门外，使儿童与之隔离。而在学校里，孩子们屈服于机械的训练方式，接受特殊的训练，去熟悉、领会将来成年后必需的本领和才能。

其二，这种封闭的、强制的学校教育使儿童处于一种被动的发展中，随时都有可能使他们爆发顽强的抵抗。霍尔指出，对于这些强加给孩子们的要求，虽然成人认为是明智的，但是孩子们觉得陌生和不可理解。他们会认为这些要求是专制，是束缚，是刻意人为的，是矫揉造作的，对所有强加于他们的要求，他们会表现得很被动，随时都有可能爆发抵抗和逃避。

其三，这种封闭的、强制的学校教育会浪费儿童大量的时间和精力，造成许多不良后果。霍尔指出，这个时期是儿童感官敏锐、反应迅速有力、快速记忆、容易接受新事物的时期。如果在这个时期让他们忙于机械的、重复性的训练，不仅浪费他们的时光，还会影响他们的身体、感官和精神健康，甚至会影响他们的道德品行。

其四，机械的教学与正规的学校教育相结合，使儿童的发展处于更加不利的地位。霍尔指出，正规学校里的教学多是让孩子反复操练、知识灌输和严格管理，所使用的教学方法一般是机械的、重复的、具有权威性甚至是教条式的；教学不考虑儿童的兴趣和爱好，也不与他们讲道理。这些内容空洞、毫无意义的教学结果是毁掉儿童的发展。

为了与这种封闭的、强制的教育教学进行对比，霍尔概括了好的教育教学的特点。他指出，好的教育教学一定是浑然天成、能够唤醒儿童本能的，是内容丰富、多姿多彩、没有严格限制的，是没有固定教学方法的，是使儿童在精神上完全自由，所处的环境、身边的师长随着季节的更迭也在不断变换的，是擅于说服、以情动人、发人深省，能巧妙地发现孩子天生的兴趣和爱好并加以利用的。[①] 总之，在霍尔看来，好的教育教学一定是以儿童为中心的。

关于青春期的教育，霍尔也谈了自己的看法。他认为，与前青春期相比，青春期是一个全新的生命阶段，更高级也更加全面的人类特性在这个时期开始萌芽成长。在这个时期，个体的肉体与精神所显现的品质要远比此前所显现的遗传特性新得多。这个时期的孩子似乎是从遥远的过去走来，同时又在回溯人类那些过往的历史。青春期的少年们呈现一种崭新的返祖现象，在他们的身上那些后期获得的品性逐渐开始占据优势，发展得不再那么平缓，而是以一种跳跃的方式快速前进。在这个时期，孩子们的身高、体重及力量的年增长率快速增加，身体的各个部位和器官的生长不再按照从前的比例，有的已经永远定型，有的还在不断变化；过去的各种测量维度和方法不再适用，旧的和谐被打破。青春期的孩子需要新的教育和方法。这种新的教育和方法就是要了解青春期的特色，了解他们的骨骼发育情况，关心他们的身体活动，开展肌肉训练。霍尔认为，这些可以通过工业教育、手工训练、健身活动及游戏、运动、比赛来进行。

总之，霍尔关于儿童发展与教育的思想是极为丰富的，特别是其中关于教育的中心由教师和教学向儿童转移观点的提出具有重要意义。对此，克雷明给予了高度评价，认为“这种转移确实是哥白尼式的，影响极大”[②]。其主要表现：首先，它为美国教育观的根本变化扫除了障碍，有助于把教学工作中心转移到学生那里。在克雷明看来，忽视学生的天性、需要和发展，教育就不可能有价值，更不用说什么效能了。其次，它又促进了重新强调学生的情感、倾向和态度的科学研究。

---

① ［美］斯坦利·霍尔：《青春期：青少年的教育、养成和健康》，凌春秀译，人民邮电出版社，2015，第5—6页。

② ［美］劳伦斯·阿瑟·克雷明：《学校的变革》，单中惠、马晓斌译，山东教育出版社，2009，第93页。

在教育教学中，学生的情感、倾向和态度是不可缺少的重要因素，霍尔关于学生中心的强调有利于推进这方面的科学研究。再次，学生中心观的提出有利于处理教育问题时的归因和举证，有利于强化教育机会平等的含义。过去处理教育教学方面的问题时往往把原因归结为学生，举证的责任也在学生身上。学生被告知所做的是否达标或完成任务。由于学生成为教育的中心，问题的归因和举证主要在学校和教学方面，教育中“平等”不再意味着同样的课程内容，而是意味着满足不同背景的学生的不同教育需求。教育机会平等成了所有上学接受教育的学生的权利。这种新的观念的出现，使美国学校发生了新的变化，过去的统一的教育模式和教学范式被打破，多样化的教育教学开始出现在美国的教育实践中。

（二）儿童的运动（训练）与教育

从“复演说”和儿童中心思想出发，霍尔非常重视儿童的运动。他认为，现实生活中人们所从事的各种活动，包括修建公路、创建城市、发明机器等，都是人类身体运动的结果。如果人类的身体发育不良，松弛下垂，就无法让自己的意志得到正确的执行。霍尔还分析了历史上一些思想家关于运动的观点，把西塞罗的“活着就意味着思考”改为“活着就意味着运动”①。霍尔特别指出，对青少年来说，有关运动的教育是最重要的；对所有人来说，没有运动元素的教育是不完整的。②

在霍尔看来，青少年的运动主要是通过训练实现的，青少年的运动或训练也是通过一定的训练方法完成的。从《青春期：青少年的教育、养成和健康》的第三章开始，霍尔专门论述了有关儿童活动（训

---

① ［美］斯坦利·霍尔：《青春期：青少年的教育、养成和健康》，凌春秀译，人民邮电出版社，2015，第10页。

② ［美］斯坦利·霍尔：《青春期：青少年的教育、养成和健康》，凌春秀译，人民邮电出版社，2015，第10页。

练）与各方面教育及方法的问题。

1. 工业教育与儿童教育

霍尔认为，工业的时代也是工业教育的时期。工业教育对每一个国家都是必不可少的，其重要性远远超过了农业、制造业和商业。这种情况的出现，不仅是由竞争所致，更是学徒制式微、制造程序日益复杂、劳动者技能不够的结果。它使许多学生离开中等教育学校，转而进入各种培养单一技术及传授行业课程的学校，接受各种技术培训，提高实践能力。不过，霍尔认为这种单一的技术培训活动存在许多问题。一般情况下，这种形式的活动教育是最没有自由度的，一切都服从于工具、机器、生产程序，取决于最后的成品及最终目的，健康与身体发育则是次要的。这些培训活动事实上前所未有的狭隘化、专门化，唯一的标准就是让效益最大化。霍尔指出，从肌肉的训练来看，这种模式可能会加重已经存在的不良习惯，让肌肉的发展偏重于某个部分，使某个大肌肉或小肌肉变得过度发达，可能会让个体在不健康的环境中浪费大量的时间和精力。这种模式的好处就是实用性。这种实用性成了工业生产的主流追求。①

霍尔指出，相对于只传授一门专业技能的培训学校来说，那些囊括好几门甚至很多专业技术的学校要好一些。其中，条件不错的农场是发展活动能力的最好选择。因为农场可以提供种类繁多的工作方式、有益的环境，同时还有自远古承袭下来的劳动强化手段。在霍尔看来，了解和参与技术训练的完整过程要比仅仅工作在某个固定工序上好很多，它不仅可以培养活动能力，促进体能发展，还可以将公民教育与宗教元素融合进日常教育中。在这方面，工业训练教育存在不足。例如，一个有着 39 道工序的制作衬衣的工作，39 个人每个人负责一道工

① ［美］斯坦利·霍尔：《青春期：青少年的教育、养成和健康》，凌春秀译，人民邮电出版社，2015，第 32 页。

序，每个人可以把自己负责的那部分做得准确、快速，但他们从来不知道衣服是怎么被完整地制造出来的。这种固定的技术工作是不利于促进肌肉发展、恢复强健体魄的运动教育的。①

霍尔指出，教育应该做到让那些离开学校的学生，不管在什么年龄、哪一个阶段离开，都能具备求生的本领，找到并胜任一份足以养活自己的工作，不能让他们在离开学校以后发现自己一无是处。应该放弃那些让学生在离开学校后感到茫然无措、灰心丧气的教育模式，应该让他们接受正确的、训练方式多样化的教育，足以让他们有能力"为生活而战"。霍尔强调，让学生的肌肉得到良好的训练，这是与人类进化的早期阶段一致的，是人类早期历史的真实复演。纯科学的学习与技术技能的训练是不矛盾的，但是必须严格按照一定的发展顺序进行。纯科学是各种技术更高级的形式，对纯科学的学习和研究应该是在掌握了技术程序之后进行，而不是之前。这种自然规定的次序是从最基础的、最普遍的器官及其功能向更精细的附属器官、专门器官及其功能发展。②

总之，在霍尔看来，利用工业教育对学生进行训练是对中等教育课程的有益补充，其作用是单纯的手工训练不能比拟的。

2. 手工艺训练与儿童教育

霍尔非常重视手工艺训练在儿童教育中的作用。他指出，手工艺训练虽然是从俄国传到美国的，但在美国形成了手工艺训练运动。霍尔指出，手工艺训练运动的目标是缩短思想与行动之间的距离；帮助学生培养工业活动所需的控制力、灵敏性及技巧；吸引众多普通学校的差等生来学习；让那些正当、诚实的工作被认可、被欣赏；激发学

---

① ［美］斯坦利·霍尔：《青春期：青少年的教育、养成和健康》，凌春秀译，人民邮电出版社，2015，第 34 页。

② ［美］斯坦利·霍尔：《青春期：青少年的教育、养成和健康》，凌春秀译，人民邮电出版社，2015，第 35—36 页。

生们对更多知识的学习兴趣；在一定程度上增加学生在校的学习年限；培养学生的自信感和效能感，帮助他们为将来从事的各种职业做好准备。①

不过，霍尔也指出了这种单一的手工艺训练的问题。霍尔认为，这种手工训练是名副其实的“手工”。在这种训练中，学生的双腿基本上毫无用武之地。不仅如此，学生的背部和躯干得到的训练也同样的少；至于他们的身体是否能够按比例发展、是否对称，则完全被忽略了。而为了节省开支，许多学校都采取整齐划一的模式，使这类学校的教育方法变得教条化、僵硬化，缺乏灵活性和变通性。按照统计，当时有 300—400 种职业，其中超过半数与手工有关。对此，霍尔提出了一个尖锐的问题：教育如何才能在促进学生完全自然成长发育的同时，又能让他们有意识地从所谓的基础活动中掌握各种技巧？在这里，霍尔引用了两位思想家的观点。一位是福禄培尔。福禄培尔指出，人类所有的天赋和努力都是与生俱来的，婴儿期表现的各种活动形式就是这种天赋和能力的体现。而体现的过程需要借助人类先天就具备的一种程序，这种程序按照其本身的逻辑顺序和内部的一致性进行，而不是按照人为制定的所谓的统一标准展开。② 另一位是贝利。贝利提出了一个成为手工艺大师的人的四个条件：一是具备理解一种观点并将其具体化的能力；二是能调动所有神经能量，掌握大量方法、手段、秘诀，了解最新的发现、最新面世的机器；三是了解工艺方面的历史知识；四是掌握工艺流程所需要的各种技术。霍尔指出，美国学校教

① ［美］斯坦利·霍尔：《青春期：青少年的教育、养成和健康》，凌春秀译，人民邮电出版社，2015，第 37 页。

② ［美］斯坦利·霍尔：《青春期：青少年的教育、养成和健康》，凌春秀译，人民邮电出版社，2015，第 39 页。

育关注的重点是比较片面的，往往只放在最后一点上。[1]

总之，在霍尔看来，学校教育开设的手工艺和技术类课程，虽然实用性很强，目标也非常明确，但是课程的自由度很低，几乎不涉及科学，而科学已经成为工业的真正基础。学校教育在注重手工艺训练的同时，一定要给予科学知识和课程一定地位，保证学生形成较好的科学基础，使他们得到较为全面的发展。由此来看，霍尔的关于手工艺训练的思想与杜威的职业教育思想有许多相似之处。从这个意义上说，杜威的职业教育思想有可能是受霍尔的教育思想影响的，或者说二者对待手工艺训练或职业教育的看法是一致的。

3. 体操训练与儿童教育

与重视手工艺训练可以锻炼学生的身体一样，霍尔也非常重视体操在学生身体机能发展中的作用，并且对其给予高度评价。霍尔指出，如果说手工艺训练可以发展学生身体的某些部分机能的话，那么体操训练可以更多、更全面地发展学生的各方面能力。因为体操的设计已经考虑到人体原来那些没有被开发的潜能和训练有限的肌肉。体操的设计可以对人体的各个方面进行测量，包括活动量及强度等，可以设计能够活动人体各个部分的标准，甚至包括体操各部分的图解等。这是手工艺训练及其他一些活动所不能达到的。体操运动给教育界带来了新的气象，让学生掌握新的体操技巧、获得新的体育技能成为许多学校追求的目标。但是，霍尔也指出了体操训练存在的不足：首先，要准确地评估每一种训练方法所占的分量并据此进行最佳的统筹安排，采用最理想的模式是不可能的。其次，在这种训练方法中，遗传因素被忽视了。因为它总是将重心放在某些不再被重视的行为上，对其他所有活动毫无贡献。霍尔明确指出，不管什么活动，一个最基本的规

---

① ［美］斯坦利·霍尔：《青春期：青少年的教育、养成和健康》，凌春秀译，人民邮电出版社，2015，第 39 页。

则就是必须遵守人类种族属性所强调的特色，任何缺乏这种特色的活动注定是无力的。最后，这种训练方法对个体之间存在的大量差异视而不见，而大部分个体都需要一种满足其特殊要求、完全个性化的方案。①

总之，在霍尔看来，体操训练和身体训练尽管存在不同的理想目标，但使其能够相互借鉴、紧密联系、融会贯通，成为和谐的整体是非常必要的。体操训练还需要结合生理学、心理学、解剖学、卫生保健学及体育运动史等知识设置一定的体育课程，丰富教学内容。在这里，霍尔更强调体操文化的作用。在他看来，如果身体达到了完美的状态，道德和智力就会随之提升。如果没有这种身体、道德和智力上的进步，一个国家的文化就如无源之水、无本之木。

4. 游戏与儿童教育

霍尔关于游戏与儿童教育的观点是建立在他对儿童的生物遗传因素肯定的基础上的，儿童的生物遗传因素提供了教育的基础。在他看来，教育最好不要人为地干预和介入儿童身上属于生物遗传的东西；如果需要进行人为干预、介入的话，那么最好要适应或符合儿童的生物遗传基础。

那么如何找到儿童的生物遗传活动倾向和心理动力就成为儿童发展中的主要问题。对于这个问题，霍尔在分析与儿童活动和运动关系密切的游戏活动时阐述了自己的观点。霍尔不同意有人提出的游戏是“对未来成人活动的演习”的观点，认为这个观点忽略了历史；他也不赞同游戏是“人类祖先活动历史发展的产物”，认为这个观点是一种误导。霍尔认为，游戏是人类种族“自遥远的过去遗留下来的一种运动习惯和能力”，到今天依然被后代坚守着的属于原始本能的东西。霍尔

① ［美］斯坦利·霍尔：《青春期：青少年的教育、养成和健康》，凌春秀译，人民邮电出版社，2015，第60—61页。

指出，“如果我们要去寻找过往成年人的一些固定行为，最好的线索和向导就存在于孩子们的游戏中，那些出于原始本能、与生俱来的非模仿性游戏完全始于他们的自发性，也是他们活动需求的一种最准确的表达。幼儿在成长过程中慢慢形成的活动和行为模式，与一代又一代的先祖完全一样，只不过在程度上可能会有些差别，就算人类从事的每一样职业在今天都变得与从前不同，游戏依然会不受任何影响地被保留下来，它们的表现形式也不会改变”[①]。也就是说，游戏是对遥远祖先行为活动的复演，是一种本能的行为和活动。

霍尔对游戏的本质、功能和价值进行了分析。他指出，游戏能够促进人的运动能力的发展。它让人心跳加速，得以将那些源自祖先的最重要的活动形式继承下来，并且将它转化为适应将来成人生活需要的形式。在游戏中，每一种情绪和动作都是出于本能。所以，通过游戏，我们复演了遥远祖先的行为活动，至于这些活动应该追溯到哪个时代已经无从得知。但是，幸运的是我们能在游戏中以简略概括的方式不断重复着他们曾经的劳动和生活。当然，霍尔也指出，游戏不单是肉体的活动，还是肉体与精神的完美结合，游戏可以使人变得完整。在游戏中，如果将肉体至于一切之上，就可能会使肌肉过于发达；而过于强调精神，又会导致身体的虚弱甚至引发无意识动作。[②] 从青少年发展的角度看，霍尔认为，游戏是青少年最理想的锻炼方式，是其生长发育期最好的活动，也是在种类和数量上最容易进行自我调节的运动。因为在游戏中，青春的热情能够被全力释放，无拘无束，自由

---

① ［美］斯坦利·霍尔：《青春期：青少年的教育、养成和健康》，凌春秀译，人民邮电出版社，2015，第 78 页。

② ［美］斯坦利·霍尔：《青春期：青少年的教育、养成和健康》，凌春秀译，人民邮电出版社，2015，第 79 页。

奔放。[①]

霍尔还以古希腊关于游戏及运动的认识为例进一步分析了身体训练与精神的关系问题。他指出，古代泛希腊的体育赛事，尤其是奥林匹克运动会包含了现代各种竞赛活动中出现的最好特色。当时希腊人信奉的体育精神是，如果一个人拥有最出色的身体，那说明他也拥有最出色的精神世界。柏拉图也奉行这样的主张：在推行教育时，必须保证人们的灵魂能够更好地呵护人们的肉体。希腊人很难将身体与身心层面的教育区分开来，他们认为体能方面的教育就是为了达到智力训练的目的。一个正常的、健康的心灵不可能寄居于一具虚弱残缺的身体内，因为心灵的完美取决于身体的健全。进一步的推论是，一个人如果不能有效地控制自己的身体而将思想解放出来，那么简直是一种灾难；如果在运动能力方面没有达到一定的程度，那么保持无知是比满腹经纶更好的选择。霍尔指出，所有促进体质发展的文化，其最终目的就是为了促进思想和精神的发展和完善，因为身体只是思想和精神的另一个自我。促进人体肌肉组织发展的文化，同时也在训练并塑造着人们的大脑。最好的游戏也是帮助人们学习行为准则的课程。它给予人的不仅仅是力量，还有勇气和自信。[②] 在这里，霍尔提出的关于运动文化的观点很有意义。体育运动不仅仅是一种体能训练，更是一种思想文化的熏陶。按照古希腊人的观点，游戏及体育运动带给人们的不仅仅是变强、变壮，更要使其成为一位思想家、哲学家。

霍尔非常重视遗传因素在游戏中的作用和影响。他说：“游戏是对我们遗传的运动特征的一种最纯粹的表达。不只是游戏，我们在劳动

---

① ［美］斯坦利·霍尔：《青春期：青少年的教育、养成和健康》，凌春秀译，人民邮电出版社，2015，第 79 页。

② ［美］斯坦利·霍尔：《青春期：青少年的教育、养成和健康》，凌春秀译，人民邮电出版社，2015，第 80—81 页。

和各种运动中获得的愉悦感都是来自过去生活对我们的影响。"① 霍尔认为，游戏所带来的愉悦感与人类当前拥有的遗传素质的多寡及遗传动力的大小是完全成比例的，我们在游戏中感到的正是来自遥远祖先的快乐。我们祖先在这些活动中经受的劳苦艰辛与他们自身一起消失了，留给我们的是纯粹的轻松快乐。游戏意味着活力十足，意味着青春洋溢，游戏总是"青春"最好的代名词。② 在这里，霍尔对游戏的作用给予高度评价是有一定合理性的。但说儿童参与游戏就能够感受到来自遥远祖先的游戏愉悦感，并且认为这种愉悦感与人类当前拥有的遗传素质的多寡及遗传动力的大小完全成比例，就有些勉强了。

在关于游戏和运动这部分论述中，霍尔引用了许多研究者的案例来说明他的观点，即越是与人类早期遗传因素有关的属于本能的游戏和体育运动，越值得尊重和保留，在现代教育和学校教育中越值得重视和发扬。例如，霍尔认为，教育要强化遗传习惯中存在的心理-神经形式和肌肉活动形式，而不是去坚持那些主观设计出来的不顾遗传特性、一味追求身体匀称美的理想化形式。霍尔指出，在决定神经系统功能的发挥顺序方面，遗传动力同样起着决定性的作用。那些最古老的、具有种族意义的部分会最先起作用，那些更高级、代表着个人意志的部分出现的时间则会晚得多。③ 在霍尔看来，游戏及身体运动的目的是应该完善人的原始天性，遵守生长发育初始阶段的自然法则。否则，不仅起不到任何好的作用，还会对人的生长发育造成巨大的伤

---

① [美] 斯坦利·霍尔：《青春期：青少年的教育、养成和健康》，凌春秀译，人民邮电出版社，2015，第 81 页。

② [美] 斯坦利·霍尔：《青春期：青少年的教育、养成和健康》，凌春秀译，人民邮电出版社，2015，第 83 页。

③ [美] 斯坦利·霍尔：《青春期：青少年的教育、养成和健康》，凌春秀译，人民邮电出版社，2015，第 84 页。

害。[①] 从这些认识出发，霍尔强调，在各种活动中要防止遗传素质和本能的退化。退化的实质就是意志的逐渐弱化和尊严的日益丧失。过分好斗当然不是什么好事，但是一个不怕打架的男孩要比一个在战斗面前畏缩后退的男孩更加优秀。[②]

霍尔最后对游戏及体育运动进行了概括。他指出，应该让儿童尽量游戏，没有游戏就没有青春。老年人之所以变得苍老，是因为他们停止了游戏，如果不停止，心就不会老去。从本质上说，游戏是成长的必经阶段；从知识层面上说，游戏是一种永恒的探索，这种探索热情完全来自人类对真理的热爱。一个家庭、一所学校、一座教堂、一个国家、一种文明，衡量它们的主要标准就是其所具有的实用价值——是否帮助青少年获得最完整、最充分的成长，以及如何做到。[③]

（三）儿童的学业与教育

霍尔不仅重视儿童的身体健康、游戏活动，还重视儿童的学业发展，并且提出了有许多颇有价值的见解。

霍尔认为，6—7 岁是儿童的一个至关重要的过渡期。在这段时间里，儿童的大脑已经发展到与成人一样的重量。在这以后，他们迎来独一无二的人生阶段。在这段时间，他们的生长发育速度相对减慢，活动量增加且变得不易疲惫。这个时期属于训练或练习阶段——书写练习、阅读练习、拼音练习、背单词、手工训练、乐器训练、专有名词练习、绘画练习、算术练习、外语口语练习等。10 岁时，他们已经能够很好的读和写；会数十种游戏；为学习古代语言和现代语言打下

---

① ［美］斯坦利·霍尔：《青春期：青少年的教育、养成和健康》，凌春秀译，人民邮电出版社，2015，第 85 页。

② ［美］斯坦利·霍尔：《青春期：青少年的教育、养成和健康》，凌春秀译，人民邮电出版社，2015，第 98 页。

③ ［美］斯坦利·霍尔：《青春期：青少年的教育、养成和健康》，凌春秀译，人民邮电出版社，2015，第 121 页。

基础；了解历史上不同时代及历史人物；在道德上也有发展，包括一些“恶劣”的行为。关于如何看待这个时期儿童的行为表现，霍尔指出，如果一个10岁的少年表现得非常乖巧、好学、勤奋、有礼貌、尊重他人、顺从、不听暴力故事、不与同龄人交往却喜欢与成年人为伴，拒绝所有有失身份的社会交往，那么这个男孩一定有什么地方不对劲。这个男孩要不就是了无生气、无精打采、老气横秋的早熟者，要不就是被压抑、被训练过度、被世俗化的人格侏儒，要不就是因为过早承受沉重的压力而变成伪君子。[①] 十几岁以后的少年开始发生重大变化。他们的活动量加大，对成人活动产生了兴趣，渴望被当成大人来对待，对来自成年人的赞扬或批评更加敏感。在教育上，前一个阶段使用的那些严格训练、反复练习的方法已经不适用了，应给予他们更多的空间发展自己的爱好和兴趣。教育者不能强行介入他们的选择。如果不想抑制他们的成长，就必须给予适当的引导和鼓励。他们的个性必须获得更少的束缚、更大的发展余地。霍尔强调，这个时期过度地要求他们一丝不苟、丝毫不差，只能扼杀他们的能力。[②]

霍尔指出，这个时期的学业学习应该成为儿童教育的主要任务。关于儿童的学业学习，霍尔主要谈了四个方面的问题：

1. 本国的文化和语言

霍尔认为，这是教育的核心，是一个民族的根基。这些文化和语言是社会交往的主要工具，也是体现民族文化和爱国本能的工具。在这个问题中，霍尔比较重视文化和语言的民族性和本土性问题。[③] 为了

---

① ［美］斯坦利·霍尔：《青春期：青少年的教育、养成和健康》，凌春秀译，人民邮电出版社，2015，第229页。

② ［美］斯坦利·霍尔：《青春期：青少年的教育、养成和健康》，凌春秀译，人民邮电出版社，2015，第230页。

③ ［美］斯坦利·霍尔：《青春期：青少年的教育、养成和健康》，凌春秀译，人民邮电出版社，2015，第231页。

更好地说明这个问题，霍尔从英语词典编撰的情况入手，指出当时美国已经有了25万字的英语词典，这对儿童的语言掌握和精神发展是非常重要的。霍尔认为，语言是让少年儿童精神保持自由呼吸的空气。一个农夫一生掌握100多个词汇就够用了；而要成为像弥尔顿或莎士比亚那样的人，需要掌握8000个或15000个词汇；如果要做一个像赫胥黎那样的人，则需要掌握2万—3万词汇，还要用到很多文学词汇和许多科技方面的专业词汇。①

不过，霍尔也指出了美国当时英语学习能力退步的情况并分析了其产生的原因：

（1）少年儿童把过多的时间花在学习别的语言上，特别是学习拉丁语。霍尔指出，学习语言是要花时间的，而学习多种语言花的时间更多。一些学校让儿童不仅学习英语，还要学习拉丁语，讲拉丁语，这对儿童语言的发展是不利的。霍尔指出，拉丁语在大学是一个很好的专业，但是在中学，学生要花很多时间来学习，它给母语带来的影响是灾难性的。②

（2）在语言学习中，过于重视语法学习，而文学作品和内容被放在了次要地位。霍尔指出，与语言相比，语法是在语言步入老年以后才兴起的。过于强调语法，就会束缚语言的发展。英语变得越强大、越自由，这种束缚就明显。而且，这种过于关注形式的情况在语言学和语言学家那里也存在。霍尔指出，当时流行的做法是学校的工作是自上而下展开的，升学考试的要求是造成这种情况的罪魁祸首，从而出现了内容被迫为形式让步的最糟糕的情况。霍尔认为，如果在语言教学上长期受这种一味强调语言外在美的方法的影响，学生们的写作

---

① ［美］斯坦利·霍尔：《青春期：青少年的教育、养成和健康》，凌春秀译，人民邮电出版社，2015，第232页。

② ［美］斯坦利·霍尔：《青春期：青少年的教育、养成和健康》，凌春秀译，人民邮电出版社，2015，第236页。

就会朝着字斟句酌、过于讲究的方向发展，他们就会用极其精妙复杂的语言描述一些不值一提的鸡毛蒜皮、内容空洞的东西，最后造成一种文字的退化。霍尔强调，语言教学应该让学生把心思集中在故事、历史、演讲、戏剧及《圣经》上，体味其中蕴含的美，领略其中的精神内容，最重要的是其中有关道德的内容。青春期早期正是少年儿童的精神内容大大丰富且对语言表达有了全新感受的时期，他们极其反感、也做不到精准无误并措辞得体地表达自己的感受，在这个阶段不断地提醒他们注意自己语言表达上的产物，训练他们如何避免产物、纠正错误及如何意识到自己的错误，毫无疑问，其起到的阻碍作用将远远大于对他们的帮助。永远拿着放大镜去寻找他们的错误，以此束缚青春期充满生气的思想，让他们不能自由飞翔，这样的做法无疑是作茧自缚。[①]

（3）过于重视书面语言的学习，弱化了口头语言的练习。霍尔认为，书面语言即文字的出现是相对较新的发明，而口头语言在文字记载前就已经存在无数个时代了。口语充满了各种鲜活的颜色，是人的个性的生动表达，而书本是死的、冷冰冰的，不带什么人情味。只有独自一人埋头苦读时才能最好地理解书本的意义，它所承载的内容是偏理性的，它所传递的知识都是经过二次加工的。因此，没有必要让学生过早地接触书本。如果想让学生接触书本的话，那么最好是通过讲故事、讲解及生动的诵读的方式。霍尔这样做的依据是少年儿童的发展是在重演人类的发展史，而书写作为一种表达方式是在人类发展晚期才出现的。当然，霍尔也看到了书写的重要性。他认为，学生们必须写作，而且要写好。但是，英语教育的最大问题是教育者让学生过早地进行读和写的训练，而且力度超过了必要的限度。这样做的后

---

① ［美］斯坦利·霍尔：《青春期：青少年的教育、养成和健康》，凌春秀译，人民邮电出版社，2015，第239页。

果就是让学校里通用的语言失去了生气和活力，变得失真。霍尔指出，青少年并不能通过不断写作写出好文章，应该多读多听。要想成为一名好的写作者，必须去阅读、去感受、去思考、去经历，直到有了可说的东西，而且这些东西别人也喜欢听。①

（4）学校英语教育中有数目庞大、日益增加的具体名词，这些名词被用来指代各种具体的感觉和物理活动，其数量超过了用来命名和描述概念、观点和非实质事物的高级语言成分。也就是说，教学中具体的东西超过了概念性的、抽象的东西。霍尔指出，为了防止把知识变得纯文字化和定义化，许多学校教育引进了实物教学法，以避免学生对知识的记忆仅限于文字。但是，这种方法涉猎的范围太大了，不仅仅是有关各种具体事物的知识，甚至包括语言，无论是母语还是外语，都采用直观的方式进行教学。之后，基础学科教育引进了另外一种采用图片和实体的教学方法；工业教育则进一步强调具体的感觉运动元素；课堂教学越来越关注局部和细节，反而忽略了整体；忙于分析，忘记了综合。在现代教学法中，几乎完全是实物的天下，对那些看不见、摸不着的东西越来越忽视，越来越排斥。这种做法的后果就是现代学校里的孩子们在没有感官的对象时，就会使心理陷入茫然，不知所措。所使用的词汇都是关于各种形象和动作的具体名称，几乎不涉及思想层面和观念性的东西。霍尔指出，没有抽象和归纳，我们的精神世界就不可能发展到高级层面。而学校教育里的东西都是类似于动物的那种思维，思维内容完全由形象组成。他们连最基本的想象力都没有，因为他们的精神世界已经被各种心理图像和心理感觉占满了。②

---

① ［美］斯坦利·霍尔：《青春期：青少年的教育、养成和健康》，凌春秀译，人民邮电出版社，2015，第241页。

② ［美］斯坦利·霍尔：《青春期：青少年的教育、养成和健康》，凌春秀译，人民邮电出版社，2015，第243页。

总之，霍尔分析的本国文化和语言学习存在的四个问题，实际上也是他强调的四个方面，即要学校教育教学要重视民族文化语言的学习；在学习时要注重对文学作品和内容的分析；重视口头语言的练习；不仅要学习具体、形象的东西，还要学习概念性的、抽象的东西。霍尔认为，为了避免出现类似的问题，要加强对儿童文化和语言的研究，通过大量的数据和合适的方法改变教育教学的困境。

2. 历史学习及历史学习能力的提高

霍尔认为，文学是与历史息息相关的。他列举了许多研究案例，其中一个谈道：当老师讲了一个涉及“时间、地点、名称”或道德意义的故事时，孩子们对故事的认识是不同的。男孩会对“谁，哪儿，怎么样”感兴趣，女孩会关注“为什么”，而所有的孩子都对故事的细节感兴趣。不过研究者也发现，男孩对历史的好奇心要比女孩强。还有研究发现，十二三岁是孩子们合理推理能力和想象推理能力发展得最有力的时期。此后，怀疑和批判能力开始加强了。还有研究案例表明，对于一个历史上发生的事件，如果有两个关于对这件事的解释，一个是学校历史教科书中的讲述，一个是关于这件事的原始材料的电报，当问及学生哪一种解释更好、更应被保留下来及为什么时，11 岁以后学生的回答情况：选择教科书的人数稳步下降，选择相信电报的人数增加。这表明在历史知识的学习中，随着年龄的增长，孩子们更倾向于相信第一手资料。① 霍尔指出，许多研究表明孩子们真正具有历史知识的年龄是在 12—13 岁。这时期的历史知识应该用一系列的有感染力的传记、事件来呈现。如有可能，可以加上同时代的叙事诗歌和编年史，并且用地图、时序图进行说明，还可以配上尽可能丰富的同时代的物品、建筑及人物图片；14—15 岁，可以为孩子们提供一定的

① ［美］斯坦利·霍尔：《青春期：青少年的教育、养成和健康》，凌春秀译，人民邮电出版社，2015，第 260—261 页。

具体实物，如档案、遗迹、人物和书籍等，去研究当时社会表象背后的组织、思想和道德。这时放在第一位的是思考和解释，辨别哪些是真相并对各种史实进行比较等。在大学阶段，则采取更严肃的方法进行专题史的研究。①

3. 儿童的记忆研究及研究成果被应用于学校教育

关于少年儿童的记忆研究，霍尔引用了许多研究者的案例，发现儿童的记忆广度是随着年龄的增加而增加的，与由年级高低决定的知识水平无甚关系。小学生的记忆很大程度上依赖于视觉形象和注意力的高度集中；女孩的记忆力通常比男孩强。② 关于学校教育应用儿童记忆成果，霍尔指出，在对记忆的研究中已经看到了许多具有青春期特色的变化，可以将其中的一些研究成果直接应用到学校教育中，如女孩记忆的增长普遍快于男孩；男孩对真实感觉的记忆强于女孩，女孩则更擅长数字和词语记忆。还有一些记忆技巧的运用，如把名字和动作、物品或它们所提示的特点联系起来；把数字形象化、联想化；把字母颜色化；等等。

（四）女性及女性教育

从获得教育机会平等的角度，霍尔非常关心女性及女性教育，特别是男女同校教育问题。他在《青春期：青少年的教育、养成和健康》一书的第十章中专门谈了这个话题。

1. 关于女性的地位及教育

霍尔指出，历史上的女人是不被重视的。旧式修道院的做法是要求女人深居简出，将她们排除在社会之外。少女们被这样讽刺："像天使一样美丽，但像鹅一样愚蠢。"还有人以传统形象描写女人：她从厨

---

① ［美］斯坦利·霍尔：《青春期：青少年的教育、养成和健康》，凌春秀译，人民邮电出版社，2015，第 262 页。

② ［美］斯坦利·霍尔：《青春期：青少年的教育、养成和健康》，凌春秀译，人民邮电出版社，2015，第 262 页。

房来到丈夫的书房，问 2 乘以 2 等于几。丈夫告诉她说，对男人来说等于 4，对女人来说则等于 3。于是，女人高兴地说“谢谢你，亲爱的”，心满意足地回厨房了。在一些男子眼中，女人的无知和无助才是最迷人的地方。①

霍尔认为，这种对女性不利的情况已经大为改观了。在知识和智力上的势均力敌，共同的兴趣和爱好，使女性开始追求新的生活。那种过去的所谓的妇女“4C”观念——去教堂（church）、带孩子（children）、做饭（cooking）、洗衣服（clothes），也在发生变化。现在的女人一样可以上大学，接受高等教育。霍尔仔细分析了女性及女性职业的特点。他认为，女性通常更富有同情心、记忆力好、有耐心去学习技术，以及具有一定的文学和语言技巧，但缺乏创造精神。他们对解决问题不感兴趣，更不爱动脑子。在教育中，需要对她们进行必要的训练，可以让她们与男性一起接受相同项目的训练。如果将他们分开训练，对女性来说就是在强调这种技术仅适合于女性从事的职业。霍尔认为，对女性而言，文学和语言比科学容易，语言表达比采取行动更重要。霍尔主张应当采用男女同校的办法。他列举了许多关于这方面的研究案例，表明男女同校可以使男性更加热情和具有良好的风度和品行，女性则能以更加自然的方式做许多事情，而大学教育的品质没有因为男女同校而有所降低。②

2. 女性教育需要按照女性的特点进行

霍尔强调男女同校接受教育并不是抹杀男女之间的差异，使女性像男性一样。霍尔认为，从生理素质和心理素质方面看，女性是一种比男性更具有种族属性的生物，随着年龄的增长，她们需要一种自由

---

① ［美］斯坦利·霍尔：《青春期：青少年的教育、养成和健康》，凌春秀译，人民邮电出版社，2015，第 274 页。

② ［美］斯坦利·霍尔：《青春期：青少年的教育、养成和健康》，凌春秀译，人民邮电出版社，2015，第 275 页。

度高、充满人文气息的教育。教育程度越高，两性区别就越明显，选择合适的教育模式就越难。按照自然法则的要求，随着人类的文明越来越发达，两性之间不应该越来越相似，而是应该各有特点、泾渭分明。在高等教育阶段，在教学方法上完全可以采取不同性别区别对待的原则。霍尔指出，社会上强调男女平等的宣传使许多人认为男性拥有的权利女性也应该拥有，但是女性应该寻找一种更适合她们自身天性的教育模式，与男性的一样好，或者更好。只要她们还在努力想让自己变成男人那样，她们就会一直处于弱势地位。①

霍尔分析了这一时期男女性别差异的特点，认为这种差异最明显的就是青春期，也就是 10 岁出头的那几年。12—14 岁，男孩和女孩在家庭中的地位和作用开始分化，他们各自玩的游戏、运动及品位越来越不同。学校教育机构应该做的不是抹杀两性之间的区别，而是想办法让男孩更具男子气，让女孩更有女人味。教育者应该尊重性别差异的自然规律，任何人都不应该去模仿异性，也不应该以异性为榜样，而是应该明确各自的角色分工，在两性的交往中和谐共存。霍尔指出，男孩和女孩在 18—20 岁以后就已经达到成熟状态，他们之间的交往会更多。②

3. 男女同校要避免出现男孩“女性化”和女孩“男性化”问题

霍尔指出，8—16 岁的学生在男女同校过程中容易出现男孩“女性化”和女孩“男性化”的问题。霍尔认为，由于许多公立学校的女生多于男生，再加上授课的老师也是女性，这对男生性格和行为的影响是很大的。一般来说，女孩在学习和背诵方面比男孩有优势，她们更乐意在权威的指导和建议下学习，但是如果让她们展示个性、表达自

---

① ［美］斯坦利·霍尔：《青春期：青少年的教育、养成和健康》，凌春秀译，人民邮电出版社，2015，第 279 页。

② ［美］斯坦利·霍尔：《青春期：青少年的教育、养成和健康》，凌春秀译，人民邮电出版社，2015，第 279 页。

我，她们往往会不知所措。可是对男孩来说，这些都是他们愿意做的事情。在高中阶段，女孩在拉丁文和代数方面比男孩有优势，这可能是因为习惯、传统及老师们的忠告促使她们去努力学习。而对男孩来说，这些形式大于内容的课程，他们往往不感兴趣，在课堂上坐立不安；如果老师再对他们进行否定性的批评，他们就会陷入茫然，无所适从，最后只好辍学而去。霍尔指出，学校的精神、纪律和整体教员的女性化对男孩是不利的。如果一个男孩在十几岁时就被认为是一个"完美的绅士"，这个男孩就有问题了。这个"绅士"应该出现得再晚一些，应该是在男孩们身上的野性和兽性元素有机会以正常、健康的方式得到完整释放之后。

霍尔指出，由于过多的受女孩影响，男孩会慢慢接受那些机械性的、记忆式的学习方法，在那些具有女孩特色的事情上干得比女孩还好，却没有机会发展那些属于男孩的特质。两性之间的那种张力消失了，女孩变得不修边幅、不拘小节，男孩也不再因女孩在场而收敛，而是原形毕露、无所顾忌。① 霍尔认为，女孩通常比男孩早熟。如果像对待女孩那样对待男孩，让男孩和女孩一起接受教育，可能会导致男孩身上的某些成分过早成熟，这样一来，他们的成长发育期就被人为地缩短了，或者说成长的动力被身边的女性化氛围削弱了。同样，如果对待女孩像对待男孩一样，让她们遵循同样的行为标准、具备同样的规律性、履行同样严格的道德责任、承担同样艰苦的脑力劳动，还想让她们不受一点伤害，几乎是不可能的。女性的性别决定了她们生来就具有特权和豁免权。

4. 男女混班教育及管理问题

霍尔指出，一般的学校教育观念是对男孩严加管教。但是，在男

① ［美］斯坦利·霍尔：《青春期：青少年的教育、养成和健康》，凌春秀译，人民邮电出版社，2015，第 283 页。

女混合的班级，这种严格的教育方式是难以实施的，因为学校的许多教师是女性。学校的男性管理者也会遇到问题，当学校的教师多是女性时，那种偏阳刚的道德标准很难不受女子阴柔气的影响，弱化了他们与男性教师和谐相处的能力。而那些优秀的男教师因为被迫不断地在教育和管理理念上让步和妥协，从而使教师这份职业对那些能力强、品质好的男性越来越没有吸引力。①

5. 女性教育要保持自己的特色

霍尔认为，女性应该保持自己的天性，抵制不成熟的且专业化的趋势。女性的教育目标是使女子具有“永远的女人味”。其含义是使女性保持青春的气息，带着青春期特有的对所有事物的兴趣和好奇，带着少女特有的灵动的情感，带着对所有善良、美好、真实的热情，将人生的这个阶段演绎得丰富多彩。霍尔认为，这种状态可以使女性更具人文主义精神，更具同情心和欣赏力。②

霍尔认为，要成为一个真正的女人，不但要学会做妻子，更要学会做母亲。霍尔列举了对结婚和做母亲失去兴趣的女人的后果：一是女人变成了玩物。她们把自己降低到和男人一样的水平，满足他们的欲望，甚至还包括他们自私而任性的想法。二是对男性感到失望。她们要主宰自己的生活并完全实现自我，而不是去成全他人。三是她们把自我置于次要的地位，以自我牺牲为宗旨。③

6. 教育要帮助女性提高自我

关于如何帮助女性提高自我，使她们具有“永远的女人味”，霍尔

① ［美］斯坦利·霍尔：《青春期：青少年的教育、养成和健康》，凌春秀译，人民邮电出版社，2015，第286页。

② ［美］斯坦利·霍尔：《青春期：青少年的教育、养成和健康》，凌春秀译，人民邮电出版社，2015，第287页。

③ ［美］斯坦利·霍尔：《青春期：青少年的教育、养成和健康》，凌春秀译，人民邮电出版社，2015，第293页。

提出了一个比较全面的教育计划[①]：一是把培养女性的为母之道作为最主要的目标。霍尔认为，女孩可以与男孩一起接受教育，但是在青春期来临前夕，男女同校的教育模式就应该停止了，或者至少让他们分开一段时间。在高中阶段，两性过于密切的日常接触往往会将那些在各自心里的情感或感受统统抹掉。在这一个过程中，对女孩造成的损失远大于男孩。无视性别的亲密伙伴关系应该留给那些无性别人群。二是女性教育需要遵守一些前提条件：不要娇宠她，使她养成一些不良的生活习惯；也不要纵容她，让她养成不利于身体的饮食习惯。她获取信息的渠道是偷偷摸摸也好、不成体统也好，都不要去干涉她，让她自己尽全力去发现自己最需要了解什么。要认识到现在的文明对女性很苛刻，她们还不能完全适应这个社会环境，也要认识到富足可能比贫乏更容易给女性带来不好的影响。贫困的父母不需要为了免除女儿的劳役而过于辛苦，因为艰苦的劳作对女孩来说是一种健康的训练。三是过于女子教育的课程。在这里，霍尔引用了英国阿博茨霍尔姆学校和法国利茨学校的案例，认为女孩在 12—20 岁时是理想地掌握为母之道的最好阶段。理想的学习场所应该是位于群山环抱的乡野之中，学校周围有河流或湖泊，可以游泳和泛舟；花园里应该包括各种食用蔬菜；学校周围最好有森林，让她们可以远离尘嚣，独自冥想，领悟对宗教的敬畏；学校周围还可以有让学生独处的角落，培养她们内在的灵性、镇静沉着的气质。霍尔认为，这些做法的首要目的就是女性身体的健康。从某种意义上说，女性的健康要远比男性重要。健康的内容包括睡眠有规律、注重养生、经常性的体育锻炼等。

7. 女性教育需要遵循的一些基本原则

霍尔还提出了女性教育的一些原则，包括礼仪的养成，即如何对

① ［美］斯坦利·霍尔：《青春期：青少年的教育、养成和健康》，凌春秀译，人民邮电出版社，2015，第 300—313 页。

他人的感受给予细腻、温柔、无私的尊重和关心，让遇见的每一个人都喜欢自己；过有规律的生活，定期休息，过好月事；减缓知识发展的速度和深度，拓展知识的广度，让纯粹的思维活动退到后台，通过各种手段追求机智的策略和高雅的品位。关于知识的学习，霍尔还为女性提出了一些基本原则："不保留任何不能用于实践的知识；不开发任何不能成为日常思维和行为的交通要道的大脑领域；不要用那些过时或无趣的书本知识及历史知识记录来加重精神负担。女孩子在追求知识的道路上应该忠实地遵循自己正常的、自然萌发的兴趣的指引。"①

8. 女性教育所需要的各学科知识

霍尔非常重视女性各学科知识的学习。依据对女性发展的认识，霍尔提出了具有丰富内容的课程教学大纲：掌握科学发展简史，认识自然，保持对自然的兴趣。接受数学教育，掌握一些基础知识就可以了；对于那些在数学方面有天分或偏好的女孩来说，应该去那些无性别学校。对于化学课，不必完全排斥，但可以放在次要位置。对于物理学知识，只要控制在初级阶段就可以了。气象学知识可以多一些，地质学和天文学知识也可以多一些。植物学教学可以与各种诗歌联系起来，以吸引她们的注意力。学习动物学时，需要保证有大量宠物和小型动物园作参考，动物学的学习应该在相应环境里进行。关于历史学习，应该突出传记元素，用大量的故事描述英雄的高尚情操、英勇行为；其中应该突出历史人物的个人元素，可以将各种历史争议放在次要位置。社会学课程应该占有一席之地，而且应该被放在政治经济学之上；在社会学课程中，应该突出历史上重大的社会变迁和对社会、家庭、教堂、国家及学校中各种制度的解释。还应该对女孩进行艺术教育，满足她们的品位和眼光，培养她们的艺术鉴赏力。在文学方面，

---

① ［美］斯坦利·霍尔：《青春期：青少年的教育、养成和健康》，凌春秀译，人民邮电出版社，2015，第307页。

要让神话、诗歌及戏剧起主要作用，此外还要她们了解用母语写作的作家。关于人类精神领域的各项研究，形而上学和认识论的重视分量要最小，逻辑学次之。心理学教育应该以动物和儿童的演变为基础，根植于对幼儿和青少年的关爱中，心理学知识应该被在纯理论的知识之上。伦理学的教育应该以所有的现实责任和问题为基础，关于权利的本质和构成可以少些。关于女孩的家政教育，霍尔认为应该在一个达到理想标准的家庭建筑中进行；要精选一些地点和辅助物，如餐厅、厨房、卧室、壁橱、地下室、外屋、整个房屋建筑及建筑材料、庭院、草坪、温室、书斋，以及其他所有与家庭生活相关的附属品，都可以作为教学中的范例。霍尔认为，还需要一门关于普通教育学的课程，对教育学的历史及理念要重点掌握。霍尔认为，专门对儿童进行研究的课程也非常必要；到高等教育的最后一年，要开设一些专门的课程，着重于养育孩子的实用细节，内容要达到一定的广度和高度。在霍尔看来，一些与做母亲相关的应用性知识都应该被当作母亲必备的专长来进行教学。教育的目的，不仅要让女性在生理上具备做母亲的能力，更要具备精神上的母性。①

霍尔认为，他提出的这个课程大纲主要是给女性提供一个机会，恢复她们的荣耀，让她们重新回到比男性更高更优越的地位，让她们成为首先达到这个更高领域的人。②

（五）道德教育

道德教育是青少年发展的重要内容。关于青少年的道德教育，霍尔在《青春期：青少年的教育、养成和健康》一书的第七章“过失、谎言及犯罪”和第十二章“道德训练”中比较多地讨论了这个问题。

---

① ［美］斯坦利·霍尔：《青春期：青少年的教育、养成和健康》，凌春秀译，人民邮电出版社，2015，第 311 页。

② ［美］斯坦利·霍尔：《青春期：青少年的教育、养成和健康》，凌春秀译，人民邮电出版社，2015，第 312 页。

在这两章里，霍尔引用了许多别人研究的数据和资料对学校教育中的问题儿童、儿童过失、逃学、犯罪行为，以及如何进行道德训练，特别是意志力的训练，提出了许多见解。

1. 问题儿童的特点

有的研究将问题儿童划分为15种，包括性格阴郁；处于好与坏两个极端；粗心大意；情感淡漠；不爱与人交往；怀疑一切并爱搞小调查；极度谦卑；爱吹毛求疵；喜欢管别人；反应迟钝；过于天真；性格古怪；健忘；迷恋学习；不爱玩乐等。① 从这个研究来看，研究者提出的儿童“迷恋学习、不爱玩乐”的特点很有欧美文化和教育的特色，反映了社会和学校教育对儿童学习观的看法。

2. 问题儿童的缺点

霍尔分别列出了老师、孩子和家长之间对问题儿童的缺点的不同看法。例如，老师认为问题儿童的缺点包括理解力和表达能力不足；粗心大意；对外界漠不关心；缺乏荣誉感和自我约束力；懒散；精神萎靡，神思恍惚；紧张不安；不考虑别人；自以为是；矫揉造作；不服从管教；虚伪；牢骚满腹；等等。其中，注意力不集中是最突出的。而孩子们在看待问题儿童的缺点时，关注重点与老师不同。他们认为最突出的过失是打架、欺负人及取笑别人；其次是偷窃、不礼貌、撒谎、不服管教、逃学、虐待动物、不讲卫生、自私等。而家长对问题儿童的缺点的看法最突出的是任性、倔强，其次是取笑他人、吵架、不努力及其他很多毛病。②

3. 儿童不良行为的原因

关于这个问题，霍尔列举了一些研究者对儿童行为与天气关系的

---

① ［美］斯坦利·霍尔：《青春期：青少年的教育、养成和健康》，凌春秀译，人民邮电出版社，2015，第123页。

② ［美］斯坦利·霍尔：《青春期：青少年的教育、养成和健康》，凌春秀译，人民邮电出版社，2015，第126页。

研究结果：当天气过度潮湿时，是不法行为的高发期；当气温处于32℃—38℃时，不良行为的发生率增加300%；气温在27℃—32℃时，发生率增加104%；大气压力异常时，不管是过大还是过小，都会将不良行为的发生率提高50%。霍尔认为，气温对犯罪有着非常突出的影响，对自杀和逃学行为的影响也格外明显。霍尔还结合一些学者有关学生逃学的研究，假设“我们体内的新陈代谢总是促使我们自觉或不自觉地寻找最适宜的温度，当一个环境过热或过冷的时候，身体就会本能地想离开”①。霍尔认为，“在青春期，逃学和离家出走的概率总是会显著增加，而我们现在所指的青春期有可能正是原始人类的成年期”。少年儿童厌倦学校生活，渴望户外活动，内心里那种人类所共有的兴趣及爱好正在萌芽。从这个角度来说，离家出走可以被解释为一种源于本能的叛逆，以此抗议羁绊自由的生活方式、不自然的教育方法和令人不满的家庭。

4. 儿童犯罪行为的原因

霍尔指出，这是一个足以与“原罪和魔鬼的起源”相提并论的问题，也是政府采取所有措施予以消除的问题。首先，基因问题是首要的。接下来是产前环境，恶劣的家庭状况，不健康的婴儿期和童年期，杂乱、肮脏、拥挤的贫民窟环境。其中，贫民窟是极可能产生犯罪行为的最主要原因。霍尔认为，生理上有问题，道德就有问题；生理上正常，道德上就正常。这样就有了一个以身体条件为前提的道德判断依据。随着有意识的智能的发展，在其发展的某个特殊阶段，一定会降低那些原始程序的力量。教育总是与那些祖先遗传的本能及先天倾向相对抗。教育最主要的目的应该是进行道德启蒙，但不可否认的是，在战胜无知的过程中，人们并不能顺道把贫困或恶习也消除了。霍尔

① ［美］斯坦利·霍尔：《青春期：青少年的教育、养成和健康》，凌春秀译，人民邮电出版社，2015，第126页。

指出，将大量儿童集中到一起向他们反复灌输那些未经同化的观念，这种行为并不是教育。青少年的犯罪行为是失败教育的一种表现形式。因此，不要过高估计 3R（Respect for self，Respect for others，Responsibility for your action，即尊重自我、尊重他人、为自己的行为负责）对道德的影响力。不要忘记，婴儿期的个性是本能的体现，儿童期的个性由习惯养成，青春期的个性则可以通过理想来培养。[①] 霍尔在这里强调的一个观点就是儿童犯罪行为的产生与某些“基因”有关，而且“基因”是首要原因。这样来说，通过教育彻底改造犯罪行为的可能性就小多了，教育的能力在一定程度上是有限的。

5. 儿童意志力的培养

在霍尔看来，意志力是一个人能够持续做事情的毅力和能力。儿童意志力的培养是道德教育的主要任务之一。但是，由于社会的快速发展导致的不确定性，人们的生活面临许多干扰，持续地进行单一工作任务的情况不复存在；再加上体育运动目标偏重技巧而非力量，忽视了长期、持续的力量训练，这些都会极大地削弱意志力。霍尔认为，意志力是与身体及体育运动有关的。一个人意志力是否变得强大，在很大程度上取决于他是否拥有消化吸收功能强劲的头脑和肠胃，而这需要充分的体育运动与力量训练。[②]

霍尔认为，意志力训练的目的就是引导青少年理智而严肃地对待自己的体育运动和身心发展，养成终身不变的兴趣。一旦对运动的兴趣和习惯得以建立，青少年就掌握了一种意志力训练的初级形式。为此，霍尔建议，首先，要有一本好的伦理学教科书，随着时间的推移进行教学，按顺序逐步展开，使美德形成一个连贯的整体。其次，为

---

① ［美］斯坦利·霍尔：《青春期：青少年的教育、养成和健康》，凌春秀译，人民邮电出版社，2015，第 136 页。

② ［美］斯坦利·霍尔：《青春期：青少年的教育、养成和健康》，凌春秀译，人民邮电出版社，2015，第 316 页。

了培养意志力，要按照能力由低到高的顺序进行。霍尔指出，由于最低级的功能往往是最先得到发展的，如果低级功能发展得不健全，紧随其后发展的高级功能就面临被妨碍、干扰的危险；如果不闻不问任其发展，这个孩子就可能成为一个没有意志力的人。①

为了培养儿童的意志力，霍尔主张教育中一定要强迫孩子做某些事，让孩子经历磨难。有些人误把孩子的缺点当作天真、把简单当作坦白，不明白教育中惧怕和痛楚是必不可少的元素。持有这种想法的父母和教师会弱化儿童的意志力。儿童不会主动去要求学字母，对他们而言，与甜食比起来，乘法运算表就像一剂苦药。霍尔指出，一个意志力训练有素的人会鄙视那些想不劳而获的享乐主义者。必须看到人们现在的懒惰一定会在将来受到应得的惩罚。意志力就像人们为了孩子特别托管的信托基金，他现在可能并不想要，但是到他成熟一些的时候就不会拒绝。现在必须强迫他们去做的事情就是将来他们会强迫自己去做的事情。他们现在形成的习惯与成年后他们需要养成的、生活要求他们养成的习惯遵循同样的原则。②

6. 道德教育中的惩罚

在霍尔看来，儿童成长过程中的惩罚是必要的。霍尔认为，惩罚是一种个性化的训练，要针对不同的学生采取不同的方法。对有的孩子来说，宽恕就是最严厉的惩罚；有的孩子最经不起忽视和放任；有的最受不了与朋友分开，或者肩上的责任被暂时停止；有的遭隔离禁闭就会抓狂；有的则认为被曝光在大庭广众之下最羞耻。当然，惩罚的目的是让他们不做错事，从而免于惩罚。惩罚既要起到威慑作用，又要起到感化作用，绝不是为了恶意的报复。“正确”的惩罚要比“严

---

① ［美］斯坦利·霍尔：《青春期：青少年的教育、养成和健康》，凌春秀译，人民邮电出版社，2015，第 319 页。

② ［美］斯坦利·霍尔：《青春期：青少年的教育、养成和健康》，凌春秀译，人民邮电出版社，2015，第 325 页。

厉”的惩罚更有效。霍尔认为，严格的管教和约束造就了沉静的气质和端庄的仪态，让人更富有内省力、自控力，懂得如何压抑自己的情绪，知道如何表达情愿和不情愿。霍尔反对一些不好的做法，如讨好儿童以博取他们的好感；用赞扬和奖励取悦他们的自尊心；为儿童的错误辩解，说初衷是好的；等等。他认为这些做法都是有害的。霍尔指出，“我们惩罚的从来不是孩子的天性，而是那些不好的部分；他撒了谎，但不能据此认为他不诚实；我们针对的只是他的那些具体的不良行为，爱的是他除此之外的整个人”①。

7. 由“服从”向“自我指导”的过渡

在道德教育中，如果说对儿童进行一定的惩罚是让他们学会服从，那么由“服从”向“自我指导”的过渡是道德教育的新阶段。霍尔认为，儿童在服从阶段主要是由成人替他们做决定，但是当儿童表现很好的话，就要逐步停止告诉他们如何做，开始鼓励他们自己去面对各种状况，应该让他们觉得自己是独立自主的。

如何做到从“服从”向“自我指导”的过渡，霍尔认为有许多事情可做，其中一个就是肌肉训练。肌肉训练的目的就是增强人的意志力。霍尔指出，如果一个人的肌肉组织比他的神经和大脑孱弱，“知”与“行”的鸿沟就出现了，意志力的发展也将陷入停滞。霍尔引用别人的观点说：“身体越虚弱，就越是折腾你；身体越强壮，就越会服从你。”② 总之，在霍尔看来，由于思想与意志的紧密结合，它会使所有的力量都可以同时倾注于同一个点、指向同一个目标，合而为一。这就是意志自由的时刻、心灵自由的时刻。

---

① ［美］斯坦利·霍尔：《青春期：青少年的教育、养成和健康》，凌春秀译，人民邮电出版社，2015，第327页。

② ［美］斯坦利·霍尔：《青春期：青少年的教育、养成和健康》，凌春秀译，人民邮电出版社，2015，第330页。

8. 智力活动与意志力的训练

霍尔认为，这是道德教育的高级阶段，即用智力活动训练意志力，让意志力为智力活动所用。霍尔认为，学习的过程比学习的结果——知识更有用。能够训练我们的意志力、形成我们独立个性的关键元素，不是最后的目的，而是达到目的的方法；不是最后的结果，而是为结果所做出的努力。只把最后的结果教给学生，而不告诉他们这结果是如何得来的，这非常容易和简单；而既要教给他们最后的结果，又教会他们如何得到这个结果，则是复杂又艰辛的工作。“如果在知识传授的过程中让学生不需要承受任何压力、不做任何努力就能轻松地拥有知识，如果我们用轻松的甚至游戏一样的方式传授各种内容，如果我们总是用学生最容易接受、最没有阻力的方式将知识直接灌输进他们的脑子里，那么这样做的后果只不过是又给他们的童年生活增加了一个使他们失去斗志的理由。”[①] 在这里，霍尔的观点非常明确，在知识的学习上，只有经过努力，才能形成智力领域的意志力，才能形成自己的坚强个性。那些通过训练激发自身精神力量的孩子，在以后的人生中才会成为出类拔萃的人；而那些不能把获得的知识转化为自身能力的人，会早早地面临被社会淘汰的危险。

意志力的训练实际上也是精神的训练。霍尔指出，一些学生之所以出现精神危机问题，一个重要原因就是一些好的行为准则和一些没有改掉的坏习惯在同一个人身上和平共处，直接的结果就是不可避免地出现某些道德缺陷。霍尔认为，教育本身就意味着改变，接受的训练越多，改变就越多。同样，一个人在训练过程中需要做出的改变越多，这个过渡期就越危险。[②]

---

① ［美］斯坦利·霍尔：《青春期：青少年的教育、养成和健康》，凌春秀译，人民邮电出版社，2015，第 333 页。

② ［美］斯坦利·霍尔：《青春期：青少年的教育、养成和健康》，凌春秀译，人民邮电出版社，2015，第 334—335 页。

意志力的训练有助于知识和智力的发展。霍尔认为，当一个人头脑中的意志力元素占据数量上的优势时，他往往会对一些新的见解、简便方法和捷径心存疑虑，相信的还是实实在在的天分和持久的努力。如果一个人的意志力足够强大，他就会一直沉默而耐心等待一个新想法的产生，不急切、不焦虑，尽管心头上的责任感会逐渐加重。他会一丝不苟地检视、验证这个想法的每一个方面，深入了解、探究这个想法中潜藏的每一种精神力量，并且咨询每一个权威。这样的人是一个有思想的、成熟的人。①

9. “道德心”的教育

这是霍尔在道德教育中提出的一个重要观点。他认为，“道德心”的教育是道德教育重要的切入点，也是“精神力量”的重要内容。在霍尔看来，一个学生无论讨论什么话题及问题，如公平竞争、讲究穿戴、取笑他人、大发雷霆、善意的谎言、讲究卫生、遵守秩序、重视荣誉、讲究品位、自尊自爱、善待动物、职业追求等，都涉及“道德心”的建设。霍尔认为，“道德心”不是一个人先天就有的。最早出现的“道德心”是各种感觉，然后才逐渐出现了被称为“道德心”的各种高级的直觉感知。“我们意识中的‘道德心’是在遗传因素的帮助下，在我们自己都意识不到的情况下从周围的环境中获得的。通过对各种有关‘道德心’问题的讨论，逐渐使它变得确定化。”霍尔指出，“道德心”的形成是一个逐步的过程，是一个人内在的理解力与外在权威力量共同作用的结果。②

总之，关于青春期的教育，霍尔最后从比较的视角提出了一个重要的观点。霍尔认为，衡量一个国家文明程度的标准就是看它在经历

---

① ［美］斯坦利·霍尔：《青春期：青少年的教育、养成和健康》，凌春秀译，人民邮电出版社，2015，第 337 页。

② ［美］斯坦利·霍尔：《青春期：青少年的教育、养成和健康》，凌春秀译，人民邮电出版社，2015，第 341 页。

巨大变革时所采用的方式。如果一个国家真正文明化了，改革就不会再以突发猛烈的形式爆发，而是循序渐进、水到渠成，不会发生任何唐突的改变。同样的道理也适用于个人发展历程中的一段关键期，即青春期。[①] 在霍尔看来，在持续时间大约 10 年或更长的青春期中，青少年的发展是一个渐进的过程，会遇到各种问题，也会产生各种矛盾和变化。不要让这个时期匆匆渡过，而应该让青少年在这个渐进的过程中有更多的、合理而有益的人生体验。

四、霍尔教育思想与现代教育的关系

如上所述，教育家教育思想的形成总是基于对某些需要认识的教育现象或教育行为的具体解释，而且这种解释总与一定的社会背景和理论基础相关。霍尔的教育思想是 19 世纪后期至 20 世纪初期美国社会环境下的产物，也是建立在达尔文进化论基础上并试图根据这一理论解释教育的产物。霍尔非常重视进化论，并且把进化论思想运用于心理学和复演说中，对人的存在，特别是儿童的存在进行新的认识，提出了许多有价值的观点。这里主要对霍尔教育思想与现代教育的关系进行分析和评价。

第一，霍尔教育思想的理论基础是建立在 19 世纪达尔文的进化论的基础上的。这一理论基础的形成是与现代科学和实证精神相一致的。霍尔从进化论主张的发展和变化的视角思考人的发展和教育问题，拓展了教育思想和理论的发展空间。

众所周知，达尔文的进化论强调对物种的适应、自然选择、发展变异进行观察、比较，并且在依据观察、比较得出认识的基础上提出

---

① ［美］斯坦利·霍尔：《青春期：青少年的教育、养成和健康》，凌春秀译，人民邮电出版社，2015，第 346 页。

了解释生物形成及发展的理论。霍尔的心理学和复演说都是以进化论为基础的。霍尔的教育思想也是建立在对这一新的科学研究的理论基础上的。

当然，从现代生物学发展的最新认识来看达尔文的进化论，他的进化论思想是存在不足的。一些研究者指出，从生命进化的角度看，19 世纪达尔文的生命进化论颠覆了以往的上帝的生命设计论，而 20 世纪以来提出的基因的智慧设计论又颠覆了达尔文的生命进化论。随着 20 世纪 50 年代以后分子细胞理论的发展，使人们对细胞内部的复杂程度有了更多的认识。一些生物学家和生命哲学家已经不满足于达尔文的进化论，认为这个理论已经不能全面解释新的发现，开始提出基因的“智慧设计论”解释生命起源问题。他们提出质疑：在生命的最初形成过程中，自然选择在哪里起作用，在哪里不能起作用？一些功能是逐步进化来的，还是整体一起出现的？如果是逐步进化来的，那些不适用的部分就有可能会被淘汰，但是生命最初形成的过程又是如何保留那些适用的部分呢？如果这些功能是整体出现的话，那么仅仅依据进化论是难以解释的。总之，20 世纪 50 年代以后，科学家对微观世界的认识和分子生物学的发展为人们解释生命现象提供了新的方法和视角，依靠以往的进化论显然已经不足以解释日益复杂的生命的微观现象了。

这里需要进一步思考的问题是，是不是基因的“智慧设计论”的提出就可以完全否定达尔文的进化论？还不见得。虽然进化论在解释生命形成的复杂问题上存在不足，但是它在解释有机体，特别是在解释影响人的发展因素方面还是有一定作用的。虽然作为生命的有机体的出现一旦形成就具备了一定的存活、生长和发展功能，但是有机体包括人类所面对的环境因素和条件又是多变的。任何环境的变化不是为了有机体而存在的，而有机体的存在恰恰要适应一定的环境，否则就难以存活。从宏观的角度看，达尔文的进化论还是有一定解释力的。

因此，从这个意义上说，目前来看，进化论关于有机体与环境关系的解释还是有一定道理的，这一解释还没有过时。

第二，霍尔的“复演说”是以其进化论为基础的，虽然存在一定的矛盾和问题，但是对儿童发展的认识及解释现代教育的某些方面还是值得肯定的。

霍尔的“复演说”存在的主要矛盾和问题：它把生物学基础作为儿童发展的主要因素，把儿童发展与种族发展完全等同，反映了一种生物决定论的倾向。对此，杜威也是给予批判的。杜威认为，首先，婴幼儿依靠重复过去的生活来学习是违反进化论的。“人类婴儿胚胎的发育无疑保留着低级生活形式的一些特性。但是，婴儿并不严格通过过去的许多阶段。如果说有什么严格的重复的规律，那么进化显然不会发生。照这样讲，每一个新的世代都不过是重复前人的生活方式。”① 其次，婴幼儿的活动需要与现存的环境结合才可以给出更好的解释。杜威认为，婴幼儿开始的各种各样的冲动性活动都是盲目性的，其中有许多活动相互冲突，或者偶然发生、零星分散，与它们当时所处的环境不相适应。② 教育者需要将婴幼儿的发展与环境结合起来，帮助他们并促使他们得到更好的发展。最后，“复演说”没有处理好过去与现在的关系。杜威指出，现在不是跟在过去后面的东西；更不是过去所产生的东西。关于过去的知识和过去的遗产，必须与现在发生关系，必须进入现在才有巨大的意义。在教育教学上，把过去的记录和遗物作为主要教材，其错误在于割断现在与过去的重要联系，使过去成为

---

① ［美］约翰·杜威：《民主主义与教育》，王承绪译，人民教育出版社，1990，第78页。

② ［美］约翰·杜威：《民主主义与教育》，王承绪译，人民教育出版社，1990，第80页。

现在的对手、现在成为过去的或多或少无用的模仿。①

不过，通过对“复演说”做具体的分析，可以看到霍尔提出的一个重要问题是值得关注的，即儿童发展过程中的有些方面是可以改变的，但有些方面是不能改变的。教育应该注意这些可以改变或不能改变的东西，帮助儿童，使他们根据自己的情况和特点得到更好的发展。

应该指出的是，虽然环境因素在儿童的发展中起着重要的作用，提供了儿童存在和发展的重要条件，但是儿童的存在和发展中也有一些内在的、不能改变的东西。在霍尔看来，这种不能改变的东西就是儿童身上存在的一种祖先的遗传物质。儿童的发展过程主要是对祖先遗传物质的一种复演。“复演说”就是在这一认识的基础上提出的。从这个意义上说，霍尔教育思想的各种主张就是把进化论思想具体运用到学校教育中解释教育问题的结果。

正如杜威所指出的那样，“复演说”里含有正确的因素，就是遗传是一个人所具有的禀赋，人的发展离不开他的遗传，教育必须从一个人的遗传禀赋着手。这是一个基本的事实。教育者必须利用一个人已有的遗传禀赋，使他的禀赋在最有利的教育条件下发挥作用。反过来，也可以说遗传是教育的极限，不能超越遗传所赋予的最基本的限制去进行教育。如果承认这个事实，教育者就需要根据儿童的潜质和实际能力实施教育，防止非理性地消耗儿童的能力。教育必须承认这个限制。

总之，霍尔提出的“复演说”是在当时的历史条件下对进化论进行了一定思考，用来解释儿童发育和发展的产物。其意义在于，霍尔依据这个理论提出的对于儿童的认识，以及关于儿童教育的内容，对于认识儿童存在与种族发展之间的联系，认识遗传物质在儿童发展和

---

① ［美］约翰·杜威：《民主主义与教育》，王承绪译，人民教育出版社，1990，第80页。

教育中的作用，并且以此提出相关的教育主张等是有意义的，它为后来出现的欧美儿童研究和教育革新运动提供了理论依据。霍尔的理论不仅支持了近代教育家提出的适合儿童学习年龄阶段的主张，还论证了近代教育顺应自然的观点。霍尔试图把发展心理学运用到教育方面，思考教育问题，改革教育实践，从这一点来看是值得肯定的。当然，霍尔机械地理解人的发展进程及特点，夸大婴幼儿早期发展与人类种族发展的对应和联系，把个体发展史与种系发展史完全等同，从而引向了遗传决定论，这显然是错误的。需要指出的是，自霍尔以后，现代的青少年心理学理论基本形成了两种对立的观点：一是重视内在生理成熟的因素，如格塞尔的成熟论；二是强调外在社会环境和教育因素，如华生的行为主义观。后来，这两种观点逐渐走向综合，形成了认知发展理论，其代表人物主要有皮亚杰等。

第三，霍尔的教育思想也是这一时期教育科学化现代探索的产物，而且他把对现代科学的认识和理解用在对儿童发展和教育的解释上，提出了许多值得思考的问题。

实事求是地讲，无论是达尔文的进化论，还是霍尔的“复演说”，都不是他们的原创，但是他们的突出贡献在于，能够用新的理论解释人的存在和发展，赋予一些问题新的含义或意义，为现代科学及现代教育的探索及形成奠定了基础。从这个角度看，谁第一个提出什么思想或理论并不重要，重要的是如何用别人的思想或理论解释前人或今人没有注意或没有解决的问题。霍尔在教育方面的主要贡献在于，他将 19 世纪达尔文的进化论与新的心理学相结合，依据儿童心理研究的成果解释人的发展，特别是儿童的发展和教育，提出了许多有价值的教育思想和主张。

首先，在与传统教育的对比和在批判传统教育的基础上，霍尔提出了儿童是第一位及儿童中心的教育思想。在霍尔看来，传统教育注重教师的地位，注重教学中教师的中心地位，而忽视了儿童的存在和地位。新的学校教育应该改变旧的教育观念和实际，使儿童成为教育的中心。霍尔指出，儿童有自己的权利和幸福，应该得到尊重，教育者应该成为儿童权利和幸福的保卫者。不仅如此，霍尔还从社会评价的视角提出儿童的地位和对儿童尊重的问题。他说："我强烈地要求文明、宗教、所有的人类制度和学校应该受到如实的评定，或者从历史哲学的角度来看，应受到这一标准的评定，即它们是否冒犯了这些孩子们或有助于把儿童和青少年经过几代人而带到一个较高的和更全面的成熟。儿童因而是我们的白天的云柱和夜晚的火把。"① 当然，在论述儿童地位时，霍尔也不忘记从宗教的角度为儿童的权利和地位进行辩护。他认为儿童是上帝创造的，具有活力，是世界上最完美的事物的象征。对于正在成长的儿童，教育者要爱护他们、尊重他们并为他们服务。

其次，霍尔极力倡导教育应该使学校教育适应儿童而不是使儿童适应学校教育的思想，主张学校教育为儿童发展提供良好的条件。与强调儿童中心和尊重儿童的思想相关，霍尔非常重视学校教育在促进儿童发展中的作用。教育要使学校适应儿童的思想就是霍尔的儿童中心思想在学校实践上的具体体现。在霍尔看来，传统的学校是以教师为中心的学校，教师在学校中占统治地位，要求儿童去适应学校。新的学校应该是以儿童为中心的学校。因此，学校和教育者要去爱儿童，适应儿童，为儿童的成长服务。如何爱儿童、适应儿童、为儿童的成长服务，霍尔主张在幼儿园阶段主要是通过游戏发展儿童的身体。教师要了解儿童，为儿童提供丰富的知识。在学校阶段，儿童的大脑发育已经完成，教师要为他们提供读写、绘画、音乐、语言等课程，并且注重行为习惯的养成。而对于青春期阶段的青少年，要关注他们生

① ［美］S. 亚历山大·里帕：《自由社会中的教育：美国历程》，於荣译，安徽教育出版社，2010，第 208 页。

理和心理的发展，按照他们的兴趣进行教育。总之，在霍尔看来，教育，包括学校教育，一定要按照儿童的发展阶段和需要来进行。学校教师为儿童提供恰当的环境并促进儿童的身心和谐发展，就是对儿童的热爱。教育适应儿童，儿童受到重视，儿童就成为教育的中心。

最后，霍尔还提出了尊重儿童个体发展规律及发展差异的教育思想。从一般意义上说，教育要使学校适应儿童的发展和需要，但是具体到不同的儿童就需要关注儿童的不同情况和个体差异。从霍尔的从关注女性教育到研究男女同校现象可以看出，他非常重视在学校教育阶段如何对待儿童发展和性别差异的问题。霍尔认为，儿童的发展是有规律的，不能刻意让他们早熟，否则会影响他们的成长。如果一个男孩在十几岁时就被认为是一个“完美的绅士”，这个男孩就有问题了。这个“绅士”应该出现得再晚一些。霍尔指出，女孩通常比男孩早熟。如果像对待女孩那样对待男孩，让男孩和女孩一起接受教育，就可能会导致男孩身上的某些成分过早成熟。这样一来，他们的成长发育期就被人为地缩短了，他们成长的动力就被身边的女性化氛围削弱了。同样，对待女孩像对待男孩一样，也要注意她们自身的特点，而不是人为地实施强化教育。霍尔还分析了男女儿童性别差异的特点，认为12—14岁是儿童性别差异最明显的时期，也就是青春期。在这个时期，学校教育应该做的不是刻意抹杀两性之间的区别，而是要想办法让男孩更具有男子气，让女孩更有女人味。霍尔强调，教育应该尊重性别差异的自然规律。针对男女同校中容易出现男孩“女性化”和女孩“男性化”的问题，霍尔明确指出，任何人都不应该去模仿异性，也不应该以异性为榜样，而是应该明确各自的角色分工，在两性的交往中和谐共处。

总之，霍尔的教育思想虽然具有那个时期教育发展和教育研究的特点，但是他对儿童与青少年发展和教育问题的思考，特别是对男女同校中存在的男孩“女性化”和女孩“男性化”问题的分析，在今天看来仍然具有重要的意义和价值。

【参考文献】

［美］E. G. 波林. 实验心理学史［M］. 高觉敷，译. 北京：商务印书馆，1981.

［美］霍尔. 青春期：青少年的教育、养成和健康［M］. 凌春秀，译. 北京：人民邮电出版社，2015.

［美］劳伦斯·阿瑟·克雷明. 学校的变革［M］. 单中惠、马晓斌，译. 济南：山东教育出版社，2009.

［美］S. 亚历山大·里帕. 自由社会中的教育：美国历程［M］. 於荣，译. 合肥：安徽教育出版社，2010.

Hall, G. Stanley. Adolescence: Its Psychology and Its Relations to Physiology, Anthropology, Sociology, Sex, Crime, Religion, and Education, Volume Ⅰ[M]. New York and London: D. Appleton and Company, 1917.

Hall, G. Stanley. Child Study at Clark University[J]. American Journal of Psychology, Vol, 14, No. 1, 1903.

Münsterberg, Hugo. Psychology and education[J]. Educational Review, Vol. 16, 1898.

Ross, Dorothy. G. Stanley Hall: the psychologist as prophet[M]. Chicago: University of Chicago press, 1972.

Wiltse, E. Sara. A Preliminary Sketch of the History of child Study, for the year ending September[J]. Pedagogical Seminary, Vol. 4, No. 1, 1896.

思想流变
与
美国教育

下篇

约翰·杜威："生长"的教育家

丁永为[①]

约翰·杜威（John Dewey，1859—1952年）是20世纪上半叶美国的哲学家、心理学家和教育家。曾在胡适、蒋梦麟等中国学生的邀请下，于1919—1921年在中国讲学，自此对中国现代哲学、美学、伦理学，特别是对中国的教育学科产生深刻、持久的影响。近百年来，中国学者对杜威其人及其著述的研究热情几无间断——仅从教育学科观之，自胡适、陶行知、陈鹤琴先生起，经吴俊升、傅统先、赵祥麟、滕大春、王承绪先生，至张斌贤、单中惠、褚宏启、杜祖贻先生，几代大师、学人都曾痴迷于杜威的思想世界。新世纪以来，随着杜威研究在世界范围内的复兴，以及我国第八次课程改革的启动，我国学界对杜威著述的译介和研究形成新一轮热潮。

新世纪以来的杜威研究有一个值得注意的新动向。[②] 这个新动向表现在杜威研究范式上的历史转向或谓发生学转向上。这一转向至少有两层含义：其一，历史转向意味着研究者必须把作者的著述与著述产生的当时语境关联起来，从语境与作者相互作用的角度揭示作者创作

---

① 丁永为，男，首都师范大学教育科学学院副教授，博士，研究方向为外国教育史。

② 在北京师范大学教育学部张斌贤教授的指导下，博士生丁永为和涂诗万先后在各自的博士论文中运用了历史的方法来研究杜威教育思想的发展和演变过程。参见丁永为著《变化中的民主与教育——杜威教育政治哲学的历史研究》，教育科学出版社，2012；涂诗万著《杜威教育思想的形成》，浙江教育出版社，2014。

的真实意图，即作者需要通过撰写此文或此书达到什么样的目的，或者试图解决什么问题。不止于此，研究者还要力图找到作者或明或暗地与之辩论的所有在场或不在场的他者及其论点，结合当时的条件和状况，对著述的真实含义及其实际效用做出准确判断。其二，历史转向在更深层次上也许还意味着研究者必须把作者在各个时期的著述视为个人思想成长史的记录，从发展的、变化的角度，观察在不同时期的文本深层潜在的作者思想方式、思想内容、思想主张的嬗变过程，这一过程可能是连续的，但也可能是断裂的。断裂可能表现在思想方式、思想内容、思想主张与之前或之后的明显不一致、相悖或相互冲突。

本文可以被视为运用历史的方法研究杜威教育思想的尝试。假设杜威的教育思想存在一个变化的或者说“生长”的过程，那么具体来说，我们怎样去验证这个假设呢？有必要选择一个普遍认同的参照点，以此点为中心，前后勾连、比较，观察这种变化是否真的存在。在1930年发表的《从绝对主义到实验主义》、具有思想自传性质的一篇文章中，杜威说：“《民主与教育》这本书许多年来一直是对我目前信奉的那种哲学所做的最充分的阐释。”[①] 教育史学家滕大春先生认为，杜威的教育思想可以《民主与教育》为总纲，杜威此前发表的《我的教育信条》《学校与社会》《儿童与课程》《我们怎样思维》《明日之学校》可被视为《民主与教育》的教育思想逐步完善的体现，以后发表的《经验与教育》和《人的问题》则可被看作《民主与教育》的引申或补充。[②] 杜威的学生、哲学家悉尼·胡克高度评价说：在任何领域中，在原来作为教科书出版的著作中，杜威的《民主与教育》是唯一达到了

① ［美］杜威：《杜威文选》，涂纪亮译，社会科学文献出版社，2006，第31页。

② 滕大春：《本卷前言》，出自杜威著、吕达等主编《杜威教育文集（第2卷）》，人民教育出版社，2008，第8页。

经典著作地位的，它已经成为今天所有关心教育的学者的必读书籍。[①]鉴于上述理由，我选择以《民主与教育》作为观察杜威教育思想生长过程的切入点，把《民主与教育》视为杜威教育思想生长的里程碑，以此“碑”为界，挑拣其中包含的主要教育命题，将之还原于杜威思考和行动的脉络之中，追溯其认识之由来，跟踪其观点之所去，做仔细的比较分析，综合分析结果，对前述假设的真伪做出判断。本文既可以作为对未曾仔细翻阅《民主与教育》的读者的再读导引，也可以被视为与专家学者就杜威研究的新范式做一番“上手”式的探讨。

一

《民主与教育》出版于 1916 年。是年，杜威 57 岁，值其事业的发达之时，被认为是继皮尔士、詹姆斯之后美国实用主义哲学的新“掌门人”。这本书是杜威自 1882 年走上哲学之路、1885 年发表首篇教育论文、1896 年创办芝加哥大学附属实验学校以来，逾 30 年腐心精思、躬行实验的结晶。在这本书中，杜威运用实用主义哲学与机能主义心理学，对传统教育及其理论基础进行了逐一批判，以民主与教育的关系为中心，在日常生活和反省经验的基础上，重建了洋溢着民主气质、科学精神的新公共教育学，使一直被欧洲思想家占领的美国教育学讲台从此有了一位美国人。一位美国教育学者撰文，称赞该书是继柏拉图的《理想国》、卢梭的《爱弥儿》之后最具里程碑意义的教育著作。

以往，我们多关注在《民主与教育》中杜威究竟表达了什么样的观点，对民主社会中教育的功能、本质、目的、内容、方法等诸多方面做出了哪些批判，得到了哪些结论，形成了何种理论。我们较少注

---

① ［美］悉尼·胡克：《附录：悉尼·胡克为〈民主主义与教育〉写的导言》，出自杜威著、吕达等主编《杜威教育文集（第 2 卷）》，人民教育出版社，2008，第 345 页。

意考察杜威在阐释民主与教育关系问题时的教育思想史背景。事实上，杜威创作《民主与教育》的一个重要思想背景是近百年来对美国公共教育影响和贡献最大的政治家和教育家有关民主与教育关系的已有著述及其认识方式。只有充分了解前人的理论成就，才可能对《民主与教育》在美国教育思想史上的地位形成科学认识。在杜威之前，美国教育家对民主与教育关系的认识主要经历了三个阶段：第一个阶段是1778—1837年。1778年，杰斐逊提出《关于更广泛地普及知识提案》，标志着建国者们已经提出并对民主与教育的关系问题进行探索。第一个阶段的代表人物是杰斐逊，他的贡献是提出了民主与教育关系的命题，论证了由政府举办免费的公共教育的必要性和合理性。第二个阶段是1837—1859年。1837年，贺拉斯·曼出任马萨诸塞州教育委员会秘书，这一事件标志着新时期的教育家们对民主与教育关系思想进一步探索的开始。第二个阶段的代表人物是贺拉斯·曼，他继续探索由杰斐逊等人提出的问题，但最为重要的贡献是把杰斐逊等人提出的民主与教育关系的思想实践化、制度化了。第三个阶段是1859—1888年。1859年，贺拉斯·曼辞世，同时威廉·哈里斯（William T. Harris）开始从事教育工作。1888年，杜威发表《民主伦理学》一文，标志着杜威对民主问题进行探索的开始。第三个阶段的代表人物是哈里斯，他的卓越贡献是在制度上最终确立并巩固了公共学校体系，把自杰斐逊以来的关于民主与教育关系的基本思想继承下来。但是，他们思想的保守性已不适应工业社会的要求。新的时代呼唤对民主与教育关系进行与前人不同的、创造性的认识，这正是杜威一生要做的工作。

在杰斐逊那里，民主是一个政治现实，也是一个道德理想。作为政治现实的民主，体现在美国现有的政治制度之中，如分权主义、宪政、选举制度等。为了维护政治民主的安全，就有必要建立一整套以民主为核心价值的制度体系，这一制度体系至少应该包括三个方面：使美国公民足以自食其力的经济制度，使各教派信众和睦相处的宗教制度，以及使国家能够选拔出公民中才智与品德俱佳者成为共和国的接班人的教育制度。这些制度来自于深层的、天赋人权的信念。这就是说，杰斐逊早已意识到政治民主的合法性必须建立在作为道德理想的民主之上，而不是反过来。在杜威看来，这是杰斐逊在民主理论上最为重要的贡献。杜威在1938年出版的《自由与文化》一书中赞扬说：杰斐逊是现代人中首先从人的角度阐述民主原则的思想家。杰斐逊的论述完全是道德的："他的信念的核心是用这句话表达的：'除了固有的和不可出让的人权以外，没有任何东西是不可改变的。'"[①] 任何外在的制度形式都应该因人们当前联合生活和自由平等地追求幸福的需要而做出改变，而不是使人们的需要符合已经落后了的或腐败了的社会制度。这一观点对杜威的影响很深。此外，杰斐逊从经济、宗教和教育三个方面确立了民主思想的三根支柱，认为民主政治的安全和道德理想的实现不能独赖其中任何一根，必须三根俱在。不过，杰斐逊并没有论述三者之间的关系，没有说明教育对宗教和经济结构应该持有何种立场和态度，他把这一问题留给了后人。

贺拉斯·曼继承了杰斐逊的思想，把民主与教育的关系思想制度化了，在曼及其追随者的努力下，美国多数州在南北战争前后普遍建立了免费的公立学校系统。与杰斐逊最初设想的公立学校体系相比，曼给予美国公民更多的教育机会。从这一点上看，杰斐逊的教育体系更具等级性而非民主性的特点，那是一个类似于理想国似的金字塔式教育体系。曼重视小学阶段的教育，认为小学阶段应以教会儿童在未来生活中实际需要的知识和品质为依归，而不应以为少数人上大学做准备，小学功能应该是育人而非选拔，免费小学是为普罗大众而设，为美利坚合众国的所有公民而立，它不应该成为少数精英为了接受更高层次的教育而做的学术准备。于是，曼把对民主与教育的关系的考

---

① ［美］杜威：《自由与文化》，傅统先译，商务印书馆，1964，第117—118页。

察重心放在了“教育”一边，在曼的公立学校里比在杰斐逊所设想的教育体系里有更多的民主精神，以及自由和平等的氛围。这一点与作为政治家的杰斐逊不同，杰斐逊终其一生的生活重心都是政治而非教育，教育只是实现其政治理想的手段而非目的。因此，杰斐逊也从未认真思考过作为道德理想的民主对于教育的意义是什么。换句话说，“教育中的民主”根本就不是杰斐逊可能提出的命题。不过，曼的做法也导致了一个事实，这个事实对后世教育家影响深远，那就是曼有意无意地把杰斐逊确立的民主与教育关系的范围缩小了，从而也有意无意地把不经批判的社会现行制度和结构引入了学校教育之中，使学校教育适应而非改造现行的社会制度和结构。尽管曼也提及经济和宗教问题，并且将这两个问题与教育关联起来——这是杰斐逊遗留下来的难题，曼尝试做了“解决”——但是，曼并非是以一种如同杰斐逊那般改革的态度来讨论学校存在其中的社会问题，而是允诺教育的经济目的和宗教目的，使学校成为经济的助推器和教派团结的孵化所，从而使学校在社会变革方面有意无意地扮演着保守角色。[①] 曼并不像他的前辈那样对社会变革充满兴趣。他更加关心的是公立学校院墙内的教育教学活动中儿童的兴趣和成长，以及教育机会的平等。这种把民主的精神作为一项学校教育的原则的观念是贺拉斯·曼而不是杰斐逊的贡献。而且，贺拉斯·曼受到瑞士裴斯泰洛齐的影响，对教育过程的心理学化充满兴趣，而成为后来学习民主的先驱，这是贺拉斯·曼对杜威影响最深的地方。

在教育思想史上，哈里斯是一位过渡性的人物。他将曼创建的公立学校事业发扬光大，同时也将曼的观念中存在的尊重儿童在学习中的主动性的温暖色彩以强化秩序、纪律和努力的形式加以淡化了。在

---

① 丁永为：《变化中的民主与教育——杜威教育政治哲学的历史研究》，教育科学出版社，2012，第38—39页。

曼所忽视的地方，哈里斯也很少注意到。例如，教育在民主社会中究竟扮演着什么样的角色？教育究竟应该消极地适应社会，还是应该积极地改造社会？教师和教育专家在教育管理中应该发挥什么样的作用？教师在教育教学过程中的合适地位是什么？这些问题在民主与教育关系的命题中还没有被阐释出来。在曼已经开始探索却未竟的努力上，哈里斯不仅没有支持，甚至有所怀疑。例如，曼有关学习民主的思想萌芽在哈里斯那里被以抽象色彩浓郁的“自我活动”概念替换了。自我活动是由绝对精神控制之下的意识活动或观念活动，这种活动与儿童的经验、兴趣和探究的生活是对立的，被认为是更高一级的“活动”。这种教育哲学使重读书、守秩序、肯努力成为学习的“合理”态度，却与儿童的经验、充满生气的活动和日常生活世界割裂了。

二

于是，在 19 世纪 80、90 年代，也就是杜威开始作为一位思想家的生涯之时，美国教育思想界对民主与教育关系的最具影响力的观点具有至少两个特点：第一，教育家们很少关心民主在公共教育之外的形态，如经济的民主和宗教的民主，杰斐逊关于民主的更加宽泛或谓更加全面的信念并没有被继承下来。第二，教育中的民主主要体现在学习民主方面。在学习过程的心理属性或个人属性与社会属性方面，流行的观点是哈里斯式的，强调社会属性而非心理属性，强调努力而不是兴趣，强调纪律而不是自由，强调整齐划一而非个性多元，强调读书而不是经验，强调静思而非活动。我们在理解那个时代的教育改革运动时，上述发现是非常有用的。在那个时代，最重要的或者说对杜威的影响最大的教育改革运动有三：第一是由心理学家、克拉克大学校长斯坦利·霍尔领导的儿童研究运动。第二是由库克县师范学校校长弗朗西斯·帕克首倡的进步教育运动。第三是由社会改革家简·亚当斯主导的新慈善运动。

1883年，霍尔发表了《儿童心理的内容》一文，标志着美国儿童研究运动的开始。在19世纪90年代，儿童研究运动逐渐被扩大到全国。1891年，霍尔创办了《教育学研究》杂志，作为儿童研究的学术平台。1894年，美国全国教育学会设立儿童研究部，霍尔任第一届主席。可以说，正是霍尔发起和组织了这一场对美国学校教育理论与实践有着广泛而深刻影响的运动，也正是霍尔为这场运动提供了目的和方向。霍尔认为，“每一次教育改革都是更仔细地亲自了解儿童和青年，以及更深入地洞察他们的需要和生活的直接结果”①。杜威亲身经历了这场运动，并且发表了若干文章对运动本身进行评价。这些文章包括《应用到教育中的儿童研究成果》《幼儿园和儿童研究》《对现代儿童研究的正确的和错误的批评》《儿童研究的解释面》《对文化纪元论的解释》等。很明显，杜威肯定了儿童研究之于儿童真正智力自由和解放的价值，批判地吸取了儿童研究的相关成果。

1875年，帕克出任马萨诸塞州昆西公立学校督学。其间，帕克从“儿童必须是教育经验的中心”这一指导思想出发，对公立学校的教材、课程和教学方法进行重新改造。例如，在各科教学上，帕克废弃了传统的机械的教学模式，采用了更为符合儿童学习心理的方法。例如，在算术教学中，一改传统的从规则和公式开始学习算术的方法，主张通过实物学习算术；在语文教学中，放弃了传统的从背诵字母表到学习单词和句子的方法，采用从学习简单的词汇或句子开始的策略；在教学内容上，传统的教科书被弃而代之以杂志、报纸和师生自己设计的材料，而且引进了手工训练等科目；在教学组织上，采用了小组形式。在帕克的学校里，教育教学是以学生的兴趣和需要为中心的，

---

① 张斌贤：《社会转型与教育变革——美国进步主义教育运动研究》，湖南教育出版社，1998，第34页。

学生们的直接经验和活动被置于教育的中心位置。1883—1899 年，帕克受聘出任库克县师范学校（为了培训教师而创办的实习学校）校长。在此期间，帕克从原来的细枝末节的教学改革扩展到系统的和整体的学校教育模式的创新。帕克显然可以为被视为儿童研究运动的早期倡导者。他说："一切问题中的问题，并且确实是永恒的问题是，什么是受教育者？什么是儿童？"① 他主张教师应该通过儿童的活动及活动倾向研究儿童，本质上便是通过儿童的直接经验来研究。帕克认为，儿童生而具有喜爱活动和乐于表现的自然倾向，教师的责任就在于发现并遵循儿童自然倾向的规律，使这些倾向得到全面发展，使儿童潜在的可能性得以实现。

关于儿童的兴趣和本能在教育中的适当地位，帕克和霍尔有着相同的观点。他们对那个时代流行的忽视儿童的经验的教育哲学提出了批评。不同之处在于，帕克比霍尔似乎有着更加浓厚的社会和民主关怀。尽管很难说帕克已经做好了，但是他的确已经意识到儿童中心如果偏离了社会的需要，那么这种教育恐怕并不是我们真正想要看到的。帕克曾有意识地强调，学校应该成为促进"民主"制度的巨大力量。为此，学校应当努力成为一个雏形的"民主"社会。帕克说："学校应是一个理想的共同体，其中每个学生都应充分发挥其能力，锻炼其行使公民资格的能力。公民能力的发展和理想的共同体的生长要求每个学生身体的、智力的和道德方面的充分活动。共同体生活要求对其当前环境的历史和可能性有所考察；它要求具有实现那些可能性的知识，即把知识用于生活的技巧。……共同体生活的理想是唯一适应幼儿园中的和所有年级中的儿童和学生的本性的理想。"②

---

① 张斌贤：《社会转型与教育变革——美国进步主义教育运动研究》，湖南教育出版社，1998，第 47 页。

② Francis W. Parker, "Lectures and Lessons upon the Philosophy of education," in *The Elementary School Teacher and Course of Study*, Vol. 2, No. 1, 1901: 1-27.

帕克的“共同体生活的理想”并不似哈里斯的“社会性”，它不是建立在对儿童本性的不信任和悲观基础上；恰恰相反，它建立在对儿童本性的信任和乐观的基础上。它不是要远离儿童的现实生活从而使其在精神上能够与超越一切的绝对精神融为一体；恰恰相反，它是要利用儿童的现实生活作为教育的内容和方法，使儿童学会过一种共同体的、人类联合或团结的生活。帕克试图协调个人和社会的冲突，并且把理想的社会概念建立在尊重个人自由的心理学基础上，对后来民主与教育关系思想从哈里斯重返贺拉斯·曼和杰斐逊有着重要的推动作用。然而，一方面，帕克缺少哲学家的系统的训练，以致他卓越的天才式的预见并没有形成融贯一体的理论；另一方面，帕克的共同体生活的理想以较低年级的儿童作为实验对象，即使在小学生中形成了一种个人与共同体的协调统一，也很难说这种方法对年龄更大的青少年乃至成人也是同样有效的。如果共同体生活的理想与个人自由的统一只能发生在较低年级的、更容易受到教师影响的儿童群体中，它就不能被称为一项有重大意义的理论洞见。

简·亚当斯的新慈善运动为共同体生活的理想与个人自由之间的统一的可能提供了比帕克更具说服力的实验。亚当斯于 1860 年出生于伊利诺伊州，毕业于罗克福德神学院，由于受到英国托因比会堂的影响，遂募集资金于 1889 年在芝加哥第 19 区的霍尔斯特德大街建立了赫尔会所。在这个地区中居住的主要是移民和黑人。会所收留了附近来自 18 个不同国家的人；为失业的人或陷入财务危机的人提供救济金，并且让移民们为附近的居民提供帮助。不过，更重要的是，会所是一个“教育”机构。赫尔会所装饰考究，四周挂满名画复制品，这是为了提供一种具有美感的和文化的环境。它还组织授课、演讲，提供饮食指导，组织运动，主办幼儿园、托儿所、戏剧组、合唱队、莎士比亚俱乐部和柏拉图俱乐部等。在这种教育活动中，会所坚持承认并尊重不同国家的移民继承本国传统，但同时也不断地向各国移民宣传美国公民的准则和文化规范，从而使其能够迅速适应美国社会的生活。亚当斯深信："通过赫尔会所建立的交往，既对住宅周围地区比较贫困的居民来说是重要的，对出身于在经济状况和教育机会上具有更多特权家庭的那些人来说也是重要的。"[①] 亚当斯认为，在那里不存在"设想另外一半人的生活方式"的问题，而仅仅存在着共同学习怎样在一起生活的问题"。

因此，尽管赫尔会所是一种具有慈善性质的社会组织，但是它又从本质上不同于当时一般的慈善机构。这是因为会所坚持一种"参与式民主"的原则，这种原则反对把慈善事业作为一种拥有财产的人向需要帮助的人所做的单方面行为。因为在这种"慈善"行为的背后隐含着一个预设，就是有人比他人自己更知道如何改善他人的生活，在亚当斯看来，这是一种不民主的倾向。亚当斯多次说："民主是一种生活方式，一种真正有道德的和有人性的生活方式，而不是一种政治制度的手段。"[②] "尽管我们似乎对民主感到陌生，尽管我们未曾体验民主，但是民主威力强大、影响深远，我们必须学会相信民主。"[③] 我们必须注意到，这种"民主"在亚当斯那里有着非同寻常的深刻含义。在亚当斯那里，"民主"作为一种道德的生活方式就意味着它反对任何形式的扩大阶级分歧和对立的举措（如罢工），而鼓励任何能够促进合作的措施。亚当斯认为，工人与资本家之间的对抗完全没有必要。她是从个人品德而不是政治学的角度来理解发生于当时的各种罢工和劳资冲突事件。

简·杜威在回忆其父约翰·杜威的生平时曾说："因为赫尔会所和简·亚当斯的缘故，杜威那作为教育指导力量的民主信念具有了更加

① ［美］简·杜威：《杜威传》，单中惠编译，安徽教育出版社，1987，第35页。

② ［美］简·杜威：《杜威传》，单中惠编译，安徽教育出版社，1987，第35页。

③ ［美］路易斯·梅南德：《哲学俱乐部——美国观念的故事》，肖凡、鲁帆译，凤凰出版传媒股份有限公司、江苏人民出版社，2006，第260页。

强烈和更加深刻的含意。”① 这为理解杜威缘何选择教育作为实现民主理想的手段且坚持用一种民主的生活方式来改造教育，使教育本身也成为一种民主的生活方式，提供了有益的启示。实际上，这也能够为“为什么杜威在其生涯早期对美国‘民主’社会中的现实冲突和不民主现象缺少议论和观察”这个问题提供一个即使不充分也是有意义的解释。在与简·亚当斯交往的日子里，杜威对现实的社会中究竟发生了什么，以及这种现状对学校教育的实际影响是什么，既缺乏关注，也缺少论述。在早期的著作如《学校与社会》，甚至在《明日之学校》和《民主与教育》中，杜威曾宣称可以通过令未来的工人认识到其工作的价值和社会意义来缓解他们对工作的反感和与资本家的冲突②。这种看法与上述亚当斯的看法有异曲同工之处。至少在这一时期，从亚当斯的赫尔会所获得的成功中，杜威看到了民主作为一种教育的方法和原则的现实可能性，将民主社会牢固地建立在其成员的自由、平等的分享共同目的和利益基础之上是可能的，它补充了帕克的理论和实践不足的部分，为杜威探索民主与教育关系这个传统命题提供了一个崭新的思路。我们可以看到，这一思路至少包含的要点：首先，民主是一种道德的理想，它体现于尊重个人自由的共同体生活之中；其次，民主本身便是一种教育原则和方法，这不仅适用于儿童，也适用于成人；最后，民主是一个全面的、涉及共同体生活所有方面而不仅仅是教育的事业。这一思路和当时流行的观点是有出入的，它更大程度地把流行的观点作为一个敌人而非朋友，当作革新的对象而非传承的偶像。我们只有在这样的语境下，才会把握杜威对美国教育思想史的真正贡献。

---

① ［美］简·杜威：《杜威传》，单中惠编译，安徽教育出版社，1987，第 35 页。

② ［美］约瑟夫·费瑟斯通等：《见证民主教育的希望与失败》，王晓宇、周常明译，华东师范大学出版社，2005，第 91 页。

三

打开《民主与教育》一书，最容易给我们留下深刻印象的是杜威对学习民主的讨论。杜威对传统教育中“儿童的失去”（lost of children）从理论与实践的多方面进行了深入的批判，指出在一个民主社会中，儿童的个性和理智自由是一笔财富而非负担。从19世纪80年代中后期关注教育问题开始，一直到1916年《民主与教育》的出版，儿童及其学习民主问题从未真正淡出过杜威的视线。杜威从机能主义心理学和实用主义伦理学的视角，对儿童个性与共同体生活之间的统一性做出了理论和实践（主要是杜威学校的实验）双方面的探索，标志着杜威对美国教育思想史上的贺拉斯·曼问题做了一个比较令人满意的解决。

如果满足于上述发现，那么《民主与教育》一书在教育史上的大部分贡献就被我们轻易地忽略了。我们知道，从1885年杜威发表第一篇教育论文《教育与女性健康》开始，杜威关注的教育主体主要是学习者，对于教师的议论也主要集中在教学过程和方法上，以及主要是把教师作为学习民主改革的对立面之一，常常把教师的权威作为实现学习民主和儿童自由的主要阻碍因素之一。但是，在《民主与教育》中，杜威的态度有了非常重要的变化。在讨论教育目的问题时，杜威说：“从外面强加的教育目的的缺陷根子很深。教师从上级机关接受这些目的，上级机关又从社会上流行的目的中接受这些目的。教师把这些目的强加于儿童。第一个结果是使教师的理智不能自由，他只被允许接受上级规定的目的。教师很难免于受官厅督学、教学法指导书和规定的课程等的支配，使他的思想不能与学生的思想及教材紧密相连。这种对于教师经验的不信任又反映了对学生的反应缺乏信心。学生通过由外面双重或三重的强迫接受他们的目的，他们经常处于两种目的的冲突之中，无所适从。一种是符合他们当时自己经验的目的，另一种是别人要他们默认的目的。”① 由此，杜威对公立学校教育中教育管理上压制和控制教师自由的现象分析很透彻。应该说，对教学民主问题的关注是杜威将民主的方法应用于教育领域的体现，是对贺拉斯·曼创立和哈里斯发展并完善的公共教育管理体制从民主的角度做出的批评，是对前人思想的超越，对美国民主教育理论最重要的贡献之一。

那么，杜威是从什么时候开始关心教学民主问题的？仔细翻阅杜威的著述我们可以发现，杜威对美国公立学校系统中教学民主问题首次公开发表意见始于 1903 年。当时，杜威已经创办了实验学校，并且在 1901 年邀请曾担任督学的艾拉·杨出任实验学校的教务长。在 1924 年发表的一篇名为“课堂教师”的文章中，杜威曾谈及自己关注教学民主问题的开始：“我的注意力第一次被引向这件事（教学民主）是源于我所结识的最为优秀的女性——芝加哥的艾拉·杨女士。杨女士曾担任课堂教师，后来成为一名督学，而后担任助理学监并最终成为学监。由于其 50 年的教学和管理经验，她熟悉大城市里的公立学校的每个方面。她从教师和督查官员的立场看学校，总是会敏锐意识到出现在高度组织化的学校系统中的两个部分（即教育管理者和从事课堂教学的教师）之间的局势。”②

受到杨的启发，杜威对当时公立学校中制约学习民主实现的条件进行了审慎的考察。他发现，教师不是学习民主的真正敌人，由于教师缺乏教学上的广泛的自由权利，从而使让一个不自由的人教会一个人学会自由地生活这简直是天方夜谭。此时，杜威已经意识到了在美国经典的民主与教育关系理论中存在一个特别重大的遗漏。如果说在

---

① ［美］约翰·杜威：《民主主义与教育》，王承绪译，人民教育出版社，1990，第 115 页。

② John Dewey, “Classroom teacher,” in *The Middle Works of John Dewey, 1899-1924*, Vol. 15, 1983: 188.

曼那里，政府官员、乡绅和富户是学校教育的实际操纵者，从而忽视了教育专家和普通教师的作用，那么在哈里斯那里，教育专家在教育管理中的地位变得越来越重要；然而，两人都共同忽视了普通教师在教学目的的设定、教学材料的选择、教学过程的设计等方面所具有的自由和民主参与的权利。如果不是杨的提醒，杜威即使会意识到这个问题，也一定会更迟一些。在教育教学的管理上，杜威将被遗忘了或被有意冷落的普通教师们的民主权利提到了教育改革的议事议程上来。在教育思想史上，这个贡献是重大的。今天，以吉鲁克斯、阿普尔、斯普林为代表的批判教育学者无不继承了杜威的上述遗产，重视教师在推进教育民主事业中的不可替代的作用。

除了杨的影响之外，可能存在着杜威自身所面临的环境因素。从凯瑟琳·梅休（Katherine Camp Mayhew）著的《杜威学校》一书中，我们可以发现，在杜威学校中，教师的教学自由得到了杜威、杨和爱丽丝·杜威的肯定："学校的原则的应用在教师的手中，而且这种应用实际上等于教育对于原则所做的发展和修改。教师不仅在使原则适应实际的情况方面有较大的自由，而且如果可能的话，将赋予他们更多的责任。……具体材料和处理这种材料的方法的进展完全掌握在教师的手中。"① "学校扩展了，就有了更明确的部门组织和更明确的大纲讨论；1901 年，这种倾向在埃拉·杨被任命为教务长、爱丽丝·奇普曼·杜威被任命为校长之后得到了加强。她们的个性和方法是采用更多的理智的组织，而没有妨碍教师的自由。"② 实验学校中教师的充分自由在实践中所获得的优厚回报使杜威相信教师自由在促进学习民主中的重要作用。

---

① ［美］凯瑟琳·坎普·梅休等：《杜威学校》，王承绪等译，教育科学出版社，2007，第 312—313 页。

② ［美］凯瑟琳·坎普·梅休等：《杜威学校》，王承绪等译，教育科学出版社，2007，第 317—318 页。

但是，在实验学校外部，杜威的教学和管理自由时常遭到来自大学董事会和哈珀校长的干预。尽管杜威提出大学应给予实验学校和其他实验室同等资助，但是哈珀要求实验学校通过学费和捐款自给自足。哈珀坚持定期审查学校预算。因此，杜威花费了大量精力向不给他提供资助的管理委员会论证他这所学校的开支属于正常范围。1901 年，哈珀宣布把帕克主办的小学和教师培训机构并入芝加哥大学。由于帕克学校得到了一位名叫安妮塔·布赖恩的富商夫人捐赠的价值百万美元的财物，因此在帕克学校并入大学以后，哈珀需要考虑布赖恩夫人的意见。由爱丽丝·杜威担任合并后学校的校长引起了布赖恩和原帕克学校教师的不满，为了解除布赖恩的疑虑，哈珀在没有知会杜威夫妇的情况下便擅自宣布一年后将解除爱丽丝·杜威的校长职务。1904 年 3 月，当爱丽丝·杜威被告知她应辞职时，杜威夫妇同时辞去了职务。1904 年 5 月 10 日，此时杜威已赴哥伦比亚大学哲学系任教，在给哈珀的信中，杜威解释所以选择离开芝加哥大学的原因并非由于其妻子遭到解雇，而是因为哈珀“总是乐于利用杜威夫人担任校长这个事实干扰妨碍我的管理工作，这只是多年以来发生多起事件中的一件事而已”①。也许哈珀和布赖恩夫人对实验学校管理的干涉在一定程度上增强了杜威对教育管理中民主问题的兴趣。

《教育中的民主》标志着杜威对教师的教学自由问题的长期关注和不懈探索的开始。该文最初发表在《初等学校教师》杂志 1903 年第 4 期上。文章开门见山地说：“现代生活意味着民主，民主意味着解放理智以发挥独立的效用，即令心灵作为一个个体的器官完成其工作。……我发现今日学校的根本需要建立在对理智自由原则的有限承认基础之上。这种有限性在我看来影响了学校生活的两个元素：教师和学生。

---

① 丁永为：《变化中的民主与教育——杜威教育政治哲学的历史研究》，教育科学出版社，2012，第 86 页。

对两者来说，学校已经落后于当代一般的社会运动；很多不满、冲突和缺陷来自于相对不民主的学校组织——如它对师生心灵的影响——与校园外生活中的民主原理的扩展和生长之间的隔离。”① 特别是“教师没有主动权和建设热情，这种主动权和建设热情对教学功能的实现是必要的”②。接着，杜威从师生两个方面系统地批评了学校中存在的不民主现象。从学习者的角度来看，学校中的不民主表现在无视学习者的兴趣和需要，以及对学习者自我指导原则的否定。而追根溯源地看，学习民主所以难以落实，主要原因在于课堂教师本人也被压制而不能自由地发挥自己的才能和理智。“对教师个性的不民主的压制自然地伴随着对儿童理智的不当束缚。”③

那么究竟是谁在压制教师的个性？表现在哪些方面呢？应该如何改变这种现状？当时学校教育管理领域正在发生一场改革运动。运动的领导者们反对学校由外行董事或委员会对学校教育事务的干预。杜威注意到很多改革者正在主张反对将学校事务的管理，包括教科书的选择等，交到一些人的手中，这些人外在于学校系统本身，并不具有任何必要的教育专业知识，而且他们是由非教育的动机所驱动。这些改革者希望把教育管理的权威从外行转移到学校主管手中。杜威对这种观点持有反对意见。他认为，“不幸的是，那些已经注意到这个不民主的环境而试图改变它的人们，通常想象只有一种补救方法，即把权威转移给学校主管。在他们热衷于把重心放在学校系统之内、热衷于削减非专家的学校董事的特权、热衷于减少腐败的机会时，他们已经

---

① John Dewey, “Democracy in education,” in *The Middle Works of John Dewey, 1899-1924*, Vol. 3(Carbondale, IL: Southern Illinois University Press, 1977), p. 229.

② John Dewey, “Democracy in education (1903),” in *The Middle Works of John Dewey, 1899-1924*, Vol. 3(Carbondale, IL: Southern Illinois University Press, 1977), p. 230.

③ John Dewey, “Democracy in education (1903),” in *The Middle Works of John Dewey, 1899-1924*, Vol. 3(Carbondale, IL: Southern Illinois University Press, 1977), p. 235.

试图通过采取独裁的方式来补救民主若干罪恶中的一个。因为不管多么明智或慈善，由专家作为学校系统的领袖实行一言堂便是独裁”①。杜威相信，将学校系统的管理权从非专家人士转移到专家，仍然是不彻底的。他争辩，不应由一位专家决定教育的方法和教材，课堂教师只能消极被动地接受，而应是在整个学校系统中采取理智的主动性、讨论和决定的民主方法。“治疗民主的部分罪恶，就是要诉诸一个更为彻底的民主。”②

杜威认为，指定要被教授的材料给参加实际教学工作的教师，并且经常地在密切监视之下，为教师决定将要用于教学中的方法，这或多或少意味着故意对教师的智慧进行约束，对教师的精神进行拘禁。杜威也承认，尽管有些学监和校长常鼓励教师的个性，在决定具体的教学方法方面也很慎重；对教师偶尔违反学科手册的做法也假装不见。但是，他认为这是个人的和非正式的，它依赖于作为个体的管理者的明智和机智，管理者会随时收回自己的让步，或者被其继任者所废置，因为这一继任者已有了与前任不同的教育设想。因此，将教师参与教学材料的选择、编排和具体教学方法选择的自由形成制度，将会为教育的民主提供有效保证。有人怀疑教师有足够的知识和能力行使这一民主权利，对此杜威反驳道：“这是一种反对民主的常用论调。民主意味着个体有权参与决定他自己工作的环境和目标，而且就整体而言，通过不同个体自由地相互协调，教学工作会比为少数人（无论这个少数人是明智的还是目的纯良的）所计划的、安排的和指导的更好地完成。当我们思考教育时却要违背我们的民主信念，而这一信念在其他各处我们都深信不疑，这又如何可能？越是假定现存的教师群体不适

---

① John Dewey, “Democracy in education (1903),” in *The Middle Works of John Dewey, 1899-1924*, Vol. 3 (Carbondale, IL: Southern Illinois University Press, 1977), p. 234.

② John Dewey, “Democracy in education (1903),” in *The Middle Works of John Dewey, 1899-1924*, Vol. 3 (Carbondale, IL: Southern Illinois University Press, 1977), p. 232.

合在决定重要的教育事务上拥有声音，越是认为他们不适合锻炼理智的主动性和采取建设性工作的责任，教师们就越不适合于尝试更为艰难和微妙地引导灵魂的工作。如果教师们真是如此不适合，那么如何又能够被信任可以贯彻最为明智的专家团体的指令和建议呢？如果教师们不能承担理智的责任，无法为决定他们将要使用的教学方法负责，那么他们如何能够运用为他人所制定的方法呢？”①

以上便是杜威在《教育中的民主》一文中表达的主要观点。经过仔细地比较，我们可以发现，虽然在《我的教育信条》《学校与社会》和《儿童与课程》三本著作中，杜威并没有像在《教育中的民主》中明确地界定“学习民主”便意味着学习者理智探究的自由，但实际上已经表达了上述命题的要旨。上文真正与杜威以往著述不同之处在于，他提出了教育者的民主权利的论题，强调教学的民主意味着给予每个教师参与制定教材、教学方法和纪律方法的权利，以及警告教师不能享有民主定然会对学习民主造成消极影响。这种观点在后来经常被强调，特别是在杜威晚年“民主”思想更为激进之时。当然，随着杜威阅历的进一步丰富、“民主”思想的日益深刻，他又相继增加了教师作为公民的言论自由、结社即组织和参加工会的自由、教师的职业安全等内容。

1903 年，杜威在《教育中的理论与实践的关系》一文中从理论与实践的关系的角度论证了教师拥有参与教材选定、编排、教学方法和纪律方法选择的民主权利的重要性。杜威指出，“除非教师……能够继续地改善学校管理的机制，否则他就不能成长为一名好教师，一位心灵生活的启发者和指导者”。杜威重申了在《教育中的民主》中提出的观点，认为在现存学校体制下，教师缺乏理智上的独立性。不同的是，

---

① John Dewey, “Democracy in education (1903),” in *The Middle Works of John Dewey, 1899-1924*, Vol. 3(Carbondale, IL: Southern Illinois University Press, 1977), p. 233.

杜威批评了“示范课”作为一种制度对教师理智的压制。他认为，由教师学院和教育杂志提供的“示范课”（model lesson）反映的是教育专家的热情，专家们希望不计任何代价保证直接的实际教学成果，希望教师们不加批判和探究地接受似乎能够许诺带来好成果的任何方法和设备。这令“教师们涌向那些能够为他们如何教这教那提供具体确定的指导的人”①。由那些人代替教师去思考具体的教学问题，而这些人并不参与教师具体的教学，这就必然导致“教师自身的主动性和反思批判性”② 的缺乏。不仅直接从事课堂教学的教师缺乏理智活力，教育管理者也“越来越沉没于其工作的常规琐事之中，将他们的精力主要用于形式、规则、制度、报告和百分比上，这是教师群体缺乏理智活力的又一证据”③。

值得注意的是，以往杜威并没有强调给予教师充分自由的前提条件。在《教育中的理论与实践的关系》中，杜威补充了前述思想中隐含的一个前提，即由于担任课堂教师者都“经过了在教材、教育理论和教学实践的充分准备”，据此他们“应该被给予最大限度的自由。他们不应该被过于严格的监督，也不应对他们教学的材料和方法过于详细和即刻的批评”，“他们不仅应被允许按照自己的理智主动性去行动，

---

① John Dewey, “The relationship of theory to practice in education (1904),” in *The Middle Works of John Dewey, 1899-1924*, Vol. 3 (Carbondale, IL: Southern Illinois University Press, 1977), p. 257.

② John Dewey, “The relationship of theory to practice in education (1904),” in *The Middle Works of John Dewey, 1899-1924*, Vol. 3 (Carbondale, IL: Southern Illinois University Press, 1977), p. 253.

③ John Dewey, “The relationship of theory to practice in education (1904),” in *The Middle Works of John Dewey, 1899-1924*, Vol. 3 (Carbondale, IL: Southern Illinois University Press, 1977), p. 257.

而且被期望去这样做”。[①] 专家和学监的工作应在让教师们批判地评价自己的工作，为自己找到在哪些方面获得了成功、在哪些方面却失败了，并且找到成功和失败的可能的缘由，而不是对教师工作的具体方面过于严厉的和过细的批评。批评应使教师在正确原则指导下能够对自己的工作具有更为丰富的思考，而不是“诱导他承认某种具体的方法是好的，而另一些方法是坏的”[②]。

1913年，杜威发表了《教师的专业精神》一文。这篇文章在主题上与10年前《教育中的民主》一文有相同之处，但也有新的拓展。相同之处在于，继续批评了学校管理者对课堂教师在教学自由方面的干预和限制等教育中的不民主现象；新的拓展在于，杜威论及了课堂教师在形成公众舆论方面所应承担的责任。杜威仍然坚持学校管理应为教师自由发挥理智提供条件。因为“正是课堂教师与接受教育的个体发生接触。我们可以说这个系统的一切其余部分——组织和行政，其职责在于为课堂教师能够更有效率地做他或她的工作提供条件。真正的教育是在课堂中，通过师生之间活泼的道德的和理智的接触来完成。……我们强调管理的机制，学习课程的形成和安排，学校董事会的功能，学监、校长和督学的功能。所有这些在公众的眼中至少非常经常地被视为学校系统中最重要的元素。在一定程度上，所有这些元素的存在乃是为了最终的顾客，即教师和学生。如果这些组织、行政和教学管理的因素没有鼓励、帮助和提升师生的交往质量，那么它们便是无用的，或者甚至更糟，因为它们成为教师与学生之间生动交往

---

① John Dewey, "The relationship of theory to practice in education (1904)," in *The Middle Works of John Dewey, 1899-1924*, Vol. 3 (Carbondale, IL: Southern Illinois University Press, 1977), p. 269.

② John Dewey, "The relationship of theory to practice in education (1904)," in *The Middle Works of John Dewey, 1899-1924*, Vol. 3 (Carbondale, IL: Southern Illinois University Press, 1977), p. 270.

的障碍”①。

教师不仅应该被允许具有充分的教学自由，而且应该对学校的管理行为负有理智责任。“当教师们对学校行为没有理智的责任，当教师做得最多的是教学而无权参与课程的安排，当他们在教师例会上没有正式的讨论和经验交流或很少能对教学和纪律的方法说些什么，当他们没有办法使其经验落实到实践中，那么发展专业精神的主要动机是缺乏的。”② 杜威使用的批评性语言比以往要更为严厉：“这种状况如果不是严重的，也是荒谬的：与学生接触的教师在教材的选择编订方面不能直接或间接地做些事情。由其他人提供的印刷手册中为他们规定了每年、每月、每周甚至每天应该教什么。当前教学要么是一件理智的事业，要么是一个循规蹈矩的机械的训练。如果它是一种理智训练，那么专业精神意味着理智的觉醒和启蒙，意味着赋予教师理智上的责任。”③

在杜威看来，教师的专业精神包括两个要素，一是对学生和学校的责任，这一点上面已经论述；二是教师对一般公众的责任。“专业精神的另一要素是承认教师对一般公众的责任。我们的年轻人是社会的主要财产，对他们适当的保护和培养是对社会最为基本的关怀。这是句实在话。现在，专业精神不仅仅意味着教师应该献身于对课堂教学中出现的问题的不断钻研，而且意味着他们应该在形成舆论方面承担

① John Dewey,“Professional spirit among teachers(1913),”in *The Middle Works of John Dewey ,1899-1924*, Vol. 7(Carbondale, IL: Southern Illinois University Press, 1985), p. 111.

② John Dewey,“Professional spirit among teachers(1913),”in *The Middle Works of John Dewey ,1899-1924*, Vol. 7(Carbondale, IL: Southern Illinois University Press, 1985), p. 111.

③ John Dewey,“Professional spirit among teachers(1913),”in *The Middle Works of John Dewey ,1899-1924*, Vol. 7(Carbondale, IL: Southern Illinois University Press, 1985), pp. 111-112.

领导者和指导者的责任。”① 杜威继续说道：“现在我将顺便说一下，有一个比较明显的事实——对于自身是一名教师的人来说，也许是一个某种具有羞辱性的事实，即在形成舆论上，教师和专业的教育家们还不是特别积极。童年的保护、废除童工运动、操场运动、娱乐中心运动，甚至是充分使用校办工厂的运动，在这些与儿童有关的问题上的公众舆论的形成来自社会安置点、来自慈善家、来自工人、来自那些其兴趣并非被以一种专业形式的教育所激励的人，而极少来自教师。”②那么，教师们为什么对专业发展及对形成舆论引领本专业的发展缺乏兴趣呢？杜威说：“我的答案是缺少充分的推动力。仅仅给老师们上课，劝告他们去做些事情是不够的。”那么应该怎么做呢？在这篇不足1500字的文章中，杜威并没有给予明确而清晰的回答，只是提出了一条原则，即“理智责任必须被赋予每一个人，使他们能够运用他们的头脑和心灵处理他们工作中遇到的问题”③。

在发表《教师的专业精神》的同一年，即1913年，杜威帮助纽约市公立中学的教师成立了纽约市教师联盟。三年后，当该组织面临解体的危机时，杜威又促成了纽约市教师工会的诞生。1916年，在杜威的敦促下，教师工会加入了美国劳工联合会，成为该组织的第五支部。作为该组织的草创人之一，杜威连续三年担任副主席。杜威对一个民主的教育中教师的适当地位问题的思想很明显经历了一个不断深化认

---

① John Dewey, “Professional spirit among teachers (1913),” in *The Middle Works of John Dewey, 1899-1924*, Vol. 7 (Carbondale, IL: Southern Illinois University Press, 1985), p. 110.

② John Dewey, “Professional spirit among teachers (1913),” in *The Middle Works of John Dewey, 1899-1924*, Vol. 7 (Carbondale, IL: Southern Illinois University Press, 1985), p. 110.

③ John Dewey, “Professional spirit among teachers (1913),” in *The Middle Works of John Dewey, 1899-1924*, Vol. 7 (Carbondale, IL: Southern Illinois University Press, 1985), p. 112.

识并进而在实践中加以切实推进的过程。

在杜威的著述中，教师问题最初是由教学民主引发的，而后逐步深入。杜威越来越清楚地看到，仅仅批判教育管理体系缺乏民主还是不够的，工业主义和国家主义是造成教育中民主普遍且长期匮乏的根源。在1924年发表的《课堂教师》一文中，杜威重申对教育民主问题的立场，但在角度上与以往有所不同。他从更广泛的社会批判的角度看待教师与管理者之间的关系："在工业和工厂生活中，我们在那些计划的人与那些执行的人之间有严格的分离。我想知道，从这个国家福利的角度，甚至在一个工厂中，在那些计划人和执行者之间有这么明显的分界线是否明智。但是，由于我们谈论的教育是件关乎生命的事情，所以在那些计划的人和那些执行工作的人之间的明确区分更加危险。结果，教师没有参与观念的发展，不能对这些思想有同情的理解。"① 杜威认为，教育管理中的责任集中化、标准化等反民主趋势，本质上乃是受到工商业运作模式的影响所致。"今日每个人的想象力，他们看事物的无意识的方式，是为工业的考虑所影响。商业运行的方式无意识地影响我们所有的观念。因此，我们把商业实践引到教育中便出现过多的标准化、过多的关于责任的集中化。"② 杜威认为，责任需要被集中，但这个"集中"是指集中"在每个人之中"③。

同年，杜威发表了《一所学校为了什么?》。在这篇文章中，杜威从教育目的的角度说明教育民主对于公立学校培养好公民的意义。这篇文章实际上是对1916年《民主与教育》一书中提出的观点的回应。

---

① John Dewey, "Classroom teacher(1924)," in *The Middle Works of John Dewey, 1899-1924*, Vol. 15(Carbondale, IL: Southern Illinois University Press, 1983), p. 186.

② John Dewey, "Classroom teacher(1924)," in *The Middle Works of John Dewey, 1899-1924*, Vol. 15(Carbondale, IL: Southern Illinois University Press, 1983), p. 185.

③ John Dewey, "Classroom teacher(1924)," in *The Middle Works of John Dewey, 1899-1924*, Vol. 15(Carbondale, IL: Southern Illinois University Press, 1983), p. 185.

杜威再一次指出，在教育管理者与从事实际教学的教师之间，在教育目的上的观点存在着不一致。从事直接教学的教师面对的是实际情形中的问题。管理者和教师两方都在说着不同的话，因为他们头脑中有不同的目标。管理者并不真正参加到使教育重新适应新的环境和目的的过程中，他们容易认为教育是某种旧的和完成了的东西、某种一直存在了很长时间的东西，而且已经有很好的既定原则。因此，“对他来说，变革如同与心智健全和秩序告别，其结果如同浪费和混乱”①。

杜威批评了某些人借口浪费而指定非常狭窄的课程，正是这种狭窄门类的课程困囿教师的才智。他说：“我们并没有在教育上花费多少。但是，我们总是不能好好使用我们的钱。国家预算显示，85％的联邦费用被直接或间接地投入到过去的战争（指的是第一次世界大战）的后果中和为未来可能的战争做准备；2％的联邦资金用于研究和被广泛称为教育经费的事情上。至少我们可以让我们更多的钱放在后者而不是前者上。这是一个明智地和有效地花钱的问题，而不是花更少的钱的问题。”②

从杜威有关教学民主问题的论述的历史来看，我们可以发现杜威坚持的一个基本的立场是没有变化的，这个立场是坚持认为必须从教育管理者那里分享制定教材、方法和纪律方法的责任，坚决反对教育管理者对具体教学过程的过分干预，尤其是对教师理智自由的限制。而且，杜威坚持认为教师教学自由的保证是实现学习民主的重要条件之一。没有教师的教学自由、教育民主而倡言实现学习民主必是谬论。但是，我们也能看到在保持基本立场不变的情况下，杜威的批判视野逐渐发生了变化，这种变化体现在杜威越来越自觉地从社会的角度分

① John Dewey, “What a school for (1924),” in *The Middle Works of John Dewey, 1899-1924*, Vol. 15 (Carbondale, IL: Southern Illinois University Press, 1983), p. 191.

② John Dewey, “What a school for (1924),” in *The Middle Works of John Dewey, 1899-1924*, Vol. 15 (Carbondale, IL: Southern Illinois University Press, 1983), p. 192.

析教育系统而不是就教育论教育。他越来越多地指出，学校教育应该批判工商业中的不民主趋势，而不是将这种不民主趋势引到学校教育中来。如果我们认真比较 1899 年的《学校与社会》和 1916 年的《民主与教育》中杜威对工业势力的态度，便会印证我们的上述发现。

这个发现并非没有意义。从民主与教育关系的角度来看，杜威越来越从一种强调教育对现存工业社会的适应而转向了教育对现存工业社会的批判。在杜威早期看来，“适应”即实现“民主”的方式。而在此时，杜威更为强调教育的“批判”功能之于民主理想实现的价值。当然，如果我们足够细心，将 20 世纪 20 年代以后杜威的教育论述综合来看，就会发现从 20 年代以后杜威更多地强调教育者的社会责任感及社会合作，所以他对学校管理者的态度少了很多批判而多了很多建议。正是从此以后，杜威一方面回到了杰斐逊的宽泛的或全面的民主立场，看到了经济中的民主、政治中的民主与教育中的民主的不可割裂的关联；另一方面，杜威对隐含在民主与教育关系思想传统中的个人适应社会论进行彻底的反思，以一个社会改革者的立场对公立学校在社会变革中所发挥的保守的、消极的作用进行了有力的批判。在学校促进社会民主的道路上，教师应该担负重要的使命，他不仅仅是儿童的天国领路人，更要承担公民的角色，自觉参与社会改革运动。比较地看，这些观点不仅在美国教育思想史上是罕见的，在杜威早期的著作中，包括 1916 年的《民主与教育》，也是不多见的。杜威教育思想的生长性假设，至少从杜威关于教学民主思想的形成的角度看，的确是成立的。

四

此外，《民主与教育》中引人注意的是杜威花了大量笔墨谈了民主社会中工业与教育的关系。杜威清楚地认识到，工业是制约民主理想充分实现的社会条件，只有把工业的改造与民主的发展和教育的变革联系起来，才可能对民主的意义有深刻的理解。在该书的序言中，杜威告诉读者："本书所阐明的哲学，把民主的发展和……工业的改造联系起来，旨在指出这些发展所表明的教材和教育方法方面的变革。"① 在一个民主社会中，工业与教育究竟应该是一种什么样的关系？这个问题并不是杜威提出来的，实际上在哈里斯那里就已经有了对这个问题的初步思考。然而，哈里斯对工业的态度是保守的，以至于他无法接受在当时的学校教育中出现的新动向，即手工训练。于是，哈里斯的答案自然也很难让年轻一代感到满意。

作为一种道德理想的民主，在 19 世纪后期经历了其社会条件或环境的重大改变，美国社会从农业社会向工业社会迅速转型。经济史学家杰里米·阿塔克和彼得·帕塞尔指出，一直到 19 世纪 80 年代，农业都是美国财富的主要来源。而到了 1890 年，在短短的 10 年时间里，美国制造业产值已是农业的 3 倍。在 1810 年，甚至在 1860 年，美国工业产值落后于英国、法国，可能也有德国。但是，到 1894 年，美国工业产值比世界上其他任何国家都高。第一次世界大战前夕，美国工业产值是其 3 个最大竞争对手——英、法、德的总和。② 急速的经济大转型对社会生活提出了严峻的挑战，出现了严重的"工业问题"，社会财富高度集中在极少数人手中，劳资冲突不断，环境污染日益严重，假冒伪劣商品充斥市场，道德滑坡。这一切都引起人们对工业的意义，特别是工业的道德意义的思考。

杜威亲自见证了美国社会的大转型，1885 年回到佛蒙特老家时发现在青少年时期熟悉的生活方式正在被陌生的生活方式所取代：城市化、大工厂、陌生人、精细的劳动分工把传统的乡村、小作坊、熟人

① ［美］杜威著，吕达等主编：《杜威教育文集（第 2 卷）》，人民教育出版社，2008，第 5 页。

② ［美］杰里米·阿塔克，彼得·帕塞尔：《新美国经济史——从殖民地时期到 1940 年·下》，罗涛等译，中国社会科学出版社，2000，第 455 页。

和多面手驱赶到了社会的边缘。此后，杜威便于近一年的时间里在大学图书馆里阅读有关工人阶级和工业方面的书籍，这是杜威对工业问题关注的开始。同年，杜威发表了两篇有关教育问题的论文。我们可以看到，杜威对工业和教育问题的思考差不多在同时期，不过此时这是两个相对独立的问题，至少在著述上我们可以判断杜威还没有把这两个问题关联起来考察。两年后，在《民主伦理学》一文中，杜威表达了有关工业民主的思想。在这篇文章中，杜威提出的观点：在实行工业的及公民的和政治的民主之前，民主是名不副实的。为了政治的和公民的民主，工业民主是必要的。对于工业中存在的反民主现象，杜威持有批评的态度。这种态度，杜威终其一生也未曾放弃。不过，一方面，杜威没有深入阐释当时工业经济秩序及其对政治民主的影响；另一方面，没有将工业民主的实现与教育联系起来。到了 1899 年的《学校与社会》，我们可以看到杜威开始将工业与教育联系起来，认为学校应该反映工业发展的需要，让学生正确理解工业对社会生活的意义。

如果我们只看到《学校与社会》，那么我们会对杜威在《民主与教育》中对工业的态度感到陌生。在《学校与社会》中，杜威对工业的评价是积极的，总体上认为学校应该适应工业社会。而在《民主与教育》中，杜威却对工业究竟可能带给教育、带给儿童什么样的问题上变得严肃甚至是严厉起来。要理解这种态度的变化，我们必须要知道在近 20 年里杜威做了些什么。其实，杜威对工业的态度在 1903 年便已有变化。是年，《教育中的文化和工业》一文发表。从深层看，《教育中的文化和工业》一文不止是在一般地讨论手工训练在教育中的地位问题，在这一方面它与《学校与社会》中的相关论述是一致的；而是表明他对当时教育实践和理论中存在的把工业训练作为学校教育的目的的趋势的批判，这种趋势的鼓吹者试图建立某种二元制的职业教育体系，这种体系把教育一分为二：“一边把穷人的孩子培养成未来的雇员，另一边则是让富人的孩子成为未来的政治家和外交官。……我们正在进行的教育是为了一个相对数量较少的人提供休闲和文化的学术生活，同时训练大部分人使其被动地和迟钝地参加平淡无味的劳动。我们允许少数人通过教育在将来控制工人群众以服务于少数人自己的目的。"[①] 而这种社会批判的思想在《学校与社会》和《我的教育信条》及更早的著述中是没有的。

杜威早已发现工商业已经成为现代生活的主导力量。不过，在《教育中的文化和工业》之前，他更强调工商业迅速发展的基础和动力是科学技术的进步。例如，在《学校与社会》中，杜威称工业上发生的变化是"笼罩一切的，甚至支配一切的变化"，这种变化所以发生乃是由于"科学的应用"和"重大发明"，指出"自然真理的研究被无限制地刺激着、推动着，它们在生活上的应用既是实际可行的，在商业上也是必要的"。[②] 从实验学校的课程和活动中，我们也可以发现，杜威对现代工商业的认识主要指的并非工商业本身的模式、结构和运作方式，而是在工商业发展背后的科学研究尤其是科学方法的应用。《教育中的文化和工业》一文之所以重要，是因为它代表着杜威对工商业本身而非其科学基础的认识和批判的开始，更进一步说，它构成了杜威对工商业存在的反民主倾向的批判的开始。这同时意味着杜威对教育与工业关系的思考方式发生了微妙的变化。在《学校与社会》和《我的教育信条》等论著中，杜威更多地从学校的社会（包括工业的）功能来强调学校的价值，简言之，即强调"学校将为社会或工业做些什么"。到1903年，由于杜威深化了对社会现实的批判性认识，在关于

---

① John Dewey,"Culture and industry in education(1903),"in *The Middle Works of John Dewey ,1899-1924*, Vol. 3(Carbondale, IL: Southern Illinois University Press, 1977), p. 289.

② John Dewey,"School and society(1899),"in *The Middle Works of John Dewey , 1899-1924*, Vol. 1(Carbondale, IL: Southern Illinois University Press, 1976), pp. 6-7.

工业与教育关系的问题上，他明确提出有必要转变思维方式："现在，这个问题需要以其他的方式解读，即工业能为学校做些什么？或者它对学校有什么用？"① 从这种思维方式出发，一方面，杜威批评了那些持有工商业和教育各自对立和隔离的观点的人，认为他们无视工商业对教育的影响；另一方面，杜威批评了那些认为教育应为当时工商业秩序提供服务的人，认为他们是在鼓励以控制商业的方法控制教育系统的精神和机制。

关于第一种观点，杜威指出，它来源于古希腊，以亚里士多德为代表。亚里士多德奠定了传统自由教育的理论基础，认为真正的教育乃是为了让一个人充分地享有自由生活而准备的，它轻视甚至鄙视为生计而准备的训练，从而也将"教育"与任何功利的、工业的、谋生的事情隔离开来，这种教育崇尚文化而拒斥工业。杜威认为，亚里士多德的教育观点在等级社会中和经济上自给自足的社会中是可能的。但是，毕竟在希腊的环境与现代美国民主社会的环境之间存在着根本差别。"首先，一个相互依赖的生活的理想已经取代了独立生活的理想。世界市场已经将我们密切地捆绑在一起。处在经济隔离中的传统自给自足的生活已经不再可能。其次，古代工业依赖于常规和习惯。而现代工业建立在科学——建立在把观念应用于自然力量的管理的基础之上。最后，劳工阶级不再被排斥在公共事务参与之外。在原则上和事实上，固定的社会阶级的划分，即一个高级的和一个低级的阶级的划分已经消失。当前的环境是流动的和迁移的。"杜威指出，这三个变化中的每一个都对教育产生了重要影响。"应用科学的现代生产方法和分配方法使理论和实践的固定的分离成为不可能。思辨的或理论的理智被认为是残缺不全的，除非它能够被行动所检验。选举权的扩大

---

① John Dewey, "Culture and industry in education (1903)," in *The Middle Works of John Dewey, 1899-1924*, Vol. 3 (Carbondale, IL: Southern Illinois University Press, 1977), p. 285.

和群众公共权力的扩大，使想象一个没有免费的和大众的教育——这种教育将给予大众最大限度的洞察能力和欣赏能力——的社会是很愚蠢的。”①

杜威指出，第二种观点实际上是第一种观点的更为隐蔽但性质上是一致的副本。两种观点实际上都是在支持文化与工业之间的隔离，代表的都是当时等级社会中上层阶级的利益，都是与民主社会的理想相悖的。民主的理想需要我们与继承等级社会的传统教育观念决裂，以填平职业与文化之间存在的鸿沟。一方面，教育中应存在着职业的和工业的元素；另一方面，这些元素必须独立于经济的追求。这就是说，把手工训练作为一种游戏，让它能够免于“独立经济活动的压力和紧张”。杜威认为，在童年，“教育、游戏时间和免于直接的经济追求的压力是完全同义的词汇”。因此，他坚决反对教育中的纯粹工业训练，认为“一方面，我们为工厂里的童工而战；另一方面，我们却正敦促学校中的儿童工业”② 的现象是荒谬的。

继《教育中的文化和工业》之后，杜威同年又发表了《〈初等教育中工业的地位〉书评》，坚持了他在前文提出的观点，即工业训练在初等教育中的适当地位并不是为了当时的工商业势力培训驯顺、熟练的工人，而是借由这种工业元素让儿童熟悉社会，对工作的社会价值有着理智的判断，并且通过无经济利益驱动的工业教育活动发展其个性。③

---

① John Dewey, “Culture and industry in education (1903),” in *The Middle Works of John Dewey, 1899-1924*, Vol. 3 (Carbondale, IL: Southern Illinois University Press, 1977), p. 290.

② John Dewey, “Culture and industry in education (1903),” in *The Middle Works of John Dewey, 1899-1924*, Vol. 3 (Carbondale, IL: Southern Illinois University Press, 1977), p. 292.

③ John Dewey, “Review of the place of industries in elementary education (1903),” in *The Middle Works of John Dewey, 1899-1924*, Vol. 3 (Carbondale, IL: Southern Illinois University Press, 1977), pp. 305-309.

1906 年，马萨诸塞州工业与技术教育委员会发表了一份有关美国教育现状的报告，称该州有大量青少年辍学。导致大量辍学的首要原因是青少年们认为从当时的公立学校课程中学不到有用的知识和技能。报告建议公立学校从重视文化和升学转向重视职业和工作，为青少年就业做准备。这一报告引发了社会的广泛讨论。一部分人认为，应保持公立学校已有的课程和教学体系不变，建立职业学校实施专门的适应职业需要的课程和教学体系。另一部分人认为，应该使公立学校兼顾升学和就业两个目标，不应建立一个单独的职业学校体系。工商业利益集团强烈支持第一种主张，即实行与现行公立学校教育体系并行的、由工业利益集团控制和管理的职业教育体系；而劳工组织和公立学校教师则极力主张后一种观点，即把职业教育纳入已有的公立教育体系之中。

杜威在 1913—1917 年连续发表了若干论文，表达自己在工业教育政策方面的立场，即要求从教育与民主关系的角度去思考工业教育的方向和控制问题。这些论文包括《密歇根的职业教育应该在“一元”的抑或“二元”的控制之下?》(1913 年)、《当前工业运动中的一些危险》(1913 年)、《工业教育与民主》(1913 年)、《一个工业教育的政策》(1914 年)、《工业教育：一种错误的类型》(1915 年)、《正在分裂的学校体系》(1915 年)、《工业民主需要工业教育》(1916 年)、《职业教育》(1916 年)、《学会赚钱：职业教育在复合型公立教育计划中的地位》（1917 年）。[①] 在 1915 年出版的《明日之学校》和 1916 年出版的《民主与教育》两本著作中，杜威也对相关主题进行了讨论。

在 1913 年全国工业教育促进会的第七次年会上，杜威做了题为"密歇根的职业教育应该在'一元'的抑或'二元'的控制之下？"的演讲。在演讲中，杜威强调这个问题是一个程序的、方法的问题，是关于手段而非目的的问题。他说："如果这里的任何人有这种印象，即因为有两派关于程序的最好方法的看法，因此在被期待的目的的观点也存在着同样的分歧，那是非常不幸的。我们讨论的这个问题假定，人们愿意看到密歇根州拥有一个工业教育体系，与当前的体系相比，这个体系将把更多注意力给予雇佣劳动者的教育，这些人将准备进入制造业和农业中的可以获利的职业。观点的不同是关于达到这个目的的最佳方法的不同。我认为，为了工业教育的利益，有必要确保在当

---

① John Dewey, "Should Michigan have vocation education under 'unit' or 'dual' control?" in *The Middle Works of John Dewey, 1899-1924*, Vol. 7 (Carbondale, IL: Southern Illinois University Press, 1985), pp. 85-92; "Some dangers in the present movement for industrial education," in *The Middle Works of John Dewey, 1899-1924*, Vol. 7 (Carbondale, IL: Southern Illinois University Press, 1985), pp. 99-102; "Industrial education and democracy," in *The Middle Works of John Dewey, 1899-1924*, Vol. 7 (Carbondale, IL: Southern Illinois University Press, 1985), pp. 104-105; "A policy of industrial education," in *The Middle Works of John Dewey, 1899-1924*, Vol. 7 (Carbondale, IL: Southern Illinois University Press, 1985), pp. 93-97; "Industrial education: a wrong kind," in *The Middle Works of John Dewey, 1899-1924*, Vol. 8 (Carbondale, IL: Southern Illinois University Press, 1985), pp. 117-122; "up the school system," in *The Middle Works of John Dewey, 1899-1924*, Vol. 8 (Carbondale, IL: Southern Illinois University Press, 1985), pp. 123-127; "The need of an industrial education in an industrial democracy," in *The Middle Works of John Dewey, 1899-1924*, Vol. 10 (Carbondale, IL: Southern Illinois University Press, 1985), pp. 137-143; "Vocational education," in *The Middle Works of John Dewey, 1899-1924*, Vol. 10 (Carbondale, IL: Southern Illinois University Press, 1985), pp. 303-304; "Learning to earn: the place of vocational education in a comprehensive scheme of public education," in *The Middle Works of John Dewey, 1899-1924*, Vol. 10 (Carbondale, IL: Southern Illinois University Press, 1985), pp. 144-150.

前的教育机构和那些关心将被付诸实施的新的和增补的措施的机构之间的密切合作。”[①] 杜威呼吁：“我们需要教师之间及当前学校当局、商人和工人之间的更多合作。我们需要关于由雇主和工人所代表的共同体的利益的建议和帮助。但是，我们需要他们根据共同体的利益而不是代表他们自己特殊阶级的利益来提出建议和帮助。”[②] 杜威提醒说：从特殊的阶级利益出发，便会引发在工业教育控制上的二元主义，而这种二元主义是“最后的、绝望的选择”[③]，“完全的二元控制将会是致命的”[④]，它将扩大社会阶级之间的分离，增加它们之间的冲突，最终损害共同体的利益。“把工业教育运动从当前的教育手段中分离出来，并且把它置于分立的控制之下，是最后的、绝望的选择。”[⑤] 这是杜威最不愿意看到的。然而，有人对教师们可能发挥的社会作用持悲观的看法。他们认为教师应为当时体制的过分学究主义和落后等罪恶负全责。杜威反驳说：“这种看法是荒谬的。当然，我们教师必须承担一部分指责，但指责不应全部针对我们。不是教师们在控制学校，学校是被共同体所控制的。正是因为共同体已经发展了一个过分理论和过分

---

① John Dewey, “Should Michigan have vocation education under ‘unit’ or ‘dual’ control? (1913),” in *The Middle Works of John Dewey, 1899-1924*, Vol. 7 (Carbondale, IL: Southern Illinois University Press, 1985), p. 85.

② John Dewey, “Should Michigan have vocation education under ‘unit’ or ‘dual’ control? (1913),” in *The Middle Works of John Dewey, 1899-1924*, Vol. 7 (Carbondale, IL: Southern Illinois University Press, 1985), p. 89.

③ John Dewey, “Should Michigan have vocation education under ‘unit’ or ‘dual’ control? (1913),” in *The Middle Works of John Dewey, 1899-1924*, Vol. 7 (Carbondale, IL: Southern Illinois University Press, 1985), p. 89.

④ John Dewey, “Should Michigan have vocation education under ‘unit’ or ‘dual’ control? (1913),” in *The Middle Works of John Dewey, 1899-1924*, Vol. 7 (Carbondale, IL: Southern Illinois University Press, 1985), p. 92.

⑤ John Dewey, “Should Michigan have vocation education under ‘unit’ or ‘dual’ control? (1913),” in *The Middle Works of John Dewey, 1899-1924*, Vol. 7 (Carbondale, IL: Southern Illinois University Press, 1985), p. 88.

学究性的政策，才造成了今日的恶果。”[①]

在同年发表的另外两篇文章《当前工业教育运动中的某些危险》和《工业教育与民主》中，杜威扩大了对工业教育运动中二元控制论的批评，强调教育者们必须在这场运动中发挥作用，“在有关儿童福利的法令和管理办法的形成和执行上扮演有为的角色”[②]。杜威认为，只是从法令上禁止童工还是不够的，在提高童工的年龄水平上的每一次成功都应伴随着一个建设性的教育政策的调整：这样，在年轻人最终离校时，能够获得一种普通教育，使他们不仅能够找到一份薪水更高的工作，而且能够找到与自己能力相符合的职业，这个职业将使他获得进一步成长。[③]

因此，当他发现由非教育协会发起和领导的工业教育运动无助于改善当前儿童的生长环境时，杜威对教师协会和教育者们在此事上的无为感到痛心。这种深切的情感如果只是因为看到儿童的苦难而难以自已，就仍然是狭隘的，杜威把它与民主的未来联系起来。他说：“工业教育的类似问题与民主的未来密切相关。它的正确发展将会有助于使公立教育真正地成为民主的教育。对它的错误处理则无疑会加速我们当前形势下的一切不民主的趋势，这种趋势将促进和加强校内、校

---

① John Dewey, “Should Michigan have vocation education under ‘unit’ or ‘dual’ control? (1913),” in *The Middle Works of John Dewey, 1899-1924*, Vol. 7 (Carbondale, IL: Southern Illinois University Press, 1985), p. 90.

② John Dewey, “Some dangers in the present movement for industrial education (1913),” in *The Middle Works of John Dewey, 1899-1924*, Vol. 7 (Carbondale, IL: Southern Illinois University Press, 1985), p. 98.

③ John Dewey, “Some dangers in the present movement for industrial education (1913),” in *The Middle Works of John Dewey, 1899-1924*, Vol. 7 (Carbondale, IL: Southern Illinois University Press, 1985), p. 98.

外存在的阶级划分。”① 这种趋势的明显标志在于它主张把工业教育从普通教育中完全分离出来。

杜威在这里批评的是伊利诺伊州的工业教育政策。伊利诺伊州拥有全美第二大城市芝加哥，是当时美国最为发达的工业州之一。该州通过了工业教育法案，计划建立一个独立的州职业教育委员会（State Commission of Vocational Education）。杜威认为，伊利诺伊州的职业教育改革方案存在的危险：一方面，它划分和复制了当时运行的行政性的教育机制，使普通教育仍然保留着远离当前生活的急迫的现实需要而固守着学究性的恶习②。另一方面，普通教育与职业教育的分离将会对在所谓职业学校中学习的儿童们的真正利益造成严重损害。③ 依据德国二元制的职业教育体系经验，杜威深信，由银行家和制造商们独立掌控而排斥教育家参与的职业教育体系，虽然他们声称将要对儿童们进行全面的教育，包括公民学和科学方面的教育，但在实践中将不可避免地走向狭隘。“不管这些学校的原始动机和意图是什么，这种学校将不会也不能给予它们的学生一种关于工业的知识，以及把任何特定的职业与普遍意义上的科学、艺术和社会联系起来的知识。”④ 这些学校将把工业效率而不是学生和共同体的利益放在第一位，“它将把对

① John Dewey, “Some dangers in the present movement for industrial education (1913),”in *The Middle Works of John Dewey, 1899-1924*, Vol. 7 (Carbondale, IL: Southern Illinois University Press, 1985), p. 99.

② John Dewey, “Some dangers in the present movement for industrial education (1913),”in *The Middle Works of John Dewey, 1899-1924*, Vol. 7 (Carbondale, IL: Southern Illinois University Press, 1985), p. 100.

③ John Dewey, “Some dangers in the present movement for industrial education (1913),”in *The Middle Works of John Dewey, 1899-1924*, Vol. 7 (Carbondale, IL: Southern Illinois University Press, 1985), p. 101.

④ John Dewey, “Some dangers in the present movement for industrial education (1913),”in *The Middle Works of John Dewey, 1899-1924*, Vol. 7 (Carbondale, IL: Southern Illinois University Press, 1985), p. 102.

雇主的训练与对公民资格的训练分离开来，把理智的和品格的训练与为了狭隘的工业效率而进行的训练分离开来”[①]，由于没有改造当时的学校体系，它便只是延续和扩大了当时存在的阶级的分离。

《工业教育与民主》一文很短，合计1400余字。它主要是针对米勒斯的《工作与公民资格：威斯康星的工业教育实验》[②] 一文中的某些观点做出的批评。杜威和米勒斯的文章发表于《调查》杂志1913年第29期。米勒斯时任威斯康星州工业教育局主席、美国商会职业教育委员会主席和美国制造商协会工业教育委员会主席，他对公立学校教育一直持有比较尖锐的批评立场。米勒斯曾把当时的公立教育描述为“无能、无知、无脑的一团糟”，认为导致这种局面的原因是学校管理者不了解生活这所学校的方向和需要。[③] 作为美国商会和制造商协会的领导人之一，米勒斯深信真正“了解生活这所学校的方向和需要”的是商人，但他为商人在学校政策的制定方面缺少“充分的参与”的现实而忧心。在他看来，对儿童进行充分的工业教育不仅仅对商人有利，对国家、社会和儿童本人都是极为有利的，因此它代表了共同体的利益。米勒斯嘲讽那些认为商人控制的工业教育是纯粹出于私利的，争辩说：“学校中的职业训练仅仅是一个社会的和经济的发展的运作方式，与任何私人团体的利益无关。它将通过对正在成长的一代进行的充分的训

---

① John Dewey, “Some dangers in the present movement for industrial education (1913),” in *The Middle Works of John Dewey, 1899-1924*, Vol. 7 (Carbondale, IL: Southern Illinois University Press, 1985), p. 102.

② 米勒斯此文请见《杜威全集·中期著作·第七卷（1912—1914）》附录5. Miles, H. E, “Work and citizenship: the Wisconsin experiment in industrial education,” John Dewey, “Some dangers in the present movement for industrial education (1913),” in *The Middle Works of John Dewey, 1899-1924*, Vol. 7 (Carbondale, IL: Southern Illinois University Press, 1985), pp. 461-468.

③ Nelson-Rowe, Shan, “Corporation schooling and the labor market at general electric,” in *History of Education Quarterly*, Vol. 31, No. 1, 1991: 27-46.

练，使他们在生活竞争中获得特别优势，而不是把他们限制在低级的工作职位上。认为职业训练存在把一个人保持在低级工作职位上的想法是荒唐的，职业训练的目的是让男孩、女孩成为某种技能的主人，这种技能让他或她在生活竞争中具有特别优势。”①

作为商业协会利益的代表，米勒斯为了让商人们获得更多、更大地影响教育政策和方向的权利而游走演说。在《工作与公民资格：威斯康星的工业教育实验》中，米勒斯主要表达了两个基本观点：其一，工业教育的控制问题是在教师与商人之间进行选择的问题；其二，应保证商人具有足够的机会参与对学校政策的积极指导。米勒斯相信商人的公共精神使他们不会把由他们所控制的教育体系引向私利。我们可以看到，米勒斯观点的背后隐藏着其对由商人控制的、独立于当时运行的公立学校体系的工业教育体制的向往，而这种向往根本上反映的是其背后商人们的欲望。

杜威看到了米勒斯的真正意图。他批评米勒斯关于教育控制权的认识是非常狭隘的，实际上，工业教育的控制权不是一个主要由教师还是主要由商人控制的问题。杜威指出，当时教师并没有控制教育方向和政策的权利：“据我所知，在这个国家里尚无城市或县区，其学校体系的控制权在教师手中。在很多城市，甚至学监本人也不是拥有控制权的董事会的成员。”学校董事会是出于共同体的利益作为一个共同体来代表共同体，它并不代表某个阶级——教师或商人的利益。因此，杜威一针见血地说：“真正的问题是这个以共同体的利益而进行的共同体的控制是否要继续下去，并且根据不断因时变化的需要而有所发展；或者是否要取消这种社会控制而代之以代表商人利益并由商人所控

① “Says Gary Plan will aid us,”in *The New York Times*, Sept. 17, 1917.

制?”[①] 简言之,“真正的问题”是我们是否要“建立独立的学校”为商人“培训未来的雇员”的问题。此外,杜威对米勒斯所谓的“商人的公共精神”表示怀疑,杜威认为米勒斯是在“为他的商人朋友们说话”[②]。米勒斯深信,“只要商人被要求从作为整体的共同体的福祉的立场出发而对教育发生兴趣,那么他们便不会任性妄为”,因此要求公众赋予商人“充分的权力参与到对学校政策的积极指导中”[③]。杜威反驳道:很难让人相信商人是出于共同体的立场对工业教育发生兴趣,与其这么说,不如说是因为这种“特殊教育影响了作为工人的雇主的特殊利益而让他们发生了兴趣”[④]。

至少从现有的文献来看,《工业教育与民主》一文是杜威指名道姓地与工业教育中的商人利益的代言人之间的第一次辩论。我们不能高估这一文章在杜威思想发展史中的地位,因为这篇文章表达的思想、观点早在1903年的《教育中的文化和工业》一文已可窥雏形。但是,我们也不能低估它,因为它表明了杜威不再用以往温和同时也模糊暧昧的文字表达自己实则激进的立场。值得注意的是,这种犀利的文风在这一时期乃至到他20世纪20年代的著作中都较为罕见,并且在大萧条以后的文章中,这种文字风格得到了进一步的张扬。我们更要注意

---

① John Dewey,“Industrial education and democracy(1913),”in *The Middle Works of John Dewey ,1899-1924* , Vol. 7(Carbondale, IL: Southern Illinois University Press, 1985), p. 104.

② John Dewey,“Industrial education and democracy(1913),”in *The Middle Works of John Dewey ,1899-1924* , Vol. 7(Carbondale, IL: Southern Illinois University Press, 1985), p. 105.

③ John Dewey,“Industrial education and democracy(1913),”in *The Middle Works of John Dewey ,1899-1924* , Vol. 7(Carbondale, IL: Southern Illinois University Press, 1985), p. 104.

④ John Dewey,“Industrial education and democracy(1913),”in *The Middle Works of John Dewey ,1899-1924* , Vol. 7(Carbondale, IL: Southern Illinois University Press, 1985), pp. 104-105.

的是，在这种风格变化的背后隐藏的是杜威“民主”思想中的现实维度的扩展和延伸，这种扩展和延伸使杜威越来越认识到“课堂民主”作为实现“民主”理想的工具的缺点。他把精力和注意力越来越多地投放到学校的院墙之外的国际国内的政治、社会行动之中①，并且在这些行动中寻找教育的意义。

在1914年第1期的《新共和》（*New Public*）杂志上，杜威发表了《一个工业教育的政策》的文章。在这篇文章中，杜威深刻地批判了作为美国职业教育二元控制思想基础的德国职业教育双元制，强烈反对美国引入这种具有阶级性的职业教育体系。他认为，德国的双元制职业教育虽然在技术和商业方面具有很高效率，并且成为国家繁荣的主要手段之一，但它存在着严重的危险，即它正在有意无意地促进着雇主阶级的利益。它意味着雇主阶级所享有的特权，即通过对其子女进行不同于共同体中的其他阶级的教育来保证其统治所需要的特殊知识和技术。这样的教育势必成为延续当时社会不公正的工具，进而造成“阶级与阶级之间的对抗”②。杜威认为，美国是一个民主国家，因此美国的工业教育的基础必须避免建立在阶级对立之上，“它的目标必须首先保证年轻人在一个较长时期内处于教育性的影响（educative influences）之下。……必须把工作的重点放在调整工业以适应教育的目的，即首先需要把学生留在学校之中并对之实施对他们具有意义的教学”③。也就是说，美国的工业教育应把重心放在重组当时运行的公

---

① Westbrook, Robert B., *John Dewey and American democracy* (Ithaca and London: Cornell University Press, 1991), p. 192.

② John Dewey, "A policy of industrial education (1914)," in *The Middle Works of John Dewey, 1899-1924*, Vol. 7 (Carbondale, IL: Southern Illinois University Press, 1985), p. 95.

③ John Dewey, "A policy of industrial education (1914)," in *The Middle Works of John Dewey, 1899-1924*, Vol. 7 (Carbondale, IL: Southern Illinois University Press, 1985), p. 96.

立学校体系上，满足工业革命带来的、已经变化了的环境要求，工业教育应该在重组后的公立学校中进行，而不是抛弃它重新建立一个与之完全不同的、由工业部门单独控制的工业教育体系①。杜威认为，一个民主社会中的工业教育，其“主要目的是发展个人的主动性和个人的理智资源”②；“其目标必须是工业理智的效率而不是技术贸易的效率”③。为此，杜威特别对葛雷计划的民主性做了积极肯定（关于葛雷计划的更为详尽的说明，杜威会在《明日之学校》中展开）。通过以上论证，杜威实际上表明了其在工业教育政策上持有的一个基本立场，即民主国家和社会中的工业教育，其核心原则就是坚持每个人的生长与社会现实需要的统一，两者不可偏废，尤其不能因后者而抛弃前者。

1915 年，杜威与其女儿伊芙琳合作的《明日之学校》一书出版。在该书序言中，杜威明言撰写此书的主要目的在于呼吁公众“认识到教育在一个民主社会中必须扮演的角色”④。从结构上看，该书第 1—6 章讨论的是儿童的自然生长；第 7—10 章讨论了学校与工业社会的关系；第 11 章作为总结，说明了上述主张乃是基于“民主”社会对教育的特殊要求而做出的。从这本书的结构安排我们可以看出，杜威把教育的重心仍然放在儿童的成长之上，这延续了杜威在 19 世纪末期提出的学习民主的思想。但是，如果把《明日之学校》与《我的教育信条》

---

① John Dewey, “A policy of industrial education (1914),” in *The Middle Works of John Dewey, 1899-1924*, Vol. 7 (Carbondale, IL: Southern Illinois University Press, 1985), p. 97.

② John Dewey, “A policy of industrial education (1914),” in *The Middle Works of John Dewey, 1899-1924*, Vol. 7 (Carbondale, IL: Southern Illinois University Press, 1985), p. 97.

③ John Dewey, “A policy of industrial education (1914),” in *The Middle Works of John Dewey, 1899-1924*, Vol. 7 (Carbondale, IL: Southern Illinois University Press, 1985), p. 96.

④ John Dewey, “Schools of Tomorrow (1915),” in *The Middle Works of John Dewey, 1899-1924*, Vol. 8 (Carbondale, IL: Southern Illinois University Press, 1985), p. 208.

《学校与社会》《儿童与课程》等早期著作相比，我们便可发现杜威在《明日之学校》中更为频繁地使用“共同体”（community）、“工业”（industry）和“民主”（democracy）等术语，更为细致地观察了当时美国学校中采用的工业教育的具体方式方法。应该说，这本书的出版标志着杜威对民主与教育的关系的认识上升到了一个新的高度，它以以往著述所不具备的系统性阐释了在一个工业民主的社会中教育应该如何改造以实现个性成长与社会发展统一的具体做法。

该书的很多观点，杜威在从《教育中的文化和工业》一直到《一个工业教育的政策》中都提出过，但都以更为系统的方式重新被阐释。首先，杜威继续了对作为当时工业教育二元制思想基本假设的古典自由教育传统的批判。杜威指出，这种把职业独立出来的“文化”概念自亚里士多德时代以来一直存在着，它本身作为与职业的对立面之所以能够存在，是因为在现代民主国家和社会没有出现之前，政治上和社会上的等级制度使与行动和实践脱离的文化和知识成为可能，这种文化概念本身就是社会不平等的反映。而在“民主”社会里，每个人都需要工作而不存在无须工作的有闲阶级。因此，这种文化的观念就不合时宜了。杜威承认，这种脱离实践和手工训练的古典教育模式“对于那些由于环境关系而无须从事实际生活，同时对抽象的观念感兴趣的少部分儿童来说，是完全适合的”。但是，他同时指出，“即使对这种类型的人，这种制度也给他掌握知识留下了极大的缺陷；它对活动在智力发展中所起的作用没有给予任何地位；它沿着学生的自然倾向的路线进行训练，而不发展通常喜欢抽象的人比较薄弱的实践的品质”①。况且，在民主社会中，教育必须反映绝大多数人的需要和利益。杜威认为，绝大多数人其兴趣不在于抽象思考，而且必须从事某种实

① John Dewey, "Schools of Tomorrow (1915)," in *The Middle Works of John Dewey, 1899-1924*, Vol. 8(Carbondale, IL: Southern Illinois University Press, 1985), p. 399.

际的以手工劳动为主的职业，当时的学校教育却忽视了他们的利益。一种真正民主的教育必须考虑到大多数人即工人们的从事实际职业和劳动的需要，公立学校必须进行改革，必须对职业课程予以重视。其次，杜威继续对代表工业制造商利益的工业教育主张和实践进行不遗余力的批判。杜威指出，当时已有的商业和继续学校的教育的结果是把学生限制在一种已有的职业之中。假如这个职业证明对他来说是不合适的或这个职业随着经济发展而消失，那么它仍然是唯一他所熟悉和可以操作的职业。于是，“这样的制度并不能给个人能力的最佳发展提供一种机会，它常常把人固定在各阶层内”。这就必然伤害民主的社会制度。杜威忧虑地说：“一个民主制度允许形成固定的阶级是很不幸的。财富的差距，大批缺乏技术的工人存在，对动手工作的轻视，……所有这一切起着制造阶级的作用，扩大了阶级之间的鸿沟。”① 最后，杜威坚持认为，“最根本的问题不是要训练每个人从事某种特别的职业，而是要使他们对于必须进入的职业产生生动的和真诚的兴趣，并且要使他们知道关于那种职业社会的和科学的态度”②。

在《民主与教育》出版以后，杜威仍然关心工业与教育的关系问题。在1917年发表的《学会赚钱：职业教育在一个复合型公立教育计划中的地位》一文中，杜威指出，所谓的文化教育，总是一小群有限的阶级的奢侈品。而且，它主要是为了职业，特别是为了那些碰巧被认为代表社会优等或对特定时期的统治权力有用的职业。“我们的高等教育，大学教育，起初也是职业教育。大学给教士、医生和律师提供训练。这种训练也包括被职员、秘书、抄写员等所需要的东西。”杜威认为，“这是一个普遍的原理，即无论何时任何学科最初在目的上都是

① John Dewey, “Schools of Tomorrow (1915),” in *The Middle Works of John Dewey, 1899-1924*, Vol. 8 (Carbondale, IL: Southern Illinois University Press, 1985), p. 403.

② John Dewey, “Schools of Tomorrow (1915),” in *The Middle Works of John Dewey, 1899-1924*, Vol. 8 (Carbondale, IL: Southern Illinois University Press, 1985), p. 362.

功利的，由于境况的变迁而变得无用时，它就作为一个必要的教育装饰被留下来。或者因为它是无用的，因此相信它就一定对智力训练有好处。甚至今天仍会发现在学院教育中很大部分被认为是纯粹文化的科目，实际上是为某些学术上的追求，或者为了在未来教授同样的科目的教学职业，或者为了有闲阶级的人的职业而做的准备”①。上述观点在1916年《民主与教育》中已有表达。

前文我们说过，自1913年对米勒斯的尖锐批评之后，杜威的文风发生了重要变化，他的语言变得日益凌厉，对商人及其代言人的批判变得尖刻。这一点在这篇文章中也能得到体现。例如，杜威指出，反对学校课程扩展的人“主要来自于成功的商人。他们宣称‘3R’是初等教育的本质的和唯一的材料，因为他们知道自己的孩子能够得到他们所反对别人接受的东西。因此，他们攻击每一次课程的扩展（扩展的目的在于不使之限于狭隘的经济目的）都是一时的爱好和装饰”②。他说：有必要追问，改革后的工业教育是否仅仅意味着工人们获得的技能是为了增加雇主们的利润，通过避免浪费，从他们的机器和材料中获得更多，还是意味着改革有利于工人为了自己的不断进步而提高其工业方面的智慧？对从事管理的那些人而言，不管是无意地还是有意地，他们希望一种教育将使雇员们更加适合当时的经济安排，这种教育争取一种双元的或分离的管理系统。也就是说，“他们将尝试拥有一个独立的资金制度、监督权力制度和学校去开展工业教育。如果他们没有走得那么远，那么他们至少会总是喋喋不休地谈论一个自由的

---

① John Dewey, “Learning to earn: the place of vocational education in a comprehensive scheme of public education(1917),” in *The Middle Works of John Dewey, 1899-1924*, Vol. 8 (Carbondale, IL: Southern Illinois University Press, 1985), p. 145.

② John Dewey, “Learning to earn: the place of vocational education in a comprehensive scheme of public education(1917),” in *The Middle Works of John Dewey, 1899-1924*, Vol. 8 (Carbondale, IL: Southern Illinois University Press, 1985), p. 146.

或文化的教育与一个挣钱的教育的区别，并且将会热衷于把后者（即挣钱的教育）狭隘地限定为某种形式的工业技能（的训练），这种形式将使未来的工人们温顺地落入工业大军的从属阶级中”①。一种由商人控制的狭隘的工业教育，“它将强调一切在我们当前的制度中最为常规的和机械的东西，通过反复练习保证在他人的指导下熟练地完成任务将会是它主要的依靠。它将坚持在有限的时间和直接成果的压力下是如此巨大以至于没有空间给予理解科学事实和原理或所做的事情的社会意义。这样一个扩大了的教育将会发展个人的理智并因此发展一种理智的雄心和主动性，这种主动性和理智的信心对满意于从属于牧师和商店工作的常规是致命的。它将用获得雇佣证书的儿童的数量作为衡量其成绩的标准，而不是以继续留在学校直到他们准备好寻找和发现他们自己合意的工作的人的数量”②。

杜威有关职业教育方面的著述的确标志着其有关工业与教育关系问题的思考在重心上的重要变化。19 世纪 90 年代，尽管对薪资工人的批判在实验学校的“作业”中是清晰的，但是他建议最重要的是让工人们在道德上对工作保持满意的心态，认为只要工人能够认识到自己的工作所具有的社会关系的意义，就能平息劳资之间的冲突。例如，在 1899 年的《学校与社会》中，杜威说：“我们大多数人所生活的世界，是一个每个人都拥有一个职业和使命、有某些事情要做的地方。一些人是管理者，而另一些人是下属。但是，对每个人来说，最重要的是每个人都应该接受教育，这种教育能够让他看到在他的日常工作

---

① John Dewey, “Learning to earn: the place of vocational education in a comprehensive scheme of public education(1917),” in *The Middle Works of John Dewey, 1899-1924*, Vol. 8 (Carbondale, IL: Southern Illinois University Press, 1985), p. 148.

② John Dewey, “Learning to earn: the place of vocational education in a comprehensive scheme of public education(1917),” in *The Middle Works of John Dewey, 1899-1924*, Vol. 8 (Carbondale, IL: Southern Illinois University Press, 1985), p. 149.

之中蕴含着无比伟大的人类意义。”但是，在《明日之学校》《工业民主需要工业教育》《学会赚钱》和《民主与教育》中，虽然他仍然坚持说对工人来说重要的是对工作的社会意义的理解，但是此时杜威也进一步地辩道：工人们必须能够控制他们的工作，而这份工作将有助于他们的自我实现和成长，并且坚持认为教育应在根本上去挑战资本主义生产的社会关系，特别是当“被科学管理所理性化了的社会关系将工人的大脑从他们的帽子底下取走”① 之时。至此，杜威已经发现在美国的现实社会中，“绝大部分工人对他们的工作的社会目标缺乏洞察力，并且对工作没有直接的个人的兴趣。实际上获得的成果并不是他们工作的目的，仅仅是其雇主们的目的。这样的工作不是自由的和理智的，除非工人们直接参与了管理”②。杜威相信那种对工人自由的具有本质上的重要性的参与在资本主义社会中是不可能的，“当激励的动机是针对私人利润或个人权力的欲望之时，劳资双方的工作在理智上的和情感上的限制将是不可避免的”③。

五

《民主与教育》的第三个引人注意之处是杜威把国家主义、国家主权、国家利益的概念引入了民主与教育关系的命题之中，这种做法既与他的前辈如曼和哈里斯不同，在曼和哈里斯那里，国家主义之于民

---

① Westbrook, Robert B, *John Dewey and American democracy* (Ithaca and London: Cornell University Press, 1991), p. 179.

② John Dewey, "Democracy and Education (1916)," in *The Middle Works of John Dewey, 1899-1924*, Vol. 9 (Carbondale, IL: Southern Illinois University Press, 1980), pp. 268-269.

③ John Dewey, "Democracy and Education (1916)," in *The Middle Works of John Dewey, 1899-1924*, Vol. 9 (Carbondale, IL: Southern Illinois University Press, 1980), pp. 327-328.

主、之于教育的意义从未真正成为一个问题，也与杜威以往的知名文本所表达的教育观点有所差异，杜威在世纪之交的教育文本如《学校与社会》《我的教育信条》《儿童与课程》《我们如何思维》中从未提及上述概念。即使将杜威与政治家杰斐逊进行比较，我们也会轻易发现，在杰斐逊那里，强调的是美国独立于英国和其他国家的主权地位，在这一前提下，他把培养美国人而非世界公民作为教育目的，而杜威在《民主与教育》中则说，相比于民主，国家主权是较为次要的事情，而主张在教育中灌输给学生某种世界主义的、超越国家主义的情感。两者的观点和立场差异性甚为明显。[①] 因此，无论怎么看杜威在《民主与教育》中所表达的意见，都会认为这是个值得重视的新问题。为什么杜威会如此“突然”地提出这个问题呢?

这涉及在创作《民主与教育》时的一个极其重要但又经常被研究者们所忽视的社会背景，即第一次世界大战的爆发。作为一位有着强烈现实关怀的哲学家，杜威和学院派学者在对待现实社会问题的态度上存在诸多差异。杜威非常注意让自己的理论能够对变动中的现实世界产生有效的介入，以便把哲学从书斋中解放出来，成为启迪民智、改造当时社会状况的科学。此外，已过知天命之年的杜威已然成为很多年轻人的偶像，他们热情地邀请杜威就公众热议的问题指点迷津。一位叫作兰多夫·伯恩的学生在1915年写道：“作为拥有逻辑学教授头衔的预言家，杜威预见了民主在未来伟大的民主社会中的内涵。……他的理解比其他任何人都深刻。……在我看来，杜威教授如果不接触具体现实，不亲自对当前生活进行阐释，这实在令人难以接受。”[②] 虽然在杜威撰写和出版这本书之时，美国并没有直接参与第一次世界大

① ［美］杜威著，吕达等主编：《杜威教育文集（第2卷）》，人民教育出版社，2008，第97页。

② ［美］罗伯特·威斯布鲁克：《杜威与美国民主》，王红欣译，北京大学出版社，2010，第206页。

战，然而第一次世界大战已经成为美国朝野众声喧哗的公共议题，杜威对此不可能漠不关心。此前，杜威并非不曾关心政治问题；不过，正如我们所看到的，杜威在谈论民主问题时，几乎习惯于跳过作为制度和权力结构意义上的民主，而直接在精神和道德层面上讨论民主的意义。所以，正确的猜测可能正如斯蒂文·洛克菲勒所言，第一次世界大战对杜威的挑战“完全出乎意料”，“让他始料不及”，这场战争在一定程度上改变了世界的版图和无数人的生活轨迹，也在很大程度上影响了杜威的“整个生活”。①

在战争期间，德国成为美国人街谈巷议的焦点。杜威是了解德国的，在某种意义上，正是康德特别是黑格尔把杜威引入了哲学家的殿堂。他的博士论文写的是《康德的心理学》，至少在40岁之前，杜威是美国最著名的黑格尔主义者之一。杜威所接受的学术训练也是德国式的。杜威的博士学位是从约翰·霍普金斯大学获得的，该校是仿照柏林大学而建的，有“美国的柏林大学”之称。在与爱丽丝·奇普曼谈恋爱的那段时间里，他曾试图考证杜威这个姓氏有可能来自于德国。看起来，这个猜测让杜威感到了某种自豪。虽然在以后的时间里，杜威逐渐接受了来自詹姆斯的实用主义的影响，从而在哲学思想上逐渐飘离了浓郁德国风格的观念论，但是黑格尔哲学还是在杜威的心灵中留下了深深的烙印。在教育学方面，杜威是熟悉赫尔巴特和福禄培尔的，他是美国赫尔巴特学会的成员，也曾在《学校与社会》中对福禄培尔的幼儿园哲学进行了评述。此时正是康德、黑格尔、赫尔巴特和福禄培尔的故乡成为世界大战的发起者之时，一个民族在心灵上的伟大与在行动上的伪善和残忍构成如此极端的对照，而这种“德国悲剧”究竟是怎么造成的呢？1915 年 2 月，杜威受邀为北卡罗来纳大学做了

---

① ［美］斯蒂文·洛克菲勒：《杜威：宗教信仰与民主人本主义》，赵秀福译，北京大学出版社，2010，第 273 页。

三次公开讲座，系列讲座的主题是“德国哲学与政治”，同年结书出版。杜威发现，德国的中学和大学在实际上受到国家的控制。政府在教师聘任上起到关键性影响。大学的重要职责是培养未来国家官员。哲学在这种培养中直接或间接地发挥着异乎寻常的作用。法学院、神学院与哲学院关系密切。由此，德国的教育和行政机构提供了让哲学观念得以流向政治的现实途径。① 一旦这个前提成立，杜威便可以寻找导致德意志民族政治行为的哲学根源。杜威认为，康德把内在世界和外在世界进行了截然划分，内在世界是道德责任的世界，人在内在世界中拥有充分的自由；外在世界是机械规律控制的自然界，在这里，科学和效率是至高无上的，人在自然规律面前没有半点自由。“这一方面开创了为达到任何既定目标而追求无情效率的先河，另一方面成为伪善地接受绝对命令的滥觞，结果导致了狂热逻辑。……德国人怀着一种无可比拟的热情和道德上的理想主义去追求科学知识，但是这种热情不受任何道德理念的约束，这种理想主义也不顾其政策给日常生活世界所带来的实际后果。”② 正是这种哲学可以解释当时德国人在心灵和行为上的极端反差。

正是在这本书里，国家、民族、国家主义、爱国主义成为杜威在阐述教育方面使用的新词汇。杜威认为，正是费希特和黑格尔把国家神化并使国家主义成为一种受过教育的人的基本信念。费希特生活在德意志民族遭受拿破仑侵略的生死存亡之际，在这种背景下，他系统地阐释了国家与教育的关系。在费希特看来，德国政治复兴的关键在于通过教育实现道德和精神的复兴；面对政治分裂，要在道德的统一中去寻求政治的统一。本着这种精神，费希特与洪堡和施莱尔马赫等

① ［美］约翰·杜威：《杜威全集·中期著作·第八卷（1915）》，何克勇译，华东师范大学出版社，2012，第 111 页。

② ［美］悉尼·胡克：《导言》，出自约翰·杜威著《杜威全集·中期著作·第八卷（1915）》，何克勇译，华东师范大学出版社，2012，第 17 页。

人创办了柏林大学，积极推进由施泰因和洪堡引入的普鲁士生活的种种教育改革。费希特把国家命运与教育使命进行了紧密关联，进一步加强了国家对教育的控制。于是，在费希特那里，国家成为一种神性机构，爱国主义通过教育成为公民宗教。费希特关于国家的基本观念被黑格尔哲学吸收，而黑格尔又在相当一段时期内绝对主宰了德国人的思想。在黑格尔之后，通过国家控制的教育，这种国家神话被转换成公民个人理性，这种理性使德国人相信普鲁士的政治体制最充分地体现了绝对精神，应该按照普鲁士的法律和习俗来具体安排社会和个人生活。这样，国家主义观念便被牢固地在德意志人民的心灵中确立了。

在《民主与教育》的第七章“教育中的民主概念”的第五节①中，杜威以“国家的教育和社会的教育”为题，对教育中的国家主义进行了批判。杜威追溯了国家与教育的关系的历史，认为就欧洲来说，历史把国家支持的教育运动和政治生活中的民族主义运动合为一事。在国家主义思潮下，个人主义让位于国家主义。国家主义教育在目的上是塑造公民而不是塑造人，在理论上就不能不强调社会的而非个人的目的，强调社会效率，社会效率因此含有要求个人服从国家利益的意义。教育过程被看作纪律训练的过程，而不是个人发展的过程。杜威指出，是费希特和黑格尔发挥了这样的思想，即国家的主要职能是教育。根据这种精神，德国是第一个实行公立的、普及的和强迫的教育制度的国家，从小学一直到大学，一切私立的教育事业都要服从有戒备的国家的规程和监督。杜威评价，国家主义是狭隘的，虽然也是社会的目的，但是存在更加广阔的社会目的，即超越国家利益的人类共同利益。他批评说，在欧洲，特别是大陆各国，世界主义的和人道主

① ［美］杜威著，吕达等主编：《杜威教育文集（第2卷）》，人民教育出版社，2008，第92—98页。

义的理想被国家利益所利用，成为宣扬狭隘的、排他性的国家利益的俘虏。杜威认为，作为一种道德理想的民主，要求国家之间开放和交流，而当时的国际形势是各个国家都处在被抑制的敌视和互相戒备的状态。每个国家都认为自己是利益的最高裁判，一个国家当然有绝对属于自己的利益。杜威认为，这种状态不利于更加广泛的联合、互相协作的社会生活。

当时由国家实施普及义务教育在所难免，由国家实施教育就一定会导致国家主义和狂热的爱国主义吗？杜威提出了一个在当时看来很棘手的难题："一种教育制度能否由民族国家实施，而教育过程的全部社会目的又不受限制、不被约束、不被腐蚀呢？"[①] 我们注意到，无论是在密歇根时期还是在芝加哥时期，在杜威的文献中都并未提出过这样的问题。从杜威的教育实践来看，虽然在实验学校中与哈珀校长的合作有些令人不悦之处，但哈珀对实验学校办学的干预并不代表国家和政府意志。在实验学校中的确存在着政治性课程如八年级的时事讨论课，但是这种讨论并不涉及国家主义，更没有受到来自政府和国家的干预和控制，这种情况与德国学校中发生的情况相比是根本不同的。所以，我猜测，杜威对国家与教育关系问题的思考大体上是由于第一次世界大战的刺激。既然这样，对于这个新问题，由于之前在认识和经验上并无积累，所以答案也可能是仓促而成，并不成熟。也许对于这个时期的杜威而言，最重要的是提出这个问题而非妥善地解决这个问题，因为实际的情况是，无论对于现实中的国家还是对于现实中的国际政治，在那个时期，杜威都缺乏了解。

然而，杜威被诱惑一定要回答这个问题，这是因为这个问题与民主理想的实现关系重大。杜威提出这个问题用了几千字，而回答这个

① ［美］杜威著，吕达等主编：《杜威教育文集（第 2 卷）》，人民教育出版社，2008，第 97 页。

问题只用了区区300余字。概括地说，杜威认为，要解决这个问题，首先要把注意力放在警惕国内教育中的阶级控制问题上，“注意使教育不被一个阶级积极地用来作为更加容易剥削另一个阶级的工具”①；除此之外，“学校设施必须大量扩充并提高效率，以使不止是在名义上更是在事实上减轻经济不平等的影响，使全国的青年为他们将来的事业受到同等的教育……使所有青年能继续在教育影响之下成为他们自己经济和社会前途的主人”②。他又指出，“关于一国和别国的关系同样可以应用上述原则。只是讲一些有关战争的恐怖和防止可能刺激国际猜忌和仇恨的一些事情还是不够的。凡是能使人们不受地理限制、团结起来从事联合的人类事业的事情，都必须加以强调。就全体人类相互之间的更充分、更自由、更有成效的联合和交往而言，国家主权具有次要的和暂时的性质。必须把这个思想灌输给学生，成为有效的心理倾向”③。为了避免“德国悲剧”变成“美国悲剧”，杜威认为美国政府、民众和教师应该警惕教育的阶级性和狭隘的国家性。虽然寥寥几语，不曾深谈，杜威此后在谈到民主社会中国家与教育的关系问题时却基本延续了上述思路。

不过，如何才能做到呢？美国政府和美国民众是否真诚地欢迎民主，以至于为了民主的理想而甘愿做出自我牺牲，超越阶级利益的局限，超越国家主权的局限，将阶级利益和国家主权放在次要的位置？他们是否会主动将自己在经济和政治上的优势地位放弃，一心为了人类自由平等的联合生活的理想而辛劳奔波、尽心竭力呢？杜威说清楚

---

① ［美］杜威著，吕达等主编：《杜威教育文集（第2卷）》，人民教育出版社，2008，第97页。

② ［美］杜威著，吕达等主编：《杜威教育文集（第2卷）》，人民教育出版社，2008，第97页。

③ ［美］杜威著，吕达等主编：《杜威教育文集（第2卷）》，人民教育出版社，2008，第97页。

了问题，也说清楚了制约问题解决的社会条件，他没有说清楚的是到底由谁来创造有利于民主理想实现的社会条件？即使有心，这些人是否有能力做到这一点？如果有人有能力做到这一点，却根本不认同杜威的民主理想，杜威们又该拿这些人怎么办？对于我们提出的问题，杜威的《民主与教育》中根本没有答案。或许杜威在当时根本就没有意识到我们提出的问题会是问题。胡克曾说：杜威在写该书时，他是假定全国在口头上是信奉民主理想的，所以他主要谈民主理想的各种含义和推论。[①] 现在看来，杜威是太乐观了，也太天真了。不管这种天真和乐观是那个时代知识分子和普通民众们的共同心态，这是另一篇文章要讨论的话题，仅仅从这份乐观和天真的根源来看，杜威对美国社会的现实，特别是对美国社会的阶级斗争现实、美国政府的国家利益至上的现实及这种现实的各种实现机制的认识都是肤浅的。

于是，一贯的托尔斯泰式的和平主义立场，当威尔逊政府宣称为民主创造一个安全的世界而参战时，居然被杜威放弃了。他相信美国政府真正是为了推广“共同的”民主理想而参战。他所有的智慧让位于他的信仰，他所有的理智让位于他的情感，他所有的经验让位于他的想象。以战止战，无论怎样为自己支持战争的立场辩护，这种观点都让曾经因为信奉民主的方法、理智的方法的杜威追随者感到心灰意冷。杜威在政治上的天真恰恰标志着战前他所宣称的民主的、道德的理想国的覆灭。伯恩难过地为他曾经的偶像和恩师写下了一份思想悼文。在这篇著名的《偶像的黄昏》中，伯恩表达了他的失望，他怎么也不能理解如果杜威的哲学真正像他的文字所展示的那样老练，又是如何通过这种哲学得到了支持战争的结论？难道杜威看不到与战争捆绑在一起的群体的狂热、非正义和仇恨？杜威总是强调价值的重要，

---

① ［美］悉尼·胡克：《附录：悉尼·胡克为〈民主主义与教育〉写的导言》，出自杜威著、吕达等主编《杜威教育文集（第2卷）》，人民教育出版社，2008，第348页。

然而价值究竟如何被创造出来，杜威的学说总是存在着模糊不清的地方。伯恩代表了一批热爱和平的美国青年所经历的实用主义的幻灭。杜威被深深地刺痛了，恼羞成怒。他向《新共和》杂志社发话，不要再刊发伯恩的文章，否则将停止为其撰稿。

杜威在《德国哲学与政治》中对德国人狭隘、伪善的国家主义的抨击言犹在耳，两年后自己竟也成为美国政府美妙言辞的崇拜者、美国发动对外战争的支持者、一个爱国主义者。讽刺的是，杜威错了，伯恩对了。战争对于民主生活的真正后果不是进一步扩大了民主。美国宣布参战后，“政府机关、学校和其他机构经常借用爱国主义和国家利益的名义采取强制性措施。被怀疑具有和平主义、社会主义思想和对德国有同情心的人被骚扰、检查、解雇，有时候甚至被关进监狱”①。大学的学术自由遭到破坏，一些教授由于反战而被解聘。杜威在文章中也申斥言论自由被压制、学术自由被侵犯的现象，直言思想管制违反了民主精神。不过，他似乎认为美国政府参战和加强思想管制两者是可以分离的，他猜想思想管制“肯定不会持久地存在下去”，“我们的思想和言论自由”不会“受到严重的侵害”②。

两年后，杜威应一位日本学生之邀到日本讲学。杜威注意到在当时的日本社会中存在着以政府为中心的国家主义和以民众为中心的民主主义思潮之间的对抗。在1919年3月发表的《日本与美国》一文中，杜威谈到了两点：一是日本政府对民主的抗拒；二是日本的报纸对日本军国主义政府的批评。后者让杜威感到欣慰。他注意到在当时日本的舆论中充满自由和民主的精神。不过，他也注意到日本政府正在采取一切手段压制民主自由精神的传播。杜威对日本政府的做法不会陌

---

① ［美］斯蒂文·洛克菲勒：《杜威：宗教信仰与民主人本主义》，赵秀福译，北京大学出版社，2010，第308页。

② ［美］斯蒂文·洛克菲勒：《杜威：宗教信仰与民主人本主义》，赵秀福译，北京大学出版社，2010，第308页。

生，两年前的自称热爱自由和民主的美国政府不也是这样做的吗？1919年五四运动前夕，杜威拒绝了日本天皇授予的勋章，应蒋梦麟和胡适之邀访问中国。与我们通常的印象不同，杜威在中国时写的文章主要不是有关学校教育的，而是关于中国和国际政治的。杜威撰写并发表了40余篇关于中国政治局势和社会文化变动的趋势的论文。在这些论文中，杜威表现了日益成熟的对国际政治关系的洞察力①。在《中国与裁军》一文中，杜威说："有人说，我们对中国的新兴趣是美国意欲取代他国而使自己在其中扮演更大的角色。我希望这不是真的，我相信它不是真的。但是，如果存在任何这类危险，那么华盛顿会议提供给中国学生们一个机会去陈明中国有免于被干预和监护而独立发展和自我决定的权利。"② 在《我们参与对中国的毒品化》（*Our share in drugging China*）中，杜威描述了以英国为首的西方国家对中国输入大麻和毒品的历史过程，他吁请美国政府帮助中国抵制毒品，认为这同时有助于抵制美国国内的毒品交易。③ 在《中国的民族感情》一文中，杜威批评了西方评论家对中国政治问题的分析采用欧洲政治发展的模式的做法："我们让自己相信所有的从原始到文明的发展都必须遵循一个相同的过程和经过相似的阶段。当我们发现不同意这个标准的社会时，我们温和地把它们视为病态的，视为幸存的落后国家或缺乏政治能力的表现。这是一种偏见。"④ 我们观察到，杜威从未在以往任何一篇文章中对具体的政治问题像在中国时所报道的那样详细、具体、

---

① 张宝贵：《杜威与中国》，河北人民出版社，2001，第30页。

② John Dewey, "China and disarmament (1921)," in *The Middle Works of John Dewey, 1899-1924*, Vol. 13 (Carbondale, IL: Southern Illinois University Press, 1983), p. 158.

③ John Dewey, "Our share in drugging China (1919)," in *The Middle Works of John Dewey, 1899-1924*, Vol. 11 (Carbondale, IL: Southern Illinois University Press, 1982), p. 235-240.

④ John Dewey, "Chinese national sentiment (1919)," in *The Middle Works of John Dewey, 1899-1924*, Vol. 11 (Carbondale, IL: Southern Illinois University Press, 1982), p. 215.

生动和深刻。在关于美国对华政策的导向、对国际局势的洞察方面，杜威已表现了相当卓越的政治批判技术。没有任何理由认为，杜威在上述方面的才能的发展会无助于其归国以后对美国国内政治力量的实际态度和常用的动员策略的剖析。在杜威后来的著述中，我们可以发现，他对美国两党制政府的信任度在持续下降，他看到了政治力量与文化保守主义者及工商业主之间的联盟，也看到了教育中的党派偏见或意识形态偏见对教育的控制。

对通过国家、政府、占据优势地位的工商业势力超越国家利益和阶级利益来实现民主的理想，杜威越来越感到失望。看来，国家、政府、工商业势力无论在美国还是在中国、日本，都很难成为民主理想的同盟军，民主理想的实现恐怕要另托他人。那么，到底托付给谁呢？谁是真诚的民主理想的同路人呢？他们有能力促进民主理想的实现吗？经历了 1917 年风波以后，这些问题已经跳入了杜威的视野中。中国之行，给杜威寻找上述问题的答案提供了一次千载难逢的机会。五四运动中，中国各级各类学校中的教师和学生的爱国热情深深打动了杜威。凡尔赛会议中对中国的不公正处置激发了以学校师生为领导力量的社会公众的民族主义热情，学生和社会各界联合起来造成强大社会舆论迫使腐朽政府一再做出让步。在杜威看来，这正是社会民主对腐朽政府的胜利①。其实在来中国之前，杜威在有关教师教育的会议上做过发言，强调教师应有社会责任感，应参与指导和形成公众舆论等②。但是，美国的教师们鲜有做到这一点（从杜威在归国以后对美国教师社

---

① John Dewey, "The sequel of the student revolt (1920)," in *The Middle Works of John Dewey, 1899-1924*, Vol. 12 (Carbondale, IL: Southern Illinois University Press, 1982), pp. 22-27.

② John Dewey, "A policy of industrial education (1912)," in *The Middle Works of John Dewey, 1899-1924*, Vol. 7 (Carbondale, IL: Southern Illinois University Press, 1985), p. 93.

会责任感缺乏的批评中可以看出来），在中国则不同。新文化运动中，广大教师和他们的学生一样充满了社会责任感和爱国主义精神，并且以实际行动参与到社会文化的、政治的和经济的改造运动之中。在杜威归国以后，他特别频繁地谈到教育的社会目标、社会方向，谈到教师的社会责任，认为教育者应有勇气揭露社会时弊，同时应把对时弊的揭发和研究作为学校教育的重要内容。这种特别强调社会批判和参与社会改造的责任和勇气的观点，在杜威访问中国之前的著作中虽然有但并不集中也并不深入。

离开中国之后，杜威对心中的问题恐怕已有了答案。在 20 世纪 30 年代、40 年代的文章中，杜威选择通过让学校教师承担更大的社会责任、发挥个人创造性、与其他工人团体团结起来进行社会政治运动的策略来对抗现实政治和经济制度对教育和民主理想的侵蚀，而且相信通过引导社会科学的社会化来帮助社会实现民主改造，这些虽然也许并非完全来自中国的启发，但他在中国的所见所闻无疑加强了他对这一行动策略的实际效用的信任。除了工人和教师，杜威还认为专家、学者也可以是同盟军。中国之行之后，杜威对由教师、科学家和公共知识分子组成的“专家”（experts）或领袖（leaders）在对现存社会进行“民主”改造中的地位和角色问题的关心不断增加。

杜威似乎也没有轻易放弃从政府和政治的改造实现民主理想可能的想法。我发现，中国之行之后，杜威对苏俄社会主义或谓布尔什维克主义的兴趣不断增加。我们知道，在五四新文化运动时期的中国知识界关于俄国十月革命的议论是很多的，也有所谓的布尔什维克主义者[①]，这种气氛激发了杜威对布尔什维克主义的理智兴趣。在 1920 年 12 月的一篇《布尔什维克主义在中国》的文章中，杜威说道：“我没有看到直接的证据表明中国存在布尔什维克主义。……我确信中国缺少

---

① 元青：《杜威与中国》，人民出版社，2001，第 147—154 页。

布尔什维克主义。"[①] 他接着补充道："学生们倾向于接受新观念及社会和经济变革的计划。他们很少有经验背景，并且乐于欢迎任何被证明是新的观念，或者与实际存在的观念不同的思想。在实践上，他们全是社会主义者，一些人称自己为共产主义者（communists）。很多人认为俄国革命是一件真正的好事。所有这些看起来多少有些布尔什维克。但是，它完全不是由俄国所鼓动的。尽管我已经试图追溯所有谣言，但是关于布尔什维克主义的宣传员，我从未能见过。南方人说他们在北方，北方人说他们在南方。我不怀疑在中国有布尔什维克主义者，但我确定不多。而且，我绝对可以肯定他们与中国一般的激进思潮没有关联。两个月前在北京，一位学生因为散发'布尔什维克主义者'的著作而被逮捕。我调查后发现，其实那本书宣扬的是无政府主义而不是布尔什维克主义，它拥护废除政府和家庭。"[②] 虽然据杜威所述，他似乎并没有在中国"见过"所谓的布尔什维克主义者，但是我们可以从该文判断杜威在中国讲学时的确已经对"布尔什维克主义"产生了兴趣。

1928 年 7 月，杜威应苏联政府教育部门的邀请赴列宁格勒（现圣彼得堡）和莫斯科对苏联进行友好访问。杜威一行参观了博物馆、学校和工人创办、管理的大众文化馆，以及儿童夏令营、幼儿园、流浪儿童教育机构、就业训练中心和科学家与知识分子疗养院，苏联社会中的一切新气象给杜威留下了极为友好而深刻的印象。归国以后，杜威于同年 11—12 月在《新共和》杂志上连续发表了包括《列宁格勒给予的启示》《处于变动状态的一个国家》《在发展中的一个新世界》《俄国的学校在做什么?》《新时代的新学校》和《伟大的实验与未来》等

---

① John Dewey,"Bolshevism in China(1920),"in *The Middle Works of John Dewey, 1899-1924*, Vol. 12(Carbondale, IL: Southern Illinois University Press, 1982), p. 253.

② John Dewey,"Bolshevism in China(1920),"in *The Middle Works of John Dewey, 1899-1924*, Vol. 12(Carbondale, IL: Southern Illinois University Press, 1982), pp. 254-255.

六篇文章，统称“苏俄印象”（Impressions of Soviet Russia）。简·杜威在《杜威传》中写道：“杜威通过这些交往而得到的印象，是那样的不同于在美国所流行的信念。杜威非常同情地写了一系列希望与苏维埃社会主义共和国联盟和平相处的文章。”[①]

对于在苏联的所见，杜威使用了“突如其来”“毫无思想准备”“完全没有预料到”，“我为之兴奋”“我几乎很难把这种印象记录下来”“给我留下深刻印象”“那种印象将永远留在我的脑海里”“使我永远不能忘怀”“我缺少文字技巧而无法把它表达出来”[②] 等词汇来形容。他怀疑苏联教育在民主上的成就与其实行社会主义的经济制度有关。杜威说：“苏俄教育突出的地方并不在于使学校活动与校外的社会活动紧密联系起来，而在于历史上第一次由政府根据这个原则把教育体系组织起来这件事实。不是像我们美国那样仅有一些私人举办的少数零散的学校作为示例，而是有整个政权的势力和权威在后面支持着。为了使我自己对于那些教育界领导人怎样与能在极少先例可借鉴的情况下，在如此短时间内，开创这类教育的一个实际工作范例的问题获得答案，我不得不承认这个结论，就是关键在于他们能够将中心位置给予社会生活的经济和工业方面，而经济和工业在当代生活中实际上是居于中心位置的。同世界其他地方的教育界比起来，十月革命就在这个事实上给予俄国教育改革家们很大的便利。西方国家任何一个诚实的教育改革家，我不知道他有什么理由能够否认，在将他认为合适的联系社会生活的活动引入学校的过程中，最大的障碍就是个人竞争和谋求私人利益在我们经济生活上所起的作用。这个事实几乎使学校活动在许多重要方面有必要离开对社会的接触和联系。俄国教育当前形势足以

① ［美］简·杜威：《杜威传》，单中惠编译，安徽教育出版社，1987，第 52 页。

② John Dewey, "Impressions of Soviet Russia (1928)," in *The Later Works of John Dewey, 1925-1953*, Vol. 3 (Carbondale, IL: Southern Illinois University Press, 1984), pp. 203-250.

使人产生这样的想法，就是认为只有在一个以合作原则为基础的社会中，教育改革家的理想才能适当地付诸实施。"①

苏联之行的印象总体上是美好的。从 1916 年以来，10 余年的光阴弹指一挥。杜威尝试从对内反对阶级对教育的控制、对外向师生灌输民主理想高于国家主权的思想中，把人类自由平等地联合生活事业推而广之。这一路并非一帆风顺，倒可谓处处暗礁险滩。可以说，他一直在寻找民主理想的同路人。美国政府与工商业势力联合的事实让他感到心灰意冷。苏联之行让他感到温暖，与其说苏联教育的真相如此，不如说杜威相信苏联教育的真相如此。杜威又开始相信，政府实际上可能成为民主理想的保护者和推广者，政府并不总是民主理想的潜在的和实际的敌人。苏联政府在推动教育中的民主的事实就证明了这种信念。1928 年，杜威的结论似乎又回到了《民主与教育》。然而，斯大林治下的苏联终于走向了极权。到了 20 世纪 30 年代，杜威对苏联政府的极权主义及对思想和言论自由的压制的事实的认识，随着托洛茨基案的始末已经越来越清晰。在 1937 年的《手段与目的》一文中，杜威说："俄国的实验雄辩的说明，如果使用暴力实现经济和政治变革，暴力的方法就必然要用来维持新政府的权力。"②

看起来，曾被杜威寄予厚望的苏联政府如同当初同样被寄予厚望的美国政府一样，在民主理想的大路上，它们同被证明是心怀叵测的同路人。虽然杜威试图组建第三政党并赢得大选来实现他的民主理想，但是最终失败了。至于专家和教师作为民主理想的同盟军是否可靠，杜威在晚年的一系列著述中表达的更多的是忧虑。杜威指出，在由专业的社会工作者和具有公共精神的公民所发起和实施的社会改进运动

---

① ［美］杜威：《杜威教育论著选》，赵祥麟、王承绪编译，华东师范大学出版社，1981，第 464—465 页。

② John Dewey,"Means and Ends(1937),"in *The Later Works of John Dewey ,1925-1953*,Vol. 13(Carbondale,IL:Southern Illinois University Press,1988),p. 350.

中，教师团体绝大部分置身事外。即使是禁止童工这样与教育事业密切相关的运动，教师们和学校管理者们也很少参与。杜威呼吁教师们认识到社会责任，认识到他们自己比社会中其他人应该承担的责任更大。“我不知道一位社会工作者就（just）是什么（尽管我最近以看到某些定义），但是不管他是谁，教师们应该说‘我们就是’。”① 在1934年发表的《教育能够参与社会改造吗?》一文中，杜威指出，“总体上，学校一直进行的教育是为了某种被称为现状的东西。这一点留心观察的人都很难怀疑。……所谓的现状被归结为‘放任的个人主义’这个短语。”② 杜威发现，教师和管理者们常说他们必须顺从于环境而不是做他们个人想做的事情。教师们受制于即时的压力和对个人私利的估计。杜威说，美国的学校已经通过强调一种本质上是自私自利的经济上成功的形式加剧了当前社会的流动和混乱。③ 杜威认为，教师有必要与工人联合起来。“保护他们自己的直接经济目的的教师组织已经证明是绝对必要的。但是，当他们的运动脱离了其他工人团体时，不管是从事行政工作的职员还是商店、工厂和办公室里的工人，都有一种倾向去产生一种反动，而这个反动对教育事业来说是不利的。任何读过在现在的萧条期间发表于报纸上关于有组织的教师们努力阻止削减薪水的信件，就会知道这有多么真实。当然，有一些人支持教师的要求。但是，更多人攻击说教师为了寻求特殊的利益而以牺牲其他工人和纳

---

① John Dewey, “The school as a means of developing a social consciousness and social ideals in children (1923),” in *The Middle Works of John Dewey, 1899-1924*, Vol. 15 (Carbondale, IL: Southern Illinois University Press, 1983), p. 157.

② John Dewey, “Can Education Share in Social Reconstruction? (1934),” in *The Later Works of John Dewey, 1925-1953*, Vol. 9 (Carbondale, IL: Southern Illinois University Press, 1989), p. 205.

③ John Dewey, “Can education share in social reconstruction (1933),” in *The Later Works of John Dewey, 1925-1953*, Vol. 9 (Carbondale, IL: Southern Illinois University Press, 1989), pp. 207-208.

税人为代价。……总的来看，教师们已经喜欢把他们自己视为一个特殊的阶级。”①

即使教师们认同民主理想，但他们可能也无力创造符合民主理想的实现所需要的社会条件。教师受到来自政府和工商业势力多方面的控制。“教师在完成他们的工作上存在着普遍的失败。导致教师失败的原因来自于在经济上享有特权的少数强大的阶级在立法和管理上的过分控制。职位、提升、教师的职位稳定性已经很大程度上依赖于对这个阶级的愿望和计划的顺从。甚至现在，那些在学校中公正讨论社会和经济问题时表现了思想和意愿独立性的教师正在被开除，有一场运动，由富人发起，将所有那些希望在共同体中发展一种较高水准的经济理智的人贴上了布尔什维克、红色和危险分子的标签。”②

专家似乎也难堪大任。在1931年的一次记者访谈中，杜威说：“这个国家需要专家提供解决经济问题的服务。但是，在经济问题上，在市政和国家问题上，人们容易发现大部分工作本质上是一堆统计数字。统计数字就其自身是完全正确的，但是除非学者有能力将这些数字应用到社会问题上，否则它们便于事无补。有必要去解释它们。我不会因此而指责专家。在将他们从调查中获得的信息应用到环境方面缺乏能力，不是他们的错。该责备的是他们在学校和学院中受到的训练。当前社会科学已经收集了太多事实却未能被运用。”③ 在1937年的《知识的世界最高法庭》一文中，杜威再次指出，“很多科学工作者不习惯

---

① John Dewey, “United, we shall stand (1937),” in *The Later Works of John Dewey, 1925-1953*, Vol. 11 (Carbondale, IL: Southern Illinois University Press, 1987), pp. 349-350.

② John Dewey, “The teacher and the Public (1937),” in *The Later Works of John Dewey, 1925-1953*, Vol. 11 (Carbondale, IL: Southern Illinois University Press, 1987), pp. 160-161.

③ John Dewey, “John Dewey surveys the Nation's ills (1931),” in *The Later Works of John Dewey, 1925-1953*, Vol. 6 (Carbondale, IL: Southern Illinois University Press, 1985), p. 410.

于把科学方法应用到他们专业以外的问题上。当它涉及人类利益的重要领域时，他们特别喜欢保留和回到当他们年轻和敏感时期所吸收的观念和信仰上。总之，他们从不批判地审查这些先入为主的观念”①。

六

任何一个思想家的文本都是一个历史的产物。文本的历史性一方面体现在文本意图解决的问题具有历史性上。它总是与当时的特殊历史环境有关，是那个特殊的历史环境中所面临的一种具有普遍性的问题。另一方面体现在文本的创作者具有历史性上。任何一个人都是一个处于发展中的经验的总和。思想家总是在既往经验的基础上去迎接新经验的到来，旧的经验不断地被重新解释，新的经验不断被纳入原有的经验意涵之中。当思想家的经验发生重要变化时，由他所创作的文本也将同时体现成长性。这样，为了对一个思想家在不同时期的文本做出令人满意的解释，我们就一方面需要把思想家的创作放置在一个思想和行动的历史境遇之下，以了解思想家意图解答的问题在历史上有什么样的答案，他的认识与前人相比有何不同或进步之处；另一方面我们需要把思想家的系列文本视为一个随着个人经验的变化而不断成长的过程。

本文以上述的观点为指导，以 1916 年的《民主与教育》为中心，对杜威的民主与教育关系的思想进行了与以往不同的探索。我们尝试以杰斐逊、贺拉斯·曼、威廉·哈里斯为代表，对美利坚建国百年来美国教育家在不同的社会条件下对民主与教育关系的认识和实践的过程进行了初步探讨，不仅指出了三者思想之间的继承和发展的关系，

① John Dewey, “World high court for knowledge(1937),” in *The Later Works of John Dewey, 1925-1953*, Vol. 11 (Carbondale, IL: Southern Illinois University Press, 1987), pp. 129-130.

而且更重要的是指出了各自思想中存在的问题。这些未曾被解决的问题成为杜威要加以解决的历史遗留问题。总的来看，这些问题包括学习民主问题、教学民主问题、民主社会中工业和教育关系问题等。同时，也有杜威所面临的新问题，如在民主社会中如何处理阶级利益、国家主权和教育的关系？这个问题是由当时特殊环境的刺激而产生的，而这种环境是历史上其他的教育家所不曾经历的，因此这个问题不是历史遗留问题。

我们把杜威对新旧问题的探索过程基本勾勒出来了。这一过程让我们看到，杜威对教育问题的认识不是一蹴而就、一劳永逸的，而是呈现了某种由简单到复杂、由表浅到深刻、由模糊到清晰的成长过程。我们的讨论印证了本文一开始提出的假设。当然，我们证明这一假设的过程可能存在错误、遗漏，还请大家不吝斧正。

【参考文献】

［美］简·杜威．杜威传［M］．单中惠，编译．合肥：安徽教育出版社，1987.

［美］杜威著，吕达等主编．杜威教育文集（第 2 卷）［M］．北京：人民教育出版社，2008.

［美］约翰·杜威．民主主义与教育［M］．王承绪，译．北京：人民教育出版社，1990.

［美］凯瑟琳·坎普·梅休等．杜威学校［M］．王承绪，等译．北京：教育科学出版社，2007.

［美］斯蒂文·洛克菲勒．杜威：宗教信仰与民主人本主义［M］．赵秀福，译．北京：北京大学出版社，2010.

Dewey, John. The Middle Works of John Dewey, 1899-1924, Vol. 7 [M]. Carbondale, IL: Southern Illinois University Press, 1985.

Dewey, John. The Middle Works of John Dewey, 1899-1924, Vol. 8

[M]. Carbondale, IL: Southern Illinois University Press, 1985.

Dewey, John. The Middle Works of John Dewey, 1899-1924, Vol. 15 [M]. Carbondale, IL: Southern Illinois University Press, 1983.

Dewey, John. The Later Works of John Dewey, 1925-1953, Vol. 9 [M]. Carbondale, IL: Southern Illinois University Press, 1989.

桑代克：理智的实证主义者

康绍芳[①]

从思想史角度描述桑代克（Edward Lee Thorndike，1874—1949年）的一生，必然要涉及他的哲学思想，他在气质和个性上反感哲学，对同时代的哲学家杜威曾公开并傲慢地声称："我实在无法理解杜威。"[②] 在自传中，他回忆道："不可否认，哲学绝对不是我喜爱的学科。"[③] 桑代克一生极为推崇量化实证研究，他的好友兼同事在自传中将他视为理智的实证主义者。[④] 因此，单纯从思想史的角度切入桑代克的职业生涯似乎难以充分展现他的思想及其成就，有必要介入他所生活的时代语境及其学术实践揭示他的一生。

一切具体思想都发生在某一确定的历史空间，并且唯有参照这个空间才能得到充分把握。[⑤] 因此，任何言说必然是特定时刻特定意图的反映，它旨在回应特定的问题，是特定语境下的产物，任何试图超越

---

① 康绍芳，宁波大学教师教育学院副教授，博士，研究方向为外国教育史。

② Geraldine Joncich, *The Sane Positivist: A Biography of Edward L. Thorndike* (Middletown Conn.: Wesleyan University Press, 1968), p. 3.

③ Carl Murchison (ed), "Edward Lee Thorndike," in *A History of Psychology in Autobiography* (New York: Russell & Russel, 1961[c1930]), p. 263.

④ Carl Murchison (ed), "Robert S. Woodworth," in *A History of Psychology in Autobiography* (New York: Russell & Russel, 1961[c1930]), p. 366.

⑤ [德] 卡尔·曼海姆：《保守主义》，李朝晖、牟建君译，译林出版社，2002，第115页。

这种语境的做法都必然是天真的[①]。语境隐含于文本，思想史研究的任务就是要把文本修辞中隐含的语境挖掘出来进行分析。语境可以被分为多方面的内容，它既注重思想家当时所处的社会和教育语境，又关注思想家所处的知识和学术语境。在思想史研究中，只有回归特定的历史语境中，我们才能真切地理解思想者所要表达的观念和意欲回答的时代性问题。与此同时，文本的历史语境分析依然是不够的，还必须将语境再次置于文本中，在文本与语境的相互诠释与表达中研究思想史。思想史并不是一种以遵循理性秩序不断进步的单维度历史；恰恰相反，思想史所展示的是人类不同观念与思想之间的对话和争论。在教育领域，教育思想往往是在历史语境和论争中萌生并获得发展。

基于此，有必要从时代语境与舆论气候、文本诠释、对话与论争等角度阐述桑代克的职业生涯及其思想观念。

一、桑代克的社会观

桑代克首先是一位科学家，科学家的身份贯穿于他的一生。他在心理学、教育学、统计学、社会科学等方面做出的贡献，事实上都是以科学家的身份完成的。桑代克是一个科学乐观主义者，他将盛行于19世纪末的自然科学观念带入20世纪，他崇信科学是社会进步唯一坚实的基础。他在个性上从未主动参与政治[②]、宗教或社会事务。他是一个典型的工作狂，每晚入睡前都会翻阅大不列颠百科全书，为设计测

---

① 丁耘：《什么是思想史》，出自《思想史研究》（第一辑），世纪出版集团、上海人民出版社，2006，第133页。

② 桑代克不关心政治，也从不参与政治活动。他是一个与世隔绝的科学家，除了他的研究，他对其他政治、管理等问题鲜有兴趣。他的导师卡特尔因在第一次世界大战期间公开支持军事豁免权而被哥伦比亚大学解聘，这一事件对桑代克触动很大，但他不知怎样采取行动支持他的导师。

试量表搜集素材。在他看来，科学就是一种生活方式。桑代克认为以科学为指导是理智且理想的生活方式，科学不仅不会摧毁人类的自由和追求，反而会坚实有效地增进人类福祉。① 桑代克虽然谈不上是改革家，但他的职业生涯始终弥漫着科学理想主义气息，他是一位典型的理想主义者。他希望通过严谨细致的实验研究，科学地了解人类的天性，以此来改善人类的生活。② 1926 年哥伦比亚大学教师学院纪念桑代克的成就时，桑代克曾谈道："在心理学领域之外，我希望我的研究能触及政府、经济和道德领域的问题。很遗憾，人类虽然在征服、控制自然世界中取得了骄人的成绩，但无法驾驭自身。造成这一问题的障碍不再是物理学，而是心理学和社会学。心理学是否有可能帮助人类改善其心智？人类无法驾驭自我，而心理学是否有胆识完成这一任务？在此，至少我觉得我想奋力一试。"③

桑代克这一代科学家在美国科学史上被视为过渡的一代。这一代科学家处于科学职业化初期，他们深受 19 世纪末以来美国科学乐观主义和实证主义的影响，面对社会转型，他们被视为心怀抱负的一代科学家。这一时期也是宗教在社会和思想领域逐渐失去统治力的时期，科学在学术职业生活中成为新的潮流。尽管如此，桑代克这一代的科学家在学术生涯中普遍都怀着弥赛亚式的救世情结从事科学研究。

在桑代克青年时期，科学在当时备受青年人推崇，《大众科学月刊》（*Popular Science Monthly*）销量猛增，在杂志期刊界取得了巨大成功。赫伯特·斯宾塞（Herbert Spencer）的著作在全美销量超过 30 万份。1898 年，《大西洋月刊》（*Atlantic Monthly*）则直言不讳地认为

---

① Edward L. ,Thorndike,*Human Nature and the Social Order*(New York:The Macmillan Company,1940),pp. 390-394.

② Stuart A. Curtis,"Contributions in General to Education,"in *Honor of Edward Lee Thorndike* ,*Teachers College Record*,Vol. 27,No. 6,Feb. ,1926:557-564.

③ "Educators Honor Prof. E. L. Thorndike,"in *New York Times*,Feb. 20,1926:3.

美国已经成为科学主导的国家，桑代克也成为美国现代社会第一代科学家。[①]

从多个层面看，桑代克是一个典型地追随时代观念的科学家。桑代克生活的时代将科学视为组织管理公共学校的工具，崇尚将商业制度和理念作为公共学校管理改革的典范。桑代克的科学研究始终鲜明地反映着他所生活的时代，他精力充沛且充满想象力地推进科学研究，他所秉持的观念和信仰事实上已经在当时的科学界得到普遍认可。

与同时代的许多新英格兰人相同，桑代克极为勤勉活跃，从他发表的文章著作统计结果看（见图 1），桑代克近乎一生都在非常勤奋地从事科研工作。纵观桑代克的研究成果，我们会发现他的研究兴趣极为广泛，教育心理学涉及的诸多领域他都有涉足。自 1898 年至今，桑代克的教育心理学研究从很多层面都在形塑着美国教育实践。桑代克认为增进理论研究在教育中的价值，可行的办法就是一定程度上允许或鼓励研究者具有开阔的视野和广泛的兴趣。[②] 桑代克一生发表的文章著作众多，研究兴趣涉及面极为广泛，他是第一位对动物智力和学习心理进行科学研究的心理学家；与好友伍德沃斯合作研究学习迁移能力（transfer of training），从理论上打破了官能主义理论和形式训练理论对学校教学及课程思想的垄断，有关学习律的研究开启了心理学中对记忆、感知、推理等认知过程的研究。他提出的准备律、效果律和学习迁移理论成为课程研究中整合个人和社会取向的基础；在心理学和教育学中引入统计法，开发智力测试量表；探究遗传与环境在认知发展中的相互作用。另外，他的研究还涉及有关天才的研究；对成人学习心理的研究；对城市、工商业等城市机构的研究；为学校各学科

---

① Geraldine Joncich, "E. L. Thorndike: The Psychologist as Professional Man of Science," in *American Psychologist*, Vol. 23, No. 6, 1968: 434-446.

② Edward L. Thorndike, "The Value of Research in Education," in *Teachers College Record*, Vol. 33, Nov., 1931: 97.

教师开发设计教学方法和教学材料；关于词汇的研究；关于人类天性与社会关系的理论；等等。鉴于上述研究，桑代克在美国教育史上做出了很多先驱性的贡献。他是第一位系统研究动物心理学的科学家，第一位彻底采用定量调查法研究学习迁移理论的心理学家，第一位在教育中详细设计标准化量表和测试的教育学家，第一位基于社会功用设计学科课程内容的教育学家。① 桑代克的心理学研究对初等学校学科教学实践影响很大，他早年基于动物的学习行为得出的学习理论在初等学校学科教学中得到推广和运用。②

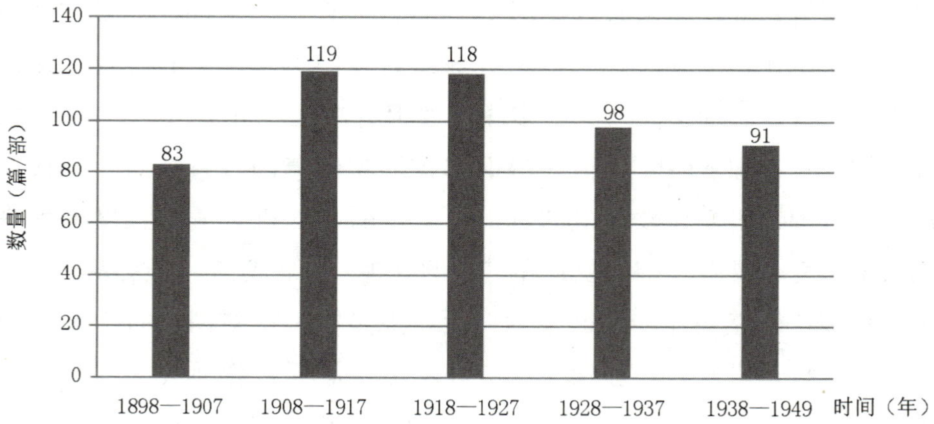

图 1　桑代克职业生涯发表文章统计图（509 篇）

数据来源：Edward L. Thorndike, "Publications from 1898 to 1940," in *Teachers College Record*, Vol. 41 (New York: Teachers College, Columbia University, 1940), pp. 699-725. Irving Lorge, Edward L, "Thorndike's Publications from 1940 to 1949," in *Teachers College Record*, Vol. 51 (New York: Teachers College, Columbia University, 1949), pp. 42-45.

---

① Harold Rugg, *Foundations for American Education* (New York: World Book Company, 1947), p. 126.

② Arthur I. Gates, "Contribution to the Psychology of the Elementary School Subjects," in *Teachers College Record*, Vol. 27, No. 6, Feb., 1926: 548-557.

桑代克是一位多产的科学家，这与他勤奋的个性有关，更与他成长的家庭环境有关。1874 年，桑代克出生于马萨诸塞州威廉斯堡的一个牧师家庭，父亲是一位非常有成就的卫理公会牧师（Methodist minister）。桑代克的家人非常重视教育，为桑代克提供了舒适的成长环境。桑代克的家族人才辈出，兄长阿什利·桑代克（Ashley H. Thorndike）是哥伦比亚大学英语系主任，弟弟林恩·桑代克（Lynn Thorndike）是哥伦比亚大学历史系教授，妹妹是高中教师。纽约《时代》杂志对桑代克家族曾给予这样的评价：桑代克家族兄弟三人同时任教于哥伦比亚大学，哥伦比亚大学的学生对桑代克家族戏称"英语、历史、心理学"，哥伦比亚大学在每个系都有桑代克家族的身影。① 爱德华·桑代克的 4 个子女也非常优秀。长女伊丽莎白·桑代克（Elizabeth Thorndike）在著名的女子学院瓦萨学院（Vassar College）担任数学教师。长子爱德华·桑代克（Edward Thorndike）是女王学院（Queens College）物理学教授。次子罗伯特·桑代克（Robert Thorndike）跟随父亲从事教育心理学研究，是哥伦比亚大学教师学院教育心理学领域的知名教授。幼子阿兰·桑代克（Alan Thorndike）是哈佛大学博士，在政府部门从事物理学研究工作。

桑代克在大学时期取得的学业成绩堪称优异，那时他就表现了勤奋刻板、认真严肃的工作风格。在他的人生计划中，几乎没有给娱乐、嬉戏留出时间和空间。在桑代克看来，生活的本质就是工作和学习。②

---

① "Dr. E. L. Thorndike, Psychologist, Dies," in *New York Times*, Aug. 10, 1949: 21.

② 罗伯特·特拉弗斯（Robert M. W. Travers）在 20 世纪 30 年代担任桑代克助教时的一些经历也反衬出桑代克在这方面的个性特点。一次，桑代克邀请几位助教到他家里共进晚餐。晚饭后，桑代克拿出一沓测试题作为游戏要求客人做，令晚餐休闲时间变得异常枯燥。桑代克一次欧洲出行，船上的游客只在用餐时间才会见到他，其他时间他都在客舱里撰写智力测试题，这就是桑代克的典型特点，严肃认真的工作和学习成为他一生的主要活动。

他不知道如何娱乐，也从未尝试过娱乐。[1] 与同一时期的其他心理学家相比，桑代克通过推广其科学研究成果积累了大量的财富，这些财富甚至超过他的导师詹姆斯·卡特尔（James McKcen Cattell）。但桑代克一生生活节制朴素，他所居住的公寓装修也极为简朴，他对奢华的生活并没有兴趣，而是把时间和精力投入繁忙的科学研究中。作为一名清教徒，他将赚钱视为成功的标志。在他看来，赚取更多的财富意味着他是一名杰出的心理学家，意味着他所坚信的科学研究是成功的。

桑代克虽然被他同时期的学者评价为反哲学的心理学家，但他具有很深厚的社会哲学观。他坚信学校的任务就是教育训练学生为适应美国社会做准备。基于其心理学理论，他认为学校的任务是在学生与社会情境之间建立联系，帮助其适应社会系统。不同于乔治·康茨（George S. Counts）的观点，桑代克认为学校的作用是维持社会系统，而不是改造社会。很显然，在社会哲学观上，他是一个保守主义者。[2]

作为一名保守主义者，桑代克将人类遗传天性作为重建社会秩序的根基，坚持认为有关人类未来福祉的影响因素，如果在遗传与环境之间做权衡，75％的因素是由遗传决定的。[3] 桑代克将人类天性作为解释构架社会秩序的基础，这一理论将人类社会中存在的专制和服从合理化，认为如果控制和服从是一种自然本能反应，这种社会现象就不足为奇。桑代克在改进社会提出的 21 点建议中谈道：社会实践应以遗传科学为根基，应赋予贤能者权力，质量优于平等，质量优于数

---

① Robert M. W. Travers, *How Research Has Changed American Schools: A History from 1840 to the Present* (Kalamazoo, Mich.: Mythos Press, 1983), p. 260.

② Robert M. W. Travers. *How Research Has Changed American Schools: A History from 1840 to the Present* (Kalamazoo, Mich.: Mythos Press, 1983), p. 308.

③ Edward L. Thorndike, William C. Bagley, *Education as Cause and as Symptom* (New York: The Macmillan Company, 1939), p. 69.

量等。[1]

基于人类天性的研究，桑代克认为改善社会的办法是优生优育，赋予有能力的人更大的权力，采用奖励机制引导社会行为，强化特定行为训练，并且由科学家和社会学家参与指导社会改革。桑代克早年推崇、偏爱生物学，坚信遗传的决定作用，在社会取向上倾向于贵族精英，社会进步取决于那些有天分和才智的少数精英。他认为至少四分之三的社会改革是由上层知识精英发起的，当然也有很多高智商的伟人是暴君，但从长远来看，社会是由高智商的人所控制，而且作为一种自然进程，赋予有能力者权力并不是不道德的事情，这类人会在最大程度上推动社会公正和福祉。真正的民主不在于不加区分地赋予所有人权力，而是为那些有能力者提供更多自由去获得权力。[2] 劳动者在社会分工中最合适的状态是所从事的工作适合其能力和天赋，对应个体差异。[3] 基于遗传的特点，桑代克强调个体能力差异，在教育中积极推广学生分类，这在一定程度上导致教育隔离现象。莫勒·科迪（Merle Curti）认为桑代克在经济观念上过于保守，过于同情商人。因此，科迪在 1935 年对桑代克的分析评价认为他对人类天性和社会制度的观点暗含非民主的意蕴。[4] 但这并不是说桑代克调查研究的问题是有选择性地迎合商界的需要，事实上，他所研究的一些议题甚至引起了商界的敌意，如个体、优生学、公立学校学生的学术能力、劳工、资

---

① Edward L. Thorndike, *Human Nature and the Social Order* (New York: The Macmillan Company, 1940), pp. 957-963.

② Edward L. Thorndike, "Intelligence and its Uses," in *Harper's Monthly Magazine*, Vol. 140, Apr., 1920: 227-235.

③ Edward L, Thorndike, "The Psychology of Labor," in *Harper's Monthly Magazine*, May, 1922: 799-805.

④ Merle Curti, *The Social Ideas of American Educators* (Paterson, New Jersey: Pageant Books, Inc., 1959), p. 474.

本、广告等方面的心理学研究。[①]

1936 年，桑代克在《哈珀月刊》（*The Harpers Monthly*）再次发表有关劳工的文章，认为从心理学分析的角度看，资本主义社会赢取利益的动机是人为了满足自身的各种欲望，包括同行认可、自我认同及获取权力。[②] 文章发表后引起巨大争议，《社会前沿》（*Social Frontier*）的主编乔治·康茨尖锐地批评道：桑代克对社会主义、马克思主义经济学及 19 世纪的乌托邦主义等术语明显有偷换概念的嫌疑，他对当时有关营利动机的不同观点明显存在误解。[③]

1940 年，桑代克基于以往研究基础和观点出版《人类天性与社会秩序》（*Human Nature and Social Order*）一书，这是桑代克集中阐述其科学观和社会观的鸿篇巨制。在序言中，桑代克申明人类的福祉需以人的科学研究为基础，……心理学知识及其应用可以辅助人类，改善生活质量。[④] 1939 年，在撰写这部著作时，桑代克已经 65 岁，他以心理学研究为根基，将研究观点推延至社会各个领域[⑤]，大有构筑人类工程学（Human Engineering）的宏图大志。桑代克通过这部雄心勃勃的著作试图在心理学研究基础上设计一整套涵盖心理学、社会福利、经济、伦理、法律、政府管理等诸多领域的社会改革方案。20 世纪初，

---

① Merle Curti. *The Social Ideas of American Educators* (Paterson, New Jersey: Pageant Books, Inc., 1959), p. 463.

② Edward L. Thorndike, "The Psychology of Profit Motive," in *The Harper's Monthly*, Sept., 1936: 431-437.

③ George S. Counts, "Professor Thorndike on the Profit Motive," in *The Social Frontier*, Vol 3, Nov., 1936: 38.

④ Edward L. Thorndike, *Human Nature and The Social Order* (New York: The Macmillan Company, 1940), p. Ⅴ.

⑤ 桑代克对人类天性和社会秩序的研究包罗万象，涉及诸多概念，如个体、天性、能力、需要、兴趣、态度、信念、知识、时间与金钱管理、领袖及其道德、城市、社会秩序等。

行为科学和社会科学开始积极干预社会变迁，如弗里德里克·泰勒（Frederick Taylor）及其他一些社会科学家开始尝试采用科学方法提高工业效率。桑代克也坚信他的教育心理学方法可以提高学校的效率并以此改进社会。

桑代克是资本主义价值理念的热情捍卫者。他虽然坦诚资本主义制度、自由商业确实有各种缺点、不足，但认为总体上这种经济运行模式契合人类需要。① 在桑代克看来，积累财富本身就是体现人的能力的过程。基于在遗传和个体差异方面的研究结论，他极力反对平等主义，认为人在出生时身体和心智上都各有差异，不平等不可避免。不得不承认，这一时期商业领域崇尚效率和精确测量的社会语境对教育产生了巨大影响。同时，教育家也必须面对转型时期出现的更加具体的教育学问题，而桑代克的研究对于解决上述问题起了极为重要的作用。他的研究改善了学校管理，对具有不同天赋能力的学生进行了有效的分类、分组，并且对特殊儿童给予了具有针对性的关注，通过测试对课程进行了合理的分类、分层，进行了大量的统计调查，对教学和课程所使用的技术进行了批判性的诊断，设计教育成就测量工具和方法。

拉格指出20世纪上半叶的教育学家运用科学方法研究教育问题反映了典型的机械论观念和倾向。在此过程中，教育中的研究对象被物化，这一现象的出现是对当时社会语境的折射。当时的社会文化崇尚竞争、排名，商业、政治、教育、文化等方方面面概莫能外。这一舆论气候迫使教育评估倒向排名式秩序（Rank-Order concepts）。②

20世纪初，商业领域追求效率的价值观确实成为如桑代克一样的

---

① Edward L. Thorndike, *Human Nature and The Social Order* (New York: The Macmillan Company, 1940), p. 699.

② Harold Rugg, *Foundations for American Education* (New York: World Book Company, Yonkers-on-Hudson, 1947), pp. 728-729.

科学家、心理学家和教育学家所面临的时代语境。商界信奉成果取决于个人能力和天分，推崇通过科学调查解决教育问题。这并不是说桑代克调查研究的问题是有选择性地迎合商界的需要。事实上，他所研究的一些议题如个体、优生学、公立学校学生的学术能力、劳工、资本、广告等方面的心理学研究甚至引起了商界的敌意。

虽然本人推崇自由资本主义，但桑代克对罗斯福新政表达了一定程度上的认可。桑代克成长和生活的时代被马克·吐温（Mark Twain）称为镀金时代（gilded age），这个时代将进步视为一种技术性的概念，意味着铁路、蒸汽机、煤炭、工厂等基础设施和技术的改进。但在1929年经济危机后，这一信念逐渐发生动摇，罗斯福政府对进步概念有了新的认识：社会科学的发展与自然科学同等重要。截至1937年，由联邦政府工作进展管理局（Works Progress Administration）资助的3000个项目中，绝大多数是社会科学和人文科学项目。罗斯福政府认为单纯推广技术并不能改善民众生活。

在许多方面，桑代克的价值立场与威廉·哈里斯及他的支持者社会科学家威廉·萨姆纳（William Graham Sumner）相似，都崇尚社会保守主义，认为社会进步并不取决于教育文化普及大众，而是取决于天才精英教育。他认为在获取财富与智商、道德素养之间存在正相关，这是对美国建国以来从本杰明·富兰克林（Benjamin Franklin）到萨姆纳所推崇的资本主义精神的继承，这种精神将道德等同于财富的获得，唯一不同的是他在其中注入了科学元素。[①] 桑代克尝试将科学方法引入社会领域解决人类社会问题，科学不应被局限于自然科学领域，而应被推广到人类社会的各个领域，伦理学研究也应该科学化，价值问题可以也应该运用科学方法进行研究。

---

① Clarence J. Karier, *Man , Society , and Educatio : A History of American Educational Ideas* (Glenview, Illinois: Scott, Foresman and Company, 1967), p. 174.

桑代克的教育思想倾向于社会保守主义或激进主义，他认为从学习行为上看，动物和人类没有本质上的区别，在进化过程中，学习行为在二者之间并没有根本性的断裂。桑代克坚信人类可以实现自我完善，他也强调个体适应环境的必要性。[①] 这一点在他的学习律中有非常显著的体现，如准备率、练习率、效果律都是或强化保存或削弱剔除原始行为的学习模式。在学习过程中，通过练习、奖励或惩罚建立或阻止预期的联结，强调驯化和教化，这意味着教师在学习过程中具有主导权。[②] 总的来说，桑代克早期的认知研究认为，学习行为在情境—反应（situations and responses）的联结中得到实现。桑代克尝试将这一模型运用到整个社会哲学中，这一模型在某种程度上也迎合了美国社会追求简单实用的时代氛围。很多批评桑代克的人认为他的理论有机械决定论的倾向，也有批评人士认为桑代克基于其联结主义心理学提出的学习规律在导向上具有职业主义倾向，适用于培训儿童特定的技能。伯德认为桑代克联结主义学习理论的应用忽视了学生自主思考的能力，桑代克的理论更适合君主贵族社会，而不适合民主社会。桑代克的观点忽视自主思考能力的培养，这种心理学本身就是民主社会的敌人。[③]

尽管在有关桑代克的研究文献中他被视为联结主义者（connectionist），但他的儿子罗伯特·桑代克认为将桑代克界定为经验

---

① Edward L. Thorndike, *Educational Psychology, Vol. Ⅰ, The Original Nature of Man* (New York: Teachers College, Columbia University, 1913), p. 312.

② Merle Curti, *The Social Ideas of American Educators* (Paterson, New Jersey: Pageant Books, Inc., 1959), p. 470.

③ Boyd H. Bode, *Modern Educational Theories* (New York: Vintage Books, 1927), p. 186.

主义者（empiricist）、调查者和数据分析家更为合适①。杰拉尔丁·乔西奇（Geraldine Joncich）则认为桑代克对科学的信仰带有福音派倾向，他希望通过科学增进人类福祉。乔西奇对保守主义的内涵提出了个人看法，认为保守主义本意是支持教育以此作为社会改革最有效的工具，保守主义是对改革所产生的压力最稳妥和积极的回应，是对旧有社会的改良而不是完全颠覆。此外，理想主义因将人类的希望完全寄托于教育而容易令人沮丧，桑代克并没有将学校作为普遍的社会良方，他只是把科学和教育视为改进社会的知识和技术而已。②

二、桑代克的思想渊源及知识观

在知识谱系和思想继承方面，威廉·詹姆斯（William James）、詹姆斯·卡特尔和英国遗传学家弗兰西斯·高尔顿（Francis Galton）、安德鲁·阿姆斯特朗（Andrew C. Armstrong）对桑代克的影响最深。另外，心理学家斯坦利·霍尔（Stanley Hall）、查尔斯·斯皮尔曼（Charles Spearman）等虽然与桑代克的观点有不同之处，但对桑代克的思想观点都产生了很大的影响。③

因家族渊源，在入读哈佛大学前，桑代克的主要兴趣是英语语言文学。1891 年，桑代克入读卫斯理大学（Wesleyan University）接受古典教育。19 世纪 90 年代，科学课程虽已被引入大学，但因师资和实

---

① Robert L. Thorndike, Edward L. Thorndike, "A Professional and Personal Appreciation," in *Portraits of Pioneers in Psychology* (New Jersey: Lawrence Erlbaum Associates, Inc., 1991), p. 140.

② Geraldine Joncich, *The Sane Positivist: A Biography of Edward L. Thorndike* (Middletown, Connecticut: Wesleyan University Press, 1968), p. 548.

③ "Edward Lee Thorndike," in *A History of Psychology in Autobiography*, Vol. Ⅲ (Worcester, Mass.: Clark University Press, 1961[c1930]), pp. 263-270.

验设备欠缺，学生很少有机会学习科学课程。卫斯理大学虽然在这方面条件较好，但桑代克受益非常有限，只在大一时选修过一门心理学课程，课程内容主要以介绍赫尔巴特心理学为主。桑代克对哲学没有兴趣，在其职业生涯中也从未涉足任何与哲学有关的研究。

从卫斯理大学毕业后，桑代克申请入读哈佛大学。在哈佛学习期间，桑代克的课程仍以英语语言文学为主，当时的哈佛大学哲学学科云集了乔赛亚·罗伊斯（Josiah Royce）、乔治·桑塔亚纳（George Santayana，1863—1952 年）、乔治·帕尔默（George H. Palmer）等知名哲学家，但桑代克仍然对哲学缺乏兴趣。桑代克对罗伊斯缺乏测量和数据的哲学思想几乎没有什么耐心，詹姆斯和桑代克的交流始于詹姆斯对经验实证研究的尊重，詹姆斯本人缺乏系统实验研究的能力，而对桑代克的实验研究给予了多方面的支持。在哈佛期间，桑代克阅读了桑塔亚纳的《理性生活》（*the Life of Reason*）及杜威在哲学和教育学领域的著作，但他依然认为自己在哲学方面的知识视野非常浅显。

桑代克坦承他步入心理学的职业生涯基本上是源于外在压力或机会使然，而并非内心需要。① 在哈佛大学攻读硕士学位期间，他因偶然机会阅读了威廉·詹姆斯的《心理学原理》（*Principles of Psychology*）从而对心理学产生了浓厚的兴趣，通过选修詹姆斯的课程，桑代克的职业生涯从文学向心理学发生了转变。1897 年，他放弃英语文学专业，开始从事心理学研究。②

威廉·詹姆斯的心理学有两个方面的取向，一是现象学（phenomenology），二是生物行为主义（biological behaviorism）。后者

---

① "Edward Lee Thorndike," in *A History of Psychology in Autobiography*, Vol. Ⅲ (Worcester, Mass.: Clark University Press, 1961[c1930]), pp. 263-270.

② "Edward Lee Thorndike," in *A History of Psychology in Autobiography*, Vol. Ⅲ (Worcester, Mass.: Clark University Press, 1961[c1930]), pp. 263-270.

在杜威看来，对后来出现的工具主义产生了深刻影响。[①] 生物行为主义被霍尔和桑代克继承，在他们的心理学研究中得到强化。詹姆斯的一部分思想推崇遗传、经验实证，在社会观方面偏于保守，这些思想被桑代克继承，并且通过桑代克对 20 世纪上半叶美国教育产生了深刻影响。20 世纪 20 年代之前，杜威对桑代克将刺激—反应心理学理论运用于学校实践也基本持赞同态度。

如果说心理学家霍尔和弗洛伊德侧重研究人类的“本源”（roots），那么社会心理学家乔治·米德（George H. Mead）、联结主义者（connectionism）桑代克、行为主义者华生和斯金纳则更为侧重人类文明的“成果”（fruits）。前者被视为 19 世纪的典型思想观念，后者则被视为 20 世纪的主导观念。[②] 总的来说，桑代克的知识观具有典型的现实主义取向，从联结主义理论来看，知识在本质上是情境—反应之间形成的联结。

桑代克在哥伦比亚的早期，哥伦比亚大学的哲学氛围主要以现实主义为主，当时有许多思想家都向现实主义转型。1892 年全美心理学协会创办伊始，相当比例的会员是哲学家，但情况迅速发生转变，心理学开始向实证、实验研究转型。在此，桑代克的导师卡特尔发挥了关键作用。卡特尔 1888 年被授予心理学教授头衔，他是世界上第一位心理学教授，他在宾夕法尼亚大学开设的实验室被视为全美第一所采用实验室方法进行心理学研究和教学的机构。1891—1917 年，卡特尔将哥伦比亚大学打造成全美培养心理学博士的核心阵地，他本人指导了约 50 篇博士论文。1901 年，他先于威廉·詹姆斯成为第一位入选全美科学院（National Academy of Science）的心理学家。卡特尔也是创

---

① John Dewey, *Philosophy and Civilization* (New York: Capricorn Books, 1931), pp. 27-29.

② Clarence J. Karier, Man, Society and Education: *A History of American Educational Ideas* (Glenview, Illinois: Scott, Foresman and Company, 1967), pp. 165-166.

办全美心理学协会的发起人之一，1895 年担任该协会主席。与此同时，卡特尔积极组织创办心理学杂志，如 1895 年创办《心理学评论》（*Psychological Review*），主编《科学》（*Science*）杂志等。1900 年，桑代克曾协助卡特尔主编《大众科学月刊》和《科学》杂志，桑代克的《教育心理学》《认知与社会测量理论导论》（*Introduction to a Theory of Mental and Social Measurement*）及其他研究成果都曾在卡特尔主编的杂志中连载。詹姆斯·卡特尔曾提到桑代克是他所见之人中最具科学家素质的学者，桑代克具备客观冷静地研究科学问题的素质和能力。①

桑代克本人虽然回避哲学，但他是在浓郁的哲学氛围中从事心理学研究的，也无法回避哲学认识论中最基本的问题：人如何获得知识？因此，西奥多·布拉梅尔德（Theodore Brameld）甚至将桑代克视为教育哲学中最杰出的现实主义者，桑代克的联结主义学习理论就是范例。布拉梅尔德提出，虽然不是所有的现实主义教育哲学都归于联结主义，但几乎大部分现实主义者在学习观上都与联结主义相似。在某种程度上，现实主义者普遍将科学事实和规律视为认识世界的前提。②

作为一名进化论者，桑代克坚信动物和人在进化过程中的关联，可以通过动物心理学去理解人类智力的发展。在动物智力研究中，他形成了贯穿其一生的理论观点：联结主义，情境—反应之间的连接通

① James McKcen Cattell, "Thorndike as Colleague and Friend," in *Teachers College Record*, Vol. 27, Number 6, Feb., 1926: 461-465.

② Theodore Brameld, *Philosophies of Education in Cultural Perspective* (New York: Dryden Press, 1955), p. 245.

过练习律和效果律得到体现。效果律后来被华生和斯金纳继承和发展①，但桑代克在心理学立场上与华生存在尖锐的冲突，尤其是关于个体差异的解释，桑代克将个体差异归因于遗传因素，华生则将其归咎于环境。华生和桑代克在心理学立场和知识观上的差异，直接导致两人形成了不同的社会取向，华生转向社会激进主义，而桑代克则倾向于社会保守主义，桑代克的社会价值取向与当时中产阶级的价值观更为合拍、一致。桑代克强调遗传因素，但不认同霍尔提出的“复演论”观点，认为人有主动选择甚至创造环境的潜能②。在理论立场上，桑代克不认同霍尔，在进化理论的语境下对霍尔的教育观点提出异议。他追随导师詹姆斯的思想，坚信人类可以通过自我改善变得更好。他将实验研究结论向教育学界推广应用，旨在实现他的教育理想和信念。在教师学院近 50 年的职业生涯中，他培养了整整一代教育家。在终极意义上，桑代克的目标是建立综合的教育科学，以此为教育提供一套完备的知识体系。起初，他坚信通过科学可以改善教育方法，后来逐

---

① 斯金纳心理学研究中设计的“斯金纳箱”深受桑代克动物心理学研究的影响。斯金纳自称他的研究工作就是在桑代克的谜箱（puzzle box）实验的基础上完成的。桑代克的心理学思想一定程度上延续了俄罗斯心理学家和生理学家的观点。基于动物实验，他认为所有的学习行为都是基于对特定情境的反应（situation and response），这种学习模式也适用于人类。为了能够对动物学习行为进行研究，桑代克针对小鸡开发了迷宫（maze），在迷宫中观察、研究小鸡获取食物过程中习得的能力。他的第二项发明是开发了针对狗、猫和猴子的迷箱（puzzle box）。在该设备中，动物可以通过操作某些开关逃出迷箱获取食物，桑代克以此来观察和强化动物的学习行为。他的第三项发明是开发了信号（signal）或选择反应（choice reaction）实验。实验中的动物必须根据提示信号或指示学习某种行为。桑代克开发的这些实验设备成为后来动物心理学研究的标准工具，大量动物心理学研究都会采用他所设计的工具。

② 在这一点上，桑代克似乎是极为矛盾的，既强调遗传的决定作用，又希望改善人类的天赋能力。

渐认为教育目标也应该由科学来决定。[①]

虽然桑代克在自传中提到了詹姆斯和卡特尔对他职业生涯的影响，但事实上，桑代克在卫斯理大学时期另外一位教授对他的影响非常深刻，这位教授是安德鲁·阿姆斯特朗。阿姆斯特朗在卫斯理大学时，恰好是美国心理学从思辨哲学向实验科学转型的时期，阿姆斯特朗在其中发挥了非常关键的作用。1894 年前后，卫斯理大学扩展课程内容，开设实验室课程。1896 年，另外一名崇尚实验主义的青年学者查尔斯·贾德（Charles H. Judd）也来到卫斯理大学师从阿姆斯特朗。很显然，阿姆斯特朗所在的卫斯理大学为桑代克、贾德从事“科学”心理学和教育学播下了种子，阿姆斯特朗也为这批以后知名的心理学家提供了最基础的“科学”式训练。阿姆斯特朗在课程中主要参考英国人詹姆斯·萨利（James Sully）的《心理学大纲》（*Outlines of Psychology*），这是桑代克接触的第一本心理学文献，虽然萨利将心理学界定为不同于自然科学的道德科学，桑代克在此对心理学没有产生太大的兴趣，但从桑代克的整个职业生涯来看，他后来研究的教育心理学课题中的很多内容在萨利的书中都有提及。

阿姆斯特朗还积极倡导将心理学研究成果运用于教育理论和实践，虽然卫斯理大学当时并没有设立教育系，但培养了 5 位全美知名的教育家：桑代克、贾德、沃尔特·迪尔伯恩（Walter F. Dearborn）、亚历山大·英格利斯（Alexander James Inglis）、弗兰克·弗里曼（Frank N.

---

① 关于这种变化，可以比较参看他的两篇文献：Edward L. Thorndike, *Principle of Teaching: Based on Psychology*（New York: A. G. Seiler, 1906）, p. 2; Edward L. Thorndike, "Educational for Initiative and Originality," in *Teachers College Record*, Vol. XVII, No. 17, 1916:405-416。

Freeman)。[①]

定量研究取向是桑代克进行科学研究的主要立场和风格，他大部分的职业生涯都是以搜集、整理、分析数据为主。桑代克在心理学和教育学研究中推崇统计学代替哲学，测量作为教育实践的基本原则。他始终坚信科学的教育知识应该通过测量统计获取证据事实，而不是依靠个人意见和推测。[②] 事实上，在桑代克早期的知识背景中，数学方面的训练是薄弱的，他本科时期的专业是文学，即使到了哈佛大学，他当时的职业理想也是成为一名英语教师。在哈佛大学期间，威廉·詹姆斯将他引入心理学领域，但詹姆斯本人并不从事量化研究。一直到哥伦比亚大学攻读博士学位，桑代克才开始接触统计方法并最终确立其量化研究的取向。研究方法和风格的转型在他 1904 年出版的《认知与社会测量理论导论》（*Introduction to a Theory of Mental and Social Measurement*）一书中得到体现，本书也成为教育学和心理学领域的研究生学习心理测量和统计的主要参考文本。在统计学方面，英国遗传学家高尔顿对桑代克影响至深。高尔顿早在 19 世纪中期就开始采用统计方法对人类天赋秉性进行系统研究。桑代克则将统计学运用于教育研究，促成教育研究科学化。1921 年，桑代克在哥伦比亚大学的一次开学演讲中说道："教育知识必须以测量的形式量化。""直到现在，教育中运用测量技术研究人类心智的文献非常稀少，截至 1910 年，联邦、州、地方政府中有关教育的报告主要集中于学生、教师的规模数量及校园固定资产、教学课时数、教学书籍及资源费用等，极少涉

---

① Geraldine Joncich, "Complex Forces and Neglected Acknowledgments in the Making of a Young Psychologist: Edward L. Thorndike and His Teachers," in *Journal of the History of the Behavioral Sciences*, Vol. 2, No. 1, Jan., 1966: 43-50.

② Edward L. Thorndike, *Educational Psychology* (New York: Lemcke and Buechner, 1903), p. 164. 亦可参见 Edward L. Thorndike, "The Measurement of Educational Products," in *School Review*, Vol. XX, No. 5, May, 1912: 289-299。

及学生的认知、能力、个性、技能等方面的数据信息。”①

另外，在人性观和知识观方面，桑代克也深受高尔顿影响，极为推崇遗传因素在知识生产和社会进步中的决定作用。桑代克认为社会的进步并不取决于知识的平均分配，他反对沃德提出的知识领域中的“知识平等主义”（Intellectual Egalitarianism）。沃德基于知识平等主义的理论尝试解决社会问题，认为几乎所有伟大的思想家都因为接受了良好的教育才成为伟大的人物。② 而桑代克却提出了相反的观点，认为伟大的思想家因其天分才会接受教育，他更加推崇赋予少数天才更多机会。桑代克提出知识的生产与知识的应用及其影响力是不同的概念，知识生产本身是由少数人控制的，而知识所产生的效用则是惠及全民的。桑代克将沃德的知识平等主义界定为知识共产主义（Intellectual Communism）。③ 桑代克不认同沃德在《应用社会学：论社会对社会的自觉改进》（*Applied Sociology*：*A Treatise on the Conscious Improvement of Society by Society*）中提出的平等主义观点，认为这最多是对知识共产主义（intellectual communism）所做的辩护而已。④

基于遗传差异，桑代克强调人类在知识领域的分工与分层。在教育中，应基于遗传天分的差异设计相应的制度。因此，桑代克尝试通过智力测量为学校、商人、教会和政府提供精确完整的数据信息，以

---

① Edward L. Thorndike, "Measurement in Education," in *Teachers College Record*, Vol. XXII, No. 5, Nov., 1921, pp. 371-379.

② Lester F. Ward, *Applied Sociology*: *A Treatise on the Conscious Improvement of Society by Society* (Boston: Ginn & Company, 1906), p. 95

③ Edward L. Thorndike, "Education: A Sociologist's Theory of Education," in *Bookman*, Vol. XXIV, Nov., 1906: 290-294.

④ Edward L. Thorndike, "A Sociologist's Theory of Education," in *Bookman*, Vol. XXI, 1906-1907: 294.

此设计社会分工，确保各司其职、各尽其责。① 在桑代克看来，如果在一个社会中，那些从能力上仅有半教育或半知识（semi-knowledge）状态的人不能认识到自身在智识领域中的位置而试图成为专业人员，那对公共社会来说将是危险因素，这群人可以被界定为虚假的知识分子（pseudo-intellect）。②

如果桑代克的人性观和知识观可行，那么家庭背景和后天的环境在人的发展中并不起决定作用，这种推论似乎又说明桑代克的观点并非反民主。在桑代克看来，民主社会实现的途径需要依靠知识贵族（Intellectual Aristocrats）。因此，从其知识观看，有人将桑代克描述为自由主义者，但更多的学者将他视为保守主义者。依据经济学家阿尔伯特·沃尔夫（Albert B. Wolfe）对保守主义的界定③，桑代克可以说是“典型的保守主义者”④。

三、教育理想主义者：桑代克的职业生涯

桑代克在教育思想中表达的观点与其社会观和知识观有内在一致性，桑代克是一位典型的教育理想主义者，纵观其职业生涯，我们发现他一生都怀着弥赛亚式的救世情结从事教育科学研究和学校改革工作。在教育研究中，桑代克吸收了霍尔儿童研究的热情，但摒弃了他的感性、轶事式的研究方法，致力于将儿童研究进一步科学化，以此

---

① Edward L. Thorndike,“Intelligence and its Uses,”in *Harper's Monthly Magazine*, Vol. 140, Apr. , 1920: 227-235.

② Edward L, Thorndike,“The Psychology of the Half-Educated Man,”in *Harper's Monthly Magazine*, Vol. 140, Apr. , 1920: 666-670.

③ 沃尔夫提出典型的保守主义是指个体基于天赋本能主动地适应环境以满足、适应其内在需要和个性。

④ Albert B. Wolfe, *Conservatism, Radicalism, and Scientific Method: An Essay on Social Attitudes* (New York: The Macmillan Company, 1923), p. 24

作为改善人类福祉的根基。受威廉·詹姆斯启发，他将心理学研究中的实验法运用到教育研究。在达尔文进化论思想的影响下，桑代克认为人类天性是生物进化的产物。1909 年夏，桑代克在加州大学暑期课程一次讲座中专门阐述了达尔文对心理学的贡献。他坦诚达尔文的物种进化理论促使心理学家从进化历史的角度看待人类心理的变迁。[①] 他对个体差异的广泛研究得出的结论认为社会经济阶层之间的巨大差异是由遗传智力差异造成的。在方法论上，他借鉴高尔顿的统计法、比奈的智力测量，开启了 20 世纪初美国的教育测量和教育科学化运动。[②]

（一）桑代克与教育研究的渊源

桑代克进入教育学领域时，全美教育协会还没有下设教育心理学部，有关心理学和教育科学的讨论主要来自学校管理者或教学方法领域的教授（professors of teaching methods）。事实上，这一时期，心理学作为教育学的理论基础已经开始备受关注，同时也引起了巨大争议，如在 1895 年 4 月马萨诸塞学校校长俱乐部（Massachusetts Schoolmaster's Club）的研讨会中，心理学家雨果·闵斯特伯格（Hugo Münsterberg）向参会的威廉·哈里斯和斯坦利·霍尔（G. Stanley Hall）提出了生理学、实验心理学及儿童研究等议题。

闵斯特伯格围绕教育问题的两派争论——理想主义和唯物主义做了详细的阐述。理想主义观点认为生理学和实验心理学的方法可以直接成为学校教师的教学方法；唯物主义则将儿童客体化，忽略儿童的自由意志。闵斯特伯格对当时儿童研究的上述成果保持怀疑的态度，他认为有必要清晰界定一些概念，如儿童研究、儿童心理学、实验心

---

① Edward L. Thorndike, "Darwin's Contribution to Psychology," in *Selected Writings from a Connectionist's Psychology* (New York: Appleton-Century-Crofts, 1949), pp. 349-363.

② Geraldine M. Joncich, "Science: Touchstone for a New Age in Education," in *Psychology and the Science of Education: Selected Writings of Edward L. Thorndike* (New York: Teachers College Press, 1962), pp. 3-4.

理学、生理心理学、教育心理学、教育、教学（instruction）、学校教学（school teaching）等。与此同时，非常有必要厘清这些概念之间的相关关系，其中儿童和心理学是两个逻辑上相互独立的概念。心理学是描述和解释认知现象的科学，而儿童目前还没有学术意义上的界定，姑且将其界定为从婴儿到 25 岁这段快乐时光。[①] 闵斯特伯格提出，所谓的儿童研究心理学事实上是一个综合体，其中涉及历史学、经济学、伦理学乃至生理学等，但毫无疑问，它不是心理学。他认为对个体儿童的研究远优于统计研究，对于儿童特定阶段的研究，观察法要远比实验调查法重要。儿童研究并不局限于心理学研究，教师在教学中不应仅仅局限于心理学研究。教师应从综合宽泛意义上研究儿童，将儿童视为具有自由意志的个体，而不仅仅是心理学—物理学意义上的客体。从这个角度说，研究人类的认知活动并不是一个专门的科学，它涉及历史学和文学，涉及逻辑学、伦理学、哲学，乃至诗学和宗教。[②]

正是在这样的舆论气候下，桑代克开始涉足教育研究。1898 年，桑代克博士毕业后进入凯斯西储大学女子学院（College for Women of Case Reserve University）担任教育学教师，因教学需要开始接触教育学。1898 年，桑代克在写给卡特尔的信中提到他花费了暑假两个月的时间研读有关教育及其历史的文献。在搜集、阅读有关教育学的文献后，桑代克认为，虽有大量教育“科学”（“science” of education）的文献，但“科学”的内容主要是以前人提出的教育原则为主，几乎没有涉及实证方法。[③]

---

① Hugo Münsterberg,"Psychology and Education,"in *Educational Review*, Vol. 16, Sept. ,1898:105-132.

② Hugo Münsterberg,"Psychology and Education,"in *Educational Review*, Vol. 16, Sept. ,1898:105-132.

③ Geraldine Joncich, *The Sane Positivist : A Biography of Edward L. Thorndike* (Middletown, Connecticut: Wesleyan University Press, 1968), p. 157.

在凯斯西储大学女子学院授课过程中，桑代克试图打破当时课程和教材中流行的“教育学原理”（principles of education）传统，因反对哲学而倾向于实证归纳分析，桑代克对带有演绎推理性质的裴斯泰洛齐主义、福禄贝尔主义和赫尔巴特主义都持怀疑态度。桑代克认为客观立场和激发好奇心应该成为教师与学生的主导关系。基于此，他进而指出赫尔巴特主义心理学和霍尔式的儿童心理学都不能作为教育科学的理论基础。赫尔巴特主义心理学弱于经验实证，霍尔的儿童研究欠缺客观立场。① 儿童研究运动搜集了大量有关儿童的数据材料，但在科学意义上，这些数据并没有获得专业心理学家的认可。霍尔的学术倾向代表了儿童研究运动的精神气质，他虽然是美国第一位拿到心理学博士的学者，但他算不上严格意义上的科学家。在桑代克看来，霍尔倾向于艺术而非事实，他更像一位文学家，而不是科学家。桑代克指出，霍尔在哲学、心理学、教育学和宗教等领域都有涉猎，但他的研究没有使用实验研究方法，也没有定量分析。1883 年，霍尔开始关注儿童研究和教育问题，1883 年发表《儿童心智的内容》，教育界、社会慈善和宗教界都将霍尔视为“儿童研究运动”的先驱和领导者。桑代克认为霍尔的儿童研究汲取了卢梭的部分教育思想，倾向于艺术而非科学。霍尔是诗人式心理学家（Poet-Psychologist），在心理学研究中，霍尔的人文主义倾向导致他走向神秘主义和浪漫主义。② 桑代克认为霍尔的儿童研究不足以称为教育科学，不适合引入他在凯斯西储大学女子学院的课程教学中。

1899—1900 年，转入哥伦比亚大学教师学院前后，桑代克以心理学家的身份开始涉足教育研究，如通过问卷调查研究中学拉丁语课程

---

① Geraldine Joncich, *The Sane Positivist: A Biography of Edward L. Thorndike* (Middletown, Connecticut: Wesleyan University Press, 1968), p. 165.

② Edward L. Thorndike, “Biographical Memoir of Granville Stanley Hall, 1846-1924,” in *Biographical Memoirs-National Academy of Sciences*, Vol. XII, 1925: 132-141.

的价值。桑代克在文章中尝试将实证调查的研究方法运用于教育研究，以此作为科学研究教育问题的范例。①

（二）教师学院：桑代克教育科学研究的黄金时期

桑代克以心理学家的身份对教育产生了极为重要的影响，罗伯特·特拉弗斯（Robert M. W. Travers）认为桑代克或许是对教育影响最为深刻的心理学家。要理解这种影响力，则需要理解他所生活和工作的特定环境。桑代克对美国教育的影响与教师学院的声名紧密联系在一起。如果不是源于他在教师学院的名气，桑代克在教育领域产生的影响可能更为间接，一定程度上，教师学院的福音派传统塑造了桑代克的职业生涯。② 桑代克在个性中有福音派的使命感，他将自己视为教育改革家，改革成功与否也是对其人生成功与否的测试。他到各地巡讲，不仅仅是在推销他的研究成果，还是在像布道者一样确立新的教育秩序。他并不是一个狂热的福音主义者，他平常沉默寡言，但内心深处希望改善他所生活的世界。③

桑代克在教师学院的职业生涯主要分为两个阶段：1899—1921 年是桑代克在教师学院的第一阶段，这一时期他主要是以教师学院教师的身份从事科学研究和教学工作。1921—1940 年是第二阶段，1921 年桑代克被拉塞尔任命为新成立的心理系教育研究院院长。自此，桑代克开始集中精力进行大规模的心理学和教育研究。

1. 早期的教学工作及认知研究

桑代克 1899 年转入教师学院后，短短几年迅速晋升为全职教授。

---

① Edward L. Thorndike, "Some Data Concerning the Value of Latin as a Secondary Subject," in *Journal of Pedagogy*, Vol. 13, June, 1900: 27-38.

② Robert M. W. Travers, *How Research Has Changed American Schools: A History from 1840 to the Present* (Kalamazoo, Mich.: Mythos Press, 1983), p. 249.

③ Robert M. W. Travers, *How Research Has Changed American Schools: A History from 1840 to the Present* (Kalamazoo, Mich.: Mythos Press, 1983), p. 279.

1899 年桑代克还是遗传心理学讲师，1904 年就已晋升为教育心理学教授。1921 年之前，桑代克长期坚持为本科生和研究生授课，很多学生都亲切地称他“爱德华兄”（Brother Eddie）或“桑尼”（Thorny）。①

在教师学院的早期职业生涯中，桑代克将很大一部分精力投注在教学工作上。在制定教学教案的基础上，他出版了一系列著作，如《心理学的元素》（*The Elements of Psychology*）、《儿童研究笔记》（*Note on Child Study*）、《教育心理学》（三卷本）（*Educational Psychology*）、《认知与社会测量理论导论》（*Introduction to a Theory of Mental and Social Measurement*）、《算术心理学》（*Psychology of Arithmetic*）等。当时的教学制度规定教师必须亲自设计完整的课程大纲，同时所设计的课程大纲会在《教师学院纪要》（*Teachers College Record*）公开发表。1901 年，《教师学院纪要》第 2 卷发布了桑代克主讲的“儿童研究”（Study of Children）课程大纲②。与此同时，桑代克为这门课程开发了相应的辅助学习材料，这些辅助材料大部分源于儿童研究运动中福禄贝尔、威廉·詹姆斯、詹姆斯·鲍尔德文（James M. Baldwin，1861—1934 年）、康维·摩根（Conway Lloyd Morgan）等哲学家、教育家、心理学家的研究，但几乎完全忽略了霍尔及其学生的研究。我们无法获知霍尔如何看待当时桑代克的上述举动，但这对在儿童研究运动中占据重要位置的霍尔来说，很难说是一件愉快的事。

桑代克长期以来特别注重将其心理学的研究成果运用于学校课堂教学和学习中，在教师学院早期的职业生涯中，他就设计了一系列测量书写、作文、绘画的工具。他对教育的态度一直奉行从搜集事实数

---

① Jesse Ross, *A Study of the Essential Works of E. L. Thorndike* (Syracuse, New York: Syracuse University, PhD Dissertation, 1950), p. 25.

② Edward E. Thorndike, “Child Study: Sources of Material and Syllabi of College Courses,” in *Teachers College Record*, Vol. 2, No. 3, May, 1901: 1-110.

据开始，认为各类量表可以具体明确地帮助教师和管理者诊断学生的学习情况。

在市场上，桑代克提供的量表并不是唯一的测试工具。但比较而言，桑代克提供的量表在设计上更为合理，他也是最早从英国引介统计技术的先驱，早在1904年《认知与社会测量理论导论》一书中他就曾介绍阐述统计技术方面的研究成果。不同于其他心理学家，他格外注意测量工具在技术统计上的信度和效度。他在算术领域设计的教学材料和量表影响最为广泛。1917年，他出版了3册《桑代克算术》（*Thorndike Arithmetic*）。这套书是桑代克所有著作中发行量最大的作品，在发行的高峰期，年发行量曾一度达到上百万册，桑代克的薪水和收入也因此大幅提高。[①]

1910年后，桑代克在教育学术研究中的名气迅速超过杜威，这一时期的桑代克开始获得各种头衔和荣誉。美国科学促进协会（The American Association for the Advancement of Science）是美国第一个正式的专业科学协会。该协会创建于1847年，早期会员以地理学家为主。1901年桑代克成为该协会会员，1907年成为该协会教育部门的秘书，1911年晋升为主席，1917年荣任人类学和心理学部门的主席。据《纽约时报》报道，美国科学促进协会有史以来第一次选择一位知名的教师和教师的教师担任主席，……但从根本上他是一位科学家。

1912年，哈佛大学校长洛厄尔（Abbott Lawrence Lowell，1856—1943年）为桑代克提供了一个全职教授的职位，希望桑代克能转到哈佛大学任教。拉塞尔及桑代克的家人都不同意桑代克离开教师学院，但最终导致桑代克拒绝洛厄尔的邀请另有原因。当时，哈佛大学向桑代克提供的薪酬是4500美元（当时哈佛大学教授的薪酬最高是5500美

---

① Robert M. W. Travers, *How Research Has Changed American Schools: A History from 1840 to the Present* (Kalamazoo, Mich.: Mythos Press, 1983), p. 280.

元），但桑代克在教师学院的薪水已经有 5000 美元。因此，桑代克最终拒绝了洛厄尔的邀请，继续留在教师学院从事心理学和教育心理学方面的研究工作。

1911—1915 年是桑代克职业生涯的巅峰时期。这一时期，他重新修订出版了《动物智力》，修订再版《认知与社会测量理论导论》，其中桑代克首次明确将统计方法运用到教育实践中，这部著作也成为教育测量专业的标准教材。这一时期，桑代克最有代表性的作品《教育心理学》三卷本得到出版，这套丛书奠定了他在教育心理学领域的地位。这一时期也是桑代克设计智力测量表实施教育测量测试的黄金时期。他在英语写作、绘画和书写等领域设计了一系列标准化的测试工具。

桑代克在踏足教育领域之前坚信对教学进行有效研究的前提是基于对教学结果所做的标准化测量。20 世纪初并没有客观的工具测量教学结果或学生学习过程。在教师学院期间，桑代克和他的学生设计了大量的测试量表和工具。1910 年，桑代克出版了《手写能力测试量表》（*Handwriting Scale*）。除此而外，桑代克陆续设计了其他量表，如 1911 年的《英语书写能力测试量表》（*A Scale for Measuring the Merit of English Writing*），1913 年的《绘画能力测试量表》（*A Scale for General Merit of Children's Drawings*），1914 年的《视觉词汇测试量表》（*Scale for Visual Vocabulary*）、《句式段落阅读理解能力测试量表》（*Scale for Measuring the Understanding of Sentences and Paragraphs*）和《阅读能力测试量表》（*Scale for Measuring Ability in Reading*），1915 年的《希尔格斯-桑代克作文测试量表》（*The Thorndike Extension of the Hillegas Composition Scale*）等。

在教学工作和设计量表之余，在教师学院最初的两年，桑代克在其博士论文研究基础上[①]与同事罗伯特·伍德沃斯（Robert Woodworth）[②]在科研上集中研究训练迁移问题，认为学习行为的产生是与具体情境建立的联结，学习能力的迁移必须以具体情境为前提。桑代克通过实验研究显示，当时学校中以官能心理学为理论基础的形式训练课程对学生学习能力并没有产生预期的迁移效果。1900年，桑代克在学习迁移理论方面提出的观点引起了巨大争议，也招致了众多批评。1900年之前，美国学校大多采用以官能心理学为基础的教师培训教材[③]，将形式训练作为教学方法的理论基础。赫尔巴特思想对官能心理学和形式训练理论提出了尖锐地批判，虽然赫尔巴特的理论在19世纪90年代已经广为人知，但没能撼动官能心理学的统治地位。直到1903年，桑代克与伍德沃斯首次通过科学研究对形式训练理论提出挑战和疑问。桑代克通过大样本的调查发现个体不同能力之间相关性较低，这在某种程度上否定了官能心理学提出的能力迁移理论。他的这一观点遭到英国心理学家查尔斯·斯皮尔曼（Charles Spearman）的质

① 在早期认知功能研究中，桑代克的博士论文《动物智力》奠定了他在心理学界的声誉。他的博士论文有两方面的突破：第一，开启了动物行为实验心理学研究的典范。动物心理学是桑代克研究生涯的起点。在哈佛大学时，大学实验室无法为他提供实验设备，他在自己的公寓里安装了孵卵器进行动物实验，房东担忧会引起火灾，要求他移除实验设备。最终，威廉·詹姆斯将他家的地下室提供给桑代克作为实验室。1896—1897年，桑代克持续观察小鸡的本能和学习行为。1898年，桑代克转入哥伦比亚大学，开始研究狗和猫的学习行为。1899年担任教师学院遗传心理学讲师后，他开始研究猴子的学习行为。为了方便研究，他在家中豢养猴子，将居住的公寓作为实验室。1898年夏天，他曾一度研究鱼的学习行为。第二，他在动物学习行为研究结论中提出了著名的“效果律”（law of effect）。

② 伍德沃斯是桑代克在哈佛时的同学。桑代克来到哥伦比亚大学后，伍德沃斯也随后来到哥伦比亚。伍德沃斯虽与桑代克进行了大量实验研究，但他对实验研究和数据搜集并没有像桑代克那般痴迷。另外，他比桑代克更乐于社交。尽管如此，桑代克与伍德沃斯在哥伦比亚大学教师学院的整个职业生涯中都有长期的合作研究。

③ 当时普遍使用的教材是诺亚·波特（Noah Porter）的《心智科学的要素》（*Elements of Intellectual Science*）。

疑。斯皮尔曼的研究显示，一般能力中往往包含很多具体能力。两种不同的研究观点持续争论多年，正是在这一过程中，统计方法得到迅速发展。①

桑代克的学习迁移理论在20世纪上半叶逐渐成为具有实践影响力的理论流派，尤其是在20世纪30—40年代，通过对文献的调查分析显示，从教材到大众文章，从专著到期刊论文集，从理论到实践领域，桑代克在学习迁移方面的研究观点被普遍接受和采纳。② 心理学家亚瑟·盖茨（Arthur I. Gates）将1903年桑代克和伍德沃斯对认知训练和学习迁移理论的研究视为20世纪初学习观方面最为重要的突破。③

桑代克虽不是第一位研究认知功能的科学家，但他是第一位通过认知功能推动心理学和教育学科学化的人。这一成果在三卷本《教育心理学》中得到系统体现。通过联结主义心理学理论，桑代克为其教育科学研究提供了理论基础。三卷本的《教育心理学》（1903—1913年）耗费了桑代克10年的时间才最终完成，这是桑代克自博士论文后第一部重要著作。三卷本的《教育心理学》也反映了桑代克将心理学理论应用到其他实践领域的雄心。为了更好地理解《教育心理学》的巨大贡献，我们将其与同一时期另外杰出科学家的教育心理学著作进行比较，这两位科学家分别是康维·摩根（Conway Lloyd Morgan）和雨果·缪斯特伯格（Hugo Münsterberg）。摩根是伦敦皇家学会成员，1911年出版《教师心理学》（*Psychology for Teachers*）。摩根的著作对

---

① Robert S. Woodworth, "Edward Lee Thorndike: 1874-1949," in *National Academy Biographical Memoirs*, Vol. XXVII, 1950: 209-237.

② Stephen G. Rich, "Has Thorndike Lived in Vain?" in *The Journal of Educational Sociology*, Vol. 23, No. 2, Oct., 1949: 102-117.

③ Arthur I. Gates, "Contributions of Research to General Methods in Instruction," in *The Scientific Movement in Education. Thirty-Seventh Yearbook of the National Society for the Study of Education*, *Part II* (Bloomington, Illinois: Public School Publishing Company, 1938), p. 83.

行为与观念的关系有大量研究，但忽略了同一时期其他心理学家的研究。1914 年，缪斯特伯格出版《心理学与教师》（*Psychology and Teacher*），主要侧重阐述将心理学理论运用于教育的可能性，对其实际的运用则关注较少。[①]

桑代克 1913 年出版的三卷本《教育心理学》不仅系统阐述了人类的行为，还为研究复杂的人类天性提供了科学视角。心理学研究不仅能够有效澄清教育目的，还能为其提供教育方法。桑代克认为课堂是心理学研究的实验室，审视人的本能和能力如何转化为习惯和权力是教育研究的核心要义。[②] 三卷本的《教育心理学》堪称教育史上的里程碑之一。书中提出教育政策的制定必须建立在事实的基础上，不能单纯依赖个人意见。这也是教育科学运动中桑代克的追随者所奉行的信念，许多热情的追随者坚信所有的教育问题都可以通过实证的方法得到解决。三卷本的《教育心理学》不仅改变了教育心理学，还改变了桑代克。该书不仅提高了教育心理学研究的水准，还为桑代克以后的职业生涯确定了标杆。

马克·梅（Mark A. May）认为自赫尔巴特以来，桑代克是另外一位对美国初等学校教学和教材编写产生巨大影响的心理学家。三卷本的《教育心理学》几乎成为所有同领域教材参考的典范。[③] 20 世纪初，赫尔巴特的教学思想依然主导着当时学校的教学原则和方法。以桑代克为代表的研究理论对形式训练说提出了疑问，其个体差异观点和杜威关于教育即生长的观点共同推动美国学校教学开始关注个体差异和

---

① Robert M. W. Travers, *How Research Has Changed American Schools: A History from 1840 to the Present* (Kalamazoo, Mich.: Mythos Press, 1983), p. 272.

② Edward L. Thorndike, "The Contributions of Psychology to Education," in *The Journal of Educational Psychology*, Jan., 1910: 5-12.

③ Mark A. May, "Selected Writings from a Connectionist's Psychology," in *Teachers College Record*, Vol. 51, No. 1, 1949: 31-34.

兴趣。

2. 自主研究时期

由于资助有限，桑代克早年的研究工作大部分是基于外部要求所做，直到 1920 年后，基金会的资助使他在研究主题选择方面有了更多的自主和自由。1921 年教师学院成立教育研究院（Institute of Educational Research）后，桑代克得以借助基金会的资助开展了大范围的调查研究。这一时期，桑代克就他感兴趣的两个研究主题——智力测试和学习心理学进行了大范围的调查研究并出版了《智力测量》（*Measurement of Intelligence*）、《学习的基础》（*Fundamentals of Learning*）、《需要、兴趣、态度心理学》（*Psychology of Wants, Interests and Attitudes*）等著作。在桑代克看来，这些研究是他最为得意的成果。① 桑代克通过对教育成就进行一系列的测试发现学生成就的提高并不取决于学科，而是取决于儿童个体的天赋能力。②

在研究中，桑代克首先对智力测量的性质进行了理论分析，并且将其概括为三点：一是个体完成的任务难度越大，其智商越高。二是同等难度的任务，个体完成数量越多，其智商越高。三是个体正确完成任务的速度越快，其智商越高。③ 这三方面涉及智力的水平（level）、程度（extent）和速度（speed）。尽管三者都是影响智力的因素，但桑代克认为智力的水平是最为核心的因素。因此，他将智力水平重新命

---

① "Edward Lee Thorndike,"in *A History of Psychology in Autobiography*, Vol. Ⅲ (Worcester, Mass.: Clark University Press, 1961[c1930]), pp. 263-270.

② Edward L. Thorndike, "The Disciplinary Values of Studies: A Census of Opinion," in *Education*, Vol. XXXV, Jan., 1915: 278-286. Edward L. Thorndike, "The Disciplinary Values of Studies in the Opinion of Students," in *Teachers College Record*, Vol. XXV, March, 1921: 134-143. Edward L. Thorndike, "Mental Discipline in High School Studies," in *Journal of Educational Psychology*, Vol. XV, Jan., Feb., 1924: 1-22, 83-98.

③ Edward L. Thorndike, E. O. Bregman, et al., *The Measurement of Intelligence* (New York: Teachers College, Columbia University, 1927), pp. 22-24.

名为智力高度（altitude）。[①] 桑代克不断重申对智力高度进行测量的重要性和价值。基于此，桑代克设计了 CAVD 智力量表，主要测试儿童在阅读理解（comprehension）、算术（arithmetic）、词汇（vocabulary）、空间方位（direction）方面的智力高度。

桑代克认为智力是一种多维的存在，包括抽象智力（abstract intelligence）、机械操作性智力（mechanical intelligence）、社交智力（social intelligence）等。在其子罗伯特·桑代克看来，从抽象智力角度来讲，桑代克毫无疑问智力超群，但在机械操作方面学习能力迟缓。他不会开车，也不会组装零部件。另外，在社交智力方面，桑代克社交能力一般。[②] 1927 年，桑代克受邀参加了斯坦福大学应用心理学教授爱德华·斯特朗（Edward K. Strong）设计的斯特朗职业兴趣测试（Strong Vocational Interest Blank），测试结果显示桑代克对定量分析和观念的兴趣明显高于人际社交。[③]

桑代克最为有趣的研究工作是对绝对 0 值智力的讨论。桑代克指出，只有确立 0 值智力，才能有效使用比例量表。他假设蚯蚓可以解决的问题介于 0 值智力之间，提出了两类高于 0 智商的任务：一是对亲密的朋友和陌生人之间能够做出有区别的反应。二是无须尝试即可拉伸手指关节。[④] 桑代克尝试设计临界值始于 0 的智力测试量表，这一尝试在技术工具上极具挑战性，但在学术伦理上引起了很多争议和批评。

---

① Edward L. Thorndike, E. O. Bregman, et al., *The Measurement of Intelligence* (New York: Teachers College, Columbia University, 1927), p. 33.

② Robert L. Thorndike, "Edward L. Thorndike: A Professional and Personal Appreciation," in *Portraits of Pioneers in Psychology* (New Jersey: Lawrence Erlbaum Associates, Inc., 1991), p. 145.

③ Geraldine Joncich, "E. L. Thorndike: The Psychologist as Professional Man of Science," in *American Psychologist*, Vol. 23, No. 6, 1968: 434-446.

④ Edward L. Thorndike, E. O. Bregman, et al., *The Measurement of Intelligence* (New York: Teachers College, Columbia University, 1927), p. 348.

另外，桑代克20世纪20年代末期在学习理论方面的研究主要体现在《人类学习》（*Human Learning*）这部著作中。这部著作是桑代克于1928—1929学年在康奈尔大学一系列讲座的基础上整理而成的。在书中除了继续拓展研究学习行为的基本原则和过程外，桑代克还认识到动物与人类学习行为之间的根本差别，同时承认人类的学习行为涉及复杂的信息加工过程。与此同时，基于对儿童认知特点和个体差异的研究成果，桑代克整理出版了两部工具书：《桑代克世纪初级词典》（*The Thorndike-Century Junior Dictionary*）和《桑代克-伯恩哈特系列词典》（*Thorndike-Barnhart Dictionaries*）。当时的学校使用的词典是在成人词典基础上缩减而成的，词汇解释中用词难度并没有切实考虑到儿童的心理特点和需要。桑代克设计的词典采用符合儿童认知状态的词汇和绘图，简单明了地为教师和学生提供参考文本。这些词典至今仍在美国学校中被广泛使用。

桑代克是詹姆斯·拉塞尔（James E. Thorndike）引进教师学院的早期先驱之一。他的研究为教育知识的累积和学校改革做出了很大贡献。1899年，25岁的桑代克来到教师学院。短短5年的时间，他就从讲师晋升为全职教授兼教育心理学系主任。在教师学院40年的职业生涯中，教育心理学从无到有，他也成为同时代著名的教育心理学家。1940年，拉塞尔对桑代克在教师学院的学术工作给予了极高的评价。他提到在教师学院40年的职业生涯中，桑代克对教育管理的改革起了革命性的作用，他在教学实践和教育研究中引入科学方法具有划时代意义。[①]

---

① James E. Russell, "An Appreciation of E. L. Thorndike 1926 and 1940," in *Teachers College Record*, Vol. 41, No. 8, May, 1940: 696-698.

四、科学主义取向：桑代克的教育科学思想

桑代克在教育科学研究领域最主要的贡献体现在他对定量实证方法的执着信念上，他的一生几乎都在从事与测量有关的研究。在教师培训中，他建议学校教师在教学中确立可测量的学习行为目标。① 桑代克推崇以科学客观的态度处理、解释教育中的各种变化，希望通过研究人类的天性和学习过程来科学地解释教育问题。② 虽然桑代克在研究工作中的主要兴趣是将科学方法运用于教育，但他的研究目的是基于道德立场的，他坚信人类可以通过科学方法认识自我，以此控制、改善自我，从而满足自我需要。不同于欧洲新教育运动的教育观念，根据其学习理论，桑代克认为应该基于儿童现实的天赋和能力培养具备某种特定能力的人，而不是培养完人。在课程取向上，桑代克倾向于具体实践性的课程。

（一）控制与改变：桑代克的教育观

桑代克以其科学实证取向为根基，基于大量心理学研究成果曾多次阐述他对教育的基本观点和立场。桑代克甚至提出心理科学从定量的角度不仅决定教育的方法，还能决定教育的目标。事实上，1903 年，桑代克曾承认教育的目的和目标不仅仅由定量事实决定，还应取决于教育理想。但很快，他否认了这一观点，甚至认为理想和价值也是科学调查和控制的对象。③

---

① Edward L. Thorndike, "The Contributions of Psychology to Education," in *The Journal of Educational Psychology*, Vol. 2, Jan., 1910: 5-12.

② H. Gordon Hullfish, *Aspects of Thorndike's Psychology in Their Relation to Educational Theory and Practice* (Columbus: The Ohio State University Press, 1926), p. 16.

③ Robert S. Woodworth, "Edward Lee Thorndike: 1874-1949. Washington D. C," in *National Academy Biographical Memoirs*, Vol. XXVII, 1950: 217.

1903年，他在《教育心理学》中提出教育的任务是改变人的身心①，系统地阐述了教育科学研究的基本立场，认为实验和定量研究是科学研究的基本特征。他写道："我们采用观察和实验的方法可以征服自然事实，通过对自然事实进行测量，我们将其变成人类的仆人。"② 桑代克的《教育心理学》字里行间折射出19世纪末20世纪初社会达尔文主义在当时的广泛影响力，鉴于残酷的生存竞争，以及基于对人类攻击本性的分析，桑代克强调培养、发展人的智识，增进社会合作。

桑代克在《教育》(*Education : A First Book*)中对教育的界定更为宽泛，认为教育并不局限于某个特定具体的职业，那些增进或阻止他人身心变化的活动都可被视为教育活动。③ 在其他著作中，桑代克也反复强调教育活动关涉人的心智、个性、行为等方面的改变。④ 桑代克坚信教育学生的首要目标就是训练他们养成科学研究的习惯，学习统计学的内在原理和逻辑。鉴于人类心理与行为的多变性和复杂性，桑代克也意识到心理学、教育学与自然科学的区别。尽管如此，桑代克仍希望通过自然科学精确的实验研究积累知识，最终确立人文科学，从而辅助教育家预测、控制人类行为。在《教育》中，他曾提出人类生活的意义就在于改善世界，增进人类福祉。⑤ 在《教育心理学·第1卷·人类天性》(*Educational Psychology , Vol. I, The Original Nature*

---

① Edward L. Thorndike, *Educational Psychology* (New York: Lemcke and Buechner, 1903), p. 3.

② Edward L. Thorndike, *Educational Psychology* (New York: Lemcke and Buechner, 1903), p. 164.

③ Edward L. Thorndike, *Education : A First Book* (New York: The Macmillan Company, 1912), p. 2.

④ Edward L. Thorndike, *Educational Psychology , Vol. I , The Original Nature of Man* (New York: Teachers College, Columbia University, 1913), p. 1.

⑤ Edward L. Thorndike, *Education : A First Book* (New York: The Macmillan Company, 1912), p. 1.

of Man）中，他再次重申这一观点，认为人可以通过改善自我发现真理去造福全人类。①

在桑代克职业生涯中，有两本著作集中反映了他在教育方面的观点和立场，即1912年的《教育》和1929年的《教育的基本原则》（*Elementary Principles of Education*）。1912年出版的《教育》一书影响广泛，曾多次再版。1929年，桑代克与其学生亚瑟·盖茨合作出版的《教育的基本原则》对《教育》一书进行了重新修订和补充。

《教育》和《教育的基本原则》反复强调教育的首要目的是帮助儿童适应社会。除此而外，教育还应以改善社会为目的。在《教育的基本原则》中，桑代克提出教育不仅应增进国家福祉、个人幸福，还应教人控制自然。② 在桑代克看来，科学的教育研究应包含五类问题：教育的目标、教育的对象、教育的方式和途径（机构）、教育的方法、教育的结果。在这两本书中，桑代克列举了诸多具体的教育目标（详见表1）。1929年的《教育的基本原则》对教育目标做了重新整合和补充，增加了"生活的准备"（preparation for life）和"经验的重组"（reorganization of experiences），事实上这是对杜威教育哲学观点某种程度上的回应和认可。

表1 《教育》与《教育的基本原则》中教育目标的变化比较

序号	《教育》	《教育的基本原则》
1	生活的价值	人的需要
2	改善、满足人的需要	个人幸福

① Edward L. Thorndike, *Educational Psychology*, *Vol. I*, *The Original Nature of Man* (New York: Teachers College, Columbia University, 1913), p. 312.

② Edward L. Thorndike, *Elementary Principles of Education* (New York: The Macmillan Company, 1929), pp. 10-11.

续表

序号	《教育》	《教育的基本原则》
3	增进个人幸福	生活的准备
4	功用（职业教育）	经验的重组
5	服务	自我完善
6	道德	文化
7	自我完善（完满的生活）	知识
8	自然发展	
9	知识	
10	心智训练	
11	文化	
12	技能	
13	习俗与理性	

桑代克从生活的准备与个人幸福的角度分析教育目的，指出并不是所有愉快的经验都有教益，不是所有的教育活动都能带来愉快的感受。在此，桑代克引用杜威的观点，杜威反对教育预备说，认为教育不是为生活做准备，教育本身就是生活。桑代克进一步指出，教育不仅着眼于儿童当下的生活，更要关注儿童愉悦的生活体验。尊重儿童每个阶段的需要和兴趣是有效实现教育目标的前提。[①]

经验的重组是桑代克对杜威教育观点做出的另一个回应。杜威提出教育即生长，生长的过程引起经验的重组。桑代克认为这一观点的问题在于生长的方向难以预料，他基于教育满足人类需要和兴趣的目

---

① Edward L. Thorndike, *Elementary Principles of Education* (New York: The Macmillan Company, 1929), pp. 21-23.

标，提出经验的重组应以满足人类不同阶段的需要为导向。[1]

（二）统计与测量：桑代克的教育研究取向

桑代克一生著述颇丰，出版的著作、论文多达500多部（篇），涉及领域非常广泛。他的研究成果绝大多数都是基于实验调查研究而成，他对缺乏数据支持的理论研究几乎没有兴趣。除了实验方法，他通过标准化测量和统计分析极大地推动了教育科学化运动。在教育中运用统计方法，桑代克做出了先驱性的贡献。[2] 桑代克一生推崇实证量化研究，他的500多部著作和文章几乎都是在数据调查的基础上完成的。

鉴于桑代克一生钟情于定量数据统计，理查德·梅耶尔（Richard E. Mayer）对桑代克的职业生涯也做了数据统计[3]：

表2　桑代克职业生涯统计

成就	数量
著作、文章	508部（篇）
著作、文章页数（估算）	250000页
在《教育心理学杂志》（*Journal of Educational Psychology*）中发表的文章	29篇
《动物智力》中使用猫的数量	13只
修习高级数学课程数量	0
本科硕士阶段以心理学为专业的时间	2年

① Edward L. Thorndike, *Elementary Principles of Education* (New York: The Macmillan Company, 1929), pp. 23-24.

② Robert S. Woodworth, "Edward Lee Thorndike: 1874-1949," in *Science*, Vol. 111, No. 2880, Mar. 10, 1950: 250-251.

③ Richard E. Mayer, "E. L. Thorndike's Enduring Contributions to Educational Psychology," in *Educational Psychology: A Century of Contributions* (New Jersey: Lawrence Erlbaum Associates, Inc., 2003), p. 114.

续表

成就	数量
入读哥伦比亚大学前离开新英格兰的时间段	0
获得博士学位前在哥伦比亚大学生活的时间	1年
在哥伦比亚大学教师学院从教的时间	50年
家族其他成员从教于哥伦比亚大学的人数	3人

数据来源：Richard E. Mayer,"E. L. Thorndike's Enduring Contributions to Educational Psychology," in *Educational Psychology: A Century of Contributions* (New Jersey: Lawrence Erlbaum Associates, Inc., 2003), p. 114.

桑代克坚信依靠足够合理的实验和精确的测量工具，人类的心智的谜团会一一被揭开。在他看来，质性差别在本质上还是定量差别，一旦测量工具得到改善，质性问题也可以转化为定量问题。①

1903年，桑代克出版的《教育心理学》是他开始采用科学方法研究教育问题的第一部著作。书中，桑代克明确提出真正的教育科学必须采用归纳法研究特定的事实以解答不同的问题。他遗憾地认为当时主导教育研究方法的是哲学和大众观念，而不是科学。教育科学的发展应该建立在直接观察和实验基础上，以准确的定量数据为依据。当前教育理论领域的学生首先应养成归纳研究的习惯，应学习统计学。②他认为教育科学的任务主要是设计类似自然科学的单元和量表，以此为工具研究教育对象。③ 除了将统计学理论引入教育学领域培养学生

① William F. Russell, "A Tribute to Edward L. Thorndike, 1874-1949," in *Teachers College Record*, Vol. 51, No. 1, 1949: 26-28.

② Edward L. Thorndike, *Educational Psychology* (New York: Lemcke and Buechner, 1903), p. 164.

③ George D. Strayer, Edward L. Thorndike, *Educational Administrative, Quantitative Studies* (New York: The Macmillan company, 1922), p. 208.

外，桑代克在教育管理领域也开展了调查研究，并且为其追随者确立了研究风格和方法。在教育调查中，最具有代表性的是 1907 年全美范围内学校学生被淘汰情况的调查，调查范围涵盖全美 23 个城市的公立学校不同年龄、年级、性别和种族的学生。

在 1911 年的全美大学教育学教师学会会议中，桑代克明确提出在教育中施行定量研究的合理性。他认为在教育中进行定量研究是可能的，但是首先需要对所要研究的问题进行分类：一是教育的内容。二是教育的目标。三是教师和其他教育工作者。四是教育方式，如通过课堂、书籍、实验室等。五是教师和其他教师工作者所采用的教育方法。六是上述几种要素组合产生的变化。对这六种问题组合都可以进行定量研究。但是，进行定量研究也是有难度的，因为教育涉及的是人类行为。①

1918 年，在全美教育研究学会会议中，桑代克在会议论文《教育测量的性质、目标与一般方法》（*The Nature , Purposes and General Methods of Measurements of Educational Products*）中直截了当地申明测量在教育研究中的作用：任何存在都是以一定形式的数量存在的。完全地了解存在本身意味着要了解其数量和质量。教育关注的是人的变化，……而要测量其中任何一种变化的结果则意味着需通过某一方式确定其数量，这样专业人士才能较为准确地判断其大小，其结果才能被记录和利用。这就是十几年来寻求扩展与改进教育结果测评人士所坚信的原则。②

---

① Edward L. Thorndike, "Quantitative Investigations in Education: With Special Reference to Cooperation within This Association," in *Research Within the Field of Education , Its Organization and Encouragement* (Chicago: University of Chicago Press, 1911), pp. 33-53.

② Edward L. Thorndike, "The Nature, Purposes, and General Methods of Measurements of Educational Product," in *the Seventeenth Yearbook of National Society for the Study of Education , Part Ⅱ* (Bloomington, IL: Public School Publishing Company, 1918), p. 16.

桑代克试图建立一门可以指导整个教育活动的教育科学。在他看来，教育科学的任务是完善个体使其能够适应社会环境。要从根本上改善教育，应该采用分析、开放的思维方式思考教育问题。他非常重视高质量测量工具的使用，认为教育目标的有效实现依赖于测量运动的发展程度。对桑代克来说，杜威实验主义取向的自我活动在教育研究中并不是方法，而是所有方法的结果。[①] 他批评杜威的教育研究缺乏精确性，充其量是一些粗糙原始的文章。在他看来，与第一代教育学家赫尔巴特、斯宾塞开拓的研究不同，教育科学所要做的工作就像物理学家在早期哲学家提出的宇宙观之后所要做的工作一样。[②] 桑代克的教育研究观点认为，改进学校教育特别是教学，应该用学校外发现的与具体的教师、儿童和教室构成的特殊环境完全隔离的科学知识。实质上，桑代克接受并推崇的恒定有效的教育研究理念正是杜威认为很成问题和十分厌恶的。

桑代克和贾德是将实验、科学、统计引入教育研究和实践的先驱性人物。两人是大学同学，贾德留学德国莱比锡大学，师从威廉·冯特（Wilhelm Wundt），回国后将实验心理学的方法推广到教育领域，积极推动教育科学化。[③] 尽管如此，桑代克与贾德是不同类型的教育学术带头人。贾德的一位同事将桑代克视为与世隔绝的研究者，而贾德既是学者，又是领导者，他通过公开演讲、提供咨询及担任专业机构主席等方式影响教育专业化的政策取向。贾德曾在全美教育协会的学

---

① Norman Woelfel, *Molders of the American Mind: a Critical Review of the Social Attitudes of Seventeen Leaders in American Education* (New York: Columbia University Press, 1933), pp. 95-100.

② Edward L. Thorndike, "Quantitive Investigations in Education: With Special Reference to Cooperation within This Association," in *Research Within the Field of Education, Its Organization and Encouragement* (Chicago: University of Chicago Press, 1911), p. 35.

③ 据拉格回忆，在贾德开设的讲座中，题为"教育科学"（the science of education）的讲座就多达 50 次。

校管理者年度会议中单独宣读过 59 篇文章，这一数字是非常惊人的。[①]

贾德虽然是心理学家，但是在 1909 年担任芝加哥大学教育学院系主任后，他逐渐成为一名杰出的教育发言人，而桑代克还是以心理学家的身份从事教育研究活动。桑代克在身份认同上更忠诚于科学职业而不是心理学或教育学，他在自传中提到对他职业生涯影响最大的环境因素有家庭生活中父母的睿智和理想主义思想、大学课程、大学中心理学和其他领域杰出的同事、大量的科学著作，桑代克认为阅读大量科学著作是对其影响最大的。他继续写道："在阅读科学著作和杂志上花费的时间超过 20000 小时。"[②] 从中可以看出，桑代克在教育研究中科学主义取向的渊源，以及用数量表达一切的偏好。

很明显，桑代克教育研究取向的核心词是测量（Measurement）。他将统计和组织效率的信念与道德理想主义和乐观主义结合在一起，认为教育改变人类的目标只有在保证测量的前提下才能实现，因此教育的目标和结果都应该以量化的形式呈现。桑代克并不愿意承认定量研究的局限性，1918 年激进地提出一切存在都可以被测量，1940 年在《人类天性与社会秩序》一书中再次重申"任何需要都是以某种数量形式存在的，因此任何需要或意愿都可以被测量"[③]。这种立场可能会引起人们对科学和测量的恐惧，使人们担心如果将测量运用于人类事物，如家庭、教育、宗教等，就可能会导致庸俗的唯物主义，使生活黯然失色。桑代克虽然没有对此做出有力的反驳，但他依然认为在教育中

---

① Geraldine Joncich, *The Sane Positivist: A Biography of Edward L. Thorndike* (Middletown, Conn.: Wesleyan University Press, 1968), p. 449.

② Geraldine Joncich, *The Sane Positivist: A Biography of Edward L. Thorndike* (Middletown, Conn.: Wesleyan University Press, 1968), pp. 450-451.

③ Edward L. Thorndike, *Human Nature and the Social Order* (New York: The Macmillan Company, 1940), p. 152.

运用科学测量并不会折损他的理想主义追求。[1]

作为教育心理学家，桑代克致力于统计方法的修订和完善，并且将这些研究范式传给一批又一批学生，他力图通过推动实证量化研究为教育思想和实践搭建科学、可靠的技术基础。虽然测量测试运动由约瑟夫·赖斯（Joseph M. Rice）在 19 世纪 90 年代发起，但桑代克及他的学生才是测量运动更具代表性的领导者，桑代克通过一系列系统的理论研究，将统计法应用于各学科的测试中。测试测量运动自桑代克后迅速向全美普及，1910 年纽约市学校调查首次采用客观性测试，随后成立教育研究署，其他各州也纷纷成立教育研究署，积极推广标准化测试。

如果说赖斯是教育测量的发明者，那么桑代克则可以被称为教育测量之父。[2] 自 1897 年开始，赖斯分别就学生在拼写、算术等方面的能力进行了调查测试，这一尝试被视为美国教育测量的开端。威廉·迈克卡尔（William A. McCall）将桑代克所做的研究视为教育测量运动的第二个阶段。这一阶段，桑代克尝试系统设计教育测量量表，如桑代克—福勒顿定理量表（Thorndike-Fullerton Theorem）的推广和应用，威廉·迈克卡尔将其视为科学教育测量的开端。[3]

1908 年，桑代克指导其学生克里夫·斯通（Cliff W. Stone）完成出版《算术中的推理测试》（*Reasoning Tests in Arithmetic*），其中设计的测试量表成为桑代克式教育测量范式确立的过渡性文献。1909 年，

---

① Edward L. Thorndike, "Measurement in Education," in *Teachers College Record*, Vol. 22, Nov. , 1921: 371-379.

② William A. McCall, *Measurement , A Revision of How to Measure in Education* (New York: The Macmillan Company, 1939), pp. 23-24.

③ William A. McCall, *Measurement , A Revision of How to Measure in Education* (New York: The Macmillan Company, 1939), p. 23.

桑代克推出书写量表。① 斯通设计的算术测试量表也被视为在教育测量中第一个科学化、结构化的测量工具。② 桑代克在教育测量领域还指导了一批优秀的学生。威廉·迈克卡尔在 1926 年纪念桑代克的文章中曾说:“在 20 年来教育测量领域出现的 30 项主要成果中，其中 28 项都是由桑代克及他的学生完成的。”③

桑代克将统计方法运用于教育测量，并且将其推广到学校管理和教学实践中，这是桑代克对教育测量做出的最大贡献。在教育测量运动早期，采用统计方法研究人类的身心特点非常盛行。桑代克认为科学的测量技术最终能实现对人类心智的量化研究，他承认在实际操作中测量人类心智的复杂性和困难，但这并不是由于人类心智不可测量，而是测量技术本身的局限。将统计方法运用于教育测量主要体现在 1904 年《认知与社会测量理论导论》一书中，桑代克将抽象的统计原理转化为学校管理者和教师可以参考使用的通俗模式，极大地提高了统计方法在实践中的操作性。那些希望采用量化技术进行社会科学研究的从业者将这本书视为“圣经”。斯特里耶在 1926 年纪念桑代克的文章中高度评价了这部著作，认为它极大地促成了教育管理领域的科学化进程。④

桑代克在教育研究中非常注重学术团队的培养。在教师学院的课程安排中，桑代克开设的课程一般都会邀请 3—4 位年轻教师共同讲授，并且适当训练其学术能力。早在 1911 年全美大学教育学教师学会会议

---

① William A. McCall, *Measurement, A Revision of How to Measure in Education* (New York: The Macmillan Company, 1939), p. 24.

② Marion R. Trabue, *Measuring Results in Education* (New York: American Book Company, 1924), p. 73.

③ William A. McCall, "Technical Contributions to Educational Measurement," in *Teachers College Record*, Vol. XXVII, No. 6, Feb., 1926: 564-568.

④ George D. Strayer, "Contributions to the Field of Educational Administration," in *Teachers College Record*, Vol. 27, No. 6, Feb., 1926: 541-544.

论文中，桑代克在谈到大学中教育研究的组织形式问题时就曾说："如果你想双倍地提高你的工作量，那么你需要 4 个助手。如果你想将工作量提高 3 倍，那么你需要 6 个助手。如果你想将工作量提高 4 倍，那是不可能的事情。"① 桑代克非常赞同以组织机构和团队的形式进行教育研究，认为这种形式的教育研究会大大提高研究效率。通过研究团队合作的方式，桑代克的研究工作启发影响了一大批信徒投身于教育改革中。桑代克在哥伦比亚大学教师学院的 40 年培养了整整一代教育家，在这一时期他的影响力是巨大而广泛的。

1921 年前，桑代克指导的博士论文超过 40 篇。自 1900 年以来，他在心理学或教育学领域直接或间接指导的博士超过 80 人，其中的许多追随者最终成为桑代克在教师学院的同事，如天才儿童研究领域的丽塔·霍林沃斯（Leta S. Hollingworth）、矫正阅读研究领域的亚瑟·盖茨、儿童心理学领域的亚瑟·杰西尔德（Arthur T. Jersild）、测试与测量领域的欧文·洛奇（Irving Lorge）、咨询指导领域的鲁斯·斯特朗（Ruth Strang）、社会心理学领域的古德温·沃特森（Goodwin Watson）等，都是桑代克的学生。② 除此而外，他指导的知名学生还有杜鲁门·凯利（Truman Kelly）、沃尔特·迪尔伯恩、哈里·霍林沃思（Harry Hollingworth）、爱德华·斯特朗、马克·梅、佛罗伦萨·古德诺夫（Florence Goodenough）等。③ 这些知名学生迅速成为传播其科学主义教育研究取向的继承人，将其扩散到美国其他教育研究机构。早在桑代克 1941 年退休以前，他的学生们就已经在国内的师范学校和教

① Ellwood P. Cubberley et al., *Research Within the Field of Education, Its Organization and Encouragement* (School Review Monographs, 1911), p. 9.

② Lawrence Cremin, David Shannon, Mary Townsend, *A History of Teachers College, Columbia University* (New York: Columbia University Press, 1954), pp. 44-45.

③ Mollie D. Boring., Edwin G. Boring, "Masters and Pupils among the American Psychologists," in *The American Journal of Psychology*, Vol. 61, No. 4, Oct., 1948: 527-534.

育学院担任显要职务，他们继承和传播了桑代克的教育和教育研究思想。① 尽管桑代克被视为崇尚实验定量研究的学者，但他在理论方面的贡献对心理学和教育学也产生了深刻的影响。更为重要的是，他在学习心理学方面的研究影响了几代与他共事或学习的心理学家和教育学家。②

桑代克退休后，教育心理学部由他的学生亚瑟·盖茨和欧文·洛奇相继接手管理。桑代克在教师学院教授的研究生多达上千人，其中有上百人是课堂教师、校长、学监、督学、技术人员、大学讲师、教授，甚至一些外行人员都深受桑代克的影响，根据他的思想修正其教育观念和实践。③

20世纪上半叶，美国教学方法出现的变化直接或间接受益于实证一定量式科学的发展。在教育研究中，桑代克确立并推广以事实调查、统计和实验技术为导向的研究范式，其影响之大难以测量。他引介自然科学方法，使用定量研究工具，与同一时期的查尔斯·贾德共同对美国教育技术变革做出了先驱性贡献。

1897年，在全美教育协会督学部（Department of Superintendent of NEA）的会议中，赖斯提交的对拼写教学成果进行测量的报告引来非议。19世纪末，高尔顿、詹姆斯、卡特尔、霍尔等其他一些心理学都曾尝试将科学的方法应用于教学，但当时他们的努力在学校管理者和教师中的影响非常有限。1900年后，这种倾向发生了明显的变化。1912年，同样在全美教育协会督学部会议中，教育测量逐渐成为热门

---

① ［美］埃伦·康德利夫·拉格曼：《一门捉摸不定的科学：困扰不断的教育研究的历史》，花海燕等译，教育科学出版社，2006，第64页。

② Robert T. Rock, "Thorndike's Contributions to the Psychology of Learning," in *Teachers College Record*, Vol. 41, No. 8, May, 1940: 751-761.

③ Henry Suzzallo, "The Mind of Scholar," in *Teachers College Record*, Vol. 27, No. 6, Feb., 1926: 580-584.

议题，埃尔斯在会议报告中认为这种转变并不是暂时的，而是根本、持久的，这意味着教育正在发生根本的转变。[①]

1915 年，全美教育协会督学部会议专门就“标准化”“测量”“测试”存在的利弊进行公开讨论。10 年后，贾德在全美教育协会会议中认为这次大讨论无疑是美国教育史上的一场革命，自此测量与测试最终征服了各种保守批评成为胜利者，测量、测试开始遍布美国每一所进步学校。[②] 20 世纪初至 30 年代，有关教育的研究文献大量涌现，教育逐步迈向科学化，整个传统哲学和教育心理学受到质疑。最终，教育心理学的影响力遍及美国教育理论和实践的各个领域。[③]

1913 年，波特兰市商会和学校委员会的一名委员理查德·蒙塔古（Richard Montague）在给 12 名专业教育家写信询问他们关于主持该市学校的一次调查之人选的建议时，他得到了如表 3 中的提名[④]。通过表中的提名结果可以看出，在一种等级官僚机构内部表达杜威关于合作、民主的学校教育观点是很困难的，因此杜威在示范他的民主、积极教育理念时，主要集中于小型和私立的学校而非大型的、公立学校系统。一个在某个单间教室的乡村学校里任教的富有才华的教师，可能独自就可以将他的班级转变为杜威的社会学习模式，但要改变一种大规模的城市学校系统则相当困难。因为杜威的民主教育观念要求教师和学生本人具有实质性的自主性，这是管理进步论者及其控制着城市教育

---

① L. P. Ayres, “Measuring Educational Processes through Educational Results,” in *School Revie*, Vol. 12, 2019: 300-301.

② Walter S. Monroe and Max D. Engelhart, The Scientific Study of Educational Problems(New York: Macmillan, 1936), p. 457.

③ Norman Woelfel, *Molders of the American Mind : A Critical Review of the Social Attitudes of Seventeen Leaders in American Education* (New York: Columbia University Press, 1933), p. 45.

④ ［美］戴维·B. 泰亚克：《一种最佳体制：美国城市教育史》，赵立玮译，上海人民出版社，2010，第 143 页。

的盟友们不敢奢望的。有论者指出，“在量化的管理效率与定性教育目标之间的斗争中……有影响的人物全都支持隐含在前者背后的极其集中化的控制”①。因此，获得提名的教育家大部分都是推崇科学主义的学者。

表3 1913年获得主持波特兰市学校调查提名的教育学者

姓名	所在学校	被提名数量（次）
埃尔伍德·克伯莱	斯坦福大学	8
爱德华·埃利奥特	威斯康星大学	8
保罗·哈努斯	哈佛大学	7
乔治·斯特里耶	哥伦比亚大学教师学院	7
查尔斯·贾德	芝加哥大学	4
爱德华·桑代克	哥伦比亚大学教师学院	3

康茨在1930年感叹道：“与其他学校活动相比，对学校教育进行精确测量的兴趣在过去25年甚至30年里不断高涨。”② 20世纪20年代前后，美国各州和地方学校的调查层出不穷，教育界的精英学者如贾德、哈努斯、爱德华·艾略特、斯特里耶、克伯莱等都曾主持许多学校调查项目。后三人都接受过桑代克的学术训练，认同统计量化的研究取向。以1916年为例，一共有76项学校调查，调查内容包括学校财务、

① ［美］戴维·B.泰亚克：《一种最佳体制：美国城市教育史》，赵立玮译，上海人民出版社，2010，第207页。

② George S. Counts, *The American Road to Culture: A Social Interpretation of Education in the United State*(New York: The John Day Company, 1930), p. 146.

学业测试、教师特征、课程建议、教育政策等。①

1905—1925 年，受桑代克—贾德倡导的定量教育研究模式的影响，美国学校系统的各个方面都经历了调查、问卷、测量的洗礼。学校系统中流行着这样的宣传语："改善学校质量，完善评价考核学生的方法，依赖于精确地收集、分类、整理事实数据。"② 桑代克的学生甚至谈道："是桑代克的努力让学校里的管理者和教师开始信赖平均数、相关性、测试和测量等概念。"③

桑代克就科学转化成学校实践也表达过疑虑，1921 年曾谈到教育家将心理科学的研究成果运用到学校实践起码要延后 30—50 年。正如杜威所说，无论为教育家积累了多少科学知识，不管科学知识阐述得多清晰，这些成果转化成学校实践依然需要一定的前提，即必须将这些科学知识融入教学过程中，否则它们只能是心理学、社会学或统计学，而不是教育科学。④

五、桑代克：一个被进步主义教育运动忽略的教育家

"桑代克的成功和杜威的失败"是影响早期教育学术形成的重大事

---

① 可参见 Lawrence A. Averill, "A Plea for the Educational Survey," in *School and Society*, Vol. 7, No. 164, Feb. 16, 1918: 187-191; "Plans for Organizing School Surveys with a Summary of Typical School Surveys," in *Thirteenth Yearbook of National Society for the Study of Education*, *Part* Ⅱ (Bloomington, Illinois: Public School Publishing Company, 1914), pp. 7-68。

② Harold Rugg, *Foundations for American Education* (New York: World Book Company, Yonkers-on-Hudson, 1947), p. 723.

③ Truman L. Kelley, "Contributions to Statistics," in *Teachers College Record*, Vol. 27, No. 6, Feb., 1926: 544-548.

④ Geraldine Joncich, *The Sane Positivist: A Biography of Edward L. Thorndike* (Middletown, Conn.: Wesleyan University Press, 1968), pp. 559-560.

件，随着岁月的流逝，其对教育研究的制约和影响日趋明显，对早期教育家们建立关于全国公立学校的教育科学产生了重大影响。桑代克在教育科学化运动中的地位举足轻重，他在心理学界的知名度被后世广泛关注，但在进步主义教育运动或学校改革运动中极少被提及。事实上，他在教育心理学领域提出的理论更为直接地促成了进步主义教育运动目标的实现，如他提出的效果律、儿童心智的个别差异等，都与进步主义教育运动所倡导的观点不谋而合。值得玩味的是，教育批评家们并没有将桑代克列为现代教育实践中具有影响力的教育家。

桑代克既属于也不属于进步主义教育运动，这本身就值得深思。在桑代克之前，虽有关于个体差异的观点，但尚没有针对儿童个体心智进行具体、准确、系统的科学研究，有关的知识积累尚不足以为学校改革提供科学依据。桑代克试图通过对儿童心智的科学研究，既为个体也为学校改革提供科学参考。桑代克提出并设计了很多学校测量方案和量表，这些工作并不逊色于进步主义教育理论。桑代克希望通过科学诊断儿童天赋秉性，基于个体差异有针对性地实施教育。与此同时，桑代克进一步强调基于儿童天性改变、塑造其行为，使其能够适应现代社会。不同于霍尔及秉持其他儿童中心论的进步主义教育家，桑代克否认儿童天性本善的观点。桑代克虽承认遗传、环境和个体差异在儿童发展中都会发挥作用，但比较而言，他更认为遗传远重于环境。桑代克因其个人的卓越才能，以及家族成员的突出成就，对遗传因素在人的发展中所发挥的作用格外推崇。基于此，桑代克在教学过程中格外重视因遗传造成的个体差异，为不同的班级和天赋禀性设计了专门的教学和课程，发表了一系列研究成果和教学材料供教师参考，如《教师词汇手册》等。一些推崇个人主义的进步主义思想家的观点也得到了桑代克实验的支持和证明，桑代克强调学校应适应儿童的个体需要，应基于个体差异设计相应的课程。就这点而言，桑代克的思想无疑给进步主义教育运动注入了动力。①

教育中有关儿童的发现归功于卢梭。在当代，教师在课堂教学中对学生个体差异的信念要归功于桑代克的贡献。② 桑代克非常强调在教育中要关注个体差异，在教学和测量中应调整适应个体间的差异，根据儿童的能力对其进行分类，他也是美国教育史上较早关注天才儿童的科学家。当然，桑代克谈及的儿童适应不同于杜威学派所提的儿童适应，事实上，桑代克并不倡导教育平等。尽管桑代克的上述做法是基于个体的兴趣和能力，但伯德依然认为这些做法在性质上是非民主的。③

桑代克推崇的教育科学取向不仅推动了进步主义教育运动，还使测量和统计技术在教育领域被大规模推广。虽然他的一些研究成果和结论颇有争议，但他所提出的研究问题事实上也是长期以来困扰心理学和教育学界的难题，他的方法论同时被他的信徒和批评者所继承。

1910 年后，接受科学训练的教育家们开展了全美范围内的学校调查运动，其中的主要代表人物斯特里耶和克伯莱在学术信念和研究方法等方面深受桑代克教育测量理论的影响。斯特里耶谈道："桑代克在教育心理学领域的研究成果对教育管理学也产生了重要影响。我们开展的所有小学、中学和大学调查，对儿童使用的分类和评估工具都是基于桑代克在教育心理学领域的研究成果。桑代克对儿童心理及个体差异的研究，为学校管理中针对个体差异组织教学管理提供了科学依

① Merle Curti, *The Social Ideas of American Educators* (Paterson, New Jersey: Pageant Books, Inc., 1959), pp. 483-484.

② Stuart A. Curtis, "Contributions in General to Education," in *Honor of Edward Lee Thorndike*, *Teachers College Record*, Vol. 27, No. 6, Feb., 1926: 557-564.

③ Boyd H. Bode, *Modern Educational Theories* (New York: Vintage Books, 1927), p. 308.

据。"[①] 桑代克设计的测试和量表成为斯特里耶及其团队实施学校调查时使用的主要工具，这些工具为有关学生智力和成就的调查提供了科学依据。学校管理者尤其是督学通过使用桑代克开发的测试和量表转型成为科学工作者。

在心理学圈子里，桑代克提出的效果律被认为是他在学习理论中最大的贡献之一。但颇为矛盾的是，效果律事实上与进步主义教育家倡导的尊重儿童需要和兴趣这一教育理念极为吻合，而教育家们忽略了这一点，而是选择批评、攻击他提出的练习律（Law of Exercise）。他在教育圈子里被贴上保守派的标签，被视为机械学习或死记硬背式学习的支持者。[②]

桑代克之所以被同一时期的教育家贴上这些标签，更深层次的原因是桑代克对进步主义教育家长期的批评，他认为仅仅从情感层面信奉进步教育理念，缺乏科学务实的教学方法，是一种极为幼稚的教育思想。他认为真正基于学生个别差异实施的教育教学改革必须依赖专业且具体的科学研究。

在推动教育科学化运动过程中，桑代克对20世纪美国教育的标准化和结构化发挥了非常关键的作用。桑代克对美国教育产生的影响，一方面归因于他个人的白人—中产阶级价值观，更为重要的原因则是他的实证研究结论在本质上与当时推崇商业理念的美国社会相契合。总的来说，他保守的社会价值观与美国社会保守的中产阶级商业理念达成了一致。极为有趣的是，保守的辉格党成员贺拉斯·曼在19世纪上半叶确立了公立学校（common school），保守的黑格尔主义哲学家

---

① George D. Strayer, "Contributions to the Field of Educational Administration," in *Teachers College Record*, Vol. 27, No. 6, Feb., 1926: 541-544.

② Geraldine M. Joncich, "Science: Touchstone for a New Age in Education," in *Psychology and the Science of Education: Selected Writings of Edward L. Thorndike* (New York: Teachers College Press, 1962), p. 20.

威廉·哈里斯在19世纪下半叶积极推动美国中等教育发展，保守的心理学家桑代克在20世纪上半叶确立了美国教育标准化进程。

桑代克对美国教育影响至深，但微妙的是，有关桑代克与美国教育变革之间关系的研究相对较少。20世纪上半叶获得关注更多的是进步主义教育家，如果从学校变革与教育组织变迁的角度看，桑代克作为教育家发挥的作用并不逊色于进步主义教育家或改革家。

20世纪初，以桑代克为代表的科学主义教育研究传统和地方督学结成的精英联盟最为核心的贡献是通过核心圈子的优势累积效应将科学方法和精神渗透运用于教育实践和改革中。科学主义教育研究取向在学术共同体中确立的优势累积效应，通过学校督学的职业化历程得以在学校改革层面确立新的知识生产和扩散模式。教育学术共同体在学校改革领域的优势累积效应促使教育知识在扩散中形成了一种精英控制模式，这种知识扩散模式不仅主导了美国20世纪城市学校系统的改革与重组，还直接影响了教育研究者介入学校改革的方式。

保守的教育科学家何以得到学校管理者的认同，双方达成共识的基础是什么？聚焦20世纪上半叶教育科学研究者与学校督学的职业生涯，我们发现以桑代克为代表的教育科学研究者与学校督学精英之间的关系及发生相互影响的性质本身都很复杂，但从根本上看，这一代的教育改革家表现了一种共同的精神气质，他们将科学方法和组织效率的乐观主义信念、基督教理想主义观念与保守的政治社会立场结合在一起。作为一种集体精神气质，他们推崇勤奋、责任、秩序、节俭、虔信等品质，他们富有干劲，精力充沛，积极投身教育实践，坚信通过运用“科学”可以解决社会问题，优质的教育是提高社会效率和稳定社会秩序的关键。20世纪初，这一代教育改革家在美国教育史上被视为过渡的一代。这一时期，宗教在社会和思想领域逐渐失去了统治力，科学在学术职业生活中成为新的潮流，教育改革家虽然推崇组织效率、科学事实和方法，但并没有放弃其社会责任和理想，而是将原有的宗教信念巧妙地融合进社会进化思想和科学信念中，认为人类可以通过教育控制并改善社会，并且将教育科学研究视为美国民主的学校系统获得权威及合法性的根基。①

桑代克一生崇尚科学，作为科学家，他从未失去对纯科学的信念和信心。甚至在晚年最后一本著作中，他仍然保持科学理想主义的精神气质。桑代克最后出版的著作《一个联结主义心理学家的选集》（*Selected Writings from a Connectionist's Psychology*）再次折射出他的社会价值观和取向。桑代克致力于将自然科学中的科学定量方法引入社会科学，尝试解决社会问题。在他看来，教育是实现这一宏伟目标最为合适的领域，科学可以解释任何问题，科学意味着定量，定量是科学研究的基本原则，是理解普遍规律的核心要素。

桑代克笃定地认为培训一定数量的教育专家（educational experts），很多困扰教育家的问题就会迎刃而解。桑代克将人类文明的希望寄托在接受科学教育的个体身上，虽然他从未否认大众教育，但他对天才儿童的研究使他坚信天才儿童教育与大众教育同等重要。克雷明提出，桑代克在美国教育改革中的声望逊色于杜威，一方面是因为他的保守主义社会观，另一方面与杜威相比，他的心理学研究无法解释人的高级认知活动。② 尽管如此，桑代克依然是美国教育史上极富创造性的一位教育家，在美国 20 世纪上半叶有关学校变革进程的讨论中，他始终是一个人们无法忽视的人物。③

---

① Judd, C. H., "Educational Research and the American School Program," in *Bulletin of the American Association of University Professors (1915-1955)*, Vol. 9, No. 8, 1923: 62-64.

② Lawrence A. Cremin, *The Transformation of the School: Progressivism in American Education, 1876-1957* (New York: Alfred A. Knopf, 1961), p. 115.

③ Clarence J. Karier, Man, Society and Education: *A History of American Educational Ideas* (Glenview, Illinois: Scott, Foresman and Company, 1967), pp. 114-115.

【参考文献】

Curtis, Stuart, "Contributions in General to Education", in Honor of Edward Lee Thorndike[J]. Teachers College Record, Vol. 27, No. 6, Feb., 1926.

Keller, Morton, Phyllis Keller. Making Harvard Modern: The Rise of America's University[M]. New York: Oxford University Press, 2007.

Kistiakowsky, George B., Frank H. Westheimer. James Bryant Conant [J]. Biographical Memoirs of Fellows of the Royal Society, Vol. 25, 1979.

Murchison, Carl (ed). A History of Psychology in Autobiography, Volume Ⅲ[M]. Worcester, Mass.: Clark University Press, 1961[c1930].

Thorndike, L. Edward. Educational Psychology, Volume Ⅰ, The Original Nature of Man[M]. New York: Teachers College, Columbia University, 1913.

Thorndike, L. Edward. Human Nature and the Social Order[M]. New York: The Macmillan Company, 1940.

Travers, Robert. How Research Has Changed American Schools: A History from1840 to the Present[M]. Kalamazoo, Mich.: Mythos Press, 1983.

詹姆斯·科南特：开明的教育保守主义者

康绍芳

詹姆斯·科南特（James B. Conant，1893—1978 年），美国历史上著名的科学家、大学校长、政治家、公共教育发言人。科南特大部分职业生涯是作为美国高等教育的领导者，但被公众熟知和铭记的是他对美国初等和中等教育的改革和贡献。[①] 事实上，参与美国公共教育改革实属偶然，科南特在回忆录中曾提到他的 3 个人生理想：成为美国的一流化学家；当哈佛校长；进入内阁，当内务部长。他青年时期的人生志向本无意于投身美国教育改革，在回忆录中他还写道："在年轻时期，我无法想象会对公共教育产生兴趣。"[②] 但作为一位社会发明家[③]，他对 20 世纪五六十年代美国公共教育毋庸置疑地产生了比其他任何人都要大的影响，并且成为 20 世纪中期美国教育历史上最具影响力的教育家之一，甚至有评论认为科南特是 20 世纪 60 年代美国最杰出的教育

---

① 科南特被公众熟知虽源于他晚年对美国公共教育的调查研究，但这部分工作在其自传中并没有被详细回忆和阐述，长达 700 页的自传中关于公共教育方面的内容仅占 14 页的篇幅。

② James B. Conant, *My Several Lives: Memoirs of a Social Inventor* (New York: Harper & Row Publishers, 1970), p. 613.

③ 1970 年，科南特在自传回忆录中将自己称为社会发明家，详见 James B. Conant, *My Several Lives: Memoirs of a Social Inventor* (New York: Harper & Row Publishers, 1970).

政治家。[①] 1978 年 2 月 17 日，《哈佛深红》（*The Harvard Crimson*）杂志就科南特的辞世发表讣告，给予科南特校长极高的赞誉。《哈佛深红》认为科南特作为教育家、科学家和外交家，在哈佛历史上功勋卓著。《哈佛深红》将哈佛大学校长大体上分为两种：一种是筹集资金，管理学校，处理大学日常事务；另一种则是极尽才智，在国家和国际舞台上成就其教育魅力。毫无疑问，科南特属于后一种。他在高等教育和中等教育领域做出的贡献是任何当今教育领导者都无法超越的。

目前对科南特及其思想的界定众说纷纭，他被视为社会工程师[②]（social engineer）、知识精英主义者[③]（meritocratic elitist）、一个伟大

---

① James E. McClellan, *Toward an Effective Critique of American Education* (New York: J. B. Lippincott Company, 1968), p. 60.

② Paul Goodman, *The Community of Scholars* (New York: Random House, 1962), pp. 52-61.

③ 埃姆斯特在其博士论文中认为观察科南特职业生涯的核心线索是其知识精英主义的价值观和信念。

的折中主义者① (great compromiser)②。在哲学上，他被视为自由主义

① Clarence J. Karier, *Man, Society and Education: A History of American Educational Ideas* (Glenview, IL: Scott, Foresman & Company, 1967), p. 255. 卡利尔指出，科南特的《今日美国高中：向感兴趣的公民提交的第一份报告》出版后，他被社会改造主义者批评太保守，又被保守主义者批评过于自由主义，同时被儿童中心论者批评过于强调学术标准。卡利尔认为，如果科南特是保守主义者，那也只能将其视为杰斐逊—贺拉斯·曼意义上的保守主义者。

② William M. Tuttle, *James B. Conant, Pressure Groups, and the National Defense, 1933-1945* (Doctoral Dissertation, University of Wisconsin-Madison, 1967), pp. 24-25. 科南特卸任哈佛大学校长前后，开始有研究关注科南特的高等教育改革及其思想。最早研究科南特教育思想的文献发表于 1952 年，题为“詹姆斯·科南特关于教育功能结构的概念研究”，具体参见 James E. Perdue, *James Bryant Conant's Conceptions of the Structuring of Educational Functions* (Doctoral Dissertation, Stanford University, 1952)。论文主要围绕科南特对高等教育中的普通教育和专业教育的结构功能进行分析，鉴于当时科南特更为瞩目的教育研究还未展开，论文对科南特教育思想研究的深度和广度有限。自 20 世纪 50 年代末至 70 年代，教育领域中多达 75%的有关科南特的博士论文在研究科南特的中等教育思想，其中主要围绕科南特的两本著作《今日美国高中：向感兴趣的公民提交的第一份报告》和《学校董事会备忘录：初级中学阶段的教育》(*A Memorandum to School Boards: Education in the Junior High School Years*) 的博士论文达到 93%。具体参见 Donna D. McINerney, *The Education Legacy of James B. Conant* (Ed. D, The State University of New Jersey, 2008), p. 34。20 世纪 80—90 年代，对科南特的研究开始发生转向。据统计，1980—1996 年，有关科南特的 6 篇博士论文中的 4 篇开始关注科南特的高等教育思想，2 篇研究科南特的科学家生涯。这一时期对科南特的研究开始转向更开阔的视野。20 世纪以来的已有研究开始趋向于从其多方面的职业生涯分析其贯穿一生的教育哲学观和教育思想。

者[①]（liberalism）、实用主义者[②]（pragmatism）、激进主义者[③]（radicalism）、要素主义者[④]（essentialism）。其中，最经典的界定是保守主义者[⑤]（conservatism）。塔特尔（William M. Tuttle）认为科南特的社会哲学观在担任哈佛校长后逐渐成形，担任校长的前10年，他的社会哲学观是杂糅而矛盾的，既推崇美国式实用主义哲学，又信奉杰斐逊式的民主理想。[⑥]

科南特被公众和教育界熟知源于他对美国中等教育和师范教育的调查研究，作者认为事实上贯穿于《今日美国高中：向感兴趣的公民提交的第一份报告》（*The American High School Today: A First Report to Interested Citizens*）和《美国教师教育》（*The Education of*

---

① Nicholas Lemann, "Behind the SAT," in *Newsweek*, Vol. 134, Sept. 6, 1999: 52-57.

② Paul Woodring, "James Bryant Conant: a Biographical Commentary," in *Leaders in American Education, the Seventieth Yearbook of the National Society for the Study of Education, Part II* (Chicago, IL: University of Chicago Press. 1971), pp. 143-150.

③ J. Y. Smith. James B. Conant Dies; Educator helped develop A-Bomb. The Washington Post[EB/OL]. (1978-02-13)[2015-05-06]. https://www.washingtonpost.com/archive/local/1978/02/13/james-b-conant-dies/e2321dfc-b27d-41d2-8cb6-f044a9374526/. 史密斯在《华盛顿邮报》一篇悼念科南特的文中援引哈佛大学教育研究生院前院长弗朗西斯·凯佩尔（Francis Keppel）的观点谈道："科南特深受美国国父杰斐逊的影响，我将他视为一位过时的激进派（old-fashion radical）。"

④ 可参见 Theodore Brameld, *Education for the Emerging Age: Newer Ends and Stronger Means* (New York: Harper Brothers, 1961), pp. 50-51. 布拉梅尔德认为，如果要归类科南特的教育理论，折中主义应该是最合适的，他的观点和方法是对各种教育理论的融合。但从基本观点上看，科南特在教育问题上偏于保守，与各种理论相比较，他的观点更倾向于要素主义理论。要素主义理论的核心强调教育的根本目的是加强和巩固社会文化遗产。Etta Lou, Sellars, *An Historical Comparative Analysis of the Ideology of Selected Educational Reformers of the 1950s and 1980s* (Ph. D, Indiana State University, 1994), p. 44.

⑤ James E. McClellan, *Toward an Effective Critique of American Education* (New York: J. B. Lippincott Company, 1968), pp. 115-118.

⑥ William M. Tuttle, *James B. Conant, Pressure Groups, and the National Defense, 1933-1945* (Ph. D, University of Wisconsin-Madison, 1967), pp. 24-25.

American Teachers）中的教育理念已在他担任哈佛大学校长期间渐趋成型，基于科学主义和保守主义的知识精英理念（meritocratic elitism）是贯穿其教育思想的基本信念。

一

科南特在诸多领域的职业生涯中非常注重实效，重视将思想转变为实际行动。[①] 科南特在工业实践中发展起来的效率观念和本身就具有的科学主义倾向影响了他对教育改革的建议。科南特的思想基础及其产生的特定历史条件，促使科南特对教育的研究由宏观转向微观，“他的贡献不在于他的抽象的理论架构，而在于他经过丰富实践而建立的教育现实观”[②]。鉴于科南特职业生涯的特点，我们尝试在其实际的改革行动中梳理和挖掘作为教育家的科南特。

科南特在教育界的声名源于晚年针对美国高中的调查研究，在此之前，他是著名的化学家、大学校长、外交官，多方面的职业生涯为他开展公共教育领域的调查研究做了深厚的铺垫。在其职业生涯的早期，他是一位笃定而纯粹的科学家，醉心于化学研究。在担任哈佛校长之前，他从未发表过与化学无关的文章或演说。《哈佛研究生杂志》（*Harvard Graduates Magazine*）对科南特担任校长时的评价：“科南特担任哈佛校长伊始，并没有成型的、系统的教育理念。”[③] 1933 年，科南特就任哈佛大学校长，因其职务变动，开始关注教育问题，目前学界将他《面向哈佛大学新生的演讲》（*Address to the Freshmen of*

---

① The Associated Press, “James B. Conant Is Dead at 84; Harvard President for 20 Years,” in *The New York Times*, Feb. 12, 1978: 1.

② 刘传德：《外国教育家评传精选》，北京师范大学出版社，1993，第 169 页。

③ “The Editor's view,” in *The Harvard Graduates Magazine*, Vol. XLII, 1933-1934: p. 51.

Harvard University)[①] 作为其发表教育观点的第一份公开文献。

1932 年 11 月哈佛校长洛厄尔宣布退休时，科南特已经成为美国学术界非常有声望的科学家，被认为极有可能会赢得诺贝尔奖。作为化学家和教师的科南特正处在事业发展的巅峰时，洛厄尔宣布即将辞去哈佛校长职务。新任校长人选的讨论弥漫哈佛校园，科南特在教师俱乐部闲谈中建议新校长应从教师中选举，他把大学校长的遴选与哈佛的学术发展紧密地联系在一起，积极参与讨论下一任校长的候选人。科南特自认，如果不是他多嘴，也许他的生活永远不会与校长发生联系。恰恰是他的个人观点和对未来哈佛前景的想法打动了校务委员会，使他开始迈向人生的第二个理想——哈佛校长。

事实上，科南特不仅仅是一位出色的化学家，还有着更多的过人之处。刚刚不惑之年的科南特给人的印象就像爱默生描述林肯那样，平易近人，而非盛气凌人。他的朋友都知道他文理兼通、精明而坦率，相信他将会成为一名好校长。这位长相年轻、身形消瘦的化学家，拥有学究式的温和气度，但很快他在管理上就变得像前任校长一样强硬而冷酷。[②] 科南特希望能像艾略特（Charles William Eliot，1834—1926 年）和洛厄尔一样成为一位强势校长。他引用洛厄尔"因愤恨暗杀而施暴政"的治校之道，他继承了前任们在领导学校时所具有的家长作风——"我在哈佛"这种带有强烈个人色彩的词汇频繁出现在他的信件中。科南特欲将自己的足迹留在哈佛而使用的种种方法，以及他在这个过程中不断失败的种种经历都成为 20 世纪三四十年代哈佛历史的核心内容。用《纽约先驱论坛报》（*The New York Herald Tribune*）的话来说，选择科南特如同当年选择化学家查理斯·艾略特一样，两

① James B. Conant, "Address to the freshmen of Harvard University," in *School and Society*, Vol. 38, No. 980, Oct. 7, 1933: 449-452.

② ［美］理查德·诺顿·史密斯：《哈佛世纪——锻造一所国家大学》，程方平等译，贵州出版集团、贵州教育出版社，2004，第 120 页。

人都具有冷峻的洞察力和斯巴达式严于律己的生活方式，哈佛大学为一位平民戴上了桂冠。①

科南特担任哈佛大学校长期间是哈佛历史上外部环境最为动荡的时期，1933 年是美国大萧条时期糟糕透顶的年份。这一年，用科南特的话来说，“对德国、美国和我本人都是不寻常的一年：希特勒掌权；罗斯福入主白宫；我当上了哈佛的校长”②。动荡的社会政治和国际局势，迫使科南特上任后对外界事务非常关心，强调要把教育与社会需要紧密联系在一起。在这样一个动荡不安的年代，担忧和恐惧主宰着整个世界，不可避免地，他的教育思想也始终围绕着国家安全、社会稳定与经济繁荣展开。在其职业生涯中，他积极深入地投身于公共服务，特别关注教育服务于社会发展。③

科南特成为哈佛校长之前，哈佛大学对教书匠式的传统已感到厌恶，包括科南特在内的大学教授和管理人员都怀有一个共同的梦想——重新树立他们的权威。科南特执掌哈佛后，将更多的精力放在哈佛人才的培养和管理上，他深深感受到哈佛在学术和智识方面的不足。上任后，他迅速着手进行大刀阔斧的改革。在 1935 年校长年度报告中，科南特直言不讳地指出了哈佛未来的核心工作：“如果要我来规划未来，我们必须围绕人来规划学校发展。”④ 而支撑他进行一系列改革的基本信念就是知识精英主义的社会哲学观。他希望摒除社会出身因素的限制，以才智和能力为基础，招纳杰出的教师和优秀的学生，

---

① ［美］莫顿·凯勒，菲利斯·凯勒：《哈佛走向现代：美国大学的崛起》，史静寰、钟周、赵琳译，清华大学出版社，2007，第 21 页。

② ［美］理查德·诺顿·史密斯：《哈佛世纪——锻造一所国家大学》，程方平等译，贵州出版集团、贵州教育出版社，2004，第 132 页。

③ Clarence J. Karier, *Man, Society and Education: A History of American Educational Ideas* (Glenview, IL: Scott, Foresman & Company, 1967), p. 251.

④ James B. Conant, *Report of the President of Harvard University to the Board of Overseers (1934-1935)* (Cambridge, MA: Harvard University Press, 1935), p. 6.

重振哈佛在全美乃至世界上的名望。在一次化学系新生茶话会中，一名大一新生伯纳德·科恩（I. Bernard Cohen）直截了当地问科南特："为什么您在创造力的高峰期放弃科学而投身于大学管理工作?"科南特回答道，他不会因为任何缘由放弃科学事业，没有什么理由可以诱使他离开实验室和他的学生，而对哈佛的挚爱和对学院与大学的奉献可以充分激发他的创造力，他乐意接受塑造真正伟大哈佛的挑战，使哈佛更能代表整个民族，代表社会所有阶层，成为世界科学与研究的中心。①

科南特在1952年的校长年度报告中曾总结20年的治校理念，他始终信守一条治校哲学：哈佛的未来依靠优秀的学生和杰出的学者。② 上任伊始，科南特重点着手两大改革举措：一是设置大学教授席位；二是筹建全美奖学金项目。首先，在教师中实施改革，将一部分教师剔出哈佛，设立大学教授席位。其次，采用选拔和考试的方式，招收学业优异的学生，设立全美奖学金，打通天才学生的入学通道。

（一）"非升即走"：教师聘任制度的改革

哈佛大学在前任校长洛厄尔的领导下，沿袭英国牛津、剑桥大学的传统，倾向于以自由的价值观念为标准聘用教师，忽视教师的学术水平，导致洛厄尔任期的哈佛大学本科生教育重于研究生教育，艾略特建立的学术声誉逐渐受到威胁。相对而言，科南特更注重教师的科学研究能力，他的大学理想是科研、专业教育、自由教育和本科学生校园生活四大要素能紧密地结合在一起。大学应该是增进知识的机构，而不能仅仅停留在教学或职业培训上。科南特认为哈佛大学过于侧重教学而忽视了科研，必须协调和平衡二者之间的关系，但他并没有因

---

① Bernard Cohen,"James Bryant Conant,"in *Proceedings of the Massachusetts Historical Society*, *Third Series*, Vol. 90, 1978: 124.

② James B. Conant, *Report of the President of Harvard University to the Board of Overseers (1951-1952)* (Cambridge, MA: Harvard University Press, 1952), p. 9.

此割裂教学与科研的关系。[①] 他指出，“我们的教师必须一如既往地在各个方向上扩展自己知识的疆界。我希望永远不要把我们的教师分为专门从事教学和专门从事创造性研究的两组人，不要将教学与科研割裂[②]”。

早在成为校长之前，科南特就对董事会成员谈过自己成为校长后的主要工作目标，改革教师聘任制度。科南特一再重申大学终身教授职位只应该由那些杰出的学者和教师充当。20 世纪初，哈佛大学杰出学者开始出现减少的趋势。1910 年，已经有许多著名学者离开哈佛，还有一部分学者纷纷进入垂暮之年[③]。随着这些知名学者纷纷退休或离世，哈佛大学逐渐失去了在学术上的领先优势。

科南特上任之初，哈佛大学当时的教师队伍也不是全美最优秀的。前任校长洛厄尔在任时，效仿英国牛津、剑桥大学的传统，大力发展本科生教育，采用导师制（tutor system）。因此，20 世纪 20 年代，哈佛大学辅导员和讲师的数量稳步上升，当时最知名的教师都是极富课堂教学魅力的教授，如英语系的“应对大师”查尔斯·汤森·科普兰（Charles Townsend Copeland）和拉巴隆·罗素·布里格斯（Lebaron

① James B. Conant, *My Several Lives: Memoirs of a Social Inventor* (New York: Harper & Row, Publishers, 1970), p. 652.

② 王英杰：《大学校长与大学的改革和发展——哈佛大学的经验》，《比较教育研究》1993 年第 5 期。

③ 例如，弗里德里克·杰克逊·特纳(Frederick Jackson Turner, 1861—1932 年，著名历史学家，边疆学派创始人)、弗兰克·塔西格(Frank W. Taussig，1859—1940 年，美国经济学家、教育家)、乔治·李曼·基特里奇（George Lyman Kittredge，1860—1941 年，美国英语语言学家)、查尔斯·汤森·科普兰（1860—1952 年，诗人、作家)、巴雷特·温多尔（Barrett Wendall，1860—1954 年，美国评论员、学者)、乔治·桑塔亚纳（西班牙裔美国哲学家、散文家、诗人、小说家)、乔赛亚·罗伊斯（Josiah Royce，1855—1916 年，美国哲学家)、乔治·赫伯特·帕尔默（George Herbert Palmer，1842—1933 年)。具体参见 William M. Tuttle, *James B. Conant, Pressure Groups, and the National Defense, 1933-1945* (Ph. D. University of Wisconsin, 1972), pp. 19-20。

Russell Briggs)，以及历史系的“玩闹大师”罗杰·迈瑞曼（Roger B. Merriman）。比较而言，哈佛大学的知名教授数量很少，像化学系时任主任西奥多·威廉·理查德（Theodore William Richard，1868—1928年）[①] 那样的世界级知名教授少之又少。科南特上任之前，哈佛大学只有理查德 1 名诺贝尔奖获得者，而芝加哥大学已经拥有 3 名诺贝尔奖获得者，芝加哥大学、哥伦比亚大学等常春藤大学逐渐赶超哈佛大学，成为哈佛大学强劲的竞争对手。1934 年，卡内基委员会主席弗雷德里克·凯珀尔（Frederick Kepple）指出，哈佛大学或许依然是美国最优秀的大学，但毫无疑问，这种优势地位已经明显受到另外一所伟大的大学——芝加哥大学的挑战，人们不再把哈佛大学作为学术声望的最高标准。[②]

截至 1936 年哈佛大学 300 年校庆时，已经有 16 所大学在规模上超过了哈佛大学，芝加哥大学校长罗伯特·赫钦斯（Robert M. Hutchins，1899—1977 年）直言不讳地预言：哈佛大学的特殊地位即将终结。1934 年，赫钦斯在一次公开演讲中认为，只对少数人开放并不是高深学问，新英格兰正面临着一个选择，要么采取必要的措施恢复在美国教育中的领导作用，要么津津乐道于过去的辉煌成就。科南特自己也承认事实的确如此，教师也好，学生也好，如果哈佛大学不能吸引最有才华的优秀人才，就再也没有什么灵丹妙药能使哈佛大学

---

① 西奥多·威廉·理查德出身于学术世家，他本人在自学的基础上进入哈佛大学二年级学习，17 岁获得学士学位，同年进入哈佛高级班获得另一个学士学位，20 岁获得博士学位，同年获得奖学金，前往德国顶尖大学交流访学。理查德在二十几岁时，就在元素原子重量方面成为世界权威。他的很多文章都发表在德国科学期刊上，获得了世界各地学者的广泛关注。他归国后回到哈佛，毕生从事化学教学和研究工作，发表了大量的研究论文，涉及定量实验研究。此后，他将毕生精力献给了这项事业，成为哈佛大学和美国历史上第一位获得诺贝尔奖的科学家。

② Morton Keller. ,Phyllis Keller,*Making Harvard Modern : The Rise of America's University*(New York:Oxford University Press,2007),p. 64.

恢复到名列前茅的位置。艾略特在任期间，那些优秀的学者教授都已纷纷离去，外界甚至把学术界的最高荣誉授予赫钦斯的芝加哥大学，在美国的重点院系中，芝加哥大学已经拥有 8 所，而哈佛大学是 7 所。

科南特很早就曾提醒哈佛要注意其他大学的崛起对哈佛大学造成的挑战和竞争，早有重整教师队伍的打算。他曾对哈佛一名物理教授谈道："你明白，我和任何其他人一样，非常希望这个研究所拥有足够多的具有天赋和创造力的年轻人。没有什么能阻止我们将文理学院建成能吸引最出类拔萃人才的机构，而哈佛大学标准化的工资及教学和研究的等级标准使其很难吸引其他大学和科研机构的人才。"①

为了使哈佛大学在竞争中获得优势，科南特特别重视哈佛大学的科研工作，强调通过科学研究增进知识和学问，而这一切都要依赖于优秀的人才。因此，科南特发誓要网罗一切可能杰出的优秀人才到哈佛落脚。他认为哈佛大学学术水平提高的关键取决于能否吸引到最优秀的教师。他认为，"大学者，大师荟萃之地也。如果学校终身教授是世界上最著名的，那么这所大学必定是最优秀的大学"②。

科南特对文理学院选聘教师的标准颇有看法，因此首先着手对哈佛文理学院教师进行考察和改革。为了具体了解哈佛教师的情况，科南特对文理学院教师年龄和职位的分布进行了专门的调查，统计数据显示（见图 1）临时聘用的年轻教师充斥学校。1933 年，非终身教职教授的人数是终身教授的两倍。科南特认为必须进行大刀阔斧的改革来增加副教授和教授的数量。遗憾的是，哈佛 300 年校庆基金筹集情况并不乐观，学校财政紧缩使终身教授职位数量的增加变得非常困难。

---

① Morton Keller. , Phyllis Keller. *Making Harvard Modern : The Rise of America's University*(New York:Oxford University Press,2007), p. 24.

② 郭健：《哈佛大学发展史研究》，河北教育出版社，2000，第 160 页。

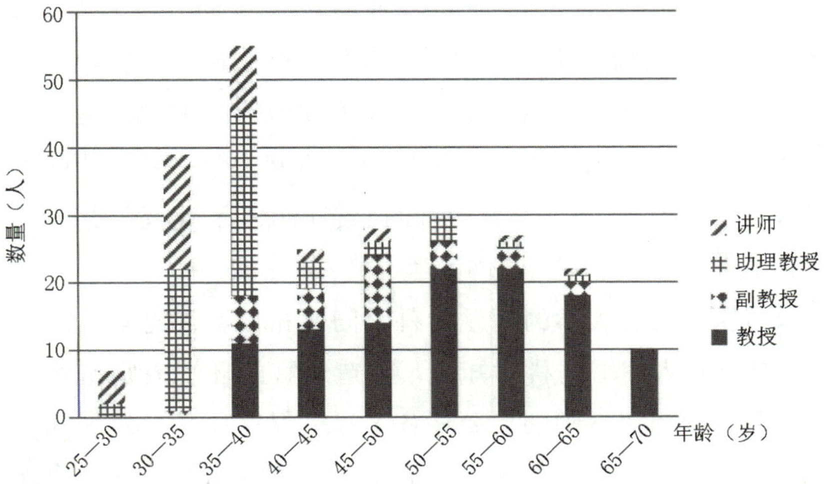

图 1　哈佛大学文理学院教师年龄和职位分布（1938—1939 年）①

1924—1925 年，1934—1935 年，哈佛大学文理学院中非终身教职的教师占比从三分之一上升到超过半数，在大多数人文社会科学院系中，仅辅导员的数量就接近或超过了 60%，经济系有 7 名教师担任了 6 年辅导员，另一名担任了 9 年，还有一名担任了 10 年，英语系有一名教师（退伍老兵）担任了 18 年的辅导员，日耳曼语系甚至有一名教师担任了 27 年的辅导员。正如科南特所言，“我们正在经历一场转变，从由大师指导转向使大师黯然失色的学徒指导体系，当然对学徒来说，他们在这所大学毫无希望可言”②。

针对哈佛大学教师队伍存在的这些问题，科南特对辅导员制度进行了猛烈的抨击。随着 20 世纪 20 年代导师制的推行及大学教师人数的扩张，年轻讲师和助理教授占据很大的比例，经济大萧条对大学和学

① James B. Conant, *My Several Lives : Memoirs of a Social Inventor* (New York: Harper & Row, 1970), p. 158.

② Morton Keller., Phyllis Keller, *Making Harvard Modern : The Rise of America's University* (New York: Oxford University Press, 2007), p. 66.

院造成了巨大影响，使大学之间教师的正常流动几近停滞。另外，1936 年，科南特对历史系、化学系的教师进行了调查，发现历史系有 50%的教师本科毕业于哈佛大学，60%的教师的博士学位是在哈佛获得；而化学系也有 30%的教师本科毕业于哈佛大学，46%的博士学位是从哈佛大学获得。[①] 基于哈佛教师的上述情况，科南特计划聘用来自欧洲或其他大学的学者进入哈佛大学。

科南特认为管理大学的问题与科学问题相似，首先必须挖掘有知识和能力的合适人才增进科学知识，创造适宜的环境鼓励这些人才进行合作。科南特相信教师的首要任务不是去保存而是去发展知识。根据他的见解，如果每个系都拥有可能得到的最杰出的教师，哈佛就用不着担心未来了。据他估计，哈佛所有员工中有一半可称得上学者，还有一半坦率地说，对推进知识的发展毫无兴趣且毫无积极性可言。这促使他削减那些没有发展前途的年轻教师的数量，同时通过任命新的“大学教授”来提升大学高级教师的整体水平。[②] 辅导员体系，包括它的费用和构成人员，在 20 世纪 30 年代的时候已经成了科南特建立高水平教师团队的主要障碍。1937 年，新政策的实施使学生对辅导员的需求降低了约三分之一。20 世纪 30 年代，75%的本科生辅导员是由教师担任的；到了 1950 年，本科生辅导员大部分由研究生来担任。这样，大量教师获得了充裕的时间进行科研工作。[③]

1933 年，英语语言学导师兼讲师伯纳德·德沃托（Bernard Devoto）在《哈佛毕业生杂志》（*The Harvard Graduates' Magazine*）

---

① Jeanne E. Amster, *Meritocracy Ascendant : James Bryant Conant and the Cultivation of Talent*(Ed. D. Harvard University, 1990), p. 96.

② Morton Keller., Phyllis Keller, *Making Harvard Modern : The Rise of America's University*(New York: Oxford University Press, 2007), pp. 23-24.

③ Morton Keller., Phyllis Keller, *Making Harvard Modern : The Rise of America's University*(New York: Oxford University Press, 2007), p. 42.

上向校长提交的公开信中直言不讳地说：新一任校长，在这个纷乱的时期，要面对很多令人头疼的问题，但是最重要的问题是解决哈佛空闲职位，如果添补得当，将合适的人安排在合适的位置，其他问题就不成问题；相反，这一问题若是解决不当，即使其他问题都得到解决，也是徒劳。①

充满戏剧性的是德沃托本人却因为晋升问题离开了哈佛大学。1936 年，德沃托收到《星期六文学评论》（*Saturday Review of Literature*）担任该杂志主编的邀请，他想以此作为手段晋升终身教授职位，否则他将离开哈佛接受杂志主编的职位。德沃托当时是非常受欢迎的教师和演说家，同时也是《哈珀》（*Harper*）杂志的专栏作者。科南特却没有接受他的条件，认为德沃托当时的学识没有达到终身教师的条件，只同意他留在哈佛继续担任导师。科南特委婉地回复："考虑到目前的情况，我强烈建议你接受杂志主编的职位。"德沃托羞愤不已，带着对科南特的几分憎恶离开了哈佛大学。

1. 沃尔什-斯威兹事件

在教师聘用制度改革过程中，哈佛大学经济系成为诞生新的学院评价体系的主战场。1937 年，沃尔什-斯威兹事件成为科南特以知识精英标准选聘教师的典范性事件。科南特不仅亲自管理教师晋升和终身教授的选拔，而且实施严格的教师聘用和选拔举措。1937 年开始实施教师聘任制度改革，科南特认为，对于中年教师来说，需要终身聘任和稳定的收入，讲师和助理教授属于临时聘用。面对新问题，科南特采取了新措施，要求新讲师在校工作一段时期后如果不能晋升就要离开，有些不友好人士将科南特的这种做法称为"非升即走"。科南特一再重申教师任用制度改革纯粹基于学术目的，但是终身教师聘任和晋

① Jeanne E. Amster, *Meritocracy Ascendant : James Bryant Conant and the Cultivation of Talent*(Ed. D. Harvard University, 1990), p. 92.

升制度改革的尝试还是与青年人敏感的政治观点染上了关系。

1937 年 3 月，终身教师晋升政策在经济学系实施，经济学系系主任哈罗德·伯克霍夫（Harold Birkhoff）通知经济学系两位青年经济学家雷蒙德·沃尔什博士（Dr. J. Raymond Walsh）和阿兰·斯威兹博士（Dr. Alan R. Sweezy）将本已失效的 3 年期聘书改为 2 年，这意味着他们不再拥有晋升机会。

与此同时，经济系主任伯克霍夫征询科南特本人的意见，辞退沃尔什和斯威兹是否确实是因为两人激进的观点及他们左翼教师联盟的身份，科南特断然否认了这一点[①]，他向经济系监察会负责人沃尔特·李普曼（Walter Lippmann，1889—1974 年）解释道："我对这些人完全没有偏见。事实上，我很少听说他们的观点，对我来说也没有什么特别激进的地方。问题在于他们发表的学术论文的记录即使以当时最宽松的标准来考量也要差很多。"[②]

虽然科南特一再重申解聘沃尔什和斯威兹纯属学术缘由，与政治无关，但这一事件还是迅速成为公共事件，科南特被指责违反学术自由，沃尔什和斯威兹都是新近成立的教师工会（Teacher Union）的官员，一时成为媒体关注的敏感话题——哈佛"解雇"了教师工会的两位官员。经济学系和学校董事会做出的决定完全依据的是他们的教学和学术能力，与政治态度和取向无关，媒体过分渲染了两位教师的政治背景。科南特认为，并不是每个初级职位的教师都能获得终身教授的职位。对于一个年轻人来说，如果在大学里没有未来可言，反复聘用他并不代表仁慈。沃尔什和斯威兹博士事件的决议并不是说他们不是好的教师，只是在大学里，相对于资格和能力更好、更适合的教师而言，他们没有达到预期的学术水平。

---

① 当时沃尔什只发表了一篇学术论文，斯威兹发表了两篇。

② ［美］莫顿·凯勒，菲利斯·凯勒：《哈佛走向现代：美国大学的崛起》，史静寰、钟周、赵琳译，清华大学出版社，2007，第 94 页。

科南特在写给两位教师的信中一再重申，他本人并没有因为其政治身份而对两位教师产生什么偏见。但是，无论科南特如何做出解释和声明，都已太晚了，沃尔什-斯威兹事件在年轻教师中引起了很大的恐慌。1937 年 5 月 18 日，100 多名助理教授和讲师集体请愿，请愿教师几乎涵盖哈佛大学所有院系①，教师们草拟了长达 15 页的请愿书，呈送到 9 位在哈佛较有声望的教授手中，要求质询沃尔什-斯威兹事件的详细情况，同时询问与教师晋升有关的标准和方法的详情。这 9 位资深教授对科南特的态度既温和，又怀有敌意②，要求由他们组成专门委员会进行调查，其中有科南特的老师埃尔默·科勒（Elmer Peter Kohler，1865—1938 年）教授③。科南特别无选择，只有接受他们的请求任命这 9 名教授成立九人委员会进行专门调查。在调查此事的 3 年里，紧张和不愉快是不言而喻的。随着时间的流逝，科南特校长对该事务处理的英明之处清楚地显现出来。沃尔什和斯威兹两人最终均未达到其支持者所允诺将会达到的学术水平。

在第一份调查报告发布之前，科勒教授就已辞世。1938 年 5 月 24

① 其中包括后来比较知名的学者：历史学家克雷恩·布林顿（Crane Brinton，1898—1968 年）、保罗·巴克（Paul H. Buck，1899—1978 年）、费正清（John K. Fairbank，1907—1991 年），政治科学家鲁伯特·艾默生（Rupert Emerson，1899—1979 年）和梅勒·芬奥德（Merle Fainsod，1907—1972 年），经济学家约翰·肯尼斯·加尔布雷斯（John Kenneth Galbraith，1908—2006 年），社会学家塔尔科特·帕森斯（Talcott Parsons，1902—1973 年），哲学家维尔德·奎因（Willard V. Quine，1908—2000 年），化学家布莱特·威尔逊（E. Bright Wilson Jr，1908—1992 年）。

② 他们分别是默多克（Murdock），天文学家谢普勒（Harlow Shapley，1885—1972 年），哲学家拉尔夫·巴顿·派瑞（Ralph Barton Perry，1876—1957 年），化学家科勒（Kohler），历史学家施莱辛格（Arthur Meier Schlesinger Sr，1888—1965 年）、威廉·弗格森（William S. Ferguson），法学院的法兰福特（Frankfurter）、梅里克·多德（E. Merrick Dodd，Jr）、埃德蒙德·摩根（Edmund M. Morgan）。

③ 科勒与理查德同龄，毕业于霍普金斯大学，德裔美国人，1912 年受邀为哈佛大学本科生开设普通化学和有机化学方面的课程，1900 年晋升为教授。他的声名主要来源于他的教师身份，他没有发表过像样的文章，但他的教学非常出色。

日，八人委员会公布了第一份报告。第一份报告专门处理了沃尔什-斯威兹事件，得出的结论认为经济学系误解了学校董事会 1936 年限制讲师晋升政策的本意，因此委员会建议对两位博士重新签订 3 年期的聘书，并且建议经济学系在 3 年内提供晋升的机会。科南特认为这份报告过分强调了误解本身，会影响各院系的晋升制度。

科南特质疑委员会提出的建议，尽管如此，他还是做好充分的准备听取了董事会其他成员的看法。董事会就此事件在校长办公室商谈了一整天。自科南特担任哈佛校长以来，董事会发生了很大的变化，罗伯特·霍曼斯（Robert Homans）和托马斯·伯金斯（Thomas N. Perkins）已辞世，查尔斯·柯蒂斯（Charles P. Curtis）已退休，亨利·沙塔克（Henry L. Shattuck）① 成为高级董事会成员。一位波士顿的银行家威廉·克莱夫林（William H. Claflin）被选为财务主管，另两位新的董事会成员分别是波士顿的查尔斯·库里奇（Charles A. Coolidge）和纽约的亨利·詹姆斯（Henry James）。董事会就教授委员会的第一份报告进行了详细研究，授权科南特本人向监事会提交这份报告并附一份董事会信件，声明董事会不同意报告中的建议。调查委员会的报告及信件内容在 1938 年 6 月 1 日向媒体公布。

调查委员会报告得出结论，无论是经济学系、系主任还是科南特本人，都没有因为沃尔什和斯威兹积极参与劳动运动而对他们产生偏见，这一点令人欣慰。一年后，美国大学教授委员会也对此事件进行了调查，得出了同样的结论。董事会经过协商，回绝了八人调查委员会报告的建议，但调查委员会并没有因此而停止工作。1939 年 3 月，他们又提交了第二份终结报告。在科南特看来，这是一份非常出色的文件，其对哈佛当时体制的分析切中要害，建议依据“非升即走”的

---

① 沙塔克是科南特担任校长早期阶段最有影响力的董事，他祖上几代都是新英格兰上流人士。

原则对哈佛人事进行重新分类，建议讲师采用5年期终结性聘用制，废除助理教授职位，还对临时聘用和终身职位进行了清晰地安排和分类，规定副教授作为终身教职的起点。

总的来说，调查委员会阐明文理学院教师的收入短期内不会再出现增长；教师的聘用权将依然保留在董事会手中，由院系提名；终身职位将会授予那些职位较高的教师；现存的导师制和课程教学制度不会在根本上进行改变。1939年春，一切看起来似乎归于平静，这只是表象而已。很快，监事会获得了第二份报告的复印件，文件中没有附带任何校长的评论。科南特对这个报告持欢迎态度，他坚信这份文件不论在哈佛的历史上，以及对所有关注这类问题的人来说，都是一个重大的进步。这个报告成为洛厄尔辅导员制度和20世纪40年代后期通识教育之外，哈佛对美国高等教育的又一主要贡献。科南特坚信大多数教师将会赞成委员会提出的建议。

科南特决定采纳第二份报告的建议，将其作为哈佛教师聘用制度的一般性政策指导文件。这份报告建议教师有8年的服务期限，8年内仍然不能晋升为终身教授，只能另谋他路，离开哈佛。终身教授自副教授起，因退休出现终身教授席位空缺就可以晋升新的教师为终身教授。

通过沃尔什-斯威兹事件，科南特进一步明确了哈佛大学教师聘任改革的根本意图。他把追求真理、增进知识视为大学的核心使命。他认为必须促进知识并使其代代相传，知识一旦停滞，就会退化并丧失其生命力，对当时和未来的作用也就微乎其微，热衷于学术冒险应该是新大学的特点。科南特将教师分为三类：第一类是从事推进知识进步的教师，在这里终身职位应当仅属于那些具有出色研究才能的人；第二类是从事诗歌教学和创作的教师；第三类是从事哲学教学和研究的教师。后两者的聘任标准有所不同，在评价上，不能仅仅考虑他们作品的质量，还要考虑他们作为教师的教学质量。科南特严格的学术标准对洛厄尔时期雇佣的大部分初级讲师而言，几乎不可能获得终身职位，但他依然坚持这一看法。1938年，他曾在写给格里恩维利·克拉克（Grenville Clark）的信中解释了师资改革的基本原则："这确实是对艾略特及洛厄尔以来哈佛管理政策的根本性颠覆，我完全确信这种颠覆不仅对哈佛意义重大，还可以为其他大学树立范例。大学的雇佣准则不同于中学，我认为校长执行严格的教师聘用政策至关重要，否则教师质量必会走下坡路。"①

但是，科南特面临一个重要的困难：如何将校长意志施加给拥有自治权的教师群体？鉴于教师群体人数众多，允许所有教师直接参与决策难度非常大。因此，科南特尝试借鉴新英格兰的做法，成立大约60名教师组成的代表委员会，由教师轮流进入委员会代表所有教师发言，这种方式既有助于所有教师参与决策，也可以保证规模较小的教师团体参与管理决策。但是，这一举措并没有持续多久。1939年秋，教师投票废弃了这一方案。事实上，教师的这次投票带有明显的怨恨色彩，科南特领导哈佛执行新的教师聘任制度引起了教师极大的反弹和抗议，教师聘任制度改革就此夭折。

科南特上任伊始对改革教师聘任制度充满信心，希望哈佛大学的教授、杰出的学者都能摆脱系科束缚，以设置大学教授席位的方式为哈佛教师队伍注入活力和锐气。然而，科南特雄心勃勃的改革计划因为经济萧条、哈佛财政紧缩而受到削弱，300年校庆筹集到的资金比预想的少很多。20世纪30年代，哈佛确实没有足够的资金支持学院教授的科研和学术研究工作。1935年，在102名获得终身教职的教授中，薪水中的一半以上是由哈佛捐赠基金提供的教授只有9人，而71名教授的薪水则完全由普通资金支持，普通资金就是学校的灵活资金，这

① James G. Hershberg, *James B. Conant : Harvard to Hiroshima and the Making of the Nuclear Age*(New York: Alfred A. Knopf, 1993), p. 105.

笔资金在 20 世纪 30 年代是一笔非常不稳定的财政收入。[①] 为了给更有能力的人留出足够的基金，科南特努力杜绝简单的续聘，把选拔标准定为“应是一个多产的学者，具有非凡的能力，同时具有出色的教学能力，但仅具有教学能力不足以作为被保留或晋升的资本”[②]。虽然出众的教学能力也很重要，但是无论如何仅凭教学能力本身不再是可续聘或晋升的充分条件。科南特一心致力于一流教授学者的选拔，把“杰出”这个词在教师聘任中发挥到了极致。科南特认为把一个平庸之辈留在大学是一种错误的善举，教师的竞争性流动对于提高哈佛的学术水准非常关键，因为只有这样，最优秀的人才可能晋升到最高的位置上。他坚信大学的地位是由一代又一代教师的质量决定的。哈佛的终身教授无论在战时还是平时，都要求是最优秀的、具有资格的学者。[③]

科南特教师聘任制度改革计划因财政因素步履艰难，与此同时，也有很多人抱怨科南特校长的专横跋扈，他不近情理地要求大学教员必须是世界上最杰出、最优秀的学者。一向信奉民主主义的科南特在推行哈佛教师聘任制度改革中转而求助于洛厄尔校长的严苛政策来对付学院的控制，使一向没有政治倾向的他被迫动用政治策略。

科南特以自然科学作为教师聘任和晋升的主要标准，这一做法也遭到人文社会科学领域教师的强烈反对。与洛厄尔重视人文学科的倾向相反，科南特执掌哈佛大学后，意在重振自然科学在哈佛学术研究中的地位。科南特认为科学的发展是人类杰出的创造性成就之一，这

---

① Morton Keller. , Phyllis Keller, *Making Harvard Modern : The Rise of America's University* (New York: Oxford University Press, 2007), p. 65.

② Morton Keller. , Phyllis Keller, *Making Harvard Modern : The Rise of America's University* (New York: Oxford University Press, 2007), pp. 65-66.

③ James B. Conant, *Report of the President of Harvard University to the Board of Overseers (1942-1943)* (Cambridge, MA: Harvard University Press, 1943), p. 11.

也促成了他在 1935 年设置科学与学问史（History of Science and Learning）博士学位，强化科学在大学教学与科研中的地位。

除此而外，科南特还要不断与校友及不喜欢其精英大学理念的人进行长时间的辩论。《哈佛深红》批评科南特，认为与其说他喜欢好的课堂教师，不如说他更喜欢明星研究员。科南特的行为是公然宣称漠视本科生教育。许多校友对科南特单纯以学术研究能力为标准聘用教师的做法甚为不满，其中一位著名校友就曾抱怨道：为什么哈佛要筹集经费去聘用别的大学的教师，却仅仅因为没有博士学位或科研成果驱逐教学非常优秀的教师。科南特对此声辩道：他上任之时，哈佛当时的状况是教学明显胜过科研，哈佛大学若想继续保持自身的学术竞争力，就必须重新振兴科学研究水平和质量。①

2. 专门委员会（ad hoc committee）的成立

科南特在哈佛大学教师聘任制度改革中推行专门委员会制度提高哈佛师资质量是他担任校长最关键的改革。② 20 世纪 30 年代早期，在学术世界圈子中，人们还无法接受“非升即走”的制度。自沃尔什-斯威兹事件以来，科南特寻找各种方法使那些包含在八人委员会报告中的原则制度化。在数学家瓦尔特·格劳斯坦（Walter Graustein）的帮助下，他设计了一种大学教授的统计表，精确地计量教授们事业高峰期的平均年龄在 34 岁左右，首次为解决大学未来的聘任和辞退问题提供了便利。③

1943 年，科南特首次公开地展示了一项他为哈佛所做的最重要的

---

① Morton Keller.，Phyllis Keller，*Making Harvard Modern：The Rise of America's University*（New York：Oxford University Press，2007），p. 25.

② George B. Kistiakowsky，Frank H. Westheimer，"James Bryant Conant，"in *Biographical Memoirs of Fellows of the Royal Society*，Vol. 25，1979：209-232.

③ James B. Conant，*My Several Lives：Memoirs of a Social Inventor*（New York：Harper & Row，1970），pp. 173-174.

改革——挑选教职人员的“专门委员会”(ad hoc committee)制度,即教师聘任和晋升制度。该委员会由校长经文理学院系主任咨询协商后授权成立,只有一位成员是本系人员,其他均来自外院系或外校,至少有两位学者是外部人员,这一点对于公正的判断非常重要。吸纳外部人员进入专门委员会的想法主要源于英国的模式,早在科南特第一次去英国大学游历访问时,牛津、剑桥的选人方式对他就产生了深刻影响。格劳斯坦针对终身教职进行专门的财政预算,每年提供7个终身教职席位,由各系公开竞争选拔。

为确保哈佛教师聘任制度能吸引全美最杰出的人才,科南特决定设立大学杰出学者教授聘任基金,该基金由董事会直接支配。杰出学者的聘任不经过学院,直接由校长和董事会决定。确定终身教授职位的总数,只有出现空缺席位时,才能晋升新的教师。由于终身教授决定着大学或学院的未来,教师任命和晋升即成为校长工作的第一要务。科南特在任期间,哈佛大学的管理出现了一些新的变化,为了能够集中精力招纳杰出学者,他重新分配管理职责,将哈佛的9个系转型为独立的实体,每一个系都独立运转,他只在一件事情上插手各系事务,即终身教授的任命。

截至1939年秋,在哈佛的56名副教授中,28人(年龄为27—52岁)获得了终身教职,14人未得到续聘,还有14人等待着进一步的决定。[①] 1942年,科南特宣布,因为战争,他将使用新的体系进行教师评价,即校外提名特殊委员会。该委员会在1942—1943年由4人组成,1944—1945年上升到7人。到战争结束时,此体系已经完善并被教师们接受。1950年,共有90位候选人通过了特别委员会的严格评审,68人得到了终身教职。1945年,经济学家阿尔文·约翰逊(Alvin

① Morton Keller., Phyllis Keller, *Making Harvard Modern: The Rise of America's University* (New York: Oxford University Press, 2007), p. 69.

Johnson）对科南特说："我认为您所创立的特别委员会是这一代人在大学教育中的最重要的进步之一。若能推广到所有优秀的大学，将埋葬一切没有创造力的陈腐形式，并且打开通向学术价值的大门。"①

科南特严格的大学教师聘用制度虽然饱受批评，但不得不承认他毅然、决然的改革计划为哈佛大学铸造了数量可观的一流教授，哈佛在美国乃至世界上的学术地位得以重振。在科南特上任之前的26年里，哈佛只有一位诺贝尔奖获得者，而在科南特在任的20年里出现了5位。近100年来，哈佛教师中获诺贝尔奖的共有32位之多。其中，在科南特校长之后的60年中，获奖者达29位。因此，从某种程度上可以说："科南特打造哈佛教师学术质量的努力获得了成功。1957年，他的同行在对各部门声誉的评价中报道，哈佛再次成为大学的领袖。"② 采用专门委员会（ad hoc committee）聘用教师的做法后来也逐渐获得美国大学的普遍认可，最终成为大学招聘、晋升教师的一般性制度。

3. 大学与学术自由

科南特在任时期，大学内外部环境动荡不安，经济上的大萧条导致大学资金出现缩减；第二次世界及冷战造成意识形态冲突；大学与联邦合作进行科学研究造成大学科研模式的转变；等等。在上述外部环境的变化中，大学与学术自由问题时常触礁，成为科南特管理哈佛时期非常棘手的问题。

在学术自由问题上，科南特秉承哈佛大学的传统，认为大学必须坚决捍卫自身的独立和言论自由，保证能够不受干扰地进行自由探究，如对宪法的起源问题、联邦政府三大部门的职能运作问题等必须要无所顾忌地进行解剖分析，就像地质学家考察岩石的起源问题一样认真

---

① Morton Keller. , Phyllis Keller, *Making Harvard Modern : The Rise of America's University* (New York: Oxford University Press, 2007), p. 70.

② Seymour M. Lipset, David Riesman, *Education and Politics at Harvard* (New York: Mcgraw-Hill Book Company, 1975), p. 180.

仔细。在这一点上，不能有任何的妥协让步。科南特认为，"大学教授作为公民的社会活动和言论及产生的影响，若无违法行为，大学无权干涉。保持异见的传统如果被剔出大学之外，对美国而言是一场悲剧和灾难。大学正是因为具有批判挑战权威、保持异见和争论的传统，国家才得以成为如今的面貌"①。

1934 年，哈佛监事会时任主席沃尔特·李普曼访问哈佛大学经济学系，李普曼重申自由探究精神在哈佛大学深深植根的传统，科南特对此表示赞同。事实上，前任校长艾略特和洛厄尔也非常注重哈佛大学教授的学术自由。例如，在 1917 年洛厄尔担任校长期间，哈佛毕业生攻击法学院一位教授所发表的公开言论，洛厄尔立场坚定地认为哈佛大学教授有权自由发表自己的言论。

科南特本人非常认同哈佛大学学术自由的传统，但是他在坚持学术自由传统的同时，所执掌的哈佛大学的外部环境正在发生翻天覆地的变化，1929 年的经济危机在全球范围内酿造着政治危机，1933 年是美国大萧条时期糟糕透顶的一年。如何在这样动荡的局势下传承、坚持哈佛大学所推崇、信奉的学术自由？这是科南特必须面对和解决的问题。

20 世纪 30 年代，哈佛乃至全美都弥漫着对学术自由的怀疑态度，哈佛大学中的很多人对罗斯福总统的新政表示不满，而那些支持新政的人在哈佛备受质疑。在这样的舆论气氛中，科南特本人虽然赞同罗斯福新政，但是在个人言论上依然非常谨慎。哈佛法学院与罗斯福新政关系密切，参与美国政治，在校园里其行为备受争议。洛厄尔公开反对罗斯福新政，在 300 年校庆时，哈佛大学围绕是否邀请哈佛校友罗斯福总统犹豫不决，哈佛不希望成为罗斯福总统连任的宣传阵地；保

---

① James B. Conant, "Academic Independence," in *Bulletin of the American Association of University Professors (1915-1955)*, Vol. 38, No. 4, Winter, 1952/1953: 517-519.

持学术自由与哈佛不断参与国家事务之间的矛盾导致哈佛的学术自由传统屡受挑战。其中，厄内斯特·汉夫施腾格尔（Ernst F. S. Hanfstaengl，1887—1975年）捐赠事件典型地反映了科南特在学术自由问题上遭遇的困境和挑战。

厄内斯特·汉夫施腾格尔事件因1909届校友毕业25周年庆典而起。20世纪30年代，希特勒掌权，对哈佛大学也产生了影响，集权主义对教育的侵蚀越来越明显。1934年4月，柏林新闻报道哈佛大学艾略特·卡特勒（Eliot Culter）提名德裔校友汉夫施腾格尔担任其哈佛校友庆典活动的助手，那些对德国政治局势有所了解的人士对汉夫施腾格尔被提名担任庆典助手一事深感不安。汉夫施腾格尔在个人关系和政治关系上是希特勒的好友，由于敏感的政治气氛，校友会这一小小的举动引起了抗议，局势所迫，使校长必须非常谨慎。

1934年6月初，汉夫施腾格尔就已抵达纽约参加各种校友聚会活动，一些校友直接写信表达不满情绪，另有一部分人则直接诉诸报纸公开谴责。不管人们如何看待希特勒或汉夫施腾格尔，作为哈佛校友，哈佛大学确实无权干涉汉夫施腾格尔参加校友庆典活动。因此，科南特对外界做出了回应，明确表态不会干涉校友权利。

按照校友聚会庆典议程，庆典前两天，大学校长要亲自接见1909届的校友及其家属，科南特也接见了汉夫施腾格尔。汉夫施腾格尔将德国教授霍尼斯密（Hoenigschmid）的问候转达给科南特，科南特的回应非常冷淡。1925年，科南特在德国确实得到德国教授的友好接待，但时移世易。1934年，德国政治风云突变，纳粹掌权，科南特猜测霍尼斯密与汉夫施腾格尔的关系如此密切，必定也是纳粹一员，而这种猜测后来得到了证实。

科南特之所以尽量避免与汉夫施腾格尔长时间交谈，还有另外一个原因。1934年5月24日，科南特收到了汉夫施腾格尔的一封信。两周后，汉夫施腾格尔将信件内容公之于众[①]：

> 很不幸，外界依然在质疑我是否能参加校友25周年庆典事宜。
>
> 我深知在哈佛度过的那段时光里，我的收获是无法估量的，其中收获的不仅仅包括知识上的精进和哈佛运动场上纪律和公平竞赛的熏染。
>
> 本杰明·富兰克林（1706—1790年）、艾默生、朗费罗（Henry Wadsworth Longfellow，1807—1882年）、艾略特及罗斯福身上展现的活力、性格和理想主义深刻地启发了我。所以，为了表达我的诚意，我决定捐赠1000美元作为“汉夫施腾格尔博士奖学金”。
>
> 这笔奖学金用来帮助哈佛优秀的学生，尤其是我的老校友子女赴德学习人文或科学。奖学金要求在德学习一年，其中6个月的时间要在德国人文学科中心学习，剩余时间可以选择德国任何一所大学学习。
>
> 我也非常希望明年可以再次提供奖学金以表达我对哈佛、波士顿、新英格兰永久的热忱和爱意；另外，也可以加强两国在思想、科学、人才等方面的交流，没有交流，两国是无法真正相互理解和进步的。
>
> 希望校长阁下认真考虑奖学金事宜，期待您的回信！

对于这项捐赠，哈佛董事会并没有迅速做出回应，而是决定推迟到9月份再议。考虑到汉夫施腾格尔的一举一动都会成为新闻界关注的焦点，科南特决定在接见校友期间不向汉夫施腾格尔透露任何信息。

---

① James B. Conant, *My Several Lives: Memoirs of a Social Inventor* (New York: Harper & Row, 1970), p. 143.

汉夫施腾格尔并没有参加庆典正式仪式，科南特在仪式中发表了演讲，表明了哈佛反对希特勒、汉夫施腾格尔和德国政府的立场。当天下午，部分抗议者引发了小范围骚乱，警方迅速控制了局面，但抗议者引起的骚乱使大量民众了解到汉夫施腾格尔与希特勒的关系。

1934 年 9 月 24 日，哈佛董事会讨论汉夫施腾格尔的捐赠事宜，几个月来，新闻界也一直等待哈佛做出决定。事实上，当时德国媒体对科南特满怀期望，科南特具有很深的德国情结。1925 年，在美国反德情绪非常强烈时，科南特毅然携夫人游历德国，并且在德国结交了很多朋友。科南特在上任不久还参加了德国大使向哈佛大学法学院院长罗斯科·庞德（Roscoe Pound，1870—1964 年）授予学术奖励的仪式，庞德对德国政府给予了积极回应，科南特依然保持了沉默，没有表明立场。战争初期，哈佛董事会投票与“援助无家可归海外学者紧急委员会”（Emergency Committee in Aid of Displaced Foreign Scholars）保持距离。这个委员会是由康奈尔大学、普林斯顿大学、斯坦福大学、威廉姆斯大学及其他许多大学校长联合成立的，哈佛大学在该委员会的缺席进一步刺激了德国政府的期待。科南特解释道：哈佛大学之所以没有参与援助德国难民学者事宜，并不是哈佛对这些无家可归的学者表示淡漠，而是当时正处于校长交接过渡期。

科南特本人不仅强烈反对纳粹，而且坚信希特勒政府希望通过校友捐赠的方式打开与哈佛的交流，利用哈佛作为宣传纳粹的工具。对科南特来说，希特勒的追随者违反了大学自由的准则，毫无疑问，他会拒绝这种带有强烈政治目的的捐赠。最终，董事会通过决议拒绝了汉夫施腾格尔的捐赠，具体回信内容如下①：

---

① James B. Conant, *My Several Lives: Memoirs of a Social Inventor* (New York: Harper & Row, 1970), p. 144.

哈佛董事会就您提供的德国访学奖学金进行了协商，董事会授权我向您传达决议结果：董事会非常感谢您以校友的身份慷慨捐赠，但投票结果还是拒绝了您的馈赠。我们不愿意接受来自与一个政党领导人关系如此亲密的人的“礼物”，而这个政党使德国大学遭受灾难，破坏了维持大学的根本原则。

鉴于您将捐赠事宜公之于众而引起外界争议，我们决定将这封信也公开，这应该也是合适的处理方式。

科南特秉承学术自由的原则，适当谨慎地处理涉及政治因素的校友捐赠问题，赢得了校内外人士的好评。但是，不久后，在几次涉及德国大学的国际学术典礼活动中，科南特遭到了铺天盖地的非议。1936 年，德国海德堡大学校庆，科南特与董事会权衡利弊，遵照学术传承和自由原则，派代表赴海德堡大学参加校庆。紧接着，哈佛大学 300 年校庆期间，德国学者参会事宜也成为极其敏感的问题。哈佛于 1936 年 9 月 16、17、18 日举行的 300 年校庆要邀请全世界知名的科学家和学者，摒除政治因素，科南特想建立与德国学者之间的联系，邀请德国的学者和科学家参加 300 年校庆，这一举动立即引起了外界的批评。

从这几次事件中可以看到，科南特在任期间，学术自由问题经常卷入战争、政治问题中，一方面，科南特摒除各种干扰，跨越政治疆界，坚持学术自由；另一方面，通过学术自由，批评德国纳粹专制对德国大学学术的摧残。

（二）国家奖学金项目与招生政策改革

科南特称自己是教育上的加尔文主义者（educational Calvinist），

他坚信社会的淘汰选拔机制，希望通过测试和考试选拔最优秀的学生。[①] 早在1933年哈佛校庆期间，科南特就秘密组建了一个小型的非正式筹集资金委员会，其中的一部分资助就是被用来设立全美奖学金项目[②]以选拔、培养全美最优秀的学生。

科南特入读哈佛大学时，尽管艾略特校长努力扩大学生地域来源，但是哈佛依然是以新英格兰为主导的学院，仍以招纳正统的波士顿（Proper Bostonians）人为主。以科南特所在的1914届为例，在436名学生中，近一半（217人）来自马萨诸塞州。

早在1910年时，洛厄尔已经意识到哈佛大学的学生大部分都来自新英格兰地区的问题，也相应地采取了一些举措，但直到1932—1933年，哈佛大学仍有三分之二的学生是新英格兰人。1939年9月，在哈佛大学新生入学登记册上，接近40%学生的家庭居住地是在马萨诸塞州。[③] 而在哈佛历史上，马萨诸塞本州的学生占比更高，大部分人没有出国经历，中部、西部各州的学生占比相对就更少了。1912年6月，科南特参加了威斯康星州麦迪逊分校举办的大学生联谊会，对中西部地区实用主义倾向的印象非常深刻。他指出，"确切地说，我们肯定可以从他们胸襟开阔、慷慨大度的品格及适度的热忱中学到许多东西，而他们可以从我们的学术和科学精神中很好地汲取一些营养"[④]。科南特希望把东部大学和中西部地区大学的精神结合起来，塑造真正的国

---

① Morton Keller. ,Phyllis Keller,*Making Harvard Modern : The Rise of America's University*(New York:Oxford University Press,2007),p. 26.

② 1936年9月18日，科南特公布校庆基金总共筹集到2814971美元，其中的100万美金用于哈佛全美奖学金项目、50万美元用于哈佛大学教授席位、775000美元作为大学活动资金、50万美元左右的资金拨给物理科学以鼓励物理科学研究。

③ ［美］理查德·诺顿·史密斯：《哈佛世纪——锻造一所国家大学》，程方平等译，贵州出版集团、贵州教育出版社，2004，第128页。

④ ［美］理查德·诺顿·史密斯：《哈佛世纪——锻造一所国家大学》，程方平等译，贵州出版集团、贵州教育出版社，2004，第118页。

家大学。他认为要完成这一使命，哈佛必须成为一所真正的国家大学。①

1936 年，哈佛的一份关于全国主要家庭收入分布及哈佛各类学生所占比例的调查报告（见表 1）② 鲜明地反映了哈佛大学学生群体的特征，哈佛大学本科生学生群体就像一面镜子，折射出美国社会的整体结构。科南特信奉开国元勋杰斐逊提倡的民主思想，在哈佛大学的管理中，他践行杰斐逊式民主，崇尚英才主义，而哈佛大学学生群体的现实状况却是大部分学生来自上层贵族家庭，这些学生要么家资殷实，要么是校友子女，哈佛大学在招生选拔中，其中一项非常重要的标准就是申请人是否来自波士顿上层社会，或者说，申请人是否具有贵族身份。

表 1　1936 年哈佛大学生源构成情况

家庭年收入（美元）	全国比例（%）	哈佛比例（%）
0—2500	88.0	16.3
2500—7500	10.5	36.3
7500—50000＋	10.5	47.3

20 世纪 30 年代，哈佛大学一半以上的学生来自私立中学，而他们中有三分之一又来自菲利普埃克塞特中学（Phillips Exeter）、密尔顿中学（Milton Academy）、菲利普安杜佛中学（Phillips Andover）和圣保罗中学（St. Paul's）。

---

① ［美］理查德·诺顿·史密斯：《哈佛世纪——锻造一所国家大学》，程方平等译，贵州出版集团、贵州教育出版社，2004，扉页。

② ［美］莫顿·凯勒，菲利斯·凯勒：《哈佛走向现代：美国大学的崛起》，史静寰、钟周、赵琳译，清华大学出版社，2007，第 49 页。

面对哈佛大学学生群体的现状，科南特认为，哈佛需要新鲜血液，哈佛必须在招生中面向全美，面向各个社会阶层。科南特相信，有才能的人分布在社会各个领域和阶层，要提高哈佛的学术水平和声誉，必须减少上层贵族资质普通子女的数量，增加普通家庭天赋能力出众子女的数量。同时，作为与上层贵族具有密切裙带关系的校长，科南特小心谨慎地推行其民主逻辑，以防过激地引起哈佛贵族的不满。

科南特虽已极其谨慎，但是他的做法还是激起了哈佛上层和老校友的不满。他们认为招收外部生源和所谓的新鲜血液的做法在哈佛有些过度，哈佛的传统不应该受到破坏。《校友公报》（*Alumni Bulletin*）断言，哈佛未来的大多数学生将与从前一样，是“拥有一般能力的人……因为哈佛希望某些具有天赋的个人提供特殊服务，否则他们就可能失掉发展特殊能力的机会。哈佛不会同意科南特校长试图将哈佛本科生院改造成一个由公共经费支持的天才少年团体的建议”①。其中，哈佛老校友托马斯·雷蒙特（Thomas W. Lamont）就科南特的过激做法给他写了长达 8 页的信，批评科南特的做法会摧毁哈佛。就此，科南特写下了 17 页的回信说明他的看法，认为当时的社会状况极有可能会引发革命，等级分化和工业封建主义只会导致共产主义或法西斯主义。

科南特知识精英大学的观点虽然让某些敏感的上层社会人士感到不安，但他依然坚信哈佛所要寻找的天才分布在社会的各个阶层，而不能只看他们的社会和经济地位。智力测验也证明绝大多数具有天赋的孩子来自收入一般的家庭，科南特以坚定的立场奉行智力测验的方法，努力使哈佛大学从贵族子弟大学向知识精英大学转型。

科南特对知识精英理念推行的热情从未消退，他不断寻找各种办

---

① Morton Keller. ,Phyllis Keller,*Making Harvard Modern : The Rise of America's University*(New York:Oxford University Press,2007),p. 33. 也可参见莫顿·凯勒、菲利斯·凯勒著《哈佛走向现代：美国大学的崛起》，史静寰、钟周、赵琳译，清华大学出版社，2007，第 45 页。

法加强辅助这项计划。1934 年，科南特上任后的第二年就开始积极推行招生改革计划，设立全美奖学金项目，面向全美招收最优秀的学生。奖学金计划的目的是不论其经济背景如何，都能确保能力突出和有前途的学生进入哈佛学习。全美奖学金为每个申请人提供的资金数额很大，可以覆盖学生所有的日常费用支出。奖学金项目实施范围虽然较小，名额有限，却为十几年后常春藤大学设立奖学金项目树立了典范。

如何选拔奖学金获得者？科南特对精英的界定非常注重学术能力，认为选拔的标准应该是学业成绩最优秀的学生。校务委员会成员伯金斯并不认同科南特对人才的这种看法，他认为课业成绩固然是衡量学生能力的标尺，但这种单一的测量方式会忽略学生身上其他优秀的品质，损失众多未来的领导人才。

1934 年奖学金项目的效果到底如何？在一份 1934 年 10 月提交给科南特的备忘录中①，考试委员会的报告指出西北地区及衣阿华州（今艾奥瓦州）、密苏里州的生源数量在哈佛都有增长；另外，在这些地区的 250 名奖学金申请者中，102 人获得入学资格，45 名注册学生中有 10 人获得奖学金、14 人获得了其他形式的资助、21 人则依靠个人资源入学。总数为 6000 美元的奖学金，根据具体情况以不同额度赠予 10 名优秀的学生，最低资助为 150 美元，最高额度为 1100 美元。这 10 名奖学金获得者主要来自伊利诺伊州的海兰帕克（Highland Park）和温内特卡（Winnetka）、印第安纳州的印第安纳波利斯（Indianapolis）、明尼苏达州的斯内林堡（Fort Snelling）、俄亥俄州的戴顿（Dayton）、威斯康星的密尔沃基（Milwaukee）等公立中学。他们来自社会各个阶层，却有着过人的学术天分和个性品质。②

1935 年，科南特与同事合作探索继续扩大奖学金计划范围，奖学

① 这份备忘录没有署名，有可能是汉佛德、昌西或本德。

② Jeanne E. Amster, *Meritocracy Ascendant : James Bryant Conant and the Cultivation of Talent* (Ed. D. Harvard University, 1990), pp. 84-85

金名额增加到 11 人。1935—1936 学年的奖学金项目逐步推广到西部，路易斯安那州、新墨西哥州、加利福尼亚州、华盛顿州、俄勒冈州，加上第一年覆盖的衣阿华州、肯塔基州、密苏里州、田纳西州，在此基础上，科南特进一步将奖学金计划扩展到研究生院和专业学院。他阐明了奖学金项目的 3 个主要指导原则①：一是“国家奖学金项目”试点和试验主要用于特定区域，保证该计划面向全美。二是奖学金的资助标准按年度评估结果授予那些最有潜质和能力的学生。三是设立浮动率奖学金，获得资助的金额须经委员会认真核查，认定其经济需要，保证各个社会阶层出身的优秀学生都能获得大学教育机会。

全美奖学金项目虽然在犹太和黑人学生中收效甚微，但是确实提高了中西部地区及中等家庭背景的学生进入哈佛大学的机会。科南特在 1938—1939 年校长年度报告中曾指出，艾略特时代，在哈佛 1852 年注册的 319 名本科生中，只有 79 人来自马萨诸塞州以外，占四分之一；但到 1939 年，已经有 65％的学生来自马萨诸塞州以外。②

在 1938 年获得全美奖学金的 34 名学生中，15 人的家庭收入低于 2500 美元，9 人的家庭收入低于 2000 美元。这些学生的父辈职业背景也比较多元：4 名农场主，1 名工匠，1 名自动化机械师，4 名教授，1 名外科医生，2 名律师，2 名中小学教师，13 名学生来自不同商业阶层，分布范围从制造公司副总裁到小型维修点的私人经营者。③ 另外，可以看出，大部分学生来自小城镇。

与此同时，因全美奖学金项目的实施，来自公立中学的学生占比

① Jeanne E. Amster, *Meritocracy Ascendant* : *James Bryant Conant and the Cultivation of Talent* (Ed. D. Harvard University, 1990), pp. 87-88.

② James B. Conant, *Report of the President of Harvard University to The Board of Overseers (1938-1939)* (Cambridge, MA: Harvard University Press, 1936), p. 24.

③ Jerome Karabel, *The Chosen* : *The Hidden History of Admission and. Exclusion at Harvard* , *Yale and Princeton* (Boston: Houghton Mifflin, 2005), p. 177.

也开始逐年提高。在科南特担任校长期间，截至1941年，在哈佛大学的大一新生中，来自公立学校的学生占比达到49%；而在1932—1933年，这一比例是40%。[①] 这确实要归功于科南特推行的全美奖学金项目。

全美奖学金项目确实取得了一定成效，也发掘了一些才华出众的学生。在1942届（1938年入学）毕业生中，34名获得了国家奖学金（National Scholars），其中的8人来自俄亥俄州、5人来自伊利诺伊州、4人来自印第安纳州、3人来自加利福尼亚州，衣阿华州、密歇根州、明尼苏达州、俄勒冈州、华盛顿州各2人，密苏里州、新墨西哥州、田纳西州、肯塔基州各1人；在1938年毕业的10名奖学金获得者中，5名是优异成绩（summa cum laude），3名是特级优等生（magna cum laude），2名优等生（cum laude）；8名毕业生入选菲比塔帕卡（Phi Beta Kappa，全美知名博雅人文教育学会）。早期奖学金的获得者确实非常符合科南特对学生素质和规格的要求。1935年伊利诺伊州公立高中毕业生约翰·特彬（John Tobin）获得哈佛全美奖学金，最终获得经济学诺贝尔奖。根据经济学家塞缪尔·哈里斯（Seymour Harris）所指，1938—1940届超过65%以上的奖学金获得者是以优异成绩或特级优等生毕业，这一数据要比非奖学金获得者高4个百分点。[②]

但从总体上看，1934—1940年，在全美奖学金161个名额中，24名学生出身于教师或学校管理人员家庭，53人来自商人或专业人士家庭，10人来自农场主家庭，只有2名学生来自工人阶级家庭，其父辈是卡车司机。54%的学生来自城镇或小城市，三分之一的学生家庭收

---

① Jerome Karabel, *The Chosen: The Hidden History of Admission and. Exclusion at Harvard, Yale and Princeton* (Boston: Houghton Mifflin, 2005), p. 175.

② Jeanne E. Amster, *Meritocracy Ascendant: James Bryant Conant and the Cultivation of Talent* (Ed. D. Harvard University, 1990), pp. 90-91.

入低于2000美元。[①] 就改变学生社会和地域情况来说，哈佛全美奖学金项目只是杯水车薪，到1944年，由于战争原因，全美奖学金项目被迫搁置。

科南特在任20年，一直坚持选拔优秀学生进入哈佛大学和专业学院，即使是在第二次世界大战后退伍军人不断涌入大学的情况下，哈佛招生委员会也依然保持较高的入学标准。招收不同地区和经济背景的学生是科南特的一大目标，在任期间，他在这方面取得了一些成果，但是并没有预期的效果好。当科南特1953年离开哈佛时，哈佛逐渐接近英才大学的理想，但生源大部分仍然来自中上层家庭。在努力促成哈佛成为国家大学的进程中，科南特利用300年校庆筹集资金设立国家奖学金项目，重点吸纳中西部和南部地区的优秀学生，但是该项目进展得并不顺利，在一定程度上，其照顾西部地区与吸纳优秀学生之间产生了矛盾，甚至有流言认为哈佛只关注成绩是“A”的学生。

（三）为民主社会服务：科南特与通识教育之辨

科南特喜欢竞争、对弈和测试。他在管理上时常会兼具艾略特的理智和洛厄尔的冷峻。这并不是说科南特缺乏人文关怀。早在科南特在哈佛读书期间，他的母亲就要求他学习哲学，培养其人文关怀意识。科南特出身于擅长化学的家庭，善于科研和实践。他非常注重高素质学者及其科研能力，但是两次世界战争使他不断反思科学与战争带来的灾难，因此也非常重视人文教育。第二世界大战前，科南特就已在哈佛大学初步实施课程改革，一方面鼓励学生通过学习西方科学与知识历史，珍视西方学术文化遗产；另一方面通过课外阅读学习美国政治、思想、社会、文化历史，继承美国民主理想的遗产。

第二次世界大战对科南特的政治和教育思想产生了深刻的影响，

---

① 莫顿·凯勒，菲利斯·凯勒：《哈佛走向现代：美国大学的崛起》，史静寰、钟周、赵琳译，清华大学出版社，2007，第33页。

他深刻地认识到人类潜能中巨大的破坏性力量，并且将其归咎于法西斯主义教育带来的恶果。战后，他更加明确了对国家各个层面教育的方向。一时间，通识教育迅速变成一种国家现象，不仅精英大学推崇通识教育，而且全美各类院校都非常重视通识教育。

科南特虽然坚信个人的力量可以改变周围环境，但他在课程改革方面是非常谨慎的。在哈佛面临挑战时，他意识到大学不仅仅是汇集大师、探究学问的地方。在 1935—1936 年的年度报告中，他开始思考知识与文化之间的关系。他认为，一旦本科生学习到自由与宽容的品质，他们自然会主动避免正在美国弥漫的反智主义潮流。科南特在报告中谈到衡量一种自由教育成功与否的标准要看学生毕业 15 年或 20 年后的眼界开阔程度。[①] 基于此，科南特在哈佛成立了“美国文明史课外阅读课程”(Extra-Curricular Reading, American Civilization Program)委员会，敦促学生和教师进行课外阅读。同时，科南特委托专门委员会拟定课程计划，委员会做出了课程大纲并草拟了这门课外阅读课程的具体实施办法，如小组讨论、考试评奖等。这项课程计划实施了 3 年，虽然得到公众和校友的支持，但对此感兴趣的学生非常有限，加之战争的影响，这项计划在哈佛的成效并不大。战后，科南特关于知识与文化的思考在通识教育改革中得到全面实现。

科南特非常认同洛厄尔对哈佛本科生学习和社会生活的改革。他肯定了集中与分配制的积极作用，认为本科教育的目的并不在于职业培训，而是培养学生在高度复杂的现代社会中丰富地生活的能力，这比获得具体知识更加重要。与洛厄尔持相同观点，科南特认为学校经历的主要目的在于社会互动，意在培养开阔的社会生活态度和能力。

但是，科南特拒绝将哈佛与当时的通识教育运动联系在一起。相

① James B. Conant, *Report of the President of Harvard University to the Board of Overseers (1935-1936)* (Cambridge, MA: Harvard University Press, 1936), pp. 9-13.

对而言，科南特更加注重学术研究，他对杜威的生活适应课程缺乏认同感，对赫钦斯在芝加哥大学实施的名著阅读计划持保留意见，对哥伦比亚大学的西方文明导论课程持反对意见。他的改革办法则是推行课外阅读计划，意在鼓励学生为个人的通识教育负责并丰富学院生活。1936 年，他委托教师委员会就课外阅读计划的可行性进行调查。1937 年 4 月，调查委员会所交的课程大纲获得通过，任命一批教师专门负责这门课程计划，校友和公众对这门课反响很大，但学生对这门课程的兴趣并不是很高。

科南特侧重关注教育与捍卫巩固美国民主生活方式之间的关系，因此注重学习美国的政治、社会、科学和文学历史，为培养美国公民打下坚实的基础。他强调学习不是停留于死记硬背历史事实，而是对美国历史文化传统有一个成熟的学习过程。

20 世纪初到 30 年代，关于自由教育角色和课程设置问题的辩论弥漫于美国高等教育。选修制的引入及对研究生教育和专业教育的侧重，严重削弱了古典语言课程，自由教育也随之逐渐式微。教育家弗兰西斯·维兰德（Francis Wayland）、查尔斯·艾略特（Charles Eliot）、罗伯特·赫钦斯就大学和学院中自由教育内容及其内在关系的观点各异。科南特担任校长初期，偶尔会谈及对自由教育辩论的个人看法，他的个人看法与其自身的教育成长背景密切相关。1933 年，他对新生的学习建议就明显折射出他本科时期的学习经验。在新生欢迎会上，科南特谈到 4 年本科学习有两个最重要的价值，一是全身心投入到自己感兴趣的智力活动中，二是建立丰富的人际关系，努力与不同兴趣的学生交往。①

科南特与东部其他常春藤大学的联系要少很多，他在教育政策方

---

① James B. Conant, "Address to the freshmen of Harvard University," in *School and Society*, Vol. 38, No. 980, Oct. 7, 1933: 449-452.

面的大部分对话是与芝加哥大学校长罗伯特·赫钦斯展开的。1933 年科南特当选校长后，赫钦斯与他成为好友，两人经常就互相感兴趣的教育问题交换意见。赫钦斯反对高等教育的职业主义和实用主义倾向，强调大学的学术追求。科南特也时常就高等教育的性质问题与赫钦斯进行辩论，而两人对自由教育课程结构的分歧也越来越明显。

科南特赞同赫钦斯关于自由博雅教育在大学中的稳固传统，也赞同赫钦斯对大学职业主义趋向的批评，但希望赫钦斯将这种普遍哲学思想只保留在芝加哥大学。赫钦斯永恒主义信念在于消除科南特的相对怀疑主义信念，他就本科生课程在《耶鲁评论》(*Yale Review*) 中发表了自己的看法，科南特做出了回应："我刚刚怀着极为愤怒的心情拜读了您的大作……我不得不向您表达对您所持观点的强烈不满……对您意图强化大学的人文艺术传统的想法我很赞同，同样您对那些实用主义者和那些试图将大学庸俗化的人的批评，我也毫无异议；但我迫切希望您将所谓的'普遍的'哲学观点抛到密歇根湖里去!"①

关于这两位先生之间互相不尊重的关系还有一个笑话。赫钦斯曾给科南特寄了一张报纸的标题，是从哈佛大学昆虫学学报上剪下来的，上面写着"哈佛拥有 6000 万年历史的昆虫"。他还在报纸上做了这样的注："芝加哥的昆虫在 6500 万年以前都退休了。"②

1938 年，赫钦斯曾邀请科南特出任芝加哥大学化学系主任，平时并不幽默的科南特做了这样的答复："我把您 24 号的电报装订成我的一份推荐材料，很遗憾，我才疏学浅，恐怕不能胜任这个阿谀奉承的差使。我现在的员工们似乎对我继续在相当长的时间内留任表示了强烈的愿望。如果我决定放弃商业工作而转向纯科学研究，我将优先考虑

① Morton Keller., Phyllis Keller, *Making Harvard Modern : The Rise of America's University* (New York: Oxford University Press, 2007), p. 27.

② Morton Keller., Phyllis Keller, *Making Harvard Modern : The Rise of America's University* (New York: Oxford University Press, 2007), p. 27.

在您颇具煽动性和鼓动性的领导下工作。”①

双方之间出现了不愉快，科南特不苟言笑的性格使双方关系一度紧张；第二次世界大战期间，赫钦斯主张孤立主义，而科南特积极主张美国干预战争，双方在政治上又出现了矛盾。赫钦斯在 1946 年宣称原子弹已经没有必要，美国已经失去了在国际社会中的道德领导地位，而科南特却公开反对他的看法。1948 年，赫钦斯主张公开美国的核机密，科南特与赫钦斯之间的关系愈加紧张。

事实上，哈佛大学推行通识教育课程改革的直接诱因是对赫钦斯执掌芝加哥大学通识教育改革做出的回应。围绕通识教育（General education）与自由教育（Liberal education），科南特与赫钦斯展开了一系列辩论。

赫钦斯与科南特对通识教育的目的持相同观点，但是就通识教育的组织管理和内容安排，科南特与赫钦斯展开了争论。美国医学协会 35 周年庆典邀请了赫钦斯和科南特，赫钦斯在演讲中就通识教育问题与科南特进行了辩论。②

在组织管理方面，赫钦斯主张通识教育应尽早开展，认为应该在高中一年级就实施通识教育。赫钦斯通过研究发现，学生修完通识教育课程的平均时间为 4 年，他对大学本科教育过度专业化的倾向甚为担忧。当时，哥伦比亚大学、霍普金斯大学、芝加哥大学及其他一些大学主张将大学 4 年分成两个阶段（two year unit），大学前两年作为通识教育阶段，结束后对其通识教育课程进行考试和评估；后两年作为

---

① Morton Keller. ,Phyllis Keller,*Making Harvard Modern : The Rise of America's University*(New York:Oxford University Press,2007),p. 27.

② Rudolph Kass. Conant,Hutchins Debate Education;President Talks on 'Technical War':Chicago,Harvard Heads Argue on Functions of a Modern University at NY Symposium. The Harvard Crimson[EB/OL]. (1950-01-28)[2015-07-20]. https://www. thecrimson. com/article/1950/1/28/conant-hutchins-debate-education-president-talks/.

高级专业教育阶段。但是，这种做法遇到了很多问题，即通识教育不通、专业教育不专。赫钦斯认为的补救办法就是将通识教育的时间提早到高中一年级。

在课程内容方面，赫钦斯认为通识教育并不是只学习希腊语和拉丁语，他坚持文化传统在教育中的重要性，教育的目的是帮助学生理解知识和思想传统。如何才能理解知识文化传统，赫钦斯的方案是实施名著阅读，系统解读从古至今的名著文本。①

赫钦斯坚信人类文明的保存需要道德、思想、精神领域的革命，以适应科学技术和经济革命带给人类的影响。他并无返古之意，但是中世纪时期的一些著作对人类文明和智慧具有普遍价值，中世纪学者对如何读书也有其洞见，他们发展了语法、修辞、逻辑等作为阅读、理解、讨论的有效方法。

不同于赫钦斯的复古思想，科南特将通识教育的概念置于现代知识体系中。科南特之所以采用通识教育而不是自由或博雅教育，原因在于通识教育的内容既包括古典人文学科，也包括自然科学知识，是对当时人文知识、社会科学知识、自然科学知识最核心内容的整合与普及，是为学生学习专业知识和适应现代社会打基础。② 自由教育课程的使命就是必须找到能代替过时的古典学科的自由教育课程，还当时的教育混乱一种秩序。

赫钦斯推崇古典博雅教育，主张学习古典名著，科南特也赞同人文传统，但他更注重古今知识中蕴藏的基本要素。科南特的视野不在古今知识的优劣，而在古今知识连贯的内核，以及人文、社会、自然科学知识共同在培养现代公民中的作用，这些基本知识是公民适应现

① Robert M. Hutchins, *The Great Conversation the Substance of a Liberal Education* (Chicago: Encyclopedia Britannica, Inc., 1952), p. xi.

② James B. Conant, *Report of the President of Harvard University to the Board of Overseers (1935-1936)* (Cambridge, MA: Harvard University Press, 1936), p. 25.

代社会的必备条件。

科南特坚持科学也应该是通识教育必要的组成部分。作为一种价值无涉的思维方法，科学给予人们思考的武器。不同于赫钦斯的名著阅读运动一味强调继承文化遗产，科南特试图调和继承与变迁之间的关系，并且将科学作为推动社会变迁的重要力量。

通识教育与自由教育的分歧根植于科南特与赫钦斯对高等教育性质的基本认识。赫钦斯信奉亚里士多德主义和托马斯主义，而科南特则信仰相对主义和怀疑主义。① 科南特既肯定大学是进行纯粹智力活动的场所，又拥护大学对各种职业的训练。赫钦斯认为，职业主义与物质的商业主义相联系，与高等教育追求纯正真理的智力目标相背离。

科南特认为，大学的生命要靠自由艺术的通识教育和专业教育来维持，通识教育在大学的阶段应包括人文、社会、自然三大学科。大学通识教育之所以要有自然科学，是因为科学的概念已经成了现代文明中人们日常生活的一部分。这个时代是属于各种各样专家的时代，但更为重要的教育问题之一便是着手在青年人中培养一种合作和交流的态度，增进不同学科领域专家的互相沟通。

早在 1937 年，科南特就曾推行两项改革：一是设立“科学和研究史”（History of Science and Learning）博士学位。多年来，科南特与著名科学史家乔治·萨顿（Geroge Sarton，1884—1956 年）既是好友，又是萨顿的非正式学生；萨顿与科南特夫人的叔叔劳伦斯·亨德森（Lawrence J. Henderson，1878—1942 年）共同致力于将科学史学科制度化。新学位的组建和管理是由以劳伦斯·亨德森为主席的专门委员会负责，萨顿担任秘书职务并负责监管科学与知识史课程的研讨会工作，这门课程是美国科学史上第一个正式的博士学位课程。但是，在

---

① Morton Keller. ,Phyllis Keller,*Making Harvard Modern : The Rise of America's University*(New York:Oxford University Press,2007),p. 27.

20世纪三四十年代，由于规模和毕业生数量的局限，根本无法与由林恩·桑代克（Lynn Thorndike，1882—1965年）和弗里德里克·巴里（Frederick Barry，1876—1943年）带领的哥伦比亚大学历史系科学史竞争。

而萨顿的新人文主义取向也与科南特的初衷相背离，20世纪20年代，萨顿就主张以新人文主义思想重整科学史教学，这种思路并没有得到科南特的赞同。科南特主张应以科学方法解决美国的政治、社会、文化问题，主张学习科学史，通过对17世纪以来科学历史的学习，培养一种“科学式战略战术”，理解科学所要试图解决的问题。[1]

自然科学在科南特通识教育体系中占据非常高的地位，他积极在通识教育中推行科学课程，力图让非科学专业的学生建立科学的思维方式，获取解决问题的方法。科南特质疑社会学家对科学方法的定义，坚信通过通识教育推广理性探究和实证研究意义重大。科学与文化生活及民主社会关系密切，必须教育全民了解真正的科学，树立科学分析与判断问题的态度。

科南特的通识教育思想在1945年《自由社会的通识教育：哈佛委员会报告》（*General Education in a Free Society: Report of the Harvard Committee*）中得到进一步体现。1945年，哈佛大学135∶10票通过《自由社会的通识教育：哈佛委员会报告》，呼吁为接受中等教育和高等教育的学生提供共同的知识基础和价值观念。该报告用哈佛大学传统的深红色作为封面，由于出版发行后广受注意和讨论，日后影响也很大，因而被称为《红皮书》。《红皮书》引起了巨大的震动，被认为是战后美国课程改革的重大举措。截至20世纪50年代，《红皮书》被重印13次之多，售出量超过4万册。《红皮书》被誉为美国通识

---

① James B. Conant, "George Sarton and Harvard University," in *Isis*, Vol. 48, No. 3, Sep., 1957: 301-305.

教育的“圣经”，科南特则被称为“美国通识教育之父”。

哈佛《红皮书》所探讨的问题不仅仅是学院教育问题，它的范围和视野要大得多，它要解决中小学和大学通识教育问题，它反映的是美国教育的全貌。哈佛《红皮书》可以称得上是对美国教育的一项研究。通识教育的核心问题是延续自由和人文传统，而自由和人文是人类一切文明的基础，通识教育培养的人是自由国家中的公民。

加强自由教育和人文教育也是科南特亲身经历第二次世界大战后的反思。技术时代，现代武器给人类带来了深重的灾难，如何合理利用现代科学技术的新成果造福人类，如何培养具有社会责任感和人文关怀的科学家和公民是科南特培养下一代人才所考虑的问题。通识教育的核心正是强化学生的人文素养并提高其快速应变社会的能力。

1953 年，科南特卸任哈佛大学校长一职，担任美国驻德国高级外交官并发表告别演说。科南特就他的突然离职没有做过多解释，而是引用了一句谚语：“永远不要解释，因为你的朋友并不需要解释，你的敌人绝不会相信你的任何解释。”① 担任哈佛大学校长的 20 年间，科南特历经大萧条、世界大战和在世界范围内对抗共产主义。对于科南特来说，这 20 年是很长的时间，这样复杂的 20 年经历完全可以等值于 40 年的校长生涯。科南特的职业生涯与 20 世纪国内外的诸多问题交织在一起，科南特担任哈佛校长的 20 年是哈佛历史上非常动荡的时期，从经济大萧条到第二次世界大战，再到冷战麦卡锡主义，哈佛大学一次次地经受着各种灾难性的考验；科南特作为科学家，执着于化学制剂的研发，参与第一次世界大战毒气制作和第二次世界大战原子弹设计；作为社会工作者，他支持罗斯福新政，主张国家干预经济，积极主张美国参加第二次世界大战，捍卫世界民主和自由；作为校长，他

① James B. Conant. The President’s Farewell. The Harvard Crimson[EB/OL]. (1953-01-22) [2015-07-25]. https://www. thecrimson. com/article/1953/1/22/the-presidents-farewell-pit-is-never/.

广纳贤能，以优秀的人才缔造哈佛知识精英，主张学术自由，反对外部强权干涉大学内务。科学家的睿智，政治家的敏锐，教育家的远见，使科南特富有极强的社会责任感和实践力。1933 年，当科南特出任校长时，哈佛还只是一所美国东海岸的大学。他上任之后，努力吸引全美最有前途的年轻人来哈佛就读，希望能将哈佛缔造成一所全国性大学。经过科南特在任期间的奋力开拓，第二次世界大战之后，哈佛成为名副其实的世界一流大学。科南特 20 年治理哈佛的历史为他后来参与美国公共教育改革打下了深厚的理论和实践基础。事实上，在美国高中改革中推崇天才教育，其理论基础早在他担任哈佛大学校长期间就已经成型。

哈佛大学在前两位强势校长艾略特和洛厄尔的领导下，逐渐成为美国大学的领头羊。在 19 世纪末 20 世纪初，哈佛的办学目标、精神理念和学院面貌都发生了很大变化，一跃成为在美国国家生活中发挥领导作用的大学。艾略特使哈佛大学的学术水平享誉国际，成为世界学术中心；洛厄尔改变了哈佛大学校园建筑的面貌。而他们的学生、继承者科南特上任伊始就非常清楚，高素质的学生、杰出的教师、稳定的财政是大学发展的基石。1934 年，美国教育理事会（American Council on Education）就具备培养博士研究生实力的大学进行排名，哈佛以微小的优势排在首位，但是科南特认为这并没有什么值得炫耀的。很明显，哈佛大学、哥伦比亚大学、加利福尼亚大学、芝加哥大学正处于齐头并进的竞争态势，哈佛的处境非常微妙，哈佛必须有所作为。科南特强烈地感受到哈佛大学在学术和智识方面的不足并决心改革哈佛，立志塑造一个崭新的哈佛大学，即知识精英型大学，通过吸引在智力和性格上出类拔萃的学生和教师，将哈佛变成优秀人才的汇聚地、全世界科研与学术的中心，以此重塑哈佛在国内外的形象，为其走向现代注入强劲的活力。

到 1952 年，科南特理想的知识精英大学似乎在逐渐替代洛厄尔时代的贵族式大学，唯才是举和筹集资金造就了科南特理想中的哈佛。这个颇具胆识又精力充沛的年轻人在1933年执掌哈佛大学时，洛厄尔建议他的后任者在工作上要追求卓越，对这份工作就像与其结婚一样融为一体，这位雄心勃勃的校长立志将哈佛大学打造成一所真正的国家乃至国际知名大学。但遗憾的是，由于校外事务如经济萧条和第二次世界大战，加上校内行政体制的惯性力量及一个巨型现代大学中教师的自治权等因素的限制，科南特理想中真正的知识精英式大学并没有完全被造就。

二

作为校长，科南特在哈佛大学20年始终信奉知识精英主义的管理和教育理念，无论成功与失败，事实上他都在执着甚至略显固执地将个人经历推演为社会建制。他笃定的信念源于他勤奋而努力的一生，他坚信优异的成就并不取决于出身和地位，而是取决于个人才能和勤奋。很显然，科南特的价值立场流露出明显的个人能力主义倾向。科南特相信有才能的人分布于社会各个阶层，他要努力打破教育体制中的贵族、地域和经济障碍。但科南特忽略了他职业生涯中后天积累的社会文化资本，他的成功既有执着笃定的勤奋与努力，又有后天的社会文化资本作为支撑。事实上，这样矛盾的社会处境始终贯穿于科南特的职业生涯。

科南特作为一名科学家，他的人生轨迹在某种程度上验证了默顿学派的理论：科学的优势累积效应。对于科学家的职业生涯，罗伯特·默顿（Robert K. Merton，1910—2003年）提出了著名的“马太效应”，他指的是《马太福音书》中的“因为凡有的，还要加给他，叫他有余；没有的，连他所有的也要夺过来”。默顿侧重后天优势累积，或者说社会因素在造就杰出人物职业成就中的作用。他认为个人的自我选择过程与机构的社会选择过程相互作用，影响了在既定活动领域相继获得机会结构的概率。当个人的表现达到了体制要求的标准，特别是当它大大超过了这些标准，就开始了优势累积的过程。在这个过程中，个人获得日益增长的机会，甚至更加有效地去推进他的工作。既然精英机构有比较大的资源来开展它们专业领域中的工作，有机会进入这些机构的人才就有了获得逐渐积累优势的潜力。①

科学社会学家哈里特·朱克曼（Harriet Zuckerman，1937 年至今）认为，科学家共同体优势累积可以有两种方式：相加的累积或相乘的累积。相加的方式是那些在开始他们的事业时即具有某些天赋优势的人们继续处于有利地位，根据一些与专业无关的理由继续获得有利条件和奖励。相乘的累积是按照与专业有关的标准来衡量，那些似乎最能有效地运用有利条件的人也就是那些最有可能得到这些条件的人。②朱克曼就此认为，有机会向著名的研究者学习“重要的东西”的年轻科学家，在开始他们自己的事业时就早已确立一种优势。他们不断从这种经历中得到教益，不仅仅因为它已经改进了他们的研究技能，还因为它使那些在工作、研究奖学金、研究费用和奖励方面有决定权的那些人知道了他们的知名度。这些年轻人可以说是已经真正腾飞了，无论那些“守门人”怎样希望在分配资源和奖励时做到一视同仁，他们都必定倾向于他们了解的候选人，并且拒绝那些可能有同样能力但他们不了解的人。③

科南特的职业生涯与 20 世纪动荡的局势交织在一起，他一生著述

---

① ［美］罗伯特·金·默顿：《十七世纪英格兰的科学、技术与社会》，范岱年等译，商务印书馆，2000，第 9 页。

② ［美］哈里特·朱克曼：《科学界的精英——美国的诺贝尔奖金获得者》，周叶谦、冯世则译，商务印书馆，1979，第 86 页。

③ Harriet Zuckerman,“Stratification in American Science,”in *Sociological Inquiry*, Vol. 40, No. 2, 1970: 235-257.

颇多，但甚少披露个人生活，他的私人日记记载了大量有关天气状况、个人健康及一些个人志向的信息。科南特在大学期间一直保持写日记的习惯，日记中除了记述天气和健康问题外，“努力工作”是日记中频繁出现的词汇。1911 年，科南特大一时就努力申请加入《哈佛深红》编辑部。他在日记中写道：“努力追逐深红。”虽然没能顺利入选，但科南特迅速投入到实验室的工作中，积极奔向下一个工作目标。[①] 科南特在大学时期就非常注意个人公共形象，他像做科学实验一样小心谨慎地维护个人声誉和形象。他在自传《我的几种生涯：一位社会发明家的回忆录》（*My Several Lives : Memoirs of a Social Inventor*）中对个人生活的描述都是以官方话语为主。因此，深入地挖掘科南特的内在个性是非常有难度的。科南特到底是怎样一个人？学界对科南特个性的评价非常有争议。一方面，科南特被视为固执、缺乏想象力、冷峻、不具备个人魅力的科学家和校长；另一方面，科南特又被视为温和、谦逊、富有开拓精神的科学家和校长。[②] 詹姆斯·赫西伯格

---

① Jeanne E. Amster, *Meritocracy Ascendant : James Bryant Conant and the Cultivation of Talent*(Ed. D. Harvard University, 1990), pp. 36-37. 1912 年，科南特再次申请加入《哈佛深红》编辑部，这一次终获成功。他在日记中兴奋地写道：“好样的，终于成了一名编辑。”竞选编委成功地为科南特打开了另一扇门，通过编委身份，科南特顺利入选高级文学俱乐部“图章学会”(Signet Society)。该协会成立于 1870 年，是由 1871 届本科生创建，首任主席是查尔斯·约瑟夫·波拿巴(Charles Joseph Bonaparte, 1851—1921 年)，他是法国拿破仑一世的侄子、意大利裔美国政府内阁成员、美国第 26 任总统西奥多·罗斯福(Theodore Roosevelt, 1858—1919 年)政府时期海军秘书长。他还担任过美国司法部长。图章学会主要致力于文学创作，学会会员的选拔非常严格，因此该学会人员少而精。自成立以来，除了在文学领域吸纳一批著名学者外，还在新闻、科学、政治、外交等领域汇集了众多知名学者，如查尔斯·艾略特、詹姆斯·科南特、威廉·詹姆斯、托马斯·库恩、西奥多·罗斯福、富兰克林·罗斯福等。在该学会，科南特接受了一些课外的通识教育，俱乐部经常会讨论有深度的话题，这些内容开拓了科南特的视野，扩大了他的社交圈子，也为后来科南特参与教育改革打下了基础。

② Martin Saltzman, “James Bryant Conant: The Making of an Iconoclast Chemist,” in *Bulletin for the History of Chemistry*, Vol. 28, No. 2, 2003: 84-94.

(James G. Hershberg) 将其描述为这个时代最杰出的多管闲事者 (kibitzer)[①]，科南特自称自己是一个"矜持冷静的新英格兰人"，"一个古怪的新英格兰人"。[②] 哈罗德·泰勒 (Harold Taylor) 在《纽约时代》杂志中认为科南特在个性上谨慎、客观、头脑冷静，甚至略显冷酷，但忠诚于朋友，不惧怕争议，受到同事和他的反对者的尊重。[③] 皇家学会在科南特传记中将其描述为一位正直、矜持、坦率、公正、严谨的人，他是新英格兰清教徒的现代继承人。[④] 清教徒克制自律的精神气质确实使科南特在个性上略显冷峻乏味，他也曾在大一时的日记中写道："要微笑，该死的，要微笑 (Smile, damn it, smile!)。"[⑤] 约翰·芬利 (John Finley) 认为科学精神和清教主义在科南特身上融为一体。他那旺盛的科学精神代替了清教徒心目中一位严厉的上帝；他那人文精神蕴含的耿直保持着殖民者的平等意识……他的信念就是杰弗逊和富兰克林的信念。但是，当此首条信念难以保持的时候，他就信奉当下更加繁杂而紧迫的时代。[⑥] 在约翰·芬利看来，科学主义、清教主义、人文主义和实用主义精神在科南特身上融为一体，这些精神气质在他的职业生涯中都有深刻的体现。

对科南特早期生平记述较为翔实的文献资料主要有两本著作：一

---

① James G, Hershberg, *James B. Conant : Harvard to Hiroshima and the Making of the Nuclear Age* (New York: Alfred A. Knopf, 1993), p. 10.

② James G, Hershberg, *James B. Conant : Harvard to Hiroshima and the Making of the Nuclear Age* (New York: Alfred A. Knopf, 1993), p. 9.

③ Harold Taylor, "What Kind of Person is James Bryant Conant? What Has Been His Influence?" in *The New York Times*, Mar. 22, 1970: 288.

④ George B. Kistiakowsky, Frank H. Westheimer, "James Bryant Conant," in *Biographical Memoirs of Fellows of the Royal Society*, Vol. 25, 1979: 209-232.

⑤ James G, Hershberg, *James B. Conant : Harvard to Hiroshima and the Making of the Nuclear Age* (New York: Alfred A. Knopf, 1993), p. 20.

⑥ Richard N. Smith, *The Harvard Century : the Making of a University a Nation* (New York: Simon and Schuster, 1986), p. 101.

是科南特本人的自传《我的几种生涯：一位社会发明家的回忆录》，二是詹姆斯·赫西伯格长达千页的巨著《詹姆斯·科南特：从哈佛到广岛与核时代的形成》（*James B. Conant : Harvard to Hiroshima and the Making of the Nuclear Age*）。由于科南特在1970年出版的回忆录中很少讲述个人生活，詹姆斯·赫西伯格对科南特自传的评价是“回忆录中的科南特空有骨架，缺少血肉”。《纽约时代》评论甚至抱怨科南特的这本自传，约翰·莱纳德（John Leonard）总结道：科南特是个伟大的人，但自传写得很枯燥沉闷。整本自传像在真空中写就，科南特没有检视自己的生活，回忆录像讣告作家的报告一样沉闷乏味。[①] 甚至有评论怀疑科南特一生参与太多委员会报告工作，以至于他的自传就像一本委员会的报告。[②]

因此，也有评论指出，科南特是一位政治家；在此之前，他是一位大学校长；在此之前，是一位科学家。当然，在这些身份之前，他首先是一名新英格兰人，……科南特说话一向矜持冷峻，从不会冲动做事。[③] 我们尝试去了解他的家史和生活空间，考察分析这位冷峻的新英格兰人在个性和精神气质形成中家庭和时代环境所起的作用。卡尔·曼海姆（Karl Mannheim，1893—1947年）认为，实现一个充分的社会学归因要经历两个阶段：揭示这种归因在意义层面的对应物；证明这种归因在经验因果性的水平上是充分的。[④] 从根本上说，要刻画和确定一种生活空间需要几种方式：首先，通过新近兴起的精神和心理

---

① John Leonard,“Books of the Times,”in *The New York Times*, Mar. 4, 1970: 45.

② James G, Hershberg, *James B. Conant : Harvard to Hiroshima and the Making of the Nuclear Age* (New York: Alfred A. Knopf, 1993), p. 4. 科南特也曾表达个人看法，他本人对个人回忆录并没有热情，并且对自传有非常大的偏见。

③ James G, Hershberg, *James B. Conant : Harvard to Hiroshima and the Making of the Nuclear Age* (New York: Alfred A. Knopf, 1993), p. 4.

④ ［德］卡尔·曼海姆：《保守主义》，李朝晖、牟建君译，译林出版社，2002，第11—12页。

世界的社会承担者（社会阶层）；其次，通过从较早时期存活下来的各种传统；最后，通过正在考察的这个特殊生活空间在这一时期所从属的事件的确定过程。[①] 曼海姆始终强调社会学因果分析中特定社会阶层结构与其思想类型之间的对应关系，认为这是弄清特定社会群体观念世界的逻辑前提。同时，他也意识到社会结构与思想类型之间的决定关系很容易陷入一种机械的决定论。因此，他曾写道："在这里，我们不要把'决定'看作一种机械的因果关系：我们并不准备把'决定'的含义完全固定下来，只有经验研究能够告诉我们生活环境与思想过程之间相互关系的紧密程度，告知在什么范围里存在着这种关系的不同变化。"[②]

社会结构对个体思维方式的影响可以归结为一种本质上的渗透。"思维方式"表示一个人观察事物的方式，他所观察到的东西及他怎样在思想中构建这种东西，所以思维方式不仅仅是思想的外在形式，还指思想结构中质的成分。即使在阐述概念时，观察视角也仍然受到观察者的兴趣指导。也就是说，思想是受特殊社会阶层的意愿所指导的。人的视角和观点在绝大多数情况下是他的社会地位的产物。曼海姆指出，社会地位决定"观点"，即社会地位决定人们认识事物的方式、人们感知事物的方式和人们形成思维的方式。环境决定思想本身并不意味着思想是无效的，但是这种决定划定了研究的范围和其有效性的界限。

1893 年 3 月 26 日，科南特出生于马萨诸塞州波士顿市的多切斯特

---

① ［德］卡尔·曼海姆：《保守主义》，李朝晖、牟建君译，译林出版社，2002，第 115 页。

② ［德］卡尔·曼海姆：《保守主义》，李朝晖、牟建君译，译林出版社，2002，第 272 页。也可见英文版 Mannheim, Karl, *Ideology and Utopia. An Introduction to the Sociology of Knowledge* (New York: Harcourt, Brace, London: Routlage & Kegan Paul, 1954), p. 239。

镇（Dorchester）。科南特一家都是地道的新英格兰人，他的祖辈可追溯到 17 世纪马萨诸塞殖民地创立初期，在马萨诸塞州东南部布里奇沃特（Bridgewater）生活了 200 年，主要经营农场、商铺和工厂。1880 年，詹姆斯·斯科特·科南特（James Scott Conant）迁居波士顿城郊的多切斯特，经过辛勤努力，成为小镇中产阶层。但科南特一再强调他出身寒微，并不是正统意义上的波士顿人，他的成功是依靠个人努力实现的。

从科南特成长的具体时代和环境看，他确实称不上正统意义上的波士顿人。当时的多切斯特还是波士顿的市郊，科南特的童年正是波士顿乡村迅速城市化的时期。19 世纪 70 年代后，波士顿城市化进程加快，同时带动了周边小镇的经济发展。19 世纪末，多切斯特、诺克斯波利（Ruxbury）、查尔斯顿（Charlestown）、伯灵顿（Brighton）等周边小镇逐渐成为环绕波士顿市区的卫星镇。

19 世纪末 20 世纪初，有轨电车逐渐成为市郊生活的重要组成部分，蒸汽火车、有轨电车开始取代马车成为主要的交通工具。因为交通工具的更新，多切斯特逐渐成为波士顿大都市的一部分，在波士顿城区和乡村之间流动变得非常方便。因此，科南特成长的电气化时代成为市郊市镇迅速发展的时期，他的父亲成为这一巨大变化的见证人，在阿什蒙特（Ashmont）火车站购置了一套房子并买下了一大片空地。这片空地是多切斯特一带主要的乡村风景，科南特经常与同伴在这片空地中游戏玩耍，度过了他的童年时光。父亲虽然主要经营木工雕刻，但看到波士顿城市化不断向市郊扩展，所以开始投资房产业以作为副业。

由于经济的发展、人口增长及快速流动，多切斯特成为当地居民实现美国民主理想的地方。在多切斯特镇，乐观主义和崇尚机会的观念成为主流，多切斯特小镇居民既可以享受波士顿市中心的经济繁荣，还免于受到市中心滋生的新问题的侵扰。小镇有优质的学校、整洁的街道，贫富差距没有像波士顿市中心那样悬殊。另外，小镇既有城市化带来的繁荣，也有乡村式的美景。科南特一家就是生活在这种兼具现代与乡村式的环境中。然而，伴随着工业化、城市化的不断推进，乡村式的小镇逐渐萎缩，田园式的生活也逐渐一去不复返。

19 世纪末以来，多切斯特的城市化进程造就了一批中产阶级家庭，他们开始重视教育价值，许多中产阶级家庭纷纷将子女送入大学，接受高等教育。科南特在少年时期就开始展露了他在机械和化学等方面的天分，他的父母为了能让他顺利接受大学教育，为他选择了一所在波士顿非常有名的私立高中接受预备教育。①

在波士顿学校制度下，儿童入读小学后进入文法学校，最后入读多彻斯特高中接受 1 年或 2 年的教育。19 世纪初，美国高中提供的教育一般是终结性教育，大部分进入多彻斯特高中的学生一般都会直接参加工作。那些希望自己的孩子能进入学院或大学学习的家长，只能把孩子送到预备中学。当时有三所学校可供科南特选择，一是波士顿拉丁学校（Boston Latin School），创建于 1635 年，是美国第一所公立中学，也是最古老的中学之一；二是米尔顿学园（Milton Academy），创建于 1798 年，是一所私立寄宿制中学；三是洛克斯布里拉丁学校（Roxbury Latin School），创建于 1645 年，是美国最古老、规模最大的中学之一，至今仍然由董事会管理经营。到三所学校学习都需要搭乘半个小时的有轨电车。科南特父母鉴于他在机械和电动玩具方面的兴趣，选择了洛克斯布里拉丁学校。1903 年，科南特以优异的成绩进入洛克斯布里拉丁中学。这所中学的选拔是非常严格的，90 人参加考试，

① 科南特入读洛克斯布里拉丁学校经历了一番周折，因为拼写考试不合格而被拒绝入学，科南特妈妈强势干预才得以令其顺利入学。科南特坦诚自己在拼写方面一直有障碍，他一生都没有克服这一困难。可参见 M. A. Farber,"James B. Conant Dies at 84," in *The New York Times*, Feb. 13, 1978。

只有 35 人被录取，最终只有 21 人顺利毕业。[①]

科南特在洛克斯布里拉丁学校 6 年[②]的学习生涯远不能说非常出色。入学之初，科南特学业成绩排在中上等，成绩主要在 B 和 C 之间，有少门功课是 A，其中写作成绩非常令人不满意；当时如果想顺利进入哈佛大学，必须通过哈佛大学拉丁语入学考试，科南特虽然对拉丁语不感兴趣，但是为了能进入哈佛大学，他不得不花费大量的时间学习拉丁语。1905—1906 学年，他在班里的 32 人中排名 16，写作成绩为 D；1907 年，科南特成绩明显开始上升，个人记录卡上的成绩大部分是 A 和 B，排名上升到第九；1909 年，他的化学成绩排名第一，第二是拉丁语，第三是德语和历史；1910 年，科南特以第一名的优异成绩毕业。[③]

在洛克斯布里拉丁学校，科南特非常热衷于化学课，经常如痴如醉地守在实验室认真观察各种化学反应。在其中学评估年鉴中，他的同学曾评论，希望他到了哈佛后不要把实验室引爆，[④] 足见科南特对化学研究的痴迷程度。

由于 4 年时间就学完了要求的课程，科南特的物理和化学老师牛顿 · 布莱克（Newton Henry Black）[⑤] 在他五年级时开始教授大学预备

---

① Jeanne E. Amster, *Meritocracy Ascendant : James Bryant Conant and the Cultivation of Talent* (Ed. D. Harvard University, 1990), p. 25.

② 科南特所在的学校学制沿袭 19 世纪的传统，采用 6-6 制。20 世纪 20 时代前后，随着初级高中的确立，6-6 学制逐渐被 6-3-3 制所取代。

③ Jeanne E. Amster, *Meritocracy Ascendant : James Bryant Conant and the Cultivation of Talent* (Ed. D. Harvard University, 1990), p. 26.

④ James G, Hershberg, *James B. Conant : Harvard to Hiroshima and the Making of the Nuclear Age* (New York: Alfred A. Knopf, 1993), p. 11.

⑤ 牛顿 · 亨利 · 布莱克（Newton Henry Black）对科南特一生影响至深，他职业生涯后期关注中等教育也与其个人经历有关，中学时期的教育让他体会到这一阶段对其一生学术和职业生涯的重要意义。

课程。科南特进入哈佛大学前已经接受了两年大学化学课程和一年物理课程的学习。布莱克本人就是哈佛大学化学系的毕业生。1909 年 10 月，他给当时化学系主任西奥多·威廉·理查德写信推荐科南特，对科南特的学术才华给予了高度评价，并且对他的个人品质给予了肯定。他认为科南特是一个非常安静、温和、谦逊的人，日后必会有所作为。科南特在布莱克的指导下，学业成绩极为优异。尽管老科南特生意做得很成功，但仍无力支付儿子上大学的费用，在布莱克及同事的帮助下，科南特获得了 300 美元的奖学金。1910 年秋，他正式入读哈佛大学化学系，成为其家族中第一个进入哈佛大学学习的人。

科南特在大学二年级之后就完成了学校要求的 16 门课程。由于成绩优秀，他在 1913—1914 学年获得了约翰·哈佛奖学金，并且有机会与高年级的同学一起交流。大学四年级时，科南特甚至开始直接与博士生交流接触。1924 年，科南特以优等生成绩获得文学士学位并注册文理研究生院，师从埃尔默·科勒教授，继续攻读博士学位。科南特的博士研究论文以环丙烷衍生物为研究对象，有机化学部分的研究是在科勒教授的指导下完成，物理化学部分则由理查德教授指导完成。当时，美国化学界深受德国学术研究传统的影响，几十年来，对致力于化学研究的美国研究生来说，不去德国师从世界知名化学教授交流学习可以说其研究和学习过程算不上完整。理查德教授在研究生时期就曾到德国交流学习一年，他非常推崇这种交流学习方式，并且鼓励研究生去德国求学。鉴于科南特的优异成绩，1915 年春，理查德为科南特提供了约翰·柯克兰游学奖学金（John T. Kirland Traveling Fellowship）。可是，由于正值第一次世界大战，欧洲战火不断，科南特只好放弃留学机会，留在哈佛撰写博士论文。1916 年，科南特顺利完成博士学业。[①]

师从理查德，科南特因此结识了他的人生伴侣。1920 年，科南特与化学系教授理查德的女儿格蕾丝·赛尔·理查德（Grace Thayer Richards）结为夫妻。格蕾丝出身学术世家，她的外祖父约瑟夫·亨利·赛耶（Joseph Henry Thayer）是哈佛神学院教授、圣经学者。他的祖父虽不是正统的波士顿人，但也是知名学者。祖父威廉·理查德（William T. Richard）是一位知名的艺术家，祖母安娜（Anna Matlock Richard）是一位散文学家和诗人。父亲西奥多·威廉·理查德是著名化学家，是美国历史上第一位获得诺贝尔化学奖的科学家。[②]

1916 年，科南特与格蕾丝在理查德家中相识，在以后的一年时间里，理查德经常友善地邀请科南特到他家中做客，扩大他的朋友圈子，科南特因此加深了与格蕾丝之间的情谊。格蕾丝追随他祖父的兴趣学习绘画，就读于波士顿美术学院（Boston Museum of Fine Arts）。第一次世界大战结束后，科南特返回哈佛大学与格蕾丝订婚。订婚后不久，科南特向妻子透露，对于遥远的未来，他有三个志向：成为一流的有机化学家；成为哈佛大学校长；然后成为内阁成员或内务部秘书。

科南特自认他的社会和职业成就是基于个人努力取得的，个人的成长经历使他形成了这样的价值观：通过天分和个人努力，问题都可以解决。他相信社会流动的机制和动力是能力、抱负和成就。教育的目的就是发现培养这些天才。在科南特多样的生活经历中，甄别、培

---

① 科南特除了热衷科学课程，进入大学后，他的学习兴趣变得越来越开阔。大一年级时，他选修了社会学、历史、经济学、意大利文艺复兴人文艺术史、哲学等课程。尤其是哲学课程，科南特选修了当时著名哲学家乔治·赫伯特·帕尔默和乔治·桑塔亚纳的哲学课，其中桑塔亚纳对他以后的哲学思维方式产生了非常深刻的影响。

② William M. Tuttle, *James B. Conant, Pressure Groups, and the National Defense*, 1933-1945(Doctoral Dissertation, University of Wisconsin-Madison, 1967), p. 13.

养优秀的学生以服务未来社会成为贯穿其一生的信念和事业。①

事实上，在社会结构中占据不同位置的人们对传统观念和社会转型的感知是十分不同的，教育与大的社会环境之间的联系是通过教育家与外部人员直接的社会接触建立起来的，它也能通过教育家在一个特定时期从特定的社会成员或一个特定社会阶层中普遍获得的文化资源的选择和解释中以非常不同的方式建立起来。科南特虽不是正统意义上的波士顿上层，也没有高贵的血统和出身，但在后天社会资源的累积中，他早已跻身上层社会，在相加和相乘原理的规则下成为波士顿上层社会的一员。

三

杰斐逊的社会哲学和教育信念对科南特的影响非常深，成为科南特教育理念的理论根基。他认为，要保持美国的民主传统，必须积极甄别和选拔贤能，提高社会流动水平。在担任哈佛大学校长后期，科南特将选拔人才的目光投向了中等教育领域。在 1937—1938 年校长年度报告中，科南特提到公立中等教育的功能于国家而言至关重要。公立和私立教育是维系美国民主社会的根基，尤其是中等教育对国家经济、政治和社会的发展意义重大，是国民生活的根本。② 由于高中办学职能的多元化，出现了直接就业和进入大学学习两大群体。如何才能保证这两大群体通过教育获得共同的、牢固的社会理解力和知识态度基础呢？这也是《红皮书》中重点讨论的问题之一。一般来说，高中有责任使自己适应不同智识和兴趣特长学生的需求。但《红皮书》的

---

① Jeanne E. Amster, *Meritocracy Ascendant : James Bryant Conant and the Cultivation of Talent* (Ed. D. Harvard University, 1990), p. 2.

② James B. Conant, *Report of the President of Harvard University to the Board of Overseers (1937-1938)* (Cambridge, MA: Harvard University Press, 1938), p. 5.

主要使命并不在于挖掘人与人相异的影响因素，而是探寻人与人之间必需的纽带和共同的基础。虽然民主本身依赖差异与多元，但同样也需要依靠共同的标准。通识教育的目的也在于避免过度专业化而造成的疏离和分化，增强社会的凝聚力。

面对这些变化，科南特开始集中关注中等学校教师的培养问题。在从事高等教育研究与实践的过程中，科南特不断开拓教育研究的新领地，与哈佛教育学教授的接触及对教育学院的改革使科南特的教育视野日益开阔。1941 年以后，科南特入选全美教育协会（National Education Association，NEA）的教育政策委员会。同时，他积极参与美国教育理事会和美国大学协会（Association of American Colleges）的教育决策。在与公立教育改革家们共同工作的过程中，科南特了解到更多中等教育的现实问题，激发了研究中等教育的强烈愿望。随着对中等教育研究的深入，科南特逐步形成了自己的中等教育思想，并且通过翔实的调查研究为当时的教育改革提供了行动指南，成为影响战后美国中等教育改革的核心人物。

科南特之所以会关注公共教育甚至美国教育问题，与哈佛教育研究生院有着密切的关系。一方面，科南特拯救了哈佛教育研究生院；另一方面，科南特本人对美国教育问题产生了极大的兴趣。他认为美国中等教育或公共教育是重新实现社会流动、保证个人自由、避免社会走向分化与专制的重要手段。科南特的这种信念是对杰斐逊民主自由思想传统的继承，他坚信民主社会的实质在于最大限度地赋予个人自由和均等机会，将社会或政府的控制降到最低程度。历经第二次世界大战，科南特认为苏联或许是无阶级的，但不自由；英国是自由的，但阶级分明；德国不仅不自由，还存在鲜明的等级结构。

科南特在大学中形成的知识精英主义理念在参与美国中等教育改革过程中做出了适度的调整，这些调整源于他在第二次世界大战前与哈佛教育研究生院同事的合作。科南特在校长年度报告中强调美国公共教育与国家未来民主之间的内在关系，但同时又指出高等教育忽视中小学面临的诸多问题。为了加强中小学校研究和教育改革，科南特力促教育研究生院与哈佛文理学院合作共同进行中小学教师培训及教育研究，提高中小学教师质量。

1933年，科南特从前任校长那里接手的哈佛教育研究生院正处于扩张期，但遭到洛厄尔校长的轻视。洛厄尔对哈佛以外的教育和教学技巧并不感兴趣。1932年大萧条早期，他就曾向教育研究生院院长亨利·霍曼斯（Henry Holmes）表达了某种敌意，要求霍曼斯把财政预算从171000削减到129000美元。霍曼斯不得不通过削减学院当时支出减少财政赤字，致使大部分秘书和课程助理被辞退。通过各种裁减，学院所有支出降至148000美元，为1925年以来的最低点。①

科南特继任校长后，有报道指出，洛厄尔为后继者留下了"两个要淹死的小猫"，其一就是教育研究生院。② 科南特初期对教育研究生院基本是出于一个化学家对教育的狭隘理解，他对教育研究生院不屑一顾，认为教育学院与神学院一样，总徘徊在专业教育与学术教育之间。因此，教育学院起初并未受到科南特的重视，但随着投身于增进美国机会平等的工作，他对初等和中等教育的兴趣越来越浓。1939年，科南特承认自己在接任校长一职之后观念发生了变化，认为自己就职时与文理学院任何一位老师的观点一样，对包括哈佛自己的教育学院均很有偏见。这种偏见与文理学院的任何一位老师所持有的观点一样。

通过与教育研究生院，以及与芝加哥大学校长赫钦斯、哥伦比亚大学教育心理学家爱德华·桑代克（Edward L. Thorndike）的沟通和交流，并且阅读法国、英国、德国等大学的制度文献，科南特对教育

---

① Jeanne E. Amster, *Meritocracy Ascendant : James Bryant Conant and the Cultivation of Talent*(Ed. D. Harvard University, 1990), p. 126.

② Jeanne E. Amster, *Meritocracy Ascendant : James Bryant Conant and the Cultivation of Talent*(Ed. D. Harvard University, 1990), p. 126.

有了更加开阔的认识。

1939年，科南特遇到了他的灵魂搭档——弗兰西斯·斯波尔丁（Francis Spaulding）。这名年轻的教育专业教授引起了他的注意，斯波尔丁将教育置于整个社会来看待，认为哈佛大学教出来的领导者和教育者应该对公共教育发挥作用，以推进和加强社会的民主。科南特对欧洲民主力量的坍塌深表忧虑，劝说斯波尔丁放弃去芝加哥大学的打算，担任哈佛教育研究生院院长，并且通过董事会给予财政资助。

上任后，斯波尔丁提出了极具挑战性的建议，即推广面向大众的综合学校。1940年3月28日，科南特在加州大学校庆日（Charter Day）发表的一篇题为“无阶级社会的教育：杰斐逊传统”（*Education For A Classless Society：The Jeffersonian Tradition*）的演讲中，第一次扩大了他最初有关天才的概念：他们不仅包括学术天才，还包括工匠等技术人才。科南特强调在教育系统的每一个环节都应该提供真正的民主，将职业机会向所有具备才能的人开放。[①]

斯波尔丁建议科南特放宽对教育的看法，将其作为民主的工具。而科南特的英才主义理念不赞同斯波尔丁的大众主义教育理念，在组建哈佛教师队伍的过程中，他依然坚持将一流的学者引入哈佛学术界。但是，科南特也认同斯波尔丁的建议，认为教育的首要责任应该是提供社会流动机会。科南特将自身教育经历视为反贵族偏见（anti aristocratic bias）的典型案例，认为中等教育应该为学业优异的学生提供更多机会。[②] 可见，科南特中等教育思想和改革实践是在高等教育改革基础上着手进行的，他主要立足于为大学储备优质生源，增进教育机会均等，推动美国教育民主化进程。

---

① James B. Conant, “Education for a Classless Society: The Jeffersonian Tradition,” in *Atlantic Monthly*, No. 165, May., 1940: 594-600.

② Wayne J. Urban, “James Bryant Conant and Equality of Educational Opportunity,” in *Paedagogica Historica*, Vol. 46, No. 1-2, 2010: 193-205.

1957 年，科南特自德国回国后开始将目光投向中等教育和教师教育领域。在卡内基促进教育基金会的资助下，他于 1959 年发表调查报告《今日美国高中：向感兴趣的公民提交的第一份报告》；1963 年出版《美国教师教育》，以科学家的严谨务实和政治家的敏锐致力于美国公共教育改革。

第二次世界大战后，美国高中入学人数和在学人数出现了惊人的增长趋势。1945 年，美国高中入学人数达到 695.6 万人，1959 年增长到 983.8 万人，1963 年达到 1251.7 万人。与此同时，高中毕业率也逐年增长。数据显示，1944 年每 1000 人中只有 393 人毕业，1958 年这一数据增长到 582 人。[①] 随着高中入学人数的激增，20 世纪 50 年代围绕学校教育产生了一系列辩论。20 世纪 50 年代，高中课程主要以生活适应为目的，这一课程的主旨自 1918 年中等教育重组委员会确立以来延续到 20 世纪 50 年代。但到了 50 年代，这一课程目标备受科学界和技术界批评。[②] 第二次世界大战后，美国一跃成为世界头号大国，国际局势的压力促使美国围绕教育目的展开了激烈辩论。其中，辩论最激烈的两位是阿瑟·贝斯特（Arthur Bestor）和海军上将海曼·里克欧沃（Hyman G. Rickover）。贝斯特在其著作中批判生活适应课程，对这一

---

① United States, Bureau of the Census, *U. S. Department of Commerce Historical Statistics of the United States, Colonial Times to* 1970, *Part* 1 (Washington D. C. Census Bureau, 1975), pp. 370-371.

② 关于美国中等教育目标变迁的历史，可以追溯到 1892 年哈佛大学校长艾略特主持发布的《十人委员会报告》，声明美国高中应让一部分美国青年通过提高学术能力来对自己的生活负责。25 年后，1917 年中等教育重组委员会提出民主教育的主旨在于开发每一个美国人在知识、兴趣、理想、习惯和力量方面的潜能，以此塑造、完善自我并服务于社会。由此，中等教育的目标发生了显著变化，从服务于少数人向全体美国人转向。20 世纪 50 年代，苏联卫星事件迫使美国教育再次面临新的挑战，科南特报告就是对美国中等教育做出的一次伟大评估。可参见 Joseph T. Durham, "The Conant Report: A Critique," in *The Clearing House*, Vol. 34, No. 3, Nov., 1959: 177-181。

原则的前提提出了疑问，要求加强智力训练。① 里克欧沃紧随贝斯特，在其《教育与自由》（*Education and Freedom*）一书中抨击生活适应课程，要求提高教育标准以迎接新技术革命的挑战。因此，他崇尚天才教育，指出天才是决定国家命运的关键因素。② 贝斯特和里克欧沃二人对教育的根本、基础提出了挑战，贝斯特声称教育的主要目的是基于学术训练的智力过程；里克欧沃坚持认为教育与国家命运之间关系密切，应该注重发现天才儿童，进行单独教育，使其成为科学、技术领域的领袖。这一舆论氛围为科南特利用个人在教育界、政界的声望进行中等教育改革提供了平台和杠杆。

1945 年 11 月，科南特在朱利叶斯—罗萨·撒切丝捐赠基金讲座（Julius and Rosa Sachs Endowment Fund Lectures）中第一次系统发表了对中等教育的观点。在讲座中，科南特尝试解答困扰教育家已久的问题：中等教育的重点应面向全美学生还是具有学术天分的学生？为此，他通过在两大委员会的工作尝试解决这一问题。1945 年，科南特担任全美教育协会教育政策理事会主席，通过调查研究发表了《面向所有美国青年的教育》（*Education for All American Youth*）报告；另外，在哈佛大学通过委任专门委员会，公布针对哈佛学院的课程改革报告《自由社会的普通教育》（*General Education in a Free Society*）。前者旨在为所有美国青年提供个性化的教育，后者为学术天才设计相应的教育目标和内容。③ 科南特认为这两份报告可以作为改革美国综合高中的基础，也可以回应有关美国学校未来发展方向的诸多争议。20

---

① Arthur E. Bestor, *Educational Wasteland : The Retreat from Learning in Our Public Schools*(Urbana:The University of Illinois Press,1953),p. 81.

② Hyman G. Rickover, *Education and Freedom*(New York: E. P. Dutton and Co., 1959),p. 16.

③ Barry J. Teicher, *James Bryant Conant and "The American High School Today"*(Ph. D. ,University of Wisconsin-Madison,1977),pp. 177-179.

世纪 50 年代，在担任教育政策理事会主席期间，科南特陆续又发布了两份报告：《天才的教育》（*Education of the Gifted*）和《教育与国家安全》（*Education and National Security*），集中关注美国的天才儿童，认为国家的天才儿童一概被忽视了，如果国家没有为那些有潜力的天才儿童提供充分的教育机会，所谓的美国民主理想只是空谈。

1957 年夏天，带着 35 万美元的资助和 4 位助手，科南特开始正式着手中学调查。这项本来计划两年的调查研究，最后却持续了 8 年才完成。[①] 1957 年，科南特与他的 4 位同事走访了 26 个州、103 所学校。其中，科南特参与了超过一半的学校调查和走访工作。1959 年，《今日美国高中：向感兴趣的公民提交的第一份报告》出版。该著作提出了大量改革美国高中的建议，科南特敦促将小型高中合并成综合中学[②]，以规模化效应提高教学质量。

在《今日美国高中：向感兴趣的公民提交的第一份报告》一书中，科南特提出了 21 条提高公立中等教育的建议，其中的 11 条是针对天才教育、9 条聚焦于综合中学、1 条针对有阅读障碍的学生。[③] 科南特的

---

① 除了卡内基基金会，福特基金会（Ford Foundation）和全美教育协会都邀请并资助科南特调查美国高中。科南特经过深思熟虑，最终选择接受卡内基基金会的资助和支持。科南特出访其他国家时，一直苦于缺乏对美国中学的一手资料。他很想亲自进行调查研究，挖掘中学具有天分的学生，提高美国人才的选拔和培养质量。科南特的这一举动比 1957 年苏联卫星成功发射要早 8 个月，足见科南特对美国教育与国家安全的远见卓识。可参见 Charles D. Biebel, *Politics, Pedagogues and Statesmanship: James B. Conant and the Public Schools 1933-1948* (Doctoral Dissertation, University of Wisconsin-Madison, 1971), p. Ⅲ。

② 科南特将综合中学界定为按社区内所有青年受教育的需要而开设课程的中学。详见 James B. Conant, *The American High School Today: A First Report to Interested Citizens* (New York: McGraw-Hill Book Company, Inc., 1959), p. 12；科南特著《科南特教育论著选》，陈友松译，人民教育出版社，1988，第 38 页。

③ James B. Conant, *The American High School Today: A First Report to Interested Citizens* (New York: McGraw-Hill, Inc., 1959), pp. 44-76.

中学调查首先关注的问题是天才学生的教育质量，但他反对为天才单独开设学校，主张综合高中，确保社会融合。他认为，为天才学生提供传统的学术训练，其他学生也会从中获得智力启发。他一再明确调查高中的目的是寻求一种可以复制的中学典范并将其普及化、制度化。

《今日美国高中：向感兴趣的公民提交的第一份报告》以美国教育的特征开篇，阐述了对教育机会均等的理解，即在激烈的竞争中保证起点平等。科南特据此描述了综合中学及其使命：满足社区所有青年的教育需求。① 科南特的报告需要回答的核心问题：一所学校是否既能为所有学生提供作为未来民主社会合格公民的通识教育，同时又能为大多数学生提供选修课程以训练其工作技能，为那些对高级学术科目（尤其是外语和高级数学）具备天分的学生提供充分的教育环境？基于此，科南特将综合中学的目的界定为三种：一是向所有学生提供通识教育，培养未来民主社会的合格公民；二是为那些毕业后进入工作领域的学生提供选修课程，给予技能培训；三是为那些打算升学进入大学的学生提供充分的学术课程。②

科南特主要采用20世纪30年代以来在哈佛推行的学术能力测试来筛选优质学术型高中。除了筛选学术型中学，他还希望通过社会学家和教育学家的协助，以社会经济标准查找全美各类中学。经过一年的调研、一年撰写报告及演讲，科南特及其团队公布了最终的中学调查结果。一方面，科南特希望通过个人声望影响教育改革；另一方面，科南特利用电台、电视、演讲、报纸等媒介积极宣传研究报告和教育改革理想。1958年秋，科南特巡游各地演说，为即将出版的《今日美国高中：向感兴趣的公民提交的第一份报告》做全国范围内的推介宣

---

① James B. Conant, *The American High School Today: A First Report to Interested Citizens* (New York: McGraw-Hill, Inc., 1959), pp. 5-9.

② James B. Conant, *The American High School Today: A First Report to Interested Citizens* (New York: McGraw-Hill, Inc., 1959), p. 17.

传。短短两个月，他一共面向35000名听众发表了多达35次的演讲并频繁出席出版社、电台和电视媒体访谈节目。① 科南特自己也承认，如果不是因为苏联卫星事件急于出版这份调查报告，他本打算将调查工作再延长6个月。但他也认识到为了将报告的效应最大化而选择出版时机的重要性。② 报告出版后，卡内基基金会出资免费分发88000份文本，发行分布范围非常广泛，教育杂志编辑、高中校长和督学、学校董事会成员、科南特的私人朋友乃至参议员等都收到了出版社寄送的报告文本，全美教育协会向其附属机构分发近6000本以供学习阅读。③ 另外，科南特团队还向几乎所有高中、学校董事会、学院、地方报界、政府官员及其他在教育界具有影响力的组织发放了近9万份报告复印件，积极宣传调研结果和教育思想。④

《今日美国高中：向感兴趣的公民提交的第一份报告》1959年2月正式出版后的18个月间售出17万册，大约有2000万美国人阅读了这份报告。报告发表之时，美国社会对教育的不满情绪高涨，如何提高中学教育质量成为美国社会极度关注的热门问题，使该书一时间成为畅销书。该书发表以后，很快成为人们讨论的焦点，科南特也频繁地出现在公众面前，他建议的方法被做成电影胶片，被加利福尼亚州的奥克兰大（Oakland）和堪萨斯州（Kansas）的拉贝特县（Labette）两所中学所采用。电影内容主要展现了科南特的研究成果，即为了社区所有不同兴趣和才能的青年，学校应提供哪些课程等方面的问题。很

① Barry J. Teicher, *James Bryant Conant and "The American High School Today"* (Ph. D., University of Wisconsin-Madison, 1977), p. 227.

② James B. Conant, *The American High School Today: A First Report to Interested Citizens* (New York: McGraw-Hill, Inc., 1959), p. 228.

③ James B. Conant, *The American High School Today: A First Report to Interested Citizens* (New York: McGraw-Hill, Inc., 1959), p. 229.

④ Jeanne E. Amster, *Meritocracy Ascendant: James Bryant Conant and the Cultivation of Talent* (Ed. D. Harvard University, 1990), pp. 228-229.

快，电影获得广泛流通，大量的杂志文章、讲话、会议都把科南特的报告作为讨论主题。科南特通过个人魅力影响大众媒体[①]，作为知名公众人物，他的声名盛极一时，甚至在一定程度上引导着大众对教育的认知[②]。阿特巴赫写道："与其他教育家比较而言，詹姆斯·科南特对美国教育产生的影响更为深刻。科南特的每份报告在大众媒体和教育期刊上都发行量巨大。大众杂志对科南特的批评甚少，许多教育杂志虽然对科南特的观点稍有微词，但基本认可他的观点。据统计，在将近50篇评论科南特的文章中，只有10篇文章对其抱有敌意。"[③]

评论界对科南特的评价褒贬不一，《北部中心季刊》（*North Central Quarterly*）将科南特评价为"无党派倾向的冷静而富有资格的美国教育观察家"。[④] 在《今日美国高中：向感兴趣的公民提交的第一份报告》一书的序言中，约翰·加德纳（John W. Gardner）谈道："本

---

① 科南特因其科学家和政治家的身份，与美国上流社会诸多名人均有私交，如乔·麦卡锡（Joseph R. McCarthy）、约翰·肯尼迪（John F. Kennedy）、富兰克林·罗斯福（Franklin D. Roosevelt）、德怀特·艾森豪威尔（Dwight D. Eisenhower）、乔治·马歇尔（George C. Marshall）、伯纳德·巴鲁克（Bernard M. Baruch）、罗伯特·奥本海默（Robert Oppenheimer）、万尼瓦尔·布什（Vannevar Bush）、温斯顿·丘吉尔（Winston Churchill）等。这些科学界、政治界和商界的社会圈子无疑为科南特20世纪50—60年代中等教育调查及改革的推广起到了重要作用。详见 John Leonard,"Books of The Times,"in *The New York Times*, Mar. 4, 1970: 45。

② 上述对科南特的评价无疑是极端夸张的，尤其是拉芙迪。另外，蒙特霍利约克学院（Mount Holyoke College）招生部将科南特在《今日美国高中：向感兴趣的公民提交的第一份报告》的观点迅速推向实践，1963年该学院入学新生学习4年及以上数学课程的学生达到62%，1959年这一比例仅为38%；同样，1959—1963年，学习科学的学生比例从12%提高到28%。详见 Fred M. Hechinger, "The Post-Conant Freshmen," in *The New York Times*, Sunday, Nov. 10, 1963。

③ Philip G. Altbach, "James B. Conant, Educator," in *The Phi Delta Kappan*, Vol. 45, No. 1, Oct., 1963: 11-12.

④ Harlan Koch, "A Calm Man in a Neutral Corner," in *North Central Quarterly*, Apr., 1959: 269.

书是一份切合实际的报告，……目前对这样一个报告的重要性无论做怎样高的估计都不过分。……正因为如此，有些人认为他的一生为国家做出了卓越贡献，现在从事的这项研究则是他的所有贡献中最大的贡献。"[①] 虽然有一些评论者认为科南特开出的药方是肤浅而保守的，约翰·加德纳却给予科南特高度评价，认为科南特作为美国教育的独立观察者，他所做的工作在美国公共事业领域具有里程碑意义。[②] 有评论认为科南特是在"粉饰"美国高中教育，但也有评论大加赞誉科南特的调查研究，全美教育协会教育政策委员会（Educational Policies Commission of National Education Association）及大部分公立高中的督学和校长均赞同、认可他的研究结果。[③] 詹姆斯·柯纳（James D. Koerner）认为，虽然科南特的报告是 20 世纪美国教育历史上最受期待、传播最广、知名度最高的报告，但它依然是一份悲剧性的报告，它的悲剧在于全美学校董事会、教师、管理者乃至家长对这份报告不加批判的信任。鉴于科南特巨大的个人声望及科南特报告的广泛影响，报告所产生的悲剧也是全国性的。科南特的报告过分关注天才学生，"牺牲"了大部分美国高中生。[④] 因此，贝利·梯切（Barry J. Teicher）认为《今日美国高中：向感兴趣的公民提交的第一份报告》在根本上是一份政治报告，其核心改革目标已经超越了中等教育本身，实际上

---

① James B. Conant, *The American High School Today: A First Report to Interested Citizens* (New York: McGraw-Hill, Inc., 1959), p. XI, XII. 也可详见科南特著《科南特教育论著选》，陈友松译，人民教育出版社，1988，第 28—29 页。

② M. A. Farber, James B. Conant Dies at 84. The New York Times[EB/OL]. (1978-02-13)[2015-07-28]. https://www.nytimes.com/1978/02/13/archives/james-b-conant-dies-at-84-harvard-president-for-20-years-was.html.

③ George B. Kistiakowsky, Frank H. Westheimer, "James Bryant Conant," in *Biographical Memoirs of Fellows of the Royal Society*, Vol. 25, 1979: 209-232.

④ James D. Koerner, "The Tragedy of the Conant Report: A 'Personal Testament'," in *The Phi Delta Kappan*, Vol. 42, No. 3, Dec., 1960: 121-124.

旨在维护、保持和巩固美国自建国以来所推崇和信奉的民主制度和价值观念。[①] 该报告不是一份孤立的政策宣言，如果要深入理解这份报告，就必须将其置于美国的教育和历史语境中。基于此，贝利·梯切断言：《今日美国高中：向感兴趣的公民提交的第一份报告》事实上对美国高中的结构、课程等产生的影响甚微。[②] 科南特报告之所以在 20 世纪 50 年代畅销，贝利·梯切分析认为，首先，科南特现实主义和实用主义的教育改革思路一定程度上平息了 20 世纪 50 年代以来人们对中等教育的尖锐抨击；其次，科南特的报告对美国当时的教育制度持支持态度；再次，科南特的报告间接回应了苏联卫星事件带来的挑战；最后，科南特对天才学生的观点也是对第一次世界大战以来美国中学生活适应教育的补充。[③] 尤金妮·扬格特（Eugene Youngert）作为科南特出版《今日美国高中：向感兴趣的公民提交的第一份报告》的助手，对詹姆斯·柯纳提出的批评做出了回应。她认为科南特的报告在根本上是一份基础性报告；在学生观方面，报告尊重每一位不同能力水平的学生并为他们提供均等的机会。报告是一份针对所有美国高中生的普遍教育方案。[④] 也有评论认为，科南特报告中针对美国高中改革提出的具体建议虽然引来很多批评和指责，但不得不承认科南特务实的改革态度一定程度上促使公众对美国高中的指责和抨击向解决现实问题转向。科南特的报告并无意于调查研究美国所有高中，报告中提

---

① Barry J. Teicher, *James Bryant Conant and "The American High School Today"* (Ph. D. ,University of Wisconsin-Madison,1977),p. Ⅷ.

② Barry J. Teicher, *James Bryant Conant and "The American High School Today"* (Ph. D. ,University of Wisconsin-Madison,1977),p. Ⅹ.

③ Barry J. Teicher, *James Bryant Conant and "The American High School Today"* (Ph. D. ,University of Wisconsin-Madison,1977),pp. 247-248.

④ Eugene Youngert,"Setting the Record Straight(A Reply to 'Tragedy of the Conant Report')," in *The Phi Delta Kappan*, Vol. 42,No. 3,Dec. ,1960:125-128.

出的具体建议虽有瑕疵，但基于此进行深入讨论是大有裨益的。[①] 应该将科南特的报告视为评估高中的第一步。天才学生的教育只是高中教育的一部分，少数族裔学生的教育依然是高中教育面临的巨大问题。[②] 毫无疑问，科南特的报告必将成为一份富有影响力的教育报告并被广泛引用。[③]

事实上，科南特的报告所表达的教育观点直接折射出他的社会和政治偏好。科南特声明对美国高中的调查只是一项私人评估（personal appraisal），他希望通过调查美国高中表达其教育偏好和倾向。[④]《今日美国高中：向感兴趣的公民提交的第一份报告》集中反映了科南特根本的教育观：鉴别、培养天才以服务于国家，通过综合高中培养人才来解决国家面临的问题。科南特将社会的繁荣归因于那些富有智慧并接受良好教育的领导者，而这些天才也正是通过教育得到鉴别和培养。学术能力成为获得社会流动和升迁机会的标尺，而这种能人统治的社会制度又反过来为民主社会注入活力。科南特并没有谈及种族、阶级及因此造成的高中隔离问题，仅仅对经过筛选后的学生感兴趣，在他看来，是个人的力量和创造力在推动社会的进步。

1959 年公布中学调查报告后，科南特并没有结束对美国教育的调查工作，他与卡内基公司继续合作开展了一系列调查研究，而最初主要以美国中等教育的调查逐渐演变为对美国教育的调查。1957—1964

---

① William M. Alexander, "The Conant Report: A Preliminary Appraisal," in *The Phi Delta Kappan*, Vol. 40, No. 6, Mar., 1959: 247-249.

② Jack Abramowitz, "Implications of the Conant Report for the Social Studies," in *The High School Journal*, Vol. 46, No. 8, May, 1963: 259-267.

③ Richard S. Alm, "A Postscript to the Conant Report," in *The School Review*, Vol. 68, No. 4, Winter, 1960: 481-484.

④ Barry J. Teicher, *James Bryant Conant and "The American High School Today"* (Ph. D., University of Wisconsin-Madison, 1977), pp. 193-194.

年，他一共发表了7份报告[①]。经过一系列调查研究，科南特不仅确立了他一贯的问题解决模式的教育研究方法，更为重要的是他在教育界声名鹊起，迅速成为美国公共教育的发言人。科南特对中等教育的研究步步深入，这连他自己都没有想到。他说："当我还是个化学家的时候，如果有人告诉我，晚年我会倾注大量时间与精力考察美国的公立高中，我会说他一定是疯了。我对中等教育没兴趣，也从来不想发展对它的任何兴趣。即使在任哈佛校长内的头一两年我有过类似的预言，也认为这个预言遥遥无期。在美国中等教育问题上，直到斯波尔丁教授使我大开眼界之后，我仍然难以相信，有一天我会把所有的时间用在与学校而不是学院和大学相关的问题上。"[②]

科南特晚年在公共教育领域的工作引发了20世纪中后期人们对美国综合高中与民主社会关系的研究和关注，科南特所推崇、倡导的综

① 7份报告分别是《美国高中天才学生的甄别与教育》（*The Identification and education of the academically talented student in the American high school*，1958年）、《今日美国高中：向感兴趣的公民提交的第一份报告》（1959年）、《儿童、家长与国家》（*The child, the parent and the state*，1959年）、《初中教育》（*Education in the junior high school*，1960年）、《贫民窟与乡村：论都市地区学校》（*Slums and Suburbs, A Commentary on schools in Metropolitan Areas*，1961年）、《美国教师教育》（1963年）、《形成教育政策》（*Shaping Education policy*，1964年）。

② James B. Conant, *My Several Lives: Memoirs of a Social Inventor* (New York: Harper & Row, 1970), p. 613.

合高中和民主理想在种族、社会阶层、文化多元的美国社会是否可行?[①] 美国当代教育家约翰·鲁利（John L. Rury）的结论："在当今美国种族、阶层、文化多元的社会中，科南特综合高中的理想遭遇很大挑战。"[②] 大卫·马什（David D. Marsh）等在《新美国高中》（*The New American High School*）一书中甚至提出取消综合高中。[③]

科南特为了能够让民众接纳报告中的建议，他在美国各州积极接触教育界和政界的领导人，他虽然强调他的报告是对美国高中教育的私人评估，但还是希望通过这份报告影响全美各州教育政策的制定。科南特自己也承认他的工作不完全是社会科学研究，他将自己视为一名教育发言人，而不是客观中立的研究者。科南特对美国高中的调查本意在于发现一些他理想中的案例学校。如果研究结果显示他理想的高中并不存在，或许这一事实并不重要，但这一令人沮丧的结果对历

---

① 科南特在20世纪50—60年代有关综合高中的报告代表了当时美国教育根深蒂固的传统。威廉·瓦格（William Wraga）认为20世纪30—40年代，美国公立学校的社会功能被广泛推崇，因此综合高中获得了前所有为的支持，这是综合高中发展的黄金期。详见William G. Wraga, *Democracy's High School: The Comprehensive High School and Educational Reform in the United States*(Lanham, Md.: University Press of America, 1994)。科南特在20世纪50—70年代继承了这一理想。但遗憾的是科南特一系列美国高中的报告后，关于高中民主教育的实际发展情况目前所知甚少。大卫·昂格斯（David Angus）和杰里·米莱尔（Jeffrey Mirel）认为科南特因其科学家、大学校长、政治家的身份，在中等教育领域发表的看法被公众格外关注和重视。他们始终认为1959年科南特《今日美国高中：向感兴趣的公民提交的第一份报告》引发了人们对综合高中的推崇和认可，并且成为战后主导公立中等教育的主要模式。详见Angus, David and Jeffrey Mirel, *The Failed Promise of the American High School, 1890-1995* (New York: Teachers College Press, 1999), pp. 112-115.

② John L. Rury, "Democracy's High School? Social Change and American Secondary Education in the Post-Conant Era," in *American Educational Research Journal Summer*, Vol. 39, No. 2, 2002: 307-336.

③ David D. Marsh, Judy B. Codding, *Eds: The New American High School, Thousand Oaks*(CA: Corwin Press, 1999), p. xiii.

史学家具有重要意义，他们认为这一问题需要得到必要的反思和修正。事实上，这些问题已经为 20 世纪 60 年代美国教育陷入动荡埋下了伏笔。①

自 1959 年科南特报告出版以来，科南特被视为一位温和折中的教育发言人。但其 1963 年出版的报告《美国教师教育》② 提出了非常激进的教育改革方案。经过两年的调查研究，科南特认为美国的教师培训是失败的。③ 在随后出版的另一部著作中，科南特进一步强调："我相信在未来教育领域需要更多激进的变革，这意味着决定教育政策制定的传统方法必须进行巨大的修订以适应当前的教育变革。"④

《美国教师教育》出版后也引起了巨大的争议，书中尖锐地批判了教师学院和教育研究生院的课程设置，激进地提出取消这些机构颁发教师资格证的资质。科南特提议在教师培训中减少教育哲学等课程。1964 年，中西部教育哲学学会召开会议专门做出回应，坦承《美国教师教育》出版后对美国教育哲学及师资培训产生了巨大影响。⑤ 借助《今日美国高中：向感兴趣的公民提交的第一份报告》的余热，科南特

---

① Robert L. Hampel, "The American High School Today: James Bryant Conant's Reservations and Reconsiderations," in *The Phi Delta Kappan*, Vol. 64, No. 9, May, 1983: 607-612.

② 1961 年，科南特在卡内基基金会的资助下，广泛调查了美国人口比较稠密的 22 个州、77 所开设教师教育课程的高等院校。历经两年的研究，1963 年出版《美国教师教育》，发行 6 周后就售出 35000 份，并且长时间位于畅销书榜单前列。20 世纪 50—60 年代，美国的师范教育正处于由专门师范学院向综合性大学开办师范课程培养教师过渡的时期，科南特对美国师范教育的研究正是在这种变革的背景下进行的。

③ James D. Koerner, "Conant Reports on Teacher Education: Proposals for Radical Reform," in *The Phi Delta Kappan*, Vol. 45, No. 1, Oct., 1963: 7-10.

④ James Bryant Conant, *Shaping Educational Policy* (New York: McGraw-Hill Book Company, 1964), p. 4.

⑤ Joe R. Burnett, "Conant on the Philosophy of Education," in *Educational Theory*. Vol. 14, No. 1, 1964: 24-30.

再次成为左右美国教师教育的公众人物。1963 年，加利福尼亚州公共教学督学马克思·拉芙迪（Max Rafferty）在哥伦比亚广播公司（Columbia Broadcasting System，CBS）电台讲话中提到科南特或许是自杜威以来对美国现代教育影响最深的人。新闻周刊（*Newsweek*）的一篇评论援引一位教育者的观点："当我讲话时，我希望我的学生聆听；当科南特博士讲话时，我认为所有人都应该认真聆听。"①

科南特指出，对公立中学批评最激烈的是大学内文理学院和专业学院的教师，而不是教育学院。② 职业教育家信奉学生人格态度的发展优先于社会的进步。科南特认为教学方法和内容的改革需要一批活跃的学科教授，而不是教育学教授；应减少或避免教育学教授对教育改革的影响。③ 科南特直言不讳地指出，"我们需要一批年轻的社会学家来研究教育系统，教育哲学、课程内容和教学方法的变革是社会需求的反应，从根本上看，教育是一种社会过程"④。

早在第二次世界大战前，哈佛文理学院教授对教育学教授就抱有很大的敌意，认为教育学科在大学中没有存在的理由。20 世纪 30 年代中期，科南特极力促成文理学院与教育研究生院教授之间的沟通与合作，并且建立文理学院教授和教育学教授组成的联合委员会，联合培养中小学教师。虽然双方都接受了这个方案，但他们的态度并不热忱。第二次世界大战后，面对中小学教育质量下降的现实，师范教育备受指责，学术性与师范性之间的矛盾一时成为高等师范教育讨论的核心

---

① Joe R. Burnett, "Conant on the Philosophy of Education," in *Educational Theory*. Vol. 14, No. 1, 1964: 24-30.

② James B. Conant, *The Child, the Parent and the State* (Cambridge. Mass: Harvard University Press, 1959), p. 62.

③ James Van Patten, "A Search for Substance in Conant's Educational Writings," in *Journal of Teacher Education*, Vol. 16, No. 2, 1965: 193-201.

④ James B. Conant, *Education in a Divided World: The Function of the Public Schools in our Unique Society* (Cambridge, Mass: Harvard University Press, 1949), p. 51.

问题。

20 世纪上半期，美国教师教育的培养观念一直秉承进步主义教育理论，以经验和活动为重点。这种教师教育观念逐渐无法适应战后美国教师教育发展和政治、经济及社会发展的需要。美国的政治家、军事家、科学家及广大社会人士痛斥师范院校培养的教师业务粗疏、根底浅薄，无法奠定青年一代的科学教育基础。科南特认为，“教育是一个社会过程”，国家内部政治、社会与经济的发展与美国人对中小学、学院和大学特有观点的形成是紧密联系在一起的。

鉴于进步主义教育理念在教师教育中存在的问题，要素主义严厉批判了进步主义学派的教师教育观念，认为一个优秀的教师必须能够很好地传递传统的文化，必须具备广博的基础文化知识和专深的学科专业知识。值得一提的是，在这场空前的师范教育大辩论和大变革浪潮中，科南特发挥了重要作用。他认为教师首先必须具备广博的基础文化知识，认为为了培养高素质的人才，教师必须在学科专业上进行精深教育。

科南特指出，截至 20 世纪 60 年代，管理指导实践教学的那些人要么没有从事过学科教学，要么从未准备从事教学；部分教育教授试图教授教育学科的所有课程及管理指导英语、数学、化学、生物、社会科学等领域的实践教学活动。科南特坦率地指出美国教师的培养需要激进的革命。科南特建议提高实践教学的质量，其他调查也显示美国实践教学工作无论在结构、操作还是人事管理质量上，都存在问题。一般来看，大学中负责管理、指导教师教育的人士地位较低，这些人一般包括教育副教授、学术部门助理教授或非教师督导。

科南特坚信教学技能的准备需要实践经验，因此需要专业人士重塑美国教师教育，通过开设有关教学方法的专门课程或研讨会，帮助教师熟悉学科理论知识和实际问题。这种专门人士被称为“临床教授”。[1] 科南特仿效医学领域采用临床培训医生的方式，将其移植到教师培训中，强调教师培训中实践教学的重要性。科南特认为教师是理论与实践的桥梁，因此临床教授的目的意在加强理论与实践的联系。临床教授主要来自文理学院的教师，他既是文理学院的成员，也是教育学院的一员，负责监督实践教学及专门教学方法的传授。临床教授通过与文理学院教授的协作，对未来高中教师所需知识进行评鉴。临床教授需要具备丰富的教学实践经验，了解教育研究的最新成果，并且善于把这些成果应用于教学实践，其地位由其实践成果来决定。科南特认为，临床教授应该享有与大学其他教授同等的地位，享有同等的报酬。临床教授的地位应与医学院临床教授比肩，衡量其贡献主要侧重实践教学方面。尽管临床教授也必须紧密关注教育理论和教育心理学方面的新进展，但并不要求临床教授在研究和著作方面做出贡献，也不要求他们都拥有博士学位。

科南特建议为每一门学科或密切相关的几门学科配备一位“实习指导教授”。当时即使在最好的院校，教学实习也往往是由一位没有教学经验的本院教师来指导，许多小规模的学院没有能力对教学实习做出令人满意的安排。针对这种情况，科南特建议这些小规模的学院可以与其他规模较大、条件较好且已有州政府批准的教学实习场所的学院合作，再开设一学期的课程。科南特认为教学实习的责任由各学院、州政府和地方教育董事会来承担，州政府在教学实习方面有不可推卸的责任，州政府要对正在进行试教的实习生进行细致的考察，教学实习是保证各州得到合格教师的最有效的途径。为了保证教学实习的高质量，州政府应该在财政上对地方学校董事会给予支持。他还提出，

---

① James B. Conant, *The Education of American Teachers* (New York: McGraw Hill, 1963), p. 140.

教学实习计划应该由州政府批准，与各师范院校和公立学校合作，规定教学实习的各种条件及在实习中讲授什么样的教学法，要求各师范院校和公立学校呈交证据说明被任命为协作教师和实习指导教授的人是胜任的。

临床教授方案被提出后，各种赞誉与批评纷至沓来。教育学教授对此反响强烈，积极肯定了科南特的思路。他们将临床教授和临床经验视为新经验主义运动的一部分，因为该方案非常重视实践经验在教师教育改革中的价值。同时，也有很多人反对临床教授的做法，批判科南特建立了一个临床教授的模范角色，质疑临床教授管理指导大约15万名实践教师的可能性。① 从社会学角度，一些批评人士认为临床教授过度推崇实践取向的思路会降低大学的学术水准，使大学更关注外部要求而忽视对科研和知识的追求。一些批评者也质疑教学方法的传授与实际课堂中教学方法运用之间的差异。②

科南特对教师教育的政策建议报告在教育理论研究尤其是教育实践领域产生了重要影响，成为一些高等院校教师教育改革的指导政策。据有关调查显示，报告引起了人们对教师教育及教学方法的重视，有些人对临床教授产生了很大的兴趣。1964年，美国西北大学对科南特教师教育报告进行了热烈讨论，参与讨论的人包括各大学教育学院主任、文理学院主任，以及州教育部官员、联邦和全美教育组织代表。西北大学宣布聘用全美第一个临床教授——丹尼尔·伯维尔（Daniel Powell），芝加哥大学施恩高中的一名社会科教师。伯维尔一方面继续从事高中教学工作，另一方面受聘西北大学以助理教授身份讲授“高中社会科教学方法”（Methods of Teaching High School Social Studies），

---

① Robert Bendiner,“Can American Teachers Teach?”in *Redbook Magazine*, Vol. 123, Oct., 1964: 143.

② Edward T. Ladd, “Review: The Education of American Teachers,” in *Harvard Educational Review*, Vol. 34, No. 1, 1964: 94.

为师范类学生开设研讨课，同时管理、指导师范学生及教学硕士在芝加哥地区高中的实习。[①] 西北大学在聘用伯维尔的过程中，对科南特临床教授做法进行了适当的修改。科南特建议临床教授全职供职于大学，西北大学的钱德勒认为这种做法的难题在于远离中学课堂，临床教授的经验很快就会失去效力。

俄亥俄州州立大学临床教授的做法完全与西北大学相反，临床教授主要在大学培训教师，不从事高中教学；但要求这类临床教授拥有社会科教育领域的博士学位，在高中社会科领域拥有成功的教学经验，具有从事教学的强烈愿望和成功管理、指导师范学生的能力，以及从事社会科学教育领域科研的能力。[②]

尽管有像西北大学一样类似的教师教育改革，但并没有出现大规模采纳科南特建议展开教师教育改革的运动，报告引起的影响主要是形成了一种独特的潮流，即大学教育教师必须既擅长教授方法，又擅长学科知识，加强理论与实践的联系。

科南特的遗产并不在于一系列严格的实施建议，而是建议背后的指导原则，即各个大学之间教师的合作、大学在教师培训中的责任等。科南特提出设立教育“临床教授”的指导方案，把教育学教授的职责定位在连接学科教育和教学实践的环节上，他们对教学法和文理学科都有所造诣，由他们负责对教学实习的指导和教学法的教授。这种教师教育模式突破了传统的教师教育只重视教师职业技能的训练，在一定程度上弥补了学科知识教育不足的问题，适应了当时国内外形势的需要。

科南特虽然批判教育理论，但也认可杜威在美国教育史上的地位，

---

① Leo J. Alilunas, “Conant's Clinical Professor Concept,” in *Peabody Journal of Education*, Vol. 47, No. 3, Nov., 1969: 173-177.

② Leo J. Alilunas, “Conant's Clinical Professor Concept,” in *Peabody Journal of Education*, Vol. 47, No. 3, Nov., 1969: 173-177.

认为杜威是个伟大的人物——既是杰出的哲学家，也是卓越的教育学家和学校教师。[①] 事实上，科南特并没有充分理解杜威，甚至也有误解杜威之处。他拒绝杜威提出的教育科学这一概念，而将教育与学科教授联系在一起。[②] 科南特的教育目标是实现无阶级的社会，通过选拔、辅助有才能的人接受教育，实现教育机会均等。

科南特改革美国教师教育的意图是明显的，但在没有充分了解美国教师培训复杂性的前提下，批评当时教师培训的努力成果，无疑加剧了公众对教育的批评和不满。他对教师培训的负面批评或多或少被大众媒体利用，大众媒体迅速使用“腐败”这一术语描述教师认证，用远远超出科南特所要表达的观点诋毁、抨击美国教师培训。这些社会影响对职业教育学家造成了极大的打击。[③]

四

科南特自 1933 年踏足教育事业，作为大学校长，他为美国高等教育尤其是哈佛大学走向现代做出了巨大贡献；作为社会活动家，他对美国高中改革及教师教育的各个方面都进行了详细的调查和深入分析，并且身体力行地促成各项教育改革在全美推广。科南特显赫的声名不仅在于其显赫的社会地位与声望，更多的是源于他对美国教育的长久关注。当然，科南特的教育思想和实践也有历史局限性，如过于依赖天才学生、忽略社会文化资本等；但是，这些局限并不能遮盖他为教

---

① James B. Conant, *Education in a Divided World : The Function of the Public Schools in our Unique Society*(Cambridge, Mass: Harvard University Press, 1949), pp. 147-148.

② James Van Patten, “A Search for Substance in Conant’s Educational Writings,” in *Journal of Teacher Education*, Vol. 16, No. 2, June, 1965: 193-201.

③ James Van Patten. “A Search for Substance in Conant’s Educational Writings,” in *Journal of Teacher Education*, Vol. 16, No. 2, Jun. , 1965: 193-201.

育事业所做的巨大贡献，他重视教育改革的现实主义精神、注重调查研究的科学方法、平衡效率与公平的政治家眼光等赋予了美国教育强劲的务实精神。科南特一生撰写了 40 多部专著、200 多篇文章，其活动遍及科学、教育、管理、政治等各个领域。科南特的职业生涯历经经济大萧条、第二次世界大战、冷战等动荡局势的考验，他在充满变革的时代逐渐成为一名强势的大学校长和富有胆略的公共教育发言人。

科南特被视为一个社会工程师、一个知识精英主义者、一个伟大的折中主义者。他的哲学观非常混杂，从自由主义、实用主义、理想主义、激进主义到要素主义，乃至保守主义。可以说，这几种思想在科南特职业生涯中都有体现。

从本质上说，与要素主义相比，科南特更倾向于知识精英主义、科学主义和实验主义。实验主义的主要特征在于系统运用问题解决的方法进行教育，具体来说，就是在民主的氛围中以问题解决的方法培养具有民主理念的公民；学习者在民主社会中被视为独立、自我负责的个人；学习者的兴趣、社会的需要和目标及知识的组织是相互依赖的。科南特一再强调知识是动态的，其进步关键在于社会问题和民主问题的解决，而要素主义则强调知识本身的保存价值和目的。科南特推崇知识精英；他严格自律，崇尚科学，极富责任感；性格腼腆却富于胆识和创造性，是一个十足的现实主义者。早年从事化学研究的经历，使他信奉实验和观察的方法，这种自然科学的实验主义精神也深深影响了科南特的为人处事方式。

在科南特的职业生涯中，教育成为他获得成功的主要途径，也为他改革哈佛大学及研究公共教育铺平了道路。他的个人成长经历使他确信能人统治社会制度的潜力。他坚信教育对甄别天才的潜力，相信能人统治社会制度的优越性和可行性。科南特始终认为个人的力量可以将问题转变为答案，可以将一种观念普遍推广。合适的人在合适的位置可以改变世界，解决未来社会问题的最好办法是教育，教育的责任是甄别未来的领导人才并予以合理地培养。科南特认为教育不可能在真空中实施，必然与社会发生密切关系。可以说，他既是美国实用主义传统的继承者，也是杰斐逊民主理想的践行者。① 科南特的教育观点深受这一理念影响，他所推崇的英才教育正是对杰弗逊教育理念的体现。他相信普及教育之于民主的意义，因此积极推崇民主与个人自由，相信个人才智可以克服任何障碍。

科南特的政治哲学与教育哲学是相辅相成的，只有充分了解他的政治哲学思想，才能深入地把握其教育哲学。可以说，他的教育哲学本身就是一种政治哲学，支撑科南特一切教育思想的根本核心在于他捍卫美国民主与自由的理想。科南特将学校教育与美国民主制度的命运紧密地联系在一起，他的教育观基本根植于美国社会理想，而不仅仅是美国教育本身。科南特认为，他的思想来自于美国理想主义的本流，一方面推崇自然科学，另一方面笃信人文主义，推崇宽容和个人主义。他肯定理想主义自身在美国传统中的价值，但他也批评伪装的保守派和教育学者不切实际的乌托邦式空想。伪装的保守派，科南特所指实际上是芝加哥大学校长赫钦斯；乌托邦式空想则是指杜威等人的进步主义教育理想。

科南特自担任哈佛大学校长伊始就着力践行其知识精英主义理想。知识精英主义是科南特教育哲学的根基。科南特坚信进步和社会流动的主要动力来自于个人的能力、志向与成就，教育的责任就是挖掘那些有能力和潜质的人，解决未来难题。他对待解决问题的态度是始终坚信个人努力和天分，他改革哈佛的基础就是建立在英才之上。科南特在其职业生涯中一直都在寻求那些具有天分、能力出众的人才。

显然，科南特为美国教育开出的处方是保守的。他主要关注天才

---

① William M. Tuttle, *James B. Conant, Pressure Groups, and the National Defense, 1933-1945*(Ph. D., University of Wisconsin, 1972), p. 24.

儿童的教育问题，对减少教育中的隔离与分化关注甚少。学界批评科南特在教育哲学观上缺少一致性，但不得不承认科南特首先是一位科学家，其次是大学管理者，然后才是教育家。他的学术训练和管理经历都不同于当时教育学科领域的其他学者，他对教育问题的看法更加务实。他热心从事于严格的智力训练，致力于维护美国的民主社会和政治制度，这些工作对他从事教育研究是十分重要的条件。① 北卡莱罗纳州州长特里·桑福德（Terry Sanford）在北卡莱罗纳州教育改革中采纳了很多科南特的建议，他将科南特视为一个十足的教育实践者，认为他的所有著作都极具实践导向，其学校改革建议都非常实用。科南特自称教育界的异端。②

科南特坚信美国的民主理念根植于建国初期的共和制度，这一时期的民主理念是最富有活力的。建国初期，美国民众坚信美国式的民主是独一无二的。真正的民主是确保民众机会均等，唯有机会均等，个人才有机会基于个人能力和努力突破阶层障碍，实现社会流动。③ 他推崇无阶级的综合中学，但讽刺的是他本人及他的两个儿子都就读于优质的私立中学。在本杰明·伊诺姆（Benjamin Enoma）对约翰·古德莱德的一次私人采访中，古德莱德谈道："科南特所有的教育经历都是在精英学院，我不认为他充分了解和把握美国公共教育，他的所有

---

① James B. Conant, *The American High School Today: A First Report to Interested Citizens* (New York: McGraw-Hill, Inc., 1959), p. Ⅸ. 也可详见科南特著《科南特教育论著选》，陈友松译，人民教育出版社，1988，第29页。

② Terry Sanford, "Remembering James B. Conant," in *Change*, Vol. 14, No. 1, Jan.-Feb., 1982: 26, 52-53.

③ James B. Conant, "Education for a Classless Society: The Jeffersonian Tradition," in *Atlantic Monthly*, No. 165, May, 1940: 594.

子女都是在私立学校接受教育。”① 由此，我们再次回到科南特多方面的身份和生活空间去理解他，他虽不是正统的波士顿人，却是一位地道的新英格兰人。他的精神气质中熔铸着清教徒的克制勤勉和科学家的严谨务实态度。他崇尚知识精英，通过个人勤奋执着的努力，他成为知识新贵。但不得不承认，那些他反感愤恨的波士顿上层贵族在他职业生涯中所起的作用。事实上，个人天分和后天社会文化资本早已融合在一起，维系着他的职业生涯和社会哲学观。科南特虽不是正统意义上的波士顿上层贵族，但在后天社会文化资本的积累中，他早已跻身上层社会，在相加和相乘原理的规则下成为波士顿上层社会的一员。② 从其教育家的身份而言，他虽有激进的观点，但总体上还是一位开明而保守的教育家。

【参考文献】

［美］理查德·诺顿·史密斯. 哈佛世纪：锻造一所国家大学［M］. 程方平，等译. 贵州：贵州出版集团、贵州教育出版社，2004.

［美］莫顿·凯勒，菲利斯·凯勒. 哈佛走向现代：美国大学的崛起［M］. 史静寰、钟周、赵琳，译. 北京：清华大学出版社，2008.

Amster, E. Jeanne. Meritocracy Ascendant: James Bryant Conant and the Cultivation of Talent[D]. Harvard University, 1990.

Conant, B. James. My Several Lives: Memoirs of a Social Inventor [M]. New York: Harper & Row, Publishers, 1970.

Conant, B. James. Report of the President of Harvard University to

① Benjamin Enoma, *Meritocracy: A Socio-Educational Policy Conundrum Transversing Selected Works of James Bryant Conant* (Ph. D. The City University of New York, 2008), p. 96.

② 事实上，科南特本人有很深厚的地域情结，除了在军队服役和学术交流之外，他的职业生涯都是在波士顿度过的。

the Board of Overseers (1935-1936) [M]. Cambridge, MA: Harvard University Press, 1936.

Conant, B. James. The American High School Today: A First Report to Interested Citizens[M]. New York: McGraw-Hill, Inc. , 1959.

Hershberg, G. James. James B. Conant: Harvard to Hiroshima and the Making of the Nuclear Age[M]. New York: Alfred A. Knopf, 1993.

Keller, Morton, Phyllis Keller. Making Harvard Modern: The Rise of America's University[M]. New York: Oxford University Press, 2007.

杰罗姆·布鲁纳：心灵意义的追寻者

陈红兵[1]

杰罗姆·布鲁纳（Jerome S. Bruner，1915—2016年）是20世纪中后期美国最杰出的心理学家和教育家之一。2016年6月5日，布鲁纳在美国曼哈顿家中逝世，享年100岁。

回望布鲁纳的研究生涯，令人感佩。至2013年他从纽约大学法律教授的岗位退休，这位近百岁的老人在学术界活跃了70余年。他笔耕不辍，著述丰硕，思考和探索的脚步几乎没有片刻停歇。他早期的开创性研究成果已成为推动心理学发展的经典之作。同时，他不断进入和开拓新的或更深的探索方向，新世纪仍能清晰感受到他强有力的思想脉动。正如布鲁纳的同事和朋友、著名心理学家霍德华·加德纳（Howard Gardner）对他的概括，“布鲁纳已在心理学研究的许多不同层面深入探索，不断从心理学（和相近学科）的一个领域进入另一个领域，并且构建了多个领域，由此他把握了知识的相关性，提出了引起广泛关注的问题，而且推进了学科范畴的发展”[2]。除了心理学和教育外，布鲁纳还涉足了文学、社会学、人类学和法律等多个研究领域。

---

① 陈红兵，北京师范大学教育学部课程与教学研究院副教授，研究方向为课程与教学论。

② Howard Gardner, “Commentaries, Jerome Bruner as Educator: Personal Reflections,” in *Jerome Bruner: Language, Culture and Self* (New York: SAGE Publications, 2001), p. 127.

20 世纪 40—50 年代，布鲁纳开启了知觉和思维的系列研究，证明了知觉的选择性，提出了概念形成假设检验理论，使认知过程和情感意向等范畴回归研究视野，成为现代认知心理学的奠基人和先驱之一，此时期的代表作是《思维研究》(*A Study of Thinking*，1956 年) 等。

随后的 10 多年里，布鲁纳积极与日内瓦学派和苏联社会文化学派交流合作，深入开展认知发展的研究，提出了认知生长模式理论，出版了《论认知：左手性思维》(*On Knowing*：*Essays for the Left Hand*，1962 年) 和《认知生长之研究》(*Studies in Cognitive Growth*，1966 年) 等著作。在此期间，1960 年，布鲁纳与同事乔治·米勒 (George Miller) 一起在哈佛大学创办了"认知研究中心" (the Center of Cognitive Studies)，成为现代认知心理学兴起的标志性事件之一。1962 年，布鲁纳获美国心理学会颁发的杰出科学贡献奖。1965 年，他当选美国心理学会主席。

20 世纪 60—70 年代，布鲁纳在美国教育改革中担当着领军角色，成为课程改革的代言人，由他执笔的会议总结《教育过程》(*The Process of Education*，1960 年) 作为改革纲领性著作已成为经典教育文献。由此，布鲁纳跨入教育领域，成为兼顾心理和教育两个学科的跨域学者。他积极将心理学理论与教育原则和实践策略结合起来。在布鲁纳的研究和理论体系中，我们总能看到心理发展和学习心理分析与教育策略的概念相伴出现，如认知发展、学习准备性和螺旋课程、认知结构和学科原理、内部动机和发现法、交互主体性与支架教学、文化心理与教育文化、民间心理学与民间教育学等。在《教育过程》之后，他先后撰写、出版了《教学论》(*Toward a Theory of Instruction*，1966 年) 和《教育的适合性》(*the Relevance of Education*，1971 年) 等教育著作。

1972—1980 年，布鲁纳受邀在牛津大学担任心理学教授。其间，布鲁纳主要研究儿童语言获得。他采用录像分析新技术，分析在家庭自然生态环境中、在交流和互动中幼儿学习语言的过程，深入研究了成人和婴儿的联合视觉注意（joint visual attention）。1983 年，他出版的著作《儿童交谈：学习使用语言》（*Child's Talk: Learning to Use Language*）总结了这方面的研究和观点，为后续研究提供了一个理论框架。

20 世纪 80 年代后，布鲁纳的思想发生了令人关注的重要转向。① 他将自然科学与人文科学并列而论，探讨认识过程中的两种思维模式："逻辑模式"（paradigmatic mode）与"叙事模式"（narrative mode）。同时，他愈加关注文化在心灵成长中的价值，试图构筑文化心理和教育文化。叙事学派的大师哈瑞（Rom Harré）曾说："布鲁纳是曾参与第一次认知革命的建筑师，也是第二次认知革命中最活跃的分子和最具原创性的发言人之一。"② 所谓第二次认知革命，是 80 年代后期逐渐兴起的以建构主义和后现代主义为代表的新思潮，所关注的对象仍是认识论和认知过程，但是基本主张"向与客观主义更为对立的另一个方向发展"。③ 这一时期，布鲁纳的思想集中体现在《可能心理，可能世界》（*Actual Minds, Possible Worlds*，1986 年）、《有意义的行为》（*Acts of Meaning*，1990 年）、《教育文化》（*The Culture of Education*，1996 年）和《故事的形成：法律、文学、生活》（*Making Stories: Law, Literature, Life*，2001 年）等著作中。

布鲁纳非常希望外界能跟上他的步伐，关注他的新思考和新主张。20 世纪 90 年代中期，两位俄罗斯教育部门的官员来拜访他，他本担心

① 宋文里：《当代文化心理学的缘起及其教育意义——美国心理学会前主席布鲁纳〈教育的文化〉评述》，《民族教育研究》2010 年第 6 期。

② Rom Harré, "The Second Cognitive Revolution," in *American Behavioral Scientist*, Vol. 36, 1992: 6.

③ 张建伟，陈琦：《从认知主义到建构主义》，《北京师范大学学报（社会科学版）》1996 年第 4 期。

来访者谈的“仍是早期那个布鲁纳：对于某一学科结构（通常是数学）应如何教学，或者谈如何设计一个螺旋形发展的课程”①。但令他高兴的是，来访者提出的问题是“如何教俄国近百年的历史？”“过去究竟能不能被重新建构而致使过去的悲剧变得有意义及未来因此而得以形塑？”。这样的对话显然是后期的布鲁纳求之不得的，他们的讨论直到深夜，甚至令他对美国文化和教育进行了反思。

布鲁纳虽希望人们关注自己主张的转变和更新，但他似乎并不希望这种转变被视为突变，也不希望把他看作前后两个割裂的布鲁纳，所以他在努力澄清自己不变的追求和前后思想的承接。1990 年，布鲁纳在转向的节点上重申自己的初衷——“认为自己追寻的理论目标就是当初唤起认知革命的动机”②，即追寻心灵意义。本文试图循着布鲁纳对心灵意义的探索轨迹，尽量在前后比较和关联中回顾他的心理学与教育学思想，特别是那些产生深远影响，甚至引发争议的理论和主张。

一

布鲁纳被视为现代认知心理学的先驱之一，作为先行者，其研究在当时必定是非主流的，他的研究初动力是什么呢？他的研究和思想在现代认知心理学的形成和发展中起到了怎样的作用？

在现代认知心理学作为学派形成之前，认知本来是心理学中的一个基本术语和范畴，被理解为认识过程，包括感知、表象、记忆、思维等，而思维是它的核心。自 19 世纪中叶艾宾浩斯记忆研究之后，相

---

① ［美］杰罗姆·布鲁纳：《布鲁纳教育文化观》，宋文里、黄小鹏译，首都师范大学出版社，2011，第 213 页。

② Bakhurst D., Shanker, S. G., “Introduction: Bruner's Way,” in *Jerome Bruner: Language, Culture and Self* (New York: SAGE Publications, 2001), p. 3.

关的研究就逐渐增多。心理学创始人冯特及其同时代的许多心理学家“虽然没有提出认知心理学这个概念，但是他们用严格的内省法研究了大量的有关人的认知过程的课题，如对于感知过程的研究、对于注意广度的研究、对于记忆和遗忘的研究等”[①]。在科学心理学形成之初，认知就是心理学中最基本的内容，若抽掉认知，心理学就几乎失去了骨干。

但 20 世纪初，当美国行为主义心理学派登场后，以追求科学客观的名义，竟将认知等内在心理过程和状态驱出了心理学研究的主平台，并且以外显行为取而代之，完全用刺激—反应联结解释任何认知能力的习得。“行为主义者的反心理主义（antimentalism）的立场使对人的认知过程的研究中断了。”[②] 自此，具有规模的认知研究势弱，甚至消寂了 40 来年。布鲁纳的研究生涯正是在这一大的背景中开启的。

1937 年布鲁纳在杜克大学获得文学学士后，转而攻读心理学研究生。1938 年，他转入哈佛大学师从实验生理心理学家拉什利（K. S. Lashleg）。布鲁纳在博士期间主要参与系主任波林（Edwin Boring）领导的有关动物学习和知觉的研究。1941 年，他获得博士学位。时值第二次世界大战，布鲁纳进入军队从事军事心理、社会心理、舆论心理方面的研究。1945 年第二次世界大战结束后，他回到哈佛大学任教。此时，美国心理学仍以行为主义理论和研究方法为主导，即使在这种氛围下，仍有少数学者坚持研究认知过程，布鲁纳便是其中之一。当初大学临近毕业时，布鲁纳阅读了库尔特·考夫卡（Kurt Koffka）的《格式塔心理学原理》和高尔顿·奥尔波特（G. W. Allport，1897—1969 年）的《人格心理学》。他主动选择的这两部著作在一定程度上反映了他个人的兴趣和价值取向。当可以自主确定研究课题时，他很快

① 乐国安：《现代认知心理学的产生（上）》，《心理学探新》1983 年第 3 期。

② 乐国安：《现代认知心理学的产生（上）》，《心理学探新》1983 年第 3 期。

转向以人的知觉为研究对象。1947 年，他发表了研究论文《论价值和需要在知觉中的组织作用》（Value and Need as Organizing Factors in Perception）[①]，发现不同背景的儿童对硬币大小的知觉判断有所差别，贫穷儿童倾向于比富裕儿童过高估计硬币的大小。布鲁纳由此得出结论，价值和需要对人们的知觉会产生重要影响，而且人们往往通过使他们的知觉同他们过去的经验相一致而获得意义。这一研究摒弃了行为主义及其动物研究的立场和方法，开启了一个“新视野”（New Look），具有里程碑式的意义。它不仅关注了知觉过程，更揭示了以往被认为基本受客观事物物理特征决定的知觉过程实质上是一个意义获得的过程，具有选择性和理解性，突出了情感意欲在认知活动中的影响，日后布鲁纳的研究轨迹在这里已初见端倪。

继知觉研究之后，布鲁纳扩展到更复杂的认知过程，包括分类、概念获得、直觉思维和智力发展等，研究成果汇集在 1956 年他与古德曼（Jacqueline Goodnow）和奥斯汀（George Austin）合作出版的《思维研究》一书中。[②] 布鲁纳借助他所设计的人工概念实验材料，研究了人的概念获得的过程。研究发现，获得概念需要一个过程，此过程中最重要的是一系列有意识的决策及其策略，而且它们受到人所处文化、经验和情感的影响。当一个人遇到某个新的符号和说法时，他首先需要决定是否关注这个符号及其内涵或背后的概念，再努力记住此符号多次出现时所指的具体事物，然后努力主动地选择一些事物进行判断，此判断是基于一种尝试性的假设，人使用策略为了更高效地达到获得概念的目的。以概念为核心的思维研究成为有关知识学习和概念学习的经典理论，为现代认知心理学的兴起奠定了基础。

这些研究的出发点及其结论显然是对当时占主导的行为主义原理

---

① Jerome S. Bruner, Goodman, Cecile C, “Value and need as organizing factors in perception,” in *Journal of Abnormal Social Psychology*, Vol. 42, No. 1, 1947: 33-44.

② Jerome S. Bruner, *A study of thinking* (New York: John Wiley, 1956), pp. 156-181.

的正面挑战，堪称“认知革命”（Cognitive Revolution）。1990 年，布鲁纳在《有意义的行为》中回顾了研究的初衷。他说：“这场革命试图将‘意义’（meaning）确立为心理学的中心概念——不是当时流行的刺激和反应，不是外在可观察到的行为，也不是生物本能及其变式，而是意义。”① 他还进一步声明，这场革命的目的不是试图增加一些心理成分而改善行为主义，如像新行为主义者托尔曼（Edward Tolman）那样将 S-R 修改为 S-O-R。他强调认知革命抱有更为彻底的目的，就是“发现和正式描述人类所创造的有关他们遇到的世界的意义，然后提出有关意义形成过程（meaning-making process）的假设”②。

1960 年，正是抱着彻底替换行为主义的想法，布鲁纳和他的同事乔治·米勒（George Miller）③ 在哈佛大学挂出了认知研究中心的牌子，在美国成立了第一个以认知研究为名的研究机构，亮出了自己的目的。但是，他们对于何时可以替代行为主义心里并没有底，对可能遭遇的曲折心有隐忧，以至于几年后米勒说：“我们将自己的新的信条订到门上，看看会发生什么事情。一切都很顺利，事实上是非常顺利，以至于最终我们可能是白白地为我们能否取得成功担心了那么久。”④

认知革命比较顺利取得成功的原因，主要源于像布鲁纳这样一批学者的开拓性研究和大力推动；部分原因也在于行为主义理论自身问题和局限的日益暴露，已行将没落；还有一个重要原因就是信息论、

---

① Jerome S. Bruner, *Acts of Meaning* (Cambridge Mass: Harvard University Press, 1990), p. 2.

② Jerome S. Bruner, *Acts of Meaning* (Cambridge Mass: Harvard University Press, 1990), p. 2.

③ 乔治·米勒，美国心理语言学家，认知心理学的奠基者之一，1956 年发表的论文《神奇的 7±2：我们加工信息的容量限制》对于短时记忆的研究具有里程碑意义，1963 年获美国心理学会颁发的杰出科学贡献奖，1969 年当选美国心理学会主席。

④ ［美］杰罗姆·布鲁纳：《有意义的行为》，魏志敏译，吉林人民出版社，2008，第 3 页。

通信技术、计算机和人工智能的迅速发展。电子计算机较以往的人造工具最接近人脑功能，使人们找到一个描述人的心智活动的新模型，企图用信息的输入、存储、检索、加工、输出等概念说明从感觉经过表象、记忆、思维到做出反应的全过程。如果没有信息技术发展的推动，认知革命是否能获得如此强劲的爆发力和巨大声势？是否要经历更多曲折和时日？我们很难想象，但历史事实是信息技术的出场为认知学派的破壳而出添力，使认知学派无所争议地取代了行为主义占据主导地位，“现代认知心理学则公开打出‘信息加工论’的旗号，作为一个具有独自特点的新学派登上了 20 世纪后半叶的心理学的历史舞台”①。

然而，信息加工理论这个同盟军绝不是“义务的配角”，明显地，“信息”一词名正言顺地成为认知心理学的核心术语，信息加工理论成为认知学派的重要组成部分，甚至一度成为认知学派的代名词。事实上，此时认知的内涵已发生了变化，布鲁纳等学者关注的认知过程已被信息加工窄化为狭义的认知过程。

几年后，布鲁纳意识到虽然认知心理学顺利取代了行为主义，但在信息加工理论的裹挟下步入岔道，探求心灵“意义”的核心目标没有得到落实。布鲁纳指出，“研究重心从‘意义’转向‘信息’，从意义的构成转向信息的处理，它们是根本不同的。这一转折中的关键要素是计算作为主要隐喻，把可量化的计算作为好的理论模型的基本标准”②。布鲁纳强调，意义和信息的关系不大，有着根本性的区别。“从计算的角度来说，信息包含一个已经事先编码的系统消息，而意义被预先指定给消息，它不是计算的结果，也与求出指定的任意意义的计

---

① 朱智贤：《现代认知心理学评述》，《北京师范大学学报（社会科学版）》1985 年第 1 期。

② ［美］杰罗姆·布鲁纳：《有意义的行为》，魏志敏译，吉林人民出版社，2008，第 3 页。

算无关。”①

布鲁纳进一步指出，将计算作为心灵的范式，本质上是一种新的还原论，所以在面对以往出现的那些还原论时，信息加工理论呈现惊人的宽容和自由度。他分析道：“哪怕 S-R 学习理论家、记忆方面的联想主义者，只要他们将自己的旧概念用信息处理的术语包装一下，就都可以回到认知革命的行列之中……刺激与反应可用输入和输出替代，强化则转化成了一种控制成分，这种成分将有关某种操作结果的信息反馈到这个系统之中。只要计算的程序存在，就有‘大脑’存在。”②布鲁纳反驳道：如果将大脑与程序相当，这个大脑中就没有心理状态的地位，也无法寻到相信、希望、打算和掌握在某种意义上这些心理活动的影子。

显然，布鲁纳追求的认知研究与心灵意义与信息加工理论有着根本的分歧，不只是在技术层面，更是在基本哲学主张上。对于信息加工理论以科学名义回避价值思考，朱智贤曾给予淋漓尽致的批评：“信息加工论者一般醉心于科学技术的新成就，但对于这些科学技术成就如何做出正确的总体的哲学方法论的概括则是不感兴趣的，也是无能为力的。一位著名的信息加工论者在谈到他们对行为主义和格式塔学派争论的折中观点时，公开表明他只对科学事实感兴趣，而对哲学不感兴趣。他说：‘信息加工心理学像其他自然科学，他们所说的只是不同的现象、不同的理论，而不是去争论不同的哲学观点。’而这正是列宁批评过的实证主义观点，这些科学家们只考虑科学事实，声言对方法论、对哲学观点不感兴趣，但是哲学对他们感兴趣，他们最终都将

① Jerome S. Bruner, *Acts of Meaning* (Cambridge Mass: Harvard University Press, 1990), p. 4.

② ［美］杰罗姆·布鲁纳：《有意义的行为》，魏志敏译，吉林人民出版社，2008，第 7 页。

成为最坏的哲学的俘虏，甚至使他们的科学研究最终走入死胡同。”[1]

20 世纪 60—80 年代，认知心理学的发展与布鲁纳等人最初的取代行为主义的想法相去甚远。所以，他仍在不断呼吁：“让我们回到怎样围绕‘意义’概念构建心理科学的问题上，回到意义如何在一个社群中被创造和探讨的过程中。”[2] 在他随后的研究中，这样的探索意愿越来越鲜明，也越来越执着。他晚年的研究转向其实正是延续着这一追求。

二

在认知发展研究领域，皮亚杰（Jean Piaget）的认识发生论和维果斯基（Lev Vygotsky）的社会文化历史理论堪称“双峰”，他们的地位和影响至今无可替代，这与布鲁纳的大力推介和发展有很大关系。布鲁纳的研究与他们有怎样的交集？布鲁纳在研究中如何借鉴这些理论？布鲁纳的认知生长模式理论与他们的发展理论有何联系和不同呢？

1956 年布鲁纳完成了《思维研究》一书后，前往剑桥大学作为古根海姆学者工作了一段学期。在那几个月中，他翻阅了有关认知发展的大量文献，访问了英国和欧洲大陆的一些研究中心，并且第一次到日内瓦拜访了皮亚杰教授，从此与皮亚杰和英海德尔（Barbel Inhelder）建立了长期交流合作关系。

欧洲之行后，布鲁纳与研究同伴经过反复讨论，提出了他们研究认知生长的基本方向，从而开启了 1957—1965 年历时 7 年的对认知生长的探索。他们研究的基本思路和过程：首先，分析人的思维和问题

---

① 朱智贤：《现代认知心理学评述》，《北京师范大学学报（社会科学版）》1985 年第 1 期。

② ［美］杰罗姆·布鲁纳：《有意义的行为》，魏志敏译，吉林人民出版社，2008，第 8 页。

解决中存在的个体差异模式和策略；其次，将其拓展到探寻儿童如何形成问题解决的不同策略，先在实验室研究儿童进行与学校学习类似的活动，再在真实课堂中通过变换一些活动方式进行研究，随后进行了两年的集中研究，主要尝试教给儿童数学中的问题解决策略。布鲁纳将整个探索过程概括为一句话："从个体认知操作的个体差异研究到认知能力的干预和变化研究。"①

布鲁纳回忆，他们的"发展项目（development project）"进展顺利得益于多方面的促进和影响。布鲁纳经常参与哈佛大学社会学、人类学学者的学术交流和讨论，受到人类学观点的强烈影响，促使他和他的同伴们在研究中已形成基本的信念，认为人类文化以技术工具的形式拓展、提高了人的认知能力。而且，布鲁纳在思维研究中也发现"波士顿郊区儿童"取样带来的研究结果的局限，他和他的同伴们努力拓展研究对象的文化背景，如除了西方儿童，还研究了非洲东西部的孩子，他们观察到儿童课堂学习行为的鲜明差异。

此外，布鲁纳与日内瓦认识发生论研究中心之间还有定期访问和资料交流。1959 年，英海德尔应邀参加了伍兹霍尔会议，就认知发展和学习准备性发言。布鲁纳在撰写会议总结报告《教育过程》时，详细介绍了皮亚杰的认知发展阶段理论作为学习准备性假设的基本依据，英海德尔发言也被摘录其中。更重要的是，1961—1962 年，英海德尔直接参与了发展项目研究，参加了项目团队关于发展的研讨，而且就日内瓦研究方法和理论给予悉心指导。为了表达对皮亚杰及其研究中心的感激之情，布鲁纳在《认知生长研究》一书的扉页上写道："献给让·皮亚杰，我的朋友和导师，他的不同凡响的洞察力赋予了认知生

---

① Jerome S. Bruner, *Studies in Cognitive Growth* (New York: John Wiley & Sons, 1966), p. xi.

长研究崭新而有力的形式。”①

事实上，从开始接触皮亚杰的理论，布鲁纳就意识到由于他的研究与英裔美国心理学家研究传统不同而引发了许多误解，他努力理解和解读皮亚杰思想和研究，在称赞其重要价值的同时，也发现皮亚杰理论的一些局限，并且坦诚地提出不同意见。布鲁纳认为，皮亚杰关于心智发展的研究工作是开创性和杰出的，但将其理论看作心理学范畴的理论是一种误解。他指出皮亚杰的理论是认识论方面的，主要原因是他对促进儿童成长的过程并不太感兴趣。皮亚杰曾明确说明自己的目的在于“研究将逻辑方法应用于心理现象，特别是用于分析智力发展中不同水平的思维结构”②，即根据儿童解决问题时表现的逻辑结构来进行，这些逻辑结构是儿童进行解释及心理运算所依赖的逻辑预设。

同时，在研究期间，布鲁纳也有幸与来自苏联的心理学家、社会文化学派代表人物鲁利亚（Alexander R. Luria）等学者进行交流。布鲁纳更有机会前往苏联参观研讨，并且说历时几个星期的参观拜访和观察使他受益匪浅。布鲁纳曾回忆，鲁利亚把他引荐给许多年轻的研究者：“我们曾上午 8 点开始交谈，然后持续到深夜，而且交谈几乎随处进行，无论是参观实验室、观看芭蕾表演、热闹的讨论会，还是莫斯科大学的咖啡厅。”③ 在交流中，鲁利亚等热切地介绍维果斯基文化历史发展理论，论证在个体心智技能发展中语言与文化的作用。

对于皮亚杰和维果斯基理论的影响，布鲁纳晚年曾有这样的概括：

---

① Jerome S. Bruner, *Studies in Cognitive Growth* (New York: John Wiley & Sons, 1966), title page.

② Jerome S. Bruner, "Inhelder and Piaget's The Growth of Logical Thinking: I. A psychologist's viewpoint," in *British Journal of Psychology*, No. 1, 1959: 363.

③ Jerome S. Bruner, *Studies in Cognitive Growth* (New York: John Wiley & Sons, 1966), pp. xi-xii.

"与皮亚杰强调人类成长的不变逻辑不同，维果斯基强调基于文化形成的对话的核心价值……我们真是太幸运了，在我们这门学科的起步阶段就拥有了对这两种观点所做的极富才气的阐述，他们的差异提醒我们注意对人类发展过程的研究会源源不断地向人们提出深刻的难解之谜。"①

经过7年的研究和探索，布鲁纳与研究伙伴、研究生完成了系列实证研究，探讨了认知策略、等价关系、多重排序、相关概念、液体守恒、固体守恒、文化与守恒、文化与等价关系概念等主题。基于实证研究和分析、借鉴已有理论，布鲁纳等形成了认知生长模式理论。该理论的特色既体现在提出衡量心智发展的多元指标上，也体现在认知生长阶段的具体划分方面。

布鲁纳提出，心智发展涉及的层面很广泛，因此衡量心智发展的指标应该是多元的，不能仅仅局限在逻辑结构方面。他归纳了6项指标，既涉及个体内在能力和自我的发展，也考虑到交往和语言的作用。②

第一，在对刺激做出反应时，相对刺激直接特征的独立性提高，即愈加依赖各种中介过程（mediating process）对刺激进行转换的能力。

第二，内化程度，内化而形成的有关外部世界的存储系统，可以使儿童更能对未来进行预测和推断。

第三，使用词汇或符号与他人沟通或自我表达能力的提高，这种自我说明或自我意识保证了从简单的有序行为到符合逻辑的行为的转变。

---

① Jerome S. Bruner, "Celebrating Divergence: Piaget and Vygotsky," in *Human Development*, Vol. 40, No. 2, Mar./Apr., 1997: 63.

② ［美］杰罗姆·布鲁纳：《成长的模式》，见杰罗姆·布鲁纳著《教学论》，姚梅林、郭安译，中国轻工业出版社，2008，第5页。

第四，掌握了某种方法，而这些方法蕴含于文化中，又通过文化代言人的传承、与后世的对话等方式得到实现。

第五，语言不仅是交流的媒介，还是学习者在构建有序的环境时自行使用的工具。任何认知发展理论都必须包含语言的性质及其功能等内容。

第六，多维能力的不断提升可以同时应对两种不同的问题，或者在同一时段内注意若干相互关联的事情，或者采用适宜的方式分配时间和注意力以满足多重需要。

在分析认知生长阶段中，除了借鉴皮亚杰和维果斯基等的理论，布鲁纳还参考了人类异体进化理论（alloplastic evolution）。人类学家维斯顿·拉伯理（Raoul Weston La Barre）提出人类进化主要与外部工具系统的更新有关，而不是身体形态上的明显变化。工具系统主要有三种基本类型：动作能力延伸（amplifiers of motor capabilities）、感觉能力延伸（amplifiers of sensory capabilities）和推理能力延伸（amplifiers of ratiocinative capabilities）。布鲁纳分析道："所有这些延伸形式都不同程度地得到文化的保留和传递，推理能力延伸最为突出，因为它涉及基于分享的符号系统。"① 而且，"任何工具系统须产生适当的对应的内在能力，可通过与工具系统匹配的方式组织感觉—运动行为、组织知觉和组织我们的思想，这些内在能力在进化中则逐渐被选择"②。布鲁纳认为，人类对外界事物的表征（representation）正是基于这些在进化中因工具使用而形成的能力，是对过去经验进行某种方式的编码和加工以使其可用于当前活动。因此，与三种延伸类型对应，布鲁纳提出了个体的三种表征方式：动作表征（enactive representation）、映像

---

① Jerome S. Bruner, "The Course of Cognitive Growth," in *American Psychologist*, Vol. 19, No. 1, 1964: 1.

② Jerome S. Bruner, "The Course of Cognitive Growth," in *American Psychologist*, Vol. 19, No. 1, 1964: 1.

表征（iconic representation）和符号表征（symbolic representation）。动作表征是通过适当动作反应而表征过去事件的模式。映像表征是通过选择性组织知觉图像而总结事件。符号表征是用词汇和语言等符号形式建立的表征。“每一种语言或符号系统都具有结构和句子转换的规则，这些规则能够超越动作性表征和映像性表征范围，从而在最大限度上反映现实。从这个意义上说，符号性表征是具有高度生成性和概括性的。”①

基于实证研究和理论分析，当时布鲁纳认为有充足的证据表明“作为表征方式的动作、映像和符号先后依次出现并占据主动”②。在儿童发展的最初阶段，他们是通过自己的动作来定义眼前的事件和物体的。布鲁纳指出皮亚杰关于客体永久性概念的发展的经典实验是最好的证明。在获得客体永久性之前，他们头脑中具有的认识似乎是“拨浪鼓就是摇动”“洞就是挖”。在客体永久性逐渐获得的过程中，物体逐渐摆脱了对动作的依赖和影响，不再用动作加以表征了，而具有了某种图像特征。在映像表征阶段，儿童对眼前呈现的具体事物能够进行充分的反应，但这种反应往往被情境中的某种单一特征所控制，缺乏对客体守恒性的认识是这一阶段最显著的特点之一。逐渐地，儿童学会用词汇代表不在眼前的事物、用词汇话语解决各种问题、表征可能经验和概括经验，也就是进入了符号表征阶段，经历语言内化为思维的过程。如果缺乏针对符号表征经验的专门训练，一个人即使到成年也仍主要依赖动作和映像方式表征和组织周围世界。

粗略一看，布鲁纳的认知生长阶段模式与皮亚杰的认知发展阶段模型十分接近。但如前所述，他们建立的发展指标有很大区别，决定

---

① ［美］杰罗姆・布鲁纳：《成长的模式》，见杰罗姆・布鲁纳著《教学论》，姚梅林、郭安译，中国轻工业出版社，2008，第 9—10 页。

② Jerome S. Bruner, "The Course of Cognitive Growth," in *American Psychologist*, Vol. 19, No. 1, 1964: 13.

了两个发展模式存在重要不同。皮亚杰的认知发展阶段基本上是取代式发展，即发展是以较高级能力取代较低级能力为特征。而布鲁纳以三种表征方式的出现时期作为认知生长阶段的划分标志，特别强调“在心智发展过程中，一个重要的特点就是三种表征系统沿着各自的路径发展着，直到人们能够完全掌控这三者的活动”①。也就是说，这三个阶段的认知发展不是取代式递进关系，而是累积性递进。随着映像表征和符号表征的出现，动作表征、映像表征不会被替代而消失。或许可以说，布鲁纳的认知发展三个阶段是从“动作表征”到“映像—动作表征”再到“符号—映像—动作表征”。在第三个阶段，虽符号表征方式占据主导，但三种方式共存共进，都可以发展到很高的水平。三种表征方式之间存在相互支持的关系，这为布鲁纳提出的学习准备性和螺旋课程提供了认知发展模型的理论基础。

特别是在转向文化心理研究之后，对于三种表征依次出现和占据主导的线性流程，布鲁纳已不以为然，而偏向于看重它们作为三种方式或类型的价值。而且，他对表征方式的分析也有所变化和补充。② 将第一种表征方式称为制定规程或程序性模式，主要指对技能等活动用手段—目标或工具性的结构规范活动。对于映像表征，他吸收埃莉诺·罗希（Eleanor Rosch）③ 的原型说，认为在映像表征中已有一定的概括，形成了事物类属的初型，为各种具体事例提供一个参照的标准。而且，他提出个体形成的映像会以前概念的方式作用于世界。

总之，布鲁纳的三种表征方式呈现了较为全面和多维的认知心智

① ［美］杰罗姆·布鲁纳：《成长的模式》，见杰罗姆·布鲁纳著《教学论》，姚梅林、郭安译，中国轻工业出版社，2008，第 10 页。

② ［美］杰罗姆·布鲁纳：《布鲁纳教育文化观》，宋文里、黄小鹏译，首都师范大学出版社，2011，第 301 页。

③ 埃莉诺·罗希，美国心理学家，20 世纪 70 年代提出概念学习原型理论，与布鲁纳概念形成的假设检验理论不同，认为当人们听到一个概念名称时，脑海里出现的是该概念的原型形象，而不是概念的一组抽象特征。

模型，仿佛从中能看到多年后哈佛大学认知研究中心爱德华·加德纳教授构建多元智力理论的些许影子。

三

在积极投入认知发展研究和推动认知心理学兴起的过程中，布鲁纳的研究逐渐拓展到教育领域。1959 年，布鲁纳任美国科学院科学教育委员会主席，主持了著名的伍兹霍尔中小学课程改革会议。1960 年，他任总统教育顾问，成为当时教育改革的引领者。为什么布鲁纳会担当这个角色和重任？

作为心理学家，布鲁纳在此次教育改革中被委以重任，一定程度上说明当时教育界及政府对心理学，尤其对新兴的认知学派给予的信任和抱有很大期待。在行为主义占主导的时期，学习理论对不同情境中的行为进行的所谓精炼描述，都是出于研究者的便利观察或构成所谓理论，只是一些刻板而简化的公式化表述，未对实际教育发挥应有的作用。重新兴起的认知研究，特别是那些直接探索儿童思维过程和情感需要的研究，使心理学与教育实践的关系日渐趋近，为探索教育改革方向带来了新的希望。

而且，布鲁纳个人的学术积累、威望、研究风格和个性也是其承担此重任的关键条件。布鲁纳自第二次世界大战后对认知和思维进行了系统而富有影响的研究，与欧洲和苏联的研究者深入交流合作，学术思想居于前沿和领先地位。布鲁纳在研究儿童思维的同时也在关照教学问题，曾表示自他开始关注心智发展的主题就认为“心智发展与教学之间必定存在着联系，而且希望早日探明它们之间的联系”①。此

① ［美］杰罗姆·布鲁纳：《对课程设计与评价的反思》，见杰罗姆·布鲁纳著《教学论》，姚梅林、郭安译，中国轻工业出版社，2008，第 131 页。

外，布鲁纳个性开放，善于交流，而且乐于和重视与不同背景的学者讨论。他长期与社会学、人类学等人文学科学者合作，认为认知革命从本质上要求心理学与其他兄弟学科形成合力。其组建的认知研究中心聚拢了多学科的研究者，除了心理学家，还有哲学家、历史学家、语言学家、人类学家和法律学家。伍兹霍尔会议旨在改革美国科学课程与教学，议题必然涉及多学科，与会的 35 位学者分别来自数学、物理学、化学、生物、教育、心理、历史、文学、人类、医学等多个学科领域。布鲁纳组织与会者充分交流，广征博纳，兼收并蓄，促成了会议成果的形成。

大家对这次会议的背景和会议总结报告《教育过程》早已耳熟能详，这本书一经出版就受到热烈的赞扬，大大超出了布鲁纳等参与者的意料，原本他们还担心“在经验主义长期占据主导地位、‘学习理论’一直充当其扩音器的美国，一本按照结构主义观点来表述知识……是否会被大家所接受”①。几十年来，这部书在美国不断被重印，并且被翻译为 20 多种语言，已成为一个重要的教育历史文献。而它作为 20 世纪 60 年代美国课程改革的纲领性著作所产生的深远影响，大家有目共睹，这里不必赘述。下面主要回顾一下布鲁纳作为改革的领军者如何反省和思考此次改革，以及布鲁纳对心理学与教育关系的思考和推进。

尽管《教育过程》的署名作者是布鲁纳，但它是 35 位参会者历经 10 天讨论的共同成果，先有 5 个主题小组形成的专题报告，后有每位参会者对总报告初稿给出的详细修改意见。所以，布鲁纳在 1976 年再版序中谈道：16 年来，尽管社会、教育及他的思想都发生了很大变化，但他并不能对这本书做修订，“不论是好是坏，本书是它的时代、地点和环境的一个产物”②。但作为会议的主持人和报告执笔人，布鲁纳毕

---

① ［美］杰罗姆·布鲁纳：《教育过程》，邵瑞珍译，文化教育出版社，1982，第 4 页。

② ［美］杰罗姆·布鲁纳：《教育过程》，邵瑞珍译，文化教育出版社，1982，第 11 页。

竟有更多的选择权和话语权。尤其当大家存在分歧时，他往往需要根据自己的思考和判断做出一定的取舍和整合，所以他承认自己对这本书的内容担责更多。他成为改革的主要代言人、解读者和推进者，进而也需不断地反思这次改革的指导思想意义和成效。后来出版的两部著作《教学论》和《教育的适合性》，以及发表的一些文章，记录了他的一些新想法。由于处于复杂的变化过程中，他曾直言："读者将发现这些文章充满了斗争和杂乱现象。"①

对于教育改革的结构主义（structuralism）信念，在改革临近谢幕的几年间，布鲁纳似乎未有大的改变。尽管已有一些标准化学业测试结果表明，偏重最新研究成果、知识逻辑性和严谨连贯的新课程并没有如预期那样提升学生的学习成绩和兴趣，反而在许多方面不及传统课程，但是面对半个世纪以来科学技术的迅速发展，布鲁纳仍然认为，"不得不去寻求新的方法来向新的一代传授高速增长的浩如烟海的知识。我们应该以教授基本原理、基本公理和普遍性为教学重点"②。他仍基于皮亚杰、乔姆斯基等结构主义者的理论提出，"任何学科的知识都有派生结构，如自然科学就是一种能广泛研究事物的特殊性又不必强行的很严谨的方法。这是柏拉图主义的核心，物理学、化学和生物学的发展，一直以来都依赖于一套可以据以推导出各种特性的基础理论与范式……"③

我们并没有看到布鲁纳鲜明否定结构主义的观点，也没有看到他将新课程效果的不理想归咎于其结构化。尽管如此，从 20 世纪 60 年代

---

① ［美］杰罗姆·布鲁纳：《教育的适合性》，见杰罗姆·布鲁纳著《布鲁纳教育论著选》，邵瑞珍、张渭城等译，人民教育出版社，1989，第 271 页。

② ［美］杰罗姆·布鲁纳：《教育过程再版序》，见杰罗姆·布鲁纳著《布鲁纳教育文化观》，宋文里、黄小鹏译，首都师范大学出版社，2011，第 12—13 页。

③ ［美］杰罗姆·布鲁纳：《教育过程再版序》，见杰罗姆·布鲁纳著《布鲁纳教育文化观》，宋文里、黄小鹏译，首都师范大学出版社，2011，第 12 页。

后期开始，他就逐渐淡化学科结构这一主题，明确说在随后的研究工作中“已经逐渐不去关注有结构的传统知识”①。他的研究侧重点从逻辑思维和知识结构转向探索文化的影响、人文学科和叙事思维。不过，我们看到他对文化心理和叙事思维的论述中并没有排斥结构的分析视角，只不过此时的结构与彼时的逻辑结构已大相径庭，或者说已超出了后者的范围。譬如，他在《有意义的行为》中说：“人类在交流过程中最普遍、最有力的谈话形式是叙事。叙述结构（narrative structure）甚至在人们完成语言表达之前就存在于社会互动的实践中了。我现在想提出一个更为彻底的主张，即叙事结构是构建叙事过程的‘推动力’，而且决定了年幼儿童掌握语法形式的优先次序。”②

反思教育改革未达目标的原因，布鲁纳首先强调他们对课程改革过程和实施环节的设计过于“理想主义”了，这种“天真无知”使他们处于最不利的局面。布鲁纳反观“所编订的课程计划，其成品不很像我们在理论上所设想的。让一个人与颇有才能和经验的教师，以及与具备同样才能和经验的科学家、史学家或学者一起工作，总会出现多少有点尴尬的情况，双方都有不少地方需要相互学习，其进程是缓慢的，而且关于人们应把力量集中在哪一级上——放在接近大学生水平的学生、‘一般’学生或贫苦儿童上，也必须做出决定”③。而且，课程被制定后又发现一些更为复杂和棘手的现实问题，如训练教师使用教材的问题一直没有解决好，因为财政不足和教师招聘、培训的困难。

针对此轮教育改革以课程为着眼点，布鲁纳的看法发生较大变化。

---

① ［美］杰罗姆·布鲁纳：《教育的适合性》，见杰罗姆·布鲁纳著《布鲁纳教育论著选》，邵瑞珍、张渭城等译，人民教育出版社，1989，第271页。

② Jerome S. Bruner. *Acts of Meaning* (Cambridge Mass: Harvard University Press, 1990), p. 77.

③ ［美］杰罗姆·布鲁纳：《教育过程再探》，见杰罗姆·布鲁纳著《布鲁纳教育论著选》，邵瑞珍、张渭城等译，人民教育出版社，1989，第433页。

他切身感受到课程只是整个教育体系中一个环节，课程改变需要诸多方面的配合才能落实。而且，由于原本的课改设想严重受到 20 世纪 60 年代美国社会动荡和文化变迁的冲击，布鲁纳看到应将教育置于社会的大系统中来考虑。他愈来愈强调思考教育变革的意义和具体方向都必然以所处时代的社会发展为参考背景。他指出，“社会的变革促使我们重新审视应怎样教育下一代。杜威的那篇发人深省的名作《我的教育信条》就是基于他对第一次世界大战以前那段令人留恋的久远岁月的反思而写就的”①。改革 10 年后，布鲁纳感叹道：“我们才认识到《教育过程》乃是革命的开端……课程的改革是不够的，学校的改革大概也是不够的，这个问题是创设文化、社会和技术的人的能力问题。”②他还曾以时光穿梭的生动方式推想不同时代对教育改革目标的不同思考：“如果 1971 年召开‘伍兹霍尔式’的会议的话，应采取什么形式呢？我们不会再在伍兹霍尔那种海边的乡村地区了吧。我们很可能会聚集在大城市的中心，讨论的工作将以穷困儿童的遭受剥夺和中产阶级儿童的彼此疏远作为重点。其中介作用的工具势将不是课程而是学校，甚至连学校也不是而是社会。”③

在主持和参与课程改革的过程中，布鲁纳深入理论构建和课程开发实践的多个层面。其间，他撰写的《教学论》一书既贯穿了“专业理论之声”，也紧扣着“实践的需要”。他说：“我不仅从事发展方面的研究，还深入课堂一线教授年幼儿童、教师，甚至为开发课程编辑影片资料等——一言以蔽之，积极投身于公共教育实践。其间，我还就

---

① ［美］杰罗姆·布鲁纳：《作为社会变革的教育》，见杰罗姆·布鲁纳著《教学论》，姚梅林、郭安译，中国轻工业出版社，2008，第 24 页。

② ［美］杰罗姆·布鲁纳：《教育过程再探》，见杰罗姆·布鲁纳著《布鲁纳教育论著选》，邵瑞珍、张渭城等译，人民教育出版社，1989，第 440 页。

③ ［美］杰罗姆·布鲁纳：《教育过程再探》，见杰罗姆·布鲁纳著《布鲁纳教育论著选》，邵瑞珍、张渭城等译，人民教育出版社，1989，第 436 页。

职于白宫的教育研究与发展工作小组，并且在杰罗尔德·扎卡赖亚斯主席的鞭策下提炼出某些理论构想。”① 可见，他身兼心理发展研究、教育改革规划、课程资源开发实施和教学理论构建等多种角色。布鲁纳研究身份的多元和旺盛的精力使加德纳颇有感触：“布鲁纳的教育探索之法，既不像坐在书斋里的哲学家，也不是长久驻守课堂。他是活跃的心理学研究者，又是反思的社会学家和人类学家。他永无终点的研究和学习使他的教育理念充满活力。”②

布鲁纳在深入教育研究的过程中，不仅自己对参与教育研究和实践热情很高，实现了自身学术角色的跨界和拓展，还带动了学科发展。他极力推进心理学与教育实践和研究的融通，也推动了教育心理学自身研究范畴的拓宽。布鲁纳主张教育心理学家有责任参与教育领域的研究。1965 年，在美国心理学会的年会上，时任学会主席的布鲁纳在大会致辞中报告了关于认知发展的最新成果，同时表达了另一个主旨：“力求劝说我的心理学界同仁相信，教育和教育学需要他们。我希望能说服他们：脱离教育学理论的发展心理学同忽视成长性质的教育学理论一样，都是空洞而无意义的东西。”③ 他还提出，“心理学家们必须重新进入教育领域，进而对处于社会变革中的人类发展有所贡献。与其他学科相比，心理学更是责无旁贷，因为它拥有各种工具来探索那些限制人类达到完善的制约因素”④。

---

① ［美］杰罗姆·布鲁纳：《教学论》，姚梅林、郭安译，中国轻工业出版社，2008，第Ⅴ页。

② Howard Gardner,“Commentaries,Jerome Bruner as Educator:Personal Reflections,”in *Jerome Bruner:Language,Culture and Self*(New York:SAGE Publications,2001),pp. 128-129.

③ ［美］杰罗姆·布鲁纳：《教育的适合性》，见杰罗姆·布鲁纳著《布鲁纳教育论著选》，邵瑞珍、张渭城等译，人民教育出版社，1989，第 273 页。

④ ［美］杰罗姆·布鲁纳：《作为社会变革的教育》，见杰罗姆·布鲁纳著《教学论》，姚梅林、郭安译，中国轻工业出版社，2008，第 34 页。

在布鲁纳的推动之下，教学理论（theory of instruction ）成为教育心理学和教育学科的交叉和共通范畴。布鲁纳界定教学理论是“处方性（prescriptive）的理论”或“规范性（normative）的理论”。[①] 它为如何更有效地获取知识或技能构建了规则，也为评价某种教学或学习方法的优劣提供了准绳。对于可能有人质疑，已有学习的相关理论，为什么还需要教学理论？教学理论在教育心理学中有何意义？他的回答：“学习及其发展理论是描绘性的而非处方性的。它们总是在事情发生后才告诉我们是怎么一回事……教学理论关注如何让学生以最优的方式学习教师所教授的内容，它旨在改进学习而非描述。”[②] 例如，发展理论告诉我们大多数 6 岁儿童还不具备可逆性概念，教学理论则旨在找到一些有效方法促进孩子具有可逆性观念。当然，布鲁纳强调学习理论与教学理论有着密切关系，后者必须关注学习与发展，并且与学习及发展理论保持一致。

布鲁纳认为教学理论需具具备 4 个主要特征。[③] 首先，应该详细说明可使个体获得一般或特定学习倾向的一些经验。例如，在学前阶段，怎样安排环境和人际关系能使孩子愿意进入小学且能够胜任学习活动。其次，教学理论必须详细说明如何建构一类知识结构的具体方式，进而使学习者能够较容易地掌握这些知识。再次，教学理论必须详细说明如何按特定的顺序有效地呈现学习材料。例如，是从具体材料中归纳出内在的规律，还是从一般规则和简练公式开始。最后，教学理论还应该详细阐释学习和教学过程中奖励和惩罚的性质及步骤，包括逐

---

① Jerome S. Bruner, *Toward a theory of instruction* (W. W. Norton & Co, Cambridge, Mass. : Belknap Press of Harvard University, 1966), p. 40.

② ［美］杰罗姆·布鲁纳：《教育理论札记》，见杰罗姆·布鲁纳著《教学论》，姚梅林、郭安译，中国轻工业出版社，2008，第 36 页。

③ Jerome S. Bruner, *Toward a theory of instruction* (W. W. Norton & Co, Cambridge, Mass. : Belknap Press of Harvard University, 1966), pp. 40-42

渐由即时奖励转为延迟奖励、由外在激励转为内在激励。他认为此中有许多重要问题有待探明。

几十年来，教学理论已积累了大量成果，取得长足发展，已成为教育心理学的重要组成部分。布鲁纳的教学理论也随着文化心理研究而转向“民间教育学”，侧重于探讨教师如何基于自己对学生和学习过程的理解而组织教学行为，此内容留待本文最后部分详述。

四

学习准备性（readiness of learning）无疑是布鲁纳认知发展和教学理论中的核心概念之一，而“学习准备性假设”则是一个极具争议的观点，可以说，在他的主张中没有哪条像它那样引发如此普遍的质疑和困惑。然而，即使在多番质疑下，他仍反复论证和说明，认为“追求这样一个理想大概是 60 年代制订课程计划这个伟大时期的最重大成果”①。为什么会出现如此各执一词的局面？布鲁纳略带执拗的辩解背后又有怎样的想法？

布鲁纳简言之：“准备性是指拥有一些有助于高级技能形成的简单技能。”② 比如，学习欧几里得几何学的准备性，是指先教授一些简单的几何学知识，或者让学生用多边形逐步构建复杂程度逐渐提升的几何结构。他十分重视准备性问题。一方面，他认同皮亚杰理论所揭示的发展阶段的次序性，学习要符合儿童认知水平，儿童必须具备相应的基础。另一方面，布鲁纳抱有更主动和积极的态度。他说：“准备性，与其说是什么成熟性的变量，不如说是我们转化知识（translation

---

① ［美］杰罗姆·布鲁纳：《教育过程再探》，见杰罗姆·布鲁纳著《布鲁纳教育论著选》，邵瑞珍、张渭城等译，人民教育出版社，1989，第 432 页。

② ［美］杰罗姆·布鲁纳：《作为社会变革的教育》，见杰罗姆·布鲁纳著《教学论》，姚梅林、郭安译，中国轻工业出版社，2008，第 27 页。

of ideas）以适应所教学生年龄水平的语言和概念的意图和技能。"[①] 所以，他始终主张"作为一位老师，决不可坐待那一切就绪的状态来临，而是要把那状态催化或'支架'起来，而你可使用的方式就是在你发现他所在的阶段上为他的力量加深基础"[②]。在布鲁纳看来，这种方式早在苏格拉底的对话教学中就有所体现。在柏拉图《对话录》的《米诺篇》中，小黑奴在苏格拉底的启发问答下就从天真的状态很快领悟了平面几何的主要概念。

布鲁纳在《教育过程》中用专门一章阐述"学习准备性"，开篇就提出这个大胆假设："任何学科都能以某种智育上正确的方式（intellectually correct way）有效地被教授给任何发展阶段的任何孩子。"[③] 此后，他又多次重申这一论断。1962 年，在《论数学学习》中的表述是"任何学科都可以通过一些诚实的方式（honest form）被传授给任何年龄阶段的任何儿童。"[④] 在《作为社会变革中的教育》一文中呈现为"任何知识或技能总有一种适当的版本（an appropriate version）可被传授给任何年龄的人，但这个版本可能是初步的（preparatory）"[⑤]。还有表述为"任何一种观念、问题或知识都能以一种足够简单的方式（a form simple enough）被表示，以便任何一位学习者都能以一种可识别的形

① ［美］杰罗姆·布鲁纳：《论数学学习》，见杰罗姆·布鲁纳著《论认知》，彭正梅译，上海人民出版社，2004，第 119 页。

② ［美］杰罗姆·布鲁纳：《教育文化》，见杰罗姆·布鲁纳著《布鲁纳教育文化观》，宋文里、黄小鹏译，首都师范大学出版社，2011，第 256-257 页。

③ ［美］杰罗姆·布鲁纳：《教育过程》，邵瑞珍译，文化教育出版社，1982，第 49 页。

④ Jerome S. Bruner, "On Learning Mathematics," in *The Mathematics Teacher*, Vol. 56, 1960: 604.

⑤ Jerome S. Bruner, "Education as social invention," in *Toward a theory of instruction* (W. W. Norton & Co, Cambridge, Mass. : Belknap Press of Harvard University, 1966), p. 35.

式（a recognizable form）来理解”[①]。

如此大胆的假设，虽表述上有所变化，但其中几个“任何”基本上没变化，“任何知识”加之“任何年龄”“任何儿童”，似乎为知识讲授解开了所有羁绊和限制。布鲁纳称自己的表述近乎“哲学谚语的形式”[②]，似乎意指它不是严格意义上的心理学原理的界定方式，可能有些夸张和艺术化的处理。布鲁纳坦言，曾有人问他“您确实认为可以给 6 岁的儿童讲授微积分?”；还有教师来信质疑和挑战，问他敢不敢去幼儿园教代数或化学元素周期表。一位与他合作的数学家给布鲁纳写信谈道：“当他告诉数学家们 4 年级的学生也可以通过努力进入‘集合论’，绝大多数的数学家都感到震惊，他们认为集合论本身就是非常艰深和困难的。”[③]

屡次遭遇这样的质疑，布鲁纳感到很无奈，他认为这句话被严重误解了。他反复解释：他不是要直接给小孩们讲微积分或集合论，而须采用恰当而有效的教授方式，正如上述的各种表述——“适当的方式”“智力上正确的方式”“诚实的方式”“足够简单的方式”“学生可以识别的方式”等。这显然是假设中唯一的限定条件，是准备性假设的关键所在。

虽然布鲁纳对教授方式的描述力求简洁，但它所包含的内涵十分丰富和复杂。根据布鲁纳的观点，所谓采用适当的方式开设某个学科，

---

① Jerome S. Bruner, "Notes on a Theory of Instruction," in *Toward a theory of instruction* (W. W. Norton & Co, Cambridge, Mass.: Belknap Press of Harvard University, 1966), p. 44.

② ［美］杰罗姆·布鲁纳：《教育文化》，见杰罗姆·布鲁纳著《布鲁纳教育文化观》，宋文里、黄小鹏译，首都师范大学出版社，2011，第 255 页。

③ ［美］杰罗姆·布鲁纳：《论数学学习》，见杰罗姆·布鲁纳著《论认知》，彭正梅译，上海人民出版社，2004，第 115—116 页。

即“用这个年龄的孩子观察事物的视角向他们呈现该学科的结构”[①]。因为在每个发展阶段，儿童都有他自己独特地观察世界和解释世界的方法。这就需要了解不同年龄儿童的认知方式和心智发展。1960 年，《教育过程》基本上采纳皮亚杰的认知发展阶段理论作为依据。而且，在伍兹霍尔会议上，日内瓦认知发生论研究中心的英海尔德教授作为参会人应邀发言，主要谈了如何促进儿童在数学和物理学方面较快地完成智力发展的各个阶段。英海尔德认为，几何学或物理学的一些比较抽象的概念，“7—10 岁的儿童是完全可以接受的，只要这些概念不用数学用语来表达，而是通过儿童们可以自己掌握的材料来展示就可以”[②]。布鲁纳赞同和援引了他的观点和提供的一些依据。而且，他认定“任何概念都能够准确有效地以学龄儿童的思维方式展现”[③]。因此，布鲁纳强调学习的准备性在很大程度上由教育者的“知识转化”能力所决定，即把要教的内容转化为学生可以接受和理解的方式进行教学。

然而，布鲁纳和英海尔德提出的“知识转化”观点与皮亚杰的认知发展理论并不能很好契合，并不能从后者中得到充分支持和解释。首先，布鲁纳看到皮亚杰的认知发展理论并不关注教育和外部促进，所以他有关学习准备性的主张是比较消极的，未给教育的积极介入预留衔接点。而且，如前文所述，皮亚杰以逻辑获得作为划分指标，发展阶段是不可逆的、单向的和取代性的，较低级的学习相对较高级水平来说，是不足甚至是错误的，因此早期经验的积累对较高级认知水平的意义十分有限。所以，布鲁纳从 20 世纪 50 年代中期就开始着力探

① ［美］杰罗姆·布鲁纳：《教育过程》，见杰罗姆·布鲁纳著《布鲁纳教育文化观》，宋文里、黄小鹏译，首都师范大学出版社，2011，第 44 页。

② ［美］杰罗姆·布鲁纳：《教育过程》，见杰罗姆·布鲁纳著《布鲁纳教育文化观》，宋文里、黄小鹏译，首都师范大学出版社，2011，第 51 页。

③ ［美］杰罗姆·布鲁纳：《教育过程》，见杰罗姆·布鲁纳著《布鲁纳教育文化观》，宋文里、黄小鹏译，首都师范大学出版社，2011，第 45 页。

索更全面的认知发展规律。伍兹霍尔会议两年后，他提出了系统的认知表征发展理论。在1962年的《教学论》中，布鲁纳明确提出了以认知表征发展理论作为学习准备性的依据。如上一节所述，布鲁纳阶段认知发展是以运动表征、映像表征和符号表征的先后出现和占据主导为重要标识，但后出现的表征形式并不完全取代先前的表征形式，它们将成为三种基本认知方式伴随人的一生，而且它们之间可以相互支持。该观点比较好地解释了人的认识方式的多样性，所以在一定程度上以认知表征方式为基础的认知发展理论为知识转化打开了通道。

“平衡”是布鲁纳用来阐述三种表征之间区别的经典例子，也展示了如何通过转化知识创设学习准备性。他是这样描述的：“即使是年幼的孩子，也能根据平衡木“原理”玩跷跷板。他知道，要想让跷跷板的这一边下降，这一边就必须离中心远些。稍大些的孩子能够利用模型或图画表示平衡木原理。这样，平衡木的“表象”就被不断地提炼，致使无关细节越来越少，形成类似于物理教科书中的简明概括的图像。最后，人们可以用常规语言描述平衡木，而不需要图表的帮助，或者可以借助物理学中的牛顿定律，以数学方式来描述它。毋庸置疑，三种表征方式对年龄、背景和风格不同的人来说，其难度及作用也是各不相同的。”[①] 又如当被问及可否教6岁儿童极限概念时，布鲁纳的回答：“我这样说吧：5岁小孩会很高兴听龟兔赛跑的故事，而你可以毫无困难地从此衍生一种表现芝诺悖论的笑话——不论你跑到哪儿，总还有一半的路没跑完……”[②] 也就是说，布鲁纳觉得针对幼儿可以把极限概念转化为蕴含极限思想的故事或游戏。

这些论述和例证具有相当的说服力。令人佩服和受启发的是，布

① ［美］杰罗姆·布鲁纳：《教育理论札记》，见杰罗姆·布鲁纳著《教学论》，姚梅林、郭安译，中国轻工业出版社，2008，第39页。

② ［美］杰罗姆·布鲁纳：《教育文化》，见杰罗姆·布鲁纳著《布鲁纳教育文化观》，宋文里、黄小鹏译，首都师范大学出版社，2011，第257页。

鲁纳善于看到不同形式知识和心智活动的内在关联和一致性，在知识转化方面示范了不凡能力。正如牛顿的过人之处也在于此，他能看透苹果落地和天体运行轨迹之间的内在联系，从而概括得出万有引力原理。但是，这种知识转化的实现对于许多课程的设计者和教师来讲，并非具有足够的意识或手到擒来。课程改革之初，尽管布鲁纳在宣扬结构主义信念的同时强调发展学习准备性，提出“为了能把我们理解的结构传递给另一个人，我们需要寻找这样一种语言和概念，即如果当学生试图解释同样的事情时，他们能够运用这些语言和概念”①，但改革所带动的新课程设计如新数学、新物理落实的主要是学科知识的逻辑结构，未能有效完成知识转化。

即使看到布鲁纳提供的很好实现知识转化的例子，人们的疑虑也不能完全消除。首先，就算我们认同的“跷跷板”与“天平”“杠杆原理”，甚至乘法交换率和方程共通的原理基础，跷跷板是该知识的动作表征，天平操作主要是它的映像表征，杠杆公式和乘法交换律是符号表征，这三种表征的知识具有内在联系，甚至可以说是同一知识的不同形式，但需要思考的是，三种形式或表征之间是否仍存在质的不同？如果说幼儿园小孩玩跷跷板就是在学习杠杆原理或乘法交换率，是否可以成立？恐怕只有达到符号表征后才能看到三种方式的联系和一致性，布鲁纳和英海德尔所强调的转化事实上是在已掌握符号表征的成人教师头脑中完成的，成人教孩子玩跷跷板或天平游戏时，脑子里想到杠杆原理和平衡公式，对于他们来讲，这些是相通和一致的。但对于孩子，玩跷跷板很可能就是在玩跷跷板，也就到此为止，没有也不太可能想到更一般的内在规则。这是需要我们继续思考的问题。

布鲁纳的“学习准备性假设”主张教师可以以适合孩子的动作表

---

① ［美］杰罗姆·布鲁纳：《论数学学习》，见杰罗姆·布鲁纳著《论认知》，彭正梅译，上海人民出版社，2004，第116页。

征、映像表征方式将某一知识教给儿童，但显然他的最终目标还是使学生掌握更本质的符号表征。他特别强调在儿童的概念学习中，“因为有了这种早期的学习，日后学起来将比较容易，也会比较有效、比较精确”①。从动作表征到映像表征再到符号表征的跃升发展是如何实现的呢？布鲁纳也承认“学会玩跷跷板，不一定可以自动导致对天平的理解——虽然这两者是被同样物理原理所管辖，也可用同样的代数规则来描述”②。他倾向于接受当时发展心理学所提出的发展范畴特定性的观点，知识学习必定与所在的特定情景相联系，所以个体智能所反映的乃是一个属于实践的小文化。如何将在某个特定情景中获得的早期、简单的经验提升到更复杂、更抽象的认知？在布鲁纳看来，这也是一个需要成人辅助和引导的转化过程。相对前面“将深化简”的转化教学，后面可称“由浅到深”的转化和认识跃升。

这种由浅到深的转化和表征方式的跃升可能在多短时间内完成？布鲁纳希望探索发展和教学的极限，这种急切的心态在很大程度上折射了当时全社会面对现代科学技术迅猛发展和国家间激烈竞争而产生的紧迫感和危机感。在布鲁纳等人的早期实验中，可以看到他对短期促成转化和跃升的强烈期待，即在尽可能短的时间内就促成学生对一个概念的表征方式的提升，达到符号表征，至少初步掌握这一知识的原理本质。例如，布鲁纳报告的一个数学教学的相关个案研究。③ 教学内容是因子分解、加法和乘法的分配律和交换律，以及二次函数。研究对象是 4 个 8 岁儿童，研究持续 6 周，每周 4 次 1 个小时的数学教

① ［美］杰罗姆·布鲁纳：《教育过程》，见杰罗姆·布鲁纳著《布鲁纳教育文化观》，宋文里、黄小鹏译，首都师范大学出版社，2011，第 44—45 页。

② ［美］杰罗姆·布鲁纳：《教育文化》，见杰罗姆·布鲁纳著《布鲁纳教育文化观》，宋文里、黄小鹏译，首都师范大学出版社，2011，第 268 页。

③ ［美］杰罗姆·布鲁纳：《教育理论札记》，见杰罗姆·布鲁纳著《教学论》，姚梅林、郭安译，中国轻工业出版社，2008，第 47—49 页。

学。其中的一个部分可以被这样简单地描述：首先，让孩子用积木摆放，获得二次函数的映像。其次，让他们用字母记录和用所谓的算式表示，布鲁纳设想可以通过某些活动使儿童从映像表征快速达到符号表征的认识。结果并不成功，对于仍以映像表征为主要认知方式的 8 岁孩子来说，在没有学习乘方和代数知识的情况下，准备性显然是不具备的，孩子表现出不耐烦和不理解，教师的所谓支架并没有奏效。布鲁纳承认："我们操之过急，以至于无法确定他们是否理解了因子分解结构的符号标记，也没有了解到他们在映像性水平上掌握得如此之好，以至于后续的活动显得多余而枯燥。"[①]

可见，尽管布鲁纳声明"准备状态不是与生俱来，而是打造出来的"[②]，但实验和实践结果表明，准备性的打造是有限度的，或者说表征方式的跃迁需要成长和经验的铺垫，不可能在极短时间内、在必要条件不具备的情况下达到。与皮亚杰的"坐等准备性"到来相比，布鲁纳早期实验中打造准备性的做法的确有些操之过急了。

如果认为准备性是可以完全被打造出来的，也就是说，在分析准备性与教学的衔接点的基础上，只要教学方法得当和逐步推进，就可以在短时间内推动这个衔接点不断延伸，从而达到任何深厚而复杂的知识，那么似乎是从重视"准备性"出发，最后却走到了"准备性"的彼岸，走到了否定准备性的地步，实质上就把准备性概念消解了。而事实表明，准备性的限制还是存在的，坐等和任意提升都不可取。布鲁纳也曾反思道："'课程改革'在实施了 10 年之后，证实了'准备性'这个观点虽然有可取之处，但也是弊端多多。可取之处在于人们

---

① ［美］杰罗姆·布鲁纳：《教育理论札记》，见杰罗姆·布鲁纳著《教学论》，姚梅林、郭安译，中国轻工业出版社，2008，第 60 页。

② ［美］杰罗姆·布鲁纳：《布鲁纳教育文化观》，宋文里、黄小鹏译，首都师范大学出版社，2011，第 255 页。

教授着准备性和为准备性发展提供机会，而不是简单等待准备性的到来。”[①] 关于“准备性”的最大共识就是关注准备性不是单纯的等待，教师可能并需要积极帮助学生发展准备性，但只能在一定限度中积极创造机会，提升准备性，即积极而有限度地发展准备性。

积极而有限度地发展准备性，就是帮助儿童在适当的区间完成知识的转化提升，与维果斯基的最近发展区理论吻合。实质上，我们可以看到其中需要两次转化，第一次是教师或课程设计者根据儿童理解水平将复杂知识转化为与其相称的形式，使其符合儿童的独立活动水平；第二次转化是在教师帮助和“支架”（scaffolding）之下[②]，在与教师的交互作用中，学生在超出独立活动水平时解决问题、完成任务和达成目标，也就是使学生的认识或能力从最近发展区的第一层水平转化、提升到第二层水平。布鲁纳等提出的支架教学现已发展成为建构主义学习理论的经典的教学模式。

在《教育文化》一书中，布鲁纳又以新的建构视角重述学习准备性：“任何领域的知识都可以在不同的抽象层次或复杂程度上被建构。也就是说，知识的范围乃是打造出来的，而不是就地发现的：你可以把它建构得简单或复杂、抽象或具体。”[③] 其中突出了知识的建构本质，准备性的发展成为学习者主体建构的过程，既包括思维和认知能力的准备性，也涵盖知识经验的准备。

布鲁纳在 1960 年提出学习准备性假设的同时便提出了与其紧密相连的另一个概念“螺旋课程”（spiral curriculum）。但与前者不同的是，

---

① ［美］杰罗姆·布鲁纳：《作为社会变革的教育》，见杰罗姆·布鲁纳著《教学论》，姚梅林、郭安译，中国轻工业出版社，2008，第 27 页。

② David Wood, Jerome S. Bruner and Gail Ross, “The Role of Tutoring in Problem Solving,” in *Journal of Child Psychology and Psychiat*, Vol. 17, 1976: 89-100.

③ ［美］杰罗姆·布鲁纳：《布鲁纳教育文化观》，宋文里、黄小鹏译，首都师范大学出版社，2011，第 255-256 页。

“螺旋课程”得到了广泛认同，甚至在当今的课程设计中被当作基本原则和策略。布鲁纳指出，螺旋课程观认为“理论知识首先要用一种诚实的但不一定是精确的形式和语言呈现，这有利于儿童的理解和掌握，稍候再以较大的精确性和能力重新探讨这样的理论知识，直到学生最终掌握和精通它”①。螺旋课程的理论使学习准备性与连续性被系统地纳入课程设计系统中，在一个跨越较长时期的时间轴上考虑知识的衔接和递进，体现了积极而有限度地发展学习准备性。

五

20 世纪 40 年代，布鲁纳研究发现看似客观的感知觉过程也受到自身需要和意愿的影响，这一发现给他留下深刻印象，从此他始终关注认知活动中主观意愿和情感的作用。在探讨教学理论和分析教育实践中，布鲁纳高度关注学习意愿（intention）问题，即如何促进学生积极有效地投入学习。他提出内部动机与外部动机之分，指出好奇心等内部动机应作为重要的学习意愿加以重视，同时大力倡导发现法教学，这些对教育产生巨大和深远的影响。但是，诸如学生个体的好奇心是否可以仰赖、如何激发内部动机、如何转化外部动机这些问题，至今仍是令教师感到棘手的问题。还有自奥苏贝尔提出积极学习的本质在于意义学习，发现学习的万能光环有所暗淡，但在上世纪末兴起的席卷全球的新一轮课程改革中，“探究”作为核心词似乎唤起了人们一种似曾相识的感觉，现在回顾布鲁纳有关内部动机的分析和倡议“发现学习”的初心，对于理解当前的改革应是有益的。

布鲁纳承认外部强化的确能增加某种行为的出现频率，但认为它

① ［美］杰罗姆·布鲁纳：《论数学学习》，见杰罗姆·布鲁纳著《论认知》，彭正梅译，上海人民出版社，2004，第 118 页。

对学习并不是有益的、可靠的，因为学习涉及个体对世界认识和期望的构建，是一个漫长过程，需要学习者主动和持久的地投入。布鲁纳认为，“几乎所有儿童都有学习的‘内部’动机（‘intrinsic’ motives）。内部动机是指不依赖于活动之外的、起推动作用的奖励，而奖励就在于活动的成功完成，甚至就在于活动过程本身”①。好奇心可以说是典型的内部动机，幼儿对于一切事情都出于好奇了，他们的注意力就会被环境中新奇的和变化的成分所吸引。自发而简单的好奇心与不随意注意相伴，对幼儿最初的技能学习起着至关重要的作用。

然而，布鲁纳提醒，“随心所欲的好奇心无异于无休止的分心。对眼前的所有事物都表现出好奇，就意味着对任何事情都不可能持有长久的兴趣”②。而且，布鲁纳指出，学校中的学习与生活中自然自发的学习非常不同，“教育作为一项人类的发明，使学习者超越了‘纯粹’的学习活动……人类的生存不能依赖于某种偶然的学习过程，他必须‘接受教育’。年轻人必须根据外界要求调整自己的学习及所关注的内容。他必须避开眼前诱人的东西而去追求具有长远意义的事物，尽管这些事物可能暂时难以被理解”③。

如何在学校学习和孩子好奇心之间找到结合点而减少二者的张力呢？布鲁纳提出两个相向的努力方向。一个方向是“需要把被动的、接受式的好奇心转变成稳定的、积极主动的好奇心”④。转变过程应该通过建立某种外显约束使孩子的注意力指向并维持在某一任务上，克

---

① Jerome S. Bruner, *Toward a theory of instruction* (W. W. Norton & Co, Cambridge, Mass.: Belknap Press of Harvard University, 1966), p. 114.

② [美] 杰罗姆·布鲁纳：《学习的意愿》，见杰罗姆·布鲁纳著《教学论》，姚梅林、郭安译，中国轻工业出版社，2008，第 100 页。

③ [美] 杰罗姆·布鲁纳：《学习的意愿》，见杰罗姆·布鲁纳著《教学论》，姚梅林、郭安译，中国轻工业出版社，2008，第 99 页。

④ [美] 杰罗姆·布鲁纳：《学习的意愿》，见杰罗姆·布鲁纳著《教学论》，姚梅林、郭安译，中国轻工业出版社，2008，第 102 页。

服其他无关事物的诱惑。儿童这种自主控制的好奇心的发展非常缓慢，其中的关键在于需要发挥和依赖儿童的语言能力和自我教导能力，使儿童逐渐形成维持注意力和超越生动表面关注其内在意义的习惯性行为。另一个方向是“探究是什么因素使‘接受教育’的学习活动令人满意，使人为的教学氛围中的练习令人愉悦”①。布鲁纳提出，活动的不确定性具有极强的诱惑力，使个体试图去控制它。它与表面生动的事物不同，往往能将好奇心引导至更高级的心智活动上，如要求孩子尽力地将积木块堆积至最高。他们的注意力将会一直保持在这个活动上，直至摆放到某个最高点，整个木块倒塌。

布鲁纳还谈到知识个性化有助于提高学习的趣味性。在他看来，“知识的个性化，即把课程内容渗透到儿童的感情、幻想及价值观中”②。但他特别指出个性化并非等同于生活化，他说：“二三十年前，进步运动主张知识的学习应该联系孩子们的亲身经历和实践，应该从空洞抽象的世界跳出来。这一美好的思想却被庸俗化地解读了，将其狭隘地与家庭、亲切的邮递员和清洁工、社区等联系起来，与儿童自身的神奇想法背道而驰，这是非常可悲的。”③ 布鲁纳分析了他参与开发的“人类学课程”的教学例子，孩子们观看关于因纽特人的家庭生活影片，非常不同的生活方式引发了他们极大的反响和广泛的讨论。所以，布鲁纳说：“知识个性化的过程中并不是简单地把这些知识与自己熟悉的情境联系在一起，而是从某个具体的熟悉事例中形成更加概括化的认识并对其予以重视。孩子们学到的并不是海鸥与因纽特人，

---

① ［美］杰罗姆·布鲁纳：《学习的意愿》，见杰罗姆·布鲁纳著《教学论》，姚梅林、郭安译，中国轻工业出版社，2008，第100页。

② ［美］杰罗姆·布鲁纳：《对课程设计与评价的反思》，见杰罗姆·布鲁纳著《教学论》，姚梅林、郭安译，中国轻工业出版社，2008，第141页。

③ ［美］杰罗姆·布鲁纳：《对课程设计与评价的反思》，见杰罗姆·布鲁纳著《教学论》，姚梅林、郭安译，中国轻工业出版社，2008，第141页。

而是他们自己的感受和看法，尽管此时这些感受和看法非常内隐，不易被察觉到。”①

布鲁纳又提出，在活动中，儿童通过努力减少了惊奇感和复杂性，增加了预测性和简单性，也会带来愉悦感，并且为新的学习做好准备。还有通过活动获得的胜任感也是学习活动兴趣和热情的重要源泉。如果不具有某种程度的胜任感，儿童就很难维持对某种活动的兴趣。

总之，布鲁纳认为，通过这些努力可以促使学生基于内部动机地学习，而减少外部控制和奖励的影响。他对于以好奇心为主的内部动机抱有乐观的信任："我们的教育完全可以利用人类的好奇心这一重要而可靠的动机，使其人为性越来越少。”②

强调学习的内部动机是布鲁纳提出和倡导发现法教学的主要出发点之一。他认为发现学习有助于从外在奖赏转向内在奖赏并提出假设："儿童能够把学习当作‘发现什么’而不是‘了解什么’，从而进行具有自我奖赏的自主性学习。这里的自我奖赏，确切地说，就是由发现自身所带来的奖赏。”③

20世纪50年代，在美国数学教学实验中，许多教师探索新的教学方法，尝试辅助学生自己发现一些数学知识。布鲁纳对此非常赞赏，认为这些实践探索取得了激动人心的成果，并且将这些教学方法冠名为“发现法”（method of discovery）。他解释说："只用‘发现法’一词来标称这些教学方式可能有些简单粗暴了，无法呈现它们的多样和细微差异，老师们采用的方法远不止一种，每位老师都有激发学生发

---

① [美] 杰罗姆·布鲁纳：《对课程设计与评价的反思》，见杰罗姆·布鲁纳著《教学论》，姚梅林、郭安译，中国轻工业出版社，2008，第142页。

② [美] 杰罗姆·布鲁纳：《学习的意愿》，见杰罗姆·布鲁纳著《教学论》，姚梅林、郭安译，中国轻工业出版社，2008，第102页。

③ [美] 杰罗姆·布鲁纳：《发现的行动》，见杰罗姆·布鲁纳著《论认知》，彭正梅译，上海人民出版社，2004，第98页。

现的技巧和途径。他们可能是采用苏格拉底式的方法、设计非常恰当巧妙的计算问题使学生发现规则，通过引导学生寻找简便方法而发现有趣算法，甚至以一种感兴趣、大胆和兴奋的态度感染学生。”①

布鲁纳认为，很难说清发现是何时达成的或谁发现的或发现了什么，他主张“将发现定义为一种活动过程而不是结果，所以鼓励这一活动过程或发现态度则是发现法的主要特征”②。在研究学生问题解决的心理过程中，布鲁纳看到学生中有不同的两极方式和倾向，他用“听者”（listener）和“说者”（speaker）来比拟。③ 所谓“听者”，是较为被动的，不论信息的顺序、情景和方式，他都无法决定。“说者”则更为主动，他要赶在自己说出话语之前思考。似“听者”的孩子面对问题时，希望得到答案或至少得到一些提示，最好的状态也不过是接受的、有理解力的、安静的和出色的观察者。似“说者”的孩子则希望决定信息顺序和活动进行到的程度，希望在观察事物之前思考。由此可见，一方面，布鲁纳并没有严格界定“发现学习”，其外延宽泛，几乎指向所有包含积极过程和态度的学习方式。但另一方面，布鲁纳明确地说：“听者”与“说者”的讲法，部分是比喻，部分不是。也就说，一半是直意。在布鲁纳心目中，“坐着听”很难脱离被动的状态。于是，借由这一隐喻基本上将“讲授式教学”和“接受学习”与被动的学习方式对等起来，无形中使发现法与接受学习对立起来。再加之“发现法”字面含义的作用，现实中大家对发现学习的理解和实施倾向于侧重某种活动结果，而不是积极态度和过程。

---

① Jerome S. Bruner, “On Learning Mathematics,” in *The Mathematics Teacher*, Vol. 56, 1960: 610.

② Jerome S. Bruner, “On Learning Mathematics,” in *The Mathematics Teacher*, Vol. 56, 1960: 610.

③ Jerome S. Bruner, “On Learning Mathematics,” in *The Mathematics Teacher*, Vol. 56, 1960: 610-619.

1961年，布鲁纳在《哈佛教育评论》上发表了《发现的行为》，全面阐述了发现学习的意义。除了激发内部动机外，布鲁纳还论及了发现学习在认知方面的三个优势。①

第一，有利于提高智力。布鲁纳强调，重视学生发现能够帮助儿童学习解决各种问题，帮助他们为了更好地运用信息而学习各种信息的转化方法，帮助他们应对各种具体的学习任务。所以，“重视发现学习有助于学习者成为一个建构主义者，有助于学习者用这样一种方式对他所面临的情境进行组织：这组织方式不仅为了发现规则和关系，还避免因信息放任自流而不能评估它们将来可能的运用”②。1977年，布鲁纳重申：“应该和学生‘讨论’物理学，而不是给他们‘讲授’物理学，这似乎才是顺其自然的。现在我们十分清楚使用这种方法时的困难，但是如果我们的目标是传授知识并开发智力技能的话，这就仍然是唯一可行的方法。”③

第二，有利于学习探索的方法。布鲁纳认为，发现的教学有助于学生学习发现探索的方法和技能，其中的联系似乎不必论证、显而易见、最为直接。他说：“我相信，除了借助发现，还从来没有看到任何人提高和改善了发现方式和发现技巧。”④

第三，有助于记忆。布鲁纳指出，发现的过程可提高信息的组织化，许多研究证明，组织化的信息通过将信息置入个人自己建构的认知过程中，从而降低了信息集合的复杂性，并且使材料更容易提取。

---

① [美] 杰罗姆·布鲁纳：《发现的行动》，见杰罗姆·布鲁纳著《论认知》，彭正梅译，上海人民出版社，2004，第93—106页。

② [美] 杰罗姆·布鲁纳：《发现的行动》，见杰罗姆·布鲁纳著《论认知》，彭正梅译，上海人民出版社，2004，第97页。

③ [美] 杰罗姆·布鲁纳：《教育过程》，见杰罗姆·布鲁纳著《布鲁纳教育文化观》，宋文里、黄小鹏译，首都师范大学出版社，2011，第12—13页。

④ [美] 杰罗姆·布鲁纳：《发现的行动》，见杰罗姆·布鲁纳著《论认知》，彭正梅译，上海人民出版社，2004，第105页。

在布鲁纳等人积极倡导发现法教学方式的同时，有学者提出了疑问，教育心理学家奥苏贝尔（David Ausubel）的批评最具代表性。他声明自己并不完全排斥发现学习，但反对夸大发现学习的价值。他说："在适当时机的情境中，出于某个精心设计的目标，发现学习（learning by discovery）具有不错的作用和无疑的优势。但是，长期以来，借由许多不同的伪装，发现学习已经成为一种时尚和一种宗教，一些倡导者把它奉为灵丹妙药，一味夸大它的作用和有效性而缺乏证据和理据。"[①] 他对发现学习背后的观念进行了条分缕析式的追问，指出进步主义教育运动为发现方法提供了一些主要观点支撑，也为发现学习蒙上一道道神秘面纱。譬如，奥苏贝尔指出，发现学习的倡导者抨击讲授式教学本身就具有权威化，将夸大的"告诉＋练习"作为典型讲授教学方式，视为"稻草人"方式，从而以为发现学习就顺理成章地成为反权威、体现学生中心的方式。但奥苏贝尔提出，他们所谴责的讲授教学的权威性有所夸大了，虽然存在这种情形，但它并不是讲授教学的必然特性，只要听者不是被迫接受所宣讲的内容，就不必然存在权威性。又如对于布鲁纳提出的发现学习有助于使学习者被称为建构主义者，从而更好地组织信息和形成深层理解，奥苏贝尔认为，这也是神化之一，发现学习并不必然导致更为有序地、整合地、可行地组织、转化和利用知识。基于对发现学习教学的观察，他更倾向于将这种成效归因于课程实施者在教学中所赋予的结构和组织，使学习者在丰富而有序的材料和例子中能够较高效地形成概括化和有组织的理解。他强调，如果学生处于混乱无序的教室和教学中，所谓的发现就很难奏效。

面对质疑和发现法教学实践中出现的问题，布鲁纳指出，《发现的

---

① Ausubel, D. P., "Learning by Discovery: Rationale and Mystique," in *National Association of Secondary-School Principles*, No. 269, 1961: 18.

行为》发表后，“不少教育家把这篇文章理解为‘教育学的一个学派’的基础”①。他对于“被学派”感到不自在和不认同：“这个原来为了突出自我指导和意向性的重要而阐述的发现的概念，已经变得与它所涉及的范畴不相干，转而以它本身为目的。某些教育家认为发现本身好像就有价值，而且自然会有价值，竟不管它是什么样的发现，也不管它对谁起作用。”② 甚至他看到“有些热心人轻易地采纳这个‘发现法’的思想，好像一个人甚至应能发现一群星星的名称！”③

为了纠正有关发现法的误解和误用，他于1965年又撰文《发现的若干要素》(*Some Elements of Discovery*)④ 努力做出澄清，说明了发现教学的几个要素。⑤ 一是进一步强调发现教学主要是使学生形成运用自己头脑思考的意识和态度；二是发现教学引导儿童发现新现象与他们已经掌握的一套知识相联系和一致之处；三是再次强调学习中儿童获得的胜任力是自我奖励和内部动机，可促进他们学习；四是发现教学要培养学生通过假设解决问题的能力；五是发现教学中常会出现儿童有能力做但很难言明道理的直觉过程；六是引导儿童通过对比去发现，对照材料是常用的、效率最高的探索和发现工具之一。虽然几经说明澄清，但布鲁纳所阐述的发现法更多是原则性的。

加德纳曾说：“从广义上说，布鲁纳置身于伟大的美国实证主义和

---

① ［美］杰罗姆·布鲁纳：《教育的适合性》，见杰罗姆·布鲁纳著《布鲁纳教育论著选》，邵瑞珍、张渭城等译，人民教育出版社，1989，第273页。

② ［美］杰罗姆·布鲁纳：《教育的适合性》，见杰罗姆·布鲁纳著《布鲁纳教育论著选》，邵瑞珍、张渭城等译，人民教育出版社，1989，第273页。

③ ［美］杰罗姆·布鲁纳：《教育的适合性》，见杰罗姆·布鲁纳著《布鲁纳教育论著选》，邵瑞珍、张渭城等译，人民教育出版社，1989，第432页。

④ 《发现的若干要素》是布鲁纳在社会科学研究会的教育与发展委员会会议上所做的报告，后来被收录在舒尔曼（L. Shulman）和基斯勒（E. Keislar）主编的《发现学习》（*Learning by Discovery*）中。

⑤ ［美］杰罗姆·布鲁纳：《教育的适合性》，见杰罗姆·布鲁纳著《布鲁纳教育论著选》，邵瑞珍、张渭城等译，人民教育出版社，1989，第432—350页。

进步主义思想家形成的传统之中……他的情怀基本上是杜威主义的。”[①]这种情怀体现在他对学习意向的关注上，也体现在他参与开发课程时对发现法的倡导中。不过，对比杜威强调儿童须在与他们个人生活经验相关的活动中学习，布鲁纳则强调了发现学习中使儿童在问题情境中探究事物间相互联系和掌握事物的结构。他说：“学习的征途应该始于具体并应立即朝着抽象行进。当我们能够用抽象可能达到的更深刻的方式理解和认识新的具体事物时，暂时性的学习目标就达到了。”[②]在发现法教学中，既激发学生的探索激情，又使他们获得对知识体系的理解，是布鲁纳追求的目标，是他作为教师和课程开发者所力图达成的。

关于发现法教学的实施，布鲁纳认为成功例子不多。当时在课程改革中编制的新数学、新物理等课程，侧重于呈现系统化和结构化的知识，而把发现法留给了教师去发挥，在一定程度上影响了发现法的落实及其与掌握系统知识的结合。布鲁纳主要介绍的实践案例来自他参与开发的学校数学和社会学课程。布鲁纳并没有提出组织发现教学的一个通用固定模式，而是深入学科和具体主题中，分析其中激发发现的出发点和脉络，然后选择和组织材料，设计教学实施策略。对于数学，他分析提出，数学发现的基本动力来自于使事物变得更简单、简洁。而且，在数学发现过程中，动手操作与表征概括不断地进行交替是必要条件。他说：“一位优秀的教师能够创设使学生渴求表征的活动，或者说提供一种使学生渴求表征的经验。”[③] 譬如，学习测量及其

---

① Howard Gardner,“Commentaries,Jerome Bruner as Educator:Personal Reflections,”in *Jerome Bruner:Language,Culture and Self*(New York:SAGE Publications,2001),p. 128.

② ［美］杰罗姆·布鲁纳：《杜威之后，是什么?》，见杰罗姆·布鲁纳著《论认知》，彭正梅译，上海人民出版社，2004，第 134 页。

③ ［美］杰罗姆·布鲁纳：《杜威之后，是什么?》，见杰罗姆·布鲁纳著《论认知》，彭正梅译，上海人民出版社，2004，第 111 页。

单位规定，先尝试各种了解事物多大或多长的方法，如步测、用手指测量或用尺子测量等，然后努力把各种测量活动联系起来，所有这些活动都被简化为测量，在操作和表征比较中水到渠成地激发学生讨论如何创造测量单位。

布鲁纳参与了社会研究课程中人类学单元的开发过程，开发者在教材编写和材料组织上努力把发现法融合进去。① 他们发现通过图画、文字和表格等方式可以帮助学生独立思考和阐明观点，而最适宜的方法是教师利用问题线索激发学生的思考和对比。布鲁纳认为，社会研究课教学的一个难点在于如何从熟悉的现象中揭示社会生活的真谛。布鲁纳归纳了 4 种有效的可以引导学生积极思考和发现的教学方法。一是通过对比的方法建立概念范畴。设计者利用了 4 种主要的对比资源，即人类与灵长类、人类与史前人类、现代技术社会的人类与原始人类、成人与儿童，具体材料形式包括影片、故事、物品、阅读材料、图片等。在对比这些材料时，儿童首先获得的是差别感受，如关于因纽特人的一部影片呈现了与现代非常不同的生活环境和方式，但更深层次地是引导儿童逐渐体会连续性和貌似迥异中的相似性。二是激发和运用导向性的猜想、假设形成及假设验证等活动。在呈现材料之前，先由学生提问并尝试自己去解决这些问题，再学习这些材料。三是参与，尤其是模拟游戏、情景游戏，很适合帮助学生理解语言、社会组织等方面的知识。四是激发自我意识，即对自己的思维过程和策略有所关注和思考。

从这些发现法教学实践案例中，我们看到教师的作用得到了强调，不仅需要教师先明确教学内容涉及的理论观点，还需要他们设计教学策略和准备材料，在教学中通过精细设计的材料和引导性问题激发学

---

① ［美］杰罗姆·布鲁纳：《人类学课程》，见杰罗姆·布鲁纳著《教学论》，姚梅林、郭安译，中国轻工业出版社，2008，第 80—83 页。

生提问题和思考问题。另外，强调在学习过程中也需要做必要的复习，将前后内容知识相联系。布鲁纳认为知识的内在联系可能是最有价值的，培养学生形成联系的意识是教学的核心任务。

20 世纪 80 年代后，布鲁纳的研究重心转向人文学科和“叙事思维”，即关注点由解释因果的心理过程转向诠释和理解理由的心理过程。在科学心理学形成后的相当一段时间里，对后者的探讨远远少于前者，出现失衡局面，而且常常以前者代替后者。对于两者，布鲁纳指出，“就像科学所内含的解释法可以且必须以细心和严谨的方式来教学，历史、社会科学乃至文化的诠释法与叙事法也必须使用同样细心和严谨的方法来教学”①。而且，“叙事的解说或是有原则的，或是无原则的，但这样的原则就是与科学解释中单纯的核验原则不一样。”② 他提出，沿着自主、反思、协作和文化几个方向去探索叙事原则，显然大大超出了基于逻辑结构进行的发现法教学。

随着布鲁纳明确提出知识是建构的而不是发现的，他就很少使用发现法了。在新世纪世界各国课程改革中，探究（inquiry / investigation）成为重构课程内容和教学方式的核心概念。最早明确提出探究教学的课程论学者施瓦布（J. J. Schwab）以科学教学为背景系统论述了探究方法的价值。③ 事实上，布鲁纳也常用探究作为发现的同义语。新课题改革以建构主义为指导思想，将探究作为基本教学方法，更突出个体在学习中的主动参与和积极投入。而且，探究的内涵和外延无疑具备

① ［美］杰罗姆·布鲁纳：《教育文化》，见杰罗姆·布鲁纳著《布鲁纳教育文化观》，宋文里、黄小鹏译，首都师范大学出版社，2011，第 217 页。

② ［美］杰罗姆·布鲁纳：《教育文化》，见杰罗姆·布鲁纳著《布鲁纳教育文化观》，宋文里、黄小鹏译，首都师范大学出版社，2011，第 216 页。

③ J. J. Schwab, “The Teaching of Science as Inquiry,” in *Bulletin of the Atomic Scientists*, Vol. 14, 1962: 374-379.

更大的包涉性，不仅适用于科学学科，还为社会人文学科所采纳。[①] 而且，值得一说的是，也许吸取了结构化课程内容与发现法教学分离的教训，新一轮课程改革试图在课程开发和教材编写中以探究过程来组织学习材料。

从发现学习到探究学习，对于学习和教学方式的认识经历了螺旋上升的过程。而质疑也始终相随，就像当年发现学习与接受学习的争议一样，当前有关探究教学与讲授教学的讨论又一次在新的经验和认识层面上展开。[②]

六

自 20 世纪 80 年代，特别是 90 年代后，布鲁纳筹划建立“文化心理学”（cultural psychology），其核心论题是探索“个体的心灵在文化所提供的能量之中如何活动”[③]。所关注的中心不是群体文化，而是文化中的个体，或者说是“对于在文化之中的心灵（mind-in-culture）做更具置身性的研究”[④]。布鲁纳在十几年间陆续发表了一系列相关文章。1990 年，他在《有意义的行为》一书中提出“文化心理学”概念和初

---

① 王世光，周耀文：《论课程标准中的行为动词“探究”》，《教育学报》2011 年第 2 期。

② Paul A. Kirschner, John Sweller and Richard E. Clark, “Why Minimal Guidance During Instruction Does Not Work: An Analysis of the Failure of Constructivist, Discovery, Problem-Based, Experiential, and Inquiry-Based Teaching,” in *Educational Psychologist*, Vol. 41, No. 2, 2006: 75-86.

③ [美] 杰罗姆・布鲁纳：《教育文化》，见杰罗姆・布鲁纳著《布鲁纳教育文化观》，宋文里、黄小鹏译，首都师范大学出版社，2011，第 96 页。

④ [美] 杰罗姆・布鲁纳：《教育文化》，见杰罗姆・布鲁纳著《布鲁纳教育文化观》，宋文里、黄小鹏译，首都师范大学出版社，2011，第 307 页。

步设想。[①] 几年后，尽管他认为自己的想法还处于“形变状态”之中，但在哈佛大学出版社编辑的建议下，决定将当时自己的思想进一步梳理和系统呈现，于是有了 1996 年《教育文化》的面世。

布鲁纳探讨文化心理学的过程，正是心理学历经从认知学派转向建构主义的时期。建构主义大潮流中裹纳着各种不同的理论，有推崇皮亚杰认知发生理论的个体建构主义，有热衷发展维果斯基社会文化观的社会建构主义，有以冯·格拉塞斯菲尔德（Von Glasersfeld）为代表的激进建构主义，也有温和的建构主义观点。此时，虽然布鲁纳已步入晚年，但他仍以极高的热情投入文化心理学的研究中，提出了自己原创性的分析和理论体系。布鲁纳作为第一次认知革命的先行者，他如何转向关注探讨文化与心灵的关系?

布鲁纳追溯，心理学转向文化阐释在上世纪初已展露迹象[②]，主要包括德国格式塔心理学的兴起，美国在文化人类学家露丝·本尼迪克特（Ruth Benedict）和玛格丽特·米德（Margaret Mead）带动下有关“文化与人格”的探索增多，还有英国的心理学家巴特利特（Frederic Bartlett）强调在自然环境下研究心理活动，这些都对布鲁纳早期研究的定向产生了影响。在 20 世纪 40 年代的系列研究中，布鲁纳已关注到不同环境中个体心理活动如知觉思维的差异。但是，这一时期布鲁纳对于文化作用仍未足够重视，很大的转变是在经历了 20 世纪 60 年代课程改革和社会变迁之后。30 年后，布鲁纳回顾，课程改革之初，他和其他改革者有些想当然地认为“学童们生活在某种教育的真空状态里，丝毫不受大文化脉络中的问题所苦。直到‘发现贫穷’及美国民权运动时代，我们才从自满而又不自觉的教育改革之梦中醒来，特别是发

---

① Jerome S. Bruner, *Acts of Meaning* (Cambridge Mass: Harvard University Press, 1990), p. 34.

② Jerome S. Bruner, "The uneasy relation of culture and mind," in *History of the Human Science*, Vol. 28, 2015: 8-9.

现贫穷、异化和种族歧视对于心灵生活的冲击有多强烈，以及这些社会疾病对于儿童成长的侵害有多深远。因此，一个可以用来为所有人服务的教育理论就不再能理所当然地认为，一定有个良性或甚至中性的文化在它的背后为其后援……那之后几年，我发现自己对于文化在学校教育中影响学童的方式愈加投入心力”①。

同一时期，布鲁纳与鲁利亚等苏联心理家进行了长期深入的交流，不断加深对维果斯基文化历史发展理论的认识。尽管当时布鲁纳没有完全接受他们的观点，但足以使他看到皮亚杰的形式主义理论忽视文化影响的确有所缺漏。布鲁纳在去日内瓦拜访皮亚杰时，开诚布公地谈了自己的想法。布鲁纳回忆当时的情形：“皮亚杰总是热切地与他讨论文化对心灵的影响，好像他想要找到自己理论和实验研究中遗漏的地方。的确，他主要的合作者英海尔德作为访问学者在哈佛工作一年，对全球范围‘认知革命’的意味所在有了更好的了解，在与我们合作过程中，她读了大量维果斯基的著作。”② 由此可见，心理学家中形成了某种共同的趋向，即关注文化与心理发展关系的新方向。

随后的十几年间，布鲁纳及其研究团队对于文化影响方式的探索愈加深入，研究了不同文化下的个体心智发展，除了在美国和欧洲，还在非洲进行田野研究。在 1971 年《教育的适合性》中，布鲁纳和他的同事帕特里夏·格林菲尔德（Patricia M. Greenfield）已在论及文化怎样影响认知的发展。而且，当时诸如“智力在很大程度上是一定文化所提供的‘工具’的内化”“‘与文化无关’意味着‘与智力无关’”这样的观点已开始被接纳和流行起来。不过，布鲁纳认为，对于人类心灵本性的理解发生的最根本改变是在进入 20 世纪 90 年代之后。基于

① ［美］杰罗姆·布鲁纳：《教育文化》，见杰罗姆·布鲁纳著《布鲁纳教育文化观》，宋文里、黄小鹏译，首都师范大学出版社，2011，第 93—94 页。

② Jerome S. Bruner, "The uneasy relation of culture and mind," in *History of the Human Science*, Vol. 28, 2015: 8-9.

认知发展的多文化研究，以及对叙事思维的分析，布鲁纳的文化心理学框架初具轮廓。

布鲁纳首先探讨了文化与心灵及其意义生成（meaning making）的关联。他分析，对于心灵运作有两种大相径庭的观点：计算观（computational view）和文化论（culturalism）。

在布鲁纳看来，由于计算机科学的迅速发展，将人的心灵视为计算性装置的想法仍被不断强化，随着计算机功能不断被升级和强大，许多计算论者相信意义生成的过程可以通过在人工智能中纳入某种特殊程序而实现。但布鲁纳坚持认为，意义生成过程包含着许多模糊、含混、隐喻甚至杂乱的部分，而计算系统对信息的加工或运算是以形式完整为特征的，它需要预先对分析范畴和运算规则进行清晰界定，无法应对不可预测的意外。所以，“意义生成与形式完整的信息处理是不共量的（incommensurate）”①。

对比之下，布鲁纳主张人类心灵的意义生成只有在文化中才能得以安身立命，因为心灵意义本身就源自文化。他说：“在个体表现上与生俱来的方式乃是意义的生成，就是对各种不同场合里的各个特定事物都赋予意义……虽然意义是‘在心灵里’，但意义的根源和重要性来自文化，因为它确实是在文化里被创制的。”② 他还强调“心灵要是不通过文化，就根本不可能生存下来。因为人类的心灵乃是和一种生活方式的发展紧紧相连，其中‘现实’经由符号使用而表征，而这种符号体系又是由一个文化社群的成员所共同分享的。他们必须通过这种

---

① ［美］杰罗姆·布鲁纳：《教育文化》，见杰罗姆·布鲁纳著《布鲁纳教育文化观》，宋文里、黄小鹏译，首都师范大学出版社，2011，第 105 页。

② ［美］杰罗姆·布鲁纳：《教育文化》，见杰罗姆·布鲁纳著《布鲁纳教育文化观》，宋文里、黄小鹏译，首都师范大学出版社，2011，第 101 页。

符号化来组织和构想他们的技术/社会生活”①。

布鲁纳进一步提出，“一个社群不只是共同分享这种符号模态，他们还将它保留、琢磨并传递给下一代。而且，就是通过这样的传递，才使他们的文化认同和生活方式得以维持不坠”②。在这样的分享和传递过程中，文化塑造了各个个体的心灵。

尽管布鲁纳强调文化对心灵及其意义的塑形，但他仍认为我们始终不能遗忘来自生物性的制约。布鲁纳总结道：“心理学对于人类的天性和人类的处境想要获得先进的理解，就一定要懂得生物性与文化之间如何微妙地相互作用……对于人类做研究时所要面对的两难困局是这样的：不但要掌握生物性和演化的因果原则，更要在意义生成的诠释历程之光照下理解这些原则。”③ 由此可见，虽然布鲁纳的文化心理学与以生物学为根基、个体导向和被实验室主宰的以往心理学的取向很大不同，但在人的文化性与生物性的关系上，他不赞成彻底分隔。布鲁纳采用人类学家阿弗烈·克罗伯（Alfred Kroeber）所做的比拟，将文化视为“超有机体”（superorganic）④，这呼应了维果斯基的主张——“人不只是‘有机体’，而是作为人类文化的产物”⑤。

论证了心灵意义的文化置身性，布鲁纳继续探索对个体如何适应文化、心灵在文化中的运作方式做细致的分析。他归纳，对文化熏陶

---

① ［美］杰罗姆·布鲁纳：《教育文化》，见杰罗姆·布鲁纳著《布鲁纳教育文化观》，宋文里、黄小鹏译，首都师范大学出版社，2011，第 101 页。

② ［美］杰罗姆·布鲁纳：《教育文化》，见杰罗姆·布鲁纳著《布鲁纳教育文化观》，宋文里、黄小鹏译，首都师范大学出版社，2011，第 105 页。

③ ［美］杰罗姆·布鲁纳：《教育文化》，见杰罗姆·布鲁纳著《布鲁纳教育文化观》，宋文里、黄小鹏译，首都师范大学出版社，2011，第 335 页。

④ Jerome S. Bruner,“Cultural Psychology and its Functions,”in *Constructivism in the Human Science*, Vol. 10, 2005: 62.

⑤ Jerome S. Bruner,“Prologue to the English Edition,”in *The Collected Works of L. S. Vygotsky: Vol. 1* (New York: Plenum Press, 1987), pp. 1-2.

的个体心理的探讨有两种取向，第一种是强调人类个体基于文化约定俗成的符号而掌握符号性表征关系的能力，这正是 20 世纪 60 年代后兴起的现代认知心理学所采取的基本思路；第二种则侧重研究“交互主体性”（intersubjectivity）符号，它的探索焦点“在于人类如何发展出对于文化中的同种者能够阅读其思想、意欲、信念和其他各种心理状态的能力”[①]。这正是注重文化的心理探索的思路。

布鲁纳指出，个体“交互主体性”的发生和发展已得到心理学研究成果的支持。他先后列举了 20 世纪 80 年代后 6 个方面的重要相关成果，他本人也参与了某些方面的研究。

第一个方面是有关婴幼儿“联合注意”（joint attention）研究。研究者发现这种能力在婴孩出生几周后就开始萌芽，表现为与母亲在姿势和语音组型上具有非常高的同步性，婴儿逐渐能够跟随成人的注视目光去关注共同的对象，澈华申借用哲学家麦克默雷（J. MacMurray）的“交互主体性”一词来解释这一现象。[②] 布鲁纳认为，联合注意的意义在于经验共享，这对于语言获得来说是必需的[③]，而且已形成共识，“联合注意”是个体交互主体发展的起点，对于认知和社会化的发展至关重要。

第二个方面的研究是关于“心理理论”（theory of mind）（又称“他人心理理论”，theory of other mind），探讨儿童如何理解他人的信念、承诺、意图、欲望等。这类研究在一定程度上缘于对皮亚杰理论的不满。布鲁纳指出，“（根据皮亚杰理论）孩子对世界的知识是直接

① ［美］杰罗姆·布鲁纳：《教育文化》，见杰罗姆·布鲁纳著《布鲁纳教育文化观》，宋文里、黄小鹏译，首都师范大学出版社，2011，第 323 页。

② ［美］杰罗姆·布鲁纳：《教育文化》，见杰罗姆·布鲁纳著《布鲁纳教育文化观》，宋文里、黄小鹏译，首都师范大学出版社，2011，第 325 页。

③ Jerome S. Bruner, *Child's talk: Learning to use language* (New York: W. W. Norton, 1983), p. 73.

由自己的手触引发的，而不是由更常见的实情，亦即通过他人习得。我们对于所‘知道’的物理世界甚至也是因为听到别人述说他所相信的样子而来，而不是由我们直接去戳它、捅它而得知”[①]。有关心理理论的研究表明，一个人和他人的互动作用方式深受自己对于他者心灵运作的理解的影响。但由于心理理论主要是主观的、个体的和直觉的，与正经八百的研究成果相比，它们原本被视为不足道的外行理论。随着相关研究的增多，对心理理论重要性的认识成为愈来愈多人的共识，终于使其获得更有尊严的专业之名——“民间心理学”(folk psychology)[②]。

第三个方面是关于“元认知”（metacognition）的研究，即研究儿童对自己的学习、记忆和思考过程的认知。

第四个方面的研究是有关协作学习（collaborative learning），主要研究儿童在学习共同体的交互讨论中修改和完善自己的认识。

第五个方面的研究是针对自闭症儿童。自闭症儿童最核心的问题是“他们总是避开与照顾者的‘眼对眼的接触’，不会跟随他人所指的方向或关注线……‘住在他们自己的世界里’”[③]。而且，自闭症儿童的语言发展迟滞，在前语言期，他们就不能进入互动方式。卡罗尔·弗莱舍·费尔德曼（Carol Fleisher Feldman）和布鲁纳研究指出，正是由于自闭症儿童不能掌握他人的愿望和期待，他们很难说出或听懂各类叙事和故事。可见，自闭症的深层根源在于患者缺少，甚至完全缺失“他人心理理论”。

第六个方面的研究是将人类心理与灵长类动物心理做比较，布鲁

---

① ［美］杰罗姆·布鲁纳：《教育文化》，见杰罗姆·布鲁纳著《布鲁纳教育文化观》，宋文里、黄小鹏译，首都师范大学出版社，2011，第328页。

② ［美］杰罗姆·布鲁纳：《教育文化》，见杰罗姆·布鲁纳著《布鲁纳教育文化观》，宋文里、黄小鹏译，首都师范大学出版社，2011，第161页。

③ ［美］杰罗姆·布鲁纳：《教育文化》，见杰罗姆·布鲁纳著《布鲁纳教育文化观》，宋文里、黄小鹏译，首都师范大学出版社，2011，第326页。

纳十分看重这类研究，认为比较有助于认识人类心理特性中的连续性和不连续性。比如，有研究发现被文化熏陶的黑猩猩的确出现了一点在野生世界不存在的相互性，尽管这种相互性无法与人类的交互主体性同日而语，但也足以让人看到人类文化在交互性上的影响力。

在上述的6个方面的研究中，心理理论处于核心，它为交互性主体提供了重要的机制说明，为文化中的心灵运作方式提供了一个模型。而且，基于“心理理论”确立的“民间心理学”被布鲁纳视为文化心理学的关键特征。他强调“所有文化都拥有一门民间心理学作为它们各自最强大的构成工具，它对人类如何‘举手投足’、我们自身和他人的心灵像什么样子、人所期待的情景行为是什么、可能的生活模式是什么、人们如何选择生活模式等有着或多或少相关、规范的描述。我们早在学习运用语言和在群体生活中进行必要的人际交往时就学习了我们文化中的民间心理学”①。在布鲁纳看来，文化心理学研究取向本身就意味着正视和接纳民间心理学，因为民间文化就是孕育我们心灵和构成意义的基本源泉。与以往“科学心理学”视“民间心理学”为粗陋和错误百出而加以排斥不同，在文化心理学中，民间心理学至少与科学心理学有着并驾齐驱的重要性。

布鲁纳以“教育文化”（Culture of Education）作为他旨在构建文化心理学的著作之名，以教育作为文化原型来探讨文化心理，把教育视为“正是使文化心理学之中的观点得以焠炼转生的试金石”②，因为他认为教育是文化心理活动各要素的最显现和集中的体现。他说：“我们是能够用显著有效的方法教学的唯一物种，心灵生活乃是与他人一起过的生活，使以能沟通的形式而形塑，并且是仰赖着文化的符号、

① Jerome S. Bruner, *Acts of Meaning* (Cambridge Mass: Harvard University Press, 1990), p. 35.

② ［美］杰罗姆·布鲁纳：《教育文化》，见杰罗姆·布鲁纳著《布鲁纳教育文化观》，宋文里、黄小鹏译，首都师范大学出版社，2011，第91页。

传统而得以展开的。”[①]

教育的难处或魅力在于，教师和学生双方都要触及“他者心灵”。布鲁纳认为，“在日常交往中，我们被我们的民间心理学所驱使；同样，在帮助小孩学习关于世界的知识时，我们则被民间教育学（folk pedagogy）[②] 的观念所驱使。”[③] 也就是说，教师的教学活动必然是基于他们对学习者心灵本质的认识。

布鲁纳分析当时社会中存在的有关学习者心理的认识，以及与其相对应的教育方式，归纳出 4 种最主要的“民间心理学—民间教育学”模型。[④] 第一种模型，视儿童为模仿的学习者，主要习得如何操作的知识，与其对应的教学模型是示范教学和学徒制。第二种模型，视儿童为可经直接讲授学习，主要习得命题知识，相应的教学模式是通过直接告知的方法将事实、原理和行动规则传达给学生，学生所做的是学会、记住和应用这些知识，它与客观测验的关联最密切。在这个模式中，“学生被视为被动，很难展开主动的诠释和建构。‘教学是一条单行道，由一个人对另一些人做告知，而不是双向通行的对话’”[⑤]。布鲁纳认为这是当时最普遍和流行的民间教育学。第三种模型，视儿童为思想者，主要发展交互主体间的思想交流，对应的教学模式是交互

---

① ［美］杰罗姆·布鲁纳：《教育文化》，见杰罗姆·布鲁纳著《布鲁纳教育文化观》，宋文里、黄小鹏译，首都师范大学出版社，2011，第 91—92 页。

② Folk pedagogy，在中文文献中有多种不同翻译。在《布鲁纳教育文化观》中，宋文里翻译为“庶民教育学”；程钢在《〈教育过程〉到〈教育文化〉——布鲁纳教育文化观评述》中译为“民众教学论”和“百姓教学论”；曹文明等在《论布鲁纳的民间教育学》中译为“民间教育学”。本文采用“民间教育学”的译法。

③ ［美］杰罗姆·布鲁纳：《教育文化》，见杰罗姆·布鲁纳著《布鲁纳教育文化观》，宋文里、黄小鹏译，首都师范大学出版社，2011，第 161 页。

④ Jerome S. Bruner, *the Cultural of Education* (Boston: Harvard University Press, 1996), pp. 53-63。

⑤ ［美］杰罗姆·布鲁纳：《教育文化》，见杰罗姆·布鲁纳著《布鲁纳教育文化观》，宋文里、黄小鹏译，首都师范大学出版社，2011，第 172 页。

式的。首先，认为儿童有能力推理思考，把事情弄懂，能建构一个世界模型；其次，相信儿童具有元认知能力，思考他们自己的思考。儿童“对于他们自己的心灵如何工作都会持有一套或多或少具有连贯性的‘理论’。而这些天真的理论就会与他们的父母、教师所持的理论交汇——不是通过模仿，不是通过教训，而是经由交互论述、合作和协商而达成……这种模型乃是相互论和辩证性的，因此它比较关切的是诠释和理解的能力，而不是在事实知识和技能表现上的成就”①。在教学中，教师不将老旧心理学所发现的所谓科学模型强套到儿童的认知活动中，而需要以平等意识了解儿童自己的民间心理学，即儿童对心灵和他人心灵的理解，进而帮助儿童理解自己的体验，通过讨论和协同合作促使他们形成更好的理解。第四种模型，认为儿童是有见识者，可掌管“客观”知识。布鲁纳指出，这里所称的客观知识，“并不是因为它出于某些实证主义者所持的第一手证据，而是因为它能经得起严密的检查和至今可得的证据的最大考验。所有的知识都会有它的历史过程”②。这种模型看到一个人的知识中既有波普所说的“第二界”里个人秉持的信念、直觉和意见，也有他所说的“第三界”里经过证实的知识。基于这种观点，在教学中，既要看重文化所保存的过去知识和实践中的可靠部分，又须协助儿童区分个人知识和文化上“认定为已知的知识”。③ 布鲁纳看到，通过在课堂中提供开放的素材和讨论诠释机会，可以帮助儿童跃过波普索区分的“主观”第二界到达“客观”第三界。他认为，“教师可以帮助儿童超越他们自己的印象与过去的世

---

① ［美］杰罗姆·布鲁纳：《教育文化》，见杰罗姆·布鲁纳著《布鲁纳教育文化观》，宋文里、黄小鹏译，首都师范大学出版社，2011，第 173 页。

② ［美］杰罗姆·布鲁纳：《教育文化》，见杰罗姆·布鲁纳著《布鲁纳教育文化观》，宋文里、黄小鹏译，首都师范大学出版社，2011，第 177 页。

③ ［美］杰罗姆·布鲁纳：《教育文化》，见杰罗姆·布鲁纳著《布鲁纳教育文化观》，宋文里、黄小鹏译，首都师范大学出版社，2011，第 175 页。

界相连，而这样的知识若非有这样的教师之助，是很可能永远遥不可及的”①。

布鲁纳认为，在这4种模型背后，可以看到有两组相对的基本取向，第一个向度是“内在论对外在论”。“外在论强调的是成人如何可以从外面促进儿童的学习——这是传统教育心理学的骨干。内在论的焦点是儿童本身可以做什么、儿童自己认为自己是在做什么，以及如何可以借此意欲状态为学习的前提。”②第二个向度是“交互主体性的程度”。其中一端是把儿童视为客体，没有和理论家一样能够看待自己的能力；另一端是交互主体理论，认为成人与儿童组织自己学习的方式是相通的。布鲁纳指出，内在论比较会强调交互主体性。

尽管布鲁纳认为，现代教育学逐渐移向内在论和交互主体性，但他对这些不同民间教育学模型仍抱有整合和开放的态度，认为真实的学校教育当然不会只限于一种模型。他说：“4种教育观点最好是看作一个广袤大陆的几个区块，而它们各自的意义就要用它们的局部性加以理解……我们现在需要的乃是将以上4种观点融合成某种内在一贯的统一体，承认它们是属于某一片大陆里的各个区块……剪掉它们狭隘的互斥论。”③

布鲁纳明确指出，知识不是客观的而是建构的，是在交互中协商形成的。每当使用“现实”或“客观”这些词时，他总是加上引号。他曾说：“我觉得有些无奈的是，我们总是谈论着‘现实’，同时又不得不承认我们的‘现实’是被制造的，尽管我内心还是幻想着一定有

---

① ［美］杰罗姆·布鲁纳：《教育文化》，见杰罗姆·布鲁纳著《布鲁纳教育文化观》，宋文里、黄小鹏译，首都师范大学出版社，2011，第179页。

② ［美］杰罗姆·布鲁纳：《教育文化》，见杰罗姆·布鲁纳著《布鲁纳教育文化观》，宋文里、黄小鹏译，首都师范大学出版社，2011，第180页。

③ ［美］杰罗姆·布鲁纳：《教育文化》，见杰罗姆·布鲁纳著《布鲁纳教育文化观》，宋文里、黄小鹏译，首都师范大学出版社，2011，第181页。

一些方法技巧可以使我们直接发现现实……我认为更长进的方向是谈论它们的有用性。”①

然而，布鲁纳始终与“后现代主义”和“相对论”保持着一定距离。对于有些人质疑交互主体性研究取向就意味包容太多的、难以接受的知识相对性，布鲁纳解释道：在为信念知识的正当性进行辩护时，除了要考虑“能与他人共享”外，个人还应当采用适当的标准手段，即“科学和哲学推理中的根本法则”。② 他说：“只有某种愚蠢的‘后现代主义’才敢说任何知识只要找到一个‘诠释社群’形成共识就可以成立。”③ 布鲁纳还声明：“我将效忠于建构主义和现实主义都归结于偏激性格……我的建构主义变式并非康德主义……我的观点是不存在单一‘基本真实’的现实版本，‘现实’总是相对于一个人对世界的态度而言的，而且一个人可能持有多种不同态度，它们都是具有选择性的和由不同原则组织的，但我不相信所有的现实版本可以相互转化，或者它们中的任何一个都是通用或万能的。”④

布鲁纳文化心理学中的建构主义观点是明确的，也是较为温和的。他说自己对建构主义或实用主义都不会有那种近乎宗教信仰般的依从。也许，他不希望将自己与某种思潮，尤其是他认为比较极端的理论进行笃信式捆绑，失去自己思考和立场可能发展的空间。

---

① Jerome S. Bruner, "In Response", in *Jerome Bruner: Language, Culture and Self* (New York: SAGE Publications, 2001), p. 213.

② ［美］杰罗姆·布鲁纳：《教育文化》，见杰罗姆·布鲁纳著《布鲁纳教育文化观》，宋文里、黄小鹏译，首都师范大学出版社，2011，第 174 页。

③ ［美］杰罗姆·布鲁纳：《教育文化》，见杰罗姆·布鲁纳著《布鲁纳教育文化观》，宋文里、黄小鹏译，首都师范大学出版社，2011，第 175 页。

④ Jerome S. Bruner, "In Response," in *Jerome Bruner: Language, Culture and Self* (New York: SAGE Publications, 2001), p. 212.

七

在信任和崇尚科学逻辑思维的人的心里，可能总觉得讲故事和叙事不是那么可靠。布鲁纳生动地描绘了这种担忧："人若用讲故事弄懂世界——也就是用叙事模式理解现实——那他究竟会得到什么，又会失去什么？对这个问题通常得到的答案是以'科学方法'之名唱念的神咒：汝当谨记，勿放纵自我之妄念……根据这种诫命，故事绝非科学里的真东西，因此必须闪避。"① 然而，布鲁纳认为，在文化心理学视域中，叙事模式和诠释思维是民间心理学的组织原则。② 布鲁纳为什么对叙事和诠释具有足够的信任和如此看重呢？

有人提出，心理学界对现实的叙事构建的关注度似乎突然提高，也许是新兴的后现代主义挑动的结果。布鲁纳对此不以为然，指出"对于现实采用叙事建构的新兴趣是早在观点论和反基本论倾向的后现代主义勃兴之前就已经在心理学圈引发过一阵不平静的涟漪"③。譬如，弗洛伊德就更强调心灵现实更多是被戏剧性的进程引发而非客观世界的状态。在提到20世纪40年代他本人的知觉研究所引发的"新视野"（New Look）运动时，布鲁纳也倡议每个人实际看待世界时都会有其特殊观点。的确，在布鲁纳早期的知觉、思维和认知发展研究中，虽然采用了严格的实证研究方法和演绎逻辑思路，但他不满足于心理学只关注对逻辑思维的分析，并且始终为探索逻辑思维之外的心理过程留

① ［美］杰罗姆·布鲁纳：《教育文化》，见杰罗姆·布鲁纳著《布鲁纳教育文化观》，宋文里、黄小鹏译，首都师范大学出版社，2011，第267页。

② Jerome S. Bruner, *Acts of Meaning* (Cambridge Mass: Harvard University Press, 1990), p. 33.

③ ［美］杰罗姆·布鲁纳：《教育文化》，见杰罗姆·布鲁纳著《布鲁纳教育文化观》，宋文里、黄小鹏译，首都师范大学出版社，2011，第268页。

有空间。

在《教育过程》中，布鲁纳以皮亚杰理论为主要依据。皮亚杰理论将逻辑性获得程度视为衡量思维发展的根本指标，形式逻辑思维被作为心灵的基本和最终的发展形式。然而，布鲁纳在强调结构和逻辑的同时，为了避免失衡，同时强调了“直觉思维”的必不可少。他说：“合理的结构主义有其与直觉主义——对巧于猜测、勇于跃进，采取主动态度等的支持的内在平衡。主动性、推断力、革新精神、从牢固地把握的事物步入那些尚未确切知道尚需有检验依据的领域，这是头脑处于最好状态。”① 始于直觉思维，后来这个空间越来越大，从左手性思维到叙事性思维，可见他的转向并不是空中楼阁悬空而至，而是很早就孕育于他的思想之中，成为日后转向的伏笔。

当然，早期布鲁纳对直觉思维和左手性思维的认识，仍是在以科学思维为中心的框架之下。多年后，他坦言自己早期犯了一个深刻的错误，他说在《论认知：左手性思维》中“专攻的问题是想象叙事如何能够转变成可被检验、证明和核实之物——科学。那时，我相信科学方法能够教化一般的叙事，将它们变为可检验的假设，对它们加以检验”②。直到80年代后期，在构筑文化心理学的过程中，他将重心真正转到了叙事模式思维。他认为两种思维模式通向两个各分秋色的精神世界，甚至叙事是生活中更普遍的思维模式。

在《教育文化》中，布鲁纳提出解释（explanation）与诠释（interpretation）是心灵的两种功能方式，这两种取向不可相互化约并

---

① ［美］杰罗姆·布鲁纳：《教育过程再探》，见杰罗姆·布鲁纳著《布鲁纳教育论著选》，邵瑞珍、张渭城等译，人民教育出版社，1989，第431页。

② ［美］杰罗姆·布鲁纳：《故事的形成：法律、文学、生活》，孙玫璐译，教育科学出版社，2006，第83页。

超越学科领域。[①] 布鲁纳界定，解释是对事物的必要充分条件和因果关系的揭示，如下视丘的扁桃体的功能对于识别脸部表情是必要的。而诠释是在事发之后努力去理解事情的原委，并不排除其他诠释，如分析某地村民遭受一场大屠杀的处境。

对于如何对诠释的过程进行分析，是否可以用科学的或逻辑的方式？布鲁纳认为不可以，否则诠释就成了另外一种逻辑过程，就会被“化约”为普通的科学，而最终被科学所征服。他说：“我一向主张：虽然在解释和诠释之间有某些连接关系——如同在生物学者和历史学者的工作方式之间，但这两种形成意义的模式不能相互化约成一种。它们之间有根本的区别。”[②] 但学者珍妮特·爱思廷顿（Janet Astington）和戴维·奥尔森（David Olson）提出疑问。他们指出，发展心理学对儿童关于他者心理理论的研究便说明了可以通过科学逻辑研究方式探讨诠释的过程。但布鲁纳认为，尽管研究者认为他们的方法是一种科学解释，但这类研究都带有不自觉的诠释色彩。布鲁纳分析指出爱思廷顿在著作《儿童对心灵的发现》中的分析过程实质上既有解释，也有诠释，具有混血的性质。

既然不能用科学逻辑的方式探索叙事，就需要用与其本质相应的方式，也就是诠释的研究方法论和叙事理解。布鲁纳用“速写方式”刻画叙事模式思维，或者说刻画“叙事理解中的现实”，因为“叙事的理解会形塑它们所创造的现实”[③]。

---

① ［美］杰罗姆·布鲁纳：《教育文化》，见杰罗姆·布鲁纳著《布鲁纳教育文化观》，宋文里、黄小鹏译，首都师范大学出版社，2011，第229—231页。

② ［美］杰罗姆·布鲁纳：《教育文化》，见杰罗姆·布鲁纳著《布鲁纳教育文化观》，宋文里、黄小鹏译，首都师范大学出版社，2011，第230页。

③ ［美］杰罗姆·布鲁纳：《教育文化》，见杰罗姆·布鲁纳著《布鲁纳教育文化观》，宋文里、黄小鹏译，首都师范大学出版社，2011，第269页。

根据布鲁纳的描绘，叙事思维中现实的样子可以呈现为9个方面。[①] 一是时间结构。叙事以重要事件的展开为准安排段落和顺序，它的时间长短轻重则取决于对事件所赋予的意义。序列中的先后本身就携带着意义。比如，“股市崩盘，内阁总辞”与“内阁总辞，股市崩盘”虽都包含两个事件，但顺序颠倒所表达的意思也就随之反转。二是类型衍生特殊故事。虽然叙事总是针对特殊的人和事，但布鲁纳认为许多故事很相像，背后好像有个一般性的版本，特殊的故事正是因循着某种类型才能被人理解。所谓类型就是更广含义的一个叙事结构，“它是一个文化用来构思或沟通人的境况所用的一种特定方式”[②]。叙事类型或叙事结构及其理解又是变化的，深受文化和历史影响。三是行动总是基于理由。人在叙事中的所作所为都是以其“意欲状态”为前提的，如人的信仰、欲望、观念、价值等。透过叙事可以找到行动背后的意欲状态，它们是行动的理由而非原因。四是诠释法。对于叙事的阅读和理解是诠释过程，表明它的意义本来就是多重的，而理解也不是唯一的。“诠释分析的目的是要为一则故事提供一套可令人信服、不自相矛盾的说明。”[③] 五是典律与突破典律。叙事有时符合常规脚本，但为了吸引人的关注，又常常需要突破典律，与常规脚本相违。在这一点上，叙事模式比逻辑模式更能创造新鲜感和带来兴奋感，可以说“文学语言本身的功能就在于使那些熟悉得不得了的东西再变为陌生”[④]。六是指涉的暧昧。叙事在制造或构建现实中，拥有开放和可挖

① ［美］杰罗姆·布鲁纳：《教育文化》，见杰罗姆·布鲁纳著《布鲁纳教育文化观》，宋文里、黄小鹏译，首都师范大学出版社，2011，第269—287页。

② ［美］杰罗姆·布鲁纳：《教育文化》，见杰罗姆·布鲁纳著《布鲁纳教育文化观》，宋文里、黄小鹏译，首都师范大学出版社，2011，第273页。

③ ［美］杰罗姆·布鲁纳：《教育文化》，见杰罗姆·布鲁纳著《布鲁纳教育文化观》，宋文里、黄小鹏译，首都师范大学出版社，2011，第275页。

④ ［美］杰罗姆·布鲁纳：《教育文化》，见杰罗姆·布鲁纳著《布鲁纳教育文化观》，宋文里、黄小鹏译，首都师范大学出版社，2011，第277页。

掘的空间，以至于它所指涉的是什么，常常因相当暧昧而难以究清。七是以难题为中心。难题在叙事中作为轴心和引擎，确保叙事的价值。叙事中的难题可能是主人公的艰难境遇，也可能是人的内心挣扎，甚至会把如何诠释本身作为难题。八是固有的可协议性。叙事中故事的不同版本可以同时被保存下来，甚至版本间相互矛盾，我们也可以有所保留的接受，我们对多重的叙事理解已有很高弹性的接受准备。九是历史延展性。人生中的一个个叙事故事不是孤立和断裂的，叙事中的情景和角色常常会继续和可伸展，在叙事中加强了连贯性，每个故事都是续篇，也都有续篇，每个故事都汇入成为人生的历史。

布鲁纳指出，解释和诠释是超越学科的，在科学活动中，叙事法也有重要价值，他称其为“科学的叙事法”。布鲁纳认为，学习科学其实是“在学习一种文化，其中带着所有伴随而来的‘非理性’意义生成在内”①。比如，狂放的假设、不同寻常的程序、振奋人心的直觉和各种幽默等，可以想象这样的氛围才符合科学家的工作场景，这恐怕正是与机器人操作一堆设备的最大区别。而且，布鲁纳认为，随着科学的不断进步，测量方式就愈加变得“不直接”，也就愈加依赖所建构的思辨模型。他以其物理学朋友的观点作为佐证：“物理学是95%的思辨加上5%的观察。他们也把‘物理的直觉’认作‘真正的’物理学家的必备：他们不是被观察和测量所羁绊，而是晓得如何在没有观察和测量时仍可在理论中奔驰。”②

在布鲁纳看来，皮亚杰和维果斯基的发展理论的主要差异之一，正体现在他们的探索“构成了人类理解世界意义的两种基本的但不可

① ［美］杰罗姆·布鲁纳：《教育文化》，见杰罗姆·布鲁纳著《布鲁纳教育文化观》，宋文里、黄小鹏译，首都师范大学出版社，2011，第269页。

② ［美］杰罗姆·布鲁纳：《教育文化》，见杰罗姆·布鲁纳著《布鲁纳教育文化观》，宋文里、黄小鹏译，首都师范大学出版社，2011，第260页。

通约（incom-mensurate）的方式”①。皮亚杰主要专注于原因解释和逻辑实证的个人发展，而维果斯基则主要关心解释和理解的个体发展。布鲁纳认为将这两个理论进行轻率调和的想法是幼稚的。他说：“正如深度知觉需要针对事物的两个视角形成的视差，人类研究中同样如此：深度需要差异（depth demands disparity），所以当我们畅游于两位伟大的发展心理学家的思想中时，我要向他们的意义深远的差异致敬。”②

布鲁纳对于心灵意义的思考和追寻展现了如此多的可能性和不断深展的空间。正如他所珍视的皮亚杰与维果斯基之间的理论差异，他丰富而多向的探寻之路也推动着我们对人类心灵的复杂性走向更深刻的认识。

遗憾的是，生命是有限的，在生命停止的一刻，他的探寻休止了。但真的休止了吗？没有。布鲁纳把我们引向了无限的诠释空间，在他人的诠释中，这样的追寻仍在继续。

【参考文献】

［美］杰罗姆·布鲁纳．布鲁纳教育论著选［M］．邵瑞珍、张渭城，译．北京：人民教育出版社，1989.

［美］杰罗姆·布鲁纳．布鲁纳教育文化观［M］．宋文里、黄小鹏，译．北京：首都师范大学出版社，2011.

［美］杰罗姆·布鲁纳．教学论［M］．姚梅林、郭安，译．北京：中国轻工业出版社，2008年.

［美］杰罗姆·布鲁纳．论认知［M］．彭正梅，译．上海：上海人民出版社，2004.

---

① Jerome S. Bruner, “Celebrating divergence: Piaget and Vygotsky,” in *Human Development*, Vol. 40, No. 2, Mar. /Apr. , 1997: 71.

② Jerome S. Bruner, “Celebrating divergence: Piaget and Vygotsky,” in *Human Development*, Vol. 40, No. 2, Mar. /Apr. , 1997: 72.

Bruner, S. Jerome. Acts of Meaning[M]. Cambridge Mass: Harvard University Press, 1990.

Bruner, S. Jerome. The Course of Cognitive Growth[J]. American Psychologist, Vol. 19, No. 1, 1964.

Bruner, S. Jerome. Toward a theory of instruction[M]. W. W. Norton & Co, Cambridge, Mass. : Belknap Press of Harvard University, 1966.